中国人的焦虑

一次文化突围的尝试

胡纪泽 著

中国城市出版社
·北京·

图书在版编目（CIP）数据

中国人的焦虑／胡纪泽著．—北京：中国城市出版社，2013.3
ISBN 978－7－5074－2799－8

Ⅰ．①中… Ⅱ．①胡… Ⅲ．①民族心理学—研究—中国 Ⅳ．①C955.2

中国版本图书馆 CIP 数据核字（2013）第 059443 号

责任编辑 吕洪梅
装帧设计 尚书堂
责任技术编辑 张建军
出版发行 中国城市出版社
地址 北京市西城区广安门南街甲 30 号（邮编 100053）
网址 www.citypress.cn
发行部电话 （010）63454857 63289949
发行部传真 （010）63421417 63400635
总编室电话 （010）68171928
总编室信箱 citypress@sina.com
经销 新华书店
印刷 北京集惠印刷有限责任公司
字数 488 千字 印张 27.75
开本 710×1000（毫米） 1/16
版次 2013 年 8 月第 1 版
印次 2013 年 8 月第 1 次印刷
定价 56.00 元

缘　起

（代前言）

十九世纪英国著名作家查尔斯·狄更斯（Charles Dickens）在他的小说《双城记》（*A Tale of Two Cities*）开篇就说，“我所讲述的是那样一个年代的故事：那个时代是最美好的时代，那个时代是最糟糕的时代；那个年头是智慧的年头，那个年头是愚昧的年头；那个时期是信仰的时期，那个时期是怀疑的时期；那时的季节是光明的季节，那时的季节是黑暗的季节；那时候是希望的春天，那时候是失望的冬天；在我们的面前，我们似乎什么都拥有，与此同时，我们却一无所有。在那样的年代里，我们每个人都在朝着天堂直奔而去，我们却又全都向着地狱一路迅跑——简而言之，那是一个权威人士们唧唧喳喳要用形容词的最高级来形容它的年代。那个年代跟现在的情形非常相像：说它好，只能用形容词的最高级来形容；说它不好，还是只能用最高级来形容。”

狄更斯在《双城记》中描写了法国大革命时期发生在伦敦和巴黎这两个城市中普通人和普通家庭的命运，更展现出了那个时代波诡云谲的形势，动荡不安的社会，善良与邪恶的对决，理性与情感的纠缠。这一切，正好映照了这部小说的开篇所说的——也就是上面我引述的这段话。这段话已经成为传世的经典名言。

往前推三百多年，另一位更著名的英国文豪威廉·莎士比亚在他的戏剧《哈姆雷特》中借剧中主人翁哈姆雷特之口也说了一句千古名言——“活着还是死去，这可真成问题!”

《哈姆雷特》是莎士比亚最著名的悲剧之一。本来幸福而快乐的丹麦王子哈姆雷特忽遭父丧，叔叔旋即继承王位并娶了哈姆雷特的母亲为妻，令他深觉羞辱与愤怼。某夜他遇见父王鬼魂诉冤，原来叔父为篡位娶嫂而毒害死了亲兄。为报父仇，哈姆雷特假装发疯以避开叔父的监视，并借助戏班进宫的表演，逼使叔父原形毕露。

面临着羞辱与尊严、父亲的仇恨和母亲的屈辱，为着死去的父亲还是活着的母亲，面对正义与阴谋，内心在两难的矛盾中煎熬着，哈姆雷特说出了那句千古名言：“活着还是死去，这可真成问题！”（或翻译为“生存还是毁灭”，“做还是不做”，“要还是不要”等）。这句话的原文是 To be or not to be, that is a question。就是这句最简单的英文，成了莎士比亚全部戏剧中，也是西方所有文学作品中最著名的一句独白。这句话，在西方国家，无人不知，无人不晓。

为什么在本书一开始我要引用这两段西方世界最著名的话？我想借这两段话来说明什么？

狄更斯的那段话，用极端的形容词形式（英文中所谓形容词的最高级），描述了一个纷繁复杂而又充满着矛盾的世界；而莎士比亚借哈姆雷特之口说出的那句话，更形容了人在面临着两难的处境而不知道如何选择，现实却逼迫着人不得不做出选择时，内心的冲突和极度痛苦的心态。

这两位前后相差近三百年的天才的英国文豪，通过对人性的深层次挖掘，不约而同地把生活中的某种境遇和与其相照应的内心感受用艺术的手段极为细腻、逼真地向人们展现出来。而这样的人生处境和内心体验，正是人所遭遇到的大尴尬、大痛苦，也是人性所面临的大煎熬。更麻烦的是，这样的境遇，这样的心态，在人的生命过程中却处处可见，随时可见！大文豪之不朽，大作品之永恒，由此立现。

这是什么样的人生境遇和心理感受？我愿意说，这种矛盾、冲突、尴尬、两难的境遇以及与之相应的心理感受，其本质意义就是焦虑！这里，我们需要做一个简单的置换：表现于人的现实生活中的矛盾、冲突、尴尬、两难的境遇，体现于人心就是焦虑；而体现于人心之焦虑在现实生活中就是人生之矛盾，人生之冲突，人生之两难，人生之尴尬。

大浪淘沙，沧海桑田，白驹过隙；逝者如斯，人生如斯，人心亦如斯。如果套用查尔斯·狄更斯用英文中形容词的最高级形式对他的那个时代所形容的那段话——最美好的、最糟糕的；智慧的、愚昧的；信仰的、怀疑的；光明的、黑暗的；希望的、失望的；拥有一切、一无所有；向天堂而奔，向地狱而去——这与今天我们的时代，我们的人生际遇是否有相似之处呢？是否异曲而同工呢？如果我们再套用莎士比亚借哈姆雷特之口说的那句话——做还是不做，这真成问题——是否也反映出今天人们焦虑、浮躁的心态呢？

正是如此。我可以说，我们正处在一个矛盾、冲突、两难和尴尬的时代——焦虑的时代！我们的心态正处于严重的焦虑状态中！

这并不是危言耸听。我们只要稍微留心我们周围的人，我们就会发现此言之不虚。焦虑的情绪随时紧紧地环绕着、纠缠着人们，人愈想摆脱，愈摆脱不掉。只不过人们在表达自己的焦虑时使用了不同的方式而已。譬如，在我们这个时代，最常见的表达方式是："郁闷"。

就我自己的经验——寻常生活的经验和临床心理学实践的经验——而言，"郁闷"实在是一个很常见的表达词汇。在我所遇到的十个人中，倒听到有八个人说自己"郁闷"。人们在一起经常聊到的话题，常常和"郁闷"这个主题有关。

譬如很要好的朋友之间打电话，问："做什么呢?"回答："没做什么，郁闷着呢"。我曾经开玩笑说，有三个人在一起，第一个人说："真累啊!"第二个人说："真烦啊!"第三个人说："真是又累又烦啊!"

可惜这并不完全是玩笑。最近，我和新闻媒体的朋友们在一起聚会，大家谈到评选近些年来最流行的词汇，不约而同都提到了这个词："郁闷"。最新的心理卫生流行学的调查说明，生活在都市的中国人，大约有五分之一到四分之一存在严重的情绪不良，用最通行的大众的语言说，他们都"郁闷"着呢。

"郁闷"就是焦虑，就是今天中国人对焦虑情绪的一种特殊的表达。

不过，严格说来，"郁闷"是一个不甚确切的、含糊的或混合式的情绪。这种含糊的或混合式的表达有各种方式，譬如可能有人说"累"，有人说"烦"，有人说"又累又烦"，还有的叹"孤独"，有的谓"不开心"，有的称"没意思"。但如果归结一下呢，"郁闷"这个词虽然不准确，却可以囊括这许多不同的感受。

在熙熙攘攘的世界中，人们奔波着、忙碌着，遭遇着各种不同的命运和人生。在我们慨叹命运之不公时，有一个东西却把所有的人都拉到了同一个水平线上，那就是"郁闷"。

郁闷就是焦虑。

我们随便从社会生活中撷取几个现象，就可以看出，"郁闷"其实已经渗透到了我们生活中的各个方面。

现象一，今天的社会，已经成为经济社会。在这个社会里，经济规律是铁的法则，它操纵着整个社会运行的轨迹，而要湮灭、吞没其他的一切法则。在这个铁的法则的指引下，唯有金钱才是个人最重要的人生目标和核心价值观。生活在经济社会中的人，则成了经济的动物。

在这样的人生目标和价值观导引下，一个人的价值自然是以他的"身价"几何来决定的。当钱不仅是衡量人生最重要的价值尺度，也成为核心的人生坐标的时候，当社会的主流媒体公开评选当今最富有的人时，当"笑贫不笑娼”竟然成为一种社会意识时（虽然并不能公开如此，但实际上人们在心理上已经认可），这个社会就会出现很大的问题。

我们如果分别考察今天的一些职业人的生活轨迹，我们会几乎没有例外地发现，他们的生活已经完全浸泡在经济利益这个大染缸里面，他们的每个细胞都浸透了经济的利益，离开了经济利益他们就失去了存在的价值；他们又像被上足了发条的陀螺，被绑在经济社会的巨大机器上，随着这机器的惯性身不由已地运行着，奔忙着，就在这身不由己的运行中释放着自己的生命能量。如果说他们是经济的动物，真是算不得过分的夸张。

“忙”和“累”是他们的口头禅。当紧张忙碌的一天过去，回到家里，他们环顾四周，内心茫然，全然找不到“自我”到哪里去了。他们更多的时候是索性不回家。在这难得的一点点属于自己的时间中，他们只是把白天赚来的钱大把大把地扔到各种灯红酒绿的消费场所中去。他们可能在打麻将，可能在喝酒，可能在用卡拉OK或其他方式宣泄自己，也可能在“桑拿”，在按摩，也可能在用最简单最直接的性事刺激自己。但有一点可以肯定，他们从这样的事情中很难找到自己的“幸福感”“道德感”“美的享受”诸如此类他们本来最需要的东西。

现象二，极端的经济社会把人抛到无休止的竞争中去，不能停止。激烈的竞争更使人们越来越缺乏安全感。这一方面表现在人与人的交往缺乏基本的信任，做事情缺乏基本的诚信；另一方面则是对财富的占有达到了强迫性的无休无止的地步。

如果我们说所有的人都被经济利益所异化，成了经济动物，或许是不准确的；但如果说我们大多数人的生活已经被经济动机所左右，则应该是一个不争的事实。在现代社会中，人们宁愿相信，只有金钱才可以带来快乐，也才能带来安全感。积蓄越多的金钱，人才越感到安全。如果发生了什么社会事件——我的一位警察朋友告诉我——譬如一件看来是纠缠不清的官司，一桩复杂的罪案，不用多去思考，那多半是和金钱有关。

人的不安全感已经到了这样的程度，一个老太太过马路，如果你好心去扶她一把，她准把你当作要抢她的包！我有一个朋友曾经在一个重要的媒体做主持人，她告诉我她做人的基本准则：绝不害人，但绝不滥做好人！这个准则来自于她惨痛的教训，她在一次开车回家时帮助过一个受伤的人到医院治疗，其结果不仅所有的医疗费用全部由她承担，还赔给那个人不少钱。原因很简单，受伤的人一口咬定就是她开车撞伤了自己。令人伤心的是所有的人都相信伤员的话。道理也很简单，你没有撞伤别人你会送他上医院吗？是啊，这不符合经济社会的逻辑。她告诉我，“惨痛的教训啊”。从此不敢做好事。

这样的事例在我们的社会中真不少，我们姑且不从社会利益作考量，仅仅从个体心理的角度来看，一个人做人处处设防，做事时时给自己留后路，能不累吗？能不“郁闷”吗？能不焦虑吗？

现象三，经济的社会必然是消费的社会，极端的经济社会则是极端的消费的社会。过度消费、超前消费、盲目消费、攀比消费已经成为今天社会的集体意识。

早有专家断言，就中国的GDP和国民收入而言，中国至少提前二十年进入了消费的时代。在中国的一些城市，私家车的拥有量已经让欧美发达国家瞠目结舌。不仅买车，还要购房——仅这两者的负担足够让所有工薪阶层的人背负一辈子，喘不过气来。

中国人的过度消费和超前消费已经到丧失理性，不顾一切的地步。如果有机会到节假日的商场去看看，或者有机会随着出国旅行团一起到国外的商场去看看，就会知道我所言不虚。你只要随便在一个节日或假日的下午，到任何一个超级市场去，就可以观赏到极为壮观的购买者浪潮。我亲眼看到过一个老太太被抢购的人潮挤到墙边，站不住脚，只好大声叫嚷：这哪里是在买东西哟，简直是在抢呀！我有一个美国朋友到中国来旅游，他告诉我，有两个方面完全出乎他的意料：一是中国人对生活享受的渴求出乎意料地高；二是中国人为此背负的负担出乎意料地沉重。这让他嗟叹不已。

现象四，极端的经济社会使男人和女人的关系这个本来人类最温馨的感情向着利益关系或商业关系转换。

我曾经在我所在城市的广播电台做过数年的嘉宾主持，和男人们和女人们热线聊天。我听到过女人公开宣称自己的人生目标就是嫁给有钱人、有地位的人。不同的女人根据自己的“性价值”开出了不同的价码，男人则把自己的人生坐标定位为增加自己性“购买力”的竞赛和赌博，而不同的男人则根据自己的“身价”来确定自己应该在争夺“性资源”的社会竞争中占有什么样的位置，应该获取多少性资源——这就是今天两性关系最通行的描述。

有一个流行的说法：“男人通过征服世界来征服女人，女人则通过征服男人来征服世界”，这句话不能说完全反映出今天两性关系的全部面貌，倒也折射出两性世界中的一个侧面。我听到过一位高贵的女士说：“谁要想娶我，我就告诉他，我的身价值多少多少钱。如果不用多少钱衡量，怎么体现出我的价值呢？”若问道：“那么爱情呢？你爱那个人吗？”回答：“那么请问，爱情用什么来作为标志呢？如果不用金钱来衡量，又怎么能说明他爱我呢？他连钱都没有，又有什么来值得我爱呢？他如果有钱而不给我，这样的人我能爱吗?”这样的回答叫人无言以对。

现象五，在极端的经济社会中，家庭——这个人类创造出来的最温暖最安全的地方，这个人类社会生活的基本细胞，已然开始变性。以男女关系的经济化和利益化为特征的现代社会，浪漫的爱情当然找不到容身之地。在这样的社会现实下，本应由男女相爱而结合，由于情感的需要而组成的家庭当然要接受特别的考验，当然会风雨飘摇了。

婚前财产公证和家庭经济生活AA制不仅仅停留在话题阶段，已经开始风行。我曾经和一些法官聊到这个话题，他们认为这个现象是值得肯定的，至少大大减少了不断攀升的离婚案件判决时的经济纠纷。正在步入婚姻殿堂的男女们似乎也乐意这种方式，“可以避免许多麻烦，来的时候清清楚楚，走的时候干干净净”，他们这样告诉我说。

在一个多元化的社会中，每个人当然有权利和自由来决定自己的婚姻方式，婚前财产公证也好，AA制也好，都可以选择。但如果这种观念和行为方式竟然被社会主流意识接受，人类的最后一丝温情就被完全揭掉，人就真的变得赤裸裸了。

缺乏温情的家庭必然十分脆弱，必然随时可能出现一方或双方同时出轨，也必然使男女双方同时是偷猎者和警察。在这样的家庭生活中，一切有价值的东西都会荡然无存。

在没有温情的家庭中家庭成员自然难以和平共处。其结果是家庭暴力层出不穷。在我做心理医生的职业生涯中，我所咨询的对象相当多的经受过家庭暴力。我曾对家庭暴力的产生和发展过程做过心理学的分析，我发现，实则是有个东西在作祟：经济关系使温情丧失，缺乏安全感的利益关系则使温情彻底丧失。失去温情的男人和女人，全都陷于郁闷的情绪中。当他们生活在失去温情的环境中，在他们的周围，必然环绕着郁闷的氛围；他们在郁闷情绪的催逼下，哪怕一件极小的事情，也可能恶语相向，甚至拳脚相加，酿成家庭暴力的惨剧。

如果我们以为家庭暴力主要发生在缺乏文化氛围的家庭或文化层次较低的人士，那就错了。我们只要看看前几年流行的一部电视剧《不要和陌生人说话》，就知道家庭暴力经常发生在什么样的家庭中了。

家庭暴力延伸一步，更变为“冷暴力”。例如一个三口之家，晚上回到家里，丈夫在自己房间里上网，或和认识的和不认识的人网聊，或浏览网上有聊的和无聊的闲闻逸事；妻子在客厅里手握遥控器，无休无止地翻看同样有聊的和无聊的电视剧，孩子则在自己的房间做永远也做不完的功课（更有可能的是做功课只是做样子，更多的时间是在用手机和同学发信息）。

在“冷暴力”的家庭中，家庭成员之间的相互交流做了最大程度的简化处理，除了必不可少的话，再多一句话也懒得说，连吵架都成了奢侈的事情。但这样的家庭，只要发生一点事情，哪怕是一丁点儿鸡毛蒜皮的事情，也可能掀起泼天的大浪，一举闹到不可收拾，最终导致家庭解体。

现象六，极端的经济社会不仅使家庭生活失去了温情，更使人们的社交生活失去了层次丰富的色彩。事实上，我们生活在一个“性段子”泛滥和“酒文化”盛行的时代，“酒”“色”二字，渗透到社交生活的最细微之处。

人们在饭桌上，在朋友聚会的场合，相互间谈话的内容，除了说“累”“烦”“又累又烦”，大概就是和性有关的“段子”了。更进一步的乐趣则是来自于饭桌上有关“酒文化”的你来我往，来自于男人和女人之间的“高雅”的或低俗的打情骂俏，甚至直奔最露骨的性“玩笑”，而不加任何掩饰。喝酒则一杯杯往口里倒，他们喝下去的仿佛并不是酒，而是白开水——不，也不是白开水，而是在自我宣泄。在那样的场合，当然是以醉为快，以醉为荣，不醉不归。哪怕就是来点风花雪月呢，没有，也不可能有。更不用说浅斟低唱、吟词作赋了。用四川话说：“酒嘛，水嘛，喝嘛；钱嘛，纸嘛，花嘛”。喝吧喝吧，好像今天过去，明天就是世界末日似的。

是的，这是一种典型的“呕吐式”的自我宣泄。

我经常能收到认识的和不认识的人发到我手机上的许多短信和段子。内容无非两个方面：一是性段子；二是极高级别的情感抒发的段子。中国人虽然在性文化、性观念上相当落后，但在把男女性事来玩笑，把生殖器官来打趣却有非凡的想象力和高超的创造力。用不着含蓄，也没有幽默，连滑稽都算不得；有的只是直奔主题，直接定位在性解剖部位。而那极端的感情表达，那极度的柔媚，那最热烈的期盼和想念，令人感觉自己和这些发信息的人到了“一日不见，如隔三秋”的程度，甚至有多么浓烈的感情似的。但我知道，完全不是那么回事！那几乎全是批发、群发，全是一些短信高手编好的段子，推销给社会，再由社会大众更广泛地批发出去。信息创造者的目的只是为了获取经济利益。但这样批发出来的短信本身，无疑已经构成集体感情行骗。这样的信息带给人的自然不是温暖，而是郁闷；没有激情，更没有柔情，有的只是焦虑；不是缩短了人与人之间的心理距离，而是增加了距离。

现象七，极端的经济社会中温情的失落和色彩的淡化并不意味着生活的宁静和心灵的安谧，而是躁动。今天的社会生活，到处是车水马龙，灯红酒绿，到处是锣鼓喧天，闹闹哄哄，令人眼花缭乱，不绝于耳。

在这样的环境下，高度紧张的神经渴求越来越强烈的刺激，于是语不惊人死不休已经是远远不够了，要的是“行”不惊人死不休。只有极尽感官的刺激，才能吸引人的“眼球”（这是媒体经常使用的话语，以“眼球”来代替过去常用的“视线”“心灵”，二者的差异耐人寻味），引起人的注意。君不见，唱歌要唱到声嘶力竭，跳舞要跳到张牙舞爪，衣服要穿到不能遮羞。再不行，还可以彻底扒光自己的衣服，让真相大白于天下呢。而人们似乎也只有在这样的环境中，才能激活自己的神经，感觉到自己的存在。

有报道说，某学校教授（大概应该是艺术院校的教授，否则就是精神病院中的病人）脱光自己的全部衣服，赤身裸体给学生讲课。这事本来并不值得拿出来说。有趣的是，我们的主流媒体（中国似乎没有非主流媒体）还正经八百地引导大家讨论，“一个教授是否应该全身赤裸讲课呢?”也有人呼应，说“应该”者有之，说“不应该”者有之。不是教授脱衣服本身这件事有什么趣，而是众人的讨论使大家迟钝的神经感受到了刺激。而这种刺激既是强烈的刺激，又是简单的刺激，正好能满足人们麻木的神经的需要。

人们热衷于寻求强烈的简单刺激，排斥复合性的、能动性的、需要运用心力才能感受到的刺激。许多人正是由于这样的原因才厮守在一起：相互之间的关系给他们以机会去体验怨恨、争吵、施虐和服从，由此获得既简单又强烈的刺激。他们正是为了怨恨才走到一起，为了能够争吵才厮守在一起。这颇似性变态的情形。性心理学家都清楚，在性变态中，无论是施虐狂还是受虐狂，就是以简单而强烈的刺激而达到高度的性兴奋状态。

在长时间的强刺激下，人感觉的阈值不断升高，神经越来越麻木，感觉越来越粗糙，于是只有更强的刺激才能使人有感觉了。它不需要人去做出努力——耐心、遵守规则、勤奋学习、忍受挫折、进行批判的思维，付出爱的柔情，展现宽容的胸襟，克服自己的贪欲等。简单的刺激可能造成残忍和破坏的情感，而这种情感只有从更简单更强烈的刺激中才能获得部分的舒缓，才能使人的神经兴奋，获得暂时的快感。但部分舒缓和暂时快感的结果却进一步加重“郁闷”，加重焦虑，这和“饮鸩止渴”没有什么两样。

现象八，在极端的经济社会中，人们对简单刺激的追求进一步使文化生活越来越“痞子”化。

在“痞子”文化横冲直撞的社会里，人们好像在进行“痞子”比赛，谁说话最“痞”，谁做事最会“忽悠”，谁就最有能耐。“我是流氓我怕谁”“无知者无畏”“我爱你，就像老鼠爱大米”“我是一匹来自北方的狼”、“女人没什么大不了的”等，居然堂而皇之走上主流媒体，进入社会主流意识，遍行于天下。

在这个“痞子”文化的时代里，知识分子自然不甘寂寞——事实上，“痞子”文化就是他们创造的。他们在各种场合，大“痞”特“痞”。如果我们问，当今中国的知识分子中，谁是最有学问的人？回答，最能耍“贫嘴”的人；再问，怎样才是最“贫嘴”？回答，能“痞”也。正经一点说，是和现实社会紧密联系；文雅一点说，是“媚俗”；从本质上说，就是“痞”。谁不会“痞”、不能“痞”，谁就落后于这个“痞子”文化的时代。

在这个痞子时代里，尊严、庄重、敬爱、敬畏、同情、自尊、羞愧这样的高贵情操被这么一“痞”，已荡然无存矣。

现象九，极端的经济社会毫无疑问是极端的浮躁。浮躁——这个词是这样畅行，几乎用不着我们来做更多的分析。在浮躁的心情下，人们既缺乏耐心，又缺乏信心。无论做人，无论做事，只求得简洁明快，急功近利，整个的心急火燎，躁动不安。

在极端浮躁的心态下，无论是人与人的交往，还是处理事情，人们重视的只是结果，眼中看到的只有得到了什么，失去了什么，而过程则被简略为最小值。“我不管你用什么方法，采取什么手段，我只看结果”，这是经济社会应有之道，自然也成为当今社会最盛行的行为方式。这种浮躁不安的心态不是个别人和一些人的，也不是某些社会群体的，而是整个社会层面的，全面的。

据说第二次世界大战后日本人在社会生活中有两大重要的发明，一是卡拉OK，一是速溶咖啡，既把日本推向了快速发展的轨道，也反映了当时日本人的生活的浮躁。在香港举行的一次国际自杀研究的学术会议上，我和一位日本的心理学家有过交流，听他所介绍的日本社会战后的种种现象，看看今天我们的社会，除了有过之无不及，我没有别的想法。问题是，我们为什么一定要重蹈别人的覆辙？

在这个浮躁的社会中，即便是男女之间的情事、性事，人们也不耐烦于任何细腻的心理体验和表达，更厌弃缠绵悱恻的情感纠缠，要的是直奔主题，一步到位，快速宣泄。这很像鲁迅笔下阿Q的爱情观：“吴妈，我要和你睡觉”。

此种状态，被人戏谑为“一分钟先生”。问题是，“一分钟先生”想一步到位，却不仅到不了位，就连性爱本应有的酣畅淋漓都失去了。我们已经看到，在我们生活的时代，在随着时间的推移，“爱情”这个词汇，已经作了数次变更：爱情的体验——性心理感受——性生理的感觉。

现象十，在这个闹哄哄的社会中，知识分子（或者叫文化人，古时候称“士大夫”）这个本应最厚重、最具良知、最高贵、最有廉耻的社会群体，早已不甘寂寞，奋起直追，超然而上了。

当教授可以花钱买到，博士可以花钱去读（甚至可以花钱去买更高的学术位置，这已经是一个公开的秘密）的时候，当教授、博士以及其他的什么“士”彻底贬值，成为大众嘲讽、戏谑、挖苦和打趣的名词的时候，社会的良心死了。

在经济时代，君子不言利的观念当然是落伍的。问题是，今天的君子们，不是该不该言利，能不能言利，而是巧妙言利、巧言言利，更是微言而大利。我曾经和一位相当知名的君子打过交道，刚开始的时候，言之凿凿，情之切切，绝不言利，只做奉献。事到一半，则层层加码，事成之日，早已和当初的承诺面目全非。

知识分子并不是商人。商人没有什么不好，我们的社会当然需要商人，商人对社会的作用一点也不能、也不应该低估。商人自有商人的游戏规则。有趣的是，今天的知识分子们并不愿意把自己流于商人这个在他们眼中没有什么社会地位的群体之中。更有趣的是，他们给自己找到一个极佳的桂冠——“儒商”——来粉饰自己。这个桂冠好则好矣，美则美矣。殊不知，在这个世界上，儒生是有的，商人也是有的，唯独“儒商”不过是一个幻象而已。

更麻烦的是，他们既然把自己归类于知识分子，就要在学术上有所成就，他们就不得不分心去做自己并不想做的学术研究；他们要想获得崇高的社会地位，不得不摆出某种崇高的姿态；他们心里想要钱，口中却不能言利；他们想成名，但绝没有耐心坐下来皓首穷经；他们整日研究的是终南捷径，脑子里转的是“一举成名天下闻”；他们企图做道德的楷模和社会的良心，却不遵守连商人都不能违背、不敢违背的游戏规则。

他们试图点燃蜡烛的两头，两头没有点燃，却溅了自己一手蜡油。一言以蔽之，当代中国知识分子是一群我们社会中最浮躁、最焦虑不安的人。

……

这样的社会现象真是不胜枚举。

相信每个人——身处其中的人和置身于外的人，都会意识到这种状况不对劲，那不是自己想要的生活。但哪里不对劲，究竟是怎么回事，却并不清晰，好像在人与自己的现实生活之间，隔着一层细纱，弥漫着一片雾气，让人看不真切。

究竟哪里出了问题？郁闷或焦虑的心情究竟是从哪里来的？

我们当承认，社会之复杂，人生之多个侧面，非能简化为三言两语。如果要把我们社会生活中的一切现象皆归咎于某种心理或某种情绪，未免有夸大之嫌。但如果我们说，社会生活中的某些现象引起了人的某种情绪，后者经过放大效应并反过来作用于社会生活，与前者形成互动和循环，再不断放大和扩散，未始不是真实的状况。

如果要进一步了解，现代人为什么如此“郁闷”，如此焦虑？再进一步，寻找一番造成我们“郁闷”或焦虑究竟是什么原因？我们也许应该做一番归纳，进行一番整理，算一算账。

但如果真的要算账，却大抵是一本糊涂账。譬如我们可以找到诸如工作不顺利，生活压力太大，生活节奏太紧张，空间太小，人际关系太复杂，设定的目标不能达到，等等诸如此类的原因。我们不能说这些不是造成现代人“郁闷”或焦虑的原因。不过我们若深入一步设问，这样的一些问题在任何社会状况中都可能存在，何以在现代社会中会如此强烈，何以会造成如此重大的问题呢？难道只是因为这些给我们带来麻烦的问题在程度上有所增加，只是由于“量”的变化造成的吗？非也。看来问题不在这里，所以我们把这个账叫做鸡毛蒜皮的账亦未尝不可。

问题在哪里？显然，我们明白，这绝不是一个简单的问题。不是简单的问题，就不能够简单地作答。既不是简单的问题，既不能简单地回答，说明这个问题涉及我们生活中和人性中最本质的东西。

什么是我们生活中和人性中最本质的东西？简单地说，我们生活中和人性中最本质的东西就是我们经常自问的问题：人生的意义是什么？人为什么而活着？人的幸福从哪里来？这样的问题牵涉人与社会、人与文化的关系。回答这样的问题更是大不易。

大不易也要回答。按照先易后难的原则，我们首先要做的事情就是对回答这个问题的前提做一些必要的澄清，同时对回答这个问题可能涉及的方面作一番“鸟瞰”。做这项工作的目的有两个：一是澄清一些概念，划定一些范围，这就好比在一个大的战役前要做的敌情侦察和外围清扫的功夫；二是对所要讨论的问题进行一番梳理，譬如从哪些方面入手和切入？纵的和横的因素有哪些？哪些是核心问题？哪些是枝节问题？讨论的结果应该得出什么结论？等等。

什么是“郁闷”?

前面说过，“郁闷”是一种公众化或习俗化的表达方式，在心理学上，并不是一种准确的情绪表达，它可能囊括了诸如“烦闷”“孤独”“浮躁”“焦虑”“忧郁”等情绪。表达不准确，有两个原因：第一个，既然是公众化和习俗化的表达方式，难以和学理上的概念达到完全的一致，这是自然的，可以理解的；第二个原因是，人的情绪本身就非常复杂，各种情绪经常是纵横交错，左右交叉，前后延续，一种情绪伴随着另一种情绪，时而以这种情绪为主，其他的一些情绪为辅，时而以那种情绪为主，另一些情绪为辅，各种情绪互相交杂在一起，好比五彩斑斓的色带一般。这样的现象，在人类的情绪生活中，实在是常有的事情。

不过为了讨论方便，我们还是要对“郁闷”究竟该如何在心理学上定位进行必要的澄清。如果只是从字面上来分析，“郁闷”包含两层意思：一是“忧郁”；二是“烦闷”。

忧郁，或抑郁，用大众语言来表达，就是“不开心”“高兴不起来”“对任何事情都没有兴趣”“缺乏动力”等。“烦闷”则是另一种情形，最常见的表达是“心烦意乱”“想发脾气”“心神不定”“坐立不安”“不耐烦”等等。

这两种情形，前一种是“缺失性”的情绪，其心理的方向是向下指引，其心理的能量是缺少或缺失，其行为方式是萎缩和后退，其最终的和最严重的结局可能指向个体的自我毁灭（自杀）。后一种是“扰动性”的情绪，其心理的方向是散漫的，其心理的能量是膨胀的，其行为方式是无序的。这种扰动性的情绪的最终的结局未必指向自杀，但却伴随着无限的心理痛苦。这种情形，就是我们在病理心理学中讲的焦虑。

对现实生活中的人们对“郁闷”的表达进行考察，我们会发现，所谓“郁闷”，并不是完全兴奋不起来，也不是完全对生活失去兴趣和行为的萎缩或后退，而是某种情绪“扰动”着人的心灵，“叩击”着人的神经，“牵引”着人的行为，使人身不由己，惶惶然不知东西，茫茫然不分南北，跟着“感觉”到处乱走。摸到石头过河，没摸到石头也过河，情感躁动，身心分离。人的灵魂在闹哄哄的世界中随波逐流，顺风漂浮，颇似无家可归的流浪儿。

有的时候，“抑郁”的情绪可能和“烦闷”平分秋色，人在“心神不宁”“坐立不安”“不耐烦”的同时，情感是低落着，心绪是茫然着，大脑是空白着。人的心情是既低落又散漫，既缺失又扰动，既萎缩又无序；有的时候，“抑郁”甚至占据了主要的地位，对生活失去兴趣，对整个人生失去信心，并进而加重“郁闷”的情绪。此时，人的心灵愈加灰暗、茫然、漂浮、无奈，生命愈加了无生趣。

“郁闷”既然不是准确的情绪表达，为了讨论方便，我们毋宁使用另一个在心理学上更准确的词汇——“焦虑”。

至此，我们应该清楚了：所谓“郁闷”，其主要的和核心的成分是“焦虑”，其次要的或伴随的成分是“忧郁”。因此，我们对“郁闷”的讨论，就转化为对“焦虑”的讨论。

从传统的或严格的病理心理学意义上讲，抑郁和焦虑二者是应该明显区分开来的。但在社会现象上，我们更多看到的是，二者不仅难以区分，有时简直就完全混合在一起。所以，这样来转换，也并不是没有理由。

现象摆出来了，问题提出来了。下一步的问题是，现代人处于如此焦虑的状态中，究竟是怎么回事？有什么办法让我们从这焦虑中解脱出来？

这就是本书的缘起。

目　录

第一章　焦虑无处不在

焦虑是人类情绪中最特别之物，如果把它形容为困扰人类心灵的“怪物”也一点不差。说它特别，用弗洛伊德的话说，“焦虑这个问题是各种最重要的问题之核心”，它不仅是人类全部心理问题的肇始者，更引领着人类心理生活的全部走向；说它是“怪物”，是因为它与人如影相随，须臾不肯离开。

焦虑是现代人最熟悉、最常用的词语之一：一则，焦虑是人人都有过的心情，没有人可以说自己从来没有体验过焦虑的情绪；二则，焦虑的情绪之于人的生活，可谓无处不在，无孔不入。但要把焦虑说清楚，却非常地不容易。

一、从焦虑的现象说起

既然焦虑是人人都体验过的情绪，焦虑对于人的生活来说，是无处不在，无孔不入。那么我们首先要问的问题是：人在什么情形下会出现焦虑？人在焦虑时是什么样的心理感受？

有一个流行甚广的笑话，说是楼上楼下住着一老一少两个人。老人住楼下，睡眠极差，受不得半点响动；青年人住楼上，极闹，每至半夜才归。青年人公德意识不佳，每晚回来上床脱鞋总是往地板上扔，发出“砰砰”两声。老人多次提意见不果，只好等待青年人回家后扔过鞋子，听到“砰砰”两声响后方能安心入睡。一晚，青年人回家，往地板上扔下一只鞋后忽然良心发现，“哦，楼下还住着睡眠不好的老人呢”，另一只遂轻轻放下。第二天，老人找到青年人说，昨晚我彻夜未眠，一直在等你另外一只鞋什么时候“砰”呢。青年人说，我怕吵了你，那只鞋早轻轻放下啦！老人说，你以后还是两只鞋都“砰”吧！那样我才能安心睡觉呢。

再看几个例子：

其一：一个男孩子鼓足勇气给他暗恋已久的心上人送出第一个求爱的信

息后，会有什么样的心情？他自然会暗自揣度：她会有什么反应呢？她会接受他吗？还是会拒绝他呢？彼时他的情感和信心承接着双重的煎熬，因为他不能对可能发生的状况作出准确的判断，他唯一可做的就是掐着指头计算时间，等待她的回音。几天过去了，对方没有任何回音。在那样的状态下，他该是一种什么样的心情呢？

其一：丈夫每天下班都准时回家，某一天过了好久还未归来，也没有任何信息。妻子会疑惑：他究竟怎么啦？是发生了什么不测？还是仅仅因为有事耽搁了，回来晚一点，并没有发生什么了不得的事情呢？此时此刻，妻子在那种翘首盼望、期期等待中该是什么样的心情呢？

其一：某人一直和单位领导的关系不好。一天下午下班前，领导突然一脸严肃地告诉他，明天一早到他的办公室，有重要事情要谈。有什么重要的事情谈？谈什么呢？会不会是对他的工作不满意？会不会有什么对他不利的事情？整个晚上，此君会有什么心情呢？

其一：自己的孩子突然发起了高烧，送到医院看病，吃药打针后迟迟不能退烧，看到孩子满脸通红，昏沉沉地睡着，从医生那里也不能得到一个确切的答案，做母亲的那时会有什么样的心情呢？

其一：一个中年男人感觉胃长期不舒服，医生给他做了胃镜，怀疑可能有癌变，又给他做了进一步的检查。他在等待检查结果的时候会是什么心情呢？

其一：一个女人爱上了一个已婚的男人，她是那样爱他，每时每刻都在思念他。她深深知道她不应该去爱他，她所受的教育也绝不允许她去破坏他的家庭，她进退维谷，欲说还休。彼时彼境，她该会有什么样的心情呢？

其一：一个自尊心极强、社会身份却极低的男人，为了改变自己的生存状态，为了某种现实的利益，不得不“屈尊”用自己最不能接受的方式去给人讨好、送礼。在做出阿谀奉承的样子时，在去送礼的路上，他是什么心情呢？

其一：有两个职业，一个符合自己的志趣，自己非常喜欢，却缺乏现实的利益，更没有多少经济效益；另一个有丰厚的收益，自己却不喜欢，更不能满足自己的志趣，人该选择哪一个呢？在选择的时候，会有什么心情呢？

其一：新闻报道某处发生了灾难性事故，而自己的亲人正在那里。他的情况怎么样？会不会遇难？在获知亲人的准确消息前，会是什么心情呢？

其一：高三的学生在进入高考倒计时的那段时间，他天天看着时间过去，高考一天天向自己走来，他的心情怎样呢？他在填写高考志愿的时候，究竟该填哪个学校呢？自己的考试成绩和自己想去的那个学校能吻合吗？高考结束了，他在等待成绩公布、等待录取通知书的时候，心情又如何呢？

其一：人到中年，当人在叹息时间如“白驹之过隙”，华发早至却世事难料、生命过半却“事业无成”的时候，会是什么心情呢？

其一：当人问自己，“人活着究竟是为了什么？”“人生的目的究竟是什么？”的时候，又会有什么心情呢？……

这样的例子我们还可以举出很多很多。

这些例子实际上向我们描述了这样的情形：当一个预期的等待没有出现的时候；当一个不可知的世界就要不可阻挡地展现在自己面前的时候；当人不得不去面对自己不想、不愿意面对的人物或情景的时候；当心灵憧憬着一个美好的事物却不能得以实现的时候；当想要一个东西却担心它附带着自己不想要的结果的时候；当两条道路、两个选择摆在面前，催逼着人做出抉择的时候；当被告知一个尚未被证实的坏消息甚至噩耗的时候……

如果说上述的情形基本囊括了人寻常生活中的大部分内容，我想，读者应该是同意的。

人在焦虑时是什么样的心理感受？会出现什么样的状况呢？凡是经历过焦虑的人都会告诉我们，那是忐忑，焦躁，怨怼，恐惧，担心，郁闷，不知所措的情绪；那是心惊肉跳，出气不匀，头皮发麻，身心漂浮，头重脚轻，坐立难安，寝食不宁，欲说还休，欲罢不能的感受……那样的情绪，那样的状态，我们能说从来没有过吗？那样的感觉我们能说从来没有体验过吗？那样的情形是不是无处不在呢？

对，那样的状态，那样的心情就是焦虑。

前面的例子给我们这样的印象：一个人出现焦虑情绪，一定和某种期待或某种不期而至的选择有关。譬如，那个男孩子给他的意中人发出求爱的信号，他的心中在期待着她的回音；丈夫到该回家的时候还未回来，妻子当然充满着期待等待他快点回来；面对高烧不退的孩子，妈妈一心盼着的当然是孩子快点退烧；怀疑可能有癌症的人，对检查结果的等待当然会万分着急，在心中默默祈祷；面临着两难处境和不期而至的选择的人，心中所盼望着的，也是赶快从中解脱出来，哪怕选择带来的可能是不好的后果……

从上面的叙述中，我们已经有了一个基本的认识，那就是期待总会带来担心，而担心的本质就是焦虑。那么，究竟什么是焦虑？我们应该怎样理解焦虑？

哲学家、心理学家和精神病学家从不同的角度论说和理解焦虑。丹麦哲学家克尔恺郭尔（S. A. Kierkegaard）认为，焦虑是由于人在面临自由的选择时内心所存在必然的心理体验。人生是不确定的，处在不断的选择过程中。

人在寻常的生活中沉湎于寻求欲望的满足，为了满足欲望，就要对生活中的各种事物作出选择；而欲望一旦满足，新的欲望继之产生，新的选择又出现了。人就是在这不断地选择——焦虑——再选择——再焦虑的轮回中完成自己的生命历程。这是一种非常具有代表性的观点，读者看得出来，我在前面的例子中已经涉及过这方面的情形。在后面我还要详细讨论。事实上，克尔恺郭尔描述出了焦虑的一个重要的侧面。

心理学家关于焦虑的定义，首当其冲者自然要数心理分析学的创始人西格蒙·弗洛伊德了。不过我们会有专门的章节献给这位伟大的心理学家，这里暂时放下不论。

精神病学家站在临床现象学的角度，对焦虑的描述最是值得我们来详解的。在所有关于焦虑的描述性定义中，美国临床精神病学家麦尔·格罗斯（Meyer Gross）有一个最清晰、最准确、最深刻，也是最经典的描述。在他的名著《临床精神病学》中，麦尔·格罗斯把焦虑看作是“带有不愉快的情绪色彩的适应性反应”，具体则把焦虑描述为“包含着对危险、威胁和需要特别的努力但又特别无能为力的苦恼的强烈的预期。”这个基本的看法，被临床心理学家和精神病学家沿用至今，无人超越。

麦尔·格罗斯的伟大贡献在于他首先在方法学上开辟了一条正确的道路，这个道路就是以描述为工具的现象学的道路。人的心理现象是天下一切现象中最复杂的现象。打一个比方，假使我们把人类对于宇宙的了解看作百分之百，那么我们对人类心理现象的了解只及其百分之一而已。要了解如此复杂的心理现象，首要的也是最重要的方法就是进行描述。舍此没有其他的办法——至少在目前或可预见的将来只能如此。

现象学所谓的描述，就是要我们把我们所看到的，所了解到的东西不加任何修饰、不做任何推测地表达出来。没有正确的描述就没有我们对人类心理现象的哪怕最肤浅的认识。

人类心理现象的复杂性在于，我们不可能直接地或直观地观察任何人之所感、所思、所愿，我们所能做的全部功夫无非是通过对表现于外的人类行为的了解、描述，以及在此基础上对隐藏于内的人类心理的推测。一切心理学的理论都是来自于在对心理现象的准确描述基础上的合理推测。理论在多大程度上符合人类心理的原貌，取决于它在多大程度上能够对心理现象做出了准确的描述。同理，如果我们不能对焦虑现象进行准确的描述，我们关于焦虑的全部心理学理论都只能是建立在沙滩上的大楼。麦尔·格罗斯关于焦虑的现象学描述性定义的意义就在于此。

麦尔·格罗斯对焦虑的描述有三层意思值得注意：

第一层意思，焦虑是一种不愉快的情绪。这种情绪不仅不愉快，并且令人非常地难受，体验过这种不愉快心情的人都会努力去避免它。由此，我们会顺理成章地了解到，人为了避免焦虑，有时会做出一些不合理、无效、无意义，甚至违背自己的意愿、伤害自己根本利益的事情。这会给人的生命效率打很大的折扣。读者留意，这层意思非常重要，这是我们后面讨论的一个重要基础。

第二层意思，焦虑产生于预期。预期就是我们对尚未发生的事情的估计、预测、判断。这说明了人的心理上的一个很普遍也很奇特的现象：对尚未发生的事件，对准备要开展活动，对想要做的事情，即便已经做了很充分的准备，即便有完整的预案，人在心理上仍不免总会担心有不测会发生，总会担心会发生意外，“不怕一万，就怕万一”，总会伴随着忐忑不安的心态。

——有一个流传甚广的说法，称为“墨非定律”（Murphy’s Law）：“如果坏事情有可能发生，不管这种可能性多么小，它总会发生，并引起最大可能的损失。”这个无法验证的“定律”并没有揭示出任何真理，不过是描述出了人对于尚未发生的事件的预期，以及由于预期而造成的焦虑。

按照麦尔·格罗斯对焦虑的描述性定义，造成焦虑的预期有两个方面的来源：一是可能出现的危险和威胁；二是对某件需要特别的努力但却又特别无能为力的事情的苦恼。这就是我们通常说的“担心”，它最容易为我们的经验所认识，也最直接被我们的心灵所体验。

有必要对预期的两个方面稍做细致的分析。

第一个方面，是对可能出现的威胁或危险的预期。典型的例子是，妻子在等待到时间还不回家的丈夫时，脑子里会自然而然地想到：会不会发生了什么事？会不会出了车祸？会不会被抢劫？会不会单位发生了什么不好的事？这些想法都是对可能出现的危险的预期。再如，领导约下属谈话，下属多半会在忐忑不安中担心这、担心那，但他就是很难往好的方面去想。预期总是伴随着担心，担心就带来焦虑，这可以说是人类心理上的一个摆脱不掉的阴影。

预期的第二个方面，是人在特别期盼达到某种愿望或做成某件事情，却又担心自己无论怎么努力做不到时，也就是在所谓需要特别的努力却特别无能为力时的感觉。这种感觉，也着实是令人苦恼和担心呢。我在前面的例子中谈到的那个向女孩求爱等待着回音的男孩子即属此种情况。要博得自己所喜欢的女孩子的爱，当然需要特别的努力。但在求爱的信息发出后，尚不明了那个女孩子的态度前，这个男孩子除了满怀焦虑地等待，他还能做什么呢？他只有在期待中焦虑，在焦虑中继续期待。人在面临两种选择，处在两难的处境时大都属此种情形。

我在做心理医生时经常有人来向我咨询，遇到两个女孩子，一个很漂亮，却霸道得很，另一个女孩子很贤淑，但实在不漂亮，他应该选择哪一个？面临这样的选择当然会产生焦虑。在这样的情形下，我当然不能帮助他做出选择的决定，我也不能劝解他不要焦虑，我实在找不到说服他的任何站得住脚的理由。我至多请他按照他自己的人格和价值观要求来做出他自己的选择。

麦尔·格罗斯关于焦虑的第三层意思告诉我们，焦虑是一种适应性反应。从根本上说，人的整个生命过程就是一个适应性过程。人从一生下来就要不断地适应社会、适应环境，否则人就没法生存下去。当人处在一种新的环境中时，在面对各式各样陌生的人和事物时，会产生不安全感，对可能出现的不好的后果或可能面对的危险会有一种自动的保护性反应，这种自动的保护性反应就是适应性反应。

从整体上讲，适应性反应是在人类种族进化过程中形成的，具有推动种族进化、发展的意义。这个意义是正面的。在长期的进化和发展过程中，这种适应性反应已经自动化。这种自动化过程是在人的自主神经系统（植物神经系统）的控制下自动进行，不需要任何费力。在这个过程中会出现一系列反应，如心慌、气促、身体发抖、出冷汗等。其意义就在于，使人处于警觉或唤醒的状态，以便应付可能出现的威胁和危险。在整个过程中，人的意志并不能起到任何作用。

遗憾的是，这一系列反应却让人非常难受。

这样，我们又引出了另外一个特别值得注意的问题，那就是，人处于焦虑状态时，既有心理的体验，也有生理的感受。两者常常同时出现，混杂在一起。忐忑不安、担心、恐惧、焦躁等是心理的体验，而心慌、气短、手脚发凉、肌肉紧张、浑身颤抖等则只能说是生理上的感受了。正如心理学家爱泼斯坦（S. Epstein）所说："焦虑是知觉到危险后产生的无方向的唤醒状态"（斯托曼《情绪心理学》，356 页），所谓"无方向的唤醒状态"就是焦虑的生理感受。在有的时候，焦虑的生理感受更强于心理的体验，甚至可能掩盖心理的体验。

在我做心理医生的职业经历中，经常遇到这样的病人，他们因为不断出现心慌、气短、心前区疼痛等长期去看心血管内科的医生，甚至因为突然发作，出现类似"心绞痛"的症状而被紧急送去医院急救。他们还常常随身携带着"硝酸甘油"等一类心血管急救的药品以备不时之需。后来发现，他们的症状是典型的伴随着焦虑出现的生理症状，他们求医的方向完全错了。使用抗焦虑的治疗，对他们有戏剧性的效果。

更多的时候，忐忑不安、心慌气短和担心恐惧完全搅和在一起，分不清孰先孰后，孰为因、孰为果；譬如坐立不安就既是心理的体验，也是生理的感受。

在临床现象学上，焦虑又经常和恐惧混杂在一起，叫人难以区分。譬如一个三岁的孩子发高烧，母亲的紧张和焦急究竟应该说是焦虑情绪还是恐惧情绪呢？在病理心理学上并不是不可以区分，如果这孩子发高烧引起了严重的并发症，我们可以说他的母亲的情绪更多的属于恐惧；如果仅仅是高烧，尚未引起其他的问题，母亲只是担心他会出现严重的并发症，甚至担心会威胁到生命，那就属于焦虑的情绪。但这孩子究竟会不会发生严重的并发症，恐怕谁也不敢妄断，即便是给孩子看病的儿科医生恐怕也难以说清。在这样的情形下，焦虑和恐惧二者的界限就呈现出模糊的状态，母亲的情绪恐怕既可以说是焦虑，也可以说是恐惧。此时这两种情绪同样是一而二，二而一的事情。

焦虑和恐惧的区分只能在病理心理学的层面：焦虑永远来自于预期，来自于想象，来自于非确定性，而恐惧则是已经存在的现实。换言之，焦虑是想象的，或者说，是非现实的恐惧。不过，从生活中发生的具体现象来看——上面提到的那个例子就是如此，焦虑和恐惧并没有严格的区分，二者互换是常有的事。

期待总会带来焦虑，无论这期待的性质是“好”还是“不好”。在一般的印象中，凡是引起焦虑的期待大多与可能会出现不好的结果有关。例如孩子发高烧啦，亲人不归啦，发生什么灾难啦，似乎只有在期待中包含着这样一些不利的因子时我们才会出现焦虑。其实不然。

在前面的第一个例子中我们看到的那个男孩子给他的心上人发出求爱的信息，期待着她的回音，从情理上说就应该是一种美好的期待，但他发出信息后的心情仍然满怀着焦虑。在他的焦虑的等待中，他不仅担心她不给他自己希望的回答，还担心她不尊重自己的感情，万一她当众奚落他怎么办？几乎无一例外，人一旦进入期待——无论是美好的期待还是糟糕的期待——的状态，心理的天平就向着焦虑的方向倾斜。

现实生活的经验告诉我们，人最难以忍受的痛苦之一就是期待。在我小的时候，看电影是一件奢侈的事情。有一天我姐姐告诉我，想不想看电影？想啊！给你一张电影票。我满心欢喜接过电影票，一看，却不是今天的，也不是明天的，而是下个星期的，还有整整一周呢。七天时间，我在焦虑的等待中度过。我担心到时候突然不放映这个电影了怎么办？担心如果那天停电怎么办？还担心那天突然发生什么事情去不了怎么办？我埋怨姐姐，为什么要这么早告诉我呢？看的什么电影没有在我的心理上留下任何痕迹，但等待中焦虑的心情，至今难忘。类似的体会，我相信不少人都曾经有过。

有人会反驳说，人在期待中也并不是完全没有美好的心情呀。一个人接到相爱的人的来信时会有意识地慢一点拆开，不就是为了尽可能地享受期待带来的快乐吗？说得对，这样的心情确实很美好，人也会有意识地延长这期待中的美好心情。但我们要知道，伴随着美好心情的期待须得有一个基本的前提，那就是对期待的结果有准确无误的认知。从本质上说，那是为了延长已经到手的快乐，好比老虎捉到鹿，猫抓到老鼠，在吃进口之前还要把它们嬉戏一番的情形一个样。这种情形，和“期待”这个词所包含的本质含义还有一定的距离。在绝大多数情况下，期待不是和可能发生的事情的结果“已知”，而是和可能发生的事情的结果“未知”密切联系在一起的。“未知”就带来不确定性，任何不确定的东西都会造成焦虑。这个道理，几乎为所有的学者——哲学家、心理学家、社会学家、文化学家和精神病学家所认可。

尽管如此，我还是不得不说，即便是美好的期待，即便对期待的结果已经有了准确无误的了解，人的心情也夹杂着焦虑；我还得说，期待中的美好心情往往是短暂的，随着时间的推移，焦虑取而代之。

读者读到这里，心里也许已经有了焦虑的基本相貌，但一定还存在着一个很大的疑惑。人的心理世界是非常复杂的，单说人的情绪，就五花八门，不仅有各式各样的情绪体验，人体验到的情绪，也有各式各样的表达方式，为什么说焦虑就那么特别，需要进行特别的讨论呢？因此，我们需要厘清焦虑和人类其他情绪之间的关系，否则就有用焦虑来涵盖人所有情绪或把焦虑与其他的情绪混为一谈之嫌，也难以对焦虑情绪作更深入的讨论。

其一，焦虑不是人类的基本情绪。情绪心理学家依扎德（Izard）提出了人类的十大基本情绪，即兴趣、快乐、惊奇、痛苦、恐惧、愤怒、羞怯、轻蔑、厌恶和内疚。这些基本情绪的体验和表达具有先天的和全人类共有的特点，它们是在人类的种族进化的过程中形成的。快乐、悲伤、厌恶、愤怒、惊奇等这样的基本情绪，美国人和中国人，亚洲人和欧洲人，汉族人和藏族人，生活在经济发达地区和落后地区的人，都没有实质上的差别。用两千多年前中国哲学家孟子的话说，人人都“好好色，恶恶臭”，天生如此。人之所好“好色”，之恶“恶臭”，皆属于人的基本情绪。

重要的是，焦虑不在人类的基本情绪之列。

其二，人的基本情绪是人在认知基础上对客观世界的各种刺激作出的现实的反应或评价。这种反应或者评价可以是直接的，也可以是间接的。譬如，某种外界的刺激，如果它能给人带来利益和好处，人就会感到快乐；如果这种刺激是新异的，就能引起人的惊奇和兴趣。譬如贾宝玉见到林妹妹，譬如别人对我们的赞扬和夸奖，譬如在饥肠辘辘时吃一顿好饭，譬如我们流连于山水之间的美景，多会给我们带来快乐的情绪，引起我们的兴趣。我们把这种情绪称为正性的情绪。反之，如果外界的刺激不仅不能给人带来好处，还会对人造成伤害或者剥夺，人就会感到痛苦、恐惧和愤怒；同样，人失去的心爱的东西时会感到悲伤和抑郁，如此等等。这样的情绪在我们的生活中也是常见的，我们称其为负性的情绪。

无论正性的情绪还是负性的情绪，它们不仅是人对客观刺激的现实的反应或评价，更与人的正确的或错误的心理认知密切相关。所谓心理的认知，就是人在心理成长的过程中形成的一种观念，这种观念指引着我们怎样去看待客观外界的刺激。不同人有不同的认知心理，不同认知心理在面对同样的外界刺激时可能出现不同的心理反应。例如对别人的批评，有人心怀怨恨，有人却闻过则喜；天上一轮明月出，人间万人仰头看——有人感慨不已，吟咏再三，浮想联翩；有人却觉得稀松平常，至多不过是一个发光的大盘子而已。

我们已经说过，在基本情感方面，人人存在着许多共性。对大多数男人而言，如果天上真的掉下来个林妹妹，欣喜的就不仅是贾宝玉了。反之，大多数人对别人的恶语中伤及所有类似的负性刺激都会有负性的情绪反应。如果一个人在外界的正性刺激下不能作出正性的情绪反应，或者对轻微的负性刺激产生强烈的负性情绪，我们就可以说，他的心理认知系统出现了问题。最典型的例子是抑郁症病人，他们的抑郁情绪往往在很小的负性刺激下就会产生出来，并呈现逐级放大的效应。

建立在认知心理学基础上的现代心理治疗学，就是旨在通过调整或纠正人的错误的认知带给人的伤害和不适的负性情绪，从而达到心理治疗的目的。

其三，如果说焦虑以外其他情绪，是在客观外界的直接刺激下，经过人的认知心理的评判后而产生，这些情绪出现障碍也或多或少总是和人的认知错误（非理性认知）相关，那么焦虑正好相反。其一，焦虑和客观的事实并不发生关联；其二，焦虑非但不是错误的认知所产生，恰恰是在正确认知（理性的认知）的基础上才会产生。

为什么这样说？我们该记得，焦虑是由于对可能出现的危险和威胁的预期，是对这种预期的担心。预期的就不是已经发生的事情，也不是已经存在的事物，而是非现实的，或者至多只是一种可能性。所以人在对未发生的事情做出预期和对预期表现出担心时并不是因为人的认知（也就是观念）出了问题。人只有在正常的或正确认知的前提下才可能出现预期。也正因为如此，认知治疗对焦虑并不能奏效。这个道理，在下一章（焦虑产生于理性）将会详细论述。

其四，焦虑不仅不属于基本情绪，它更是一种高级的情绪。所谓高级的情绪，有两层含义：第一，焦虑即非基本情绪之一种，事实上，它是一种较任何一种基本情绪都更为复杂的或复合性的情绪。焦虑是什么样的复合性情绪？在下节“焦虑是一种心理冲突”中我们会对其做详细的病理心理学分析；第二，焦虑是人类文化的孕育下，在文化的“培养基”中才会产生，是人类进化和文明的产物。具体的论述是本书第四章“文化是焦虑的培养基”的任务。

上述种种，我们描述出了焦虑的基本现象，描绘出了焦虑现象的一个整体的和全息的图像。

二、焦虑是一种心理冲突

对焦虑的现象学描述给了我们关于焦虑的整体印象。这就好比给“焦虑”画了一个像，由此我们知道了焦虑是由于人对于可能出现的危险和威胁的预期的担心，是人对某些需要特殊的努力、但自己却感到特别无能为力的事情的苦恼。

实际上，单纯的担心并不构成焦虑。只有在人担心的同时“反担心”，也就是当担心构成了心理冲突时才会演变成为焦虑。所以，我们说，焦虑从本质上是由于心理冲突才造成，没有心理冲突就不会有焦虑。现在，我们要在焦虑的现象学的基础上，进一步分析焦虑的心理冲突是怎样产生的。分析焦虑的心理冲突，就是对焦虑进行病理心理学的剖析。

我们发现，焦虑和其他所有的情绪问题都不一样。生活中没有任何一个现实的事件能直接造成一个人焦虑的情绪。虽然人会对某件事情或某种境遇担心，但那种可能发生的事件和可能出现的境遇却并不是已经发生的事实。正因为不是事实，人却更加担心。

譬如高考后几乎所有的考生都会担心。成绩好的考生会担心自己发挥失常，考不上自己理想的学校；成绩不好的考生更会担心自己名落孙山。但考试既已过去，自己做的题目白纸黑字已然成为事实。考得好不好，卷子已经放在判卷老师的案头，甚至自己的档案已经到了某个学校招考老师的手中。无论自己怎样预期，如何担心，与那可能发生或已经发生的事情毫不相干。如果我们问，既然和已经发生的事情没有关系，那么担心有用吗？回答，没有用。没有用为什么还要担心？问题就在这里。

在我心理咨询时经常接待这样的来访者，他们不敢当着别人的面说话、做事，如果出现这种情况会非常紧张，非常焦虑不安。他们更担心在今后的社交场合会出现紧张焦虑，所以尽量逃避有可能让他们当众说话、做事的任何社交场所。社会心理学称此为“社会焦虑”。如果社会焦虑经常发生，就在临床心理学上构成一个常见的诊断：社交恐怖症。他们为什么会出现这种状况？他们不懂得没有必要紧张的道理吗？他们不知道越担心就越可能出现紧张的场面吗？他们不知道逃避不是解决的办法吗？这些道理他们全懂。道理全懂为什么还要担心？问题就在这里。

事实上，任何担心都是人自己主动招来的，没有人能强迫另一个人担心，也没有人能劝一个人不要担心，更没有人能用任何事实能说服一个人不要担心。因为人所担心的一切都是没有发生的，原本就不是事实。

这个特征和人类的基本情绪很不一样。例如人感到愤怒，一定有一个特定的对象给他以某种刺激，这个对象可能是别人，可能是某件事情、某种氛围，甚至可能是自己。但不管是什么，人愤怒总会有现实中发生的某个事实；其他的基本情绪，快乐也好，惊奇也好，厌恶也好，恐惧也好，悲伤也好，都是如此。唯独担心没有任何固定的对象和明确的内容，换言之，没有任何事实的基础。

但人在把担心主动招来之后，并不能安然地接受它，而是在心理上加以强烈地排拒。例如担心丈夫晚回家的妻子，一方面担心他会不会出事了？另一方面却马上否认这个担心，并在心理上责备自己不该有这样“不吉利”的想法；与此同时，她的担心却并没有停止，万一真的出事了怎么办呢？担心与不担心在她的心理上交错进行着。再如，一个人患病住院，不管是他的家人还是他自己，总是往最坏的可能去担心，但又不断地否定这种最坏的可能，心理上不断在“可能”“不可能”的忐忑中荡漾。我在第一节“从焦虑的现象说起”中所举到的全部例子都符合这个特点：人面对着可能发生的情况，先是把担心招来，招来后马上却在心理上加以排斥，排斥的同时更加担心。

这就是典型的心理冲突。

本来，心理冲突是人常见的心理现象。一个男孩子喜欢一个姑娘美丽、漂亮，却不喜欢她的霸道、任性，他该不该和她好呢？譬如我们明知做某件事情对我们有利，但从内心却不愿意去做，我们该不该做呢？反过来，我们明知道做某件事情对我们不利，但我们在内心却很想去做，我们怎么办呢？又譬如一个女人到商店去买衣服，她看中了一件很漂亮的衣服，但价格太贵，那一件价格合适的却不漂亮，她该买哪一件呢？这些都是常见的心理冲突，都会产生短暂的焦虑，不过大多数人会使用现实选择性的方法很快就化解掉这些心理冲突，克服短暂的焦虑，使人的心理归于平衡。

产生焦虑的心理冲突的特别之处在于，人的心理冲突被无休止地纠缠于强烈的自我强迫与自我反强迫的自相矛盾状态中。

强迫心理的基本公式是“明知……，却……”，例如“明知不对，却控制不住要去做；明知没有意义，却控制不住要去反复思考；明知没有必要，却控制不住要反复检查；明知不会发生，却控制不住要担心”等。这种“明知……，却……”如果占据了我们心理的主要空间，自我强迫和自我反强迫的心理冲突就与焦虑之间画了一个等号。

我们以焦虑的核心——“强烈的担心”为例。人在担心某件对自己不好的事情可能会发生时，一方面是害怕、恐惧；另一方面却自己安慰自己，自己说服自己，以期让自己从担心中摆脱出来。人在期待中担心，在担心时自我反抗、自我说服，这样就形成“担心”和“反担心”的心理冲突。人在心理冲突中产生焦虑，焦虑促使心理冲突加剧，于是更加剧焦虑——我们看得十分清楚，这是一个不断向前发展又不断循环往复的过程。

人在期待中担心：好像一个声音在说，真令人担心啊，如果有什么不好的结果可怎么办啊——这是自我强迫；另一个声音同时却在对自己说，没有必要这样担心，这样忧虑，说不定等待自己的是一片灿烂的阳光呢——这是自我反强迫。两个声音构成色彩鲜明、相互对立、互相纠缠的二部轮唱。也许我们更可以用奏鸣曲的曲式来形容焦虑的心理冲突：呈示部——发展部——再现部，如此不断循环往复。

我们已然看到，人在担心时心中鸣响着两个声音，出现了两种人格，面对着两条战线，万般无奈地进行两面作战：处于焦虑状态的人，就是这样被彻底纠缠于令人绝望的心理冲突中，无休无止、没完没了、难以自拔。在如此循环往复的过程中，焦虑的情绪更像浪潮一样，一浪高过一浪，汹涌澎湃，一往无前。

但焦虑并不仅仅产生于对可能出现的危险和威胁的预期——读者如果还记得，我们前面曾提到过丹麦哲学家克尔恺郭尔关于焦虑的理论——当人面临不期而至的选择时，也可能造成自我强迫和自我反强迫的心理冲突，同样会引起焦虑的情绪。在他的著作《恐惧的概念》中，克尔恺郭尔指出：焦虑乃是人面临自由选择时所必然存在的心理体验。克尔恺郭尔认为：人在生命的旅途中处处面临着各种选择，我们无法预测到在选择时可能遇到的何种危险。人是介于无限、永恒、自由和限制、暂时与永恒、人性与神性之间的未完成的东西，因此人是不确定的，处在不断的选择和成长的过程中。从这个道理上说，人从本质上是永恒的焦虑的。

在现实生活中，人所面临的选择大致有以下几种：

第一种，双趋式目标的选择。在人面前同时存在的两个目标，这两个目标具有同样的吸引力，几乎可以给人带来同样的利益，故引起同样强度的心理动机。两种同样强烈的心理动机同时出现，即便是好事，也会引致强烈的心理冲突。强烈的心理冲突就会带来焦虑。例如孟子所说：“鱼，吾所欲也，熊掌，吾所欲也，二者不可得兼……”，就是如此。

第二种，双避式目标的选择。两个不利的事件就要同时发生，人只能避开其中一个，而避开任何一个，接受任何一个都会带来伤害，都心不所愿，情有不甘。这一定会引起强烈的心理冲突。人们当然可以采用“两害相权避其轻”的方式来处理这样的选择，但当真正面临这样的选择时，却并不容易。

有一个古老的故事是这样说的：在一个王国里，残暴的国王有一个爱之如掌上明珠、既聪明又漂亮的女儿。整个王国的男性都被这个公主所吸引。但美丽的公主却偏偏爱上了她的侍卫，一个威武刚健的青年。他们的爱情被国王知道了，国王自然不能允许这桩爱情继续发展。处死侍卫是极简单的事，但国王心疼自己心爱的女儿受到打击。他想到了一个办法，让上帝来抉择。这办法是，把侍卫置于王国的斗兽场中，斗兽场中的两间小屋，一间小屋里关着最凶猛的狮子，另一间小屋里是美丽的少女。只有国王自己知道哪间小屋里是什么。现在要公主当着公众的面指定开哪间小屋的门，如果里面是美丽的少女，就由国王做主，把那少女嫁给侍卫为妻；如果打开门是狮子，就把侍卫吃掉。可怜的公主，她该怎么办呢？她是宁愿自己的心上人另娶一女子为妻还是眼睁睁看着他被狮子吃掉呢？选择前者她失去了爱情，可能让她在嫉妒的折磨中度过一生；选择后者她就失去了爱人，可能让她在悲伤中度过余生。她应该指定哪间小屋的门打开呢？她打开任一个门都不可避免给她造成伤害啊！

第三种，趋避式目标的选择。当某个目标既有利又有弊，既可满足人的需要，同时又对人造成某种威胁时，即形成趋避式的选择。这种选择无疑也充满着心理的冲突。

例如女孩喜欢吃零食又担心发胖，吃还是不吃呢？这是简单的选择。但即便是简单的选择也会带来心理冲突。我们随便了解一个这样的女孩子，就知道她在面临着想吃零食和怕长胖之间有多么强烈的心理冲突，会有多么强烈的焦虑。

当然生活中更多的是复杂的选择，譬如一个高级知识分子要去做官，他在做学问上就会有很大的损失，在得到许多东西的同时也会失去很多，而得失之间就不是可以简单比较的。最严重的选择来自莎士比亚名剧《哈姆雷特》中主人翁哈姆雷特所说的那句千古名言："to be or not to be，that is a question"（做还是不做，或活着还是死去，那是一个问题）。在英文中，be 是一种存在状态，人选择这种还是那一种存在状态，实在是一个重大的问题啊。事实上，在现实生活中，我们所面临的重要选择都与此有关。

第四种，双重趋避式目标的选择。这种选择是双趋式加双避式的复合形式。即同时存在两个目标，此一目标之弊恰为彼一目标之利，反之，彼一目标之利恰为此一目标之弊。两个目标之利弊具有同样强度的吸引力和排斥力。最简单的例子是，漂亮的姑娘通常难以有贤惠的性格，有贤惠性格的女孩子却多半不漂亮。当一个男人在选择自己的妻子时，他应该选择更漂亮一点但不够贤惠的姑娘呢，还是选择贤惠一点但不漂亮的姑娘呢？人在做出自己的选择尤其是重大的选择时，当然希望有此一利而无彼一弊，而生活给我们所提供的选择却是利弊参半，我们被迫要作出或此利此弊或彼利彼弊的选择。

面对不期而至的选择，尤其是两难的选择，总会造成心理的冲突。如果心理冲突具备了自我强迫和自我反强迫的特征，一定会带来焦虑。哈姆雷特在了解自己父王死亡的真相，知道就是自己的叔叔谋害了自己的父亲，篡夺了王位，娶了自己的母亲后，不知道究竟该怎么办时，就是典型的由于选择所带来的自我强迫和自我反强迫的心理冲突，就是典型的焦虑。

选择之所以会带来焦虑，与人对自身、对自然和对社会的不确定感有关，而不确定感的产生，同样来自预期。所以我们说，麦尔·格罗斯对焦虑的定义——人对可能发生的危险和威胁的预期，无论从现象学上，还是病理心理学上，可以称作是关于焦虑的经典定义。

于是，我们对焦虑的病理心理学特征，也就是焦虑状态时的心理冲突特征就非常清楚了：人就是在自己为难自己的同时自己解脱自己；在自己和自己过不去的同时自己宽慰自己；在自己打自己的巴掌的同时却又自己抚慰自己——人就是这样自己给自己设下了两难的陷阱。人一旦陷入焦虑的陷阱，就难以自拔。发展到此种状况，生命过程，就只有在强烈的自我强迫和自我反强迫的心理冲突中不断地来回激荡。

另一个问题又出现了：日常生活中固然存在着大量的焦虑，但那都是很轻微的呀！人也会很容易地处理呀！的确，同样是焦虑，内心有一点忐忑不安和心惊肉跳的感觉怎么可能会是一回事呢？再如同样是期待，一个可能患癌症的病人等待化验结果时的心情和一个男孩子等待心上人的回音时的感觉怎么会是完全一样呢？

轻度的焦虑确实并无大碍，而极重的焦虑甚至可能导致人生不如死的感觉。问题在于，焦虑可能呈现放大效应，尤其是当焦虑的病理心理特质——自我强迫和自我反强迫的心理冲突反复出现，不断循环，甚至渗透到一个人的人格中去以后。所以，担心的性质不同和程度的轻重之分并不妨碍它们在病理心理学上的同源性。其实我们在前面已经部分讨论过，人只要进入自我强迫和自我反强迫的心理过程，心理冲突就出现逐级放大的效应，焦虑不断自我增强，发生共振、激荡。

这种情形是怎样发生的？

要进一步明了人的心理冲突，尤其是以自我强迫和自我反强迫为特征的心理冲突为什么会发生，还需要在两个方面细致地分析和清晰地阐述：人在面对任何可能发生而尚未发生的事情时，都有担心的理由和不担心的理由。人正是由于在“担心”和“不担心”两个方面都有充分而合理的理由，才会陷到不可自拔的心理冲突中去。

一个人对未发生的或处于不确定状态的事情出现心理上的担心，自然有充分的理由：

其一，从生活的事实层面来说，世界上每时每刻都在发生着各种事件，这些事件有好的、令人愉快的，也有不好的、令人不愉快的，甚至灾难性的。生活的常识告诉人们，天下任何事情都可能发生。西方人见面相互询问时经常说的一句话“good news or bad news?”（好消息还是坏消息），就反映了此种情况。

其二，既然生活中可能发生任何事情，那么，好事和坏事就都有可能发生。谁能够百分之百地担保生活中就不会发生任何不测呢？人走在路上就没有哪怕一丝丝可能被车撞死吗？每天发生的那么多交通事故是从哪里来的呢？吃东西难道就真没有被噎死的可能吗？有人就可以指出吃东西被噎死的具体例子。当自己三岁的孩子发高烧时做母亲的难道没有理由担心吗？小孩子发高烧，烧成肺炎，得了败血症死去的例子绝不是没有的啊。飞机在天空上，谁能担保它绝不会掉下来？全世界空难还少吗！谁能保证给自己心上人发出求爱的信息就一定会得到爱的回音吗？当然没人能保证，否则就没有失恋一说了。

我们常说，一个硬币有两面，也只有两面，不是这一面就必然是那一面，而且常常是自己不想要的那一面——墨非定律所谓“人一旦预期到有坏事要发生，那就一定会发生”。西方人为什么要问“good news or bad news?”其实想知道的是有没有 bad news（坏消息），好消息是不用问的。有焦虑情绪的人常常逼问劝解他的人：你能百分之百担保不发生任何坏的结果吗？当然不能。

其三，做任何一件事情，追求任何一个东西，都有成与不成两种可能。既要做事，既要追求，就必得成功，必得完善，这样才合人的心意。这种心态正是人类之不同于动物之处。诚如著名学者梁漱溟先生所言：“人类生活处处有待于心思作用，即处处皆可致误。错误一经自觉，恒心不甘。”（梁漱溟：《中国文化要义》，127 页）恒心不甘，就要千方百计不要出错。不要出错，就得一心追求正确；而一心追求正确，便会害怕出错；越害怕出错，就越担心可能会出错。希望好的结果，必然担心不测发生。越是想得到好的结果，越担心坏的结果会出现。这些心理，实在都是人性中的常态。

我反复说过，人如果仅仅从不好的一面担心，还不足以构成焦虑的最重要的病理心理学特征。有矛就有盾，有正面就有反面，有担心就有不担心。只有出现担心和不担心的冲突，在自我强迫和自我反强迫的心理矛盾不能自拔，焦虑才会出现。面对可能出现的危险和威胁，面临各种两难的选择，人亦有充分的理由说服自己不用担心：

其一，我们心里都清楚，过度的担心并没有必要，既不符合事实，也不符合数学上或逻辑学上所谓“小概率事件原则”。例如，每天在马路上行走的人成千上万，但发生交通意外却属于个别的事件；再如，就可能发生意外事件而言，飞机是最为安全、最少机会发生意外的交通工具。在数学和逻辑学上，这都属于“小概率事件”。我认识一位朋友，经常飞来飞去，一年中倒有半年是在空中度过的。别人问他，你就不担心飞机出事吗？他的回答非常简单也非常有道理：“那种可能性比买彩票中头彩还难呢！真的中了这个头彩，也就认了！”

一个小概率事件在一个大的整体中可以被逻辑学和高等数学证明无限趋近于零。这个道理，不用解释，也不需要高深的数学和逻辑学知识，人人都会明白。

其二，焦虑毕竟是对可能出现的危险或威胁的预期，而人通过生活的常识知道，并不是到处都充满着危险和威胁。生活中即使发生危险和威胁，不一定和我们有关；即使和我们有关，并不一定就产生灾难性的后果。临床学家向我们指出了这样一个道理，生活中出现一些担心是正常的，只是不要过度，不要陷入焦虑时强烈心理冲突的状态就行。所以人心并不是完全不明白，对事件的担心和真实的事件并不是一回事。

其三，人不会让自己长期处于期待或选择状态。当人预感到某一件不好的事情会发生，或有某种危险会来临，由于自我保护的本能，他会努力设法去战胜、去克服、去化解所谓不好的结果或危险，甚至还可能主动去迎接这不好的结果或去面对危险。同样，当人发现自己即便经过种种努力亦没有能力去达到某个目标时，他就会主动放弃这个目标。战胜危险，直面威胁，放弃目标，这是人在面临困难时常用的方法。这诸多努力的结果，无论是否合人的心意，总算把期待消除了。期待消除，担心就没有理由了，心理冲突就无从发生了，焦虑也就冰释了。这个过程，弗洛伊德的心理分析理论释之以“自我心理防御机制”的作用。不过在心理分析理论中大部分是在潜意识领域中进行。

问题又来了，担心有担心的理由，不担心有不担心的理由，两个理由都非常充分而合理。人应该相信、服从哪个理由呢？在病理心理学上，这两种力量可能以动力学的方式实现某种动态平衡，此消则彼长，彼消则此长。当不担心的理由较强大时，人的焦虑会自动消解。当担心的理由较强大时，不担心的理由就处于弱势，人就会有更多的担心，人必会想方设法消除担心。这些办法有现实的——譬如解决了问题，克服了困难；也有非现实的——譬如让不担心的理由成长。

所以更常见的情况是，担心的理由和不担心的理由都同样强大，两个理由处于势均力敌的状况，二者处于所谓“动态的平衡”中。在这样的状况下，人对两个理由都只能既服从，又反抗；既接受，又排斥。正因为如此，人才处于两面作战的状态，才会欲罢不能，割舍不下，陷于自相矛盾的自我强迫和自我反强迫之中。

前面说过，焦虑产生后，具有自我放大的效应。焦虑的情绪在自我强迫和自我反强迫中不断自我激荡，不断增大。不仅如此，这种情绪一经产生，更以一种涣散的、无方向的趋势向外弥漫，趋向于自动化和模式化。任何事情一经这种情绪渲染就会变得失去理性，变得不讲道理，平常经常发挥的认知和理性的作用则退居次要地位。

可以举出两个最典型的例子来说明这种状况：一个例子是人类的爱情。真正爱上一个人是不能用理性来界定，也不能用逻辑学来推演的。恰如莎士比亚名剧《洛伦娜二绅士》中女仆爱上男主人时的那句名言：“因为我爱他，所以我爱他”。第二个典型例子就是人的焦虑情绪。不要因噎废食、杞人忧天的道理是人人都懂的，人却总是要对想象中的不测忧心不已。

面对随时出现，四处弥漫的焦虑，人会怎么做？会做什么？会产生什么样的结果？

三、焦虑是人最痛苦的心理

我们已经认识到，焦虑在人类的进化中具有正性的适应性意义：适度的焦虑可以提高人的警醒水平，增强人对环境的应变能力，促使人进入某种适宜的状态，例如竞技状态——任何聪明的教练员都懂得在他的运动员即将上场比赛时要给他造成适度的焦虑。看来，焦虑并不是没有任何正面的作用。

但就人的情绪趋向而言，没有人喜欢焦虑。我已经说过，即便轻度焦虑时忐忑不安的心情也是令人难受的，更何况强烈的焦虑，那种恐惧，担心，郁闷，不知所措；那种心惊肉跳，出气不匀，头皮发麻，身心漂浮，头重脚轻，坐立难安，寝食不宁，欲说还休，欲罢不能的感受，更是如此地令人痛苦，如此地折磨人，如此地令人不堪忍受，生不如死，恨不能一死了之。

凡此种种，可以得出一个命题：焦虑是人类最痛苦的心理。

要证实这个命题，我们可以先从反面来回答：在人类的心理中，难道就没有比焦虑更难受、更难以忍耐、更折磨人的痛苦吗?

但欲回答这个问题，我们还须得阐明关于焦虑的两个基本前提：第一个前提是，焦虑是人在意识领域内对自己的心理有清晰的理性的认知基础上才能产生。人不能清晰地意识到自己的心理状态，心理的痛苦故无从谈起；第二个前提是，心理的痛苦来源于心理的冲突，没有冲突也就没有痛苦。这一点我们在上一节已经做过细致的讨论。

第一个前提排除了一切不能在意识领域内清晰地认知的心理障碍。所谓“在意识领域内清晰地认知的心理障碍”，就是病人不仅能意识到自己的心理障碍，而且能以批判的态度来对待它们，知道在哪些方面出现了障碍，并想方设法要去克服这些障碍。对此，临床精神病学常以“自知力”概念论之。有了这个前提，以精神分裂症为代表的所有缺乏“自知力”的重性精神障碍都应划入“不能在意识领域内能清晰地认知的心理障碍”这一范畴。

精神分裂症病人与我们并不生活在同一个精神世界，即便他们也有心理上的痛苦，与我们所理解的痛苦亦不可同日而语，更不能等量齐观。我们和他们，使用的是两套互相不能解码的密码系统，他们不能进入我们的系统，我们也不能进入他们的系统，故我们只能认为病人对自己的障碍“在意识领域内缺乏清晰认知”。病人对自己的心理状态既缺乏清晰的认知，也没有批判能力，自然不在我们所讨论的精神痛苦之内。这个结论，不但有经验的临床精神病学家和病理心理学家，即使是寻常人，也是同意的。

也许重性抑郁症更有讨论的价值，因为重性抑郁症病人的心理痛苦是尽人皆知的事实，因之提出重性抑郁症来进行讨论也就具有特别的意义。是的，我们必须回答：重性抑郁症的抑郁情绪难道不比焦虑情绪更痛苦吗？

我们来看看重性抑郁症病人的心理痛苦是怎么一回事。

重性抑郁症的核心症状是情绪极度低落和对生活中的任何事情都失去兴趣。美国《牛津精神病学教科书》对抑郁症有一段生动的描述：抑郁症病人“认为他做的每一件事情都很失败，且别人都认为他是一个失败者；他不再自信，对任何成功都持怀疑态度……。病人总是想到最坏的结局。他预感到自己会事业无成，经济破产，家庭不幸，以及健康状况不可避免地恶化。这些无望的想法常伴有生活没有意义的想法，而死亡则成为受病人欢迎的解脱方式。”（《牛津精神病学教科书》中文版，265 页）

从这段话我们至少可以获取两个方面的重要信息：

其一，重性抑郁症病人内心缺乏真正的冲突。在抑郁情绪的指引下，病人的心理世界永远指向一极——那个最坏的结局。所谓“最坏的结局”固然亦缺乏客观的事实依据，但由于病人的心理指向性只有最坏的一个方面，内心的冲突却因之归于消弭。抑郁症病人的内心也会有预感，或者说预期，但预感或预期同样都只是单向的。无所谓希望固无所谓失望。抑郁症病人手中只有矛，没有盾。而我们知道，真正的心理痛苦实为在希望和失望之间的煎熬。

其二，重性抑郁症病人能够找到自己的解脱方式，那就是死亡。“死亡成为受病人欢迎的解脱方式”，每一个重性抑郁症病人都会告诉我们，死亡对其有强烈的诱惑。当一种强大的诱惑在前面向人招手时，人就会心无旁骛地一直向着这诱惑奔去，即便这诱惑是死亡。在死亡的诱惑下，痛苦也就随之消失了。临床精神病学家有太多的例子告诉我们，重性抑郁症病人在寻求死亡时，不仅没有心理的痛苦，反而呈现出一种兴奋和冲动的情绪。

真正痛苦是欲罢不能，割舍不下，五心不定，求生不能，求死不得，生不如死。其实，如果说抑郁症病人心理也痛苦，这痛苦却正是来自于与抑郁情绪相伴随的焦虑症状。任何有经验的临床学家都清楚，抑郁与焦虑症状经常是纠缠在一起，相互之间，最是难解难分。从这个意义上说，轻型抑郁或恶劣心境也许比重性抑郁症更为痛苦，因为前者更多地伴随着焦虑症状。从这样的分析看来，我们得出以下的结论并算不得勉强：真正的重性抑郁症在其意识领域内对自己的心理状况仍然缺乏清晰的认知。

对关于“焦虑是最痛苦的心理”的第二个前提——心理的痛苦来源于心理的冲突，我们在前面已经做过分析，这里还需要稍作细致的分析。究竟什么样的心理障碍充斥着强烈的心理冲突呢？我们先对各种心理障碍做一个罗列。按照美国精神病学会（APA）出版的《精神障碍分类与诊断手册（第四版）》（*Diagnostic and Statistic Manual of mental disorders—fourth edition*，DSM－Ⅳ）的分类，除了重性精神障碍（主要是精神分裂症和重性抑郁症），尚有如下几种：

焦虑障碍：包括惊恐障碍、广场恐怖、特定恐怖症、社交恐怖症、强迫障碍、创伤后应激障碍、急性应激障碍、广泛焦虑障碍。

躯体形式障碍：包括躯体化障碍、转换障碍、疼痛障碍、疑病症、躯体变形障碍。

做作性障碍。

分离性障碍：包括分离性遗忘症、分离性神游症、分离性身份障碍、人格解体障碍。

性及身份识别障碍：包括性功能失调、性欲障碍、性兴奋障碍、性乐高潮障碍、性疼痛障碍、性欲倒错、性别身份障碍。

进食障碍：包括神经性厌食症、神经性贪食症。

睡眠障碍：包括睡眠失调、睡中异常。

冲动控制障碍：包括间歇性爆发性障碍、偷窃狂、纵火狂、病理性赌博、拔毛发狂。

适应性障碍。

人格障碍。

考察上述障碍，我们可以也应该得出这样的结论：只有产生心理冲突的障碍才会有心理的痛苦，而痛苦的精神障碍都和焦虑有关，或者这痛苦本身就是焦虑。

不用说，DSM－Ⅳ分类中“焦虑障碍”序列中的所有心理障碍一定会有心理冲突并产生焦虑情绪的。其他的心理障碍会不会有焦虑情绪则看它会不会产生心理的冲突。

我们选取几个例子来做分析。

第一个例子，神经性厌食症。对于神经性厌食症，经典的描述是，“神经性厌食症是由心理因素所致，与家庭环境密切相关，目的是希望减轻体重。多发生于女性。主要临床症状表现为患者有意节食导致体重明显减轻。……患者对自身体象的感知有歪曲，虽已严重消瘦却仍认为自己太胖，患者进食很少，尤其怕吃碳水化合物，有的患者为了减轻体重不惜采用人工呕吐，过度运动以及泄泻等方法，严重的可发展成恶病质，并可导致死亡。……患者不承认是病，对治疗往往不合作，有时甚至出现抵抗治疗的行为。”（《精神病学》沈渔村主编，人民卫生出版社，1994 年，第三版，732 页）

如果我们对神经性厌食症做病理心理学的分析，我们可以把神经性厌食症看作是人对焦虑情绪的代偿或替代。临床精神病学在这方面给我们以最充分的证据。譬如，精神病学家布鲁奇（Bruch，1974）认为，“这些神经性厌食症病人陷入了一场战斗，这场战斗是为了控制、得到认同和证明自己有力，而对苗条的不懈追求则是作战的最后一步。……自我评价低，过度依赖以及极端的完美主义者是该病的病因。”另一位精神病学家米卢钦（Minuchin）则认为，神经性厌食症病人的人际关系模式是由“羁绊、过分保护、僵化以及缺乏解决矛盾的方法等组成。”（《牛津精神病学教科书》刘协和等译，四川大学出版社，2004 年 12 月，442 页）这就不可避免地把神经性厌食症导入到焦虑的病理心理学的整体范畴中。

我们之说神经性厌食症病人的厌食症状是由于“患者对自身体象的感知有歪曲”，不过是站在通行的文化和这个文化的价值观的角度上看，对病人自己而言，倒并不存在歪曲不歪曲的问题。病人的内心世界如果不和他所在的文化和通行的价值观发生冲突，病人可以完全沉浸在自己创造的心理世界中，虽不能说其乐陶陶，但本身并没有什么痛苦可言，即便病人可能在极度营养不良中死去。

第二个例子，性障碍。在我们的社会里，性障碍，无论是性身份识别障碍、性指向障碍还是性功能障碍，都不是十分少见的现象。临床心理学家都清楚，性障碍无例外地总会产生焦虑，也正是焦虑才是促使患者向心理医师求助的基本原因。分析性障碍焦虑产生的原因，心理治疗家亦无例外地总会发现其与现存文化的冲突。如果没有和文化的冲突，性障碍者的焦虑就不会产生。发生在西方大多数国家的现象说明，具有性身份识别障碍和性指向障碍——异性癖和同性恋——的人如果生活在一个高度包容性的社会环境中，他们是宁愿按照自己目前的状态生活而不去寻求任何改变的，而他们的生活本身并不会出现任何问题。

而对性功能障碍——例如阳痿和性欲低下——而言，焦虑常常是其最主要的原因。“有时焦虑是早年创伤性体验的后果，比如男性初次性交的失败，女性的性受虐或被性侵犯的经历；有的焦虑来自于父母或他人对性关系的令人害怕的遭遇的描述。”（上书，586 页）另外，性功能障碍患者之所以有强烈的焦虑也多半是由于他对通行的社会认知和价值观做出的反应。

第三个例子，睡眠障碍。睡眠障碍（尤其是原发性失眠）当然会造成焦虑。严重失眠的病人会非常生动地描述他们在失眠中的煎熬和极度的痛苦：

在夜不能寐的漫漫长夜中，怎样地备受煎熬：不停地辗转反侧，耳边听到睡在旁边的人沉睡中的清晰的呼吸声，隔壁夜归者的开门关门声，汽车驶过时的沙沙声，每个细小的声音都是那样真切，声声入耳，直入肺腑。他们的每个神经细胞都张开着，接受外界最轻微的刺激。心脏怦怦跳着，浑身出汗，肌肉紧张，呼吸不匀。望着窗外漆黑的夜空，好像世界的末日到来了！严重失眠者告诉我，那种感觉，甚至比死还要可怕呢。那种感觉是什么？那就是焦虑！事实上，人对失眠的担心所造成的焦虑恰是睡眠障碍的重要原因之一，患者求助的原因更多不是失眠本身，而是失眠带来的焦虑。而欲治疗失眠，首先要治疗病人的焦虑情绪。

第四个例子，冲动控制障碍。冲动控制障碍包括几个特定的类型：间歇性爆发性障碍、偷窃狂、纵火狂、病理性赌博和拔毛发狂。从总体上讲，这是一类不受控制而要进行某些行为的心理障碍，所谓“某些行为”通常理解为社会规范所不允许或对自己与他人造成伤害的行为。譬如，一个人控制不住爆发性发脾气、纵火、赌博、拔自己身上的毛发等都是。

从病理心理学上分析，我们会发现，这类人在未进行这些行为前，会有一种愈来愈强烈的欲望和迫切感，欲望和迫切感压迫自己非要去采取这种行动不可，否则就会产生极为强烈的焦虑。行为的唯一目的就在于克服或缓解自己的焦虑。当那种行为进行及完成时，人会感到由于焦虑缓解后的愉悦、舒畅及松弛感。之后，他们会产生后悔、不安或内疚的感觉，但并不妨碍他们下一次重复同样的冲动和行为。焦虑和冲动控制障碍之间的关系是不容置疑的：焦虑直接导致了不可控制的冲动性行为，这些行为缓解了焦虑，两者形成相互影响的恶性循环。从本质上说，不可控制的冲动性行为不过是人克服和缓解焦虑的方法而已，虽然这些方法会对个人和社会都带来伤害。

第五个例子，适应障碍。“适应障碍是指与适应新环境有关的心理反应。这些新环境包括离婚、分居，或移民及上大学之类住处和职业的重大变化，以及生育残障子女。”（上书，198 页）“适应障碍的症状包括焦虑、担忧、注意力难以集中、抑郁和易激惹以及自主神经系统唤起而出现的躯体症状和心悸和震颤等。”（上书，199 页）不难看出，适应障碍的发生不仅与焦虑同出一辙，其症状几乎就是焦虑的拓本，两者之间毫无二致。我在前面分析过，焦虑本身就是在人对环境的适应过程中产生的。

——只要我们肯下工夫，对 DSM－Ⅳ所列的心理障碍一一进行分析，我们最终总会发现同样的规律。

一个人因某种心理障碍而求助于心理治疗师或咨询师，也大多是由于焦虑症状的存在；如果不存在焦虑症状，他即不会主动求助，不管这种心理障碍本身在客观上已经给他带来了多大的麻烦。人格障碍在不伴随焦虑症状时就是典型的例子。

这就是我们已经了解到的事实：心理障碍并不是都会带来心理的冲突，也不一定会存在心理的痛苦，而一旦产生心理的痛苦，一定是和焦虑有关。

另一个有趣的现象也值得一提。若干年前，当《美国精神障碍诊断与分类系统（第三版）》（DSM－Ⅲ）在分类系统中把强迫障碍列入焦虑障碍序列时，曾引起国内一些专业人士的困惑。当时我曾经请教前辈学人，我得到的回答是，因为强迫障碍总是伴随着焦虑症状的。顺着这个思路，我发现，这个理由并不充分，伴随着焦虑症状的心理障碍太多了，并不能因此就和焦虑障碍列为一类，譬如同样伴随着焦虑症状的睡眠障碍和性及身份识别障碍却单列一类。

正确的做法是从病理心理学中寻找答案：强迫障碍“主观上受强迫的体验和意识的抵抗是同时发生的，二者构成强迫现象的两个侧面。实际上，不加以意识的抵抗，便不会有强烈的痛苦体验。……正是强迫与反强迫的尖锐对立构成了痛苦的心理冲突。可以说，强迫症是心理冲突最典型的形式。”（许又新：《精神病理学》，219 页）由此可见，强迫症的核心是由于“强迫与反强迫的尖锐对立”的心理冲突所产生的精神上的痛苦，这痛苦正是焦虑！

行文至此，引用新心理分析学派著名代表人卡伦·霍妮所说的一句话是恰当的时候了：“强烈的焦虑是一种最折磨人的心情。那些曾经经历过强烈焦虑的病人会告诉你说，他们宁愿死也不愿再经历一次这样的折磨。”（霍妮《我们时代的神经症人格》，10 页）

到此，我们是否应该同意“焦虑是人最痛苦的心理”这个命题了呢？焦虑既是这样地痛苦，人会不会倾尽全力去摆脱它呢？人会采取什么样的办法来摆脱它呢？人在摆脱它时会发生什么样的事情呢？

四、焦虑是一切心理问题的核心

心理分析创始人弗洛伊德（Sigmund Freud）在一次心理分析演讲中说：“无论如何，有一件事情是无可怀疑的，即焦虑这个问题是各种最重要的问题之核心。我们只要能猜中、破解这个难题的哑谜，便可明了我们全部的心理生活。”（《弗洛伊德心理哲学》，223 页）

弗洛伊德的话对我们有极大的震撼力：如果我们能破解弗洛伊德所说的焦虑这个难题的“哑谜”，岂不可顺理成章、一劳永逸地解决人类的所有心理问题？岂不是可以揭开人类心理的全部奥秘？面对焦虑这个人类心理生活中的特等“怪物”，面对人类越来越多的心理问题，毕其功于一役，这对我们每个人都构成最大的诱惑。

但如何理解“焦虑是心理问题的核心”？如何破解这个难题的哑谜？却是个颇费周章，需要细细斟酌和思量的事情。

以弗洛伊德为代表的心理分析学说有完整的解释和说明。不过，心理分析学所做的一切解释都是建立在潜意识和心理动力学理论的基础上。在弗洛伊德讲出“焦虑这个问题是各种最重要的问题之核心”时，就已经预设下了心理分析学说中最重要的理论假设。聪明的弗洛伊德在这个问题上讨了一个巧。关于这个问题我愿意留待下一节用专门的篇幅来谈它。

在我看来，“焦虑是一切心理问题的核心”，应该从这样两层含义来理解，一是几乎所有的能被人在意识领域内清晰认知的心理症状总是和焦虑发生着联系，总是或多或少伴随着焦虑的症状；第二层含义是，焦虑可能引起或衍生出其他的心理症状，或者是由于焦虑直接引起，或者是由于人在企图克服焦虑的过程中产生。

细心的读者会发现，在前面我们讨论“焦虑是人最痛苦的心理”时，我们已经对“焦虑是心理障碍的核心”这个命题做了部分的论证。这就是，在人的意识领域内，只有产生心理冲突，才会出现心理的痛苦；心理冲突——心理痛苦，这本身就是焦虑本身。那么，我们能否进一步说明，正是由于有了焦虑情绪，才会由此衍生出一系列其他的心理症状呢？

我们可以这样理解，焦虑时人对“可能出现的危险和威胁”的担心给焦虑奠定了基石，人的想象更给它插上了翅膀，在人的心理上使“可能性”转变成“可能的现实性”。“可能的现实性”则把可能性与现实性混为一谈。不仅如此，在想象的作用下，经过不断发酵而逐级放大，把“可能性”和“现实性”彻底混淆起来。在这种情形下，担心变得更加弥漫，更加涣散，无边无际，失去明确的对象，把“现实性”彻底淹没掉。发展到极端，出现精神现象学上著名的描述性症状：“漂浮性的焦虑”（free - float anxiety）。

漂浮性焦虑已经超越了在初始时对“可能出现的危险和威胁”的担心，使焦虑彻底泛化。泛化的结果是担心的“无目的化”和“无对象化”，这就是临床心理学家经常讨论的所谓“没有目的的担心”和“没有对象的焦虑”。发展到此时，人就不再是担心那个可能发生的“事实”，而仅仅是“为担心而担心”，“为焦虑而焦虑”了。

此时，人的心灵，仿佛“漂浮”在半空中，整个身心出现彻头彻尾的“无方向性唤醒”，人彻底地心神不宁，坐立不安，不知所措。——到这种状况，人的心理痛苦，达到极点。

焦虑既是如此地令人痛苦，令人饱受折磨，从适应的角度看，人类必会进化出一套行之有效的抵御焦虑的操作性程序，否则人类既无法生存下去，更无法延续下去。从个体生存意义的角度看，人必定会想方设法抵御或排遣焦虑，否则生命将索然无趣，活生生的有血有肉的个体将宛如行尸走肉。

焦虑产生于心理冲突。心理的冲突只会在这种情形下出现：人对某种可能的外界刺激出现两种方向相反的认知评价，而两种认知评价都是合理的，无所谓哪一种正确或哪一种错误。这就是典型的认知“两价性”评价。

“两价性”本来是精神病学家布鲁勒（E. Bleuler）用来描述精神分裂症的矛盾动机的一个病理学概念，后来为弗洛伊德所用。“心理分析将 Bleuler 的上述概念推广运用于神经症以及正常人，即凡是同时有两种相反的评价、态度、情感或动机，都称之为两价性。”（许又新《精神病理学》，湖南科学技术出版社，1999 年版，142 页）

问题就在于，当认知评价出现“两价性”时，两种评价都既是“合理的”，又是互相矛盾的，这就不可避免给人带来极大的心理痛苦。前面我们所列举关于焦虑的种种现象，都是如此。在这种情况下，人的认知已然失去了对任何事物进行评价的有效性。认知一旦失去了评价上的有效性，自然失去了它应有的功能性。本来，人的认知系统能够对生活中发生的各种事件作出自己的评价，引起并指引人的情绪和行为沿着认知评价的道路前行。由于认知出现“两价性”，失去了评价的有效性和功能性，就使人的情绪失去方向性。人在漂浮性焦虑状态下“无目的的担心”和“无对象的焦虑”就是在这样的情形下产生的。

认知评价失去有效性和功能性，并不意味着失去了心理的能量。相反，“两价性”的认知评价使人的心理能量郁积起来，膨胀开来，形成类似于心理分析理论中“情结”一样的东西，随时在寻找机会表达自己。这是一股巨大的力量，不仅使人的情绪和行为泛滥无归，更直接扰动人格，造成人格的分离、分裂、扭曲。而人格是人类一切心理现象的枢纽和指挥中心，人格的分离、分裂和扭曲则意味着一切心理障碍的肇始。

在心理学家对“人格”一词所给出的数十种定义中，认知始终是人格中最重要的、核心的结构。道理非常简单，“由于认知涉及人的内部现象，因此广义说，人格理论中的不少观点都与它有关。”（陈仲庚等《人格心理学》，辽宁人民出版社，1986 年，241 页）

美国心理学家凯利（G. A. Kelly）是人格心理学中认知理论的代表人物。凯利认为，人的认知结构（凯利用另一个名词 personal construct，可译为“个人建构”）的目的是为了预测未来。

“凯利以科学家作为模型来描述所有的人。他发现科学家在他们的生命中总是不停地寻找透彻明晰和了解弄懂，他们由此来发展他们的学说，以便对未来的事件进行预测。换句话说，科学家的主要目标在于缩减不确定性。凯利认为所有的人也像科学家一样，都力图减少不确定性，以便使自己的生活明朗化。”（上书，246页）凯利有一个著名的基本假设，这就是“科学家模型”：“一个人的所有活动都是以其期望（预期、期待、预料）事物的方式在心理上开辟途径的”。每个正常人都像一个科学家，在自己的生命活动中不断用自己的认知结构去了解、认识世界。如果自己的认知结构与客观世界相吻合，就说明自己的认知结构是正确的，否则就需要加以矫正。这些道理我们都是同意的。

有意思的是，“按照凯利理论，精神病理现象是人对焦虑所产生的不正常的反应。……一个有心理障碍的人，正像一个科学家不能保持自己的科学理论。这种科学家虽然遇到许多研究方面的失误，但仍然以相同的结论来预测科学事实。心理障碍也与此相似，在多次不正确、无效果的预测之后，人们仍然保持原来的个人建构系统的内容和结构。所以精神病理现象是个人建构系统的技能异常。从个人建构系统的心理学观点来看，可以把心理障碍定义为：任何个人建构虽然总是无效，但还是不断应用。这种刻板的依附、僵硬地坚持一种个人建构系统的真实根源来自焦虑、恐惧及威胁。凯利认为一个人建构自己的行为总是背向焦虑的。焦虑和不适当的努力（无效努力）实际上导致心理障碍，这种焦虑和无效努力是随着一个人为了重建自己能够预料外界事物的感觉而产生的。”（上书，252－253页）

我不能认同凯利对焦虑产生基本原因的分析，在我看来，焦虑产生的原因和凯利所说“一个科学家不能保持自己的科学理论”的说法恰恰相反，正是一个人完全按照“科学家”的方式来塑造自己的行为所致。一个人把“科学家”对待客观世界的态度运用到对待自我，就是采用理性的方法来对待自己生命中和生活中的各种不确定性的预期——就会造成人的自我强迫和自我反强迫的心理冲突，而自我强迫和自我反强迫的心理冲突正是焦虑的病理心理学特征。

但我很赞同凯利的另一个意见，人在构建自己的行为时总是千方百计避免焦虑，在方向上“背向焦虑”，所以“焦虑和不适当的努力实际上导致心理障碍”，而精神障碍的“这种刻板的依附、僵硬地坚持一种个人建构系统的真实根源来自焦虑、恐惧及威胁”。凯利在这里做了两次逻辑转换，人在建立自己的个人建构时是为了避免焦虑，而恰恰是这种“不适当的努力”导致了心理障碍。

焦虑引起、衍生或导致其他的心理障碍，是通过两个方面进行的。

第一个方面，焦虑既是这样地痛苦，从个体的角度，人为了避免焦虑会竭尽自己的心力，不惜付出最大的心理代价和行为代价，即便这个代价是对自己造成极大的损害也在所不惜。人为了避免焦虑这种可怕的心理痛苦，动用了一切可以使用的心理能量，采取了一切可能的行为方法，愿意付出任何代价，是什么事情都愿意去做，什么事情也敢去做的。正是在这个角度上，我们和伟大的弗洛伊德站到了一起。当一个人把自己的“恋母情结”潜抑到潜意识中去时，弗洛伊德告诉我们，理由非常简单，就是为了避免焦虑；当人的各种心理症状以五花八门的形式显现出来的时候，道理也非常简单，它们是压抑在潜意识中的焦虑的替代品。我们和弗洛伊德所不同的只是在于我们不使用“潜意识”这个名词而已。

就是在这样的情形下，一方面，人的认知功能失去了有效性和应有功能性，不能塑造适当的个人建构原则并以此指导自己的行为；另一方面，焦虑产生后，在自我强迫和自我反强迫中不断自我激荡，呈现出自我放大的效应，并以一种涣散的趋势向外弥漫。在这个过程中，人的心理和行为离开了理性认知的指引，以“费力最小”或“省力”的原则趋向于自动化和模式化。即使在清晰的意识领域内，人的所作所为完全可能失去意志的自我控制。

失去了理性认知的塑造和指引，失去了意志的自我控制，就意味着人的心理和行为偏离了正常的轨道，就意味着心理障碍的产生和肇始。这里所讲的正常的心理和行为，应该是在人的意志自由和意识清晰的状态下，从积极的一面来看，符合人性和文化要求，能满足自己、他人、家庭和社会的要求；从消极的一面来看，不会给自己带来伤害，也不会给他人、家庭和社会造成危害的心理和行为。

人为了避免焦虑这个“最痛苦的心理”，明知不可为而为，明知对自己有害而为，明知自己可能陷入不能自拔而为。人就是在摆脱焦虑的过程中，引起、衍生和导致其他的心理障碍。这个现象，颇似吸毒者的心理。

第二个方面，对“心理障碍”来说，焦虑既是始作俑者，也贯穿于其始终。如果我们细致考察各种心理障碍的症状，我们会几乎没有例外地发现，它们总是伴随着不同程度的焦虑症状。有的焦虑症状是明显的，能被人清楚地体验到；有的则是隐藏着的（不过，我并不认为是通过压抑的作用进入了人的潜意识），不一定被人清楚地在心理上体验到；有的则以各种生理症状（心慌、发抖、气促、出冷汗等）的形式表达出来。

照此推理，我们应该明白，只有克服了造成焦虑情绪的心理冲突，才可能避免这些心理障碍的产生和恶化；也只有在心理治疗中想方设法找到并缓解焦虑的情绪，才可能使这些心理障碍的症状得到有效的治疗。

需要指出的是，这里所谓之“心理障碍”，自然是除了以精神分裂症等为代表的重性精神障碍之外的，能在人的意识领域清晰地和理性地认知的那些心理障碍，包括睡眠障碍、性障碍、进食障碍、冲动控制障碍等，当然更包括焦虑障碍本身。再一次指出，所有的“心理障碍”并非像心理分析理论所解释的那样发生于潜意识中。人能意识到自己所作所为而无能为力，这才是人性最深刻的悲剧。

不过，我们愿意也应该看看心理分析学说是怎样认识焦虑，在心理分析学说中焦虑又是怎样被压抑到潜意识中去的。经过这个历程我们最终将完成对心理分析学说的扬弃。

五、被压抑的焦虑

经典心理分析理论认为，焦虑通过压抑的作用深藏在人的潜意识中，并不为人的理性或意识所认知。表现在我们日常生活中的各种心理症状，就是焦虑的曲折的和变形的表达。心理学家的任务，就是通过心理分析的手段，对病人的各种心理症状进行分析，把深藏在潜意识的焦虑挖掘出来，从而达到治疗的目的。

把人的心理划分为意识、前意识和潜意识三个部分，虽然在弗洛伊德的全部学说中并不算是最伟大的贡献，但其影响的深远却超过了其学说本身。弗洛伊德深信，在人的意识深处，一定存在着一个心理的过程，它虽然不能为我们的意识所察觉，但它具有强大的力量，以各种方式深深地影响着我们的行为，这就是潜意识。在我们的日常生活中，潜意识影响着我们的思考、感觉和行为的方式，影响着我们对职业的选择、结婚的对象、健康的状况，甚至影响到我们生活中的每一件细小的事情。

为什么说焦虑是深藏在潜意识中的呢？弗洛伊德的学生卡伦·霍妮（Karen Horney）是这样描述的：“有这样一些神经症病人（指除精神分裂症等重性精神障碍以外的各种心理障碍——笔者注），他们仅仅意识到自己有压抑感、自卑感、性生活紊乱，以及诸如此类的情况，但却完全意识不到自己曾经有过任何焦虑。然而进一步的考察则往往表明，他们最初的陈述是不准确的。在对这些病人进行分析的过程中，我们不可避免地会发现：在他们的表层意识下，隐藏着焦虑。……这正说明，我们可能具有焦虑，而自己却一无所知。”（霍妮《我们时代的神经症人格》，29 页）

人为什么要把焦虑深藏在潜意识中？“最一般的理由是：强烈的焦虑是一

种最折磨人的心情。那些曾经经历过强烈焦虑的病人会告诉你说，他们宁愿死也不愿再经历一次这样的折磨。”（上书，10 页）于是，为了避免遭受焦虑的折磨，人通过心理分析所谓的潜抑作用（repression）的机制把焦虑抑制于潜意识中。什么是潜抑作用？在弗洛伊德看来，潜意识中的心理活动大多和某种不愉快的经历或不符合道德标准的观念、欲望和动机有关。人的意识对这些观念、欲望和动机并不能接受，也不能承认，于是就不知不觉地把它们隐藏到潜意识中去了。换句话说，焦虑实在是太痛苦了，所以要藏起来，要隐藏到潜意识中。心理分析理论，在透彻剖析人类心理上，确有任何心理学理论所不及之处，这也是它具有如此巨大的魅力的一个基本原因。

藏起来并不等于消失掉，隐藏在潜意识中的焦虑逐渐累积，形成一股强大的力量，随时蠢蠢欲动，随时要冲破意识的压抑而释放出来，变成各种心理症状。但释放出来的心理症状已经不是焦虑本身，而是诸如自卑感、压抑感、人际关系紊乱、社会适应不良、性问题等。心理分析认为这是通过变形的机制所造成。心理分析称其为“抑制症状”。焦虑通过潜抑作用进入潜意识中，而人的各种心理症状则是隐藏在潜意识中的焦虑经过扭曲和变形后的释放。

那么，在心理分析理论中，焦虑是怎样产生的呢？

以弗洛伊德为代表的经典心理分析理论认为，在人的生命能量中，性冲动或“原欲”（在稍后的文献中，弗洛伊德修正为“力比多”，即一种以性冲动为主体的生命力）是人体内最强大的能量，这种能量如果受到阻碍而不能得到发展，就会造成紧张，从而转化为焦虑。而焦虑之所以要潜抑到潜意识中去，“是由于人对这些冲动的恐惧所造成，因为对这些冲动的发现和放纵会招致外来的危险”。（弗洛伊德《焦虑与本能生活》，120 页）

最典型的例子是婴儿对异性父母的性冲动，即著名的“俄狄浦斯情结”（Oedipus complex）。这是弗洛伊德心理分析理论的重要基础之一，源自希腊神话。在希腊神话中，底比斯国王雷维斯听到预言，说儿子在将来会杀自己而和母亲结婚，所以在生下儿子以后就把他抛弃在山中了。这个孩子后来被牧羊人拾去养育，国王遇到了他，感到可爱，便收他作养子，起名叫俄狄浦斯。后来，俄狄浦斯在一次战争中果然杀了父亲，并和母亲结婚。俄狄浦斯明白原委后，便弄瞎了自己的双眼，悲惨地死去。弗洛伊德由此延伸出一场普遍性的心理戏剧，在他看来，每个（男性）孩童的潜意识愿望，乃是与母亲有性关系，并有杀死父亲的冲动。据弗洛伊德说，这种愿望是由于人类早期就已存在的近亲相奸的习俗，由于文明的出现，成为乱伦禁忌。但这种愿望并没有消除，只是被压抑到潜意识中去了而已。压抑在潜意识中的“俄狄浦斯情结”是绝不能被人意识到的，如果一旦意识到，必然由于违背基本社会道德而引起强烈的焦虑。

但大多数人类学家和社会学家并不同意弗洛伊德的观点，因为他们找不到可靠的人类学和社会学证据来支持弗洛伊德。在弗洛伊德的大批学生中，有一批既继承了老师的潜意识的基本理论，又对这个理论作了重要的修正，这就是新心理分析学派。新心理分析学派的代表人物之一就是弗洛伊德的学生，我们前面提到过的卡伦·霍妮。

新心理分析学派和弗洛伊德的经典心理分析理论的区别在于，在解释焦虑何以要通过潜抑作用隐藏到潜意识中去的原因时，有不同的说法。弗洛伊德的说法是：“焦虑主要是由于对性的冲动的恐惧而产生”，而新心理分析学派认为，人之所以要把焦虑隐藏到潜意识中去，不是由于人对性冲动或本能冲动本身的恐惧，而是由于这些冲动与文化的冲突，这些冲突导致更深的焦虑。正如霍妮所说：“根据这种观点，由性冲动导致的焦虑的发生率，就在极大程度上，取决于现存文化对于性的态度”。（霍妮《我们时代的神经症人格》，56 页）因此“焦虑主要就并不是由于对冲动的恐惧而产生，而更多地是由对受到压抑的冲动的恐惧而产生。”（上书，55 页）人的性冲动受到什么压抑？霍妮说得很清楚。

焦虑既是由于人对受到压抑的性冲动的恐惧而产生，那么我们可以假设，如果人的性冲动并没有受到社会的压抑，那么就不会对这些冲动产生恐惧，焦虑也就无从产生。这个假设有没有道理？我在后面人与文化的冲突中要进行专门讨论。

弗洛伊德首次提出了焦虑是人类全部心理生活的核心，是一切心理障碍的源头，是真正的始作俑者。这对心理学是一个了不起的贡献，从他以后的全部病理心理学，要么沐浴在这个学说的阳光下，要么笼罩在它的阴影中。

弗洛伊德正确地指出了焦虑在一切心理障碍中的作用，但却把它通过潜抑作用隐藏到潜意识中去了。“潜抑”（repression）这个词是典型的心理分析术语，它把我们无可避免地导入到潜意识的力量、性冲动、力比多、投射作用等诸如此类的原动力概念中去。

作为病理心理学家的弗洛伊德，却采用了生物学或生理学的原理——动力学原理来对人类的焦虑情绪进行解释。动力学是经典心理分析理论这座摩天大厦的基石。这座大厦真是如此令人眼花缭乱，如此炫目，令人万分着迷。但凡对人类心理现象有兴趣的人——即便是非专业人员——不可能不被它所倾倒。但着迷和倾倒的同时，人们却产生了更多的疑惑。

弗洛伊德向我们描述的潜意识领域，就像深不可测的茫茫大海，在那片阳光照不见的极度黑暗中，原欲、冲动、本我、防御机制、潜抑等如幢幢鬼影一样活动着，它们按照动力学的原则——各种力量的相互作用——支配着我们的绝大部分心理生活。弗洛伊德坚信，在人的潜意识中，力学和能量守衡的原则在发生着作用。如果有某种力量使心理的能量增高，并聚集而形成内部的紧张，就一定有一种力量要求宣泄这种能量以降低其紧张水平。用弗洛伊德的话说，一切都是“力的相互协同、相互抑制、相互联合，达成妥协，如此等等”。人的意志、人的理性则对它完全无能为力。许多人用这样的话对弗洛伊德进行过批评：经过多少万年才进化今天这个样子的人类在弗洛伊德手中被还原成了变形虫。这样的批评虽然显得过分尖刻，但不能说完全没有道理，可以看作是对潜意识理论和心理动力学说的反弹。

新心理分析学派向前迈进了半步。我之所以说只迈进了半步，是因为人类理性的阳光并未穿透新心理分析学派描述的潜意识海洋，动力学原则仍然不受人意志支配地在发挥着功用，但文化的一线曙光出现了。

正如霍妮在讨论人类竞争性时所说：“父亲与儿子的竞争，母亲与女儿的竞争，子女之间的竞争，并不是一种普遍的人类现象，而是人对受文化制约的刺激所做出的反应。弗洛伊德的伟大成就之一，就是他发现了家庭成员之间的竞争所发挥的作用，他的俄狄浦斯情结概念和其他假说中都反映了这一点。然而必须补充的是，这种竞争本身并不是由生物性决定的，而是特定文化的产物；而且，家庭环境并不是刺激起这种竞争的唯一环境，竞争性刺激从生到死，从摇篮到坟墓都在积极活跃地发挥其作用。”（《我们时代的神经症人格》，240 页）

经典心理分析理论向我们正确地指出了焦虑在人类心理生活中的核心作用，在人类心理障碍中的源头地位。新心理分析学派弥补了经典理论的不足，把文化这一重要的概念引入焦虑产生的原因中。但我们仍然难以忍受我们心理生活最重要的部分竟然沉浸在潜意识的茫茫大海里，淹没在无边的黑暗中。我们仍然难以接受，我们的日常生活，我们的喜怒哀乐竟然是被我们完全不知道的，更不能左右发生于潜意识中按照动力学原则活动的种种心理力量的支配，而这些心理的力量却是在我们少不更事的儿童时代甚至是婴儿时期就已经定型。

事实上，令人炫目的心理分析学在理论上让我们目瞪口呆般地着迷的同时，不仅矛盾重重、迷雾重重，在实际运用时也经常受到极大的阻抗。弗洛伊德本人就说过，大多数人都会对了解他的理论有极大的兴趣，但在应用理论对病人进行心理分析时却遭遇到极大的困难。心理分析理论在实际的运用中还有一个极为重要的特点——说是缺陷亦未尝不可——病例很难重复。

我们承认焦虑在人类心理生活中的重要作用，承认焦虑是人一切心理障碍的核心。但我们不能认可性冲动或原欲在焦虑产生中的作用，不能认可被潜抑到潜意识中的焦虑以及经过歪曲和化装后的释放，也不能认可生物动力学原则在支配着我们最重要的心理生活。人类心理学应该完成对伟大的弗洛伊德心理学理论的扬弃。

同时，我们应该看到，心理分析理论，在某种程度上具有宗教主义和神秘主义的色彩，它对人类心理现象的解释，与其说是着眼于现实部分，不如说是针对着非现实也即未知的部分。这与人对既非现实又不可知的事物的强烈探求欲——而这正是焦虑的根源——不谋而合。

第二章　焦虑产生于理性

在这一章，我们要进入本书核心内容的讨论。完成了这个讨论，就完成了我在本书中要做的第一个内容，也是最重要的“颠覆”：对理性主义的颠覆。

焦虑为什么会产生？人为什么会纠缠在那种强烈的自我强迫与自我反强迫的自相矛盾的心理状态中而不能自拔？

我在前面的论述中已经或多或少地透露出这方面的信息。譬如，在分析焦虑产生时的“担心”和“不担心”的理由时，我提到，人之所以焦虑，是因为担心有担心的理由，不担心有不担心的理由。如果这两方面的理由都足够强大，人应该相信、服从哪个理由呢？常见的情况是，人对两个理由都既服从，又不服从；时而服从这个理由，时而服从那个理由。正因为如此，人才处于两面作战的状态，才会欲罢不能，割舍不下，才陷于自我强迫和自我反强迫的自相矛盾之中。为什么会出现那样的情况？道理非常简单，因为两个理由都具有充分的合理性。

看来，合理性是全部问题的关键。我们只要承认人是理性的动物，我们就会同意，人在内心的深处，对万事万物都追求一个合理。无论为人，还是处世，人都会问自己，“这样做有没有道理？是不是合理？”只有合理或有道理，人才能说服别人，也才能说服自己。一个“不可理喻”的人是最被人所不齿的。这说明，在人的内心深处，有一个极为重要的东西，那就是理性。

分析到这里，我们对“焦虑为什么会产生？”“人为什么会纠缠在那种强烈的不可控制的自我强迫与自我反强迫的自相矛盾的心理状态中？”的问题，已经能够做出回答了。

这个回答就是我对焦虑的定义：“焦虑是产生于理性而脱离了理性的轨道的情绪”。这就是焦虑的本质。

现在我们要来说明，为什么说“焦虑是产生于理性而脱离了理性的轨道的情绪”？这样来对焦虑进行定义有没有充分的理由？为什么说它涉及了焦虑的本质？

我列举了三个方面的理由：认知理性是焦虑的根源，“无所私的情绪”给焦虑提供了动力，人类价值信念和自身终极关怀的缺失使焦虑泛滥无归。前两个是积极的理由，后一个是消极的理由。所谓积极的理由，是指因某种东西的存在而导致焦虑；所谓消极的理由，则乃因某种东西的缺失而导致焦虑。

焦虑产生于理性，就是对迄今为止统治人类思想的理性主义的颠覆。从传统的意义上，对理性主义的颠覆，就是对人自身的颠覆。德国哲学家恩斯特·卡西尔说：“理性实在是人的一切活动的一个固有的特性。”（卡西尔《论人》，刘述先译，广西师范大学出版社，2006 年 11 月，37 页）正因为如此，要证明“焦虑产生于理性”这个命题，需要极大的道德勇气和理性能力。

这对我是个巨大的挑战。

一、焦虑的根源在哪里

我们首先要问：什么是理性？

“理性”（reason）一词，源于西方哲学。为便于叙述起见，我愿意引用《简明不列颠百科全书》关于理性的定义：理性“是指人们凭借逻辑推理认识事物本质、获得客观真理的能力和活动。”（《简明不列颠百科全书》第 5 卷，中国大百科全书出版社，1986 年版，239 页）这个解释虽然简单，倒也把理性的最基本的含义概括进去了。

从这个定义中我们至少可以明了两层意思。第一是理性的实质在于“逻辑推理”，没有逻辑推理，就没有人的理性。理性是人类独有的东西，是人的本质，人类的心理活动必须具有逻辑性。正如黑格尔所说：“逻辑学是研究纯粹理念的科学，所谓纯粹理念就是思维的最抽象的要素所形成的理念。……我们可以说逻辑学是研究思维、思维的规定和规律的科学。”（黑格尔《小逻辑》，商务印书馆，1980 年，63 页）只有人类才能使用逻辑学。

第二层意思，人只有通过科学和逻辑的规律才能认识客观世界，了解客观事物的本质，获得客观的真理。我还是愿意用黑格尔的话来说明这层意思：“我首先要求诸君信任科学，相信理性，信任自己并相信自己。追求真理的勇气，追求精神的力量乃是哲学研究的第一条件。人应尊敬他自己，并应自视能配得上最高尚的东西。精神的伟大和力量是不可以低估和小视的。那隐蔽着的宇宙本质自身并没有力量足以抗拒求知的勇气。对于勇毅的求知者，他只能揭开它的秘密，将的它的财富和奥妙公开给他，让他享受。”（上书，35－36 页）

如此看来，人类心理活动的本质，就是理性。人之所以能与动物相区别，就在于人的活动体现出鲜明的理性精神。虽然有动物学家指出，一些高等的灵长类动物具有初步的计算能力，但严格说来，那离真正意义上的理性还相距甚远。正常人与精神病人（尤其是精神分裂症）的根本区别，也就在于有没有失去理性，说话做事有没有遵循逻辑学的规律。精神分裂症的核心症状就是思维逻辑的障碍，当一个精神分裂症病人告诉旁人说，他不能到太阳下面去，因为那里太黑暗了，用不着精神科医生，任何一个心理正常的人都能判断出他的不正常，因为他说的话缺乏基本的逻辑。

理性又贯穿于人类的整个发展过程中。整个人类文明的过程，就是理性的发生和发展的过程。尤其是在现代社会中，人类全部的科学技术，就是以理性为基础，没有理性即没有我们所知道的任何科学技术。人类知识的积累，也只有在理性的基础上才能够实现。人接受教育的过程，一方面固然是学习前人所认识、创造的具体知识，学习前人所认识的“客观规律”，另一方面，也是在学习知识的过程中训练逻辑思维的能力。

德国古典哲学家康德（I. Kant）把人对世界的认识分为感性、知性和理性三个环节。感性是先天的形式，主要是以对象的刺激为前提，是通过我们的感官，如眼睛、耳朵、鼻子、嘴巴、舌头和身体的其他部位获取对外部世界的认识。但单靠感性所获得印象是凌乱的、杂碎的，不能形成完整的世界，需要把感性获得的材料组织起来，才能使之构成有条理的知识。这个功能，就是知性之所为。

知性主要是一种主动的活动，它利用由自身所产生的纯概念把观念联系起来，构成判断。知性本身是一个统一体，它的主动性表现为从不同方面联系观念，从而得出不同形式、不同性质的判断，因为每一种判断都以一定范畴的特定含义为根据，在判断中赋予对象以某种特定的规定性。但它认识到的知识只是“现象”。现象的东西，还只是表面或浮浅的，还要通过更深层次活动，才能对事物的“本体”或本质做出回答。这个任务，只有人类的理性才能完成。

理性的过程，就是在感性和知性对外部世界所获得的材料的基础上，通过概念、判断和推理的逻辑学程序，进行去粗取精、去伪存真、由浅入深、由此及彼、由彼及此、由表及里的过程。理性是处于知性之上的最高一级的综合能力。只有理性才能对经验进行最广泛的综合和概括。

以“水果”为例。人之有“水果”这一概念是理性活动的结果，但这个概念并非凭空而来。“水果”概念的形成是以对个别的“苹果”“桃子”等的认识为前提的。而后者是感性和知性活动的结果。

那么“苹果”“桃子”的概念是从何而来？感性所认识到的是苹果之色

泽、气味、味道、软硬等印象，但这诸多印象都还只是“凌乱的、杂碎的”，并不能形成“苹果”或“桃子”的印象；使这些印象构成“苹果”这一“有条理的知识”的，须得依赖于知性的活动。于是，知性在感性活动的基础上，使人形成了“苹果”“桃子”“香蕉”“橙子”“菠萝”“葡萄”等印象。

“苹果”“桃子”“香蕉”“橙子”“菠萝”“葡萄”等还不是“水果”。理性的作用，是把在感性和知性基础上形成的“苹果”“香蕉”“橙子”“菠萝”“葡萄”等通过逻辑的过程而形成“水果”这一抽象的概念。我们说它是抽象的概念，是因为世界上并没有“水果”这个具体的东西存在，我们不可能吃“水果”，我们能吃到口的只有“苹果”“香蕉”“橙子”“菠萝”“葡萄”等这样一些具体的东西。

不过，在康德的理性学说中，理性不仅来源于经验，更运用于经验的世界。“某些知识甚至离开了一切可能经验的领域，并通过任何地方都不能为其提供经验中的相应对象的概念，而具有把我们的判断范围扩展到超出经验的一切界限的外观。而恰恰是在这后一种超出感官世界的知识中，在经验根本不能提供任何线索，也不能提供校正的地方蕴含着对理性的研究。”（康德《纯粹理性批判》，李秋零译，中国人民大学出版社，2004 年 11 月版，27 页）

所以，在康德看来，只有这才是真正的“纯粹理性”：“纯粹的理性是包含着绝对先天地认识某种对象的原则的理性。纯粹理性的一种工具论就会是能够获得并现实地完成所有的纯粹先天知识所遵循的那些原则的总和。”（上书，40 页）他说：“轻而易举就可以表明，在人类的知识中确实有诸如此类必然的，在严格意义上普遍的，从而纯粹是先天的判断”。（上书，28 页）

“一言以蔽之”，康德问道，“问题就是：理性自身，也就是纯粹理性，是否先天地包含着综合的原理和规则，以及这些原则可能存在于什么地方?”（上书，237 页）在康德看来，这些原理和规则存在于灵魂和上帝之中。

康德所谓之“纯粹理性”，至少给我们三条重要的启示：

第一，在经验的世界中，感性和知性可以帮助人类认识世界的现象，但要认识世界的本质，只有依赖于理性。然而，“经验永远不赋予自己的判断以真正的或者严格的普遍性，而是只赋予它们以假定的、相对的普遍性。”（上书，27 页）“因此，经验的普遍性只是把有效性任意地从大多数场合适用的有效性提高到在所有场合适用的有效性。”（上书，28 页）遗憾的是，这种把经验的有效性从大多数场合“任意地”提高到所有场合的作为并不能畅通，经验只能验证经验过的东西，而不能证实未曾经验过的东西。面对尚未发生的一切，人永远充满着疑惑和惶恐。

第二，理性认识主要依靠逻辑学的原则，而逻辑学原则先天地存在着自身的弊病，譬如悖论。关于逻辑悖论，我们在后面的章节中将会详细讨论，在这里我想指出的是，逻辑学原则并不能一劳永逸地解决人的认知问题。

第三，人可以依赖经验解释经验世界中的事情，但不能解释超出经验世界中的事情，“而恰恰是在这后一种超出感官世界的知识中，在经验根本不能提供任何线索、也不能提供校正的地方蕴含着对理性的研究。……纯粹理性自身的这些不可回避的课题就是上帝、自由和不死”。（上书，29 页）康德给“纯粹理性”赋予了如此重要的任务，同样遗憾的是，“纯粹理性批判”并没有完成这个任务。人类的灵魂，在半空中焦虑地飘荡。

无论如何，“理性是世界的灵魂，理性居住在世界中，理性构成世界的内在的、固有的、深邃的本性，或者说，理性是世界的共性。”（黑格尔《小逻辑》，商务印书馆，1980 年，80 页）人类的认知活动，尤其是人类的心灵活动，从最基本的1 加1 等于2 的简单运算到今天最复杂的科学技术，理性起到了最重要、也是决定性的作用。

我们正处于高速发展的现代化进程中。什么是现代化？被公认为现代化理论最重要奠基人之一的德国历史学家和社会学家马克斯·韦伯（Max Weber）认为，现代化的核心，或者说最能体现现代化的指标，就是理性化。在现代社会中，工具理性或认知理性以科学技术、管理制度、法律规范、经营计算等具体的形式体现在我们的日常生活中，左右着我们的全部社会行为。没有这些东西，整个现代化都是不可思议的。反过来，整个现代化进程的确表明，这个过程在整体上受到了科学技术、经营计算、法律规范、管理制度等的统治。因此，韦伯得出了“现代化即理性化”这一著名的结论。在韦伯看来，认知理性是现代化和科学技术的基础。没有认知理性，西方从十六世纪开始的现代化进程就不可能出现。这个认识，已经被现代化的全部成果所证实，也为大多数人所认同。

理性创造了现代化，促使人进入现代化。人们不必再像相信某种神秘力量存在的原始文化那样，为了不可知的世界而祈求神灵或求助于任何魔法。暂时把超越经验的世界放到一边吧，先照顾自己的现实生活吧。在现代人的眼中，只有理性的力量使科学和技术、逻辑和计算发挥着如此强大的功效，这使得任何“妖魔化”行为都失去了位置。

现代化进程使理性给我们建立了这样的信念：对于客观世界，只有尚未知道的，没有不可知的。只要人们想知道，就能够通过科学和技术的手段知道；从这个原则上说，世界上再也没有什么神秘莫测、无法计算的力量能起作用，人们可以通过理性的作用——认知、计算、逻辑控制世界、掌握一切。

理性的精神既是如此伟大，理性的成果既是如此辉煌，那个老问题又来了：人能否运用理性来说明一切，证明一切，验证一切？或者，我们把这个问题则转化为：能否利用认知理性把经验的普遍有效性还原为规律的客观性？提出这个问题是顺理成章的，在现在我们所了解的全部客观世界里，也就是在我们的经验的世界里，理性——也只有理性——说明了一切，验证了一切，证明了一切。

未曾想到，这个想法，却遭遇到前所未有的尴尬。

何谓“规律的客观性”？简言之，就是人对某个客体所经验到或认识到的内容与这种客体本身是否存在着对应关系。那么，认知理性对“规律的客观性”是如何验证的呢？到目前为止，只能以科学和技术在实际操作中的有效性为准绳。一种科学定律，如果在实践的运用中普遍有效，便被认定为具备了“规律的客观性”。科学技术的一切成就都证明了这一点。

问题在于，经验的普遍有效性是否就能够证明规律的客观性？遗憾的是，这个证明不能成立。科学史和哲学史已经说明，科学技术在哲学上既是属于理性的，更是属于经验主义（Empiricism）的。经验主义恰与理性主义（Rationalism）是互相对立的哲学范畴。当科学技术决定论的浪潮把经验主义作为理性的唯一代名词时，不可逾越的矛盾出现了。

人对某个客观事实的描述，只能代表在人的经验内这个事实的“客观性”，超出经验的范畴，人的任何认识都带有臆测的性质。同样，人通过认知理性的逻辑原则得到的普遍有效的规律并不能“自然而然”就导出规律的客观性的判断。认知理性本身的逻辑并不能证明，可以把经验原则的普遍有效性还原成与某种客体相对应的规律的客观性。在我们的经验之外，永远存在一个我们不能认识的世界。

另一位德国古典哲学家黑格尔说出了理性的遗憾：“这种经验知识，在它自己的范围内，初看起来似乎相当满意。但还有两方面不能满足理性的要求：第一，在另一范围内，有许多对象为经验的知识所无法把握的，这就是：自由、精神和上帝。这些对象之所以不能在经验科学的领域寻得，并不是由于它们与经验无关。因为它们诚然不是感官所能经验到的，但它们同样可以说，凡是在意识内的都是可以经验的。这些对象之所以属于另一范围，乃因为它们的内容是无限的。……第二，主观的理性，按照它的形式，总要求（比经验的知识所提供的）更进一步的满足。这种足以令理性自身满足的形式，就是广义的必然性。然而在一般经验科学的范围内，一方面其中所包含的普遍性或类等等本身是空泛的、不确定的，而且是与特殊的东西没有内在联系的。

两者间彼此的关系，纯是外在的和偶然的。同样，特殊的东西之间彼此相互的关系也是外在的和偶然的，另一方面，一切科学方法总是基于直接的事实，给予的材料，或权宜的假设。在这两种情形之下，都不能满足必然性形式。”（黑格尔《小逻辑》，商务印书馆，1980 年，47－48 页）

我们所认识的对象只是现象，本体则属于人永远不能认识的范围。但人的理性从本性上要求认识终极的无条件的东西。这就是说，理性把相对的现象绝对化了，自以为可以把握全部的真理。但我们的认识永远是有条件的，是永无止境的，所以理性永远达不到这个目的。

康德一再告诫，“永远不要冒险凭借理性去超越经验的界限”。（康德《纯粹理性批判》，李秋零译，中国人民大学出版社，2004 年 11 月版，15 页）理性的本分只能是限定于人所能经验到的世界的范畴，也就是说，理性是以人类经验世界为对象的活动，非经验的世界则非认知理性所能为。凡是不能被我们的认知、计算和逻辑所了解和掌握的，都是我们经验以外的东西，经验以外的东西不能被理性所承认。我们知道，经验的世界与真实的客观世界并不能等同。我们所掌握的一切科学技术知识只能说明，在我们所经验的世界内，它们是普遍有效的，但在超出我们的经验世界以外，理性本身并不能证明它们的有效性。

德国哲学家尼采也看到了理性主义的这种局限性，他说：“一些天性广翰的伟大人物殚精竭虑地试图运用科学自身的工具，来说明认识的局限性和有条件性，从而坚决否认科学普遍有效和充当普遍目的的要求。由于这种证明，那种自命凭借因果律便能穷尽事物至深本质的想法才第一次被看作一种妄想。康德和叔本华的非凡勇气和智慧取得了最艰难的胜利，战胜了隐藏在逻辑本质中、作为现代文化之根基的乐观主义。”（尼采《悲剧的诞生》，熊希伟译，华龄出版社，1996 年 1 月，90 页）

现代科学家也有同样的认识，美国科学家史蒂芬·霍金（Stephen Hawking）从科学的证伪来说这个道理：“任何物理理论都只不过是一个假设，在这个意义上，它只能是暂时的：你永远不能证明它。不管实验的结果多少次和某种理论相一致，你永远不能断定下一次的结果不和该理论相冲突。另有一方面，一旦找到哪怕一个单独的和理论预言不一致的观测，就足以将该理论证伪。”（霍金《时间简史》，湖南科学技术出版社，2006 年，11 页）

请读者留意，理性的悖论出现了：认知理性只能说明已经存在于人类经验中的东西，永远不能证实尚未发生的、经验以外的东西；而人类之利用理性，恰想证明一切——绝对的、全部的和完整的世界，包括经验以外的世界。所以理性只好武断地采取一种观点，拒绝另一种观点。至此，理性已经不可避免地陷入“二律背反”的矛盾或悖论之中。

这个悖论的核心就在于，人通过认知理性的作用，包括逻辑学的基本规律，如概念、判断、推理等，通过对感性和知性所获得的材料的处理，从而对客观世界所谓“本质”和“本体”的回答——这一切都只能在人的“经验”的世界中进行。人对客观世界的认识活动并没有也不可能完结，对经验以外的世界则完全无能为力。过去的经验只能说明在过去有效，永远不能“放之四海而皆准”。宇宙的无限性注定了作为工具的理性活动的局限性，理性只能不断说明前者，却永远不能穷尽前者。

面对如此的窘境，人该怎么办？人的理性该怎么办？

预测，是理性的基本品德。人对尚未认识的世界，对尚未发生的事情，只能做预测。预测的根据是什么？在理性的范围内，就只能是已知经验的普遍有效性。但理性同时告诉我们，预测可能是正确的，也有可能是不正确的；可能是真实的，也有可能是不真实的；即便有可能绝大部分是真实的，但永远不可能是全部真实的。千万次的真实也不能说明全部的真实，只需要一次不真实就可以把任何理论“证伪”！

至此，由于理性之所为和所不为，硬币的两面真正出现了。

人并不是不知道这个道理，只是科学技术的巨大成就误导了我们，以为有了认知理性，人就可以对环境进行征服，最终战胜环境；以为人就可以无所不能，人的本领就能无远弗届。事实上，当理性把人从与之紧密联系的环境中剥离出来，当作为工具的理性帮助人类在科学技术上取得巨大的成功，当人在享受着物质文明带来的越来越多好处时，人诧异地发现，人对未知的世界越来越茫然，对自己的所作所为越来越不知所措了。

回到焦虑。在第一章中我们问道：“既然生活中可能发生任何事情，那么，谁能够百分之百地担保走在路上没有哪怕一丝丝可能被车撞死呢？吃东西难道就没有被噎死的可能吗？当自己三岁的孩子发高烧时做母亲的难道没有理由担心吗？飞机在天空上，谁能担保它绝不会掉下来？你能保证给心上人发出求爱的信息就一定会得到爱的回音么？”

是啊，这正是理性的声音，正是逻辑学对人性的逼问！作为理性的人，自然无法回答。“一旦苏格拉底文化（即理性主义——笔者注）收到来自两个方面的震撼，只能以颤抖的双手去扶住它的绝对真理的笏杖，开始怀疑它的绝对可靠性，因为第一，它已经开始了解它自己的结局将如何，因此为这结局而感到恐惧；第二，它已经不再像从前那样相信它自己的确实性了。这时呈现一幕多么悲惨的场面：它的思想不断跳着舞，痴恋地扑向新的艳影，想去拥抱她们，然后又惊恐万状地突然甩开她们。人们往往把‘断裂’说成是现代文化的原始苦恼，这确实是‘断裂’的征兆：理论家面对自己的结论惊慌失措，不敢再信赖生存的可怕冰河，他惴惴不安地在岸上踟蹰徜徉。……一种以科学原则为基础的文化一旦它开始变成非逻辑的，也就是说，一旦它开始逃避自己的结论，必将走向毁灭。”（尼采《悲剧的诞生》，熊希伟译，华龄出版社，1986年1月，92页）尼采，这位天才的哲学家，把理性主义幻灭的结局赤裸裸地展现在我们面前，让我们不寒而栗。

这就是我对“焦虑产生于理性”的第一个理由：认知理性是焦虑的根源。焦虑乃因认知理性而产生，故可知认知理性为“焦虑产生于理性”的最积极的理由。

二、什么给了焦虑动力

我们如果把焦虑比喻为一条河流，认知理性就是它的源头。但仅仅有一个源头，河水还不会不断地流淌，更不会泛滥。实际上，尚有一个强大的动力推动着焦虑这条河流不停地向前流淌，四处弥漫。

英国哲学家罗素说，人类理性的深处有一种情绪，或者说有一种冲动，那就是无休止地追求正确和完善，无休止地要寻根溯源。这种情绪和想法引导着、逼迫着人无限地追求“真理”，追求事物的“本来面目”。越是未知的东西，越是不能被我们了解的事物，我们越是要想方设法去了解，去认识，去一探究竟。它类似平常我们说的“好奇心”，但远比好奇心更深刻、更强烈、更有力量。罗素把这种情绪称为“impersonal feeling”。

什么是impersonal feeling？依impersonal的原意，乃“不受个人情感影响”之意，据此或可把“impersonal feeling”直译为“不受个人情感影响的情绪”。

怎样理解“不受个人情感影响的情绪”？我愿意介绍中国著名学者梁漱溟先生的看法。梁先生在他的著作《中国文化要义》中把“impersonal feeling”翻译为“无所私的情绪”。从字面上理解，“无所私”即“不是为了自己”“不追求自己的利益”这样的意思。不过梁先生想把它讲解得更为透彻一些。

我们欲彻底了解梁先生是怎样理解罗素所谓“无所私的情绪”，倒可先看看他对理性是怎样理解的。梁先生说：“理性是什么？一般的说法，人类的特征在理智。这本来是不错的。但我今却要说，人类的特征在理性。……盖理智必造乎‘无所为’的冷静地步，而后得尽其用；就从这里不期开出了无所私的感情（impersonal feeling）——这便是理性。理性、理智为心思作用之两面：知的一面曰理智，情的一面曰理性，二者本来密切相连不离。譬如计算数目，计算之心是理智，而求正确之心便是理性。数目算错了，不容自昧，就是极有力的感情，这一感情是无私的，不是为了什么生活问题。分析、计算、假设、推理，理智之用无穷，而独不作主张，作主张的是理性。”（梁漱溟《中国文化要义》，124－127页）我们暂不对梁先生关于理性的看法作评价，但我可以说梁先生对“无所私的情绪”的描述是很准确的。理性作什么“主张”？怎么“作主张”？就是不假思索地推动着人不断地向前进。

这样我们就清楚了，在梁先生看来，所谓“无所私的情绪”，实则是人不因着具体的利益而一心一意追求正确、寻求真理之心。这倒是符合生活中的常识常理的，稍作思考，就会明白。

譬如一个中学生做一道数学难题，难题解开了，做对了，老师会在他的作业本上打个钩，或者批个“好”字，这对学生固然是个鼓励或者嘉勉。如果这个学生是个好学、勤思的好学生，就并不甘心于此。他还想寻求其他的方式，看看有没有其他的办法来解开这道难题。如果暂时找不到其他的办法，这个学生会废寝忘食去做，直到他最终找到或者实在找不到办法解决这个难题为止。他的作业任务本已经完成，也并不想得到老师额外的奖励，但有一种精神推动着他、刺激着他去尝试各种未尝使用过的方法。对这样的学生，无论是老师还是家长，都是夸奖有加的，认为这才是“好学生”。其实不仅“好学生”是这样，只要是大脑没有缺陷的学生都会这样。我们只要到“网吧”里去，看看那些正在上网玩游戏的学生，他们都是这样。他们在游戏时聚精会神、废寝忘食、不断追求的精神，一点不比做数学难题的“好学生”来得差。

推而广之，人做任何事情时都是如此。

历史上凡伟大的科学家，都曾留下可歌可泣的故事。我在童年的时候，当看到牛顿在做实验时把手表当鸡蛋煮，看到布鲁诺为了“追求真理”宁愿受火刑，看到昆虫学家法布尔为了仔细观察昆虫的活动，情急之下竟把一只极臭的昆虫含在口里的故事时，总是禁不住感动得热泪盈眶。现在我们要问，他们这样做究竟实际为了什么？是为了自己的生计吗？是为了出人头地吗？抑或是像科学史上所宣传的那样，是为了追求崇高的目标才这样做吗？现在我们可以说，他们都不是为了那些目的。他们的所作所为，只是受着一种精神的催逼，就是罗素所谓的“impersonal feeling”。

梁漱溟先生将“impersonal feeling”翻译为“无所私的情绪”，倒也很传神。我们需明白，“无所私”之“私”并不完全是“个人”或“为了个人”的意思；或许，理解为“无现实目的”更为妥帖。所以，“无所私的情绪”，既不是为了满足个人的利益，不是为了一己之私，也不是为了求得或达至任何目标，不管这目标是崇高的还是卑贱的。

这种精神可以扩展到我们生活的几乎所有的方面，渗透到了我们的生活中。不唯分析、计算、假设、推理等活动是如此，我们的寻常人生中所做的种种寻常的事情，譬如恋爱、交友、为人、处世，都是这样。人在这种精神的指引下，为了做事而做事，为了追求而追求，而人只寻求在做事和追求的过程中获得的快乐。平常我们讲的“过程就是目的”“从过程中得到快乐”就含有这个意思——实在说，我们是很推崇这个意思呢。我们一直以为，它是人类文化，至少是科学技术前进的推动力。

不曾想到，它给我们带来了极大的麻烦。

为什么？先从逻辑主义谈起。逻辑主义的基础是概念、判断、推理以及它们的规则。任何一本逻辑学的教科书都反复告诫人们，对客观事物的反映务求真实、准确，务求达至其本质，稍不留意，就会犯逻辑的错误。为达此目的，在设定任何一概念时，须对其在内涵上特别地指明，在外延上又须严格地框定，舍此不能成为真实的概念。但客观的存在既是如此地复杂，人怎么努力，也只能趋近真实（即使是无限地趋近真实），而不能完全地反映真实。“凡事都有例外”，我们只需运用常识，就可明白这个道理。

不要忘了，即便有了正确的概念，经过判断和推理的过程后，与真实会有多大的吻合，还有许多的问号。更不要忘了，单靠逻辑学并不能完全寻求到“真理”，悖论就是最典型的例子。

理性主义清楚知道这一点，所以理性主义必须无休无止地催逼着人去追求“真理”，这样才有可能在认识上最大限度地逼近“真理”。这就是理性主义精神，也是科学主义的精神。整个科学技术的发展史，就是循着这样的精神一路前行。

不过，硬币的两面总是不断翻面。在“无所私的情绪”的指引下，人在追求的“过程中获得快乐”的同时，一个意想不到的伴侣来到人的身边——把人导引向永不停息地追求“无限完美”的境界。按照梁漱溟先生对“无所私的情绪”的解说，它既是“极有力的感情”，它是那样地“不容自昧”，一定要想方设法表现出来。它是一个强大的力量，在推着人一直向前，不停地向前，永远向前。其结果不言自明：这种精神造成了人的自我强迫。

我们已经非常熟悉人的自我强迫心理的特点。人无论做任何事情，只要一陷入自我强迫，就在某种强大的力量的推动下，脱离了意志的自我控制，迫使着人“一定要”去做，“不得不”去做，一不做，二不休。

当理性促使着人心出现自我强迫时，一方面脱离了意志的自我控制，另一方面理性却有着强烈的控制它的要求。我们在分析自我强迫的病理心理特征时曾经说过，人在心理上受到强迫时，必然会有另一种力量对受到的强迫进行排斥和抗拒。这个力量同样是理性的力量。

人在担心时，必然会有另一种声音告诫自己不要担心；同样的道理，人受到某种强迫的力量推动，去追求“无限完美”，一路向前时，也有另一个声音在要自己停下来。所以，自我强迫的出现总是携着它的孪生兄弟——自我反强迫同时出现，并相互伴随着一路同行。而我们知道，自我强迫和自我反强迫正是造成焦虑情绪的魁首。就我在职业生涯中对一些有成就的“名人”的观察，他们中相当多的人，所取得的成就和焦虑常常是相随相伴的，二者有时竟成正线性关系。“人怕出名猪怕壮”，个中滋味，实难为他人所道。

不仅如此，理性主义和“无所私的情绪”渗透到人格中去，人就不仅在与“物”的关系中追求完美，造成自我强迫，更会在与人的关系中扩展开去，乃至泛滥开来，在人际关系中追求完美。“无所私的情绪”一旦进入人际关系领域，就变本加厉。

我们以美国心理治疗家埃利斯（Albert Ellis）“理性的情绪疗法”（Rational - Emotive Therapy，RET）为例，或可有助于理解“无所私的情绪”在人际关系中的滥觞及其造成的后果。

“理性的情绪疗法”的原意是教人如何克服生活中的非理性观念的一种心理治疗方法。这个治疗方法的理论基础是：人之所以出现情绪的障碍尤其是焦虑情绪，皆因人的非理性的观念作祟。例如，在人与人交往中出现焦虑的情绪，是由于人有这样一种非理性的观念：“人们必须善待我，体谅我，以我所希望的方式来待我；否则，社会和上天就应该对他们那种轻率之举严厉地谴责、诅咒和惩罚。”埃利斯认为，之所以说这是一个非理性的观念，是因为一个人无权对他人提出绝对的要求，要求别人按自己的意愿行事，而其他人也不可能按某个人的意愿行事。另外，所有的人都是有可能犯错误的，谴责和惩罚往往无助于行为的改善；相反，常常会导致更糟糕的行为和更严重的后果。理性的人们不应该这样做。RET 的治疗目标，就是从认知上修正这种非理性的观念，从而达到消除焦虑的目的。（以上综见陈仲庚主编《心理治疗与咨询》，辽宁人民出版社，1989 年版，124 - 125 页）

对 RET，我在本书最后一章“情理模式——中国人的心理治疗模式”中会进行专门的评论。这里我只需提出一个问题：人为什么会有“人们必须善待我，体谅我，以我所希望的方式来待我”这样的非理性的观念呢？埃利斯没有回答。其实，这种所谓“非理性的观念”正是来自理性。

人为什么要求别人善待他？道理非常简单，因为他认为自己善待了别人。在“无所私的情绪”指引下，人认为自己善待别人和别人善待自己都是理所当然的事情。问题就出在这里：理性之“无所私的情绪”运行于人际关系领域，才导致了所谓“非理性的观念”，从而引起“非理性的情绪。”

这样看来，埃利斯的分析只有一半是正确的，人无权对别人提出任何要求，这种要求是非理性的。可惜的是，埃利斯没有问人为什么会有此非理性的要求？他没有看到，人的非理性观念正是来源于理性。这才是大关键。不解决这个大关键，不回答这个问题，就永远找不到问题的根源。因此，他所针对的“非理性情绪”的心理治疗也就只能进行一半。

我之所以说“无所私的情绪”在人际关系中的滥觞并发生质的改变，是因为人对他人的所谓“善待”虽然从表面上看来并不是完全“无所私”的或“非现实的”，是为了求得别人的回报，但与前者在本质上则并没有什么二致，二者都是在理性的推动下形成自我强迫和自我反强迫的矛盾，进而产生“非理性”的焦虑。这种焦虑比在与“物”的关系中产生的焦虑变本加厉。

这是我对“焦虑产生于理性”提出的第二个理由：“无所私的情绪”是焦虑的动力。产生于认知理性的焦虑情绪，在“无所私的情绪”的推动下，向前发展。故“无所私的情绪”亦是“焦虑产生于理性”的积极的理由。

从此，焦虑的河流，在“无所私的情绪”推动下，波涛汹涌地向前奔流了。

三、什么使焦虑泛滥无归

我们已经寻找到了焦虑这条河流的源头，那就是人类的理性（或曰认知理性）；我们还发现了促使这条河流汹涌向前奔流的动力，那就是人类心理深处“无所私的情绪”。更深入地对焦虑进行考察，我们发现，这条河流并不是按照预定的河道流动，更像一匹脱缰的野马，横冲直撞，东奔西突。

实际的情形就是如此。处于焦虑状态的人，几乎被彻底纠缠于一种令人绝望的心理冲突中，无休无止、没完没了、难以自拔。如此循环往复，焦虑的情绪像浪潮一样，一浪高过一浪，不断加深、加剧，最终泛滥无归。

究竟是什么使焦虑如此泛滥无归？

因为理性不能体现人的价值。

什么是人的价值？“人的价值”并不是一个高深的哲学概念，其实我们经常在问自己，人活着是为了什么？所谓“为了什么”，就是人的价值。道理虽不艰深，却是人安身立命的基础。

简单说，人活着是为了满足人的各种需要，这些需要有物质的，也有精神的，有个人的，也有社会的，有功用的，也有伦理的。人要活着，就要吃饭，穿衣，有房子住；再往高一点说，要吃好饭，穿好衣，住好房子，还要有车开，这些是物质的需要。但人仅有物质的需要是远远不够的，还要享乐，观赏艺术，寻求美，表达善心，再进一步，还要帮助他人，追求内心的完美。

稍复杂一点，人要满足自己的需要就不是“得到什么”那样简单。人要满足各种需要，就不免和客观外界发生各种关系。所谓客观外界，当然包括我们周围的环境，更重要的是还包括除自己以外的其他人。这样一来，我们就可以把人的价值理解为人在多大程度上能够满足自己和他人的物质和精神的需要。能满足这些需要，我们就说我们的生命是有价值的。不能满足，或者大部分不能满足，我们则说生命是没有价值的。在具体的生活中，我们常常用道德感、幸福感、美感、高尚感、完善感、适意的生活情趣等来描述人的价值。

人在自己的生命过程中，永不停息地在寻求自己的价值。人永远需要价值的指引，尤其在掌握了认知理性这个强有力的工具后，如若不能找到价值的归宿，没有价值的引导，人就会对自己的行为不知所措，人的生命就变得苍白而索然无趣。苍白而无趣的人生更使人对生命失去了价值意识。这又是一个不断恶性循环的过程。

那么，人应该到哪里去寻找自己的价值，人怎样才能使自己的生命丰满和充满生趣呢？

人理所当然地要求理性承担探索人的价值的任务，要求理性寻找价值的根据，给价值提供理性的基础。事实上，人一直在试图借助理性的力量为人的价值原则的确立提供一劳永逸的支持。理性是人们凭借逻辑推理认识事物本质、获得客观真理的能力和活动。理性指导我们认识客观世界，建立科学技术体系，指引我们一往无前去探索、去了解客观世界。理性的力量是如此的巨大，人类迄今为止的一切成就，一切文明都是理性的成果。人对理性提出这样的要求并不过分。

但理性有天然的缺陷：它不能给人带来价值的体验。理性的全部作用，就是告诉我们整个世界“是什么”和“不是什么”的问题，至多说明为什么“是或不是”的问题，但并不能回答“该不该”和“为什么”的问题。用一句哲学术语说，人们在实然世界里对经验事实的描述与在应然世界里对价值的判定，相互之间各不归属。西方思想界在理性“对事实的客观描述能否导出价值判断”这个命题上进行着旷日持久的争论。但我们可以说，至少到目前为止，理性并没有完成这个任务。

理性的本分在于对经验世界的认知。超出经验世界以外的世界，理性则显得无能为力。比如价值（道德价值、幸福价值和审美价值）的判断，以及那些只能依据人的意志或情趣所作的“好”（涵盖“善”“美”“幸福”等）

与“不好”的分辨，是不能为理性的“是”与“不是”的分辨所取代的。既然在理性的认知向度上，永远不会发生“好”与“不好”的问题，那么不论它如何运作和发挥，都永远不会进入到价值判断的领域。

英国哲学家大卫·休谟（David Hume）把这个道理讲的最为清楚：“理性的作用在于发现真伪。真或伪在于对观念的实在关系或对实际存在和事实的符合或不符合。因此，凡不能有这种符合或不符合关系的东西，也都不能成为真的或伪的，并且永远不能成为我们理性的对象。但是显而易见，我们的情感、意志和行为是不能有那种符合或不符合的关系的；它们是原始的事实或实在，本身圆满自足，并不参照其他的情感、意志和行为。因此，它们就不可能被断定为真的或伪的，违反理性或符合理性。……理性既然永不能借着反对和赞美任何行为、直接组织或引生那种行为，所以它就不能是道德上善恶的源泉。”（休谟《人性论》，商务印书馆，1981 年版，498 页）

休谟的看法是有道理的。生活中的许多事例都说明了这一点。

当一个小孩子掉到河里去了，相信每个心理正常的人都会尽自己所能而施以援手去救他起来，而不管是不是自己的孩子，也不管是不是邻居家的孩子，更不企图去谋求某种利益。孟子说，这是人的“恻隐之心”。人为什么会有“恻隐之心”？怎样解释“恻隐之心”？它具有“观念的实在关系或对实际存在和事实”的符合或不符合吗？它存在着某种“真”或“伪”吗？没有，也不可能有。显然，理性不能对它作出任何解释。

当我们做了违背自己的“良心”的事情，即便我们得到了巨大的经济和现实利益，我们也会在内心产生羞耻感和自我谴责的意识，我们的“良心”会感到巨大的不安。这是所谓“羞耻之心”，同样，理性也不能对此作出解释。

没有任何疑问，理性是科学的动力，是现代化的核心，是人类走向如黑格尔所说的“自在自为”（fürsichsein）的世界的必经之路；但同样没有任何疑问，理性并不能带给人类想要的全部，尤其不能带来人最需要的价值体验。道理很简单，因为它“永远不能借着反对和赞美任何行为、直接组织或引生那种行为，所以它就不能是道德上善恶的源泉。”

科学越是迅速地发展，越是加快转化为应用的步伐，越是具有巨大的效应，价值层面的问题就越突出。然而，科学和技术本身并不研究价值问题。当今社会往往表现出这样的悖论：科技改变着社会，却失却了人生的目标；科技给人们带来生活的便利，却令人更为焦虑。于是，科学家和哲学家关于价值争议就扩展、演化为社会层面上的“工具理性”和“价值理性”之争。

“工具理性”和“价值理性”这两者从实质上讲，是不同的价值取向在人类终极关怀问题上的反映，前者一方面诉诸工具理性，认为只要借助科技就有望解决人们的生存困境，可以改善自身的生命质量，另一方面又诉诸科学理性，认为只要依靠科学理性，就可以掌握自然、社会和人类自身的奥秘。而后者主要是探寻人的生命价值及其意义所在，强调的是维护人类的基本价值理念，重视的是社会的整体利益与可持续的发展，以及人类与自然生态的和谐关系，并且认为这些问题并非科学理性所能完全把握。这两种意见本身，就充分反映出人类对自身价值的困惑与焦虑。

不仅如此，在人的现实生活中，经济的动机指引着人生的许多具体走向。其最直接的意义是，在经济动机的指引下取得的经济成就给人们带来丰富的物质利益，带来诸多现实的好处。在如此巨大的诱惑下，我们谁都难以摆脱经济利益的作用；更不用说，经济动机占据着我们人生中的相当成分。

在强大的经济动机指引下，人们的生活完全浸泡在经济利益这个大染缸里面，他们的每个细胞都浸透了经济的利益；他们又像被上足了发条的陀螺，被绑在经济社会的巨大机器上，随着这机器的惯性身不由己地运行着，奔忙着，在这身不由己的运行中释放着自己的生命能量。“忙”和“累”就是这类人的口头禅。当紧张忙碌的一天过去，回到家里，他们环顾四周，内心茫然，找不到“自我”到哪里去了。

但每个人都清楚，那不是人生最重要的生活，也不是他们最想要的生活，因为那不能体现人生的价值。人的道德感、幸福感、美感、高尚感、完善感、适意的生活情趣，以至两性之间的相亲相悦等，都不是靠着经济动机的指引，也不是理性和逻辑主义所能提供。

经济的和现实的动机总是指引我们去获得，去索取，去要求；我们获得了，索取到了，需求得到满足了，如此一来，是否就能给我们带来快乐，我们就能获取幸福的感觉呢？恐怕未必。我们都有过这样的体验，需求的满足常常不是给我们带来由衷的快乐和幸福感，反而让我们产生诸如“无聊”“空虚”“无趣”这样的感受。尼采在他的《悲剧的诞生》中对此有过非常生动的描述。反过来，我们给予了，失去了，是否就同时失去了快乐，失去了幸福的感觉呢？恐怕也未必。在这样的现象面前，理性主义和逻辑主义愈益显得苍白无力。

我们都晓得，父母对子女有慈爱之心，子女对父母兄长有孝悌之心，朋友之间有辞让之心，国民对国家、对社会有忠义之心，这些，能够完全用理性主义和逻辑主义来解释吗？

在人类的审美情趣上，理性也许可以证明，合适的比例（例如黄金分割比例），合适的节律、节奏（例如与人的某些生物节律对应），某些色彩的互相搭配（例如互为补色）等因素起着重要的作用，但那些因素在人的心理上所造成的感受在很大程度上还只能是被我们称为快感的东西。快感与美感之间，还有相当的距离。一当涉及真正的美感时，理性就无能为力了。理性当然不能证实，为什么人对断臂的维纳斯产生强烈的美感；理性同样不能证实，完全不符合透视原理的中国山水画会被那么多人所钟爱；理性更不能证实，我们为什么逃避生活中的苦难，却对悲剧有着强烈的审美欲望。

人类的爱情则是更复杂的情感，理性在爱情面前完全束手无策。一个女孩子在她的妈妈列举了一大堆某个介绍给她的男人的优点后，只需最简单的一句话就噎住对方："我不同意。因为我不爱他。"为什么不爱他？她的妈妈非常疑惑："你看他多好的前途啊，多么优秀啊，你有什么理由不爱他呢?"女孩子的回答是，不爱他就是不爱他，不需要任何理由！反过来，爱一个男人更不需要理由。最典型的例子仍然来自莎士比亚的名剧《洛伦娜二绅士》，来自剧中女仆爱上男主人时的那句名言："因为我爱他，所以我爱他"。

上述种种事实充分说明，理性和逻辑学原则对人的价值体现不能提供任何有效的根据和解释。

人的道德感、幸福感、美感、完善感等既与理性无关，那么和什么有关呢？休谟猜测可能和人在知性上的快乐与痛苦相联系。这并不是没有道理的。我们为什么会感觉到幸福呢？因为我们可以在生活的细微之处寻找到快乐。这种快乐并不需要复杂的心理过程，也不需要理性作任何说明。

我们一直以来把人的需要简单划分为物质的需要和精神的需要两种类型，但实际上我们永远难以把二者截然两断地、干干净净地划分得那么清楚。吃饭以饱腹固然是物质需要的满足，但谁能说一餐精致豪华的大宴没有满足精神需要的成分呢？人穿衣服从来就不是为了物质需要，或者首先不是为了物质需要。正如黑格尔所说："在人的羞耻的情绪里可以找到穿衣服的精神的和道德的起源，而衣服适应单纯物质上的需要，倒反而只居于次要的地位。"（黑格尔《小逻辑》，商务印书馆，1980 年，90 页）《圣经·创世纪》中说，人类的先祖亚当和夏娃在伊甸园里快乐地赤身裸体生活着，因为吃了神告诫他们千万不要吃的果子，才知道了羞耻，才知道自己原来是赤裸着，于是"便拿无花果树的叶子，为自己编作裙子"。人首先不是为了抵御寒冷才穿衣服，而是为了精神的和道德的原因。

我们还可以举出许多例子说明知性的快乐照样可以给人带来幸福的感觉。身着晚礼服去听一场悦耳动听的音乐会，在冬天的一个温暖的午后和朋友在一起无边无际地闲聊，休息的日子太阳已经高高照着还懒在床上不肯起来，阴雨数日突然天空放晴、阳光灿烂，春天来到郊外，看一片片的娇红嫩绿，听树叶抽芽的声音，还有，相亲相爱的男人和女人酣畅淋漓的性爱……都可以算得上是幸福的感觉。

我曾经有一篇文章谈幸福：

回锅肉，我的形而下的幸福

什么是幸福？这个问题太深奥了，深奥得需要顶尖级的哲学家终其一生也不能回答的问题——连康德这样的大师尚不能回答，最终只能回归上帝。事实上，关于幸福的命题，正是哲学的终极命题之一。

不过，如果我们抛开哲学命题，从形而上回到现实的人生，幸福也并非那样捉摸不定。我相信，在现实的生活中，幸福一定是一个顶实在的东西，一定灌注在我们生活的细致入微之处。哪怕一个最不幸的人，过着最苦难的人生呢，如果他不能经常体察、感受到某种幸福，日子可就太难熬了，恐怕一天也难得过去。

记得小时候，一个星期才能吃一次肉，四川人非常形象且非常有文化的形容是“打牙祭”。想想看，用肉来祭祀牙齿，好比古代用冷猪肉祭祀祖先和神灵一样，还不够形象，还不够有文化么。

是的，在那个时候，“打牙祭”是最幸福的事情。

既然吃肉是这样幸福，那就必须要细细考究，精心操作。怎样吃？最好的方式，最佳的吃法是“回锅肉”。

到市场买得一块新鲜的肥瘦兼半的猪“宝肋肉”（大致在猪胸部，去掉排骨；千万不能太瘦，宁愿肥肉多一点；千万不可用五花肉，那是做红烧肉用的）两斤左右即可。同时购得鲜蒜苗一斤、郫县豆瓣半斤、甜面酱二两、豆豉二两，以及味精、白糖、料酒等以作配料。哦，别忘了买一根大青白萝卜和一块生姜。

猪肉洗干净，放入锅中，清水放至刚淹过猪肉，即放到炉子上大火煮。煮至七成熟（用筷子一戳刚能戳进）捞起。千万不可煮过头，这是做出一道好回锅肉的第一个关键。

肉捞出后，在肉汤里放进切成三指宽、一指厚的萝卜，生姜用菜刀拍烂同时放进。

待捞起的肉冷后，即在菜板上切成三指宽，半小指厚的肉片（不可太薄，太薄回锅后就没了，吃起来也没有味道）；蒜苗切成寸长（蒜白部分要斜切），郫县豆瓣在菜板上剁碎，待命。

现在关键时刻到了，菜锅在猛火上烧烫，放入少许菜油烧辣

（作引油用），即倒入切好的肉片，锅内翻转——至肉片开始吐油，立即放入郫县豆瓣——随之的程序是：放入酱油、甜面酱、豆豉、白糖翻炒，紧接着倒入蒜苗，翻炒。此时动作要快，切不可把蒜苗炒老；随即点入料酒少许，味精少许，顿时香味扑鼻。再翻炒几下，即刻起锅。

一盘亮晶晶、光闪闪、香喷喷、有红有白有青的回锅肉来了！用手拈一块放到口里，太香了！太美味了！

哲学家不能否定，形而下的幸福就不是幸福。

感性和知性上的快乐所带来的幸福感或许可以谢绝理性的任何要求。有一个幽默寓言故事是这样讲的：

在一个晴朗的下午，一个渔夫把他的小船拖到海边，自己则躺在船上懒洋洋地在阳光下打瞌睡。这时一个记者走过来了，用照相机对着渔夫“喀嚓喀嚓”地拍照。渔夫被惊醒了，诧异地望着记者。记者问道：“这么好的天气，正是打鱼的好时间啊，为什么不出海去打鱼呢？”渔夫问道：“为什么要去打鱼呢？”记者答道：“打了鱼可以卖钱啊！”渔夫问道：“卖了钱做什么呢？”记者答道：“有了钱就可以把你的小船换成大船呀。”渔夫问道：“换了大船又怎么样呢？”记者答道：“就可以打更多的鱼，卖更多的钱，再换更大的船，打更多的鱼……”渔夫打断记者：“然后呢？”记者回答：“那时你就可以享受阳光，懒洋洋地躺在沙滩上打瞌睡了！”渔夫笑了，“哈，我已经在享受阳光，我正在沙滩上打瞌睡呀，如果不是你这个讨厌的家伙来打扰我的话。”“咦……”记者无话可答了。

但休谟也深知仅仅靠着知性上的快乐和痛苦显然不能道尽人类如此复杂的道德情感。我们认可知性上的快乐可以带来人的幸福感，也许还有部分的美感，但道德感、完善感等道德情感却不可能仅仅从知性中获得。休谟说：“在某种程度内，我们对自己的心灵有一种控制力，但是超过了那个限度，我们便丝毫不能加以控制；……因此物质既被哲学家们承认是借一种未知的力量发生作用的，所以我们如果想求助于自己的心灵来得到一个力量观念，那也是一种徒然的希望。”（上书，185 页）理性既不能解释人的道德情感，感性和知性至多给予了部分解释，那么，人的道德情感应该从哪里去寻找呢？

更重要的是，以感性和知性上的愉快或不快作为我们道德情感的规定和依据，会给人类带来更大的麻烦，因此绝对不能成为人类普遍道德情感的实践法则。康德也看到了这个问题。在他的《实践理性批判》中，他说："……尽管幸福的概念到处都是客体与欲求能力的实践关系的基础，但它却毕竟只是主观的规定根据的普遍称号，并不特别地规定任何东西，而这却是在这一实践的任务中唯一没有涉及的东西，而且没有这样的规定，这个实践的任务就根本不能得到解决。也就是说，每个人要把自己的幸福设定在何处，取决于每个人自己特殊的愉快或不快的情感，甚至在同一个主体里面也趋于根据这种情感的变化而各不相同的需要，因此一个主观上必然的法则（作为自然法则）在客观上就是一个极其偶然的实践原则，它在不同的主体中可以而且必然是很不同的，所以永远不能够充当一个法则，因为对幸福的欲望来说，事情并不取决于合法则性的形式，而是仅仅取决于质料，亦即我在遵循法则时是否可以期望得到快乐，以及可以期望得到多少快乐。……基于这些原则的实践规范绝不可能是普遍的，因为欲求能力的规定根据是基于愉快和不快的情感，这种情感是绝不能当作普遍地指向同一些对象的。"（康德《实践理性批判》李秋零译，中国人民大学出版社，2007 年 1 月，26 - 27 页）而"奇怪的是，一些明理的人士怎么会由于对幸福的欲望，因而还有每个人把幸福设定为自己的意志的规定根据所凭借的准则是普遍的，就想到由此把它冒充为一条普遍的实践法则。"（上书，30 页）

为了说明这个理由，康德举了一个例子："例如，我们把用一切可靠的手段扩大我的财产当作我的准则。现在，我手头有一件寄存物，它的所有者已经去世，而且没有留下这方面的任何字据。这当然就是我的准则所喜欢的。现在我想知道的只是，那条准则是否也可以被视为普遍的实践法则。因此，我把那条准则运用于当前的事例，并且问，它是否能够取得一条法则的形式，因而我是否能够通过我的准则给出这样一条法则：每个人都可以否认一件无人能够证明是存放在他这里的寄存物。我马上就发觉，这样一条原则作为一条法则将会取消自己本身，因为它将会使得根本不存在寄存物。"（上书，29 页）换言之，每个人自己的快乐或幸福，以及自爱的感受的偏好，都不能成为普遍的法则，"因为这种偏好远不能适宜于某种普遍的立法，毋宁说它必定在一条普遍的法则的形式中耗尽自身。"（上书，29 页）

康德的结论是："经验性的规定根据不适宜于任何普遍的外部立法，但也同样不适宜于内部的立法，因为每个人都以自己的主体作为偏好的根据，而在每一个主体本身中时而是这个偏好，时而是另一个偏好占有影响的优势。要找出一条法则把这些偏好全都统辖在这个条件下，亦即所有各方面都协调一致，那是绝对不可能的。"（上书，30 页）康德的意图很明显，是想要引出人具有先天性的“纯粹理性”来，找到人类心灵的最后归宿，不过他最终没能圆满地完成这一任务。

怎么办？人该从哪里去寻找普遍的道德情感的法则？同样，遵循理性的指引，我们看到——当然是、必须是、只能是——宗教。

德国著名哲学家恩斯特·卡西尔（Enst Cassirer）在他的名著《人论》（*An Essay on Man*）中在讨论奥古斯丁的《忏悔录》时说：“理性的力量被歌颂为人的最高力量。但是除非人为一种特殊的神圣的启示所耀明，他永远不能知道的是，理性自身乃是世界上最成问题和最模糊不清的东西。理性不能够指示我们达到清晰、真理与智慧之路。因为它自己的意义是模糊的，它的根源被包含在神秘之中——包含在一种只有靠基督的启示才能够解开的神秘之中。”（卡西尔《人论》刘述先译，广西师范大学出版社，2006 年 11 月，13 页）

人创造了宗教，宗教给了人道德情感最合适的位置。在基督教文化中，人的道德感、幸福感、完善感等可以来自于上帝，来自于那最高尚的神性或神的精神。再追溯远一点，古希腊哲学家柏拉图（Plato）说，上帝是“一切可能的存在中之最完善者”。人可以从上帝那个“最完善者”那里获得自己道德法则的基本范本。

《圣经》中说：“在完全的人中，我们也讲智慧。但不是这世上的智慧，也不是这世上有权有位将要败亡之人的智慧。我们讲的，乃是从前所隐藏，神奥秘的智慧，就是神在万世以前预定使我们得荣誉的。这智慧，世上有权有位的人没有一个知道的。”（《新约·哥林多前书（第三节）》）既然人类所有的智慧都在神那里，人只要按照神的旨意去做，人就获得了安宁和救赎。

至此，人的价值似乎得到完全彻底地实现了。人终于得救了。从公元一世纪起，一直到公元十六世纪西方现代化进程开始，人从来不曾怀疑过那个至真至善至美的去处，那个人类的精神、人类的道德情感存放的地方。正如黑格尔说：“在另一范围内，有许多对象为经验的知识所无法把握的，这就是：自由、精神和上帝。”（黑格尔《小逻辑》，商务印书馆，1980 年，47 页）其实，按照黑格尔的意思，自由、精神就等同于上帝。人们发现，关于人类自身的价值、人活着的意义、人所具有的诸如幸福感和道德感这样人类最高尚的情感，一旦离开了上帝，竟无处可寻；人活着的意义究竟在哪里，离开了上帝，竟也无人能够作答。

但更大的问题来了：理性不能证实上帝。人类的认知和逻辑既不能证实经验世界以外的任何东西，当然不能证实上帝的存在。从公元十六世纪开始的现代化进程，更把人类推到了一个必须直面这个事实的境地。

这个结果不能不给西方基督教世界造成巨大集体恐慌。上帝既是不能被证明其存在的，道德价值又是认知理性所不可“知”的，更不能为认知理性所证实，怎么办？

康德想到了办法。他提出了“实践理性”的概念。

康德发现，在认知理性发生之先，理性在实践中早有运用，这就是所谓“实践理性”。实践理性也就是人本身就具备的善良的意志。善良的意志就是向善的意愿和决心，就是我们通常所说的良心。一个人，即使命运不济，处于逆境；即使竭尽全力，仍无所成就，也丝毫不能影响他的善良的意志和自身的价值。它像一块宝石，以其自身的光芒照耀着人的生命历程。

在康德看来，既然在工具理性之前，早就存在着与认知和逻辑无关的实践理性，认知理性在逻辑上落后于对自我行为进行道德判断的实践理性，那么认知理性之不可“知”并不就是不可“达”或不可“致”。不可“知”只是说明认知理性有效性和准确性的有限性，我们不能因此对理性的信念不足。

康德认为，道德是先天的，具有必然性和普遍性。人的道德和幸福是人本来具有的智慧的理念，先于认知理性而存在，用不着认知理性来证明。因此就不应该否定，在世界上存在着完全与这种“智慧的理念”相一致的人物。这种人物就是“神人”或“完人”——就是他们为普通人的行动提供了“原型”，人需依这种原型的标准来对自己的行为进行判断，并进而改进自己的不足。

“原型”给理性提供了“人类最完美的标准”，因而使理性能够判断人类的行为哪些是完美的，哪些是有缺陷的。它用不着认知理性来证明它的真实，却也并不否认它的真实。在价值领域，在认知理性不能达到的实践理性的范围内，“知识”是不存在的，对并非感性的真实唯有“信仰”。康德强调，这里所谓信仰只是一种主观上的设定，在认识方面仍然完全不能肯定；其所以要这样设定，仅仅出于道德的需要，这就是他所谓的“道德神学”。

于是，实践理性的列车从康德那里出发了，从先验的领域，从“神人”和“完人”的“原型”那里向人发出道德情感的绝对命令，人只要按照这种指令去自律，去规范自己的行为，就从认知理性的因果序列中解放出来，将自身置于人类共同体的目的王国之中。从此，人获得了真正的自由。

但实践理性究竟是什么？说它是“上帝”可不可以呢？康德作了一个颇矛盾的回答。他说，对于上帝的存在，“我之确信，非逻辑的确实，乃道德的确实。”他的意思是，从认知理性的角度和逻辑的角度确实不能证明上帝的存在，但由于有先于认知理性的“实践理性”的存在，人生而具备道德的理性，因此在这个道理上，说上帝是存在的亦未尝不可。（以上参见康德：《实践理性批判》）。

人的价值问题解决了吗？人心灵的困惑释然了吗？没有。德国诗人海涅的批评是，康德在前门送走上帝——在认知领域宣布不能证实上帝存在，在后门又把上帝请了进来——在实践领域又宣布上帝必然存在。马克思的批判则更为彻底：康德从客观唯心主义走向了主观唯心主义。

更麻烦的是，“实践理性”比上帝本身更加虚无，叫人更加难以拿捏。人们有理由要问，神人和完人是从哪里来的？神人和完人本身的价值理念是怎样产生的？普通的人怎样从神人和完人那里获得价值的理念？

兜了一圈，人类自身价值的问题并没有得到解决。

在理性主义的伟大旗帜下，我们看到，马克斯·韦伯眉头紧锁，忧心忡忡，但仍然不管不顾地引领着现代化进程沿着认知理性的道路一路前行；大卫·休谟用最充分的理由证明了认知理性对世界的不可知，证明了对价值的无能为力，对不能证明的价值理性则索性彻底弃置一旁；康德绞尽了脑汁，用尽了办法，绕了一个大圈子，最后回到了上帝的怀抱。

人类失去价值理性，不仅不能证明自身的价值，而且失去了对自身的终极关怀，人类的灵魂失去了自己的家园。

人类的终极关怀就是对自身终极价值的探索。每个人都会问自己：人从哪里来，会到哪里去？人死后会怎样？这些由生命的有限性所决定的问题，随时在拷问着人的心灵。而人的心灵向来在面对这样的拷问面前是那样地脆弱。

记得还是上小学的时候，有一天，一个同学要我摸摸自己的脉搏，告诉我，如果脉搏不跳动了，人就死了。这是我第一次面对关于“生死”的问题，给我幼小的心灵以最强烈的震撼。我惊慌地问自己，人死后会怎样呢？我不能回答。直到今天，我仍然不能回答。

人类一直没有停止过对“终极价值”的探索。和人类追求自身价值所做的一样，人类创造了宗教，把人（主要指西方人，下同）的最后结局指引到上帝。事实上，现代化运动以前，上帝一直是体现人类终极价值的最后归宿。但工具理性的高度发育和现代科学技术的充分实践否定了上帝的存在。

德国哲学家弗里德里希·尼采是新时代到来的先知先觉者，也是最后的悲观主义者。他于1886年出版的《快乐的科学》中以寓言的形式，借“狂人”之口宣称：“上帝死了！上帝真的死了！是我们杀害了他，……你和我，我们都是凶手！”（尼采《快乐的科学》中文版，中国编译出版社，139页）为什么上帝死了？尼采说，正是科学和理性主义使“人变得不再那么需要一种彼岸结局来解他的存在之谜，因为存在已显得更加无足轻重，更加无所事事，在事物外在秩序中更加可有可无。”（同上）

当尼采说出“上帝死了”以后，几乎所有的人们都大骂起来，说他是疯子，是不可救药的悲观主义者。然而正是在这些骂声中，人们明白了正是尼采讲出了大家都不敢讲的真话：人类终极价值遭遇最大的挑战。“随着对基督教上帝的信仰已被摧毁，那么，以这种信仰为基础并赖以存在和发展的那些东西也要随之坍塌，例如全部欧洲人的道德，这引起了巨大的、连续性的崩溃、毁灭和倾覆，推倒了我们面前所矗立的一切。”（同上）

上帝既然已经死去，千年以来人们一直以来赖以生存的根基失去了，于是“不稳定状况乃是这个时代的特点。没有什么是扎实的，是以坚定的信仰为基础的，大家为明天而活着，因为后天更可疑。在我们行进的轨道上，一切都是不可靠的，危险的……”（尼采《权力意志——重估一切价值的尝试》，商务印书馆，1998 年，129 页）尼采对人类失去上帝后生存状况的这种描述，已经和焦虑的现象学和病理心理学没有什么两样。在哈姆雷特说出“生存还是毁灭，这真成问题”三百多年后，尼采终于对这个问题做出了回答，人类就是真实地面临着“要么生存，要么毁灭”的虚无境地。

理性淹没了人类最需要的终极价值，人在失去宗教的同时，失去了终极关怀；失去终极关怀的人类灵魂犹如失去家园的野鬼，四处飘荡，无所依附。展眼之处，坐卧之间，焦虑无远弗届。

于是，在西方理性主义的指引下，人类的精神已然走到了穷途末路。失去价值指引的人类理性，更使焦虑泛滥无归、四处横溢。

这就是我对“焦虑产生于理性”的第三个理由：价值理性和人类终极关怀的缺失使焦虑泛滥无归。

四、焦虑最终脱离了理性的轨道

大家该记得我对焦虑的定义：“焦虑是产生于理性而脱离了理性轨道的情绪”。

对于焦虑的这个定义，应该剖为两个方面进行分析。第一个方面——“焦虑产生于理性”，最为重要，也是它的核心。但如果仅仅说焦虑是产生于理性，还不足以说明焦虑的全部本质，只有在产生于理性同时又脱离了理性的轨道，才是焦虑的全部。这就是关于焦虑的定义的第二个方面讨论。

为什么说“焦虑既产生于理性却又脱离了理性的轨道呢”？我们知道，理性具有两个最基本的品质：一是对客观真实的追求；二是理性须严格遵循逻辑学的基本规律。虽然理性不能完全彻底地穷尽客观世界的全部，但追求真实却是理性最重要的也是最可贵的品质；在理性的世界中，逻辑是它的心脏和灵魂，概念、判断、推理等诸多逻辑过程，在人类的理性中得到了最彻底的贯彻。

所谓焦虑“脱离了理性的轨道”，就是在于它在发展和泛滥的过程中，离开了理性这两个最基本的要求。

毫无疑问，人大多数的担心和因担心而致的焦虑和生活的事实并不相符合。我在第一章中已经做过分析，焦虑是人类想象的产物，凡焦虑都是产生于预期，预期就是想象。人所预期的都属尚未发生的或未知的事情，已然存在的或已知其结果的用不着预期。从严格的意义上讲，焦虑与事实本身无关。理性是逻辑的，现实的，只承认事实的；非理性的预期和想象却是涣散的，非现实的，漫无边际的。譬如我们对一个尚未发生的可能的危险出现担心，这并非完全没有事实的和逻辑的基础，所以这是合乎理性的；但在预期和想象中，这种担心却逐渐远离事实和逻辑，变得涣散和漫无边际，所以是非理性的。

非理性的情绪有两个最典型的例子。第一个例子在前面曾经提到过，就是人类的爱情。真正爱上一个人是不能用理性限定，也不能用逻辑推理的。任何生活在文明社会中的人都会同意，理性的爱便不再是爱。这就像在当代的一首流行歌曲中唱到的一样：“莫名我就喜欢你，没有理由，没有原因”。

第二个典型例子就是焦虑情绪。人因为理性而产生焦虑，因脱离了理性而加重了焦虑。人处于焦虑状态时所有的逻辑学规律全部不适用了。焦虑的病理心理学特征是自我强迫和自我强迫的冲突，这种冲突的公式是“明知……，却……”，这个公式本身背离了逻辑学的基本规律。

焦虑还脱离了逻辑学之三大基本规律。

第一个规律，同一律。在同一思维过程中，每一思想与其自身是同一的。同一律可以用公式表示为：“A 是 A”或“p→p”。同一律的要求表现在两个方面：在概念方面，它要求人们在使用概念时必须保持概念的内涵和外延的同一，不能任意变换。否则就会犯“混淆概念”或“偷换概念”的逻辑错误。在判断方面，它要求人们在运用判断，进行推理、论证的过程中，必须保持判断的同一，不能随便转移。否则就会犯“转移论题”或“偷换论题”的逻辑错误。显然，自我强迫和自我反强迫的心理冲突违背了同一律的基本要求。当人对某件事情仅仅担心时，并没有离开同一律。只有在人处于焦虑状态中，在心理冲突中，既担心又控制自己不担心，不担心却更担心时，人在主观上对所担心的对象就发生了改变，在心理上已经不再是原来那个担心的对象了。人在焦虑中不知不觉做了概念的偷换。

第二个规律，矛盾律。在同一思维的过程中，每一思想及其否定不能同真，必有一假。其公式是："A 不是非 A"。在概念方面，矛盾律要求一个概念不能既反映某对象又不反映某对象。在判断方面，它要求一个判断不能既断定某对象是什么又断定它不是什么；对互相矛盾或互相反对的判断不能同时承认它们都真，必须承认其中有一个假的。违反矛盾律的这些要求，就会犯"自相矛盾"的逻辑错误。担心与不担心，不可能两个判断都真，其中一个必假，这样才符合逻辑。人之所以出现焦虑，就是相信担心和不担心都是真的，都是现实的。正是如此，焦虑就是人在自相矛盾中不能自拔。这是人类心理冲突和因心理冲突而造成的焦虑情绪最典型的表现。

第三个规律，排中律。排中律的内容是：在同一思维过程中，两个互相矛盾的思想不能都假，必有一真。排中律的公式可以表示为："A 或者非 A"或"$p \vee \neg p$"。在概念方面，它要求对任一对象，或者用 A 概念去反映它，或者用非 A 概念去反映它，二者必居其一。在判断方面，它要求人们对于同一对象所作的两个互相矛盾（或下反对）的断定，必须肯定其中有一个是真的，而不能同时承认它们都是假的。违反排中律，就会犯"模棱两可"或"两不可"的逻辑错误。这种错误恰恰是人在自我强迫和自我反强迫的心理冲突最基本的错误。人为什么会既担心又不担心，不担心又更加担心？就是有一个"万一"的心态在作祟，"万一出事怎么办?""万一她不同意怎么办?"等，都是犯了"模棱两可"或"两不可"的逻辑错误，违背了排中律。

除这三大规律外，在逻辑论证过程中，还必须满足充足理由律。充足理由律的要求是，在论证的过程中，一个判断被确定为真，总是有、应该有、必须有充足理由的。充足理由律的公式是："A 真，因为 B 真，并且 B 能推出 A"。公式中的"A"代表在论证中被确定为真的判断，我们称它为推断。"B"代表用来确定"A"真的判断（可以是一个或一组判断），我们称之为理由。在论证过程中，一个判断 A 之所以能被确定为真，一定还存在着另一个（或一组）判断"B"，并且从"B"真可以推出"A"真。如果"B"真，并且从"B"真推出"A"真，那么我们认为"B"是"A"的充足理由。充足理由律的逻辑要求主要有两条：（1）理由必须真实；（2）理由与推断之间必须有逻辑联系，从理由能够推出所要论证的论断。焦虑既然来自于推测，出乎于想象，没有任何可供检验的真实理由，自然违背了逻辑，不能符合充足理由律。事实上，人即便在焦虑中，也是明白自己的担心是没有理由的。问题在于，人明知没有理由而不能摆脱。叶公好龙、因噎废食、杞人忧天、"天下本无事，庸人自扰之"的道理是人人都懂的，人却总是要对想象中的不测忧心不已。

说到底，焦虑就是理性的"二律背反"，或者说，悖论。

“悖论”（paradox），其字面意思为“荒谬的理论或自相矛盾”。“罗素悖论”是最著名的悖论之一。这是由英国哲学家罗素提出来，他把关于数学集合论的一个著名悖论用故事通俗地进行表述：

在一个叫作“萨维尔”的村里，理发师挂出一块招牌：“村里所有不自己理发的男人都由我给他们理发，我也只给这些人理发。”于是有人问他：“您的头发由谁理呢？”理发师顿时哑口无言。

韩非《韩非子·难势》：“楚人有鬻盾与矛者，誉之曰：‘吾盾之坚，物莫能陷也。’又誉其矛曰：‘吾矛之利，于物无不陷也。’或曰：‘以子之矛，陷子之盾，何如？’其人弗能应也。”

也许这就是对“焦虑产生于理性而脱离了理性的轨道”最生动的画像。

五、什么是“正常的”焦虑和异常的焦虑

我在前面说过，焦虑在我们的现实生活中无处不在，无孔不入，读者恐怕不会不同意的。但我们所了解到、观察到，甚至自己体验到的焦虑，大部分都是很轻微的，或者并没有严重干扰到我们的日常生活。即使有了焦虑，人也会采取一些办法很容易就化解掉、处理掉了。轻度的焦虑并无大碍，而极重的焦虑甚至可能令人生不如死。

问题来了，生活中大量存在的轻微的焦虑和严重的令人生不如死的焦虑之间有什么区别？换言之，什么是正常的焦虑？什么是异常的焦虑？我们应该怎样来把二者区别开来？

这是一个合理的问题。但事实上，要严格把二者区分开来是困难的。精神病学家的方法是：

（1）没有原因的焦虑属于异常焦虑。正常焦虑是有原因的焦虑，而没有原因的焦虑，即自由浮动的焦虑，属于异常焦虑。如果个体感到焦虑，而又不知道为什么会焦虑，或者找不到焦虑的原因，这类焦虑一定是异常焦虑。

（2）过分的或现实处境不相称的焦虑属于异常焦虑。正常的焦虑是有现实原因的焦虑，而且焦虑的严重程度不过分，与引起焦虑的原因相称；而过分焦虑，即看起来个体的焦虑似有原因，但焦虑的程度与原因不相称，这类焦虑属于异常焦虑。例如，每个人都会

关心自己的小孩，在上学时嘱咐他路上小心，上学之后也可能会偶尔想到他是否安全到了学校。然而，有些人总是想到小孩在路上不安全，担心他骑自行车摔倒、横过马路被汽车撞倒等，并为之坐立不安。后一类人的担心显然过分，因此属于异常焦虑。

（3）引起明显痛苦或者明显影响学习、工作、生活和社交功能的焦虑属于异常焦虑。由于正常焦虑多由小事中的困难引起，因此也常常使人感到苦恼，但这类苦恼是一时性的，对工作、学习、生活和社交不会有明显影响。如果焦虑使个体感到明显痛苦，或者影响工作、学习、生活或社交，则这类焦虑属于异常。（杨权等《焦虑障碍的诊断和治疗》，四川科学技术出版社，2006年5月，24－25页）

杨权先生的这个看法代表了精神病学家的基本意见。我以为，这个看法从根本上模糊了焦虑的基本含义。按照美国精神病学家麦尔－格罗斯关于焦虑的定义，焦虑本身就是无原因和对象的，无原因和无对象就是和处境不相称。可以有条件地接受的是第三条，“引起明显痛苦或者明显影响学习、工作、生活和社交功能的焦虑属于异常焦虑”，不过怎样界定在何种情况下属于“明显痛苦”却又是一个颇费周章的事情，因为此一人与彼一人之痛苦体验必不相同，即或是此一人，在不同的环境和心态下对痛苦的感受亦会大相径庭。但即便这样说，我们不能否定的是，精神病学家所提出的看法在相当的程度上倒是具有操作性和工具性的意义。

哲学家和心理学家的看法则是五花八门。

哲学家克尔凯戈尔的看法是，除非人皈依宗教，让自己的精神得到升华，所有的人的自我从本质上来说都是焦虑的。存在主义和人本主义哲学家兼心理学家罗洛·梅则把焦虑分为正常的和病态的两种。但划分二者的依据并不在焦虑本身，而在于个体对焦虑所作出的反应。所谓正常的焦虑，是指勇敢地面对焦虑，采用建设性的方式面对和消除焦虑。所谓病态的焦虑乃是指个人消极地躲避焦虑，从而损害到个人的存在。

在发生学或病因学上，心理分析学把焦虑看作是压抑的产物，不管是性本能的压抑还是文化的压抑。由此，心理分析把焦虑分为恰当的和不恰当的，客观的和病态的，正常的和神经症性的两个类型。在这方面，弗洛伊德做过极为复杂的分析，他的学生，新心理分析派的代表人物卡伦·霍妮倒是讲得清晰而明白：在一般情况下，“恐惧和焦虑都是对危险的恰当反映，但在恐惧的情况下，危险是显而易见的和客观外在的；而在焦虑的情况下，危险则是隐而不露和主观内在的。这就是说，焦虑的强度是与情景对人所具有的意义成正比的，至于他如此焦虑的缘故，他本人却基本上是不知道的。”与此不同的是，“神经症病人的焦虑涉及的并不是现实生活中实际存在的处境，而是他内心所感受到的处境。”（卡伦·霍妮《我们时代的神经症人格》，贵州人民出版社，1988年，27－28页）当然，在心理分析家看来，所有的焦虑都是潜抑在人的潜意识中而不为人的意识所认知的。

其实，焦虑一经产生，就可能呈现放大效应，尤其是当焦虑的病理心理特质——自我强迫和自我反强迫的心理冲突渗透到一个人的人格中去以后，轻微的焦虑可能经过放大而形成严重的焦虑。人只要进入自我强迫和自我反强迫的心理过程，心理冲突就出现逐级放大的效应，发生共振、激荡，使焦虑不断地自我增强。

如此说来，我们可以把轻微的、容易自我化解和处理的焦虑视为“正常的”焦虑，把严重的焦虑、通常不能自我化解和处理的焦虑视为病理性的焦虑。但这样一来，同样出现一个问题（这个问题读者肯定是要问的），就是注意了焦虑从量的变化逐渐累积的过程，而“忽视”了“正常的”和异常焦虑之间的实质性的差别究竟在哪里。这个忽视是不应该的。

焦虑产生于理性，从这个原理出发，所谓正常的焦虑和异常的焦虑不过就是一个从量变到质变的过程。在理性主义旗帜下，生活在现代社会中的每个人都是容易焦虑的。但我们仍然可以从两个方面对“正常的”和“异常的”焦虑做出一些区分。

第一个方面是从社会与文化角度的区别。如果一个社会或者文化发生危机，其文化的核心价值受到强烈冲击，那么生活在这个社会或文化中的人，比之没有受到强烈冲击的，没有发生文化危机的那个社会中的人，要承受更大的焦虑。读者应该明白我的意思，那就是和西方文化相比，中国人承受着双重焦虑，不仅要受承受由于西方理性主义极端发展带来的焦虑，更要承受由于自己的文化危机所造成的焦虑。毫无疑问，处于现代化进程中的中国人，要比现代西方人焦虑得多。这个观点，我在本书中一再强调。

第二个方面是从个体的角度的区别。一个人，如果具备下面的一些特点，我可以说他的焦虑带有异常的或病理的特质。

第一，与主流文化格格不入。每个文化都有自己的主流，譬如中国文化的主流是儒家文化，西方文化的主流是理性主义和基督教文化。不管生活在何种文化中，个体一定要顺应文化的主流，否则，他与主流文化格格不入，成为文化的牺牲，他必定是一个终身与焦虑相伴的人。

第二，焦虑人格。当一个人经常性地处于矛盾心理或者心理冲突中时，自我强迫和自我反强迫同时出现，认知系统出现典型“两价性”评价，失去了认知评价的有效性和功能性，并使人的心理能量郁积起来，膨胀开来，形成类似于心理分析理论中“情结”一样的东西，随时在寻找机会表达自己。这样的结果就必然造成人格的分离、分裂、扭曲。焦虑人格对现实生活中的任何事情都按照“内心所感受的处境”即自我强迫和自我反强迫的态度，焦虑对他来说，是真正的如影相随。

第三，价值的缺失和扭曲。价值是每个人安身立命的根基，是判断一切事物的标准。就像罗洛·梅所说的，时代变换时，当旧的价值观变得空洞，传统的习俗再也行不通时，个体就会感到特别难以在世界上对自我准确定位，从而既不能接受自我，也不能把自我融合到环境中去。在这种情形下，焦虑特别容易产生。

第四，理性主义的思维方式过度发达。焦虑既然是产生于理性，过度发达的理性思维方式自然带来严重的焦虑。理性是焦虑的根源，过度发达的理性主义思维方式则更容易产生焦虑。和凯利的观点相反（参见本书第一章第四节），如果说一个真正的科学家较少焦虑，那只是因为他的聪明和智慧使他明白不可用“科学家”的态度来对待自己；反之，一个人用“科学家”的态度来对待自己，内心必然充满了焦虑。

第三章 人类的“不安全感”与焦虑如影相随

为什么焦虑产生于理性却又脱离了理性的轨道？我们考察人类的理性发展过程，考察人与环境的关系，最终发现，这正是源于人类与生俱来的和根深蒂固的不安全感。

一点不错，人类与生俱来的和根深蒂固的不安全感正是理性的悖论的头号罪魁。人正是因为不安全感才在预期中倾向于不好的那一面，才把自己置于自我强迫的境地，才使自己陷于焦虑的深渊而不能自拔。

人从来就没有安全感。叔本华把这种感觉表达得最为彻底：“人生通常是充满忧虑的。同时，为避免来自四面八方的威胁人类的各种危险，还需不时留神戒备，小心翼翼地踏出每一个步子，从野蛮时代以迄现在的文明生活，人类皆是踏着这样的步伐前进。人，从来没有安全的时刻。”（叔本华《爱与苦恼的人生》，金玲译，华龄出版社，1996 年 1 月，104－105 页）

我们可以毫不费力地发现，在现实生活中，人的焦虑情绪实际上就是和人的不安全感直接联系着的。最现成的例子是，当一个人到一个陌生的地方或者面对着不熟悉、不了解的人和事时，无法预见到那里究竟隐藏着何种危险，人一定会感到紧张、焦虑和不安。如果我们从焦虑的现象学和病理心理学来分析，我们可以认为这是由于人对于可能出现的危险和威胁的预测和想象，以及由此而出现的自我强迫和自我反强迫的心理冲突，但若我们进一步问，为什么人会出现这样的预测和想象呢？或者反过来问，如果人处于一个熟悉的环境为什么就不会出现这样的预测和想象呢？

道理非常简单，熟悉的环境代表着安全，陌生的环境就意味着不安全，就有可能发生任何难以预料的事情。既然如此，人就有充分的理由做出预测和想象，更有充分的理由对任何不测做出心理上的预防。

我们从两个方面讨论人的不安全感：一是与生俱来的不安全感，这种不安全感来自于动物界，是生物进化的痕迹，只不过人使它变本加厉了；二是根深蒂固的不安全感，这种不安全感来自于人类社会自身，来自于文化，来自于人与文化的冲突。

这两种不安全感把人拖进了那万劫不复的焦虑的深渊之中。

一、动物的生存竞争与性竞争

社会学家说，婴儿的第一声啼哭是由于人对自己处于不安全的环境的畏惧，更是对安全的呼唤。这种不安全感是与生俱来的，已经随着遗传深深镌刻在人的每一个基因中。

人类是整个生物进化链条上的一个环节，是从动物界脱胎而来。人猿相揖别，不过几十万年到一百万年的时间。如果我们把整个生命从诞生到现在看作是一天的时间，那么人离开动物界的时间只是几分钟而已。人自己以为是万物之灵，实际上，在人的身上，留下了太多动物的痕迹。人在解剖学、生理学乃至行为方式方面和动物之间的差异，也并不是我们想象的那样巨大。

达尔文说，有一件颇令人类感觉遗憾的事情，那就是“人在构造上是和其他哺乳动物按照同样的模式或样板的。人身骨骼系统中所有的骨头可以拿来一根根的和猴子、蝙蝠或海豹上相应的骨头相比。就他的肌肉、神经、血管和内脏来说，情况也是一样。”（达尔文《人类的由来》，商务印书馆，1986 年版，8 页）在达尔文以前，在人们还不知道生物进化论之前，人一直以为自己是上帝创造的最完美的存在。达尔文打破了这个神话。

不仅身体的构造上如此，人与动物在心理上和行为上也有许多相似之处。达尔文观察到，“低等动物，与我们相同，也受同样的一些情绪所激动，这是早已经确立而尽人皆知的一个事实，……。恐怖在它们身上也像在我们身上一样起着同样的作用，足以使肌肉颤动，心跳加快，括约肌松弛，而毛发纷纷直竖。由恐怖产生的猜疑，是大多数野兽的一大特点。”（上书，103 页）

现代分子遗传学的研究结果更叫人瞠目结舌。英美科学家 2002 年 12 月 4 日在《自然》杂志撰文宣布，研究发现，人和老鼠的基因图谱竟然“基本相同”。主持本次研究的沃特森博士指出，人类和老鼠都有大约 3 万条基因，大约有 99% 的基因是类似的，其中约有 80% 的基因更是“完全一样的”。最有意思的是，人同样具有能“长尾巴的基因”。这项研究成果是人类基因组排序成功以来科学研究领域的又一重大突破。在 3 万条基因中，人与老鼠的差别不过是 300 条而已！这个发现，不仅印证了达尔文的进化理论，更说明在人类身上——无论是生理的还是心理的——确实打了太多的动物的痕迹。

动物的生存，是依赖于两个本能：一是食的本能；二是性的本能。前者是为了自我的保存，后者是为了种族的保存和延续。二者通过生存竞争和性竞争的双重作用达到内部的平衡和对环境的适应。而在这两个本能之间，则贯穿着另一个重要的内容——我们也可以把它称作本能——安全感。

在动物的生存竞争中，威胁和危险随时存在：自己随时可能成为食物链上更高物种的食物，以及不能获取自己生存所必需的食物。这就是动物生存中不安全感的最根本原因。获取食物和避免成为别人口中的食物，是动物生活的主旋律。

但严格说来，真正的生存竞争永远来自同一物种，而不是不同的物种之间。每一个不同的物种，只不过构成了动物赖以生存的食物链上的一个环节。不同的物种之间存在着残酷的生存竞争，但从另一个意义上，不如说它们之间是相依相存，相依为命的关系。达尔文早就观察到，在不同的物种之间，“一场又一场的生存之战此起彼伏，胜负交替，一点细微的差异就足以使一种生物战胜另一种生物，但是最终各方面的势力会如此协调地达到平衡，以至于自然界在很长时间内会保持一致的面貌”。（达尔文《物种起源》，陕西人民出版社，2001 年第一版，87 页）

在同一物种内部就完全不一样了。“最激烈的生存斗争几乎总是发生于同种的个体之间，因为它们生存于同一地区，需要同样的食物，遭受同样的威胁。同一物种内各变种间的斗争几乎也是如此激烈，而且有时短期内即见分晓。”（上书，89 页）物种内部生存竞争的根本原因是面对共同而有限的生活资源。在一只狼的眼里，羊存在的意义无非它们是自己的食物而已。惨烈的生存竞争发生在狼群内部。在有限的生存资源面前，狼群中往往有这样的情形：一只狼抢到了一只山羊的腿生存下来，成为生存竞争的胜利者；而另一只狼没有抢到，成为生存竞争的失败者，失败者的最后结果是被排除出局，要么悲惨地饿死，要么成为食物链上更高的物种的食物。

但动物完全靠着本能支配自己的行为。本能的特征是——生存下来——这就够了，不需要再多。虽然生存竞争是如此残酷，有时甚至极为惨烈，但竞争是为了生存，也仅仅是为了生存。动物一旦饱腹，生存竞争的压力立即得到缓解，不安全感随之消除。一只刚刚吃饱的狮子对眼前跑来跑去、活蹦乱跳的任何一只鹿子都会失去兴趣，它只要躺在那里懒洋洋地晒太阳就是了。在动物生存的词典里找不到“贪婪”，找不到“奢侈”，更找不到“邪恶”这样的词汇。

但个体的生存并不能实现生命的全部目标。从某个角度看，生命更重要目的就是向下传递自己的基因。美国社会学家爱德华·威尔逊（Edward Wilson）说："有机体的个体仅仅是基因的运载工具，是在最小可能的生化扰动范围内保存和传播基因的那种精巧装置的组成部分。'小鸡只是一个鸡蛋制造另一个鸡蛋的工具'，塞缪尔·巴特勒（Samuel Butler）这一著名的格言已被现代化为：有机体只是 DNA 制造更多的 DNA 的工具。"（转引自阳清河编译《新的综合》，四川人民出版社，1985 年版，4－5 页）任何个体的生命都是有限的，要保持生命生生不息，就要把生命之火向下传递。

要实现这个目标，每个动物就必须想方设法留下自己更多的后代。要想留下后代，必须投入到竞争中去。根据达尔文的观察，动物的两性虽然在数量上是大致相等的，但由于性选择的作用，更强壮、更优秀的雄性留下的后代比相对较差的雄性多得多，使雌性成为有限的资源。在动物界，一个基本的事实是，动物是一夫多妻的。因此，同性（主要是雄性）之间为了争夺异性必然会发生激烈的性竞争。达尔文在对动物进行细致的观察后发现了非常有趣的现象，"我们不要以为动物的调情求爱是件简单短促的事情。最容易激发雌性和最惹她们喜爱的配偶之选是装饰得最好的雄性，或最善于歌唱、或最擅长要把戏的雄性；但显然有可能的是，她们同时也喜爱精力较好而更为活泼的雄性。"（上书，335 页）

性竞争的成功者意味着能够传递自己的基因，生命得以延续。而性竞争的失败者，和生存竞争的失败者一样，也意味着被排除出局。失败者的生命之线在它那里戛然而止，生命不能得以最终的实现，基因失去了意义。

但在动物界，性竞争亦是依靠本能——仅仅是本能而已。据达尔文的观察，动物的性活动之所以具有强烈的快感，不过是为了引诱动物做出时间上和精力上更多的投资，目的只是使频繁的性交增加受精的机会而已。动物同性间的性竞争固然是残酷的，但竞争是为了延续生命——这也是一种本能的行为。本能行为的指向是单纯的，也是唯一的，除了延续后代、传递基因，并没有任何别的目的。

激烈的性竞争，给动物带来强烈的不安全感。但有两点值得我们留意，一是任何动物都有发情期，也只有在发情期，动物之间的性竞争才会进行。这一点令人非常惊讶，为什么会这样？留待动物学家和人类学家的解释。不过可以肯定的是，在发情期以外的时间，动物并不存在性竞争的压力。

二是依赖本能生活的动物之间的性竞争遵守着一个永恒的规则，即只有最强大、最有力量和最有进攻性的雄性才能占据异性资源，留下自己的基因。这个规则具有极大的选择意义：动物的性行为永远指向适应和进化的目标，这对于物种的进化具有必要而充分的合理性。说它是合理的，因为它符合性选择的方向。那就是，"最强壮、武装得最好，而在斗争中战胜了其他对手的雄性，和精力最旺盛、营养最良好、而在春季最先开始繁育的雌性，两相配合，就会产生最大数量壮健的下一代。”（上书，343－344 页）

如果说动物的生存竞争和性竞争的压力是巨大的，不安全感是强烈的，那么我可以说人类在这两方面的压力和不安全感不仅有增无减，而且更加强烈、深刻、复杂、怪异、诡谲，纠缠于人的整个生命过程之中。

二、人类：生存竞争使不安全感更加强烈

生存竞争和性竞争之于人类，情况就发生了根本的变化。人类的生存竞争和性竞争同时彻底地打破了动物界中两个铁的法则——生存竞争的法则和符合选择方向的性竞争法则。

与动物之根本不同在于，人类发展出了一整套文化。文化把人从野蛮和愚昧的状况中解放出来，使人具备了理性的思维，拓展出了丰富的情感生活和审美体验，建立了牢固的自我意识，并形成了“社会”这样一个人类独特的存在。达尔文对动物界准确的观察和生动的描述，当然不能完全适用于人类。

我们先看人类如何为生活而斗争（如果我们不使用生存竞争这个名词的话）。

对于人来说，仅仅是活着——生存下来，是绝对不够的。人不仅要生存，更要生活。生存与生活，这两个词之间，竟有天壤之别！生活之于人，有着丰富而曲折的内容。人绝不满足于仅仅吃饱，更要吃好；不仅要吃好，还要更多的生活乐趣；不仅要自己现在有生活乐趣，更盼望永远有生活乐趣；不仅自己要永远有生活乐趣，更希望自己的后代永远有乐趣地生活。换言之，人绝不满足于简单需求的满足，人的生活目标是追求快乐，追求幸福。

于是，食物的作用就不仅仅是用于生存，还要用于追求更大的快乐——譬如酿酒、换取其他的享受；人不仅要寻求更大更多的快乐，更追求那些和生存本身无甚关联的东西，譬如美感。当第一个原始人有意识地用火烤熟动物的尸体然后作为食物吃下去时，文化之火开始燃烧了；当人第一次有意识地把动物作为随时可享用的食物驯养起来，人类的生产活动开始了；当第一个人在他盛食物的器皿上画上简单的几何图形时，人类第一个美学家诞生了。

当文化之火开始燃烧，当人类的生产活动开始进行，当人类的第一个美学家诞生出来——人类发展出了自己独有的理性。理性更促使了文化的加速发展。文化和理性使人类具备高度的预测能力。它让人不仅要顾眼前，更要顾将来——需要更多的食物储存起来以备不时之需。人类学家和社会学家早

已了解到，在早期人类，就已经开始把相当多的精力用于储藏食物。人类对动物的驯化和蓄养演变成后来的畜牧业，开发土地进行种植则发展成为农业，都是为了更多更方便地获取食物，更好地储存食物。畜牧业和农业的发展，则进一步要求和促进人类预测能力的发展。

直到今天仍然令我们迷惑不解的神秘小册子《易经》实则就是人类最完整、最系统、也可能是最早的预测指南。畜牧业促使人类发展出了生物学，农业则更促使人类发展出了天文学、气象学、数学、几何学、物理学等，促使人类理性的全面发展。而这一切都是在预测能力的促使下产生的。所以我们说，预测能力既是人类理性的催生婆，也是理性本身的产物。没有高度发展的预测能力，人就不成其为人。

这里我们并不需要仔细讨论预测能力在人类理性中的地位和作用，而是要说，由于人类理性和预测能力的发展，使人的物质生产和社会生活发生了天翻地覆的变化。随着物质财富的积累，人类创造了自己的文化，形成了自己的社会，发展了自己的精神世界，使人彻底脱离和告别了动物界。食物对于人，除非在特殊的情况下，已远远超过了单纯的生存意义。

遗憾的是，告别了动物界的人类，用生活代替了生存，用生活斗争取代了生存竞争，激烈程度并没稍减。物质财富的不断增加，并没有使人更有安全感，而是越来越缺乏安全感了。

我们早已知道一个简单的事实，动物吃饱后，对食物便不再感兴趣。或许动物也会储存，但储存的目的非常简单，只是为了下次再吃饱肚子而已。而对于人来说，作为财富的象征物的食物，已超越生存的意义，已构成了人类文化的一部分。

这本应对人类整体的生存状态更加有利，高度积累的财富，应该使人类整体的生存状态得到彻底的改善才对，但却出现了一个怪异的现象，即便社会的物质财富高度积累，相当多的人却仍然不能饱腹，在为能生存下去而苦苦煎熬。而另一方面，大量的财富向着少数人聚积，除非具备极高尚的情操，他们宁愿把食物储存至腐烂掉，也不愿意无偿地分给没有食物的穷人。不仅食物，人类对于一切物质财富，几乎都采取了同样的态度。和动物相比，在人类的词典中，首先出现了“贪婪”这两个字，随之，浪费、奢侈、吝啬、自私相继出现，最后，创造了——邪恶。人们喜欢用“异化”来说明现代人的这些状况，不，不是异化，人本身就是这样。

我们已经看到，在经济社会里，人对积累财富的欲望已经变得永无止境，甚至达到了人自身异化的程度。法国著名现实主义作家巴尔扎克的不朽作品《人间喜剧》给我们提供了最鲜明、生动的例子。

《人间喜剧》是一部小说集，包括91部小说。这些小说中最有名的就是《欧也妮·葛朗台》和《高老头》。

《欧也妮·葛朗台》描写了一个贪婪、吝啬的老头如何毁掉自己女儿一生幸福的故事。老葛朗台原来是个木匠，在法国大革命期间，他靠着脑子灵活，善于投机钻营发了大财。他不择手段地攫取金钱，成了百万富翁。他虽然有钱，却从不舍得花，家里过着穷酸的日子，甚至连自家的楼梯坏了也不修一修。他把自己的女儿当作鱼饵，诱惑那些向女儿求婚的人自己好从中渔利。他的女儿欧也妮像只洁白的羔羊一样纯洁，她爱上了自己的堂兄弟查理，老葛朗台却将查理从家里赶走，还把欧也妮关在阁楼上惩罚她，每天只让她喝冷水，吃劣质面包，冬天也不生火。后来，葛朗台老头死了。他给女儿留下1800万法郎的巨额遗产，可女儿已失去了青春、爱情和幸福。

《高老头》则描写了一个退休的面粉商人高里奥的悲惨人生。他有两个女儿，一个嫁给了大贵族，一个成了银行家的太太。女儿出嫁时，高老头把自己的钱全分给了两个女儿做嫁妆。但女儿出嫁之后就把父亲抛弃了，连理都不理他。高老头一气之下得了重病，临死的时候希望见女儿一面，但两个女儿都参加舞会去了，也不愿与临死的老父见一面。高老头死后，两个女儿连棺材钱也不出，甚至都不来看一眼。

在巴尔扎克笔下，人对财富的追求消弭了人性中最美好的东西，亲情、爱情、友情——人间的一切温暖的感情统统消失殆尽。面对着这样的人性，相信每个善良的读者在读到这两部小说时都禁不住会潸然泪下，嗟叹不已，感慨万分。

社会革命家告诉我们，社会制度的不合理是人间不平等的根本原因之一，必须通过社会革命的方法，彻底改变不合理的财富流动方向，建立一个公平合理的社会。人类在这条道路上已经做了无数的探索，至今仍在探索中，但似乎并没有得到令人满意的结果。

如果从另一个角度，从人性的角度，我们看到，人类的贪婪和由贪婪而产生的邪恶正是这万恶之源。即便人类创造出、储存到再多的财富，无论富人还是穷人，不安全感永远难以消除：富人永远担心失去自己的财富，穷人则永远为自己的“缺乏”（这种“缺乏”是由于比较而产生的，可能不一定是生活必需品的缺乏）而忧心如焚。我们已经看得非常清楚，随着经济社会的发展，随着社会财富的不断积累，人的不安全感越来越严重，越来越明显了。

人为了消除生存状态中的不安全感，必然要拼足全力，最大限度地获取和积攒财富。当财富也不能带来安全感的时候，一个真正的恶性循环就开始了：由于不安全感而拼命追求财富，财富的积累使人更加没有安全感，于是再加倍积攒财富。动物界的生存竞争原则在人类社会完全不能适用，人类的生存竞争离开了为生存而竞争的本来意义，变得更加残酷、更加惨烈、更加卑劣，也更加邪恶。经济社会，这个时刻充盈于耳的名词，就是人类生存竞争的主战场。在这个战场上，人除了把自己有限的生命力投入到无限的竞争中去，别无他为。“这种竞争以经济为中心，辐射到所有一切活动之中，并渗透到爱情、社会关系和游戏之中。”（霍妮《我们时代的神经症人格》，贵州人民出版社，155 页）

在我们的时代，拼命赚钱似乎已经成为人最重要的价值尺度，成为人生的核心坐标。人们的生活已经完全浸泡在经济利益这个大染缸里面，他们的每个细胞都浸透了经济的利益；他们又像被上足了条的发条，被绑在经济社会的巨大机器上，身不由己地运行着，释放着自己的生命能量。如此，人已然成为经济的动物。

在这种激烈而残酷的竞争环境中，人在越来越缺乏安全感的氛围下，人与人的关系只能变得越来越不信任，社会生活只能越来越缺乏基本的诚信。缺乏信任和诚信的背后则隐藏着邪恶和敌意。在邪恶和敌意的指使下，人与人之间的竞争就呈现出彻头彻尾的破坏性，那就是，让别人失败比自己获得成功更加重要。这就意味着，人把自己的人生的目标定位为，想方设法让自己的对手（可能是现实的，更多的情况下是假想的）失败，把对方挤垮，使他人降低到自己的水平以下，或者干脆踩在自己脚下。

人的不安全感已经到了这样的程度，一个老太太过马路，如果你好心去扶她一把，她准把你当作要抢她的钱包！我有一个朋友曾经在一个重要的媒体做主持人，她告诉我如果她做人的基本准则：绝不害人，但绝不滥做好人！这个准则来自于她惨痛的教训，她在一次开车回家时帮助过一个受伤的人到医院治疗，其结果是所有的医疗费用全部由她承担，还赔给那个人不少钱。原因很简单，受伤的人一口咬定就是她开车撞伤了自己。“令人伤心的是所有的人都相信伤员的话，道理也很简单，你没有撞伤别人你会送他上医院吗?”她告诉我，“血的教训啊”，从此不做好事。

这就是今天的人类“生存竞争”的基本现状。

三、人类：复杂、诡谲和怪异的性竞争

如果说人类的生存竞争已经给人类带来了强烈的不安全感，那么，人类的性竞争更充斥着复杂、诡谲和怪异的气味，不仅加重人类的不安全感，而

且与选择的方向和适应性的目标愈来愈远。

随着人类文化的发展，人类的性活动早已超越了动物传递基因、延续后代的本能活动。事实上，人类的性活动具备了多重的性质：一方面也是为了人类本身的生殖、繁衍；另一方面则饱含着强烈的心理的和精神的意蕴，灌注着充分的感情；同时，人类的性活动还是一种文化活动，受到社会规则、文化习俗和伦理道德的规范和影响。

不可回避的事实是，由于避孕技术的日臻完善，人类的性活动与生殖的目的已经渐行渐远。人类是唯一不存在发情期的物种，在一年四季的任何时候都可以有性活动。大多数性学家和人类学家认为，没有发情期，这是人类进化中了不起的进步。在动物，生殖是性活动唯一的和根本的目的；而人类的大部分性活动离开了这个目的，性活动所带来的快感和欢愉在性活动的作用愈凸显出来，性活动蕴含着、灌注着人类太多的情感，并创造出了唯独人类才有的最高贵的感情——爱情。这就使人的感情世界更加丰富，人与人的关系更加温暖，人的心灵变得更加柔和，生命有了更充实的意义，生活更加充满了乐趣，相互的关爱更加浓厚。

这本来是人类之福。遗憾的是，实际的情形并非如此。

当我们提到“异化”这个词的时候，首先涉及的就是人类的性活动。就像性禁忌是最原始的禁忌一样，在所有的异化中，人类的性活动最先从生殖目的中异化出来。

自然界本来是公平的。无论是动物还是人类，两性都按照大致数量相等的比例来到世界。这既保证了物种的延续，也给性选择留下了空间。达尔文早就观察到，越低等的动物，越是严格的一雄一雌制度。随着动物进化阶梯的上升，这个制度被打破了。“许多种的哺乳动物和少数几种的鸟类是实行一雄多雌的配合的；但就比它们更低的几个纲的动物而言，我就没有能找到这个习性的例证。这也许是因为这些低等动物的智能微薄，还不足以把许多个雌性拢在一起而守卫起来，以构成一个‘后宫’。”（达尔文《人类的由来》，商务印书馆，1986年版，338－339页）一雄多雌的方式对整个物种的发育和进化是有利的。前面已经说过，“最强壮、武装得最好、而在战斗中战胜了其他对手的雄性，和精力最旺盛、营养最良好，而在春季最先开始繁育的雌性，两相配合，就会产生最大数量健壮的下一代。……如果更为精壮的雄性选择更为美丽而同时也健康而精壮的雌性，结果也是如此；而如果雄性能对雌性提供保护，又能对幼小动物，帮同觅取食物，结果就更是如此。”（上书，343－344页）

动物之间性竞争的规则是，最强大、最有力量和最有进攻性的雄性留下自己的基因。这具有选择和进化的意义，使该物种最好的基因保存下来，流传下去。而人类的性竞争打破了这个铁的法则。

文化彻底改变了人类的性态度。在人类的全部道德中，性道德从来被置于最显要的位置。人类性道德的建立首先是从灵与肉的分裂开始，而灵与肉的分裂是从人对肉欲的担心和恐惧起始的。古希腊哲学家柏拉图表达出了这种担心："当心灵摒绝肉体而向往着真理的时候，这时的思想才是最好的。而当灵魂被肉体的罪恶所感染时，人们追求真理的愿望就不会得到满足。当人类没有对肉欲的强烈需求时，心境是平和的，肉欲是人性中兽性的表现，是每个生物体的本性，人之所以是所谓的高等动物，是因为人的本性中，人性强于兽性，精神交流是美好的、是道德的。"事实上，这种担心要么给人类的心理生活造成极度的焦虑，要么造成人格的分裂。读过法国著名作家雨果《巴黎圣母院》的人一定会对人类在性压抑上出现的人格分裂留下深刻的印象。

人类创造了爱情，以为有了爱情就可以最大限度地提升性在人类情感中的分量，就可以消弭非理性的性竞争带来的恶果。但直到今天，爱情究竟怎样来定义，性究竟应该在爱情中占据什么样的位置，仍然各说各话，莫衷一是。

当我们在讴歌人类爱情的伟大的时候，非爱情的动机（甚至是非性爱的动机）——可能更多的是经济动机却早已悄然潜入，成为性竞争中最强大的力量。莎士比亚尝叹息，人世间多少邪恶是假以爱情的名义进行！和人类在生存竞争中对财富的无休止的欲望造成了人类的异化一样，人类反选择的性竞争更造成人类的异化，更加剧了人类与生俱来的不安全感。

人类创造了婚姻制度，企图在婚姻中彻底实现性道德。在人类的蒙昧时期，并没有真正的婚姻。事实上，婚姻是伴随着经济和文化的发展而出现和发展的。婚姻制度从本质上是一种经济制度。在今天的几乎全部的文明国家中，所实行的婚姻制度是一夫一妻制。这个制度规定，任何一个个体必须与，或者说只能与某个固定的异性发生性行为。从表面上看，这个制度淡化了、甚至消弭了性竞争，使每个人都有机会传递自己的基因，实现了在动物界不可能实现的性平等和性公平。

人类曾对自己的婚姻制度设想了若干种可能的方式。美国社会学家哈里斯（J. Harris）设想人类"理想的婚姻"是，把社会中一些非结婚不可的男女登记入卡，然后把若干代表着这些男女的卡片分别放进两个摇彩机里，当然代表男女的卡片数量要相等。然后两架摇彩机一同摇彩，同时摇出一对男女便结为夫妻。这种办法从表面上看是最公平的，它可以代替自由社会里那种竞争而浪费的婚姻制度。这样经过摇彩而配对的夫妻，在各个方面，如年龄、身材、个性等方面没有任何相干或相像。用统计学家的话说，他们在诸多方面的相关性只是等于零。

可惜，在文明社会里，这种方式的婚配从来没有实行过，也不可能施行。人类的性竞争法则是，竞争中的成功者不仅有首先获得选择的权利，而且有多次、反复选择的权利；不仅有获得一个性伴侣的权利，而且有获得多个性伴侣的权利。这种情形，与动物的性选择看起来颇为类似，实际上二者有本质的差异。

因为体现于人类的婚姻制度的性竞争不仅没有实现真正的性平等和性公平，而且背离了选择的道路。

罗素说：“人类所具有的，首先是一种不满足的情绪，这种情绪引起了各种随便和不完全的活动，但是它又慢慢地或偶然地达到了一种可以使人类满足而又时常重复的活动。”（罗素《婚姻革命》，东方出版社，1988 年，10 页）所以，“一个纯粹根据于本能的人，假如他能随心所欲，那他就一定会要求所有的女人都爱他，而且只爱他一个人。”（上书，26 页）在男权社会里，男人的一生都是在为实现这个目标而奋斗，其情其景，和强迫与自我强迫没有什么两样。于是，人类的性竞争在一开始就以一种扭曲和怪异的形式出现了。

如果人类的性竞争是为了更多地向下传递自己的后代，我们还勉强可以说至少是符合选择和进化的方向；如果人类的性竞争主要是与性欲的满足有关，我们至少还可以说鲜活的、蓬勃的生命力在中间起到重要的作用。但我们要再一次遗憾地说，人类的性竞争绝大部分和第一个方面无关，和第二个方面则大部分无关。

考察人类的性历史，我们发现，人的生殖能力和性能力在不可阻挡地走向衰退。正如罗素所说：“性疲乏是文化带来的现象。在动物中，性疲乏是没有的，在不开化的人们中间，性疲乏也是罕见的。”（上书，27 页）在现代社会，人的性能力下降和普遍存在的性疲乏感已经成为整个社会关注的事实。近一百年来，另一个无法回避的事实是，男性每次射精的精子数量在无可挽回地下降，平均从成亿个下降到几千万个，近五十年间，几乎下降了一半。美国辉瑞制药公司发明的提高男性性功能的药物 Viagra（台湾翻译为“威尔刚”，香港翻译为“伟哥”，中国大陆则隐去其招摇的功效，翻译为“万艾可”，令人想起“掩耳盗铃”的成语）几乎成为男人重新做人的救命稻草。这个现象，不可避免地要给人类的性竞争带来诡谲的气氛。

事实上，在相当大的程度上，人把占有更多的异性作为炫耀自己，满足自己虚荣的象征，作为自己身份的标志。这就使得人类的性行为走向了完全彻底的异化。每当我看到中国古代皇帝“后宫佳丽三千人”（有历史学家考证，中国皇帝拥有的后妃最多时高达四万人），总是为人这个“动物”欷歔不已。如果说古代的皇帝利用权力和制度公开地占有更多的女人值得我们愤怒，那么今天的男人利用经济手段占有更多的女人的行为，却只能让我们嗤之以鼻，因为他们只能遮遮掩掩地做，凸显出今天男人的猥琐之象。

在经济社会里，男人与女人的关系向着更加赤裸的利益关系或商业关系转换。当女人公开宣称自己的人生目标就是嫁给有钱人、有地位的人，当不同的女人根据自己的“性价值”开出不同的价码时，男人则把自己的人生坐标定位为增加自己“购买力”的竞赛和赌博，而不同的男人则根据自己的“身价”几何来确定自己应该在社会中占有什么样的位置，应该获取多少“性资源”了。

有一个流行的说法，“男人通过征服世界来征服女人，女人则通过征服男人来征服世界”，不能说完全反映出今天两性关系的基本现状，倒也折射出两性世界中的另一个侧面。我听过一位高贵的女士坚持说，我的身价值多少钱，如果不用多少钱衡量，怎么体现出我的价值呢？

在这样的性竞争中，爱情消失了，符合选择方向的生殖行为消失了，甚至连性本身应有的快乐也消失了。

问题还不仅于此，那些在性竞争中的失败者怎么办？达尔文对动物世界并不悲观，因为“性选择活动或发生作用的方式，比起自然选择来，不那么严厉。自然选择是通过对诸个个体操纵生杀之权来产生它的效果的，凡属比较胜利者生，而失败者死，不拘年龄老少。诚然，雄性对手们一度厮打一下，生死当场分晓，是屡见不鲜的事。但一般地说，比较不成功的雄性的下场只是找不到一只作配的雌性，或者只是在繁育季节的晚期里找到一只，或若干只繁育不那么健全、体力不那么精壮的雌性而已，如果这物种是一夫多妻的话。”（上书，351－352页）

可惜人类不能像动物那样，人不能不加分别地和多个异性发生性行为。人生活在自己创造的社会制度中，这个制度规定两性的性活动只能在婚姻生活中发生（至少形式上是这样）。就婚姻制度而言，越是发达的文明，越是严格的一夫一妻制度。但这种制度并不具备实质的内容。

实质的内容是，在一夫一妻制度下，越来越多的人（主要是男人）占有着更多的异性（主要是女性）。和人类生存竞争中富人占有更多的财富一样，如果一部分男性占有了较多的女性，必然有一部分男性不可能获得在这个制度下应该获得的配偶。我们已经知道，在经济社会中，经济利益分配的不均衡与性资源的分配和占有的不均衡从来是紧密联系的。二者之间的联系越密切，这种状况就越严重。在这种严峻的现实面前，人类的性道德不仅十分虚伪和做作，而且可笑。我们应该牢记罗素的话，“性关系中的经济动机，无论如何是有害的。性关系应当成为相互间的快事，而只有完全根据于双方自发的冲动，才能实现这一目的。否则，一切有价值的东西都会荡然无存。”（上书，103 页）。

在这样的文化背景和社会背景下，现代家庭已经变得十分脆弱，生活在现代婚姻制度下的男女两性都处于极度的不安全感中，夫妻双方都成了对方的警察。一方面，婚姻中的男女双方都产生了严重的“性疲劳”；另一方面，双方都存在着在婚姻以外去寻求新的性刺激的企图，同时严防对方去实现这种企图。现代婚姻给年轻的男性和女性带来强烈的危机意识，他们在婚姻中“战战兢兢，如履薄冰，如临深渊”，随时准备冲出“围城”。

罗素曾经试图给这种不安全感和危机感寻找一个出路，“既然我们把正派妇女的道德看成是一件极为重要的事，我们就必须有另一种制度去辅助婚姻制度，而且我们应当把这种制度视为婚姻制度的一部分，这就是卖淫制度。……人们之所以需要娼妓，是因为许多男人或是未婚，或是远离妻子，他们无法克制自己的性欲，而且在一个具有传统道德的社会中，他们得不到称心如意的正派女人。”（罗素《婚姻革命》，东方出版社，1988 年，98 页）这是企图让人类回归动物世界的一个努力。可惜的是，这个出路在任何注重道德的文明社会中，都不可能被公开接受。但是，“一个国家的道德越是严厉，娼妓的生活越会堕落”（上书，102 页）看来，卖淫现象的最大贡献，就是彻底戳穿了人类性道德的虚伪和做作。

以下就是我的结论：离开了动物界的人类，也抛弃了动物的性竞争方式，企图通过婚姻这种形式实现性平等和性公平。但在现代婚姻制度下，不仅没有能够真正实现性平等和性公平，而且使人类的性竞争更加怪异和诡谲。事实上，不是别的，正是经济动机——这个在人类性行为中最丑陋的动机——在主导和左右着人类的性竞争行为；在这样的情形下，人类的性竞争不仅背离了选择和进化的原则——这种原则本来在动物界是存在着的，而且使人类更加失去了安全感。

四、从自然界剥离出来的人类越来越缺乏安全感

依靠本能生存的动物与自然界是和谐的，因为动物本身就是自然界的一部分。当人把自己从自然界剥离出来，成为独立于自然界的自在之物，同时也就成了与自然界对立的存在。人在把自己从自然界剥离出来的那一刻起，

由于不安全感造成的恐惧和焦虑就随之产生了。

不难想象，千变万化的自然现象——日出潮落，洪水猛兽，流星宿雨，地震火灾，必然使早期人类对自然界充满了畏惧；人类的各种社会现象——战争、疾病、瘟疫、饥荒、人生的悲欢离合等，同样让我们的先祖们满怀疑惑。对大自然充满畏惧、对自身疑惑不解的我们的祖先们的生活一定充斥着强烈的不安全感和恐惧感。

卡西尔在他的名著《论人》中，在分析动物与人之间的差别时说道："我们更多地生活在我们对未来的疑虑、恐惧、不安和希望之中，甚于我们生活在我们的回想或现在的经验之中。贺拉斯说：'不要尝试去知道未来。'但人永远不能遵从这个劝告。……思想到未来和生活在未来之中是人本性的一个必然的部分。"（卡西尔《论人》，刘述先译，广西师范大学出版社，2006 年 11 月，75 页）

一部神秘色彩极浓的《易经》其实就是先祖们对变幻莫测的大自然的预测和解读。在《易经》中，所谓八卦不过是八个自然现象的象征：乾卦代表天，坤卦代表地，震卦代表雷，艮卦代表山，离卦代表火，坎卦代表水，兑卦代表湖泊（泽），巽卦代表风。中国古人对这八种自然现象必然怀着深深的敬畏和强烈的焦虑，以至他们把这八种自然现象进行两两组合，遂成六十四种卦象，把人生和大自然中的各种现象融合在一起，用来预测凶或吉。《易经》不是别的任何东西，它只是一本卜卦的小册子。六条实线和虚线的叠加式的不同排列组合，构成了中国最经典的关系学：人与自然的关系、人与社会的关系，人与人的关系。这些所有的关系，都是以人类从大自然中剥离出来，成为一个独立自为的存在为前提的。

在中国古代，生活当中最重要的仪式就是祭祀，最受尊敬和公认最有学问的人则是掌管和主持祭祀的人。《礼记·祭统》说："凡治人之道，莫急于礼；礼有五经，莫重于祭。"古人为什么把祭祀看得如此重要？我们只要了解古代祭祀是用来做什么的，我们就完全明白了。祭祀的目的无非两个：消灾、祈福。

西方文化对大自然的畏惧更为严重，对人类的种种"罪恶"更加疑惑——在基督教文化中，叫作"原罪"。《圣经·创世纪》中关于"诺亚方舟"（Noah ark）的故事，把这种畏惧和疑惑的心情彻底无遗地表现出来了，虽然是假上帝之手：

亚当夏娃由于偷吃禁果，被逐出伊甸园。从此以后，人世间充满着强暴、仇恨和嫉妒，只有亚当的若干代孙诺亚（Noah）是个义人。上帝看到人类的种种罪恶，愤怒万分，后悔万分，决定用洪水毁灭这个已经败坏的世界，只给诺亚留下有限的生灵。诺亚在上帝耶和华的授意下，和他的三个儿子一起造了一只长300肘、宽50肘、高30肘，有上中下三层舱的方舟。诺亚同他的妻子、三个儿子和他们的妻子，以及各种飞禽走兽、昆虫各一公一母，搬入方舟。七天以后，一连下了40个日日夜夜的滂沱大雨。水往上涨，把方舟从地上漂起。汹涌的大水，把天下的高山全部淹没了。凡在地上的飞禽走兽，以及所有的人都被洪水淹死了。只有诺亚的方舟在水上漂流。四十天后，诺亚把一只鸽子放了出去，但遍地都是水，鸽子找不到落脚之地，只好回到方舟里；又过了七天，再把鸽子从方舟里放出去，傍晚时分鸽子噙着一个橄榄枝飞回来了，这意味着大地某个地方露出了土地。七天后，诺亚又把鸽子放出去，这回鸽子再也没有飞回来——洪水退了，大地干了，人类得救了。

圣经中这个非常著名的故事，充分展示出大自然不可抗拒的威力和人类在大自然面前的软弱无力，虽然最终还是给了人类继续生存的希望，但那是上帝给的，人自身毫无作为。这种现象非常有趣，它和理性主义无所不能、无远弗届的精神并存于西方文化中，这就意味着，恐惧与克服恐惧的意识同样强烈，我不能不说这是西方文化精神中焦虑的另一个来源。实际上，我们也可以说它是理性主义的另一种表达方式，这种方式的最根本的原则是，世界上的一切都是按照某种规律运作的，任何力量都无法抗拒——这就是叔本华在其著作《作为意志与表象的世界》中所阐明的基本原理。

心理分析学派的另一位著名的代表人物、弗洛伊德的学生和叛逆者、瑞士心理学家卡尔·荣格（Carl Jung）在分析人类的“集体无意识”时说，人类的一部分集体无意识就是来源于人类早期生活中对诸多自然现象的恐惧。

荣格提出的“集体无意识”和弗洛伊德的个人无意识（潜意识）是完全不同的东西。弗洛伊德所谓个人无意识纯粹是由于本能需要的压抑，它们是文化和道德意识中不能容许的部分，并且在很大程度上打上了性的烙印。荣格不同意弗洛伊德的意见，他认为人对于神话、宗教和艺术的需要可能更甚于对于性的需要。人之所以把这些需要置于更重要的位置，是因为人只有在宗教和神话的庇护下才可能避开随时可能面临的毁灭和灾难。从整个人类的大背景出发，弗洛伊德的个人无意识就显得无足轻重了。

荣格说：“或多或少属于表层的无意识无疑含有个人特性，我愿将其称为‘个人无意识’。但这种个人无意识却有赖于更深的一层，它并非来源于个人经验、并非从后天中获得，而上先天就存在的。我把这更深的一层定名为‘集体无意识’。选择‘集体’一词是因为这部分无意识不是个别的，而是普遍的。它与个性心理相反，具备了所有地方和所有个人都有的大体相似的内容和行为方式。换言之，由于它在所有人身上都是相同的，它便组成了一种超个性的心理基础，并普遍地存在于我们每个人身上。”（荣格《心理与文学》，三联书店，1987 年，52 – 53 页）

问题是，先天就存在的集体无意识是从哪里来的？荣格认为，当然与人类早期的文化经验，尤其是神话、宗教等内容有关，“集体无意识作为人类经验的储存所，同时又是这一经验的先天条件，乃是万古世界的一个意象。”（同上）

荣格把集体无意识界定为人类有史以来沉淀于心理底层的、普遍共同的本能和经验的遗存。这些遗存既包括了生物学意义上的遗传，也包括了文化历史上的文明的沉淀。它们以“原型”的构成存在着，表现为“原始意象”。作为人类心理中具有倾向性、制约性的心灵的规律，它们对人类的行为、理解和创造力产生着重大的影响。

“原型”和“原始的意象”来自于哪里？荣格的回答是，“原始意象……是同一类型的无数经验的心理痕迹”；“每一个原始意象中都有着人类精神和人类命运的一块碎片，都有着在我们祖先的历史中重复了无数次的欢乐和悲哀的残余，并且总的说来始终遵循着同样的路线。它就像心理中的一道深深开凿过的河床，生命之流在这条河床中突然奔流涌成一条大江，而不是像从前那样在宽阔而清浅的溪流中向前漫淌。”

荣格举出了“曼陀罗花式样”作为人类集体无意识的典型例子。他发现，在罗得西亚旧石器时代的岩石画中，有一种图像——一个圆圈出现一个双十字——曼陀罗花的式样，“这种图像实际上在每一种文化中都曾经出现过。今天我们不仅可以在基督教的教堂内，而且在西藏的寺院里也能够找到它。”为什么会在“每一种文化中”都会出现这种“曼陀罗式样”的集体无意识原型？荣格以为和宗教有关，典型地反映出人心中固有的宗教冲动和神话倾向。（以上综见于：荣格著，李德容编译《荣格性格哲学》，九州出版社，2003 年版，12 – 23 页）

其实，宗教的冲动也好，神话传说的倾向也好，最根本原因却是人类对不可知的神秘世界的恐惧和由恐惧造成的不安全感，以及由于不安全感而加深加重的焦虑。如果我们说人类一切早期文化有什么共同的特征，那就是面对整个世界所表现出来的恐惧。只是从这个道理上我们才能够理解荣格的集体无意识学说。人类的不同文化在原始阶段都具有这样共同的特征，因此才得以形成全人类性的集体无意识。至于处理和解决恐惧的方式，各种文化则已经分道扬镳。

更重要的是，人类把自己从自然界中剥离出来后，一方面是出于自身的福利目的；另一方面则是出于对自然的恐惧而变本加厉地剥夺自然。我们已经越来越清楚，人类的任何发展都是以消耗环境和剥夺自然为代价的。人类的贪婪和奢侈使有限的资源不仅更加紧缺，而且必然走向最后的枯竭。人固然学会运用自己的聪明和智慧——譬如科学和技术的力量——使资源的利用率和有效性极度扩增，在这个过程中人获取和占有更多的资源和财富，但这样做的结果不仅不能使资源枯竭的速度减慢，只能使这个过程加快。

警报早就拉响了。物质运动的根本定律——热力学第二定律表明，物质的能量只能不可逆转地沿着一个方向转化，即从对人类来说是可利用的状态到不可利用的状态，从有效的状态到无效的状态，从有序的状态到无序状态转化，最终资源被彻底耗竭。

德国物理学家克劳修斯在解释热力学第二定律时提到一个叫作“熵”的概念：“熵”是不能再被转化做功的能量的总和的测量单位。物质是不灭的，但并不等于有效的能量不灭。克劳修斯的观点是，“世界的熵（即无效能量的总和）总是趋向最大的量的。”（杰里米·里夫金等《熵：一种新的世界观》，上海译文出版社，29－31页），人类最终只有一条路好走：进入“熵”的世界，“熵”的世界就是不能再被人类利用做功的能量总和达到最大，资源被彻底耗竭的世界，那将是一个死寂、荒芜、寸草不生的世界。

资源的有限性和人类向资源索取的无限性造成人类生存压力的绝对化，竞争的绝对化，最后是无限的危机。这就最终造成人类不安全感的绝对化。

五、安全感是人最重要的心理需要

无论是处于蒙昧时期的早期人类，还是已经进入高度发达文明的现代人类，不安全感与人一直如影相随。随着文化的发展，人类的不安全感不是越来越轻、越来越小，而是越来越强烈、越来越严重。人类对世界、对未来、对自身越来越不安。

在人类最大规模的自相残杀的战争——第二次世界大战临近结束时，面对这个世界越来越严重的乱象，亚伯拉罕·马斯洛（A. Maslow），这位忧心忡忡的美国心理学家向全世界大声疾呼，难道我们世界本应该是现在我们看到的这个样子吗？难道人与人之间本应该相互残杀吗？难道我们不应该更健康、更有效地生活吗？

马斯洛的理论并不复杂，他的全部学说，起于一个在心理学上最基本的现象：人的行为产生于动机，而动机产生于需要。马斯洛的动机理论被称为“需要层次论”。这种理论认为，人类动机的发展和需要的满足有密切的关系，需要的层次有高低的不同，低层次的需要是人的生理需要，向上依次是安全、爱与归属、尊重和自我实现的需要。

马斯洛把人类安全感的获得称为“安全的需要”（the safety needs）。在他看来，安全的需要包括对人身安全、生活稳定以及免遭痛苦、威胁或疾病等的需求，和生理需求一样，在安全需求没有得到满足之前，人们唯一关心的就是这种需求。当一个人满足了最基本的生理需要以后，安全就变得无比的重要，而生理的需要本身也是安全的需要。人为了满足自己的安全的需要，可以动用全部的心理力量。

在马斯洛心理学中，安全需要的满足，占有非常特殊、极为重要的位置。“有机体可以完全受它们支配。它们几乎成了行为的唯一组织者，调动有机体的一切能量去工作。因此我们可以公正地说，整个有机体是一个追求安全的机制。我们还可以说，接受器、效应器、智能和其他能量主要是寻求安全的工具。”（马斯洛《人的动机理论》，转引自《人的潜能和价值》，华夏出版社，164 页）

马斯洛把安全的需要分为生理性的和精神性的两种。生理性的安全需要包括生存的必要条件，衣食住行诸方面能够得到基本的保障等。如果一个人连基本生活都不能得到保障，食不果腹，衣不蔽体，房不遮雨，我们就不能说他的安全需要得到了满足。精神性的安全需要则要复杂一些，能轻松愉快地生活，免于恐惧地生活，自由自在地生活，能充分按照自己的意愿生活，恐怕都是精神性的安全需要所应该具备的。

生理性的安全需要和精神性的安全需要并不能截然分割，二者经常是交错在一起的。虽然在马斯洛看来，人的各种需要是按照等级或阶梯的方式进行排列，生理和安全的需要被划分为低级的需要，爱与归属的需要、尊重的需要和自我实现的需要则为高级的需要，但在我看来，安全的需要却很难简单地归于低级需要中。譬如，如果我们分析人在满足爱与归属的需要的动机，我们会发现，这在相当大的程度上却是为了获取安全感。

心理学家和哲学家一再指出，人的孤独感是最强烈的不安全感。一个人被排斥在某个群体之外是最不安全的。英国哲学家罗素讲过一段话解说人为什么需要爱：“爱远非仅仅是性交的欲望，它也是避免孤独的主要手段。因为大多数男女在他们的大部分人生中都会有孤独之感。在大多数人中都存在着一种对于世界之冷漠和人类之残暴的巨大恐惧。”（罗素《婚姻革命》，东方出版社，1988

年，83 页）连爱这样最动人心魄的感情都是为了获得安全的需要。

其实，不管是生理性的还是精神性的安全需要，都可以找到一个共同的地方，那就是凡是确定的东西都是安全的，不确定的东西则是不安全的。在人的心理世界中，熟悉的和已知的是确定的东西，不熟悉和未知的是不确定的东西。

马斯洛早就注意到，“另一种寻求安全的情况是，人们总喜欢选择那些熟悉的而不是陌生的，已知的而不是未知的事情。有一种信仰或世界观，它趋向于把世界上的人们组成一种令人满意的、和谐的、有意义的世界，这也部分地受到安全需要的驱使。”（马斯洛《人的动机理论》，转引自《人的潜能和价值》，华夏出版社，166 页）马斯洛所讲的“另一种寻求安全的情况”，已经和人为了避免焦虑而所作所为如出一辙。熟悉的和已知的给人带来安全感，故可避免焦虑；陌生的和未知的造成不安全感，故产生焦虑。

另一位美国人本主义心理学家罗洛·梅（Rollo May）认为，自由是人性的重要本质，唯个人在现实生活中自由选择时，选择的后果往往非但未必使人心安，反而使人感到焦虑。原因是，选择之后将带来不确定后果，可能成功，也可能失败，因此面对选择情境时，个人就可能在心理上产生既想求成又想避败的困境。选择既由自己决定，选择的结果，亦必由个人承担，因而产生心理冲突，冲突就产生焦虑。由是观之，在现实人生中，不确定性随处可见，焦虑当然是无可避免的。

在我们所生活的世界中，不确定的东西实在是太多了！在文明社会里，人对安全感的需要一方面固然来自自然界的威胁和对自然界不可知的恐惧；另一方面，更来自于对自身和对社会生活中不确定性的恐惧。

生命本身就是一个不确定的存在。人从出生的那一天起就逐步走向死亡的过程，死亡对人来说是唯一的真正的确定。死亡的确定恰映照出生命的不确定。面对这个现实，人在整个生命历程中充满了不确定感，从而给人带来无休无止的焦虑。

社会学上所谓“界限性处境”（boundary situation）就是不确定状况。什么是“界限性处境”？当人处于某种不能确定的生存状况，或人的核心角色处于混乱状态时，人就处于界限性处境。我们通常所谓之“骑墙”派，文学作品常描写社会生活中某些“第三种人”，皆属此类。我们在前面讨论过的人面临着不期而至的选择，例如人对想达到某个目标拿不定主意，获之有此一利而兼有彼一弊，失之则失此一弊而兼失彼一利，如此取舍难定的时候，人也处于“界限性处境”。

另一种情况是，当一个人承担多重社会角色，人的各种需要不断地变化时，人也处于“界限性处境”。一个人在社会生活中或工作状态下，是下属的领导、上司的下属，是客户，是服务者和被服务者；回家时则是妻子的丈夫和儿子的父亲，是父亲的儿子、弟妹的兄长，如此等等：他须得在不同的场合下扮演好自己的不同角色。如果数种角色发生混淆，拿捏不准，游移不定，人也处于“界限性处境”。不难理解，处于界限性处境的人当然不可能有安全感。

在现代社会中，文化的因素构成了现代人不安全感的主因。例如，马斯洛看到，儿童的不安全感源于失去秩序的家庭环境，父母不和、受到严厉训斥、体罚等都是。在儿童心理学上常见的儿童“分离性焦虑”就是来源于这种不安全感。马斯洛还注意到，不安的或是患神经症（可用作焦虑的代名词）的成人，行动起来很像焦虑不安的儿童。“这样的人做起事来总好像大难就要临头似的。他总像在应付一件紧急事件。一个神经症病人好像总是在怕屁股被挨打似地行事。”（戈布尔《第三思潮：马斯洛心理学》，上海译文出版社，1987 年，42 页）马斯洛的形容非常形象，我在临床心理咨询中看到的焦虑患者，大多如此。

凡此种种，犹如火上浇油一般，人类之与生俱来和根深蒂固的不安全感使焦虑之火熊熊燃烧起来，越烧越旺，不可控制。马斯洛所谓“整个有机体（人）是一个追求安全的机制”，是为了满足人的安全需要，也可谓有感而发了。

第四章　文化是焦虑的培养基

我们说，焦虑是人类理性的产物，我们也可以说，焦虑是文化的产物。理性与文化之关系，犹如鸡生蛋，蛋生鸡的关系。

情绪心理学家亦早已证实，动物是没有焦虑的（动物心理学家和行为主义学家所设计的动物“焦虑模型”，实与焦虑的本质无关）。心理学家则指出，即使对人类而言，焦虑也是一种高级的情绪。

我们还看到，焦虑也更多见于较高的文化层次和生活在较高社会层面的人——事实上，他们比那些在生存线上挣扎的人们更多、更容易产生焦虑。这不仅是社会学家和病理心理学家熟知的事实，也是我们日常生活中经常见到的现象。

只有在当人深刻地意识到自己的存在，经验到自己所面临的苦难，体验到命运之不可知、想象到死亡之不可避免等之后，焦虑才会产生。

这一切都因为人类发展出了高度的文化。

有趣的是，文化（culture）这个词的拉丁文原义就是“培养基”。人的一切社会行为，都在这个培养基中培养出来。对于焦虑而言，文化更是它的培养基。

一、我们应该怎样理解文化

在前面的章节中，我们不断使用“文化”这个术语，现在，我们要用这整整一章的篇幅来讨论文化了。

在当今社会，“文化”可能是使用频率最高、在概念上也最容易引起歧义的词汇之一。我们耳之所闻，眼之所见，桩桩件件事情都会牵涉文化。当喝酒喝出“酒文化”，喝茶喝出“茶文化”，吃饭吃出“饮食文化”，穿衣服穿出“服饰文化”，男女之间的性事演义出“性文化”，游山玩水游玩出“旅游文化”，甚至于，当人类的排泄这个最隐讳的事情也要冠以“厕所文化”的时候，还有什么不可以和文化扯上边呢？

文化好比现代人的一件衣裳，可以遮羞，可以美体，可以随时更换；文化也好比一只字纸篓，任何东西都可以随意地、不假思索地丢进去。文化又好像一张巨大的网，把人生活的各个方面，低至吃、喝、拉、撒、睡、性，高到审美的情趣、道德的情操、情感的归依、价值的体现，无不尽收网底。

在日常生活中，“文化”这个词又常被人用来表示对科学知识的掌握的程度，表示某种艺术修养的高低或生活方式的考究。在这个意义上，人们又常常用“有文化”和“没有文化”来区别优雅、高尚与粗鲁、低俗的人生态度。

——上述种种，大概就是今天我们对“文化”的基本印象。

社会生活中对文化的“滥用”反映了文化这个概念本身在内涵和外延上的模糊，要把它准确解说清楚，并不容易。事实上，不同的学者对文化持有各种不同的看法。有人经过考察，发现关于文化的定义竟有160种之多。在我的印象中，除了心理学中的“人格”外，再没有任何其他的概念有文化这样多的定义了。

虽然如此，我还是有义务把文化的各种含义整理一番。经过这一番整理，我发现，文化大致包含着以下几个方面的意思。

一是从文化的所涵盖范围来解说。

从文化所涵盖的范围来理解，就是英国文化人类学家泰勒（E. B. Tylor）关于文化的定义，这也是文化的最经典的定义：“文化或文明（culture or civilization），是作为一个社会的成员所获得的知识、信仰、艺术、法律、道德、习俗及其他能力与习惯的综合体”。（泰勒《原始文化：神话学、哲学、宗教、艺术和风俗发展的研究》，1958，第一卷，1页）。

泰勒是文化人类学的泰斗，他对文化的定义影响了人们对文化的基本看法。泰勒既然把文化定义为一个综合体，这个综合体既包括了人类的一切活动，也包括了由于文化活动所产生的全部的成绩。这样一来，就把文化与文明看作是同一个东西。但我们应该知道，二者是既有联系，也有区别的。

怎样把文化和文明进行区别？这里引用一段话，以资参照：

“德文 kultur 和英文 culture，在字源上，都是由拉丁文 cultura 转化而来。拉丁文 cultura 的原义，本兼有神明拜祭，土地耕作，动植物培养，以及精神修养等含义。……但自拉丁文 cultura 转化为德文 kultur 以后，德文 kultur 一词和 civilization 在意义上就变成对立，因而‘文化’与‘文明’之间，也就有了区别。文化是偏重心灵或精神的活动；文明是偏重社会，政治方面的。而 civilization 一词，由拉丁文 civis 转化而来，civis 原义指市民之事，本与法律政治相关。德文‘文化’一词，所以取其精神一面的含义，是因为德国文化活动偏重这一方面。与德国文化相异的英美文化，则偏重社会政治这一面，所以常只用 civilization，不常用与德文同源的 culture，偶尔用到 culture 一词，也是把它与 civilization 视为同义。”（韦政通《中国文化概论》，台湾水牛图书出版事业有限公司，1983 年，9 页）

引用这一段“宏论”，是企图在词源上对文明和文化有所厘清。我倒是愿意这样来说，文化是文明的过程，文明是文化的结果；换一种说法也是可取的：文明是物质的文化，文化是精神的文明。

美国人类学家林盾（R. Linton）对文化的定义，则把“文化”所涵盖的范围说得更为细致一些：“文化指的是任何社会的全部的生活方式，而不仅仅是被社会公认为更高雅、更令人心旷神怡的那部分生活方式。这样，当把文化一词用到我们的生活方式上时，它与弹钢琴和谈勃朗宁的诗没有任何区别。对社会学家来说，这些行为只是我们整个文化中的若干组成部分而已。整个文化还包括诸如洗碗、开汽车等世俗行为。而且，对文化研究来说，这些世俗行为与那些在生活中被认为高妙雅致的事物相比，并没有什么高下之分。这么一来，在社会学看来，没有无文化的社会，甚至没有无文化的个人。每个社会，无论它的文化多么简陋，总有一种文化。从个人归属于一种或几种文化的意义上讲，每个人都是有文化的”。（引自 R. Linton《个性的文化背景》，转引自 Carol R. Ember 等《文化的变异》，杜杉杉译，辽宁人民出版社，1988，29 页）

这样我们就可以理解，凡是经过人工处理的一切东西，凡是人类活动留下的所有痕迹，概属于文化的范畴。那么，举凡经济、政治、社会、宗教、艺术、哲学、民俗、法律、科技，以及考古时发现的石刀石斧，陶器瓦罐，诸如此类，如此等等，均是文化的重要组成部分。概而言之，就是文化学家萨皮尔（Sapir）的意见，“文化是人类的物质生活及精神生活之任何由社会传衍而来的要素。”（转引自韦政通《中国文化概论》，台湾水牛图书出版事业有限公司，1983 年，4 页）

这样一来，文化就包含了人类社会生活中的一切，形成一个完整的系统；物质生活和精神生活，个人生活和社会生活，都在这个系统中；以及我们在本节一开始所说的那些文化现象，诸如“饮食文化”“酒文化”“茶文化”“服饰文化”“性文化”“旅游文化”“厕所文化”等就不是完全没有依据的了。

二是从文化的核心内容来解说。

虽然文化的范围可以涵盖人类社会生活的各个方面，但文化作为一个系统，和任何一个系统一样，它不应该是杂乱无章的，更不应该是无所依归的，而应该按照某种规则有序地组合起来，在某种规律的作用下和指引下来进行运作。在任何文化中，一定有着一个或几个最重要的核心内容，在整个文化中起着引领或导向的作用。

美国社会学家波普诺（David Pompano）就是从文化的核心内容来进行定义："文化是一整套社会成员所共有的价值观、意义和物质实体。正是文化赋予人类社会自身的特性。"（波普诺《社会学》，刘云德等译，辽宁人民出版社，1988，120页）。

波普诺的文化定义与另一位美国人类学家克罗伯（Kroeber）的说法同出一脉。后者把文化看作是"成套的行为系统"，而文化的内核则由"一套传统观念，尤其是价值系统所构成"。（转引自杜维明《儒家第三期发展的前景问题》，见罗义俊编《评新儒家》，112－113页）

于是我们对文化的了解就进了一层，我们固然可以说文化可以涵盖人类生活的各个方面，但这些散在于人们日常生活中的东西必须有一个统领，有一个核心。文化的统领或核心就是文化所代表的价值系统。文化固然是一张大网，而只有价值系统才是这个大网的"纲"，其他一切都是这个网的"目"，这就正好套用中国的一句成语，"纲举目张"。

至于什么是价值，什么构成了价值系统，容在后面的内容中论述。

三是从不同文化之间的差异来解说。

文化既是一种社会现象，不同的社会有着很大的差异，文化当然应该有差异。文化差异就是文化的个性。

社会学家戴维斯（Davis）和达拉德（Dollard）就是从这个角度对文化定义："群体与群体之间之所以有差异，就是因为各自有不同的文化，各自不同的社会遗产。成年人的行为之所以各不相同，是因为他们的文化各不相同。人成长于不同的习俗与生活方式之中，人必须按照这些生活方式生活，除此之外他们别无选择。"（转引自韦政通《中国文化概论》，台湾水牛图书出版事业有限公司，7页）

世界上存在着各式各样的文化，不同文化之间可谓千差万别。不同国家和民族的起源、地域环境和历史过程各不相同，既造成了不同的文化，给不同的国家和民族相互区分提供了基本的依据；而不同国家和民族色彩斑斓的人文图景，又给不同文化之间相互解读、辨识、竞争、对话和交融提供了动力。

如今通行的观点是，世界上任何文化，都应该受到同样的尊重。从这个意义上说，文化的多样性造成了人类社会的丰富性，恰如生物的多样性造成整个自然界的丰富性一样。如此，现存于世的不同的各种文化应该是多元的、包容的、接纳的、通畅的、柔顺的；而不是一元的、排斥的、拒绝的、梗阻的、尖锐的。遗憾的是，人们更多看到不同文化的差异造成了隔阂，而文化的隔阂正是造成现代社会不同群体之间发生矛盾和冲突的主要根源。

四是从文化发展的高与低，先进与落后来解说。

各种不同的文化理应得到必要的尊重，文化与文化之间则应该互相包容、理解、接纳、交融，也可以进行对话和竞争。但为什么在现实世界中不同文化之间发生了那么多的争斗和冲突？为什么没有按照理应采取的相互包容、理解、接纳的方式来处理不同文化之间的问题？关键在于，自认为先进的文化免不了要对落后的文化进行征服，而不承认自己为落后的文化必然要奋起反抗。

世界上现存的各种文化有没有先进落后和高低贵贱的区别？不隐瞒地说，不同的文化确实存在着先进落后的差异，如果我们不把“高低贵贱”之类的用语赋予太多的道德色彩和情绪色彩的话。

其实，在汉语中，“文化”这个词本身就蕴含着高低贵贱的道德评判。在汉语中，文化即“文治、教化”之意。刘向《说苑·指武篇》：“圣人之治天下，先文德而后武力。凡武之兴，为不服也；文化不改，然后加诛。”从这个说法来看，中国人心目中的“文化”是与“武化”相对立而存在的，或者说，文化就是经过“文德”的“教化”而成。接受过“教化”的人，谓之“有文化”，未接受过“教化”，则为“无文化”，或曰“化外之人”。

人之接受教化，自然就有教化的程度一说；既然有程度之别就有高低贵贱之分。所谓文化高低是指对某种知识的掌握和对某种艺术品位的考究和修养的程度；至于贵贱，则以“有文化”和“没文化”来区别优雅、高尚与粗鲁、低俗的人生态度。这就是中国人对文化最本原的态度。

以这个态度作为基准，中国人从来认为，中国文化是世界上最先进最发达的文化。只是到了近代，中国人睁开眼睛看到外面的世界，发现和自己的想象完全不一样的时候，只是在中国人被西方逼迫着进入现代化进程以后，只是在中国文化遭受到西方文化的强烈冲击以后，中国人才开始改变自己对文化的看法。这实在是一个非常有意思的现象，在后面章节中我会详细地讨论。

文化所涵盖的范围既是如此广泛，文化的内容既是如此纷繁芜杂，文化的差异既是如此之大，文化的高低贵贱又是如此地悬殊，各种不同的文化中必然有合理的成分，不合理的成分，甚至反对理性的成分。但欲把某个文化中哪些是合理的，哪些是不合理的，哪些是合乎理性的，哪些是违背理性的区分开来，却并不十分容易，甚至十分地不容易。

譬如就宗教信仰而言，信仰耶稣基督究属文化中合理还是不合理的成分呢？有宗教信仰的文化和没有宗教信仰的文化哪个更先进一些呢？又如，穿长袍马褂更合理呢还是穿西装革履更合理呢？使用筷子吃米饭和使用刀叉吃牛排，喜好喝茶与喜欢喝咖啡，哪种更高贵，哪种更低贱呢？再如，使用拼音文字和使用象形文字，哪种更先进，哪种更落后呢？恐怕是很难说清楚的事情。

文化之高低贵贱固然存在，先进文化、落后文化亦可划分，但文化现象的复杂性却使这种区分难以泾渭分明，更难一刀切下。简单划分，就给随意性和武断性打开了方便之门。再者，文化在不断地流动和发展中，这个过程并非简单地从低级到高级，从后进到先进的直线演进，若过分强调高低贵贱，先进落后，又给文化冲突乃至文化侵略打开另一扇方便之门。

说了那么多，我们究竟应该怎样理解文化？

若要对文化更准确地理解和更清晰地阐释，我宁愿相信，文化是一种生活模式。这种生活模式既是物质资料的生产制度，也是社会生活的基本制度，诸如社会制度、法律制度、道德制度、习俗制度等，更包括了精神生活中的价值模式、思考模式、情感模式、人际交往模式等。这些生活模式把一个民族或群体从内到外，从物质世界到精神世界连接起来，形成一个整体，展现在世人面前。世界上有多少种生活模式就有多少种文化。

就任何一种民族或群体的生活模式而言，都是和这个民族或群体的生存状态、生产状态乃至气候、地形、水土等密切相关，都是从过去的以及祖辈的生活模式中传承而来，都是在不断地发展过程中。历史越悠久的文化，这种生活模式就越固定，越牢固，越具有渗透力，也越是把精神生活的模式和物质生活的模式犹如血与肉之关系般紧密相连，欲改变这种生活模式也就越困难。

按照文化人类学的基本原则，举凡定义为文化的东西，应该有以下的特征：

人群共享性：无论是文化的观念还是成套的行为系统，抑或是生活模式，必须被生活某处的居民或一群人所共同享有或认同，如果只是被某一个人或极少数人所拥有，就只是代表着个人的或极少数人的行为方式，就不能看作是一种文化。譬如某个人坚持要把自己的鞋子左右反过来穿，在他没有任何精神病病理症状的时候，我们不能据此说他不正常，但我们也不能说他就代表着一种文化。

同样的道理，当我们说焦虑是人对想象中的非现实的危险和威胁的不恰当的反应时，我们一定要顾及文化的共享性。卡伦·霍妮举了一个这样的例子，“如果有谁认为原始土著的某种恐怖是对实际危险的不恰当反应时，这些原始土著一定会固执地坚持己见。例如，如果一个部落的禁忌是不准食某种动物，而生活在这个部落中的某个土著则由于某种偶然的缘故食用了这种遭受禁忌的食物，那么它一定吓得半死。作为一个局外人和旁观者，你会把这种恐惧叫作不恰当的反应，认为它在事实上就是一种毫无根据的迷信。但你一旦知道了这种与禁忌食物有关的信念的内涵，你就会意识到，这种情景对那个土著来说，代表着一种真实的危险，它意味着狩猎或捕鱼的地方将受到污染，整个部落将罹患一场大病。”（霍妮《我们时代的神经症人格》，贵州人民出版社，1988 年，26－27 页）法国谚语中说，“此一地餐桌上的美味佳肴可能是彼一地人们心目中的毒药”，与霍妮所讲的是同一个道理。

后天习得性：文化一定是后天学习得来的，一个民族或人群先天存在的东西不能称为文化。例如不同人种皮肤和头发的颜色不是文化，东方人的黑发和欧洲人的黄发本身是不同人种的生物学遗传标记。但把头发染成不同的颜色则与文化有关。吃本身也不是文化，但怎样吃，吃什么却是文化。性本身也不是文化，但不同民族和人群的性行为方式、性道德规范、性习俗表现等则形成了各个民族各具特色的性文化。这一切，都需要人经过学习过程才能获得。据社会学家的观察，两个从小生活在一起的男孩和女孩，长大以后，如果不经过必要的学习，他们甚至不能完成一次成功的性交过程。

不同的文化充斥着不同的情感体验。我一直以来都认为，用刀叉吃西餐和用筷子吃中餐代表着不同的行为方式和情感方式，吃美国的麦当劳和吃中国的烧饼夹肉绝对有不同的情感体验。同样，在中国社会和美国社会中，男女之间在表达和体验爱情和性的感受时也有很大的不同，美国人亲吻一个异性是稀松平常的事，在中国人却是天大的事情，意味着这两个男女的关系进入了一个微妙的阶段。

每个人都生活在一定的社会中，他要成为这个社会的一个成员，就必须获得这个社会的文化。要获得这个社会的文化，就必须要学习这个社会的语言和一切风俗，必须要与这个社会中的成员进行交流，必须要接受这个社会的主流价值观，遵守这个社会的规范或准则，就必须得和其他社会成员一起创造并享有这个社会的物质文化。而人一旦通过学习获得了他所在的社会的文化，他就把这种文化彻底整合到他的人格中去，成为他的人格的一部分，任何要想改变它的企图，都会遭受极大的阻力和挑战。

我们既然把文化理解或阐释为一种生活模式，那么，作为生活模式的文化是怎样作用、影响人的心理和行为，又是怎样体现到人的日常生活中去的呢？进一步剖析，文化是由这样几个内容所构成：文化符号、价值系统、社会规范、社会习俗、文化的“自我意识”、物质文化。换言之，文化通过这几个方面的内容作用于我们生活中，影响着我们的行为。

下面我们对这几个概念分述之。

文化符号：文化符号是指任何能有意义地表达某种事物而能被这个文化中的其他人所理解的东西。由此我们可知，语言、数字、姿势、表情、标志、音乐等都可以理解为某种符号。人类文化的存在和发展就是依赖于人类能够创造和运用符号的能力。只有通过使用符号，人才可以了解、传递和储存任何复杂的信息。人与人之间的交流，就是依赖于符号；人类的一切经验，都是来自于符号。没有符号，就没有人类的文化。

语言是人类最重要的符号。通过语言，人类文化中的观念、自我意识、价值和准则才得到完整、准确的表达。事实上，人类的思维活动就是借助于语言这个符号才得以顺利进行的。思维就是无声的语言，语言也可看作是有声的思维。大众传播媒介有一种说法不是没有道理的：谁控制了语言的使用谁就控制了人的思维，谁掌握了大众话语权谁就引导了文化的基本走向。

符号常常可以引申出象征性的意义。例如白色的鸽子象征着人类的和平，红色常常是激进和热情的象征等。这种符号的象征性引申意义在人类的思维活动中是很常见的，并把人类的符号交流赋予生动和鲜明的特点。

不同的文化本身就是不同符号的象征性表达。譬如中国文化与西方文化有各自不同的符号系统，这些符号系统不仅有不同的表述形式，更为重要的是有不同的核心意义。举一个最常见的例子，在英文中“house”就是人住的那个地方，“home”是每天要回的那个地方，“family”则是家庭中的各个成员。而中国人的“家”，却有着十分复杂的内容。

价值系统：价值系统是文化中最重要的成分，是文化的核心。价值系统是由价值观所构成。

价值观是指一个人对周围的客观事物（包括人、事、物）的意义、重要性的总评价和总看法，代表一个人对周围事物的是非、善恶和重要性的评价。根据价值观的重要性来排列一个人的价值观时，就可以获得一个人的价值系统。

主流价值观（或价值系统）是一个社会中大多数人所具有的对于区分好与坏、正确与错误、善与恶、符合或违背整体社会愿望的共同观念。

不同的文化当然有不同的价值系统。某个文化的价值系统是这个文化的成员精神生活的主要依托，是他们安身立命的基础，是他们的文化的命根子。如果一个文化的价值系统受到冲击或破坏，这个文化就会从根本上发生“文化的危机”，正如在中国近代史上所发生的那样。

就整个人类而言，应该存在着全人类共享的价值系统，也就是我们通常所说的“普世价值观”，譬如人本主义、民主精神等。但有两个方面值得留意，一是人本主义、民主精神等“普世价值观”是一个整体的或笼统的概念，在一个具体的社会或文化中如何施行却没有固定的或刻板的模式；怎样施行，没有也不应该只有一个固定的标准。况且所谓“普世价值观”在某个文化中的施行必须与这个文化原来的成分进行有机的结合，才不至于遭受到原有文化的强烈抵抗。二是人的社会生活和个人私生活是不同的两个范畴，在社会生活中遵循公认的价值观标准和在个人的私生活按照什么标准并不完全一致。

一个文化中的价值系统常常充满了感情，为生活在这个文化中人的行为提供充分而正当的理由，也为这个社会提供道德的规范。价值系统当然是通过符号体系进行传播的。神话、民间传说、社会习俗、艺术等是传扬社会价值观的重要形式，而“惩恶扬善”是其最基本的内容。

——在我曾经生活的城市，发生过这样的事情。一个有相当级别的公务员把自己从乡下来的老父老母拒之门外，最后两个老人因冻饿而亡。这件事情在全体市民中掀起了泼天的大浪，各种意见莫衷一是。有新闻媒体询问我的意见，我的回答非常简单，对这样的孽子，第一，杀无赦；第二，斩立决。事实上，这是中国传统文化最基本的观点。

社会规范：在一个社会中，把对社会成员在特定的情况下应该怎样行动、思维和感受的期待称为社会规范。一个社会的规范可能有许多，而大多数人所公认的和必须遵守的规范是社会最重要的规范，例如交通规则、经济活动中的游戏规则、社会管理制度、人际交往规则，以及基本社会礼仪等。法律则是最基本的规范。不同的社会角色有不同的规范，如医生在治疗病人时必须遵循医生的规范，这就是富有同情心、具有责任意识和稳重、镇定自若的行为特征；同样，教师、司机、经理、母亲等角色都有不同的规范。

社会规范与价值系统的区别在于，前者是在特定的、具体的情况下应该遵守的，后者是一般的、情感的，在通常情况下应该遵循的。后者常常用作评判前者的尺度。

不同的文化形成了一整套区别于其他文化的社会规范。而在社会规范中最重要的是人与人之间交往的规范。譬如中国文化的社会规范是建立在儒家文化以家庭为中心的伦理观的基础上。在儒家文化中，不同的社会角色——君君、臣臣、父父、子子——之间的关系调整，人与人之间的各种礼节待遇，以及人在什么情况下怎样表达情绪等，都有严格的规范。正是这些规范构成了中国传统社会最重要的社会基础。

社会习俗：和社会规范相比，社会习俗在人的行为体系中是更深入更细腻的东西。平常我们所看到的社会习俗是大量的琐碎的行为，而正是这些琐碎的行为渗透到个体的行为中，主导着人的心理取向，行为尺度，甚至信仰（中国文化就具有用习俗代替宗教的倾向）。在这个意义上，社会习俗可谓更严格的规范。

美国女人类学家本尼迪克特（Ruth Benedict）研究了不同文化的社会习俗以及对人类行为的影响，她说："谁也不会以一种质朴原始的眼光来看世界。他看世界时，总会受到特定的习俗、风俗和思想方式的编排。即使在哲学探索中，人们也未能超越这些陈规陋习，就是说，他的关于真假是非的概念也会受到其特有的传统习俗的影响。"（本尼迪克特《文化模式》，5页）我们当然可以理解，生活在不同文化中的个体，由于受到社会习俗的影响，即便是面对同样一件事情，也可能出现完全不同的看法。

社会规范是有形的，表层的，看得见的东西，而习俗则是无形的，隐藏的，无意中表达的东西。规范控制人的表层意识，而习俗则触动人的更深的认知层次，进而扰动人格。

遵守或违反规范可以在较浅的文化层面进行，不需太多的人格成分参与，因而给人的心理和行为不会造成深刻的影响。例如人过马路时必须遵守交通规则：红灯停，绿灯行。当一个人急急匆匆赶到一个路口时，马路对面绿灯刚刚熄灭，红灯亮起，按照规范，他必须停下来等待下一个绿灯。但他环顾左右，并没有车经过，他判定，此时闯过去，应该是安全的。他有急事要做，他得冒一次险。于是他违反规范，闯红灯过去了。他本来是一个守规矩的人，这次他犯了规，并没有被警察发现，他或许会为这次侥幸的成功犯规沾沾自喜呢。即使他被警察发现了，受到了惩罚，他也不会有太多的羞愧，不会受到良心的谴责；他会总结教训：今后要么就绝不再闯红灯，要么一定要确定警察确实不在场的时候才过去。这可以解释许多有身份有地位的人为什么会在没有监视、相对安全的情况下违反规则。

对社会习俗的遵守和违反则完全不同。社会习俗既琐碎，又充满感情，不讲道理。人很难说哪个习俗是应该的，哪个是不应该的，哪个是对的，哪个是错的，哪个是重要的，哪个是不重要的。

我的一个朋友告诉我这样一个故事：他的女儿认识了一个男朋友，据说十分优秀，前途不可限量。于是他决定亲自面见这位男青年。见面的结果令我这位朋友大摇其头，绝不愿意接纳他做自己未来的女婿。原因说起来非常简单：这位"倒霉鬼"见到长辈不知道站起来，吃饭时还吧唧嘴，啧啧有声。

看来是极小的事情毁掉了这位有为青年的婚事。这就是违反习俗的代价：在强烈的情绪色彩熏染下，形成巨大的遮蔽效应。有趣的是，这样的事情只可能发生在中国文化中，而在西方人看来，婚姻既然只是每个人自己的事情，见到长辈是不是表现出了足够的礼貌，来得并不是那么重要。

文化的“自我意识”则是生活在某种文化中的成员对自己的文化的认同（identity）。对文化的认同就是对这个文化的同一性或一致性的认识，核心是这个文化的基本价值取向。

既然一个文化的自我意识是对自己文化的基本价值观或价值取向的认同，那么它就和这个文化的价值系统一样，成为这个文化最核心的东西，成为文化的“命根子”。

当一个社会不能接受自己所传承的文化的基本价值取向时，即不能认同自己的文化。从个体来讲，不能认同自己的文化则与他所在的文化格格不入，成为他所在的社会中的另类（alternative）；一个群体或民族不能认同自己的文化则出现“文化认同的危机”（crisis of culture identity）。这个概念，对现代中国具有十分重大的意义。这是造成现代中国人“集体焦虑”的一个基本原因，也是个体“焦虑人格”的具体成因。读者将在后面的章节中看到我的详论。

物质文化：物质文化即文化的物质形态。由于人类的文化活动产生的一切物质形态：城市、汽车、飞机、机器、工具、衣物、食物等都是物质文化。人类物质文化的产生和发展，实质上就是人类利用自己的技术水平开发现有的资源来满足自己的需求的过程。千百年来，人类社会的发展创造出了灿烂的物质文化，构成了整个人类文化的重要组成部分。

物质文化是文化最表层的成分，最容易被人认识。当人们比较不同的文化时，也最容易首先从物质文化的差异进行比较。但在做这种比较的时候人却常常不免受到一些误导。例如电灯自然比油灯先进，汽车当然强过马车，但却不能简单地说代表电灯和汽车的文化一定比尚处于油灯和马车时代的文化先进。从另一种角度看，人又容易简单地把用电灯和汽车取代油灯和马车作为文化变迁的依据，以为只要在物质文化上做了改变，文化也就随之改变了。

从公元16世纪开始的西方现代化历程，在理性主义的指引下，通过科学技术的作用，把人类物质文化的发展推到了一个登峰造极的地步。但物质文化经常是一把多重的双刃剑：一方面是人类创造出物质文化并享有它，另一方面却要受到物质文化的强大束缚；一方面人类为满足自己的需求全力创造更多的物质文化，另一方面，更多的物质文化却造成人本身的异化。

二、人与环境：两种力量的动态平衡

无论是文化的成果也好，还是文化的发展过程也好，文化总是离不开这样两个要素：一是人自身；二是人以外的一切因素。这两个要素构成了三个关系：一是人与自然的关系；二是人与人的关系；三是人自身的关系。文化中人自身的关系主要涉及人类的艺术和审美，我将在别处讨论。本节专门讨论其他的两个关系。

我们把人与自然的关系和人与人的关系进行一番归结，可以发现，这两个关系实际上就是一个关系：人与环境（environment）的关系。如果人把自己作为主体，把人以外的一切都作为客体，那么这个客体就是人所面临的环境。这里所谓环境固不是简单的自然环境，至少应该包含自然环境（物理环境和生物环境）和社会环境（人与社会的关系和人与人的关系）两个方面。

人类文化的整个发展过程就是人与环境的关系发生各种变化，相互消长的过程。人与环境的关系是极为复杂的。这种复杂性至少表现在下面几个方面：人可能是对环境的恐惧和逃避，可能是人与环境的斗争，可能是人对环境的征服，可能在环境的种种压力下屈服，也可能是人与环境的和谐共生。

美国社会学家安雅尔（Angyal）把人看作是一个系统，环境是另一个系统，那么这两个密切相关的系统形成了一个完整的系统，即所谓“生活圈”（life sphere）。

据中国台湾心理学家杨国枢先生的转述，“依据 Angyal 的理论，生活圈应是一个不可分割的整体。每一个生活圈都是由一个人（person）及其相关生活环境素组成，人是主体，环境是客体。人与其环境在结构上有所分化，在功能上密切互依。在同一生活圈中，人与环境形成圈中的两极，互为开放性系统或半开放性系统：一个系统中的事件或历程可以影响另一系统中的事件或历程，不断产生动力性互动。事件或历程之肇始，或在人之系统，或在环境之系统，但最后必将影响整个生活圈。在生活圈中，处于两极的人与环境各具方向相反的趋势或拉力，从而使人与环境之间产生紧张，导致两者之间的动力关系。生活圈中的动力趋势有两种，即自主性趋势与融合性趋势，自主性主要是人的一种扩展性倾向——人经由此同化与控制环境得以扩展。在此倾向下，人努力征服与支配环境以满足其欲望与兴趣，最突出的表现是对优越、获得、探索及成就的追求。融合性则是一种相反的动力趋势。在此倾向下，人努力使自己配合或顺从其环境，并分享及参与超越自我之较大事物或群体。此一倾向使人与社会团体、自然或超自然建立和谐的关系，从而失去了人的个别性。……大体而言，我们可以将生活圈中之方向相反的两大动力趋势，视为个体与其环境间的两种基本运作方式。事实上，在日常生活中，人与环境这两大系统的相互影响，也只可能有这两种基本方向。这两种动力趋势虽然方向相反，但却可以同时并存。也就是说，每一种生活圈中两种趋势都在同时发生作用，且会产生冲突。其中一个方向的趋势如果特别强，就会压抑另一种趋势。某一种趋势如果经常较强，则其对另一趋势的压抑即会习惯化与自动化，个体便不再感受到明显的冲突。”（杨国枢《中国人的心理与行为：本土化研究》，88 -89 页）

按照安雅尔的理论，在人与环境的磨合关系中，当个体与环境一强一弱，无论是环境强还是个体强，只要一个方面对另一个方面的压抑习惯化和自动化，个体都不会感受到强烈的冲突。

但当出现以下两种情况时，则会感到明显的冲突：一是当个体和环境两种相反的运作倾向都较大，势均力敌；二是两种倾向性都较微弱，但旗鼓相当，即形成所谓较大的动态稳定性（dynamic stability）的时候。这两种情况都会使人感到相当的冲突与紧张，前者更处剑拔弩张之势，后者则使整个“生活圈”的生命力愈显不足。

用这个观点来考察整个人类文明的历史，在文明的早期，可能环境的压力大大强过人自身的力量，人根本毫无力量去征服或战胜环境，唯一的办法是屈服于环境或顺应环境。在那种状态下，人虽然感受到强烈的不安全感和由此带来的恐惧，并不会感到强烈的冲突；随着人类文化的发展，人类的力量越来越强大，人类征服环境的愿望越来越强烈，人对环境的作用越来越大，反之环境对人类的反作用亦越来越剧烈，人与环境的关系遂越来越紧张，人就会越来越感到巨大的冲突。至少在今天，人与环境之间的冲突愈演愈烈，我们尚看不有丝毫缓解的趋势。

人与人的关系、人与社会的关系具有同样的性质和意义。当人与人、人与社会的关系的两个方面，一个方面较强，另一个方面较弱时，二者不会发生激烈的冲突；当两个方面两种相反的运作倾向都较大，出现势均力敌的态势，或者都较强，或者都较弱时，则会出现紧张的状况，发生明显的冲突。尤其是两个方面都较强时，冲突最为激烈。

在社会发生重大变革时，个人欲望的释放和对个人利益的追求极端地膨胀起来，社会控制的力量为求得社会的基本稳定，并未有丝毫减弱，二者必然发生尖锐的矛盾，在未能找到适宜的缓解方法和宣泄渠道之前，可能达到水火不相容的地步，冲突达于顶点。这正可取今天正处于快速现代化进程和社会转型的中国为例子。

在人与环境的冲突中，无论是人与自然环境的冲突，还是人与人、人与社会环境之间的冲突，都是由于人类文化发展的结果。于是，人与环境的冲突就演变成为人与文化本身的冲突。

三、人与文化的冲突

自有文化以来，人与文化的冲突就开始了。这种冲突一开始出现，就被人感觉到了。人一直在注视着自己与自己所创造的文化之间的冲突，一直在企图寻找到能够解决冲突的办法。

中国古代思想家对人与文化的关系形成两派迥异的意见。一派是中国文化的主流派儒家的观点，或可称为积极的观点。这些观点集中体现在《易经 乾卦》“象传”中的那句话：“天行健，君子以自强不息”。儒家鼓励人们，无论是面对自然的环境，还是社会环境，都要采取主动的、能动的积极进取精神。但在方法上并不主张与文化对立，而是“和合”的方式。这个精神则体现在《易经·坤卦》“象传”中的一句话，“地势坤，君子以厚德载物”。

另一派则是中国文化的另一个重要成分（我把它称为“中国文化的重要补充”）的道家的观点，我们或可称其为消极的观点。道家的精神体现在老子那本五千字的《道德经》中。如果用一句话来说，道家的精神的集中体现的是：“见素抱朴，少私寡欲，绝学无忧”。在老子看来，整个社会制度和文明均发生了根本的错误，有智慧的人应该抛弃它们，至少应该远远地离开它们。

有趣的是，这两种看起来是完全对立的意见居然能够和谐共生，互相包容，并且还能相互影响，你来我往，张弛有度。这种状况至于今天，已经有两千多年之久矣。

至于西方文化，大多数人认为其所强调和侧重的是人必须积极进取，而积极进取的方式，是征服和战胜自然、战胜环境。换言之，西方文化只采取了积极的和进取的一面。西方文化为什么只取积极进取的一面？因为在西方文化的基本观念中，人与自然、人与人，甚至人自身的关系都是不可调和的。这个观点最集中的体现，就在基督教。

《圣经·创世纪》中说，在伊甸园里，人类的始祖亚当和夏娃本来与环境和谐相处，快乐生活着，但由于受到蛇的诱惑，偷吃了禁果，犯了原罪。由此全都受到神的惩罚。神对蛇说：“你既做了这事，就必受诅咒，比一切的牲畜野兽更甚。你必须用肚子走路，终身吃土。我又要叫你和女人彼此为仇；

你的后裔和女人的后裔也彼此为仇。女人的后裔要伤你的头，你要伤她的脚后跟。”神又对女人说：“我必多多加增你怀胎的痛楚，你生产儿女必多受苦楚。你必恋慕你的丈夫，你丈夫必管辖你”。神又对男人说：“你必终身劳苦，才能从地里得吃的。地必给你长出荆棘和蒺藜来，你也要吃田间的菜蔬。你必汗流满面才能糊口，直到你归了土。”

如果我们把蛇与人、男人和女人分别象征人与自然的关系、人与人的关系，那么我们可以说，在西方文化中，人与环境的冲突，人与文化的冲突，以及相互之间的斗争，打从人离开伊甸园那一刻就开始了。

心理分析理论的创始人弗洛伊德是较深刻认识人与文化的冲突并精辟论述这种冲突与焦虑之间的关系的最重要的学者之一，他的论述至今闪耀着智慧的光芒。这些论述主要见于弗洛伊德晚年的一本重要著作《文明及其缺憾》。

弗洛伊德首先提出了“人类生活的目的”这个“被提出过无数次”“但却没有找到一个令人满意的答案”的问题。但弗洛伊德深深知道，之所以这个问题一直没有找到令人满意的回答，是因为“生活的目的的观点随着宗教制度而兴衰”，“宗教再一次表明了只有它才能回答生活的目的”。所以，要回答这个问题，无可避免涉及宗教——人只有从宗教那里才能找到这个问题的答案。

既然离开宗教就不能讨论“人类的生活的目的”，弗洛伊德索性抛开这个问题，转而讨论实质上相似的另一个问题：“我们现在来看看规模小一些的问题——人们本身的行动表现了什么目的。他们向生活要求什么？希望实现些什么？答案几乎毫无疑问是追求幸福。他们想变得幸福并保持幸福。这种追求具有正反两方面的目的。一方面，它旨在消除痛苦和不快；另一方面，旨在获得极其快乐的感觉。”（弗洛伊德《文明极其缺憾》，15 页）

弗洛伊德说得对极了，我们可以抛开那个人生最大的、离开宗教就很难回答的问题，但我们不能不去理会我们在生活中想要获得或希望实现的那些东西。幸福当然是我们生活永不停息的追求。可是，我们怎么样才能追求到我们想要的幸福，又是什么原因阻止了我们对幸福的追求呢？

弗洛伊德回答道：“显而易见，决定生活目的的只是快乐原则的意图。这个原则从一开始就控制了精神器官的活动。它的作用是不容置疑的，但是，它的意图是与整个世界相悖的，根本没有实现的可能。……从最严格的意义上说，我们所说的幸福产生于被深深压抑的那些需要的满足。”需要的满足可以带来幸福的感觉，但这些需要却被深深地压抑着，不能获得满足。为什么会出现这种情况？在弗洛伊德看来，道理很简单，借助于本能“无节制地满足一切需要是最动人心魄的生活方式，但是，这意味着把享乐置于谨慎之前，这样做很快就会带来恶果。”（上书，17 页）所以本能必须受到压抑。简言之，快乐原则必须让位于现实原则。

为什么快乐原则不让位于现实原则“很快就会带来恶果”？什么“恶果”？文化对个人追求快乐的惩罚。所以，人为了避免因快乐带来的恶果，必须把自己的快乐深深地压抑下去。这样，矛盾就来了：我们满足了自己的快乐，却带来了恶果；避免了恶果，与此同时我们却失掉了快乐。

究竟是什么力量使我们陷入这样的矛盾呢？弗洛伊德探询了我们的文化中存在的多种需要被压抑，从而使人痛苦和不幸福的原因。弗洛伊德说，“我们遇到了一个令人惊讶的观点，以致我们必须深入思考它。这种观点认为我们称之为文明的东西是我们不幸的主要根源；如果我们放弃文明，退回到原始状态，我们会更加幸福。”（上书，28 页）文化中道德的力量，我们自身的软弱无力，以及人际关系问题等，都会压抑人的幸福和快乐。

这个发现不仅令人惊讶，而且震撼。难道是文明妨碍了我们获得幸福和快乐吗？既然如此，我们为什么还要文明？难道我们必须放弃文明，退回到原始的状态才能获得快乐和幸福吗？

在弗洛伊德眼里，文明（注意，弗洛伊德所用的“文明”一词是德文 kultur，与“文化”同义）是这样的一个东西：“‘文明’这个词是指所有使我们的生活不同于我们的动物祖先的生活的成就和规则的总和，它们具有两个目的，即保护人类抵御自然和调节人际关系。”（上书，31 页）

弗洛伊德把文化说得如此简洁明了，仔细一想，倒也并非没有道理。我们在论述人与环境的关系时把它归结为两个主要的关系，即人与自然的关系和人与人的关系，恰与弗洛伊德关于文化的定义和文化的目的不谋而合。

人为了抵御自然、战胜自然、征服自然，必须高度发展理性的作用。高度理性的发展，促进了科学技术，催生了现代化过程的发生，使人类从大自然中解放出来（至少在相当长的历史时期内是如此）；但从另一个角度看，人的理性的程度越高，对人本身的自然能量的压抑就越强，人就越失去了快乐和幸福的感觉。

不仅如此，弗洛伊德还看到了另一个更重要的问题，随着人类文化的发展，人与人之间的关系变得越来越紧张。这种紧张关系的主要原因是集体的力量越来越大，而个人的自由越来越受到限制。这个限制固然是必要的。问题在于，代表集体力量的社会规范（法律规则）与个人幸福之间的矛盾和冲突能不能得到协调或调和？弗洛伊德认为，这种协调或调和看来是很困难的。

他说："毫无疑问，人永远要反对集体意志，维护对个体自由的要求。人类斗争的大部分围绕一个任务，即寻找调节个体的上述要求与集体的文化要求的可行的办法，也就是说，能够带来幸福的办法；涉及人类命运的问题之一是，这种调节办法是否可以通过文明的某种特殊形式获得，或者这种冲突是否不可调节。"（弗洛伊德《文明及其缺憾》，39页）

弗洛伊德对自己的设问已经作了回答，文明的整体发展结果实际上是对人个性的扼制，而个体永远在为冲破这种扼制而抗争。这种无法调和的矛盾的结果是，人与人之间，个体与集体之间永远处于不断的冲突中，难以自拔。

弗洛伊德特别强调文化在调节人际关系和人与社会的关系方面的作用，而这个作用往往是负性的。所谓负性是指在人与文化的冲突中，永远是以压抑人性中的各种需要为缓解冲突的条件。我揣测，弗洛伊德的潜意识理论、人格的心理动力学理论，均以此为基本出发点。而这一点被许多社会学家和人类学家忽视了。

但正如新心理分析学派代表人物卡伦·霍妮所批评的那样，"弗洛伊德对这个问题仅仅作了有限的思考。他的生物学倾向同时就决定了他缺乏社会学倾向，因此他往往把社会现象归结为心理因素，而又把这些心理因素归结为生物性因素。……弗洛伊德不是把文化视为复杂的社会过程的产物，而主要把它视为生物性驱力的产物，这些生物性驱力或受到压抑得以升华，其结果就在此之上建立起各种反应形式。对这些生物驱力的压抑越是彻底，文化的发展程度就越高。由于升华的能力毕竟有限，由于原始驱力的强烈压抑若得不到升华就会导致神经症，所以文明的成长不可避免地必然意味着神经症（即焦虑——笔者注）的产生。神经症是文化的发展不得不付出的代价。"（霍妮《我们时代的神经症人格》，238页）

不过我们要特别留意，虽然不能完全赞同弗洛伊德的观点，霍妮也坚持认为"文明的成长不可避免地必然意味着神经症（即焦虑——笔者注）的产生。神经症是文化的发展不得不付出的代价。"今天，焦虑已经成为我们时代最值得重视的问题，被弗洛伊德，也被霍妮不幸言中。

在人与文化的关系上，人面临着最大的矛盾，心灵承受着最强烈的焦虑的煎熬。我们该怎么办？

一方面，我们不应该诅咒文明。文明是人类的春天，正是文明才把人类从野蛮时代的严冬中解放出来；没有证据说明在文明以前的人类就是完全幸福和自由的。中国古代的大量文献证明人类在早期的洪荒时代伴随着强烈的焦虑不安。而那些焦虑和不安更多是由于人和威力无比、不可捉摸的大自然的冲突所造成。中国文化中“后羿射日”“大禹治水”等传说就是对人面对威力无比的大自然的恐惧和人为了抵御这些焦虑而做出努力的记载。文明，有效地解除了人类的这种恐惧。任何人，任何时候都不能抹杀文明给人类建立的这个大功劳。

另一方面，人类文明（或文化）本身确实给人类带来了痛苦和焦虑。不仅西方文化，中国文化也对此有深刻的认识。庄子就讲过“七窍开，混沌死”的故事：

“南海之帝为倏，北海之帝为忽，中央之帝为浑沌。倏与忽时相遇于浑沌之地，浑沌待之甚善。倏与忽谋报浑沌之德，曰：‘人皆有七窍，以视听食息，此独无有，尝试凿之’。日凿一窍，七日而浑沌死。”

这说明，就在文明发展的早期，人类就已经在思考文明带来的痛苦和焦虑了。

如果我们稍具体地分析人与文化的冲突，我们发现，这个冲突是从两个层面来进行的：一是个体的社会化过程；二是人的自由意志与文化限制的冲突。

人的社会化过程是社会心理学家经常提到的概念。人生下来时，虽然携带了人类的全部遗传密码，但若没有经过社会化过程，个体永远不能成为真正的社会意义上的人。试想一个人从小被关在一间房子里，在几乎隔绝人世的情况下长大，他会是怎样的情形呢？他不仅不会有人类共同的语言，也不会有人类的思维，更不能体验和表达人类的感情。社会化过程是人获得文化，成长为正常的社会成员的必经之路。

在社会学家和心理学家眼里，所谓社会化是个体掌握和积极再现社会经验、社会联系和社会关系系统的过程。通过社会化，个体获得在社会中进行正常活动所必需的文化符号、社会规范、价值观、信念，了解他所在社会的习俗，学会社会赞许和认可的行为方式，也认同文化所赋予他的自我意识。社会化也是人们学会共同生活和彼此有效地相互作用的过程。它要求人们掌握人际关系交往的规则，了解如何在一定的社会规范下生活，扮演一定的社会角色，获取一定的社会职能所必需的技能和技巧。简而言之，社会化过程就是人融入自己所属文化的过程。

美国女人类学家本尼迪克特（R. Benedict）把这个过程说得再清楚不过：“在个体生活的历史中，首要的就是对他所属的那个社会群体在传统上手把手传下来的那些模式和准则的适应。一个人从落地伊始，社会群体的习俗便开始塑造他的经验和行为。到咿呀学语时，他已是所属文化的造物，而到他长大成人并能参加该文化的活动时，社会群体的习惯便已是他的习惯，社会群体的信仰便已是他的信仰，社会群体的戒律便已是他的戒律。每个出生于他那个群体的儿童都将与他共享这个群体的这些习俗，而出生在地球另一面的那些儿童则不会受到这些习俗的丝毫影响。”（本尼迪克特《文化模式》，5 页）

社会化的概念有助于解释人之社会生活的两个基本方面：人是怎样学会参与社会的？社会是怎样使它的成员们能以有助于社会正常运转的方式活动的？每个社会都力求使其成员的行为符合该社会的道德准则和基本利益。如果社会化过程是完全的和有效的，人们就会感到他们想做的正是他们根据社会的需要所应该做的。只有当其成员都一道来支持和维护它时，这个社会才能得以存在和正常运行。

人成长的每一个年龄段都有不同的社会化内容。我们来看看人在青春期的社会过程，以此来帮助我们了解人的社会化过程是怎样进行的。

青春期是人 12 ~ 13 岁到 24 ~ 25 岁，以性发育和自我意识形成标志的人生关键阶段。这个阶段是人发展过程中最关键的社会化阶段。在这个阶段的社会化过程中，需要完成主要社会化任务有两个：

首先，形成和完善自我意识。法国哲学家卢梭在其名著《爱弥儿》中，把青春期称为人生的“第二次降生”。如果说人的第一次降生是从母亲腹中来到世界，开始了人生历程，那么第二次降生的意义就是形成和塑造了“自我”。在自我的形成和塑造中，人有一个“自我认同”（identity）的过程。

按照社会心理学家艾里克森（E. Erickson）的观点，当人进入青春期后，由于身体的变化和自我意识的出现和增强，他们产生出观察和认识世界的新的观点和方法。在这个过程中，新角色在不断增加，和过去的旧的角色混在一起，必须互相协调、整合，才能进一步促进自我认同，建立良好的信任感、自主感、主动感等。随着自我意识的建立和完善，人逐渐建立起社会公认的正确的社会价值观和人生观、社会责任感意识和权利意识。

“自我认同”是人在青春期最重要的过程，人在这个过程会体验到新角色和旧角色的矛盾，可能出现孤独感、无助感、秘密感、隐私感、自我中心感；以及独立意识、反抗意识和进攻意识等。

其次，适当地舒解性冲动造成的压力，并按照文化的要求理解性在整个人生中的意义。一个我们绝不可忽视而常常被我们忽视的问题是，青春期的性冲动与性释放构成了这个时期与整个文化的冲突，这个冲突在现代文化中几乎无法解决，在不解除社会压力的大前提下，对青少年的任何性教育都无济于事。

美国性学家金西（A. C. Kingsey）在他的著作《人类男性性行为》中报

告，男性性行为的最高频率就是出现在青春期，任何力量也无法控制和改变它。“随着道德压制日益严厉，结婚年龄也日渐推迟，其结果是，男孩子自身的生物能量与成年人对他们的道德期望，发生了日趋严重的冲突。”全世界的青少年在这个时期都充满了焦虑。心理分析学创始人弗洛伊德也正确地看到了这一点，在这个问题上金西和他比世界上任何性道德家都更加具有道德的勇气，更加伟大。

另一位著名的美国女人类学家玛格丽特·米德（Margaret Mead）的调查报告给金西和弗洛伊德的观点提供了人类学的证据。

20世纪50年代，米德对处于原始部落文化的萨莫亚人的青春期进行人类学考察后发现，那里的人的生活是轻松的，无忧无虑的，他们的青春期是他们一生中最轻松愉快的时期。为什么会那样？米德的观察是，萨莫亚人生活的“最大特点就是轻松愉快”，因为萨莫亚社会“充满了轻松愉快地解决一切矛盾的办法”，办法就是最大限度地帮助正处于青春期的少男少女们释放自己的性能量，而几乎没有任何压抑。例如，“用调换住处的办法就可以轻而易举地调整个性之间的差异”，“革新很容易被接受”，“两性关系不成问题”，青春期是“最轻松愉快的年龄”，萨莫亚人在一个“注重优美，安闲，不专一的感情生活，可以放心地依赖可靠的社会礼仪”的社会中，“轻松愉快、平稳地长大成人。”（转引自德里克·弗里曼《米德与萨莫亚人的青春期》，光明日报出版社，1990年，72－73页），尽管这书的作者对米德进行了严厉的批判。

米德的报告发表后，在美国，在西方乃至世界引起了轩然大波。这是世界上第一个实地的人类学考察报告。它向全世界说明，当生活在现代文明中的青年人正在为青春期压抑的性冲动而苦恼和焦虑的时候，在某个文明尚未波及的地方，那里的青年人却过着无忧无虑的生活。可惜的是，直到今天，人们仍然不能正视这个问题，全世界的青年人仍然生活在性压抑的苦闷和焦虑中。

这说明，人的社会化过程就是人与文化冲突的过程。在文化没有发生大的改变前，人的社会化过程必须按照文化的要求进行，无论这些要求是不是合理。联系到弗洛伊德所论证的代表集体力量的社会规范（以及法律规则）与个人幸福之间的矛盾，人在社会化过程中，与现存的文化模式必然会发生冲突。尤其是在青春期这个社会化的关键时期，冲突可以达到非常剧烈的程度。冲突必然产生焦虑；剧烈的冲突必然产生剧烈的焦虑。

生命只要存在，就是一个永不止息的动态过程。从达尔文伊始，生物学家、社会学家和心理学家都用“适应”这个词来描述个体的发展过程。在人生发展的各个阶段，人在不断地接受新的事物、扮演新的社会角色、面对新环境、创造新的自我形象，这就需要不断地调整自己，适应社会。适应的过程就是社会化的过程。因此，人的一生都需要社会化——终生的社会化。社会化过程伴随着焦虑，终生社会化过程给人伴随着终生的焦虑。

如果个体在社会化过程中出现阻碍（毫无疑问，每个人都不可避免出现阻碍，不同的人区别只是在于阻碍的大小多少而已），人就会与文化发生冲突。人在适应社会的过程中某一些甚至大部分社会化任务没有完成，将意味着什么呢？那就意味着，他的整个生命历程与他总有某些方面甚至大部分与他所在的文化格格不入。如此，他的生活将毫无乐趣可言，所谓成功和快乐将永远远离他，他的人生充满了焦虑、紧张、不安。心理医生应该是他最常去看的人。

人与文化的冲突的第二个方面是人的自由意志与文化抑制的冲突。德国哲学家弗里德里希·尼采（Friedrich Nietzsche）把文化压抑和个人的自由意志即人的本能矛盾推到了极致。他认为，在这个矛盾中，唯有人的强力意志是最根本的，他根本反对使用“适应”这个词。尼采几乎是咬牙切齿地说，“人们把‘适应’，也就是一种二流的主动性、一种纯粹的反应性，摆到了优先位置。人们，比如说赫伯特·斯宾塞，就是这样给生命下定义的，他把生命称为一种对于外部环境的目的越来越明确的内在‘适应’。可是这样一来就曲解了生命的本质——他的强力意志，就忽视了自发的，进攻性的，优胜的，重新阐释、重新建立和形成的力量（要知道，‘适应’就是依据这种力量进行调整）的生命的优越性；这样一来也就否定了有机体内那些通过生命意志显示了主动性和创造性的高级官能的作用。”（尼采《论道德的谱系》，57 页）弗洛伊德强调了个体为了适应社会而压抑自己的各种需要的一面，尼采则看重个人的强力意志，实现自我生命价值的另一面。不管从哪一面看，他们都看到了共同的一面，那就是人与文化的冲突是确定无疑，难以调和的。

尼采给我们提供了一个相当有煽动性的看法：外部环境成了人自由意志的桎梏，人只有冲破它才能获得自由。如果我们接受尼采的观点，人与文化之间的冲突是多么剧烈。在这样剧烈的冲突中，人的焦虑不安是怎样地和人如影相伴啊。在尼采眼中，正是如此：“良心并不是像人们所相信的那样是‘人心中的上帝之音’，而是残酷的本能。这种本能由于不能再向外释放就转向反对自身。残酷，这一最古老、最难以想象的底层文化在这里第一次得到揭示。”（上书，2 页）更大的问题是，人的自由的本能是一种可怕的力量，当它不能冲破外在的桎梏，就转向对自身的伤害。这种伤害，就是焦虑。

作为 19 世纪和 20 世纪之间最有影响的哲学家之一，尼采的学说从来没有停止过争议。尼采和弗洛伊德是同时代的人，事实上，弗洛伊德的心理分析理论在相当的程度上受到尼采的影响。我们可以把一大堆帽子扣到他的头上：非理性主义者、唯意志论者、“超人哲学”的创始人、“后现代主义”的开拓者、极端的男权主义者，我们还可以由于他那句臭名昭著的话“你去女人那里吗？别忘了你的鞭子！”而永远不能原谅他，或许还会诅咒他，但我们永远不可以忽视他，轻视他，忘掉他。

我们不必过度深究弗洛伊德的潜意识和性本能理论，也不要急于批判尼采的绝对意志学说，更不要急着去寻找解决这个问题的任何答案，我们只要问自己，在越来越发达的现代文明笼罩下，人究竟是更焦虑还是更快乐了呢？人与文化的冲突是更容易还是更难以调和了呢？

四、跨文化研究与亚文化焦虑

世界上存在着各式各样的文化，不同文化之间可谓千差万别。不同国家和民族色彩斑斓的人文图景，给不同文化之间相互解读、辨识、竞争、对话和交融提供了动力。各种文化要相互解读、辨识、竞争、对话和交融，就需要对不同文化进行比较。对不同文化的比较研究称为跨文化研究。

跨文化只是指不同文化的比较研究而言，研究者以文化人类学和比较文化学为工具，对不同的文化状态进行比较，以期发掘出文化与人行为方式和心理模式之间的关系，以及相互之间有何作用和影响。譬如，人们在探讨西方文化和中国文化之间的差异，以及由这些差异所形成的西方人的人格特征和中国人的人格特征时所做的种种努力，就是跨文化的研究。

为我们大家熟知的跨文化的经典研究是美国女人类学家米德对青春期的青少年的“反叛性”的研究。在现代文化中，“反叛性”被认为是青年的固有属性。我们已经介绍过，米德曾对太平洋中部萨莫亚群岛各部落的青年青春期心理发展情况的调查发现那里的青年并不像文明社会的青年在经历青春期时表现出紧张、逆反心理与情绪激荡。她发现与这些部落的社会结构、生活方式等文化因素有关，而部落的社会结构和生活方式与以美国为代表的现代文明有着很大的差异。

在对于中国文化和西方文化、中国人的心理和西方人的心理的跨文化研究方面，西方人做的工作比中国人做的要多得多，也有成效得多，这是我们不可否认的。我在后面讨论中国人的人格特征的章节中会专门介绍几个西方人的著名研究。

亚文化（inferior culture）有两种说法，第一种是“次一等”“不重要”的文化，这是从“亚”（inferior）这个词的字面上的理解，这是狭义的理解。不过，我愿意从另一个角度来理解和解释亚文化，那就是在一个特定的社会的某一群体中，相对这个社会的主流文化而言，存在着某种生活模式，这种模式与主流文化不一致或者相背，能自成一个独立的系统，符合文化的基本要素，（譬如有自己的符号、规范、习俗以及价值系统等）——都可以看作是亚文化。这是对亚文化的广义的理解和解释。

作为一种与主流文化不一致或相背的生活模式，亚文化与主流文化的关系可能有以下几种，第一种情形是完全与主流文化不一致或者相背，这种情形较为少见；第二种是大部分与主流文化不一致，但仍然吸收了部分主流文化的意识；第三种是吸收了主流文化的主要意识，但仍保留着自己的生活模式，能与主流文化明显区别开来。亚文化与主流文化之间，并不完全呈现出对抗的关系，它们可能与主流文化共处，相互交流，也可能给主流文化提供养料。

亚文化总是针对主体或主流文化而言。例如对于中国文化而言，如果以汉族的文化作为主体文化，那么其他 55 个少数民族的文化可以称为亚文化；如果以孔子为代表的儒家文化作为主体文化，那么佛家、道家文化则成为亚文化。此外，亚文化还与地域的分布有关，如中国的北方文化、南方文化以及富有明显地域特征的各省、区的文化，对整个中国文化而言，都是不同的亚文化。

每个复杂的社会都存在着许多不同的亚文化。我们每个人在社会中可能生活在主流文化中，但更多的情形是，个体常常在一个或多个亚文化中发挥作用。人可能在一生中经历不同的亚文化。不同的亚文化之间互相渗透、互相影响，并力图把自己的许多文化特征传播到主流文化中去。

不同的亚文化之间也会发生冲突，有时候这些冲突是以很有趣的方式表现出来。林语堂先生在他的著作《中国人》中写道：“曾经有一段故事讲一位北方军官，在检阅一队苏州籍的士兵。他用洪亮的声音喊：‘开步——走！’但是，士兵们没有挪动脚步。一位在苏州住过很长时间，知道奥妙的连长请求用他的办法来下命令。长官允许了。于是他没有用通常洪亮清晰的声音喊：‘开步——走！’而是用真正婉转诱人的苏州腔喊道：‘开——步——走奈——嗳——’嗨，你瞧，苏州连前进了。”

在我工作的城市深圳，大部分人来自于不同的城市，带来了不同的亚文化。不同亚文化形成了不同的文化圈子和人际关系圈子，相互之间维持着一定程度的文化界限。在今天的中国，深圳作为一个主要由移民组成的城市，可能是各种亚文化会聚最集中最典型的地方。每个外来者都把它当作自己施展人生抱负的地方，但却没有人把它当作自己的城市。于是来自各地的人们，都顽固地保留着自己原有文化色彩，形成自己的文化圈子。由于广东人在深圳并没有占有相对的优势，广东文化（或岭南文化）并不能成为这个城市的主流文化，这和它的邻居城市广州形成鲜明的对照。这就使得来自全国各地的移民有相当一部分人不能认同广东文化，他们在接受广东的物质文化带来的种种好处时却永远听不懂、不会讲广东话，他们对当地人的许多生活方式也并不接受，甚至表现出相当程度的鄙夷。

在现代社会，由于资讯业、传播业和新闻媒介的迅猛发展，一种文化向另一种文化的传播速度变得非常快，文化之间的相互渗透和影响也与过去完全不可同日而语。一种今天尚在巴黎时装展览会上展出的时装款式可能明天就在其他国家的某个亚文化群体中流行起来。连头发的颜色这种不同种族的自然标识，也成了某些亚文化群体文化特征，例如中国一些城市的青年人，把自己的黑头发染成了黄色，黄头发遂成为这一亚文化的一个符号。

主流文化与亚文化的关系是微妙的。一方面，主流文化要维护自己的尊严和主导性地位，会对亚文化采取压制的态度；另一方面，主流文化承担着维持文化稳定的任务，则会对亚文化采取宽容和放纵的态度，有的时候，更会吸收亚文化的某些成分进入主流文化。

相对主流文化而言，亚文化是容易产生焦虑的群体。这与亚文化与主流文化之间不一致或背离的程度和内容有关，也与主流文化对亚文化的态度有关。如果某个亚文化与主流文化不一致的程度相当大，或者在核心的价值观上发生背离，与主流文化格格不入，生活在这个亚文化中的群体就容易产生焦虑；同样，如果主流文化对亚文化群体采取压制的态度，二者成剑拔弩张之势，就不仅造成亚文化群体，也造成主流文化群体的焦虑。由于亚文化和主流文化的冲突所造成的亚文化和主流文化两个群体的焦虑都可称为“亚文化焦虑”。

例如，不同代的人之间的所谓“代沟”就是一种亚文化现象。代沟的出现，是由于不同年代成长的人，接受了不同的社会化过程，其文化结构的各个方面存在着一定程度的差异，这些差异如果引起冲突，就形成“亚文化焦虑”。

最常见的情形是，年轻一代人形成亚文化群体。在这个群体中，有着自己的所属文化符号、文化规则、通行习惯，甚至有自己的价值观念。他们未必自觉或愿意和主流文化作战，但亚文化给他们所带来的归属感和独立意识，却使他们不自觉地把自己封闭在自己所属的亚文化圈内。圈内都是“自己人”，说自己人才听得懂的语言，表达自己人彼此接受的文化符号，遵守自己人约定的行为规则，不容“圈外人”有任何染指。

这种亚文化群体看似牢固，其实是不稳定的和短暂的，是人在青春期和成长时期特有的文化现象。大多数人在社会化过程中会逐渐自动放弃这种亚文化，进入主流文化。这种特定的亚文化，我们可称之为“青春期亚文化”。生活在这种亚文化中的年轻人是否焦虑以及焦虑的程度直接与主流文化对他们的态度有关。

问题就在于，“青春期亚文化”几乎没有例外地受到成年人所代表的主流文化的猛烈批评和打压。同样几乎没有例外的是，成年人所代表的主流文化对“青春期亚文化”的批评和打压越大，引起的文化焦虑也越剧烈。

生活在“青春期亚文化”中的青年人对主流文化的批评和打压并不服从，反而引致激烈的反弹。反弹的结果使亚文化群体的行为失去理性，变得愈加偏激，与主流文化愈渐行渐远甚至公然向主流文化所代表的价值观发出挑战，其所作所为愈让生活在主流文化中的成年人瞠目结舌。到了这样的状况，主流文化唯一的办法似乎只能更加强烈地批评和压制这种亚文化现象。

当强烈的压制和激烈的反弹两种势力发展到势不两立，水火不相容时，互相之间只是为批评而批评，为打压而打压，为反弹而反弹，其结果自然使两个文化群体都存在极度的焦虑。我们常常所说的“逆反心理”就与两个文化群体离开原则和理性的相互批判以及由此产生的极度焦虑有关。所以我们应当明白，“逆反心理”并不限于“青春期亚文化”中的青少年，代表主流文化的成年人之“逆反心理”在有的情况下可能更为强烈。

“边缘文化”也是一种亚文化现象。当某一群人的生活模式既不与主流文化同流，也不对主流文化造成挑战，他们的亚文化特性并不鲜明，就可以称之为“边缘文化”。生活在边缘文化与前面讨论过的“界限性处境”有些类似。当人处于某种不能确定的生存状况，或人的核心角色处于混乱状态时，人就处于界限性处境。人处于界限性处境时，由于不确定性和由此造成的不安全感，使人陷于严重的焦虑情绪中。而生活在“边缘文化”中则不同，他们在自己的文化圈子中，固守着自己的生活方式，优哉游哉，乐得其所。他们心态平衡，生活安静，不干扰别人的生活，也不允许别人干扰自己的生活。但值得注意的是，如果边缘文化与主流文化发生冲突，则同样会产生严重的焦虑。

如果某个亚文化的价值观、信念系统等与主流文化相对立，这个亚文化可以称为主流文化的“对立亚文化”。“对立亚文化”彻底和主流文化决裂，并且对主流文化起着破坏的侵蚀的作用，例如某些群体中的迷信文化、帮派文化、“黑社会”文化等。由于和主流文化的核心价值观格格不入，“对立亚文化”自然成为主流文化中的另类，他们的行为必然被定义为“反社会行为”或“反文化行为”，只能被主流文化列为被扫荡之列。

值得留意的是，“青春期亚文化”本身并不是“对立亚文化”，但如果与主流文化产生过度的离心力，例如与主流文化的差距过大，完全排拒主流文化的价值观，或者主流文化对它过度批评和打压，就有可能发展为真正的“对立亚文化”。

五、文化的发展与变异

文化世界上存在着各种文化。不同的文化千差万别，各有特点。就大的文化而言，中国文化之不同于美国文化，东方文化之不同于西方文化；就小的文化而言，在一个国家或民族的内部，不同的群体之间，也有各种不同的亚文化，而各种亚文化又有不同的特点。

任何文化都有自己的发展轨迹。一个文化的起源、发展以及走向，都有自己特殊的原因。寻找文化的起源、发展和走向，探讨它们之所以如此这般的原因，就是文化人类学家所说的“文化的发展与变异”。

有必要检视一下西方文化人类学家在文化的发展和变异上的各种观点。虽然存在着各种文化变异的理论和流派，但大致上有两个方面的代表：一是流行于18世纪和19世纪的“文化直线演进论”；二是文化演进多因素论，或称“非直线演进论”。

“文化直线演进论”认为，世界上每个民族文化的发展，都大致沿着一条共同的轨迹发展，即人从野蛮的文化逐渐演化为现代文明。这个理论由首先对文化提出明确定义的英国文化人类学大师泰勒（我们在前面见过他对文化的定义）所提出。

在泰勒看来，由于受人性的普遍性和自然逻辑的影响，人类文化的发展，呈现出一条直线，循着前后衔接，次第演进的轨迹，只有先后之分，并没有性质之异。这个现象，举世皆然，没有例外。

从“文化直线演进论”观点来看，文化既是循着同一个轨迹发展，有的文化先发展，成为先进的文化；有的文化后发展，就是落后的文化。那么，就文化之间而言，一种文化与另一种文化的关系，就只是先进的（先发展的）和后进的（后发展的）的关系。先进的或先发展的文化有责任帮助后进的或后发展的文化，后进的或后发展的文化则应该向先进的或先发展的文化学习，无条件地接受先进的或先发展的文化。如果不同的文化发生冲突，则是先进文化与落后文化的冲突。化解文化冲突的最佳办法，也是唯一的办法就是，先进的文化要把自己的文化灌输到后进的文化中去，而后进的文化，则应该诚诚恳恳、老老实实、高高兴兴地接受先进的文化——这不仅是必需的，而且是理所当然的。

这就把问题简单化了。“文化直线演进论”不能解释现存于世的千差万别的多样性文化，更不能提供不同文化相互交流所应有的空间和氛围。“文化直线演进论”所带来的最直接的结果，就是把一种文化对另一种文化的侵入和占领合理化。

重要的是，世界上许多文化的发展和演进的事实，都不能证明“文化直线演进论”的正确。“文化直线演进论”缺乏文化人类学调查的事实依据。事实是，不同文化的发展，并非循着唯一途径直线演进，而是多种方式、多种方向、多种路径。

20 世纪初，美国著名文化人类学家鲍亚士（Franz Boas，又译博厄斯，此君是著名女人类学家米德做研究生时的导师）就对“文化直线演进理论”提出了激烈的批评。他声称，人类学家所做的实证研究和现场调查（field trial，又译“田野研究”）表明，世界上广泛存在的无限多样性的文化，绝对不是仅仅用“文化直线演进论”就可以解释的。

鲍亚士认为，文化的变异显然具有巨大的复杂性，各种文化循着千差万别的路径发展着，原因在于在这个世界上存在千差万别的自然生态和社会生态。例如“劳动力的分工、地域群的大小、稳定性及其空间分布、居住规则等生态适应问题都会敏感地作用于文化；而气候的季节性、水源的便利性、土地的肥沃程度等这些生态压力因素的调适又可以决定群体的大小、群体的持久性、群体的分布情形以及群体中的人口如何组织生产活动等社会结构。这些社会结构上的影响由文化加以分化，促成那些与生态系统并无直接关系的领域的变异，如世界观、政治继承模式和宗教艺术等。可以说，一个民族的世界观和宗教艺术如果不是与生活的物质条件直接相关，也必然有间接的联系。同样，一个民族的哲学观点也往往可以从经济生活的角度得到解释。”（博恩《文化的变异》，中译本序言，5 页）

归纳鲍亚士的意见，一个文化的发生和发展，至少和这样几个因素有关：一是自然生态因素，譬如气候的季节性、水源的便利性、土地的肥沃性；二是社会生态因素，譬如劳动力的分工、地域群的大小、稳定性及空间分布、居住规则等；三是生产的方式、经济生活的方式等。

我们未必完全接受鲍亚士的意见，但至少我们会同意，在一个文化的起源、发展和走向上，和这个文化所发生的地域上的种种因素的联系实在太紧密了，而各个地方的自然环境和经济方式的差别实在是太大了。既然如此，各种不同文化的演进，就很难用一条循序渐进、次第演进的直线来解释。

我们最关心的问题当然是，为什么中国文化与西方文化竟有如此大的差异，这些差异是如何形成的呢？中国文化和西方文化，各自是循着什么样的路径发展，以至于到了今天这个样子呢？

中国现代哲学家冯友兰先生认为，中国文化的最初始的起源是由于中国社会的生产是以家庭为单位，即“生产家庭化”所造成的。“在生产家庭化的社会里，人之依靠社会是间接的。其所直接依靠其生存者，是其家。在生产社会化的社会里，社会化的生产方法打破了家的范围。人之所直接依靠以生产者，不是家，而是社会。”（冯友兰《新世论》）

有了这个大前提，就可以推断出中国文化产生的原因和过程。“在某种的生产方法之下，社会必有某种组织，人必有某种行为。对于某种行为之规定，即是道德。生产方法不是人所能随意采用者，因为某种生产方法，必须用某种生产工具。如某种生产工具尚未发明，则即不能用某种生产方法，人亦不知有某种生产方法。所以生产方法随某种生产工具而定，社会组织随着生产方法而定，道德随着社会组织而定。以家为本位的生产方法，即有以家为本位的生产制度，有以家为本位的生产制度，即有以家为本位的社会制度，在以家为本位的社会制度中，所有一切的社会组织均以家为中心。所有一切人与人的关系，都需套在家庭的关系中。在旧日所谓五伦中，君臣、父子、夫妇、兄弟、朋友，关于家的伦已占其三。其余二伦，虽不是关于家者，而其内容亦以关于家的伦理推之。如拟君于父，拟朋友于兄弟。”（冯友兰《新世论》）

冯友兰先生用最简洁明了的说法对中国文化的起源，做了诠释。我之所以说他是用了最简洁的说法，你看他这样来解释中国文化的起源和发展：“因为农业民族的经济单位，非常简单；简单到一个经济单位，只需要一个家庭。所以农业民族的社会生活，就是家庭生活。纵然有时超越了家庭范围，然而亦是家庭关系的扩大。”（冯友兰《新世论》）这样一来，中国传统文化中最重要的伦理思想，就可以从家庭生活和家庭生活的扩大这两层关系中得到解释。

但对中国文化的起源和发展使用这种简单的方法来诠释就带来了两个问题，使我们不能释惑。一是在中国两千多年的历史中，为什么总是采取“农业民族的社会生活”，以至于只能采取“家庭生产”的方式，而不能发展到社会大生产的方式呢？二是照此说法，中国只要经过（或者输入）产业革命，或者采用非农业的生产方式，中国就会有另外的文化样式。

但我又可说他在解释中国文化的起源和发展时使用了最明了的说法，因为中国文化的起始和核心成分确实是家庭（或家族），这一点我们在下一章会有详细的论述，这里自不待多言。

生活在西方的中国台湾学者许倬云先生从文化生态学角度对中国文化的起源有另一番解释："中国文化发源的地方，我们称之为中原，印度河、两河、尼罗河三个河域加起来在一块儿都没有中国大，换句话说，中原腹地之大等于一个小世界。在这个小世界里边没有严重的交通阻碍，黄河流域也不像五天竺那样分割得支离破碎，于是在新石器时代晚期龙山型的文化，从东到西，每个邻接地区的文化都有差不多的面貌，其延续性是非常缓慢的改变。从北到南也是一样，这种横向的延续性表示交通良好，彼此互相学习，一方面在同一块土地上有许多中心在互相挑战，另一方面在挑战中又互相学习摸索，同与异竟辩证地组合在一起。……就物资来说，以安阳为中心，向外画50公里到60公里的半径圈里，什么样的资源都有。而黄土层又构成特殊的条件，黄土并不天然的肥沃，有赖人的努力，有一分力气下去生出一分东西，放两分生出两分，不放就什么都没有。耕作也像尼罗河一样，要长期的保持一块耕地才能有好的收获，长期改良小耕种地区的条件，长期稳定性很强，于是造成地缘的土著和亲缘的结合，同一地点的人在一起久了就变成一家人，使得土著之外也有亲缘上紧密的结合。"（许倬云《中国文化与世界文化》贵州人民出版社，1991年版，25页）

许倬云先生的解释有没有道理？打开中国地图看一看，或许有点帮助。中国"位于欧亚大陆的东南部，北边是沙漠和草原，西边是高及天际的高山与高原，东边和南边面对大海。整体看来，中国对外有高山峻岭、沙漠、海洋为界限，尤其是北边的沙漠和西边的高山这两大屏障。"（许倬云《万古江河——中国历史文化的转折与开展》上海文艺出版社，2006年，1页）前面有一望无际的大海，后面是高耸入云的崇山峻岭，中间是广阔平坦的中原地带，这样的地形地貌，给中国文化的形成和发展，创造了地缘上的先决条件。"造成中国文化发展的复杂面貌：既能始终呈现各个地区的地方性特色，同时又能在小异之上颇见大同。"（同上）这就是中国文化既有强烈封闭性，能自成体系，自我更新，又有广阔的包容性，能够不断地吸收新鲜血液的基本特点。这个特点造成了中国文化千年不易的发展模式。

中国台湾的心理学家杨国枢先生认为："千古以来，中国人之心理、行为以及生活方式的塑造，应有更基本、更具体、更有力的因素。这些因素很可能是自古以来中国人所身处一种的生态环境、务农形态及社会结构等。"在他看来，中国传统人文心理的形成有四个方面的原因：

一是精耕农业。精耕农业造成了稳定的家庭结构和社会组织。"精耕农业有几个特征。首先，农作物成长缓慢且过程持久，从整地、施肥、播种、锄草、保护到收成，在精耕细作的方式下，每一阶段都要耗费大量劳力，工作十分繁重。其次，无论如何精耕细作，地力与收成都是有其限度的，但家口的增生却是快速的。在食指浩繁、资源有限的情形下，自然会形成匮乏的经济形态。再者，土地是传统中国人维持生存的主要经济工具，人们必须以分布定住的方式在自己的土地之上或之旁，因而使家族结构与社会组织十分稳定。”

二是家族共产。所谓“家族共产”不过是中国传统的家庭和家族形成一个独立的机构性单位，“在传统中国人家族里，全部财产实质上系由家人所共有与共享。……家族共产易于维持的家族的统合，使家族成为一个坚实的整体，进而自会使家人有强烈的一体感、归属感、安全感及休戚与共的体认。”

三是父系传承。“至少在三千年前，黄河与长江流域有些氏族部落，则已由母系氏族社会转变为父系氏族社会。在父系家族社会的条件下，自秦、汉以来，父系家长制一直是控制中国社会的主要基础。”

四是阶序结构。“在传统中国社会，不但在家族以内将各种角色或身份全部排列成上下高低，在家族以外也将各种角色或身份全部排列成上下高低，使整个社会组织形成一种阶序式的结构”。（以上见杨国枢《中国人的心理与行为：本土化研究》中国人民大学出版社，2004 年，115－119 页）我们都非常清楚，阶序结构也就是伦理结构，是中国传统文化的核心内容。

中国文化究竟循着何种途径演化发展到今天，还有各种学说和理论。但本书并非专门讨论人类学或文化学的专著，故其他的理论和观点不再一一介绍。我的意图是想说明，中国文化的起源、发展、演化和变异，自有非常特殊的过程，形成了非常特殊的个性。这种特殊的过程和个性绝非“文化直线演进论”所谓之先进文化或落后文化一言所能蔽之。

每个人都生活在一种文化中。人从一生下来（甚至在受孕的那一刻起），就被一种特定的文化所包围、所孕育、所浸润、所滋养。文化作为一种生活模式，深刻地影响着、制约着生活在这个文化中的每个人的人生轨迹；生活在一种文化中的每个人身上，则深深地镌刻着这种文化的烙印。人类创造了文化，文化哺育了人类。文化对每个人来说，好比生活中的阳光、空气和水，片刻不能离开。文化既是物质的，也是精神的，二者犹如血与肉的关系，紧密相连，有什么样的物质文化，就有什么样的精神文化。反之，有什么样的精神文化，就有什么样的物质文化。从这个意义上说，文化是我们一切生活——精神生活、物质生活、社会生活、个人生活——的培养基。文化在孕育我们生命的同时，孕育出了我们喜欢的和不喜欢的，想要的和不想要的一切。焦虑，就是在文化这个培养基中培养出来的让我们痛苦并越来越困扰我们的东西。

我们在前面已经说明，焦虑是产生于人类理性的一种情绪，而理性主义是西方文化的核心和最主要的精神。我们由此可以得出一个结论，生活在西方文化中是焦虑的。那么，我们能不能反过来说明，东方文化——主要指中国文化——就不会产生焦虑，或者不像西方文化那样产生强烈的焦虑呢？回答，正是如此。

第五章　中国传统文化是“理性不足，情理有余”的文化

在这一章，我们要回答这样一些问题：中国文化的核心精神是什么？中国文化是否像西方文化那样，对人造成强烈的压抑？中国人会不会与中国文化发生那么剧烈的冲突？传统中国人是不是像西方人以及现代人一样的焦虑？

这些都是既有趣又颇费周章的问题。我还是愿意用剥笋子的办法，先了解中国传统文化的特征，进一步剖析传统中国人的人格，再转回头来看中国传统文化与传统中国人之间的关系，最终回答，传统中国人是不是没有西方人或现代人那样强烈的焦虑。

我们先从中国传统文化谈起。

一、儒家文化是中国文化的主流

中国传统文化的主流是形成于两千五百多年以前的以孔子为代表的儒家文化。

谈儒家文化，不能不了解孔子——那位我们一直以来以为是板着面孔、正襟危坐、不苟言笑的老人。

孔子生于公元前551年，卒于前479年，活了72岁。屈指算来，孔子去世距今已经两千四百多年矣。

——有趣的是，就在孔子去世十年以后，在世界的另一端，被称为“古希腊三贤”的第一位大贤苏格拉底（公元前469－前399年）诞生，五十二年后第二位大贤柏拉图（公元前427－前347年）诞生，而最著名的亚里士多德（公元前384－前322年）则出生在孔子去世将近一百年以后。指出这个事实，我们应该为世界上两个最伟大的文明几乎在同一个历史时期发生，为不到一百年的时间里在东西方两个世界诞生了人类历史上最著名的思想家而惊叹不已。两千多年前人类文明的天空，同时出现几颗最亮的巨星，他们发出

的万丈光芒，几千年来一直照耀着人类，直到今天。

孔子自幼崇尚礼仪，刻苦学习儒书，成年以后成为一位礼仪方面的专家。但与他后来对中国的影响相比，孔子的一生都可以说是不大得志的，如果说他在哲学上和教育学上获得了巨大成功的话，那么这些恰好是他在政治上不成功的反衬。

作为在当时可能最有学问的一个人，孔子的满腹经纶，不能用于经世济国。这在任何时代，对任何一个高级知识分子来说，都是既尴尬又悲伤的事情。他处于这样的境地：要么拼命进入统治集团，要么让自己隐居起来，去修炼自己，做让自己能够心安的学问，并想方设法把自己的学问传播开来。孔子在第一方面做得很糟糕，第二方面却大为成功。所谓第二方面，就是他在哲学和教育上的成功，并把自己的想法，通过弟子之口，告诉给了后人。

孔子的经历，正是中国知识分子文化人格特征的发轫。孔子的整个人生实践和由他创立的儒家学说，都始终集中在这样两个方面，即所谓的“内圣外王”。“内圣”，就是修身——通过自我修炼以达到君子应有的道德情操；“外王”，就是做官——治国平天下，实现自己的人生内抱负。这两个方面，永远是传统中国人，尤其是传统中国知识分子人生选择的两面。

我们先看孔子在做官方面的作为。在这方面孔子是用尽努力企图有所作为的，客观地说，一开始孔子并不是一无所获，而是获得相当的成功。据《史记》记载，在孔子51岁时（公元前500年），发生了一件对他的一生有重要意义的事件。

那一年夏天，齐国大夫对齐国国君齐景公说，鲁国有孔子，今后必定会危害齐国，要赶紧与鲁国修好。齐国国君赶紧派出使节与鲁国约定两国国君会面。于是鲁国的国君与齐国的国君在夹谷（今山东莱芜县）举行了一次会见。

这次会见的内容本身早已被人们遗忘了，但在会见时发生的一件事情却被《史记》详细记载下来。两国国君会见以后，举行了盛大的演出。轮到齐国演出时，齐国人演出了齐国的一种舞蹈。当时担任鲁国宾相的孔子正好在场，当即指出，在这样两国国君会面的场合，齐国不应该演出这种野蛮的歌舞（夷狄之乐），应该赶快叫管事的人叫他们下去，并按照儒书的要求，演出宫廷里的舞蹈。齐国连忙接受孔子的意见，演员们改跳宫廷里的舞蹈。但当即又受到孔子的指责，认为齐国人跳的这种舞还是不符合要求，这种舞蹈只是平时在宫廷中演出的一般舞蹈，而不是在重大场合演出的正规舞蹈。孔子认为，这些演员都是普通人，竟敢在这样的场合来迷乱诸侯，根据儒书，这是犯了“轻视国君”的大罪，应该受到最严厉的惩罚（“匹夫而营惑诸侯者罪当诛”）。于是孔子命令鲁国的卫士把那些因跳这种舞蹈而犯了轻君之罪的齐国演员们驱赶到台阶之下，并施以砍去手足的刑罚。（《史记》原文是“有司加法焉，手足异处”。也有人说“手足异处”是施以腰斩。不过我宁愿相信只是砍去了手足。不过无论如何，因为表演舞蹈不符合要求就施以如此残酷的刑罚，我们可以想象礼仪在当时人们心中的地位。今天想来，令人毛骨悚然。）

齐国国君对孔子的做法，大为畏惧。他不仅没有对鲁国施以报复，反而把过去占领的一大片鲁国的土地，归还给了鲁国，以此表示自己的歉疚。（参见《史记·孔子世家第十七》，中华书局，1544 页）

这个事件被认为是儒家礼仪的重大胜利，对孔子的一生，对儒家文化的形成都有颇大的影响。

影响的结果是孔子乘胜追击，用他那一套根据儒书上的礼仪继续从事政治活动。后来发生了历史上著名的“堕三都事件”，孔子恢复周礼的努力遭受到了挫折。虽然如此，孔子在政治上却并没有遭到失败，公元前 495 年，孔子 56 岁时，他的官职从大司寇升任了鲁国的代理宰相。就在这一年，发生了孔子诛少正卯事件。

诛少正卯事件是一件历史的悬案。《史记》的记载非常简单，“（鲁）定公十四年，孔子年五十六，由大司寇行摄相事……于是诛鲁大夫乱政者少正卯”，为什么诛，究竟发生了什么事情，则全然不提。《荀子》中记载稍详细：“孔子为鲁摄相，朝七日，而诛少正卯。门人进问曰：‘夫少正卯，鲁之闻人也，夫子为政而始（先）诛之，得无失乎？’孔子曰：‘居！吾语女（汝）其故。人有恶者五，而盗窃不与焉：一曰心达而险；二曰行辟而坚；三曰言伪而辩；四曰记丑而博；五曰顺非而泽。此五者有一于人，则不免于君子之诛，而少正卯兼而有之……不可不诛也。’”五条罪状，有一条就当诛，少正卯五条皆备，所以孔子说“不可不诛也。”

这个事件，不仅没有充分的理由，而且很有些莫名其妙，因为无论从哪个角度看，对孔子都是不利的。就孔子所倡仁义和教化的观点，杀少正卯的理由也是很不充分的，孔子自己所列的五个罪状，多为诛心之言。一个刚刚上台才七天的代理宰相就做这样的事情，至少是政治上极不成熟的表现。

不久，孔子就离开了鲁国，四处流亡去了。究竟发生了什么事件，竟使孔子不能再在鲁国待下去？《史记》有一大段文字记载，大致的意思是，齐国人听说孔子在鲁国做了代理宰相后，大行周礼，今后鲁国可能殃害齐国，于是要想办法使其不能发展（沮之）。齐国大夫向齐国国君出了个主意，选出能歌善舞的绝色女子八十名，驾着三十辆各由四匹名贵的马拉的车，穿着华丽的衣服，献于鲁国。在鲁国城外载歌载舞，三桓之一的季桓子观看后，动员鲁国国君也前去观看。观看之后，鲁国国君终日沉溺其中，“怠于政事”。孔子的学生子路说，如此下去，老师不如离开鲁国。孔子说，鲁国不久就要春祭天地，如果他们能遵守礼法，在典礼后分祭肉给我们，倒还可以待下去。但接着的三天里，季桓子照样沉溺于与齐女的欢乐中，而且在春祭天地的大礼后不分祭肉给孔子等大夫，于是孔子失望至极，只好出走了。临走时唱了一首歌道：“彼妇之口，可以出走；彼妇之谒，可以死败。盖优哉游哉，维以卒岁！”意思是，听信妇人之言，贤人将无法容身，宠幸妇人，可以招致国家的灭亡，我只好出走了，从此优哉游哉，了我的余生吧。（参见《史记·孔子世家第十七》，中华书局，1546 页）

——我们不能确定，孔子究竟是因为不分祭肉给他而出走呢，还是因为看不惯鲁国国君沉溺于女色之中而出走呢？还是和诛少正卯事件有关呢？确定的是，孔子走了。

孔子离开鲁国后，四处奔波，也四处碰壁，前后凡十三年。这十三年的流浪生活极为坎坷，他的主张皆难以为当时的统治者们采纳，《论语》中说，孔子有时竟“惶惶如丧家之犬”，好几次几乎面临绝境。

有一件事情很有意思，在《史记》和《论语》中均有记载，值得一提。孔子到了卫国，卫国国君卫灵公的宠姬南子，派人邀请孔子见面。孔子是什么人？堂堂的正人君子，满腹经纶的大儒生。南子是什么人？卫国国君的宠姬，一个漂亮而且妖艳的女人（可能还有点风骚）。于是，“孔子辞谢，不得已而见之”——孔子是一辞再辞，可南子是一邀再邀，最后不得已才答应与她见面。扭捏着见面之后自然是行礼如仪。南子则隔着帷幕还礼，身上的佩玉首饰发出清脆的响声。

南子为什么要邀请孔子见面？见面时说了些什么话？发生了什么事？没有明确记载。千年以后，我们更难以想象了。

虽然见面时发生了什么没有明确记载，但事后发生了什么，不仅《史记》上有记载，连《论语》上都有：孔子的学生子路因为老师去见了南子这样的人很不高兴。孔子连忙解释说，我一直是不想去见她的，没办法去见了，只好向她行礼。孔子还发誓说，我如果做了什么不好的事，老天爷都会厌弃我的！会天打雷劈的！（《史记》的记载是：孔子曰：“吾乡为弗见，见之礼答焉。”子路不说。孔子矢之曰：“予所不者，天厌之！天厌之！”《论语》的记载则相对简单：子见南子。子路不说。子曰：“天厌之！天厌之！”）

紧接着孔子讲了一句流传千古的话：“吾未见好德如好色者也。”这句话勾起了我们无限的联想。奇怪的是，经过两千多年，经过那么多把孔子抬到吓人的高位的后继“圣人”们的检查，这个故事居然在《史记》和《论语》中都保留下来了，并流传到今天了。怪哉！

——从另一个角度看，恰恰是这个小故事，让我们生活在今天的人，感觉到了孔子其实是一个寻常的人，而寻常人的人性才是真实的、可信的，也才是可爱的。这和宗教（譬如基督教）中的至善至美的人格神实在有天壤之别。

就是在这十三年周游列国的流浪生涯中，孔子遭遇到各式各样的面孔，积累了丰富的人生经验，对人际关系有了十分深刻的了解，对人生的种种苦难和人性的弱点，有了十分深刻的洞悉，同时滋养了浓厚的同情之心。他一路走，一路向他的学生，向生活在下层的老百姓，传播他对于人生、对于社会等重大问题的看法。当他再回到鲁国时，已为垂垂老者矣，他的学问，不仅更上一层楼，而且达到了极为辉煌的顶点。在孔子的一生中，共收了三千弟子，其中著名的弟子有七十二人（《史记》：“孔子以诗书礼乐教，弟子盖三千，身通六艺者七十有二人”）。

孔子对当时的六部经典著作，进行了重新编撰和注解。这就是著名的“六经”：

《易经》《春秋》《诗经》《书经》《礼经》《乐经》。

譬如，孔子对《易经》中的“彖辞”“象辞”“说卦”“文言”进行了重新解释和说明。孔子读《易经》时，把编竹简的绳子都弄断了三次（“韦编三绝”）。他还感叹说，上天如果让我再多活几年，我就可以把“易经”全部整理好了。

后来《乐经》失传，剩下五部著作，加上后来的儒家学者们根据孔子及其弟子们的言行和主要论点并加以发挥而编撰的四部著作：《论语》《孟子》《大学》和《中庸》，即所谓的“四书五经”，成为儒家文化的最重要的经典著作，竟统治中国文化，支配中国知识分子的思想，影响中国人的文化人格和心理特征，乃至普通中国人世俗的人生，达两千多年之久。

“儒家”这个词的原始意义，是主持典礼仪式的一种专职人员。这种典礼仪式的专职人员，主要产生于春秋时代的鲁国。在各国的争霸战争中，大多数周朝的图书文献基本上失散了，而鲁国未遭受过劫掠焚烧的命运，图书文献保存相对完整，对周朝所实行的各种法令规章和各种典礼时使用的仪式程序，保存尤为完整。

周朝仪礼（即周礼）的内容，既烦琐又复杂，仅只仪式程序这方面的内容，就有祭礼、葬礼、婚礼、冠礼（男性成年的标志），以及国王之礼、国君之礼、贵族之礼等。这些礼仪从形式到内容都非常复杂，非专家难以胜任。

这些专事礼仪的专家，在当时就称为儒家。从儒家这个名词的起源我们可以知道，儒家文化是从礼仪起家的。认识到这一点，对于我们领会儒家学说的真义，有很大的帮助。

但每一个了解中国历史和文化的人都知道，在孔子的时代并不仅仅只有儒家一家存在，儒家只是诸多学派中的一个，既不占主导地位，更不是独领风骚。春秋时代，是百家争鸣的时代。实际上，在春秋时期，对当时以及后世有影响的主要学派大概在十数家，重要的有儒家、道家、墨家、法家、名家、兵家、阴阳家、纵横家、杂家、农家和小说家等。

为什么在这些学派中，唯独儒家学派能够脱颖而出，能够在以后几千年的中国学术史和中国思想史中成为主流，能够成为中国的正统文化呢?

鲁迅先生有一个说法，“孔夫子之在中国，是权势者们捧起来的，是那些权势者们或者想做权势者的圣人，和一般的民众并没有什么关系。……孔子这人，其实是自死了以后，也总是当作‘敲门砖’的差使的。”（《鲁迅全集》第一卷，316－317页）。鲁迅先生的这个说法自然是有道理的。一种学术观点，一个文化流派，一个学者，居然成为文化的主流，没有统治者的吹捧和大力提倡是不可能的。何止儒家学派是如此，历史上哪一个民族的文化不是如此呢?

但倘若我们换一种角度来思考，一个学派能够成为一个国家、一个民族文化的主流，仅仅靠统治者的“捧”，实在是难以想象的。

儒家文化之所以能在几千年里一直成为中国文化的主流，不仅因为它能为统治者接受，作为统治者维护和巩固政权的思想基础和理论依据，而且也乐于为一般的民众所接受，成为每个个体行为的准则和人生的理想。同时被统治者和广大民众喜欢和乐于接受的东西是不多的，儒学恰好具有这种特征，这就使得儒学能够脱颖而出，取代其他学派，成为中国文化的主流，流传两千多年而不衰。

儒家文化之所以成为中国文化的主流，至少有以下几个原因：

第一，儒家文化的着眼点和出发点是现实的人生，所追求的完全是现实生活的目的。

和基督教追求天堂世界、佛教追求来世的思想完全不同，也和道家追求的“出世”和“超脱”的思想迥异，儒家公开宣称人生的目的“在明明德，在亲民，在止于至善”，而这样的人生目的，只有在世俗的生活中，才能得以实现。

孔子放声赞美生命的美妙和世俗生活的乐趣。他甚至把世俗的人生和“天道”相提并论，他说，“天地之大德曰生”“唯天下至诚为能尽其性，能尽其性则能尽人之性，能尽人之性则能尽物之性，能尽物之性则可以赞天地之化育，可以尽天地之化育则可以与天地参矣。”前辈学者梁漱溟先生说，“孔家没有别的，就是要顺着自然道理，顶活泼顶流畅的去生发。他以为宇宙总是向前发展的，万物欲生，即任其生，不加造作必能与宇宙契合，使全宇宙充满了生意春气。”（梁漱溟《东西文化及其哲学》，商务印书馆，2005 年，127 页）

追求世俗人生的目的，或者说，在世俗生活中实现自己的人生目的——儒家文化的这个特点直指人性的最深处，也正是它把儒家文化推到了最高处。每个人都是生活在现实中的。就人性的本质而言，人是宁愿追求现实的人生，宁愿享受现实人生中的各种快乐，只要现实生活中的快乐并不是完全不可企及的，人是愿意生活在现实中，用现实的生活准则来规范自己的，哪怕这些准则是多么的不合理。人也愿意去面对现实生活中的各种苦难——只要这些苦难并不是极端地不可克服，只要不是到了灭顶之灾的地步。

第二，儒家文化是一种心灵的文化，或者说，是一种追求心灵生活的文化。

中国人既追求世俗的生活，又沉湎于心灵的人生，究竟是怎么回事？

人固然要追求现实的人生，追求世俗的生活，并且在世俗的生活中实现自己的人生，但仅止于此，人实在不能忍受世俗生活中的苦难和日常事务琐碎的折磨。从本质上说，最能体现人性的是人的心灵，只有在心灵的世界中人才能体会到自己的人生意义。辜鸿铭先生说：“中国人从本质上过着心灵的生活”，并不是无谓之言。这与中国人追求现实、追求世俗生活一点不矛盾。恰恰相反，儒家文化的妙处，就是把二者紧密地有机地结合起来了。

人之能成为人，人之能与动物相区别，就在于人从来就有两个世界，世俗的世界和心灵的世界。正如黑格尔所说：“对于人来说，思维的知识即使只是单纯的主观活动也是对他很光荣而有兴趣的事。因为人之所以异于禽兽即由于人能知道他是什么，他作什么。”（黑格尔《小逻辑》，商务印书馆，1980 年，67 页）

人要“知道他是什么，他作什么”，就要思考。思考的结果却是彻底的悲观：世俗的人生是无穷无尽的苦难。人要在苦难中生活下去，既是那样的艰难，就必须在自己的心灵上找到一个去处，那个去处不仅要遮风避雨，还应该尽善尽美。西方文化找到的那个心灵的去处就是在上帝那里。而印度文化则在释迦牟尼那里——总之，在宗教里找到了自己心灵的去处。事实上，除中国文化以外，世界上绝大多数文化，都通过宗教把世俗的世界和心灵的世界作了严格的区分。

只有儒家文化是世界上唯一不需要宗教而把世俗的生活和心灵的生活融合在一起的文化。连接的桥梁就是儒家文化的核心——伦理道德。孔子讲，人要有三立：立德、立功、立言。其中立德最为重要。孔子引用《易经》上的话说：“不恒其德，或承之羞。”所以人不应以没有社会地位而感到烦恼，也不应因生活的苦难和困窘而绝望，而应以没有“德”而羞愧。

立什么德？孟子说，就是仁、义、礼、智，此四者犹如人之四体。由四体所引申，“人之有四之端也”，即“恻隐之心，仁之端也；羞恶之心，义之端也；辞让之心，礼之端也；是非之心，智之端也”。如果没有这“四心”又怎么样呢？“无恻隐之心，非人也，无羞恶之心，非人也，无辞让之心，非人也，无是非之心，非人也。”

不过有一个哲学上的本体问题需要解决，人的道德情感是从哪里来的？换成儒家的语言，仁、义、礼、智之四体，恻隐、羞恶、辞让、是非之四端，是怎样产生的，是从哪里来的？这是一个天大的问题，西方顶尖级哲学家如康德、黑格尔等冥思苦想、千辛万苦上下求索而不能得，最终不约而同地指向了上帝——这么天大的问题，到了儒家思想家手里轻而易举就解决了。解决的办法是不理睬，绕过去。

在儒家文化看来，这个问题根本就用不着问，所以也不需要回答。人的道德从哪里来？这还要问吗？是天然的，是人自然而然产生的，是人的本性，也是天性。孟子说，人的德行“若火之始燃，泉之始达”。火为什么会燃，泉水为什么会流下来，这样的问题需要回答么？问这样的问题都是幼稚的。“三字经”说得更加简单明了，“人之初，性本善。性相近，习相远。”

明朝大儒王阳明（守仁）试图去回答这样的问题。不过他的回答还是等于没有回答。他说：“知是心之本体，心自然会知：见父自然知孝，见兄自然知弟，见孺子入井自然知恻隐，此便是良知不假外求。若良知之发，更无私意障碍，即所谓‘充其恻隐之心，而仁不可胜用矣。’”每个人的内心都存在着这种“良知”，它是人的本性，并不需要从外面去求得。

儒家文化把人的道德精神提高到了如此重要的地步，以至于看作是整个社会和文明的合理的、永久的和绝对的基础。对一个人来说，没有了道德，任何东西都失去了意义。做不做官无所谓，有没有钱也无所谓，生活再苦也不要紧。但如果没有道德，就不能做一个真正的人，更不要说做堂堂正正的人了。反之，有了道德，不仅可以做一个堂堂正正的人，还可以获得心理上极大的快乐和满足，所以，孔子说：“朝闻道，夕死可矣”。

儒家文化不仅在观念上确立了伦理道德的重要地位，更建立了一套严格的社会操作机制，使伦理道德的基本原则能在现实生活中得到真正的实施。

中国传统社会中的官吏选拔制度、管理制度、司法制度、分配制度，都是以伦理道德为依据。这是儒家文化能够以伦理道德为社会生活和心灵生活的最高原则保障，是能够取代宗教的社会基础。这使传统中国人能够在没有宗教的前提下优游于世俗生活和心灵生活之间，不致彷徨无归。

第三，儒家文化特别注意后天教化和自我的内在修养的作用。

儒家文化不仅指明了现实人生目的，而且告诉每个人，只要通过自己的努力，通过教化就可以达到这个目的。“仁远乎哉？我欲仁，斯仁至矣。”“仁”在哪里？就在我们的身边，你只要想求仁，就可以得到仁。孔子的这句话告诉中国人，儒家文化所标榜的对现实生活目的追求完全是可行的，任何人只要经过努力，就能够达到。儒家文化的这个特点，就给每个人都提供了按照儒家文化的要求去修身养性，去实现自我的人生价值的条件。所谓“立德”，就是要人通过不断地反复地自我修炼来获得崇高的道德。

中国古代的圣人们认定人的道德情感是“天生”的，是本来就存在的。但不需要从外面去求得，却不等于自然而然就存在于人的内心，要通过严格的修身养性才能得到。在中国人看来，最要紧的是花工夫去修身养性，去自我省察，去从内心挖掘本来就存在的“良知”。所以，儒家历来重视的是修身养性，是“内圣”。孔子本人就十分看重自我的修炼，每天都要不断地反省自己。他的学生曾子说：“吾日三省吾心。为人谋而不忠乎？与朋友交而不信乎？传不习乎？”这句话实际上就是孔子的意思。

《大学》中“三纲领、八条目”的内容和顺序，也反映了自我修炼的过程。所谓“三纲领”即“大学之道，在明明德，在亲民，在止于至善”。第一是“明明德”，就是告诉人首先要明白自己应该有什么样的道德观念，应该做什么，不应该做什么，都要弄清楚；在此基础上要“亲民”，何谓“亲民”？亲民是儒家文化中极为重要的人文主义的思想。这种思想显然不只针对统治者而言，每个人都应该“亲民”，就是要建立融合、平等的人际关系；最后要“止于至善”，达到最完美的道德境界。

“八条目”即“格物、致知、诚意、正心、修身、齐家、治国、平天下”，阐明了人学习、修炼最后达到人生的目标的全过程。“古之欲明明德于天下者，先治其国；欲治其国者，先齐其家；欲齐其家者，先修其身；欲修其身者，先正其心；欲正其心者，先诚其意；欲诚其意者，先致其知；致知在格物。物格而后知至，知至而后意诚，意诚而后心正，心正而后身修，身修而后家齐，家齐而后国治，国治而后天下平。”——这个过程的顺序是不能混乱的。

有意思的是，虽然儒家文化也主张人的学习过程包括了学习针对客观世界的科学知识（格物、致知），但完全是为了心灵的修养（诚意、正心、修身），最终的目的则是在社会中实现自我（治国、平天下）。齐家则是整个过程中的中心环节。

孔子主张，不管什么人，只要他有学习的愿望和学习的能力，就应该给他学习的机会。孔子的那句“学而不厌，诲人不倦”的话，是中国人千年不易的座右铭。孔子把人分为君子和小人，但君子和小人只是相对的，关键在于是否得到了良好的教育和一以贯之的自我修养。这样，孔子就给每个人都指出了一条进取的道路，每个人都可以在孔子那里找到实现自我的希望。

第四，儒家文化既提倡王道，更主张“民为贵”。

这两种观念本来是难以相容的，但在孔子手中却达到了辩证的统一。孟子把这一点说得最为明白：“民为贵，君为轻，社稷次之。”

正是有这样的主张，现代许多人把儒家思想定位为典型的人本主义思想。如果从伦理次序和人际关系的角度来理解，这样说是可以的。但如果从现代西方人本主义的原义去看，儒家的这种“民为贵”思想则与其相去甚远矣。

有了儒家的这种“民为贵”的思想，就奠定了国家最高君主——天子就必须认真履行职责，必须施行“仁”政，否则，臣民就用不着尽自己的义务去拥戴这样的天子。《左传》中记录了一段晋侯与师旷的对话。晋侯问：“卫人出其君，不亦甚乎？”师旷回答：“或者其君实甚。……夫君，神之主也，民之望也。若困民之主，匮神乏祀，百姓绝望，社稷无主，弗去何为？”一个君主，下不能搞好人民的生活，上不能祭祀祖宗，让老百姓失望，国家无望，不赶走他干什么？

正因于此，才有了“天下兴亡，匹夫有责”这样的口号，才会有人在天下无道的时候敢于扯起造反的大旗，并且在儒家的经典中找到自己的理论武器。中国历史上出现过一次又一次的农民大起义，一次又一次的改朝换代，但都不能改变中国社会的基本结构，这不能不说是由儒家文化中“王道”与“民为贵”这两种思想的绝妙的辩证统一所造成。儒家文化中的这个思想，成为中国社会长期稳定的一个重要的保险杠和减压阀。

第五，儒家文化特别注重以家庭为核心的伦理的作用。

中国文化的最初始的起源是由于中国社会的生产是以家庭为单位，即“生产家庭化”所造成的。在中国“所有一切的社会组织均以家为中心。所有一切人与人的关系，都须套在家庭的关系中。在所谓五伦中，君臣、父子、夫妇、兄弟、朋友，关于家的伦已占其三。其余二伦，虽不是关于家者，而其内容亦以关于家的伦理推之。如拟君于父，拟朋友于兄弟。”（冯友兰《新世论》）

世界上从来没有哪个民族像中国人那样把家看得如此重要。在汉语中，“家”字既是一个人居住的地方，也是他生命活动的起点和终点，更代表着一种非常复杂的人际关系。在中国传统文化中，一个没有家的人是最悲惨的人。如果要用最恶毒的方式攻击一个中国人，那就是辱骂他的祖先和诅咒他“断子绝孙”。当一个中国人最后离开人世时，如果没有自己的家人在身边陪伴，就成为最伤心的人，将会死不瞑目！这个状况，宛如一个信仰基督教的人灵魂不能回归天堂一样可怕。

儒家文化的核心价值就是以家庭及家族为核心的伦理，一种强调对父母和子女的责任、义务和敬重祖先的价值观。在这样的价值观中，中国人永远不是单纯的“一个人”，而只是某个家庭中的一个成员。生活在这样的价值伦理规范中，中国人既能感到安全，也能获得精神的永恒。如果一个人不能实现自己的人生抱负，在社会上混得不好，在官场上不得意怎么办？也有退路：解甲归田，回家去也。于是，中国的家庭成了中国人最佳的避难所。中国人的一切问题，包括经济的、社会的和心理的问题，全可以在家庭里得到解决。懂得这个道理，传统中国人的婚姻就不是当事人两个人的事情，而是整个家庭甚至家族的事，必须由家庭或家族中的最高当权者来决定。

中国文化并不赞成人不顾自己的亲人去“兼爱”或者“泛爱”天下的一切人。虽然两千多年前中国著名的哲学家墨子就提出过“兼爱”的思想，但并没有被纳入中国文化的主流思想，也没有被大多数中国人接受。

人为什么不能“兼爱”？王阳明有一段话，既回答这个问题，也把儒家以家庭为主轴的伦理道德观说得非常透彻。他说：“唯是道理自有厚薄。如此身是一体，把手足捍头目，岂是偏要薄手足，其道理合如此。禽兽与草木同是爱的，把草木去养禽兽，又忍得；人与禽兽同是爱的，宰禽兽以养亲，与祭祀，燕宾客，心又忍得；至亲与路人同是爱的，如箪食豆羹，得则生，不得则死，不能够两全，救至亲，不救路人，心又忍得；这是道理合该如此。”（王阳明《传习录下》）至于为什么“道理合该如此”？王阳明没有说。在中国人的心中，这样的道理是不说自明的。

儒家文化的经典是博大而精深的，要对它进行研究，需要花一个专门的学者毕生的精力（实际上，古代中国的绝大部分知识分子一生的时间都是泡在对儒家经典的研究中）。但如果儒家文化只是对知识分子产生影响，那它的生命力就不会这么旺盛了。我们一再说，儒家文化不仅是一种入世的文化，更是一种世俗的文化。它的生命力不仅在于它的理论和观念乐于被统治阶级所接受，更在于这些理论和观念以最平民化的形式渗透到了最一般的民众的最普通的生活中。在传统中国人中间，即使一个不识字的人，也讲得出如像

“仁”“义”“礼”“智”“忠”“孝”“廉”“耻”这样几个字来，并且能够按照自己的理解在实际生活中加以应用。这正是中国传统文化的妙处，也是它的魅力所在。

简言之，儒家文化教导中国人“内圣外王”“修身，齐家，治国，平天下”，在世俗的人生中实现自我。儒家文化，从形而下——人生最世俗的生活着眼，却与形而上——人的心灵、道德情感、人生的意义和生命的本体等紧密联系起来。从这个角度，我们容易理解中国为什么没有产生宗教，中国人为什么不需要宗教，也容易理解中国人的道德精神之发轫和终极价值之所在。

二、道家文化是中国文化的补充

儒家文化固然是中国文化的主流，但谈到中国传统文化而不谈道家文化无疑是重大的缺漏。道家文化，从另一个侧面对儒家文化作了重要补充。中国人有两张脸，一张是儒家，另一张则是道家。有人说，中国人是“内儒外道”，也有人说中国人是“外儒内道”，不管怎样说，儒家和道家这两张脸，在同样一个中国人是不断地变换着的。舍此，中国文化就不完善，中国人的人格就不完整，中国人的许多行为就不可理解，中国社会中发生的诸多事情就不能得到合理的解释。最为奇妙的是，儒家和道家，在文化的方向上看似完全相反，在人生观上势如水火，状若冰炭，但在中国文化中，在每一个中国人身上，却是那样有机地结合起来，犹如水乳交融，间不容发。这个现象，真是妙不可言。

道家有两位最重要的人物，一位是老子，另一位是庄子。道家文化，又称老庄文化。

老子其人

老子姓李，名耳，谥名聃，故又称老聃。其生平没有孔子那样准确，生卒年代不详，可能活了 80 多岁（有传说他活了 160 余岁，也有说他活了 200 多岁）。他大约是春秋末年的人，有人说早于孔子，也有人说晚于孔子，也有人说他们生在同一年代。

据《史记》记载，孔子曾经向老子询问关于“礼”的一些细节问题，两人有过机智的对话，结果好像还是老子占了上风。老子用一种教训的语调对孔子说：“你问的那些人，骨头都已经腐烂，只剩下说的话还在耳朵前飘来飘去。一个君子如果遇到可以施展抱负的机会，立即冲锋向前。没有这种机会时，不必勉强追求，把自己藏起来或者离开就是了。我听说珠宝一定要保藏严密不要让人看见，就好像没有一样。有才能的人更不要显得外表精明，显得愚笨一些最好。把你的骄傲和欲望去掉，这些对你没有什么好处。我想对你说的话，就是这些。”（孔子适周，将问礼于老子。老子曰：“子所言者，其人与骨皆已朽矣，独其言在耳。且君子得其时则驾，不得其时则蓬累而行。吾闻之，良贾深藏若虚，君子盛德，容貌若愚。去子之骄气与多欲，态色与淫志，是皆无益于子身。吾所以告子，若是而已。”）

这段话语气很不礼貌。但孔子却对老子大加赞赏，对他的弟子说，我知道鸟是如何飞的，走兽是怎样跑的，但我不知道龙是怎样乘风而上天的，今天我见了老子，真正知道龙是怎么一回事了！（以上均见司马迁《史记》，中华书局，1702 页）

老子早年曾在周朝的国家图书馆掌管过史册典籍。其间，曾有一段时间由于受到周王朝贵族的迫害，逃亡到鲁国避难。后来老子又回到周朝，继续在国家图书馆做小官。直到老年，周朝发生内乱，老子辞去所任职务，骑着一匹青牛，向西而去。在经过秦国的函谷关时，镇守该关隘的将领（关令）尹喜请老子写点东西留下。老子写下大约五千字后，骑着青牛离开函谷关继续西去，不知所踪。这五千字就是影响中国人两千多年，成为中国人另一张“脸”的《道德经》，又称《老子》。

关于老子和孔子的学说，司马迁说了一句很有名的话：“世之学老子者则绌儒学，儒学亦绌老子。‘道不同不相为谋’，岂谓是邪？”（司马迁《史记》，中华书局，1704 页）儒与道，本来是两股道上跑的车，自然应该“道不同不相为谋”，但司马迁没有料到，二者却并不互相排斥，同为中国文化的重要组成部分；在一个中国传统知识分子身上可以且儒且道，半儒半道，前儒后道，后儒前道，内儒外道，外儒内道。儒道两家，兼容并包，兼收并蓄。

庄子其人

庄子，名周，宋国蒙人。他与儒家另一位大师孟子同一时代，大约生活在公元前 369—前 286 年之间，比孔子和老子则要晚一百多年，与世界另一端的古希腊伟大哲学家亚里士多德生活在同一个年代。庄子大半生过着隐士的生活，但他在世时已驰名天下。

名驰天下的确凿证据是司马迁在《史记》中记载的一件事，这件事被后人一再渲染。当时楚国的楚威王十分倾慕庄子的名气，曾派了两位使者，带着重金前去拜访，请庄子出山，聘他为楚国的宰相。使者见到庄子后，送上重金，说明来意。庄子不仅不出山，还讲了一段流传千古的话：“千金，重利；卿相，尊位也。子独不见郊祭之牺牛乎？子亟去，无污我。我宁游戏污渎之中自快，无为有国者所羁，终身不仕，以快吾志焉！”（《史记《老子韩非列传·第三》，中华书局，1705 页）。

——楚威王重金礼聘庄子做官，不愿意也就罢了，还说出这一大堆豪言壮语，令后世多少人对他的行为羡慕不已，又对他说的这番话钦佩之至，至今可为不得志的知识分子心理平衡的武器。从这个故事，也许我们看到了儒、道两家不断分分合合的有趣局面。

庄子所留下《庄子》一书，是道家文化另一部重要的著作。司马迁说，庄子“其学无所不窥，然其要本归于老子之言。”（上书，1704 页）庄子是非常有学问的人，他的学问涉及人生的各个方面，司马迁说他是“无所不窥”，是个把学问“打通”的人，但他所走的仍然是老子一路。

下面对《道德经》和《庄子》做简单的介绍。

老子的《道德经》共五千言，分上、下两篇，总共八十一篇。上经为道经，三十七篇，下经为德经，四十四篇。文字很好读，稍有古文基础，便可在字义上读懂；况且，许多话已经成为我们生活中经常使用的俗语。《道德经》是中国人修身养性的一本大辞典，也是平衡心态的大辞典。但要真正弄懂老子的意思，却是难上加难。

为什么真正弄懂老子的思想是“难上加难”？可能有两个方面的原因：一是老子所讲的道理本身是宇宙、社会、人生的大道理，想透这些道理本来是极不容易的事，或许，有些根本就是想不通的事。更何况老子的人生观基本上是消极退让的人生观，对生活在世俗中的人来说，彻底弄懂它，殊为不易；二是老子把一些重要的问题，本来就没有说清楚，本来就缺少逻辑性，缺少一以贯之的连续性，这就使人在不同的场合，甚至在不同的心境下有不同的理解。

下面所录《道德经》部分内容，目的只是在于引起读者的兴趣。在引述的后面，是我的感想和尝试的评论，读者可为参酌之用。

“道可道，非常道。名可名，非常名。”这是《道德经》的第一句话，也是道家文化中最重要的一句话，有着非常深刻而玄妙的含义。几乎每个中国人都知道老子“道可道，非常道”这句话，但究竟怎样解说，却大相径庭。一般的或通常的解说，“道”有三种含义，一是指形而上的实存者，即构成宇宙万物的最初本原；二是在形而下的世界中，指宇宙万物发生、存在、发展、运动的规律；三是指人类社会的一种准则、标准。在我看来，这些解说，全是推测。这样来解释“道”，犯了一个今人最常见的错误：用现代的观点或西方文化的逻辑学概念来解释中国古代哲学思想。

老子大概也是有先见之明，他开宗明义就告诉大家，我说的“道”，并不是你们通常说的那个“道”，更不是一个明确的概念，而是一个永恒的、不可限定的存在，所以不能用一个具体概念去指称。如果非要说“道”是什么，我只能说它是彻头彻尾的形而上学加辩证法，以及玄学加诡辩之学。“道”在不同的地方可以有完全不同的理解，它才是真正的形而上。《易经·系辞传》中说：“形而上者谓之道，形而下者谓之器。”在“道”这个概念上，儒家文化和道家文化合流了。理解“道”的形而上特征，明白“道”是人主观精神的产物，是无羁无涯的——这是我们进一步理解老子的哲学思想的基础。

什么是“名”？现代汉语中，“名”或曰称谓，或曰声誉，或曰概念，但老子所说的“名”和这些意思都不相干。或许我们可以把它和“道”一起来理解，“名”是“道”的载体，“名”把世界上的万事万物全部统一起来，“道”则在“名”这个载体上运行。所以“名”和“道”一样，是“非常名”——也不是人们通常所能理解的一个明确的概念。

——道家文化，从一开始就把人引入一个玄妙的心灵的世界中去了。

“无，名天地之始，有，名万物之母。故常无，欲与观其妙，常有，欲以观其徼。此两者，同出而异名，同谓之玄。玄之又玄，众妙之门”。这句话是老子对“道”的进一步说明。有和无，就是“道”的性质所在。几千年了，人们不断在问，“道”究竟是什么？“道”永远是一个不可限定的存在，凡是不可说的、说不清楚的东西，需要通过悟性来达到的东西，都可以说是“道”。

不过从老子的这句话来看，“道”也有可以说的东西，那就是，“道”表明了“有”和“无”之间的关系。世界开始于“无”，天地万物、世界上的一切存在就是“有”，“有”是从“无”而来。我们从“无”中，才可以了解到“道”的奥妙无穷，从“有”中，我们可以了解到“道”的端倪。既然“有”是从“无”中来，“有”可以复归于“无”，“此两者，同出而异名”，“有”和“无”当然可以相互转化。这世界，原本就没有本源，也没有起源一说。如此，神和宗教当然就没有任何存在的理由了。

中国文化之奥妙无穷，在于有了老子的思想；道家文化之不能成为中国文化的主流，也在于此。

“天下皆知美之为美，斯恶矣；皆知善之为善，斯不善矣。有无相生，难易相成，长短相形，高下相盈，音声相和，前后相随，恒也。是以圣人处无为之事，行不言之教；万物作而弗始，生而弗有，为而弗恃，功成而弗居。夫唯弗居，是以不去。”天下任何事情都是相对的，这个道理老子讲得最早，也最彻底。丑，都是相对美而言，恶，都是相对善而言；不仅相对，而且相互转化，有无、难易、长短、高低等都是如此。这就是相对论的道理。但紧接着在逻辑上就有点问题了——“有无相生，难易相成，长短相形，高下相盈，音声相和，前后相随”这个道理是对的，但从这个道理中在逻辑上并不能引出“是以圣人处无为之事”的结论来。

接着又讲“相对论”：正因为不想去得到，也就无所谓失去。今天我们读老子，仍能体会到深刻的相对论的道理，但我们从相对论的道理到“无为”之间却找不到必要的逻辑链条。细想想看，如果人生只是“无为”，没有“有为”，岂不是只有一个方向了吗？“长短、高下、音声、前后”如何相对呢？中国古代哲学家在讲道理时并不看重逻辑，这大概就是“道”的特点吧。

“不尚贤，使民不争；不贵难得之货，使民不为盗；不见可欲，使民心不乱。是以圣人之治，虚其心，实其腹，弱其志，强其骨。常使民无知无欲。使夫智者不敢为也。为无为，则无不治。”这段话是老子最著名的政治观点或政治理想。在老子看来，所有的德行、珍宝、知识、欲望、竞争等都是导致社会不和谐的根本原因，所以圣人治理国家就要使人民“虚其心，实其腹，弱其志，强其骨。常使民无知无欲。使夫智者不敢为也。”到了那一种状态，人民肚子吃饱，但无知无欲，即使那些有才智的人也不敢乱说乱动了，天下就大治了。所以结论就是，“为无为，则无不治。”——有名的“无为而治”就始于此。

如果从社会的角度来看，老子的这种“无为”的政治，看似消极，实则是极可怕的政治。那是帝王的驭民之术。道家和儒家，在此完全合流。孔子就说过内容相同的话：“民可使由之，不可使知之。”

但从个人的角度看，懂得的东西越多越容易烦恼，欲望越强越难满足，得到越多越怕失去，却不能说完全没有道理。

“道冲，而用之或不盈。渊兮，似万物之宗。湛兮，似或存。吾不知谁之子，象帝之先。”这是对“道”的一首最美妙的赞歌。“道”是虚无的，却取之不尽。它是那样的深邃，世界上的万事万物都从它那里发出，它又是那样隐秘，真似若有而若无啊！它究竟是从哪里来的啊？我只能说它在天地之前就已经存在了。

——西方哲学家也在思考同样的问题，康德的“纯粹理性”，黑格尔的“绝对理念”，歌德所谓“无知之知”，罗素对经验知识的批判，都在想方设法论证着某种先天存在的精神。

“多闻数穷，不如守中。”对这句话，通常的理解是“见多识广，增加见闻，会加速穷困，或加快灭亡，不如保持自己内心的平和”；有本作“多言数穷”，意思是统治者太多言，太多政令会加速灭亡。老子在这里讲了一个深刻的哲学道理，任何事情太“多”，都会使其走到尽头。这里“穷”不是穷困，也不是灭亡，而是“到达极致”的意思。这个意思和后面老子所讲的“满则盈”同出一辙。正因为如此，才能得出“不如守中”的结论来。

儒家文化和道家文化，在这里又合流了。《中庸》：“喜怒哀乐之未发，谓之中。发而皆中节，谓之和。中也者，天下之发本也。和也者，天下之达道也。致中和，天地位焉，万物育焉。”不过二者很快又分流开去，儒家是进而“致中”，道家则是退而“守中”。

“天长地久。天地所以能长久者，以其不自生，故能长生。是以圣人后其身而身先，外其身而身存。非以其无私邪？故能成其私。”这段话很有意思。第一，老子承认人有“私”，而不是“无私”。“私”就是自己的利益；第二，要满足自己、成全自己的“私”（成其私），只有“后其身”“外其身”，先把自己的“私”放在后面，先置之度外，自然也就能满足自己的“私”了。老子把“利他”与“利己”的关系既看成是一种看似对立实则统一协调的关系，也把“利他”看成是一种手段，“利他”最终也是为了“利己”。这是手段和目的关系。用一句老百姓的话说，“吃小亏而占大便宜”。

“上善若水。水善利万物而不争，处众人之所恶，故几于道。居善地，心善渊，与善仁，言善信，政善治，事善能，动善时。夫唯不争，故无尤。”水绝对是了不得的东西，装在杯子里就是杯子形状，倒在地上就成无形的一摊。水不争，但谁人能和水争？水总是处于最低的、没有谁喜欢去的地方，但正因为如此，水才是最接近“道”的东西。于是，身处最适宜之地，心地深厚而宁静，与最适宜的人交往，说话适宜而讲信用，用最适宜的办法治理政事，做事适宜，把握好最适宜的时机——与万事万物都不争，这样就不会有任何过失，也不会和任何人结怨。崇尚自然，尤其是像水这样的自然之物，这是道家思想最精髓的地方，也是最值得今天的人思索的地方。焦渴的现代人离开“水”久矣。

“持而盈之，不如其已。揣而锐之，不可长保。金玉满堂，莫之能守。富贵而骄，自遗其咎。功遂身退，天之道也。”满则盈，锐则折，佼佼者易污，侥侥者易折，乐极则生悲，恶贯而满盈，急流勇退，功成身退，凡事只可做到九十九，绝不可做到十成足，宁愿不足，不可过头——这些都是中国人非常熟悉的做人的道理，老子称其为“天之道也”。不过，这些道理用到个人的心理平衡，则可；用到社会生活，则不可，或未必可。这再一次印证了道家文化的道理，对社会的意义和个人的意义是不同的。

“三十辐共一毂，当其无，有车之用。埏埴以为器，当其无，有器之用。凿户牖，以为室，当其无，有室之用。故有之以为利，无之以为用。”老子绝对是聪明绝顶的人，他凭着对生活最简单的观察——三十条车辐支撑一个车轮，只有相互之间空着，才能做成一辆车；泥巴烧成的陶器，中间空着，才能像一个罐子；开凿门窗造房子，中间空着才能住人——就可以提出重要的哲学命题，阐述“有”和“无”、“盈”和“虚”的关系，进而阐明手段与目的的关系。

“五色令人目盲，五音令人耳聋，五味令人口爽，驰骋畋猎，令人心发狂，难得之货，令人行妨。是以圣人为腹不为目，故去彼取此。”吃着碗里，望着锅里，这山看着那山高，肚子吃饱了，眼睛还在发馋，再吃，却索然无味；索然无味却还要吃。为什么？贪婪。老子非常清楚，贪婪是人性中最大的恶，这种恶不仅伤人，更会伤己。

人为什么要贪婪？

人类创造出的灿烂文化，就是要使人的生活丰富多彩，但灿烂的文化和丰富多彩的生活，却对人形成了无穷无尽的诱惑。诱惑使人变得贪婪，贪婪造成更大的诱惑。古往今来的所有哲学家、思想家，都看到了这个矛盾。老子当然也看到了这个矛盾，但他提出的解决办法却是回避，就是“去彼取此”——为腹不为目。这个主意好则好矣，但似乎缺乏可操作性。人要想离开自己亲手创造的文化，好比提着自己的头发离开地球一样不现实。

“宠辱若惊，贵大患若身。何谓宠辱若惊？宠为下，得之若惊，失之若惊，是谓宠辱若惊。何谓贵大患若身？吾所以有大患者，为吾有身；及吾无身，吾有何患？故贵以身为天下，可以托天下；爱以身为天下，若可托天下。”西方的哲学家说，人在知性上（感官上）的快乐并不是真正的幸福，理性会使人思考，会寻找“自在自为”的自我，寻找人的价值和终极的目的，这些理性的思考有时更会阻止知性上的快乐。心与身的矛盾不断在困扰着人，无论牺牲“心”还是牺牲“身”都很难，终归是造成身与心的分裂，身心分裂则带来无穷无尽的焦虑。

道家有道家的办法。道家的办法是牺牲身来求得心灵安静。假使人若根本不把自己的“身”当回事，还存在什么“宠辱”“大患”呢？更重要的是，人如果真的把自己和天下融合到一起去了，天下就是他，他自己就是天下，还有什么得不得天下呢？这个观点，在西方哲学家眼里，准可以看成是“非人”的。我不能不说，和西方文化相比，中国文化对人的自我意识，对人之理性有相当的忽略，而这恰恰构成了中国文化的一个重要特征。

“古之善为道者，微妙玄通，深不可识。夫唯不可识，故强为之容。豫兮若冬涉川；犹兮若畏四邻；俨兮其若客；涣兮其若凌释；敦兮其若朴；旷兮其若谷。混兮其若浊；澹兮其若海；飂兮若无止。孰能浊以静之徐清？孰能安以动之徐生？保此道者，不欲盈。夫唯不盈，故能蔽而新成。”这是老子心目中得道之人的形象和风范。得道之人，其微妙玄通，深不可识，其谨慎畏惧，恭敬庄重，其敦厚质朴，飘逸不羁，其虚怀若谷，宁静安详，其清澈如水，张弛自如，都在于能“不欲盈”之故。孔子说，“战战兢兢，如履薄冰，如临深渊，然后君子”“君子不忧不惧”“君子惠而不费，劳而不怨，欲而不贪，泰而不骄，威而不猛”。儒道两家，在此又部分合流。

“至虚极，守静笃。万物并作，吾以观复。夫物芸芸，各复归其根。归根曰静，静曰复命。复命曰常，知常曰明。不知常，妄作凶。知常容，容乃公，公乃全，全乃天，天乃道，道乃久，没身不殆。”在老子看来，万事万物固然纷繁复杂，循环往复，但最终都要回到它的本原，都要复归于“静”。为什么？因为静是生命的起点。回归生命的起点这件事是永恒的规律。在老子看来，人只有懂得这样的道理，才会守住“静”，心态才能达到真正的平和状态，那才是最高的智慧；如果不这样做，不懂得这样的道理，就要遭受祸害。

这个道理对不对，仁者见仁，智者见智。不过后面一连串的推理就少了些逻辑性：懂得这样的道理就会有包容性，有包容性就会大公无私，能大公无私就合乎天理，合乎天理就是“道”，“道”就能长久，能长久自然不会招致任何祸害。

“太上，不知有之；其次，亲而誉之；其次，畏之；其次，侮之。信不足焉，有不信焉。悠兮其贵言。功成身遂，百姓皆谓：我自然。”在老子的思想中，“自然”二字一气灌成。最高等级的自然状态是根本感觉不到存在；其次才是被赞誉；再次是被畏惧；最差的是受辱。“我自然”，这几个字有何等的力量！如果把这段话理解为个人的人格修炼，则可；若理解为治理国家的大道理，则不可，或不全可。

“见素抱朴，少私寡欲，绝学无忧。”这句话既是老子的人生理想，也是现实的人生追求。

外表上是素面朝天，内心是纯净质朴，没有什么私心，更没有个人的欲望，再抛弃一切学问，那就无忧无虑了。人达到这个境界，还有啥话说？但人弃绝了一切欲望，切断对外界的一切联系，那个老问题又来了：人活着干什么？有一个笑话说，一个病人去看医生，向医生讨教长寿的秘诀。医生告诉他，一要清心无为，二要无私寡欲，三要少思多动。完全是老子这句话的翻版。病人说，如果要这样才能长寿，我活那么长的寿命干什么？咦！

“俗人昭昭，我独昏昏；俗人察察，我独闷闷。澹兮其若海，飂兮若无止。众人皆有以，而我独顽且鄙。我独异于人，而贵食母。”世俗的人是多么明白哦，而我却什么都不知道；世俗的人是多么精明哦，而我却是多么愚笨不开窍；我沉静宛如大海，飘飘忽忽无止无境；世俗的人都那么有成就哦，而我却是那么无能又卑下！——老子真是一个幽默大家，貌似自嘲，实为反讽。

真正要做到特立独行，自由自在，无拘无束，随“道”而生，只有老子。所以“老子”实在是天下第一。

“曲则全，枉则直，洼则盈，敝则新，少则得，多则惑。是以圣人抱一为天下式。不自见，故明。不自是，故彰，不自伐，故有功。不自矜，故长。夫唯不争，故天下莫与之争。”委曲反而能保全，弯曲反而能伸直，低洼反而能充盈，破旧反而能生新，少取反而能多得，贪多反而会迷惑。不争，所以天下再没有人能和你争。

不过，以退为进，蹲得低才跳得高，哪个不晓得这个道理，问题是怎么拿捏个中的尺度？按照俗人的思路，要在争而可得时不争才算本事，争而不可得而不去争，是不是鲁迅笔下的阿Q精神呢？

“希言自然。故飘风不终朝，骤雨不终日。”天行有常，好运气不可能一个人占全，反之再大的坏事也有过去的时候。天大的事，睡一觉醒来，明天的太阳照样升起来。伟大领袖毛主席曾经教育过他的革命同伴们，“我们的同志在苦难的时候，要看到成绩，要看到光明，要提高我们的勇气。”全是一个道理。道理是道理，真正施行起来，却实在不容易。

“企者不立；跨者不行；自见者不明；自是者不彰；自伐者无功；自矜者不长。其在道也。”踮起脚想站得高一点，反而站不稳；急切地大跨步前行，反而走不快；自我显示的人，反而不能显闻；自以为是的人，反而不能彰显出自己的优势来；自我夸耀的人，反而不会被认为有功劳；自高自大的人，反而不能持久。其实，在我看来，老子思想中最可贵的，倒并不是退避，而是曲里拐弯的辩证法。老子随时在教人，看问题不仅要看到事物的正面，还要看到它的反面，更要看到它的侧面，以及许多面。

“有物混成，先天地生。寂兮寥兮，独立而不改，周行而不殆，可以为天地母，吾不知其名，强字之曰‘道’，强之名曰‘大’，大曰‘逝’，逝曰‘远’，远曰‘反’。故道大，天大，地大，人亦大。城中有四大，而居一焉。人法地，地法天，天法道，道法自然。”中国文化中“天人合一”的思想，自然运行循环往复、永无止境的思想，在老子的这段话中，再次得到最充分的体现。人、道、天、地浑然一体，即为老子所说的“四大”，除此之外，更无他物。在中国人的心理空间中，没有给任何“神”预留可以藏身的位置。中国文化一开始就缺乏宗教意识，在老子的论说中，早明白无误。

“重为轻根，静为躁君。”万事稍安毋躁，做人做事都要有定力，要稳重，反之则为轻浮或轻佻，最为中国人所不齿。

不过这种德行也给中国人带来不少负面影响。梁漱溟先生说中国人具有极大的“韧性及弹性。韧性止于牢韧，弹性则并有弹力。此不独于其个人生命见之，全民族历史恰亦证明如此。此不独其心理精神方面为然，于其体质及生理现象亦证明如此。因有‘温炖汤’‘牛皮糖’等称喻。”（梁漱溟《中国文化要义》，学林出版社，1987 年版，23 页）遇事不生气，不动怒，不急不躁，从老子那里一脉相传的这种中国人的精神，给全世界所有的人，留下了最深刻的印象。

“故善人者，不善人之师；不善人者，善人之资。不贵其师，不爱其资，虽智大迷，是故要妙。”善人可以作恶人的老师，恶人可以做善人的借鉴。不尊重他的老师，不爱惜他的借鉴，自以为聪明的人，其实是大糊涂虫。中国人最懂得这个世界上最精要最深奥的道理，所以中国人决不会糊涂。毛主席曾说过，毒草可以肥田，坏人的用处是做反面教员。梁漱溟先生被批判了多少年，就做了多少年的政协委员。

“善有果而已，不敢以取强。果而勿矜，果而勿伐，果而勿骄，果而不得已，果而勿强。物壮则老，是谓不道，不道早已。”做任何事情达到目的就行了，千万不要逞强，不要骄矜，我今天胜利了，那也是不得已，老天爷要我赢，没有办法的事啊。所以赢了不要穷追猛打，否则不符合“道”的原则。“物壮则老，是谓不道”，物极必反，迟早要自取灭亡。

“知人者智，自知者明。胜人者有力，自胜者强。知足者富。强行者有志。不失其所者久。死而不亡者寿。”了解别人的人是聪明的人，但懂得自己的人才是真正的智慧；战胜别人固然能体现自己的力量，但最强大的人知道，人最大的敌人是自己，最难战胜的也是自己。把生命置之度外，才是为“不亡”，精神才会长存。

——《战国策》中有一则很有名的“邹忌讽齐王纳谏”的故事：

> 邹忌修八尺有余，而形貌昳丽。朝服衣冠，窥镜，谓其妻曰：“我孰与城北徐公美?”其妻曰：“君美甚，徐公何能及君也?”城北徐公，齐国之美丽者也。忌不自信，而复问其妾曰：“吾孰与徐公美?”妾曰：“徐公何能及君也?”旦日，客从外来，与坐谈，问之：“吾与徐公孰美?”客曰：“徐公不若君之美也。”明日，徐公来，孰视之，自以为不如；窥镜而自视，又弗如远甚。暮寝而思之，曰：“吾妻之美我者，私我也；妾之美我者，畏我也；客之美我者，欲有求于我也。”

——美貌的邹忌能如此看自己，难得难得，人贵有自知之明啊。

“大道泛兮，其可左右。万物恃之以生而不辞，功成而不有。衣养万物而不为主。常无欲，可名于小；万物归焉而不为主，可名为大。以其终不自为大，故能成其大。”“道”的特点就是宏大。怎样宏大？老子说，它像河水一样广泛流淌、无处不到，无所不包，万物依靠它生存，而它对万物却从不去干涉，成就了伟大事业却不自以为有功。它养育了万物却不以为主宰；万物归附于它而它不自以为主宰，应该算得上是宏大了。但它始终不自以为伟大，所以才造就了自己的宏大。老子的学说，有两点最值得现代人思考和借鉴，一是顺应自然的人生态度，二是深刻的辩证法思想。在我们所知道的老子言论中，全部贯穿着这两个思想。

“乐与饵，过客止。道之出口，淡乎无其味，视之不足见，听之不足闻，用之不足既。”老子承认，美妙的音乐，美味佳肴，足以对人造成诱惑，连过往的路人都要停下来观望。“道”却不是这样，“淡乎无其味，视之不足见，听之不足闻”，但用起来却是无穷无尽，永无止境。人在感官的诱惑与精神的世界中打转、纠缠，老子却教人永远要远离感官的诱惑。常人以为只要离开物质的诱惑已经大不易，老子更教人更要远离精神的诱惑。这更属大不易。

“将欲歙之，必固张之，将欲弱之，必固强之：将欲废之，必固兴之；将欲夺之，必固与之。是谓微明。柔弱胜刚强。”“歙”在古代汉语中是“吸气”的意思，在现代几乎是一个死亡的字。在这里作“收敛”解。老子说，要想收敛，必定先要张开，要想削弱什么，必定先要让其强盛；要想废弃的，必定先让其兴旺；要想得到，必定先要给予。柔弱的东西一定会战胜刚强的东西。这是最微妙的人生策略。

这个策略怎样操作？老子一贯特别注意强与弱、大与小、多与少、黑与白这样两极之间的辩证关系。在这些关系中，老子教人最常用的策略则是，以退为进，以守为攻，欲擒故纵。不过，令人发生疑惑的还是那个老问题，在方法学与目的论之间如何划分？弄得不好，辩证法与阴谋家间不容发。

“上德不德，是以有德；下德不失德，是以无德。上德无为而无以为；下德无为而有以为。上仁为之而无以为；上义为之而有以为。上礼为之而莫之应，则攘臂而扔之。故失道而后德，失德而后仁，失仁而后义，失义而后礼。夫礼者，忠信之薄，而乱之首。前识者，道之华，而愚之始。是以大丈夫处其厚，不居其薄；处其实，不居其华。故去此取彼。”儒与道，几度合流，几度分流。先分流：孔子教人以仁、义、礼，老子却说那全是因为“失道”之后人的被强迫和自我的强迫所致。孔子说“生而知之，上也”，老子却讥笑那是“愚之始”。在做什么样的人上，又合流。老子说：“是以大丈夫处其厚，不居其薄；处其实，不居其华”；孔子说：“君子惠而不费，劳而不怨，欲而不贪，泰而不骄，威而不猛。”儒、道两家，好像两条弯弯曲曲的线条，随时分，随时合。

“故贵以贱为本，高以下为基，是以侯王自称孤、寡、不谷。此非以贱为本邪？非乎？故至誉无誉。是故不欲琭琭如玉，珞珞如石。”在做一块石头，还是做一块美玉的选择面前，老子教人最好不要去做美玉，去做一块最质朴坚硬的石头就最好。又与儒家分流矣。《论语》中，子贡曰：“有美玉如斯，韫椟而藏诸？求善贾而沽诸？”子曰：“沽之哉！沽之哉！吾待贾者也。”儒家教导人，不仅要做美玉，而且要包装好自己，充分展示自己，努力去卖得一个好价钱。

哪家的话有道理？个中尺度如何拿捏？全靠自己掌握。此情此境是一种态度，彼情彼境又可为另一种态度。这就是中国人的智慧。

“明道若昧；进道若退；夷道若颣；上德若谷；广德若不足；建德若偷；质真若渝；大白若辱；大方无隅；大器晚成；大音希声；大象无形；道隐无名。夫唯道，善贷且成。”“大器晚成”“大音希声”“大象无形”这样的话，在中国稍有文化的人就好比口袋中的现成东西，随时可以拿出来在人前晃一晃。

在前面讲两极的关系时，老子说事物的两极可以互相转化，到这里干脆说二者之间根本就没有区别，本来就是一回事。是一回事又不能说完全彻底是一回事，像是那么回事而已，却又不完全是那么回事——这就是老子的哲学。

“道生一，一生二，二生三，三生万物。万物负阴而抱阳，冲气以为和”。这是老子的宇宙观。道生出了一，有了一，才有二、三，最终才能生出万物来。万事万物背负着阴气，向着阳气，二气相互交融、混合而成混沌之气，是为“冲气”，这样才达成和谐的状态。这种宇宙观彻底摒弃了任何宗教和神学的可能。

“名与身孰亲？身与货孰多？得与亡孰病？甚爱必大费，多藏必厚亡。故知足不辱，知止不殆，可以长久。”老子真是循循善诱的老师，谆谆教诲的长者。我们都知道生命是最重要的，对名利、地位这些身外之物要洒脱待之，这样才能知足而常乐。没有人能像老子那样把这个道理讲得如此透彻。

“大成若缺，其用不弊。大盈若冲，其用不穷。大直若屈，大巧若拙，大辩若讷。静胜躁，寒胜热。清净为天下正。”收敛、防守、柔软、含蓄、静谧，是“道”的最高法则，也是中国人最为追求的品德。它们既是做人的道理，也是心理防御的武器。我有这样的道理和武器，谁能奈我何？通观老子的全部思想，老子的意思是要人退却、放弃，讲的是目的论，但常常被人当作方法学，演绎成以退为进，南征北战，东成西就的策略。这样做真对不起老子的谆谆教诲。

“善者，吾善之；不善者，吾亦善之，德善。信者，吾信之；不信者，吾亦信之，德信。”善良的人，我就以善良对待他；不善良的人，我也以善良对待他，大家的品德就归于善良了。诚实的人，我以诚实对待他；不诚实的人，我也以诚实对待他，于是所有人就都会诚实了。这样做是不是老好人呢？这样一来，世界真的就会更好吗？大家伙就会都变得善良而诚实吗？

孔子有不同意见。他老人家不赞成以德报怨，他说“以直报怨”就很不错。他问道，如果以德报怨，“何以报德？”不过也不能说世界上完全没有“德善”“德信”这样的境界，老子是给人设置了一个道德的制高点。

“含德之厚，比于赤子。”什么是“赤子”？赤子就是刚刚出生的婴儿。人修炼到了最深厚的道德水平，就会像初生的婴儿一样干净、纯洁、内在和谐、无私无忧、无欲无求，“毒虫不螫，猛兽不据”。老子希望人永远保有一颗“赤子之心”，因为“物壮则老，谓之不道”。

不过心理分析的创始人弗洛伊德大概不会同意这观点，他告诉我们，婴儿不仅不是无欲无求，而是欲望大得很呢，不仅食的欲望大，性的欲望同样大，而且性的欲望是一种乱伦的欲望，其对象直指自己的亲生母亲。——老子听到这话，一定会从坟墓里跳出来。

“祸兮，福之所倚；福兮，祸之所伏。孰知其极？其无正也。正复为奇，善复为妖。人之迷，其日固久。”这句话，人人都知道，可惜个个难明白。祸福相依，福祸相连。高兴不要太早，煮熟的鸭子也会飞。失意也不要太过，咸鱼也有翻身的时候。但何者为祸，又何者为福？究竟是怎么回事？所谓“祸”焉“福”焉，真的没有个定准啊。“正”随时可能转变为“邪”，“善”随时可能转变为“恶”。正所谓，“人之迷，其日固久”矣，这很符合事实——老子的这句话流传几千年了，还是没有人能把它彻底弄懂。

“治大国，若烹小鲜。”这句话太形象了，小鲜就是小鱼，下过厨房的人都有这经验，煎小鱼的时候千万要小心翼翼，火不能太大，翻鱼时更要轻、要慢，稍用力过头，一定会成一堆鱼肉的渣子。岂止治理一个国家要如此，天下大多事情何尝不是如此。

“为无为，事无事，味无味。大小多少，抱怨以德。图难于其易，为大于其细，天下之难事，必作于易。天下大事，必作于细。是故圣人终不为大，故能成其大。夫轻诺必寡信，多易必多难。是以圣人犹难之，故终无难矣。”以无为的态度去有所作为，用“无事”的态度去面对任何事情，用迟缓的感觉去体味敏感的事物。大是生于小，多是生于少，用自己的德行去回报别人的怨恨。任何大的作为都是从最细小的事情开始，最难的事情要从最容易之处去做，天下的圣人永远不认为自己是在做大事业，所以才成就了大事业。用现代的话说，凡事要有定力，“咬定青山不放松，任尔东南西北风”，这是从正面讲；从反面呢，就是“五心不定，输得干干净净”。老子不仅教人大道理，还教小道理，譬如这句话：“夫轻诺必寡信，多易必多难”，在日常生活中，非常实用。

“合抱之木，生于毫末，九层之台，起于累土。千里之行，始于足下。”凡事从现在做起，从最细小的事情做起，不着急，慢慢来。但凡人都性急，都希望立竿见影，做了一阵子没有成效就会放弃，且琐屑的事情最是令人心焦颇烦，所以大多数人干不成大事。儒家的代表人物之一荀子著名的“劝学篇”中同样著名的话和老子的话几乎没有两样：“积土成山，风雨兴焉；积水成渊，蛟龙生焉；积善成德，而神明自得，圣心备焉。故不积跬步，无以至千里；不积小流，无以成江海。骐骥一跃，不能十步；驽马十驾，功在不舍。锲而舍之，朽木不折；锲而不舍，金石可镂。”如何？

“江海所以能为百谷王，以其善下之，故能百谷王。以其不争，故天下莫能与之争。”老子是最推崇水的，在“道德经”中反复讲到水。这里更是讲到“江海”。江海是最伟大的，能滋养百谷。为什么？老子说，是“以其下善之”——因为水总是往下流的，总是在最低层。在老子的思想中，越是伟大的东西越是在最低的地方，“以其不争，故天下莫能与之争”的境界。用到做人，越是伟大的人，就越是谦逊，身段就越是柔软，姿态越是放到最低。反之，凡是态度傲慢，行为僵硬的人，必定是卑贱之人。

“我有三宝，持而保之：一曰慈，二曰俭，三曰不敢为天下先。慈故能勇，俭故能广；不敢为天下先，故能成器长。”在老子看来，正是因为慈爱，所以能勇敢，因为节俭，所以能富裕，因为凡事不敢走到天下人的前边，所以反而能做万物之长。这是老子一贯的思想，以退为进，以守为攻，以弱图强，讲的是方法论。读老子，有时未免迷惑，老子究竟是主张“无为”还是“为”？抑或“无为”只是“为”的手段，最终还是“有为”？这个道理想不透，《老子》就没有读通。

“知不知，尚矣；不知不知，病也。圣人不病，以其病病。夫唯病病，是以不病。”这段话，前面两句和孔子“知之为知之，不知为不知，是知也”的话没有什么两样，都是在讲方法论。关键是后面一句，“夫唯病病，是以不病”——知道自己有问题，才会没有问题。不过，如果我们进一步追问，知道自己有什么问题？是有“不知”的问题吗？ “不知”——没有任何知识——岂不更好！老子是从来不主张有知识的，我们都该记得他说过“绝学无忧”这样的话。可是，如此一来，“知不知”，还是“不知不知”，又有什么意义呢？

“人之生也柔弱，其死也坚强；草木之生也柔脆，其死也枯槁。故坚强者死之徒，柔弱者生之徒。”人只有死了才会硬邦邦，草木也只有死了才会枯槁脆弱，天下凡是有生命的东西都是柔弱的——这个比方实在很生动。生动是生动，逻辑上的漏洞却也不小：不能因为死了硬邦邦就说生应该柔软，更不能引出“故坚强者死之徒，柔弱者生之徒”的结论来。这让我想起小时候听说的一个江湖医生医驼背的故事，用两个大磨子上下一压，驼背就医好了。驼背是医好了，可是人死了。

“天之道，其犹张弓与？高者抑之，下者举之，有余者损之，不足者补之。天之道，损有余而补不足。人之道，则不然，损不足而奉有余。”天下万事万物都讲究平衡。不过“天之道”和“人之道”却有不同的做法。天道是“损有余而补不足”，所以真正的平衡；人道却是“损不足而奉有余”，难以达到真正的平衡。老子看到了人性中根深蒂固的东西——“损不足而奉有余”——就是贪婪。

“甘其食，美其服，安其居，乐其俗。邻国相望，鸡犬之声相闻，老死不相往来。”“甘、美、安、乐”四个字，道尽了老子的人生理想。这四个字并不是要人去追求生活的安逸舒服，而是要人安于现状，对生活要“甘”在其中，“美”在其中，“安”在其中，“乐”在其中。不仅如此，你做你的事，我做我的事，互相不要干扰，安于现状，维持现状，画地为牢，各人自扫门前雪。见面笑嘻嘻打个招呼，高兴了还可以在一起聚一聚，但大家都把自己包裹得紧紧的。这个思想，对中国人的影响太深了。

“信言不美，美言不信。善者不辩，辩者不善。知者不博，博者不知。天之道，利而不害；圣人之道，为而不争。”老子这里讲的道理和孔子所说的“君子欲讷于言而敏于行”是一模一样。巧舌如簧的人，离他远点。“信言不美，美言不信”云云，有道理是有道理，但容易走向它的反面。最后一句话，“圣人之道，为而不争”，才是画龙点睛之笔。看来，老子并不完全主张无为，而是“为而不争”。

以上是《道德经》的部分内容。句句都是人生的格言，对个人非常有用。

下面谈谈《庄子》。

庄子在唐朝开元年被诏号为“南华真人”，故《庄子》又名《南华真经》。《庄子》一书，据记载有五十二篇，今传本仅三十三篇。分为内篇七篇，外篇十五篇，杂篇十一篇。

《庄子》和《道德经》不一样，它大多是幽默风趣的寓言故事。通过一个个故事，传达出庄子对人生的理解。这些故事既幽默、生动，又富有智慧和哲理，读后总不免让人发出会心的微笑。

我们先看最著名最有趣的故事。《庄子·秋水》：

"庄子与惠子同游于濠梁之上。庄子曰：鯈鱼出游从容，是鱼之乐也。惠子曰：子非鱼，安知鱼之乐？庄子曰：子非我，安知我不知鱼之乐？惠子曰：我非子，固不知子矣；子固非鱼也，子不知鱼之乐，全矣！庄子曰：请循其本，子曰：'汝安知鱼乐'云者，既已知吾知之而问我。我知之濠上也。"

尤其是庄子最后的一段话："请循着我们争论的起点说起吧！你所说'你怎能知道鱼的乐趣'这句话其实就是已经知道我之所知而向我发问的呀。既然你能知我不知道鱼之乐，我为什么不能知鱼呢？我是在濠水桥上知道鱼之乐趣的呀！"读到这里，不为庄子的智慧发出微笑都是办不到的。一切从心出发，万事用心体味。庄子真是一位美学大师，在观赏"从容出游"的鱼儿时，赋予了审美对象无限的生命和精神。细细咀嚼，慢慢体会这段对话，令人感到无比的兴味。

在人生的态度上，庄子和老子走的是同一路。如果有什么不同，就是比老子走得更远。你看《庄子·胠箧》中的一段：

"故绝圣弃知，大盗乃止；擿玉毁珠，小盗不起；焚符破玺，而民朴鄙；掊斗折衡，而民不争；殚残天下之圣法，而民始可与论议；擢乱六律，铄绝竽瑟，塞瞽旷之耳，而天下始人含其聪矣；灭文章，散五采，胶离朱之目，而天下始人含其明矣。毁绝钩绳而弃规矩，攦工倕之指，而天下始人有其巧矣。"

彻底摒弃一切圣人之言和聪明才智，大盗就可休止；丢弃玉器、毁坏珠宝，小盗就不再兴起；焚烧符信、毁掉印章，就可以使人民无知无欲、返璞归真；打破斗斛、毁折秤杆这些度量的衡器，就可以使人民失去互相争斗的意志；把天下之圣人的道理全部毁弃，人民才可以参与议论；搅乱音乐中六律的分别，销毁竽瑟等乐器，堵塞最精明的乐师之耳，天下人的本性才可能真正聪慧起来；抹掉彩色花纹，把五色缤纷的颜色全部打乱，把最明亮的眼睛闭上，天下人的本性才能明亮起来；毁弃曲尺绳墨与圆规矩尺，折断所有能工巧匠的手指，天下人的本性才能变得灵巧起来。

庄子看到了文明给人类带来的危害，因此主张把一切文明的产物——不管是物质的还是精神的——统统丢掉，这样人才能真正回归自己的本性。

人在遇到烦恼的时候，最容易在庄子这里找到慰藉。且看《红楼梦》第二十一回，宝玉因整日和姐妹们厮混在一起，不分彼此，更没个分寸，“也没个黑家白日闹的”，闹出不少别扭来。大丫头袭人百般劝告无用，遂赌气撒娇不搭理他（贤袭人娇嗔箴宝玉）。宝玉感觉好没趣，又不好发作，先找房中小丫头五儿打趣一番，也觉无趣，于是“自己闷闷的，只不过拿书解闷”。“看了一回《南华经》，至外篇《胠箧》一则”，正是上文所引那一段。

看了还不算，宝玉

> “意趣洋洋，趁着酒兴，不禁提笔续曰：焚花散麝，而闺阁始人含其劝矣；戕宝钗之仙姿，灰黛玉之灵窍，丧灭情意，而闺阁之美恶始相类矣。彼含其劝，则无参商之虞矣；戕其仙姿，无恋爱之心矣；灰其灵窍，无才思之情矣。彼钗、玉、花、麝者，皆张其罗而邃其穴，所以迷惑缠陷天下者也。”

大意是：如果把袭人、麝月这样的女孩子的性情都去除掉，那么在我的房里就人人都知道守本分了；把宝钗的美貌毁掉，把黛玉的聪明灵巧湮灭掉，更不存在任何情意时，那么在闺阁中就再不会有什么美和恶的差别了。大家都会知道自己的本分，就不会再去闹什么别扭了。把人的美貌破坏掉，就不会有爱慕之心了；把人的聪明灵巧去掉，也就不会有才思之类的情感了。想那宝钗、黛玉、袭人、麝月等人，其实都是张开了网络、布下了陷阱，来迷惑天下的人上她们的圈套呢。

写完之后，好像真正解脱了，再也不会为姐姐妹妹、小姐丫头们烦恼了，于是“掷笔就寝。头刚着枕，便忽然睡去，一夜竟不知所之。”可一觉醒来后怎样？有书为证：

> 直至天明方醒，翻身看时，只见袭人和衣睡在衾上。宝玉将昨日的事，已付之度外，便推他说道：“起来好生睡，看冻着。”原来袭人见他无明无夜和姐妹们鬼混，若真劝他，料不能改，故用柔情以警之，料他不过半日片刻，仍旧好了；不想宝玉竟不回转，自己反不得主意，直一夜没好生睡。今忽见宝玉如此，料是他心意回转，

便索性不理他。宝玉见他不应，便伸手替他解衣，刚解开钮子，被袭人将手推开，又自扣了。宝玉无法，只得拉他的手笑道："你到底怎么了？"连问几声，袭人睁眼说道："我也不怎么着。你睡醒了，快过那边梳洗去。再迟了，就赶不上了。"宝玉道："我过哪里去？"袭人冷笑道："你问我，我知道吗？你爱过哪里去就过哪里去。从今咱们两个人撂开手，省的鸡生鹅斗，叫别人笑话。横竖那边腻了过来，这边又有什么'四儿''五儿'服侍你。我们这起东西，可是'白玷辱了好名好姓'的！"宝玉笑道："你今儿还记着呢？"袭人道："一百年还记着呢。比不得你，拿着我的话当耳旁风，夜里说了，早起就忘了。"宝玉见他娇嗔满面，情不可禁，便向枕边拿起一根玉簪来，一跌两段，说道："我再不听你说，就和这簪子一样！"袭人忙的拾了簪子，说道："大早起，这是何苦来？听不听在你，也不值的这么着呀。"宝玉道："你哪里知道我心里的急呢？"袭人笑道："你也知道着急么？你可知道我心里是怎么着？快洗脸去罢。"说着，二人方起来梳洗。

昨夜所读的老庄，所发的感叹，好比一阵风儿吹去一样，不留半点痕迹。不过故事还没有完哪，黛玉出场了。

"黛玉走来，见宝玉不在房中，因翻弄案上书看。可巧便翻出昨儿的《庄子》来，看见宝玉所续之处，不觉又气又笑，不禁也提笔续了一绝云：

无端弄笔是何人？剿袭《南华》庄子文。
不悔自家无见识，却将丑语诋他人！"

黛玉真是个极聪明也是极明白的人，她的嘲笑很有道理。像宝玉这样身陷于花团锦簇之中，周旋在姐姐妹妹之间，整日淘脂弄粉、情意绵绵的多情公子，并不会认真去理会庄子，也不可能成为真正的道家的。只是在受了一点姐妹丫头的闲气，一时烦闷，无可排解时，随便在庄子那里找到了"知音"，认真不得的。

不过，读宝玉续庄子文的这段故事，倒确实很有意思。有意思之处就在"认真不得"。这正好反映了中国人对道家思想的基本态度，平日里把道家这张"脸"深深藏起来，该做什么做什么，愿做什么做什么。只是在遇到烦恼的事情时，赶紧把它找出来，在老庄那里找到现成的解脱办法。事情过了，也就丢开了，照样该做什么做什么，愿做什么做什么。用一个不太恰当的比方，老庄的东西在中国人的生活中好比一贴膏药，哪里疼就往哪里贴，好了以后就不再用；但也不扔掉，或放在箱里，或祭在高处，以备不时之需。宝玉是如此，绝大多数中国人都是如此。我们很难说这就是中国人的大智慧，也很难说这就不是中国人的大智慧。不管大智慧小智慧，确实有用。

我们说庄子比老子走得更远，比老子更进了一步。庄子不仅把“无为”的道理往深里讲，更往极端处讲。庄子看到了一个老子所没有的现象，那就是仅仅“不争”“无为”是不够的，还不算真的不懂得顺应自然，与时变化的道理，即便是“无为”也照样可能带来麻烦。且看《庄子·山木》中的一个故事：

“庄子行于山中，见大木，枝叶茂盛，伐木者止其旁而不取也。问其故，曰：‘无所可用。’庄子曰：‘此木以不材得终其天年。’夫子出于山，舍于故人之家。故人喜，命竖子杀雁而烹之。竖子请曰，‘其一能鸣，其一不能鸣，请奚杀?’主人曰，‘杀不能鸣者。’明日，弟子问于庄子曰，‘昨日山中之木，以不材得终其天年，今主人之雁，以不材死，先生将何处?’”

这个故事以及从这个故事中引申出来的道理成为庄子哲学思想的主要精神，把道家的思想大大向前推进了一步。在庄子看来，单纯的“无为”是不行的，你看，那棵不成材的树不是就被砍掉了吗？成材也好，不成材也好，即便是处于成材与不成材的中间状态也好，都未能得道。

做人也一样，东不成，西不就，左右不逢源，上下皆得咎，人在夹缝中生活，那会更加难受。有才华的人固因才华而成功，但也可能因才华而不能“终其天年”，没有才华的人更因没有才华而“以不材死”，这样都离开了人的本来目的。怎么办？大概是早料到人生会有这样的尴尬局面，所以，“庄子笑曰”：

“周将处乎材与不材之间。材与不材之间，似之而非也，故未免乎累。若夫乘道德而浮游则不然，无誉无訾，一龙一蛇，与时俱化，而无肯专为。一上一下，以和为量，浮游于万物之祖。物物而不物于物，则胡可得而累邪!”

只有从一个更高的观点来看一己与外界、生与死，才可能超越自己以外的世界。那就是“乘道德而浮游”，除此而外，任何状态都不免于受累。人浮游于道德，就是浮游于万物的原始状态，驾驭万物而不被万物驾驭（“物物而不物于物”）。人超越了万物，还有什么可担心可焦虑的呢？到了这样的境界，人不仅可以免除焦虑，还可以处于完全的身心自由自在的状态。

但人常常不能达到那样的境界，原因在于人被一些是非之事所困。为什么会有是非？是因为每个人都站在不同的角度，所看到的东西自然不同，每个人若都按自己的片面观点去争论是与非，就根本分不出谁是谁非，更不要说达到一致的境界了。

《庄子·齐物论》中举了两个人辩论的例子：

> “既使我之若辩矣，若胜我，我不若胜，若果是也，我果非也邪？我若胜，若不吾胜，我果是也，而果非也邪？其或是也？其或非也邪？其俱是也？其俱非也邪？我与若不能相知也，则人固受其黮暗。吾谁使正之？使同乎若者正之，既与若同矣，恶能正之？使同乎我者正之，既同乎我矣，恶能正之！使异乎我与若者正之？既异乎我与若矣，恶能正之！使同乎我与若者正之？既同乎我与若矣，恶能正之？然则我与若与人俱不能相知也，而待彼也邪？”

即使我与你进行辩论，你胜了我，我没有胜你，就你肯定对，我肯定错吗？我胜了你，你没有胜我，就我肯定对，你肯定错吗？是我们两个人有一方是对的，有一方是错的呢？还是我们双方都对，或者都错呢？我和你都不知道，别人本来就受到它的蒙蔽更弄不清楚。我们请谁来评判是非呢？假使请观点和你的观点相同的人来评判，他既然和你的观点相同了，又怎样评判呢？假使请观点和我的观点相同的人来评判，他既然和我的观点相同了，又怎么评判呢？假使请观点和你我观点都不同的人来评判，他既然与我和你的观点都不同，又怎么能评判呢？假使请观点和你我都相同的人来评判，他既然与我和你的观点都相同，又有什么可评判的呢？

——人生有许多本身说不清楚的问题，譬如人生的目的问题，终极关怀问题，世界的第一推动力问题，原本就是说不清楚的，非要想说清楚，只能带来焦虑。中国文化非常巧妙地彻底避开了这些问题。

所以，人只有遵循自然的法则，充分发展自己的本性，尤其不要比较，才能真正实现人生。这个思想贯穿了庄子的整个思想体系。在《庄子·逍遥游》中许多有趣的故事，从鲲、鹏，到蜩虫、学鸠、蟪蛄、冥灵、大椿，其体形有大有小，生命有长有短，怎么可以互相比较呢？它们的生命却有着各自的价值。例如大鹏与小鸟的飞翔的高度和能力差距是天壤之别，鲲鹏一飞，就是九万里，“其翼若垂天之云”，把整个天都遮住了；而蝉（蜩）一飞，“抢榆枋，时则不至而控于地而已”，连榆树那样的高度都达不到，就掉下来了。池塘中的小鸟说“我腾跃而上，不过数仞而下，翱翔蓬蒿之间，此亦飞之至也！”大鹏和小鸟在各自尽力地飞翔时，都感到自己非常快乐，不是同样实现着各自生命的价值吗？在庄子看来，二者之间，不过是“大小之辩也”，——大小不同罢了。只要实现了自己，任何生命都是有意义的。

为了把这个道理说得更清楚，《庄子·大宗师》中还讲了这样一个故事。子祀和子舆是一对很好的朋友，子舆生病，子祀去看他，两人有一段非常有名的对话。原文是：

> 俄而子舆有病，子祀往问之，曰：“伟哉！夫造物者将以予为此拘拘也。曲偻发背，上有五管，颐隐于齐，肩高于顶，句赘指天。”阴阳之气有沴，其心闲而无事。跰（足鲜）而鉴于井，曰：“嗟呼！夫造物者又将以予为此拘拘也！”子祀曰：“汝恶之乎？”曰：“亡，予何恶！浸假而化予之左臂以为鸡，予因以求时夜；浸假而化予之右臂以为弹，予因以求鸮炙；浸假而化予之尻以为轮，以神为马，予因以乘之，岂更驾哉！且夫得者，时也；失者，顺也。安时而处顺，哀乐不能入也。此古之所谓悬解也，而不能自解者，物有结之。且夫物不胜天久矣，吾又何恶焉！”

一天，子舆生了重病，样子变得很难看，子祀去看他，子祀见到子舆，很同情地安慰他。子舆说：“你看，上天多么伟大啊！竟把我变成了这副模样：驼背，背上的伤口流脓，隆肩，颈脖朝天，头都缩到肚脐去了！”子舆边说边走到井边去，从井水里照见了自己的样子，戏谑地说：“哎哟！上天把我变得多么滑稽呀！”子祀连忙安慰他，问：“你很讨厌这副样子吗？”子舆说：不！我为什么要讨厌它呢？假使我的左臂变成一只鸡，我就用它来凌晨报晓；假使我的右臂变成弹弓，我就用它来打斑鸠烤了吃；假使我的尾椎骨变成车轮，我的精神变成了车马，我便可以乘它遨游，无须再备车马了。得是时机，失是顺应，安于时机而顺应变化，哀乐自然就不会侵袭到自己的心中来，这是自古以来所说的‘解脱’。那些不能自我解脱的人，自然要被奴役和受约束了。物不能胜于天，这是不易的道理。当我改变不了它的时候，我又为什么要讨厌它呢？”

不仅对身体是这样，对生与死，庄子也传达了极为达观的态度。同样在《庄子·大宗师》中庄子紧接着讲了另一个人子来的故事：

> “俄而子来有病，喘喘然将死，其妻子环而泣之。子犁往问之，曰：“叱！避！无怛化！”倚其户与之语曰：“伟哉造化！又将奚以汝为，将奚以汝适？”

不久子来也生病了。气喘吁吁地眼看着就要死去了，他的妻子、儿女都围在子来的床前哭泣。子梨去看他，说：“你们哭什么啊！走开！不要惊扰这个将要从生变化到死的人！”子梨靠着门对子来说：“造化真伟大啊，又将会把你变成什么呢？将使你走向何方呢？”

对于生与死，庄子做了一个令人亦不能超越的结论：“死生，命也，其有夜旦之常，天也。人之有所不得与，皆物之情也。”死和生是命定的，它有如黑夜和白天的恒常变化，是自然规律。这是不随人的意志为转移的，这些都是万物的本性。

对生与死，得与失有了如此达观的态度，能够“乘道德而浮游”，“无誉无訾，一龙一蛇，与时俱化”，人就彻底解放了自己，解放了自己的人的全部智慧就释放出来了。全部智慧释放出来，就能彻底明白“物有所用，物尽其材”的道理。且看《庄子·逍遥游》中一段：

> 惠子谓庄子曰：“吾有大树，人谓之樗。其大本擁肿而不中绳墨，其小枝卷曲而不中规矩。立之涂，匠者不顾。今子之言，大而无用，众所同去也。”
>
> 庄子曰：“子独不见狸牲乎？卑身而伏，以候敖者；东西跳梁，不辟高下；中于机辟，死于罔罟。今夫斄牛，其大若垂天之云。此能为大矣，而不能执鼠。今子有大树，患其无用，何不树之于无何有之乡，广莫之野，彷徨乎无为其侧，逍遥乎寝卧其下。不夭斤斧，物无害者，无所可用，安所困苦哉！”

惠子对庄子说，我有一棵大树，树干长满了树瘤节疤，树枝扭扭曲曲，既不中绳墨，亦不合规与矩，连木匠都不想要它，就好比你说的话一样，大而无用，没人愿意理你。庄子教训他，你难道没有见过野猫和黄鼠狼呀，它们轻轻趴在地上，等那些跑出来的小动物好一口吃掉；它们东跑西跳，上下乱窜，不知道什么时候就被猎人设的机关夹住，掉进猎人的网里。又好比牦牛，大则大矣，却连老鼠都不会捉。你有这么一棵大树，却不会用它。何不把它种植在广袤的原野上，这样你不就可以悠悠然然地在它身边漫步，逍逍遥遥地睡在这棵树下呀。唯其如此，它才不会遭到砍伐，也没有任何东西能去伤害它呢。它的无所可用，不正好能安然无恙吗？

老子的智慧是，人生在世，根本就不要有任何用处，要“见素抱朴，少私寡欲，绝学无忧”才好；庄子的智慧则进了一步，有用还是无用，全在于人怎么用它，怎么看待它，不过是因应自然，顺势而为而已。

从这个道理出发，就智慧而言，人和动物相比，并不比动物更高明。根本原因是人贪婪，而动物却不贪婪。《庄子·逍遥游》中说：“鹪鹩巢于深林，不过一枝；偃鼠饮河，不过满腹。”——鹪鹩是一种特别善于筑巢的鸟，俗称巧妇鸟。

这个道理，谁不知道？但有多少人真正明白呢？当一个人把拼命赚钱作为自己人生价值的尺度，把自己绑在经济社会的巨大机器上，为自己的身价而奋斗的时候，谁还能记得老子讲的这个道理？这正是人性中最深刻的弱点。正好比《红楼梦》中贾雨村在“智通寺”看到的那副破旧的对联：

身后有余忘缩手，
眼前无路想回头。

人之所以这样，就是被太多的身外之物羁绊。被身外之物羁绊的人一定是不快乐的。《庄子·至乐》中有一段话：

“天下有至乐无有哉？有可以活身者无有哉？今奚为奚据？奚避奚处？奚就奚去？奚乐奚恶？夫天下之所尊者，富贵寿善也；所乐者，身安厚味美服好色音声也；所下者，贫贱夭恶也；所苦者，身不得安逸，口不得厚味，形不得美服，目不得好色，耳不得音声。若不得者，则大忧以惧。其为形也亦愚哉！夫富者，苦身疾作，多积财而不得尽用，其为形也亦外矣！夫贵者，夜以继日，思虑善否，其为形也亦疏矣！人之生也，与忧俱生。寿者惛惛，久忧不死，何苦也！”

世上有没有至极之乐呢？有没有可以全生保身的方法呢？现在应当有何作为？以何为依据？回避什么？安处在哪里？趋就什么？舍弃什么？喜欢什么？厌恶什么？天下所最崇尚的，就是富有、尊贵、长寿、善名；所最喜欢的，就是身体安逸、丰足的美味佳肴、漂亮的服饰、悦目的色彩、悦耳的音乐；所卑贱的，就是贫穷、地位低下、夭折和坏名声；所苦恼的，就是身不得安逸，口不得丰厚的美味，身上穿不到美丽的服饰，眼睛看不到悦目的色彩，耳朵听不到悦耳的音乐。如果不能得到这些，就大为忧惧，这样的养身方法岂不是大愚蠢了吗！富有的人，劳苦身体加速做事，多积财富而不能尽数享用，这是求养身于外呀！高贵的人，夜以继日，思虑分辩为善去恶，这对养身不是太疏远了么！人一生下来，就与忧愁同在。长寿的人衰老得糊里糊涂，一直在忧愁中而不死去，何等苦恼啊！

一个人的生活能像这样子，有了“富贵寿善”，吃着美味佳肴，身着华服美裳等，岂不美哉！岂不羡煞人！但那样就能真正快乐吗？得不到这些就真正不快乐吗？恐怕都不是那么一回事。人的焦虑不就是从这里来吗？盼望得到什么，必然担心得不到什么；即使拼命得到了，与快乐却相距更远了。“寿者惛惛，久忧不死，何苦也！”人能够不死吗？不能。既然不能不死，干吗要那样“寿者惛惛”，苟且偷生呢？

不把这个问题想透彻，人就永远陷于焦虑的陷阱中不能自拔。为什么？《庄子·齐物论》有一段非常生动的描述，可谓焦虑症状的古代版：

> 大知闲闲，小知间间；大言炎炎，小言詹詹。其寐也魂交，其觉也形开。与接为构，日以心斗。缦者，窖者，密者。小恐惴惴，大恐缦缦，其发若机栝，其司是非之谓也；其留如诅盟，其守胜之谓之；其杀若秋冬，以言其日消也；其溺之所为之，不可使复之也；其厌也如缄，以言其老洫也；近死之心，莫使复阳也。喜怒哀乐，虑叹变慹，姚佚启态。乐出虚，蒸成菌。日夜相代乎前，而莫知其所萌。已乎！已乎！旦暮得此，其所由以生乎！

懂得大智慧的人心胸开阔广博，小智慧的人则偏执狭隘。喜欢高谈阔论的人盛气凌人，啰唆的人为一点小事就争辩不休。这样的人夜里睡觉时魂魄也不得安宁，醒来后身疲力竭。白天他们与人打交道时钩心斗角，纠缠不清。他们或精神涣散，或深藏不露，或谨小慎微。他们总是畏首畏尾，或惴惴不安，或惊慌失措，在恐惧中度日。说出话来像利箭，随时等待别人说话有什么是非以便攻击。有时吞吞吐吐，有时片语不发，以待取胜的时机。他们整个就像秋冬的落日，气息恹恹，衰弱无力。他们沉溺在自己的所作所为中，难以自拔，不可复原。他们已经被彻底地束缚住了，好像旧水沟一样被淤塞，再无活水可来。他们的心已经枯萎，再难恢复生机。他们反复无常，时而欢喜，时而恼怒，时而反悔，时而恐惧；时而浮躁，时而放纵，时而张狂，时而忸怩。就像从空洞的地方发出的声音，从地气中蒸发而出的菌子一样。这种种变幻无常的心态交替着出现，却不知道是从哪里来的。唉，真是无话可说了，我们如果知道了这是怎么回事，岂不就知道它们的原因了。

——这段描述是如此专业，我们即便说庄子是称职的现代心理医生，把这段话看着是对焦虑的现象学描述，也不为过。

问题提出来了，该怎么办？

和老子一样，庄子开出的方子仍然是两个字：“无为”。他说，“天无为以之清，地无为以之宁。故两无为相合，万物皆化。故曰：天地无为而无不为也。人也孰能得无为哉！”

人怎么样才能“无为”？《庄子·齐物论》说：“方生方死，方死方生；方可方不可，方不可方可，因是因非，因非因是”，这又是一段绕口令，读起来很是头疼。头疼过后，又觉有趣。基本是延续了老子的观点，但庄子把它说得更彻底、更透彻：把生与死的界限从根本上模糊了、消失了。当生与死、是与非的界限都消除了，人还有什么为不为的问题呢？“物物而不物于物，则胡可而得累邪？”

人掌握了“无为”的大智慧，也就能真正达到“至乐”的大境界。人真正的快乐，就是因为人超越了普通事物的界限，超越了自我与世界，自我与非我的界限，主观与客观的界限，与道合一，与天地合一。这样的人就是完美的人，就是心灵彻底自由的人，也就是真正的圣人了。

做这样的圣人可也真不容易！《庄子·逍遥游》记载了肩吾与连叔两人的一段对话：

> 肩吾问于连叔曰：“吾闻言于接舆，大而无当，往而不反。吾惊怖其言，犹河汉而无极也；大相迳庭，不近人情焉。”
>
> 连叔曰：“其言谓何哉？”
>
> “曰：‘藐姑射之山，有神人居焉。肌肤若冰雪，绰约若处子；不食五谷，吸风饮露，乘云气，御飞龙，而游乎四海之外；其神凝，使物不疵疠而年谷熟。’吾以是狂而不信也。”
>
> 连叔曰：“然。瞽者无以与乎文章之观，聋者无以与乎钟鼓之声。岂唯形骸有聋瞽哉？夫知亦有之。是其言也，犹时女也。之人也，之德也，将磅礴万物以为一，世蕲乎乱，孰弊弊焉以天下为事！之人也，物莫之伤，大浸稽天而不溺，大旱金石流，土山焦而不热。是其尘垢秕糠，将犹陶铸尧舜者也，孰肯以物为事！”

肩吾和连叔是庄子虚构出来的两个人。他们谈话中涉及的接舆是当时楚国一个有名的隐居的狂放之士。肩吾听到接舆讲话“大而无当，往而无反”，“不近人情”，非常吃惊，于是告诉连叔。连叔问，他讲了什么话呢？于是肩吾告诉连叔接舆的话：“在藐姑射山上，住着一位神人，其肌肤像冰雪一样晶莹剔透，其容貌形态如处女一样轻柔绰约；他不吃五谷杂粮，只需要吸风饮露水，就可乘着云气，驾着飞龙，遨游于四海之外；他的精神凝结起来，就使万物不受灾害，五谷丰登。”

世界上有这样的人存在吗？肩吾不相信，我们也不会相信。且看连叔如何说：“当然！瞎了眼的人怎么能观赏最美丽的花纹，耳朵聋了的人怎么能欣赏美妙的钟鼓之声呢？其实，岂止形体上有聋子瞎子，人的心也会呀！方才的话，就是针对你而言呢！接舆说的那个神人，那样的德行，将万事万物混而为一，浑然一体。世人都期望世间能够得到治理，可是没有人肯去管这些俗事呢！这样的神人，万事万物都不能伤害他，滔滔洪水也不能淹没他，能把金石融化、让山土枯焦的大旱也奈何他不得。他这样的人扬弃的尘垢秕糠就能陶冶出尧舜那样的大贤之人，他怎么会在乎世间的俗务杂事呢！”

读了庄子这段话，你信不信呢？

冯友兰先生把道家思想的发展，归结为三个阶段：“以杨朱为代表的是第一个阶段。《老子》书中大部分所代表的是第二个阶段。《庄子》书中大部分所代表的则是第三、也是最后阶段。”

第一阶段的“道家哲学的出发点是保全生命、避免损害生命。为达到这个目的，杨朱的做法是‘逃避’。这是隐士们通常的做法：逃离社会遁迹山林，指望这样就可以不致沾染人世的污秽。但是，人间如此复杂，无论个人怎样逃避，也难以完全逃避其中的罪恶污秽，因此，‘逃避’并不能达到目的。”

老子把道家思想发展到第二阶段。“《老子》书中大部分论述是试图显示宇宙万物变化的法则。在这些道家看来，事物虽然千变万化，但在各种变化的底层，事物演变的法则并不改变。人如果懂得这些法则，按照这些法则来安排自己的行动，就可以使事物的演变对于自己有利。”

“即便如此，人还是感到生命岌岌可危。无论自然或人类社会的变化中，总有难以预料的因素。因此，无论人怎样保护自己，还是难免受到伤害。这是《老子》书中第13章发出的喟叹：‘吾所以有大患者，为吾有身；及吾无身，吾有何患？’的由来。这个思想在《庄子》书中加以进一步发挥，成为‘齐万物，一死生’的思想。它意味着，从一个更高的观点来看一己与外界、生与死。从这个更高的观点看事物，就可以超越自己以外的世界。这是另一种‘逃避’，它不是从世俗社会逃往山林，而是从这个世界逃往另一个世界。这是古代道家思想的第三个阶段。”（《中国哲学简史》，天津社会科学院出版社，58－59页）

简单来说，道家思想的三个阶段是：归隐山林——顺应自然——非生非死、无我忘忧。三个阶段反映了道家从逃避现世到超脱于生命的思想。

当儒家文化激励中国人要“内圣外王”，要“修身齐家治国平天下”，要在欲望翻腾的世俗人生中奋力拼搏，以此才能获得生命的自我实现时，道家文化却吹来一股清冽的冷风，令激动的人心冷静下来。这股清风向着山林、向着泉下导引着中国人，告诉中国人，在现实的人生快乐和苦恼之外，还有一个去处，在那里可以“无我”而“忘忧”。那里没有欲望的折磨，没有大喜大悲的波澜起伏，也没有必须要承受的社会责任，在那里可以达到“非生非死，无我忘忧”的境界。

道家思想在中国人人生中的妙处，是教会中国人在自然、现实、理想之间寻找心理的平衡点和支撑点。在现实的人生中，充满着诱惑，充满着快乐，也充满着苦难和无奈。生命中有一股向前的力量促使着人去寻求生命的价值，去有所作为，去实现自我。儒家思想就是适应这个力量而产生的。但在这个过程中处处是阻碍，时时有风险。阻碍和风险之中则是无尽的苦难和无奈。如此，人的心理深处须得有一个避风的港湾，有一个疗伤的诊所，一个回避苦难的去处——这个去处就是道家的思想。

或许我们这样来评价道家文化是切合实际的：它有助于我们体会生命的原生状态，有助于作为个体的人寻求自我的解脱，有助于我们克服物我的羁绊，有助于战胜焦虑。道家文化是儒家主流文化的重要补充，是中国人的另一张“脸”，一张平常或顺境时不用，遇到困难和非常时刻就变回去的“脸”。

三、释家文化是中国文化的点缀

中国文化是非宗教的文化，这已经是不争的文化事实，也是学术界的共识。怎样理解这个事实和共识？

孔子说：“子不语怪力乱神。”“未知生，焉知死？”

老子说：“道生一，一生二，二生三，三生万物。万物负阴而抱阳，冲气以为和。”

庄子说："方生方死，方死方生；方可方不可，方不可方可，因是因非，因非因是。"

英国哲学家罗素说："中国实际上是个缺乏宗教的国家，不仅上层社会没有宗教，全体人民也没有。"（罗素《中国问题》，学林出版社，1996 年，151 页）

中国近代学者辜鸿铭说："在中国即使是一般大众依然并不太看重宗教。对中国人而言，佛寺道观以及佛教、道教的仪式，其消遣娱乐的作用远远超过了得到说教的作用。在此，中国人的玩赏意识超过了他们的道德或宗教意识。因此，与其说中国没有宗教，还不如说中国人不需要——没有感觉到宗教的必要更确切。"（辜鸿铭《中国人的精神》，海南出版社，1996 年第一版，40 页）

说中国文化是非宗教的文化，不等于说在中国这块土地上根本就没有宗教。不仅世界上的三大宗教在中国都有，而且其中之一的佛教在中国还相当地普遍，在中国存在着大量的佛教寺庙和普遍的求神拜佛现象。

辜鸿铭先生所言的确不虚。我们只要在假日，到各个佛教的寺庙去看看，我们大抵会看到一幅典型的民俗图画：成群结队的男女老少，扶老携幼，捧着香蜡鲜花，提着水果和各色零食，呼朋唤友，呼弟叫姐，熙熙攘攘，嘻嘻哈哈，欢歌笑语，孩子们更蹦蹦跳跳，前后乱跑——洋溢着一派热烈欢快、轻松愉悦的节日气氛。如果企图从中找到什么宗教的意识，企图感受到什么宗教氛围，那不免会失望的。

中国人为什么没有宗教的需要？为什么不需要宗教却有那么多寺庙，有那么多人求神拜佛？

我们先讨论第一个问题。要说中国人为什么不需要宗教，我们先说人类为什么需要宗教？要回答这样的问题实是大不易，我们只好简单说。人生有几个基本的问题，世界上的大多数文化，不能解决这些问题：

一，生与死的问题。生命是从哪里来的？这是人类最古老的问题。在现代科学技术发展以前，人们只好猜测。现代科学技术企图摸索着说出个道理，例如分子生物学把生命还原为去氧核糖核酸的双螺旋结构，也就是我们常说的 DNA。但是，如此的还原生命是不是就把生命的起源、生命的本质问题弄清楚了呢？恐怕还差得太远。

"生"的问题没有解决，"死"的问题呢？更没有解决。作为有意识的生命，人都希望能够长寿，最好是不死。古往今来，大概没有人愿意死，总要想方设法让自己活得长一点，最好是能够不死。

世界上所有的文化，在这个问题上都作了最大的努力，最终都无功而返。

道教的炼丹术，就是为了能长生不死。现代医学所做的一切努力，也是为了让人能够活得更长一点，或者说在尽可能长的时间里生活得尽可能健康一点。据说现代医学和分子遗传学的研究结果告诉我们人的最终寿命应该是150岁。即便能活到150岁，人终免不了一死。所以我们可以说，无论是道教的炼丹术还是现代医学的种种努力，对于这个问题，并没有解决，甚至可能把人朝着相反的方向导引。尼采借《荷马史诗》中的英雄们之口发出的就是这样的哀鸣：“最糟糕的是早死，其次糟糕的是——毕竟某一天会死去。”

人从一生下来便面临着死亡的问题，死对所有的人来说，是唯一的绝对真实。但谁又能回答“死”是怎么回事，谁又能回答人死后怎样？而作为人，对生和死的问题是非要想弄清楚不可的。既弄不清楚，又非要想弄清楚，这必然给人造成极大的焦虑。

二，人生的目的问题。人生有没有目的？如果说有，人生的目的是什么？

我们最容易想到的，是幸福。但幸福是一个最难解说的事情。康德有一大段话来解说幸福，“尽管幸福的概念到处都是客体与欲求能力的实践关系的基础，但它却毕竟只是主观的规定根据的普遍称号，并不特别地规定任何东西，而这却是在这一实践的任务中唯一没有涉及的东西，而且没有这样的规定，这个实践的任务就根本不能得到解决。也就是说，每个人要把自己的幸福设定在何处，取决于每个人自己特殊的愉快或不快的情感，甚至在同一个主体里面取决于根据这种情感的变化而各不相同的需要，因此一个**主观上必然**的法则（作为自然法则）在**客观上**就是一个极其**偶然**的实践原则，它在不同的主体中可以而且必然是很不同的，所以永远不能够充当一个法则，因为对幸福的欲望来说，事情并不取决于合法则性的形式，而是仅仅取决于质料，亦即我在遵循法则时是否可以期望得到快乐，以及可以期望得到多少快乐。……基于这些原则的实践规范绝不可能是普遍的，因为欲求能力的规定根据是基于愉快和不快的情感，这种情感是绝不能当做普遍地指向同一些对象的。”（康德《实践理性批判》，李秋零译，中国人民大学出版社，2007年1月，26－27页，黑体字为原文所加）

康德的话有几层意思：第一，幸福是每个人自己的感受，“取决于每个人自己特殊的愉快或不快的情感”，即便对每个人自己来说，也是“取决于根据这种情感的变化而各不相同的需要”，所以，个人的幸福感这种“**主观上必然**的法则”，“**在客观上**就是一个极其**偶然**的实践原则”，因为对于个人的幸福来说，取决于个人“是否可以期望得到快乐，以及可以期望得到多少快乐”。所以，个人的幸福感“永远不能够充当一个法则”；第二，正因为个人幸福的情感“绝不能当做普遍地指向同一些对象”，人们必然去寻求“普遍地指向同一些对象”的东西，只有那些东西，才能说明人生的目的在哪里。康德在这里没有明说究竟应该到哪里去寻找，事实上他企图在他的《实践理性批判》中给出这个答案来，而这个答案最终指向了上帝。

姑且不论康德的人生共同的普遍的原则，我们就算把追求幸福缩小为“获得极其快乐的感觉”，那又怎么样？

快乐固然是我们追求的东西，但我们细细想一想，快乐本身只是一个过程，我们可以说它是人生的过程中的某一个阶段，也许是一小段，要说快乐就是人生的目的，理由越发不充分。事实上，相当多的人（也许是大多数的人）在相当多的时间（也许是大多数的时间）里为了获得那一小段的“极其快乐的感觉”要付出极大的痛苦的代价，使人生活得更不快乐。所以弗洛伊德只好又叫人压抑自己的快乐，去遵循现实的生活原则，以避免更多的痛苦。

人们又说，人都是自爱的，为我的，那么，自爱和为我是不是人生的目的？把自爱和为我看作是人生的目的比说快乐是人生的目的理由更加不充分。对此，康德还说了话，“自爱的原则也仍将完全不能被他们冒充为任何实践的法则；因为这种一致性本身毕竟只是偶然的。这个规定根据一直还会只是主观有效的和纯经验性的，并不会具有在每一个法则中所设想的那种必然性，亦即出自先天根据的客观必然性。”（康德《实践理性批判》，李秋零译，中国人民大学出版社，2007 年 1 月，27 – 28 页）和幸福一样，自爱和为我是每个人自己“主观有效的和纯经验的，”“没有客观的必然性”，自然不能够成为“实践的法则”。现实生活的实践告诉我们，人性中的大多数邪恶都是和自爱和为我联系在一起的，离开了人类最追崇的最高标准。

为了解决这个矛盾，英国哲学家兼经济学家杰里米·边沁（Jeremy Bentham）提出人应该把自己快乐的范围扩大，要把“使最大多数人得到最大的快乐”成为道德哲学中“善”的标准。这是最理想的一途，自己快乐的时候，大家也快乐；在自己快乐的同时，把这快乐传达给了别人，岂不善莫大焉。不过这在人来说，能不能做到呢？

我们的回答是，人做不到。快乐对人实在有太大的诱惑，所以人在追求快乐、享受快乐时，并不会理会可能会有什么样的结果。它可能是善的结果，也可能是不善的结果。更有可能的是，人之最大的快乐恰恰可能是造成最不善的甚至是最恶的结果之源。正因为这样，弗洛伊德才深刻地指出，人为了避免恶果的出现而必须压抑自己的快乐。更何况，己之快乐与人之快乐完全不可同日而语，或者说二者之间完全没有可比性。在相当多的情形下，张三的快乐或许正是李四的痛苦。可恨兼可笑的是，常常自己快乐的人以为别人也和自己一样快乐。顺手在生活中拈来一个例子，一个五音不全的人当着别人唱卡拉 OK 时给别人带来的痛苦时却反以为别人和他一样的快乐。至少我们可以说那是“无心之恶”，但“无心之恶”仍然是恶。

看来，边沁主义也缺乏操作性。

人生的目的究竟是什么？人在现实生活中找来找去找不到，只好设想出“此岸”和“彼岸”的分别，如果人把现实的生活看作生命的“此岸”，那么人生的目的就是生命的“彼岸”。人生的目的就是要把生命从此岸渡到彼岸去。

三，人生的苦难问题。弗洛伊德说人追求幸福无非是两个方面，一个方面固然是为了快乐，另一个方面，却是为了尽可能地消除痛苦和不快。人生中的快乐实在是太少了！在现实生活中，常常是“不如意事情常十之八九”，“忧患与生俱来”，苦难比快乐在人生中占的比例要多得多。想想看，我们的人生中会遭遇到多少生老病死，多少爱恨离别，岂不把人苦死了去！

人们为了在苦难中煎熬，总得想办法让自己的心灵有个指望，有个依托。在苦难的日子里，人心如何去找到那个指望和依托呢？就是为了获得那短暂的快乐吗？这显然也不符合人的本性，人不会为了短暂的快乐而甘心在长时间的痛苦中煎熬。或许，人应该给自己的人生寻找更大的希望，使人心永远存着那希望，想着那希望，靠着那希望。

快乐是现实的，但却是短暂的；可能实现的现实的希望是恒久的，但却往往是虚无的；唯有苦难是现实的，而且更加绵长，无边无际。人必须得寻找更加强大、更加可以使人的心理踏实的依托。心里没有这种依托，人面对苦难的生活是一天也熬不下去。

四，不可预测的问题。就生命的诞生这件事而言，就是一件最大的不可预测的事情。从生命的起源来说，生命是在什么样的偶然情况下在茫茫的宇宙中诞生出来？没有人能说得清楚；从小的方面说，谁人能预测得到自己父亲的精子和母亲的卵子什么时候结合，从而孕育出你我他来呢？

在人生命的整个历程上，更是充满了不确定性，不确定就是不可预测性。古人看到天上下雨打雷，洪水泛滥，地震火灾，内心满是惊恐；今人做生意，玩股票，不确定和不可预测的因素更多。我们在前面谈到焦虑的起因时，我们说焦虑正是由于预期而产生。为什么预期会产生焦虑？就是因为人的理性深知我们生活的世界中充满了不可预测性。即便是现代科学技术的发展，也没有减少对未知世界的不可预测性。越是复杂的世界，不可预测性就越大。

凡此种种——当面对着生与死的问题、人生的目的问题、人生的苦难问题、不可预测问题等诸如此类的问题不能回答而人偏偏想方设法非要弄清楚不可时，人不免要把眼光投向未知世界中某个神秘的对象。

那个未知世界中的神秘对象是什么？到哪里去寻找？在中国文化以外的绝大多数文化中，唯一的答案似乎就是——宗教。在宗教里，生与死的问题，人生的目的问题，生活的苦难问题，不可预测的问题，全可以得到完满的解决。就是有了宗教，人才终于可以给自己的灵魂找到一个安宁的去处，一个可以寄托的彼岸。

既然如此，为什么中国人不需要宗教？辜鸿铭的解释是："实质上，中国人之所以没有对于宗教的需求，是因为他们拥有一套儒家的哲学和伦理体系，是这种人类社会与文明的综合体儒学取代了宗教。儒学不是宗教却能取代宗教，使人们不再需要宗教。"（上书，41 页）

我宁愿说，我们与其说中国缺乏宗教，倒不如说中国文化在整体上缺乏宗教的精神和氛围。儒家文化既不是宗教，更没有催生宗教的气候和土壤。其根本的原因，"是因为他们拥有一套儒家的哲学和伦理体系，是这种人类社会与文明的综合体儒学取代了宗教"（辜鸿铭语）；同时，中国文化在整体上缺乏强烈的思辨性质，只有理性精神特别强烈的文化，才会对上述四个问题冥思苦想，才会上下求索，苦苦去寻找答案。

那么，儒家文化能否代替宗教？

从上面我们所分析宗教得以产生的四个方面的原因，或者说人类面对四个方面的问题不能回答才产生了宗教。我们欲回答，儒家文化能否取代宗教，那就要看看儒家文化能不能完满自足地回答那些问题。事实上，对上述那些看似无解的难题，儒家文化并不做任何正面的回答，只是以"伦理道德""天性""天理""吾心即宇宙""天人合一""自然而然"，轻而易举地绕过去了。在儒家文化中，这些问题是基本用不着证明，更用不着回答的问题。

绕是绕过去了，人生中的这些问题解决没有呢？我说，部分（也许是大部分或绝大部分）解决了。解决的方法是儒家文化中"伦理至上"道德原则和"天人合一"的宇宙观，以及由此演化出来的"合情合理"的人生态度。靠着这样的道德准则、宇宙观和人生态度，中国人优游于形而下的世俗人生和形而上的精神世界中，无论儒家，还是道家，都用一个非常模糊但含义深刻的字来形容："道"。但仍有部分（也许是很小的部分）没有解决。没有解决的部分，需要宗教来帮忙。

所以，说中国完全没有宗教，既不符合中国的历史事实，也不符合中国的文化事实。早在汉代，佛教就传入了中国，在汉唐一些时期，甚至成为一时的显学。直到今天，"天下名山僧占有"也还是一个颇为壮观的文化现象。

梁漱溟先生早已观察到这个现象，“两千余年来中国之风教文化，孔子实为其中心。不可否认地，此时种种宗教并存。首先有沿袭自古的祭天祀祖之类。然而却已变质；而构成孔子教化内涵之一部分。再则有不少外来宗教，如佛教、伊斯兰教、基督教等。然试问：这些宗教进来，谁曾影响到孔子的位置？非独夺取中心地位谈不到，而且差不多都要对孔子表示尊重，表示彼此并无冲突。这样，在确认周孔教化非宗教之时，我们当然就可以说中国缺乏宗教这句话了。”（梁漱溟《中国文化要义》，学林出版社，1987 年6 月第一版，101－102 页）

符合实际情况的是：在中国，形成了一个以儒家文化为中心，其他文化——包括宗教在内的各种文化——围绕着这个中心旋转的一个庞大的文化同心圆。在这个同心圆内，各种文化都有自己的运行轨道，彼此之间兼容并包，兼收并蓄，互相吸收文化养料。任何宗教都可以在中国生存，只是必须要有个大前提，那就是不能影响和动摇儒家文化的主流和中心的地位。这个现象，只有在中国文化中才可能出现，世界上其他任何文化都难得见到。

在这样的文化背景中，外来的任何宗教都须经过中国文化的同化，打上中国文化的印记，最大限度地靠近中国文化的基本精神。如此一来，这些宗教离其本土宗教的意义，就已相距甚远矣。中国文化历史的事实告诉我们，任何宗教，进入中国国土后，就摆脱不掉被“中国化”的命运。用一个形象的说法，外来的宗教在中国生根、开花，但结出了和其本土宗教完全不一样的果。

我们以佛教为例子，就可以大致看出宗教在中国文化中的命运和它所处的位置了。

本来，佛教的思想和儒家思想是格格不入的。因为“佛教认为痛苦是与生俱来的，没有信仰的人必然失望，失望和痛苦只有信奉经典的真理才能得以解脱。”（罗素《中国问题》，学林出版社，1996 年，151 页）但是，“儒家却没有这些东西，它认为人生来就是与外界融洽的，所需要的只是指导如何生活，根本不需要鼓励人们生活下去。而且，这种伦理上的训诫，不是依靠形而上学的或者宗教的教条，它完全是世俗的。”（上书，同页）简言之，佛教文化是出世的，而儒家文化是入世的。

这两个看起来格格不入的文化能够在中国共存，不取决于佛教文化有多大的力量，而取决于两个方面的态度：佛教对儒家文化的态度和儒家文化对佛教的态度。我们所共知的文化事实是，佛教对儒家文化采取了尊崇和顺应的态度，而儒家文化（尤其是早期的儒家文化）以其强大的包容能力和宽阔的胸襟，对佛教采取了同化和改造的态度。如果说中国有佛的话，中国的佛与印度本土的佛已经远不是一回事了。

印度的佛是宗教的佛、精神的佛、追求来世的佛，而中国佛是人间的佛、世俗的佛、现实生活中的佛。佛教在中国生根、长大，但开出来的花是中国文化之花，结出来的果是中国文化之果。佛教之在中国的命运，是被中国的传统文化所同化，而后成为中国文化的一个点缀。

我们稍回顾一下佛教从印度传到中国的历史，尤其是禅宗这个佛教的流派在中国的发展过程，对上述的结论就基本了然了。

印度佛教自佛祖释迦牟尼创始之后，传给大弟子摩诃迦叶。以摩诃迦叶为第一代祖师，传到第二十八代，传到了菩提达摩手中。从达摩开始，佛教历史上发生了一个大事件，即达摩东渡。大约在公元500年前后，在中国南朝时期，达摩从印度出发，先渡过了波涛汹涌的印度洋，然后在中国的广州登陆，开始了他的东来传宝之行。于是，禅宗在中国开始了它的诞生和发展的过程。

达摩东渡来到中国以后，相当长一段时间，一直苦于找不到能够传“法器”的人。传说他跑到河南嵩山少林寺去面壁九年，成天坐在那里，思考人生的重大问题。他的头上、身上都积满了灰尘，甚至小鸟在他的头上做了窝，他都一点也不知道。去过少林寺的人，都见过那个有名的达摩洞，据说那就是达摩面壁的地方。一个人坐在一个山洞里面壁近十年居然能够忍耐，这是一般的中国人想也不敢想的，但达摩却做到了。这反映了印度佛教的特点：极度的忍耐。

印度佛教中有一个偈说“藏六如龟，防意如城”，“六”是指人的所谓“六根”，即眼、耳、鼻、舌、身、意，是传递色、声、香、味、触、法六种境界的机能。这句话是讲，人要把自己的欲望深藏起来，像在乌龟壳里一样；要把自己各种意念收起来，用城墙一样的东西围住。克制和忍耐，虽不能说就是佛教教义的全部，要说是它的要义未尝不可。

要把自己的各种欲望和需求藏起来，防止它们外露，在印度佛教中还有一个颇有趣的故事：

某个时代，有一个国王，他想找一个人来做他的宰相。他为了考核这个人，就要他用一个盘子，里面盛满油，要他从东城捧到西城一滴油也不准漏出来。成功了就要他做宰相，不成功就要杀他的头。我们完全可以想象，这是一个相当苛刻的条件。这个人于是端起这个盘子，从东城到西城穿过去。走到路上，他的父母和妻子对着他大哭，他视而不见；无数的美女从他身边走过，他视而不见；走到半路，突然一只狮子冲过来，街上的人都吓得乱窜，他仍然视而不见。走到皇宫门口，里面失火了，到处一遍混乱，人们都在忙着救火。皇宫房梁上的一巢马蜂被火烧得飞出来了，到处蜇人。这个人也被马蜂蜇了一下。可是他仍然小心翼翼地捧着那一盘油走他的路，完全无动于衷。最后，他终于走到了目的地，盘里的油一滴也没有漏出来！

佛教为什么要教人克制和忍耐？简单说，在佛家的眼中，这个世界太苦！不仅是今生今世太苦，而且来世会更苦，简直是苦海无边！既是苦海无边，就要解脱，解脱的办法就是克制一切世俗的欲望，破除一切现世的空幻，忍耐住感官的一切快乐。如此，至少可以追求到来世的快乐。

回到东来传教的达摩。在中国的传宝活动中，他把禅宗的奥妙传给了一位中国的高僧慧可，史称禅宗二祖。从慧可以后，禅宗一代代传下去，经过道信（三祖）、僧璨（四祖），传到了弘忍（五祖），这期间经历了大约一百多年的时间，并没有什么大的变化。一直到了唐朝，大约在公元600至700年间，发生了一件戏剧性的事件。

六祖《坛经》绘声绘色讲述了这个戏剧性的事件——五祖弘忍怎样把衣钵传于六祖惠能的故事。

惠能本是一名穷苦的樵夫，生于唐太宗贞观十二年（公元638年），俗姓卢，范阳（今河北涿县）人。父亲早年亡故。惠能随母亲迁到南海（今广东南海县），靠打柴赡养老母。因一天听到一人念《金刚经》，忽有所悟，遂立志成佛。问那人从哪里来，答，从蕲州黄梅东禅寺弘忍大师那里来。心有所悟的惠能再也无心打柴了，安置好母亲后，独自北行，前往黄梅双峰山拜见五祖弘忍，请求参禅。

惠能拜见五祖弘忍时，弘忍并不想收留他，更未把他看中。

六祖《坛经》描写了弘忍和惠能之间的一段对话：

祖问曰：汝何方人，欲求何物？

惠能对曰：弟子是岭南新州百姓。远来礼师，惟求作佛，不求余物。

祖言：汝是岭南人，又是獦獠，若为堪作佛？

惠能曰：人虽有南北，佛性本无南北。獦獠身与和尚不同，佛性有何差别？

什么是“獦獠”?“獠”，即蛮夷之人。什么是“獦”?贵州大学人文学院张新民教授认为“獦”乃“猎头”的意思。所谓“猎头”，是獠人长期存在的一种文化习俗，即猎取人头以祭祀神灵。“它既来源于发祭或血祭的巫术行为，也与头颅崇拜的原始文化极端心理有关，并为北方汉族士人所熟知，所以才将这一骇异可怕之习俗单独拈出，以作獠人之特殊称谓，并引起了五祖弘忍和尚的注意。”(《中华佛学学报》第十六期，2003 年)

这段对话，弘忍问得有理：如此野蛮的獦獠怎么能参禅?怎么能成佛?惠能的回答更有理：獦獠与你做和尚的只是身体不同而已，何以见得就没有佛性?为什么不可以成佛?既然回答得有理，弘忍只好把他收留下来，安排他在碓坊干一些打柴舂米的杂活。这一干，就是八个月。

终于有一天，弘忍把所有的弟子都叫到跟前，说：世人生死事大。你们终日只求福田，不求脱离苦海。如果你们自己都不能有悟性，谁还能救你们呢?你们去根据自己的悟性，各作一偈，来给我看看。谁有悟性，我就把衣钵授予谁。众弟子想，我等众人，即使用心去做，恐怕也未必能得五祖的满意，现有一个深得五祖喜欢的神秀，还是等他去做吧。

大家的想法，不无道理。事实上，神秀和尚在五祖弘忍的众弟子中，出类拔萃，一直是大家公认的传人。神秀自己也这样认为，他正处于犹豫和矛盾之中呢。他想，大家都不把自己的偈贴出来，是因为我比他们高明，我如果不写一个偈，反被大家尤其是五祖小看；可是如果我写出来了，又可能被人以为我想争六祖的位置。神秀在焦虑中把自己折磨了四天，终于在第五天的半夜，把自己写的偈贴在堂前走廊墙壁上：

身是菩提树，心如明镜台；时时勤拂拭，勿使惹尘埃。

这首偈是一首典型的反映印度佛教精神的偈，形象地说出了印度佛教的基本思想。世界万物本来是混乱不堪、肮脏龌龊的，人心本来是干净的(心如明镜台)，反映这些东西，也就变得肮脏不堪了。要使自己心灵清静，必须用最大的毅力进行克制外界对自己的诱惑，才能使这些肮脏的东西去掉(时时勤拂拭)。这样，人才能摆脱世间的烦恼和苦难，心灵才能得到净化(勿使惹尘埃)，最终才能达到大彻大悟。

偈是贴出来了，但神秀日夜不安：不知五祖究竟怎么看?会不会把衣钵传给他?

一天半夜，弘忍把神秀叫到自己房间，说，你这首偈未见真心，还没有悟道，至多是一只脚在内，一只脚在外。给你两天时间，回去再作一首偈来，如做得好，就付与你衣钵。神秀回去，日思夜想，更加焦虑。仍然不得要领。再也写不出来任何东西。

一天，一个小孩在惠能做事的碓坊，唱起了神秀的偈。惠能听了以后，觉得这个偈未能悟出本性，于是自己念出了一首偈，求人执笔，写在墙上：

> 菩提本无树，明镜亦非台；本来无一物，何处惹尘埃？

这首偈是说，人的本心是天生洁净的，根本谈不上什么尘埃不尘埃，污染不污染的问题。人只要能直指本心，便能顿悟成佛。大千世界，也不过是本心的产物，外界的一切都是虚妄的（菩提本无树，明镜亦非台）。人心既然是洁净的（明镜本清静），是没有尘埃的，那么，何以用得着“日日勤拂拭”呢？

众人看了，尽皆叫绝。叫绝之后，议论纷纷。人们怎么也难以相信，这首偈居然出自一个打碓的人。

弘忍看到大家惊讶，恐怕有人会加害于惠能，于是装着不动心的样子，把这首偈擦去，嘴上说，还是未见本性。

等到第二天，弘忍到了碓坊，看见惠能还在舂米，叹息说：求道之人，真是为法忘躯啊！因问道：米熟了没有啊？惠能答道：早已熟了，就等着过筛呢。两个人的话都是暗语、双关语，双方都听懂了对方的意思。于是弘忍以杖击碓三下而去。惠能即会意：三更时到五祖房间去。

是夜三更，惠能到了五祖弘忍的房间。于是五祖弘忍秘密授法于惠能：

> 祖以袈裟遮围，不令人见。为说《金刚经》至“应无所住而生其心”，惠能言下大悟，一切万法，不离自性。遂启祖言：何期自性，本自清净；何期自性，本不生灭；何期自性，本自具足；何期自性，本无动摇；何期自性，能生万法。祖知悟本性，谓惠能曰：不识本心，学法无益。若识自本心，见自本性，即名丈夫、天人师、佛。三更受法，人尽不知，便传顿教，及衣钵。云：汝为第六代祖。
>
> 弘忍传罢衣钵，要惠能连夜离开。

——三更授法，整个过程充满了森严和诡谲的气氛。今天读来，不像是佛家在传授衣钵，倒像是在世俗世界人间关系中正在实施的一个阴谋。

无论如何，惠能接受衣钵，成为禅宗第六祖，世称南宗禅。

从此以后，禅宗才真正成为中国佛教的一个宗派，从以《楞伽经》为依据，"籍教悟宗"，渐修成佛，发展为"道外别传""顿悟"成佛。于是后人把六祖惠能称为中国禅宗的真正创始人。

这是一个实质性的变化。从惠能以始，禅宗不仅从"渐修"转而求"顿悟"，更不脱离现实的人生，成为中国本土文化的产物了。

为什么说惠能和尚的南宗禅已经成为中国本土文化的产物？张中行先生在《禅外说禅》中说，"我有时想，禅法到惠能，作为一种对付人生的所谓道，是向道家，尤其庄子，更靠近了。我们读惠能的言论，看那自由自在、一切无所谓的风度，简直像是与《逍遥游》《齐物论》一个鼻孔出气。"

张中行先生的意见是对的，中国的禅宗，接近道家思想。老子在《道德经》中说的"道之为物，惟恍惟惚。惚兮恍兮，其中有象；恍兮惚兮，其中有物。窈兮冥兮，其中有精；其精甚真，其中有信。"禅宗则不立文字，道外别传，讲求悟性。二者实有异曲而同工，异数而同道之妙。

《五灯会元》中记载了青原惟信禅师的一段话，与老庄的语言何其相似乃尔：

老僧三十年前未参禅时，见山是山，见水是水。及至后来亲见知识，有个入处，见山不是山，见水不是水。而今得个休歇处，依前见山只是山，见水只是水。大众，这三般见解是同是别？

这像不像道家的语言？为什么前番见山是山，见水是水；中间见山不是山，见水不是水；到后来又见山是山，见水是水？悟道了。禅与道，几近合流。

胡适先生讲了一个故事，似乎可以用来说明中国禅的特点：

有一位禅师，别人问他中国禅的特色是什么，他讲了一个故事："有两个贼，一个老贼，一个小贼。老贼的年纪很老了。有一天，他的儿子问他'爸爸，您老了，今后我靠什么来谋生呢？告诉我找饭吃的办法吧！'。于是有一天晚上，老贼把小贼带到一家有钱的人家，在外面挖了一个洞，进到屋里去。他用一个万能的钥匙打开了一个大柜子，叫儿子钻到里面去，然后把柜子的锁锁上，并且大叫'有贼！有贼！'自己跑掉了。这家的人听到有人叫有贼，连忙起来搜查，到处看，并没有发现丢了什么东西。于是又回去睡觉。关在柜子里面的小贼当然急得要命，也不知道父亲的用意是什么，更不知道怎样才能逃出来。在柜子里关了半天以后，他终于想出了一个办法。他在柜子里学老鼠叫。睡在里间的太太听到了，就叫丫头掌灯看究竟是怎么回事。丫头刚把柜子门一打开，小贼一跃而起，一巴掌把丫头打倒，吹灭了灯，连忙逃走了。这家人当然要来追，追到河边，小贼实在无路可走了，急中生智，就把一块大石头丢到河里去。追赶的人以为小贼跳河逃走了，就不再追赶，回家去了。待人们走了以后，小贼才回家去。回到家里，他把逃跑的经过告诉老贼。老贼摸着胡子笑着说：你以后就有饭吃了。

这个故事并不是要人去做贼，而是说，人在任何情况下都要想办法，通过自己的智慧来解决眼前的问题，而不是简单的一味忍耐。

中国禅宗讲究的是“怡然自得”四个字。唐朝有一位百丈禅师说过一句话：“不为诸境所惑，自然具足神通妙用”，这就是人只要珍惜生活中的点点滴滴，并用自己的心智去欣赏其中的妙趣，在生活的追求中摈弃一切环境的羁绊，不为物欲所惑，亦不为小利所迷，如此，人生的真趣才能显露出来。中国的禅家常常讥笑“吃饭时不肯吃饭，百般需索；睡觉时不肯睡觉，千般计较”那种人，他们永远到不了“怡然自得”的人生境界。

当然，中国的佛教绝不止于禅宗，绝不只是顿悟、适意和“教外别传”。事实上，在寺庙中的出家人仍然过着严格的宗教生活。

但过着严格的宗教生活的出家的和尚毕竟是极少数人，中国佛教文化中更重要也更有趣的是——“居士”。居士，即“居家修行而有道之士”，就是既信佛，却不出家的人，他们是佛教在世俗世界中的信徒。这是中国人发明的特别的宗教生活方式，使得一个佛教的信徒既信佛，具有大乘佛教普度众生的博大情怀，又不妨碍去实现“修身、齐家、治国、平天下”的人生理想；当然，也可以吃肉，也可以过令人愉快的性生活，在闲暇和无奈之时，还可以做一段时间的素食者和禁欲者。最重要的是，受伤时可以找到一个疗伤的地方。这实在是值得所有研究中国文化的人感兴趣的事情。

中国历史上既是著名的儒家文人，又是著名的居士的人可真不少。顺手举出几个：

李白（701－762）：青莲居士
白居易（772－846）：香山居士
欧阳修（1007－1072）：六一居士
苏轼（1037－1101）：东坡居士

李清照（1081－1151）：易安居士
范成大（1126－1193）：石湖居士
李贽（1527－1602）：温陵居士
蒲松龄（1640－1715）：柳泉居士

其中最著名最有才华也是最有生活趣味的文人之一苏轼或许是中国文人居士最典型的例子。他更为人知的“名字”苏东坡就来自于他的居士身份——“东坡居士”。他本身是一个道地的儒家，像一个真正的儒家知识分子那样追求治国平天下的人生理想，企图通过做官来实现自我的价值。事实上，他做过不小的官，我们还熟悉他在杭州做太守时整修西湖，建设苏堤的事迹；他的人生理想展现于尽人皆知的那首脍炙人口的“大江东去，浪淘尽，千古风流人物”的豪迈诗篇中。他是一个真正儒家的正人君子，修身养性，充满仁爱之心；他天真、淳朴、耿直，厌恶一切邪恶之事，同时对一切人，却满怀同情之心。他说：“吾上可陪玉皇大帝，下可陪卑田院乞儿。眼见天下无一个不好的人。”

但对苏东坡，还有我们不太熟悉的一面——他对美酒佳肴，对饮宴欢聚，对人生的一切快乐的恣意享受，兴之所至，他还会在妓女的衣衫上写下谐趣的诗歌。正如林语堂对他的评价：“总之，我们所得的印象是，他的一生是载歌载舞，深得其乐，忧患来临，一笑置之。”

他能“忧患来临，一笑置之”，在于他的居士生活态度：必要的时候，尤其是在人生受到挫折时，可以像佛教徒那样生活，但并不出家做和尚。苏东坡曾因“乌台诗案”被诬陷，被贬谪到了湖北的黄州。就是在那里，他对自己的人生进行反思，盼望能够得到心灵的安宁，开始转向佛教：

> 元丰二年十二月，余自吴兴守得罪，上不忍诛，以为黄州团练副使，使思过而自新焉。其明年二月至黄。舍馆粗定，衣食稍给，闭门却扫，收召魂魄，退伏思念，求所以自新之方。反观从来举意动作，皆不中道，非独今以得罪者也。欲新其一，恐失其二，触类而求之，有不可胜悔者，于是喟然叹曰：“道不足以御气，性不足以胜习。不锄其本，而耘其末，今虽改之，后必复作，盍归诚佛僧求一洗之?”得城南精舍曰安国寺，有茂林修竹，陂池亭榭。间一、二日辄往，焚香默坐，深自省察，则物我相忘，身心皆空，求罪垢所以生而不可得。一念清净，染污自落，表里翛然，无所附丽，私窃乐之。旦往而暮还者，五年于此矣。（苏东坡《安国寺记》）

苏东坡真的信了佛，但并不出家，只是做了一个居士，求得了暂时的心安。朋友替他向官府申请得一块数十亩的荒地，他亲自耕种，种了些稻子蔬菜之类，稍济困窘。因这块荒地在黄州城旧营地的东面，故取名“东坡”，自号“东坡居士”。

官是做不成了，可日子还得照样过下去。那样的日子苦是苦，也不是没有好处。好处是有大把的时间可以来抒发闲情逸趣了。东坡居士过起了禅家一样的生活。他什么都没有了，总可以赏月吧——中国文人总是善于以月寄寓情怀的啊。于是苏东坡邀来了同在黄州遭贬谪的朋友张怀民，一起到承天寺赏月。有《记承天寺夜游》一文为证：

> 元丰六年十月十二日夜，解衣欲睡。月色入户，欣然起行。念无以为乐者，遂至承天寺，寻张怀民。怀民亦未寝，相与步于中庭。庭下如积水空明，水中藻荇交横，盖竹柏影也。何夜无月，何处无竹柏，但少闲人如吾两人耳。

好一个“何夜无月，何处无竹柏，但少闲人如吾两人耳”！就是在被贬谪的那些艰难困苦的日子里，他发明了“东坡肉”，自酿了“东坡酒”。在那期间，苏东坡写下了他一生中最好的词，并与朋友甚至和尚、禅师之间有大量诗歌唱和，把人生、人性作了最彻底的观照。随手拈来，都是脍炙人口的诗篇。譬如“念奴娇·赤壁怀古”“定风波”“前赤壁赋”“后赤壁赋”等都是。他简直把儒家、道家和佛家的思想彻底融合到一起了：“浩浩乎如冯虚御风，而不知其所止；飘飘乎如遗世独立，羽化而登仙。”

你再看他的这首《临江仙·夜归临皋》：

> 夜饮东坡醒复醉，归来仿佛三更。家童鼻息已雷鸣。敲门都不应，倚杖听江声。
>
> 长恨此身非我有，何时忘却营营！夜阑风静縠纹平。小舟从此逝，江海寄余生。

好一个喝醉了酒，豪放洒脱又有些苍凉的文人形象！喝酒半夜归来，家里人都睡着了，鼻息如雷。敲了半天门无人应，只好杵着棍子听江水的哗哗流淌，窘迫的样子逗人发笑。东坡恨自己不能从世俗的人生中得到解脱，“长恨此身非我有，何时忘却营营！”真希望自己能“小舟从此逝，江海寄余生”，如此这般，削去万根烦恼丝，浪迹天涯去吧。事实上，东坡已经在浪迹天涯了。千年以下，仍然令人动容。这首词非常真实、生动、入木三分地反映出了中国文人的矛盾心态。这种心态使中国人游走于儒、释、道三家之间，虽不能说炉火纯青，倒确是游刃有余。

和苏东坡一样，大多数中国文人对佛教的态度与其说是宗教的态度，不如说是哲学的态度、艺术的态度和世俗的态度。

哲学的态度是高级知识分子（士大夫）的态度：佛教有一套严密的方法，有玄而又玄的理论，有一套深奥的知识系统，喜好哲理的学者无不为之所吸引。但由于佛教教义的内容过多，且又过专、过繁，对于天生喜好散淡的情调、喜欢空泛论道而又缺乏逻辑思维的中国文人并不合适，他们想尽办法把它简化。这也许是佛教在中国必须被修正的理由之一。

艺术的态度则是一般知识分子的态度：佛教对我们的语言、生活、饮食、艺术和雕塑都有影响，但这些影响更主要体现在生活的意趣上。中国的佛像雕塑贴近人生，趣味盎然，生动活泛，又见之忘俗；佛教更直接启发了中国独特的宝塔建筑的艺术风格，刺激了中国人的文学创作和想象的世界。“对中国人而言，佛寺道观以及佛教、道教的仪式，其消遣娱乐的作用要远远超过了道德说教的作用。因此，中国人的玩赏意识超过了他们的达到的宗教意识。”（辜鸿铭《中国人的精神》，35 页）

对待佛教的哲学的和艺术的态度就是清人纪晓岚所谓“明心见性之佛”，当然是“为士大夫言之也”。（纪晓岚《阅微草堂笔记·卷十八》，《纪晓岚文集》，第 2 册，河北教育出版社，1991 年，476 页）

除了哲学的和艺术的态度外，大多数中国人则对佛教采取了完全生活化和世俗化的态度，甚至实用主义的态度。这个态度也如纪晓岚所谓之“檀施供养之佛也，为愚夫妇言之也”。（同上）

举两个例子：

一是一般的中国民众到庙宇去烧香拜佛时通常并不理会所拜的是什么佛，而是见佛就烧三炷香，磕三个头；而烧香拜佛则多半是祈求佛保佑自己来年有好的运气，或升官，或发财，或无病；对于女孩子来说，更多的则是求佛保佑她能找到一个如意的郎君。对绝大多数中国人来说，拜佛不过是为了求得一个吉利而已。（注：按照佛教最基本的要求，三炷香，分别叫戒香、定香、慧香。第一炷香，在佛的面前表示要戒掉自己的恶习和妄念；第二炷香，希望自己能够入定；第三炷香，祈求自己能够得到智慧。戒、定、慧，三者是“破迷开悟”的方法，也是一种因果关系。只有戒掉自己的恶习和妄念，心才能定得下来；心定下来之后，才会出现“定能生慧”的结果。磕三个头，一磕头表示对佛的礼敬，二磕头发愿向觉悟者学习，愿归于佛门，三磕头是在佛的面前反省、忏悔自己的错误、罪过。）

二是我们一想到佛教和寺庙，脑子里出现的多半是大慈大悲的观世音菩萨和慈眉善目、笑口常开的弥勒佛。观世音在中国人的心目中是救苦救难的菩萨，遇到任何难事都可以向观世音求救。而对女人最大的用处是“送子娘娘”，凡不孕的妇女拜了观音菩萨就可以怀孕生娃娃。

弥勒佛在中国民间（尤其是江南一带）又被称为“布袋和尚”，是中国人心中洒脱不羁，心无挂碍的象征。在中国大多数寺庙里，弥勒佛像倚坐于莲花之上，光头圆脑，双耳垂肩，满面笑容，笑口大张，身穿袈裟，袒胸露腹，一手按着一个大口袋，一手持着一串佛珠，乐呵呵地看着前来游玩进香的人们。人们见到弥勒佛像，往往受他那坦荡的笑容感染而忘却自身的烦恼。很多寺院的弥勒殿还有这样一副对联：

> 大肚能容容天下难容之事
> 开口便笑笑世间可笑之人

“阿弥陀佛”四个字倒是中国人的口头禅，你如果要问他这四个字是什么意思，谁是“阿弥陀佛”，恐怕大多数中国人不能回答出来。我们更常见到的是，这四个字可以在毫不相干的情形下表达出来。譬如一件困难的事情终于做完了，中国人会“阿弥陀佛”，希望一件事情发生或希望一件事情不要发生，会“阿弥陀佛”。见到一个不愿意见到的人或事，也会“阿弥陀佛”，久别的朋友见面，当然更要“阿弥陀佛”。总之，对任何事情中国人都会“阿弥陀佛”一番，哪怕他根本就与佛教更与“阿弥陀佛”毫无关联。“阿弥陀佛”成为中国人现实生活中的一个符号。这是佛教被彻底世俗化才可能出现的结果，也是只有在中国才会出现的现象。

佛教的世俗用途还不仅于此，它还给中国人提供了游山玩水的方便：

> 佛教为中国人提供了一个欣赏名山大川秀丽景色的机会，因为大多数佛教寺庙都建筑在风景秀丽的高山上。这是中国人能使自己摆脱平时单调无聊的生活而获得的一点小小的欢乐。……这些进香者于是便带着重新焕发起来的精神，更加充沛的生命力，下山回家去对付艰难的日常生活去了。谁能否认佛教在中国人的生活模式中如此重要的地位呢？（林语堂《中国人》中文本，学林出版社，2000年第二版，137－138页）

佛教，就是这样被中国文化所修正了。经过修正的印度佛教就是这样变成了真正的中国式佛教。印度的佛教在中国终于生根、开花、结果，只是与原来的样子大不相同了。印度佛教的根，在中国这块土地上，开出了中国的花，结出了中国的果。就是这样，中国的佛教，在中国人世俗的生活和心灵生活上添上了一笔色彩，虽然这笔色彩并不算十分鲜艳，也不是那样浓厚。

四、中国文化产生了超强大的社会支持系统

我们虽然可以说中华历史“上下五千年”，但中国文化历史的真正开始，是从公元前 8 世纪下半叶开始的“春秋时代”。

把历时二百多年的“春秋时代”作为中国文化历史的起始点，有一个不可忽视的原因：就是在那个时代，诞生了中国历史上最重要、对中国人影响最大最深远的人物——孔子（公元前 551 – 前 479 年），并由孔子创造了中国的主流文化——儒家文化，流传至今。从这个时间算起，到现在则有两千五百多年了。认真说来，中国文化历史最为可靠、对中国人起到最大影响的时间，就是这两千五百多年。

在这两千五百多年的时间里，中国社会的基本结构，维持总体的稳定，中国文化的基本架构，保持大致的平衡——直到公元 1840 年西方人用大炮轰开中国的大门，迫使中国进入现代化进程为止。

这个现象，十分奇特，直教全世界的人都吃惊。“从孔子时代以来，古埃及、马其顿、罗马帝国都先后灭亡，只有中国通过不断进化依然生存，虽然也受到诸如昔日的佛教、现在的科学这种外来影响，但佛教并没有使中国人变成印度人，科学也没有使中国人变成欧洲人。”（罗素《中国问题》，学林出版社，1996 年版，164 页）

为什么中国社会能够以超稳定的形式持续达两千多年？如果我们说今天中国社会体制和两千多年来一以贯之的社会体制是完全一样的，一定是睁着眼睛说瞎话；但如果我们说今天中国的社会和过去中国的社会有强大的传承关系，则应该说和中国的历史事实大致不差。今天的中国人的心理当然和过去两千多年来中国人的心理有很大的差别，但我们必须说，今天的中国人和两千多年来所有的中国人是一脉相承。那么，不依赖宗教的中国人是依靠什么保持中国社会结构的稳定和平衡的？

毫无疑问，中国社会、中国人的一切都是儒家文化所造成。

儒家文化是一个庞大而严密的系统，它能够千年不易，自有其充分的理

由。儒家文化的价值基础是以家庭及家族为核心的伦理（伦理就是次序），是中国人世俗生活的保障。而儒家和道家合流产生的“天人合一”的宇宙观，是中国人在非宗教的生活中而能保持心态的稳定，寻找到人生的终极关怀，进而过着“心灵的生活”的源泉。生活在这样的伦理观和宇宙观中，中国人既能过着世俗的生活，也能获得精神的永恒，更重要的是，能感到心身的安全。

具体说来，中国社会能够以超稳定的结构持续达两千多年，就是由于儒家文化所形成的社会支持系统的作用。现在，我们需要对这个支持系统进行考察，并作稍微细致的分析。

分析的结果，我们可以把这个系统垒成了一个“金字塔”：

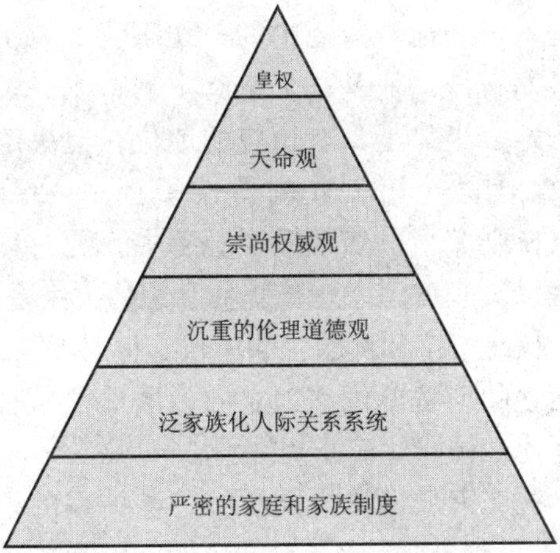

金字塔形结构是世界上最稳定的结构。中国传统社会就是依赖这样的结构，以超稳定的状态维持几千年之久。这个结构也是中国最独特的社会支持系统，不仅使传统中国人的社会生活和心理生活获得基本的安全感，更体现出中国人在道德价值和终极价值层面的基本追求。

现在，我们从这个金字塔的基础开始，分别来分析儒家文化是怎样形成了这样的金字塔结构并把它们逐层黏合起来的。

第一，严密的家庭和家族制度。

儒家的整个政治伦理学说，就是建立在中国最典型的家庭和家族结构基础上的。儒家的家庭和家族观就是这个金字塔的基础的部分，没有这个部分，金字塔失去了根基，中国数千年的传统社会也就无法存在下去了。

家庭，本来是社会的最基本的结构，是社会的基本细胞，这在任何社会形态中都没有例外。我曾经和一位英国的心理学家讨论过家庭在中国社会中的作用和对中国人的意义，他感觉大惑不解，西方人也很重视家庭呀，他还举出了许多西方人重视家庭的例子，譬如家庭中的各个成员都应该扮演好自己的角色，家庭成员之间要互相关爱和帮助，促进每个成员的成长，等等，他问到，难道家庭对中国人还有什么和西方人不同的特别的意义吗？我告诉他，是的，中国的家庭有着和其他任何社会都不同的结构和功能，具有十分特殊的意义。

在中国传统社会中，家庭是由直系血亲关系连接的数个家庭组成的大家庭（又称扩大家庭）。而在这个大家庭内部又形成了另一个典型的小金字塔形的结构。

在这个小金字塔形的结构中，塔顶层通常是大家庭中最年长、最有威望、对这个大家庭贡献最大的男性家长。这个大家长男人在家庭中拥有最大的权力，也承担着最大的责任。他对家庭中的一切事物拥有决定权和裁决权，他就是这个家庭中的最高权威，他是这个家庭中的帝王。如果这个家庭中的最年长者是女性，那么她多半只是具有相应的地位，但决定重大事情的权力则由这个家庭中的第二代甚至第三代的男性子孙——所谓的长房长子或长孙——行使；而裁决权则多半仍然掌握在她手中。我们只要读一读中国最优秀的古典小说《红楼梦》就知道中国传统社会中的大家庭是怎么回事了。

中国的大家庭不仅是一个独立的生活单位，而且是一个独立的生产单位、独立的生育单位、独立的消费单位和独立的司法单位。有了家庭结构这个基础，中国社会中的其他结构照此演绎就是了。

家庭中的关系，被儒家视为整个社会中各种关系的根本。《易经·序卦传》中说："有男女，然后有夫妇；有夫妇，然后有父子；有父子，然后有君臣；有君臣，然后有上下；有上下，然后礼义有措。"家庭中的人际关系决定着、规范着社会上的其他一切人际关系。儒家所规定的"君为臣纲"不过是家庭关系中的"父为子纲"和"夫为妻纲"的放大罢了。

要维护这样的家庭和家族的稳定运行，必然需要一个恒定的运行机制，儒家文化提供了这个机制。我们仔细琢磨一下就会十分明白，庞大的儒家文化体系，其实只需一个字就可以概括尽净，这个字就是"孝"字！

"孝"是儒家家庭观的核心，是中国社会伦理道德的基础，也是社会生活得以正常进行的保障。孔子本人就说过，"弟子入则孝，出则悌，谨而信，泛爱众，而亲仁"，又借其学生有子的话说："其为人也孝悌，而好犯上者，鲜矣；不好犯上，而好作乱者，未之有也。君子务本，本立而道生。孝悌也者，其为仁之本与！"请注意这里的逻辑顺序，正因为有了孝，才有"不犯上"，才有不"好作乱"；才有"谨而信，泛爱众，而亲仁"。即使是儒家学说中最重要的"仁"，也是由孝才能产生。

人该怎样做才“孝”？孔子讲了两个字：“无违”。用现代的话说就是要做到绝对地服从。孟子则对何为“不孝”有更详细的解释：“世俗所谓不孝者有五：惰其四肢，不顾父母之养，一不孝也；博弈好饮酒，不顾父母之养，二不孝也；好货财，私妻子，不顾父母之养，三不孝也；从耳目之欲，以为父母戮，四不孝也；好勇斗狠，以危父母，五不孝也。”一个中国人，如果他的行为被锁定为“不孝”，必然会受到社会的强烈谴责。

就是在“孝”的观念上，中国家庭和西方家庭有了本质的区别，中国家庭中各种成员的角色定位和西方家庭中的角色定位也就有了本质的区别。当我把中国家庭中“孝”的观念告诉我的英国朋友时，他只好耸耸肩，表示“实在不可思议”。

当然，儒家并不只是一味地强调孝而不顾及其他方面。《礼记》中提出了调整人际关系的所谓十义：“父慈、子孝；兄良，弟悌；夫义，妇听；长惠，幼顺；君仁，臣忠”。这里指明了不同身份的人的权利和义务，二者是紧密相连、不可分割的。只有做到父慈，才可能子孝；只有做到兄良，才可能做到弟悌；夫义，才可能妻听；长惠，才可能幼顺；最后，君仁，才能有臣忠。儒家文化在给我们描述的，就是这样一个田原诗般和谐美满的家庭和社会图景。

扩而大之，由数个、十数个、数十个甚至更多的相互有姻缘和血缘关系的大家庭就组成了家族。本来，家族并不是社会的基本单位，但她却具有强大的凝聚力，把这许多大家庭凝聚在一起，大家有福同享，有难同当，一损俱损，一荣俱荣。

各个大家庭和大家族相互关联，互相保护，形成了一个庞大的社会关系网，并由这个庞大的社会关系网构成了中国传统的国家概念。在这个社会关系网中，每个家庭、每个家族，甚至每个人，都在这个网中有一个位置，大家“一损俱损，一荣俱荣”。《红楼梦》中的“护官符”形象地道出了这种关系：

> ……这门子道：“老爷既然荣任到这一省，难道就没抄一张本省的‘护官符’来不成？”雨村忙问：“何为‘护官符’？我竟不知。”门子道：“这还了得！连这个不知，怎能作得长远！如今凡作地方官者，皆有一个私单，上面写的是本省最有权有势，极富极贵的大乡绅名姓，各省皆然；倘若不知，一时触犯了这样的人家，不但官爵，只怕性命还保不成呢！所以绰号叫作‘护官符’。方才说的这薛家，老爷如何惹得他！他这件官司并无难断之处，皆因碍着情分面上，

所以如此。”一面说，一面从袋中取出一张写的“护官符”来，递与雨村，看时，上面皆是本地大族名宦之家的谚俗口碑。其中口碑排写得明白，下面所注的皆是自始祖官爵并房次。

“贾不假，白玉为堂金作马。阿房宫，三百里，住不下金陵一个史。东海缺少白玉床，龙王来请金陵王。丰年好大雪，珍珠如土金如铁。”

这道“护官符”中的四个大家庭：“贾”“史”“王”“薛”是通过姻亲关系联系起来的。四家的关系大致如下：“贾不假，白玉为堂金作马”的贾家是四大家族中的主角。贾家中，贾政的父亲、贾宝玉的祖父贾代善（荣国公）娶了“阿房宫，三百里，住不下金陵一个史”的史家的小姐为妻，她就是后来贾家的最高统治者贾母；贾政本人则娶了“东海缺少白玉床，龙王来请金陵王”的王家的小姐为妻，她就是后来做了贵妃的贾元春和小说主人翁贾宝玉的母亲王夫人；而王夫人的内侄女王熙凤则嫁给了贾政胞兄贾赦的儿子贾琏为妻；“丰年好大雪，珍珠如土金如铁”的薛家本来已经破落，薛家的男主人已然去世，但这个家族并没有中落，女主人薛夫人正好是贾政的妻子王夫人的胞妹，也是王熙凤的姨妈。不仅如此，薛夫人的女儿薛宝钗还嫁给了贾政和王夫人的儿子贾宝玉为妻（这就是在中国长期流行的姨表开亲）。于是，贾家、史家、王家和薛家这四个大家庭就这样通过姻亲联系起来了。

在家族制度中，尚有所谓“九族”和“五服”之说。所谓九族，有两种说法。其一是从自身算起，上推四个辈分，下推四个辈分，加上自己，正好九个辈分，故称九族。具体说来，就是高祖父、曾祖父、祖父、父亲、自己、子、孙、曾孙、玄孙。第二种说法除了父系家族以外，还包括异姓家族，即父族四，母族三，妻族二。

“五服”则是五种不同的服丧制度。根据不同血缘远近和辈分的大小来决定不同的服丧方式。所谓“服”就是指丧服，按不同的丧服服饰，分为斩缞、齐缞、大功、小功和缌麻五种。按照不同的服丧期限，也分为三年、一年、九个月、五个月、三个月五种。如果是父母之丧，则专门称为“丁忧”，须服三年丧。

在中国传统社会中，和家族有关的有两件事情，经常困扰着中国人，尤其是士大夫阶层的中国人。一件事情是“诛九族”，一件事情就是“丁忧”。

一个人如果犯了法，并不是他一个人受到惩处就完事，而是要影响到他的九族。我们无论采取上述关于九族的哪种算法，都是极为可怕的事情。这种“诛九族”的惩处方法，迫使每一个中国人不得不和他的“九族”紧密地抱成一团，生死与共，在社会上形成一股极为强大的独立势力，一种难以驾驭的社会力量；同时也迫使一个人永远不敢离开他的家族，因为一旦离开家族便寸步难行。

中国的服丧制度（五服、丁忧）一方面加强了家庭或家族的紧密感和联系，但也使受儒家教育的热心功名的士大夫们尴尬万分，进退维谷。父母去世要服三年孝，在这期间必须守在家里，不得参加科举考试，更不得出外为官。对有些人来说，服孝的这三年正是谋取功名的关键三年，三年过去，可能这辈子就再也没有机会了。所以，在中国历史上，隐瞒、逃避“丁忧”的仕子、官员层出不穷，不绝如缕。

家庭是中国人最安全的地方。中国的儿童不仅可以在亲属群体中满足所有的心理需要和社会需要（社会、安全和地位），而且当他长大成人后，也没有任何力量能迫使他离开这个群体。即使成家立业后，他仍然属于这个群体。于是，中国人的一切问题，包括经济的、社会的和心理的问题，全可以在家庭或家族里得到解决。

正因为如此，儒家从来主张，选取配偶绝不仅仅涉及当事人的所谓感情的事情，特别要顾及到两个家庭的政治、经济以及其他社会利益。从这个理由出发，婚姻既然是两个家庭之间的事情，两个当事人的感情如何那是次之又次的问题，他们之间的爱情必须退居后位。

第二，泛家族化的人际关系系统。

中国人的全部人际关系就是家庭或家族关系的延伸和扩大。依台湾心理学家杨国枢先生的描述，“中国人在非家族性团体中多表现的，并不是一种直接而单纯的集体主义，而是一种由家族取向或家族主义延伸而来的准家族主义，也是一种泛家族主义。这种延伸之所以可能，主要是透过‘家族化’或‘家庭化’、‘泛家族化’的历程，也就是一种以家族为结构与运作范式（model）的历程。”（杨国枢《中国人的心理与行为：本土化研究》，93－94页）

社会生活中的泛家族化过程是怎样进行的呢？“具体地说，中国人之泛家族化历程主要是表现在三个层次：（1）将家族的结构形态与运作原则，概化到家族以外的团体或组织，亦即比照家族的结构形式来组织非家族团体，并依据家族的社会逻辑（如长幼有序）来运作。（2）将家族中的伦理关系或角色关系，概化到家族以外的团体或组织，亦即将非家族团体内的成员予以家族化，成员间的关系比照家族内的情形而加以人伦化。（3）将家族生活中所学得的处世为人的观念、态度及行为，概化到家族以外的团体或组织，亦即在非家族性团体或组织内，将家族生活的经验与行为不加修改或略加修改即

予采用。”（上书，94 页）

总而言之，中国人不仅把家庭中的原则运用到社会生活中，更把家庭中的个中角色关系和为人处世的态度通统在社会生活中加以运用。“中国人的生活，既一向倚重于家庭亲族间，到最近方始转趋于超家庭的大集团；‘因亲及亲，因友及友’其路乃熟，所以遇事总喜托人情。你若说‘公事公办’，他便说你‘打官腔’。法治不立，各图侥幸，秩序紊乱，群情不安。当然就痛感到民族品性上一大缺点，而深为时论所诟病了。”（梁漱溟《中国文化要义》，67 页）

在今天的社会中，由“泛家庭化”所左右的人际关系进一步延伸，就是老乡观念。“老乡见老乡，两眼泪汪汪”。为什么要“两眼泪汪汪”？这是一种复杂的情绪，这里面可能有见到故乡人时的亲近感，有对自己儿时在故乡生活的怀念，有自己在外面这个令人无奈的世界中拼搏挣扎时产生而又找不到地方宣泄的种种辛酸苦楚，还有对故乡亲人的思念之情，等等。但这些都不是最重要的原因。最重要的原因是，个人在“老乡”这个群体中寻找到了类似家人的感觉，获得了安全感。这许多的因素结合起来，使老乡观念成为现代社会之支持系统中的重要一环。外出办事，老乡自然好办许多；朋友圈子，在老乡中间也容易形成；老乡之间则采取准家庭式或泛家庭化的运作方式，相互之间不仅在形式上以“兄弟姐妹”相称，相处的方式，也类似准家庭的成员的关系。绝不要小看“老乡观念”在中国人“社会支持系统”中的作用。它们是中国人的人际关系系统中的重要一环，是对“泛家族化”人际关系重要补充。

第三，沉重的伦理道德观。

以家庭和家族为中心的伦理关系是中国人社会生活的基础，也是中国人调节人际关系的基本方式。“伦”就是次序，就是等级，而“伦理”即可理解为次序或等级之理。

儒家所谓十义：“父慈、子孝；兄良，弟悌；夫义，妇听；长惠，幼顺；君仁，臣忠”，就是中国传统社会最基本的伦理。儒家文化就是伦理的文化，没有伦理，就没有儒家文化。只有生活在这样的伦理价值观的规范中，中国社会才能稳定，中国人的人际关系才能和谐，中国人才能感到安全。

重要的是，儒家的伦理道德观决不仅限于家庭，而是在整个社会生活中的应用。把以家庭为中心的伦理道德进而向四面八方铺展开去，就形成了中国社会泛化的伦理道德观。

伦理道德观在中国传统社会支持系统中起到了极为重要的作用，它贯穿于整个社会的运行中，渗透于每个个人的具体生活中，进而转化成为每个人每一个具体行为的实施标准和评判准则。

中国人的社会生活，以固有的伦理道德为出发点和归因，任何事情，符合它就是对的，就可以被大家接受和认可，否则就是错的，就不能被大众接受和认可，而不大去理会基本的事实是怎么一回事；中国人做事情、处理人际关系，以是否符合“伦理道德”之“是非”为标准，而把事物原本是怎么一回事，事实上的“对错”基本搁置在一旁；做不做得成是一回事，整个操作过程是不是与大家所认可的伦理道德观念相吻合却是最重要的。

“实事求是”四个字在中国渊远而流长。语出班固《汉书·河间献王传》：“修学好古，实事求是”。但这四个字在中国从来就没有真正施行过，也从来没有成为中国人的核心文化精神。所谓“实事”，就是伦理道德中的“是非”，而所求的“是”，更要看是否符合伦理道德的标准，与西方理性思维中的“实际”绝非一事。例如，在现代社会中，一切都应该纳入法律的轨道上，不管有任何理由，都不可以用非法律的手段去惩罚另一个人，更不能去剥夺另一个的生命；而在中国传统文化中，为报“杀父之仇”“夺妻之恨”而做出任何极端的事情来都是可以理解的。即便在今天，一个人因此去杀了人，自然必须要接受法律的惩罚，而民众的道德同情，却是倾向于他的。

第四，崇尚权威观。

金字塔的第四级是“崇尚权威”的社会心理取向。以儒家的家庭和家族观为基础，在社会生活中，人与人之间的相处就以“崇尚权威”四个字最为紧要了。

台湾心理学家杨国枢先生在《中国人的心理与行为：本土化研究》中写到，“传统中国人对权威的存在非常敏感。他们到了任何一个场合，总会细心观察或留意，看看有无现成的权威在场，并要弄清楚谁是超乎自己的权威。”（杨国枢《中国人的心理与行为：本土化研究》，中国人民大学出版社，2004年第一版，107页）“传统中国人所崇拜的权威并不限于活人，死去的祖先与要人也在其内。中国人心目中的权威，并无时间上的限制，家长永远是家长，老师永远是老师，司令永远是司令，仿佛‘一日权威，一世权威’”。“中国人既然认为权威是可信的、全能的、永远的，当然在心理与行为上会对权威彻底地依赖。”（上书，108页）

崇尚权威的社会心理取向，和上面讨论的泛化的道德观一样，也成为中国人行为和判断是非的基本准则。一件事情对不对，好不好，行不行，在乎有没有某个权威的意见。如果权威的意见是肯定的，则这件事情就是对的，好的，可行的；反之则是不对的，不好的，不可行的。

居住在香港多年的西方学者彭迈克（M. H. Bond）对中国文化和中国人的

心理有特殊的兴趣。他编著了一本名为《中国人的心理》（*The psychology of the Chinese people*）的著作，收集了十数名西方的和中国的学者从文化的角度对中国人心理的研究成果。不少学者对中国人特有的经验，尤其是儿童的早期经验对中国人的社会心理取向的影响进行了论述。在这本著作中，香港中文大学心理学系的刘英茂（音译 In – Mao Liu）认为中国儿童早期获得的最重要的经验是“在任何情况下都要尊敬和服从长辈和权威”，这种经验以直接的和间接的方式左右着中国人的行为规则。

所谓直接的方式是长辈在场的时候自然是一切由长辈或具有某种权威的人士说了算，他们的意见是不容反驳的。同样的话，从什么人的口里讲出来，效果大不一样。中国人讲究的不是这句话本身对不对，而是这句话是谁讲的；间接的方式是指长辈的教导和启示，中国人的所作所为都要讲究根据，这个根据就是过去有没有权威人士作过定论，有没有前辈的教导，而不是自己在实际生活中或工作中的经验。所谓长辈实际上也就是权威的代名词，它当然不仅是父母，更包括长官、领导、地位高的人、有社会背景的人和一切能管辖他人的人。

第五，天命观。

在中国传统“社会支持系统”中，“天命观”已经接近了金字塔的塔顶，在这个系统中的作用自是不言而喻。

孔子本人是相信天命的。孔子说过这样的话：“不知命，无以为君子也”，“五十而知天命”，“君子有三畏，畏天命，畏大人，畏圣人之言”，把“天命”放在需要“畏惧”的第一位。在孔子看来，一个人如果不畏天命，简直就是不可救药的野蛮人。

人们感到不解的是，作为世俗的文化，儒家文化为什么把“天命”放到如此重要的位置？不信“鬼神”的孔子为什么会信“天命”？如果我们把儒家的整个学说融会贯通，如果我们从以下几个层面对孔子的天命观进行解读，或许我们不仅能够理解孔子为什么讲天命，我们还能进一步理解，天命观在建构中国传统社会支持系统中的重要作用。“天命观”有以下四层意思：

第一层意思，孔子所说的天命（或简称为“命”）应是一种人力所无法抗拒和改变的必然的力量。

天既不是鬼神，它只是一个很高很高的所在，它指挥着、控制着人们，需要人们敬畏和仰视。这种必然性的力量，当然带有某种神秘性。因而，孔子说的知天命，固然需要人的理性思维，但是，又不是单靠理性思维所能完成，还要依靠人的某些神秘的直觉体验才能达到。中国文化特别重视这种直觉的体验。

既然天命是一种神秘的和必然性的力量，既然理性思维并不能说明，需要直觉才能体验，那么就把儒家的大道理——尤其是伦理道德观念简化了。简化的作用是使人们更容易接受，更容易融化在自己的生命意识中。西方人用理性的思维苦苦思索却永不得其解的问题，譬如人生目的问题、道德情感问题、终极关怀问题等诸如此类的问题，儒家轻而易举就避开了。避开的方法实在非常简单，只要告诉你那是天命就行了。

孔子为什么一方面宣扬天命，告诉人们世界上有一种神秘的不可抗拒的力量在左右着人们，在“尽人事”的基础上要人们“认命”，另一方面却又对“事鬼神”表现极端的厌恶呢？例如，《论语》中有这样一段话：“季路问事鬼神，子曰：‘未能事人，焉能事鬼？’曰：‘敢问死？’曰：‘未知生，焉知死？’”这实在是一个很矛盾的现象。但是如果我们一把孔子的天命观放在金字塔形系统中去，就会一下子恍然大悟了。这种看似矛盾的现象，恰恰是儒家文化的根基！

这就是儒家“天命观”的第二层意思：天命就是社会现实生活中的人伦以及由此延伸的社会伦理关系。

孔子本人一生的目标，是要实现符合君君、臣臣、父父、子子的伦理的社会（君君，前一个字为名词，后一个字为动词，就是说为君者，要行为君之道，以此类推），他一生奔波，为此付出了极大的精力，颠沛流离，亦在所不惜。

原来，孔子一方面要人们信天命，一方面又要人们不要信鬼神，是要告诉人们：天命是什么？天命就是“君君、臣臣、父父、子子”的伦理制度。对这个制度，人们不能产生任何怀疑，因为这是天命。这个制度是维系传统中国文化的纽带，维系传统中国人的根本。

辜鸿铭先生讲中国人不需要宗教，那是因为儒家的学说本身形成了类似宗教的伦理道德力量。中国人自有自己的上帝，中国人的上帝就是天命；而中国人的天命就是君君，臣臣、父父、子子的伦常关系。在这个意义上，我们说儒家文化带有宗教的某些性质，亦未尝不可。

由君君、臣臣、父父、子子的伦常关系，可以引出天命的第三层意思，祖宗崇拜。

什么是“祖宗”？祖者，本也，宗者，根也。祖宗，就是人的根本。对祖宗的崇拜，就是对人自己的根和本的崇拜。

德国哲学家卡西尔说：“在中国，这种为国家宗教所赞成和节制的祖先崇拜，被当作人们唯一的宗教。”（卡西尔《论人》，刘述先译，广西师范大学出版社，2006 年 11 月，121 页）中国人所崇拜的祖宗，只是自己家庭或家族的先人。所以，中国人的祖宗崇拜表明，家庭成员与死去的祖先之间的关系并未断绝，死者继续执行着他们的权威和保护作用。它们是中国人民的守护神，保佑他们的财产和福祉。在传统中国人的家庭或家族中，死去的祖先永远是他们中间的成员，人们在快乐的时光和艰难困苦的时刻，总不会忘记自己的先人，更多的时候是祈求他们保佑自己的生活祥和平安。

但中国人的祖宗崇拜从本质上说并不是宗教。至多，我们勉强可以说它是一种原始的类宗教思想，离真正成熟的宗教相距甚远。在宗教的世界里，人生被分裂为现世和来世两大块。中国人则从来不把祖宗看作是自己现世生活以外的另一个世界。中国人对祖先崇拜的态度颇类似于一般人（非严格意义上的佛教徒）对佛教的态度，也会很虔诚，但仪式性的意义和游戏的态度多于实质的内容，所以不仅不会给现实生活带来丝毫阻碍，反而给现实生活平添了丰富的精神内容。中国人对祖先的畏惧、尊敬和追思，是用祭祀这种形式表达出来的，而祭祀只是在某些重大的节庆日子、重大的纪念日，或者有了较大喜事，或者遭遇到了较大的灾难时进行。中国人祭祀活动的本质，是寻求祖先的保佑，是寻常的人生的一部分。

中国人对祖宗的崇拜，巩固了家庭或家族的团结，增强了凝聚力，巩固了崇尚权威的社会心理取向，巩固了以孝为核心社会价值观，更体现了中国人对现实人生的终极关怀。

进而就有第四层意思：天人合一。

“天”究竟是什么?《易经》乾卦：“《象》曰：大哉乾元，万物资始，乃统天。云形雨施，品物流行。大明终始，六位时成，时乘六龙以御天。”很明显，“天”既是大自然，也是人生，也是伦理，也是儒家所说的“天下社稷”。乾卦上的另一句话“天行健，君子以自强不息”，则把天和人完全等同起来。陆象山说“吾心即宇宙”，王阳明说“夫万事万物之理不外于吾心”，都是讲同样的道理。所以，中国“天上的”神和中国“现实的”人完全融合为一体。中国人的“天”不是“另一个”世界中的神，就是中国人自己。孔子所说的“天”、老子所说的“道”，都是如此。天和人，道和人生，根本就是一回事。这就是中国文化“天人合一”的思想。

西方文化中的神是现实生活以外的另一个世界，是人生的彼岸，是人的精神的最后归宿，是人类生命的终极目标。同时，西方的神也是人格化的神，是西方人精神上的另一个自我。宗教的“神”的世界和世俗的“人”的世界是全然不同、相互割裂的两个世界。

除了“天”以外，中国文化中还有其他的“神”。不过中国民间的那些诸多的“神”，则完全是人间神，世俗神，和世俗的生活完全混杂在一起。譬如，财神管发财，灶神管吃饭，“送子娘娘”管生男孩，门神管看门，都可一一祭拜；甚至还有“瘟神”管疾病，也要祭拜，不过目的是要它赶快离开。这些活动，多是为了图得“吉利”，为了渲染气氛，与真正的宗教精神和宗教氛围相去甚远。中国人的这种多神崇拜，固然既带有“原始图腾崇拜”的某些性质，更多地则具有民间风俗的特征。譬如在船上生活的人不能说“翻”，卖猪舌头的人要把“舌头”称为“利子”，因为“舌”和“蚀”发音相近，做生意蚀本当然不好。广东人喜欢“6”和“8”，只是因为这两个数字的读音和“流利”（引申为“顺利”）、“发财”等相近而已。见面的时候要说吉利话，万一有小孩子说出了不吉利的话，也没有关系，因为“童言无忌”；过春节的时候不小心打坏了东西，当然不吉利，不过中国人很会化解，一句“岁岁（碎碎）平安”就能心安了。林语堂先生曾说，中国人拜神更像一场热闹的游戏，如此而已。

所以中国人从来是信命而不认命，不认命而最终随命。

中国人对生命如何看？有宋代范成大一句诗作答：

纵有千年铁门限，终须一个土馒头。

中国人对死后如何看？东晋时期的大诗人陶渊明的诗也可以作答：

有生必有死，早终非命促。
昨暮同为人，今旦在鬼录。
魂气散何之？枯形寄空木。
娇儿索父啼，良友抚我哭。
得失不复知，是非安能觉！
千秋万岁后，谁知荣与辱。
但恨在世时，饮酒不得足。

亲戚或余悲，他人亦已歌。
此去何所道，托体同山阿。

如此种种，最终构成了中国人对人生的终极关怀，完成了中国人对人生的全部观照。

五、“理性不足，情理有余”是中国文化的核心精神

我们在中国传统文化的长河里畅游了一番后，现在可以对中国文化的特点进行归纳、总结了。

我们熟知了儒家文化以家庭为核心的伦理道德观，知道了道家文化之顺应自然、超越生命、非生非死、无我忘忧的境界，我们也了解到经过改造和修正的佛家文化给中国人世俗生活的种种点缀。这所有的一切——儒家、道家、佛家——在中国人的现实人生中有机地融合起来，十分和谐地构成了我们称之为“中国文化”的一个完整的系统。那么，我们所称的这个“中国文化”的核心精神究竟是什么呢？

梁漱溟先生说中国文化是“早熟的文化”。何以谓“早熟”？“西洋文化从身体出发，慢慢发展到心的，中国却有些径直从心发出来，而影响了全局。前者是循序渐进，后者便是早熟。‘文化早熟’之意义在此。……心思作用原有理智、理性两面，这里又单指理性为心。所谓从心发出者，正谓从理性发出。因此，‘理性早启’，‘文化早熟’可算同义语。”（《中国文化要义》，学林出版社，1987 年版，267 页）

我们暂不去评价梁先生所谓“中国文化早熟”是否合乎中国文化的实际，我们需要澄清的是，在梁漱溟先生眼中，中国文化是“理性早启”，所指“理性”究竟是什么含义？

梁先生另有一段话说：“科学之理，知其‘如此如此’而止，没有立即发动什么行为的力量。而中国人所说的理，却就在指示人们行为的动向。它常常是很有力量的一句话，例如‘人而无信，不知其可也’，‘临财毋苟得，临难毋苟免’。”（上书，129 页）“中国古人却正有见于人类生命之和谐。——人自身是和谐的，人与人是和谐的，以人为中心的宇宙是和谐的。……此和谐之点，即清明安和之心，即理性。”（上书，133 页）

梁先生所谓“理性”和我们通常所理解的“理性”是否同义？细研之后，我们会发现，梁先生所谓之“理性”，用梁先生自己的话说，是“和谐之点，清明安和之心”，是“临财毋苟得，临难毋苟免”，则与西方哲学之“理性”精神的原义相去甚远矣。斟酌再三，若把梁先生所谓之“理性”用“情理”一词替之似乎更为妥帖。

澄清了“理性”的本来面目，顺着梁先生的思路，我们就要问了，中国文化的核心精神是不是理性主义？我们的回答是：中国文化中有理性的精神，但不是核心精神。

凡人类文化皆蕴涵着理性的精神，非理性则非文化。单说人能从树上下来，从猴子变成人，学会种种在自然中生存的办法，还要想方设法把自己弄得越来越舒服，离开理性就不行。从这个道理上说，中国文化当然是理性的文化；但我们无论是从中国文化的主流之儒家文化，还是其重要的补充之道家文化，抑或是经过改造和修正的佛家文化，理性的精神都没有占据核心的地位。我们不能不承认，在中国文化的核心精神中，理性主义确实不够发展，实证主义和逻辑学在中国文化精神中几乎无有一席之地，更不用说蓬勃兴旺了。

即便我们说中国文化具有理性精神，和西方文化的理性主义也有很大的差异。原因有二：

其一，西方文化之理性精神是古已有之，两千多年前古希腊的大哲学家亚里士多德就写出了关于逻辑学的名著并流传至今。西方哲学本质上就是关于理性的学问，甚至连上帝也只有在理性主义的精神中才能创造出来。

不仅如此，理性主义在发展出现代化的科学技术的同时，更把西方人推到了现实世界的此岸的极限，发展到了一种极端的理性主义。西方理性主义与现实世界始终保持着一种高度紧张的对抗和征服性的关系，对现实世界是一种“理性的征服”；而中国文化的理性历来不发达，虽无法自发地产生现代科学技术，在现代化科学技术上输给西方人一筹，却给自己的现实世界留下一个极大的空间，即心灵的空间。

中国文化和西方文化最大的不同是：中国文化以实现心灵世界和现实世界之间的和谐发展为基准，心灵的世界对现实世界保持着一种真正的“理性地适应”。这种适应使中国人在现实生活与心灵生活、个人生活与社会生活、人与自然之间始终保持着和谐的关系。

其二，西方基督教文化也是一种理性主义文化，上帝本身就是理性主义的产物。理性主义坚信不仅我们人应该是按照理性的精神运作的，整个世界都应该符合理性的安排。

由于理性主义的精神使西方文化不能解决人生中几个重大问题——生与死的问题，人生的目的问题，生命中的苦难问题，世界的不可预测——等问题，迫使西方文化走上宗教一途。当人在现实生活中不能回答这些问题时，人就只好寻求现世生活以外的彼岸，只好通向上帝，走向上帝，投入上帝的怀抱，人的心灵也只有在上帝那里才能获得安宁。所以我们说，非理性则非宗教，就是这个道理。

而中国文化原本就没有宗教，没有一个拼命要证明的上帝。中国文化中的价值精神始终和世俗的生活密切相关，儒家和道家的伦理体系和哲学思想取代了中国人对宗教的需要。中国文化中的儒家文化和道家文化相互协调，更把日常普通的现实生活与最高尚的精神生活绞合起来而浑然一体了。而这种浑然一体的生活，就是“心灵的生活”。“心灵的生活”也就是艺术化的生活。

儒家文化同时又是一种世俗的文化，一方面讲究的是现实生活中精微的妙处，另一方面阐述的是人生恢弘的大道理，在意的是内在的修身养性，追求写意式的无拘无束，而对严密的思辨和抽象思考，基本缺乏兴趣；对逻辑学之概念、判断、推理之类，则以玄想和散淡的态度待之；对发明创造和技术的进步，视为“雕虫小技”，不值一谈。中国固然有过伟大的发明创造，但这些发明创造不仅没有受到应有的尊重，发明创造者也不能在中国文化中占有一席之地，对促进中国社会的发展并没有起到重大的作用。譬如我们今天念不绝口的四大发明，火药被中国人用于节日和祭祀时的炮仗，指南针被用于风水和堪舆，而造纸术和活字印刷只不过方便了儒家经典的传输而已。

在与自然和环境的关系上，儒家文化强调和谐与协调，调和而持中，随遇而安，从而获得内在的满足和生活的愉快。所以马克斯·韦伯说，儒家的“理性”是一种“秩序的理性主义”，缺乏对现实世界的紧张性和斗争性，没有对现实世界的一种“宰制”和“征服”的冲动，从而对改造世界并没有什么兴趣。

当然也有相反的意见。张岱年先生和他的学生程宜山所著《中国文化论争》一书认为，中国文化有着“独树一帜的理性主义和人文精神”（中国人民大学出版社，2006 年 10 月第一版，195 - 202 页），倒令人感兴趣，需要提出讨论。

首先，该书把“理性主义和人文主义”作捆绑式论说，似不相宜。人文主义，或人本主义，或人道主义，都是英文 humanism 的翻译。正如该书中所说的，人文主义的核心价值观包括，肯定以人为中心，肯定现世人生的意义，主张人生而平等，提倡个性解放和个性自由，赞颂人性的伟大，等等。“人文主义”这个词本身，来自于西方。当我们使用人文主义这个词时，应该明白它的特定的含义，是指从欧洲文艺复兴以来人类所建立的一种以人为中心的价值观。如果说在中国文化中也有人文主义的部分精神，我们应该是同意的，譬如孔子的仁爱精神，孟子所谓“民为贵，社稷次之，君为轻”的观点；但如果说中国传统社会中就有所谓“独树一帜的人文主义精神”，则既是对人文主义的核心价值缺乏认知，也是对中国文化的基本精神没有起码的了解。说中国文化中包含有人文主义的成分则可，说中国文化是“独树一帜的人文主义精神”则不可。

退一步说，即便中国文化具备了所谓“独树一帜的人文主义精神”，也并不意味着中国文化就有了“独树一帜的理性主义精神”，二者不可作捆绑销售。我们且来看该书上怎样认定中国文化具备“独树一帜的理性主义精神”的？其一，孔子说“务民之义，敬鬼神而远之”，这就说明孔子推崇人的感性经验和理性思维。“敬鬼神而远之”离开理性主义远矣。我们还要请问，孔子说“君子有三畏，畏天命，畏大人，畏圣人之言”，又如何解释？即便我们承认孔子是“无神论者”，无神论就是理性思维的体现吗？如果我们用这个道理来推演，充满理性主义精神的西方文化就应该和宗教绝缘了，而我们知道，正是理性主义产生了基督教文化，创造了上帝。

其二，该书认为，“一些哲学家如老子、庄子把所谓‘天道’、‘地道’、‘人道’中的‘道’抽象出来，抬高到宇宙本体的高度，他们所谓的‘道’，实际上是被实体化了的普遍规律、最高原理。……凡此种种，都是人文主义和理性主义的观点”。差矣。姑且我们不论孔子和老庄所说的“道”究竟是什么，起码我们可以说中国传统文化中的“道”与现代理性主义是风马牛不相及的。这说明该书对“理性”的认识有重大的认知偏差。

该书引用了汉默顿对理性的认识，说理性主义是一种“把一切现象都归因于自然而不归因于奇迹的倾向”。这个说法对不对？有一定道理，但并不完全有道理。“把一切归因于自然”有理性主义的因素，但并不完全等于理性主义。我们在前面说过，自然并不能产生理性主义，理性主义也不能穷尽自然中的全部规律。现代意义上的理性主义有两个最显明的特点：一是实证主义；二是逻辑主义。中国文化中的“道”充满了玄想和泛论，无论孔子还是老子庄子，从来没有对“道”做出过明确的定义，“道”在不同的地方有不同的含义，是“玄之又玄”的东西。该书的作者就能把中国文化中的“道”说清楚吗？这只能说明，“道”既非实证主义，更非逻辑主义。

以上论说，足可以见得，中国传统文化尤其是儒家文化，不是“独树一帜的理性主义”，而是天生的“理性不足”。

仅只“理性不足”，还不能概括儒家文化的核心精神。更重要的是，儒家文化特别强调“情”的意义，不仅把伦理道德归结为人际情感，认为“人之大伦”“在于父子有亲、君臣有义、夫妇有别、长幼有序、朋友有信，”而且还以“孝”和“仁”作为自己的中心范畴，视为最高的道德精神。回到前面梁漱溟先生“此和谐之点，即清明安和之心，即理性”的观点，我们说，梁先生所谓“理性”，实为“情理”。我这样说有没有理由？当然有理由，因为这与梁先生的另一段话，恰相互辉映：“中国古人好讲主观情理，外国今人勤研客观事物之理”，二者“不可误为一事”（《东方学术概观》，巴蜀书社，

1986 年，39 页）。

一言以蔽之，中国人的“心灵的生活”，就是合乎“情理”的生活，就是最大限度地满足中国人之心灵需求的生活。

中国文化的高明之处是，把人伦之“情”和世道之“理”混合起来，特别强调了“合情”就是“合理”。如孟子说“乃若其情，则可以为善矣”，善既是理，也是情。朱熹主张“仁义礼智之理具焉，动处便是情”，仁义理智就把情和理糅合到一起去了。王阳明更进一步认为“七情顺其自然之流行，皆是良知之用”，则把“情理”全部囊括到“良知”之中。

“理”不仅是“情”，还是“性”。因此，儒家还着力突显“情”与“性”的内在关联，如孟子以“情”释“性”，将恻隐、羞恶、辞让、是非之心称为“心性”之四端；荀子以“性”释“情”，认为“性之好恶喜怒哀乐谓之情”；董仲舒主张，“情亦性也”；宋明理学更热衷于讨论“心、性、情”相互之间关系。在儒家理论中，情和理是根本不能分开的，这两个字本是一母双胎，不可分离。

这样，我们就清楚了，儒家基本精神之“情理”中的“理”，与西方“理性”之“理”，竟有天壤之别。“情理”之“理”是某种内在于情感自身之中的“理”、是某种与“人情”不可分离的“天理”。实在说，在中国人的观念中，“情”与“理”互相纠缠在一起，你中有我，我中有你。

情理，从心理学的角度，既不能完全归于情感活动的范畴，也不能完全归于认知活动的范畴，而是人全部心理现象的总和。例如，中国人常用“天理良心”四个字来形容生活中某些用一般的道理和逻辑解释不清楚的事情。何谓“天理良心”？除非用“情理”来解释，实难归类。情理既是天理，也是良心。中国人在使用“合情合理”时，也从来不曾把情和理分开。在中国人的眼中，情就是理，理就是情，万事万物，只有合情，才会合理。

以上论说，可以见得，中国文化是“情理有余”的文化。

综其二者——“理性不足”和“情理有余”，我们可以认为中国传统文化的核心精神实可用“理性不足，情理有余”而概括之。

第六章　两种中国人之一
——传统的中国人

从文化学、社会学和心理学的角度，存在着两种中国人，即传统的中国人和现代化进程中的中国人。本章专门讨论传统的中国人。

传统的中国人，就是生活在中国传统文化里，接受中国传统文化的熏陶，浸润在中国传统文化的教化中，优游于中国传统文化的海洋之中，心理上彻底认同中国传统文化伦理和价值观，行为上则完全遵循中国传统文化规范和习俗的中国人。

我们可以从两个角度观察传统中国人。一个角度是透过前辈学者——如辜鸿铭先生、梁漱溟先生、冯友兰先生、林语堂先生、梁实秋先生，甚至包括胡适先生、鲁迅先生等——的眼睛所看到的“中国人”，他们或是赞赏，或是贬斥；或是哀其不幸，或是怒其不争。我发现，他们在评价这样的中国人时有一个共同的特点，少了些理性的因素，多了许多情感的因素。这是可以理解的，因为在某种程度上，这样的传统中国人也包括这些老先生本人。

另一个角度是从西方学者所看到的“中国人”。他们在中国大门刚刚打开一条门缝时挤了进来，在他们面前展现的是一个他们从未见识过的世界。一切都是那样新鲜，那样不可思议，他们既感觉有趣，又感到困惑。自然而然地，他们要用现成的西方式的价值观和方法论来了解、观察、认识、评价他们所看到的中国人。和中国的学者相比，他们或许多了一些理性，少了一些情感。但由于他们站在西方文化的角度，却不免带着一定的文化的偏见和文化优势的心理。

本章论述传统中国人的人格特征、心理模式和情绪表达方式，更要分析它们与焦虑之间的关系。

一、中国前辈学者眼中的传统中国人

我们首先透过中国著名前辈学者的视野来观察传统中国人的人格特征，

他们是辜鸿铭先生、梁漱溟先生、林语堂先生、梁实秋先生等。他们接受了中国传统的旧式教育，又接受了西方现代教育的洗礼；他们所处的时代，正是中国传统文化遭受到西方文化强烈冲击的时代，他们身处其间，他们不仅是感同身受，简直是亲身体验；他们从里到外整个是一个矛盾体。他们作为对中国社会有重要影响的著名文化学者，所发表的意见，自然不可以忽视。

第一位要介绍的是辜鸿铭先生。我们在前面已多次引用过他的观点，这里有机会对他作一个简单的介绍。

辜鸿铭（1857－1928）是清末民初人。他通晓英、德、法、意、希腊和拉丁诸种文字，他的著作多用英文写成，如《尊王篇》《日俄战争的道德原因》《中国牛津运动故事》《中国人的精神》等。作为一个接受了系统的西方文化熏陶的人，他最倾心的却是中国传统文化。辜鸿铭先生给人留下的印象是，他对传统文化，不分精华糟粕，一概全力维护。清朝灭亡后他仍在脑后拖着一条长长的辫子，身着旧时代的衣服。

世人对他通行的评价是“精通西学而极端保守”，以“古怪”著称于世。他对西方文化的精通与对中国传统文化的维护并存于一身，有人说，辜鸿铭好比不同的金属矿石熔于一炉。我倒宁愿说，他是中国历史上第一个能与世界进行交流的中国传统文化的卫道士和激烈的辩护士。辜鸿铭所处的时代，正是中国国门初开，社会发生剧烈变动，中国发生社会刚刚开始转型的关键时期，那个时期，正好套用得上英国著名作家查尔斯·狄更斯在他的名著《双城记》中那著名的第一段话——“最美好的、最糟糕的；智慧的、愚昧的；信仰的、怀疑的；光明的、黑暗的；希望的、失望的；拥有一切、一无所有；向天堂而去，向地狱而去”。那样的时代，产生辜鸿铭这样的怪人，是一点也不奇怪的。想想看，一个身着长袍马褂，戴着瓜皮帽，脑后拖着长长的辫子，以一个典型的前清遗老的做派，却操着流利的英文站在台上讲演的人，那情景该是何等的可观呢。

说到辜鸿铭，当然要提到他的著作《中国人的精神》。原文英文“*The spirit of Chinese people*”。在这本二十来万字的书中，辜鸿铭把传统中国人的人格特征（中国人的精神）进行了近乎于极端的渲染。我们且看在辜鸿铭眼中，中国人的精神是怎样的：

辜鸿铭声称：“用一个词可以把典型的中国人给你们留下的印象归纳出来，这就是‘温良’（gentle）。……在真正的中国式的人之中，你能发现一种温和平静、庄重老成的神态，正如你在一块冶炼适度的金属制品中所能看到的那样。”（辜鸿铭《中国人的精神》中文版，广西师范大学出版社，26 页）孔子说：“文质彬彬，然后君子”。辜鸿铭用现代的语言把传统中国人渗透在骨髓里，融化在血液中的这种特性表达出来了。传统中国人“是不是”有这种温良的性格是一回事，“好不好”则是另外一回事。正如辜鸿铭所言，日本人也是彬彬有礼的，但我们却不能用温良来形容日本人。

传统中国人的温良是怎样产生的呢？辜鸿铭认为，中国人的温良是产生于人性最深处的高度的同情心。“当你分析一下这种温良的特性时，就会发现，这种温良乃是同情与智能这两样东西相结合的产物。……它既不源于推理，也不生自本能，而是起自人类的同情心和一种依恋之情。……我认为正是这种同情的智能造就了中国式的人之类型，从而形成了真正的中国人那难以言表的温良。”（上书，27 页）儒家文化的根基就是同情之心，也叫恻隐之心，或曰“合情”之心。有例为证，孟子所谓“恻隐之心，仁之端也”。

为什么中国人如此温良？追根溯源，中国人有如此温良的特性是由于中国人过着心灵的生活。中国人“完全或几乎完全地过着一种心灵生活。中国人的全部生活就是一种情感生活——这种情感既不来源于感官直觉意义上的那种情感，也不是来源于你们所说的神经系统奔流的情欲那种意义上的情感，而是一种产生于我们人性的深处——心灵的激情或人类之爱那种意义上的情感。”（上书，28 页）

辜鸿铭举例说，“中国人一向被视之为礼仪之邦，那么其礼貌的本质是什么？这就是体谅、照顾他人的感情。中国人有礼貌是因为他们过着一种心灵的生活。他们完全了解自己的这份情感，很容易将心比心推己及人，显示出体谅、照顾他人情感的特性。”（上书，30 页）

辜鸿铭还举出了一个外国人的观察来进一步证实中国人过着心灵的生活。不过在无意之中点出了中国人人格中的另一个特征。我们且看辜鸿铭如何说：

> 我们举的关于中国人特性的最后一例，是缺乏精确的习惯。这是由阿瑟·史密斯（笔者按：Arthur Smith，中文名明恩溥，此人我在后面会专门提到，引者注）提出并使之扬名的一个观点。那么，中国人缺少精确性的原因又何在呢？我们说依然是因为他们过着一种心灵的生活。心灵是纤细而敏感的，它不像头脑或智力那样僵硬、刻板，你不能指望心也像头脑或智力一样，去思考那些死板、精确的东西。至少那样做是极为困难的。实际上，中国的毛笔或许可以视为中国人精神的象征。用毛笔书写绘画非常困难，好像也难以精确，但是一旦掌握了它，你就能够得心应手，创造出美妙幽雅的书画来，而用西方坚硬的钢笔是无法获得这种效果的。（上书，31 页）

在辜鸿铭看来，中国人自然是用“心”而不是用“脑”的。心与脑之不同，在于心是“纤细而敏感的”，故而缺少精确性，但却充实着灵性；脑是“僵硬、刻板”的，故而是精确的，却缺少灵性。西方人用脑，中国人则用心。两相比较，当然是心灵的生活更符合人性。

辜鸿铭把中国人这种人格特性——他所谓“中国人的精神”大加溢美之词。中国人既是如此“温良”，内心更“深沉、博大、纯朴”，还“有着成年人的智能和纯真的赤子之心”“是心灵与理智完美集合的产物”，而这些美德，既不来源于本能，也不属于“感官的直觉”，“而是产生于人性深处的心灵的激情和人类之爱”，似乎人类之全部灵性，集于中国人一身。

这种观点，既令人着迷，又让人深感困惑。着迷和困惑之下，则倍添疑虑。照着辜鸿铭的意见，中国传统文化简直就是天上有一、地下无双的好得不得了的东西。中国人的性格不仅是不需要作任何的改变，简直要像宝贝一样，一点也不能碰一下了。不过在反复研读他的著作，了解他的身世和身份之后，再对他的心理进行一番分析，我们就会豁然开朗起来。哦，原来如此如此。

有两点心得贡献给读者。

第一个心得是，他是一个内心充满了焦虑的人。辜鸿铭先生的所作所为：他的打扮，他的做派，他对传统中国文化和传统中国人的种种赞颂和溢美之词——相形之下，他对处于社会转型期的中国则满怀怒气，“在北京的一次宴会上，座中都是一些社会名流和政界大人物，有一位外国记者问辜氏道：‘中国国内在政局如此纷乱，有什么法子可以补救？’他答道：‘有，法子很简单，把现在在座的这些政客和官僚，拉出去枪决掉，中国的政局就会安定些。’”（伍国庆编《文坛怪杰辜鸿铭》，岳麓书社，1988 年，175 页）——恰恰反映了在那个时代的中国知识分子内心的极度彷徨不安和愤怒以及无力。

辜鸿铭所处的时代，正是西方文化对中国传统文化猛烈冲击、中国传统社会土崩瓦解、传统中国人受尽屈辱的时期，而他所接受的横跨中西的教育，使他睁开了一只眼睛，看到了外面的精彩世界，也看到了西方文化的强劲冲击给传统中国文化带来的危险，于是他闭上了另一只眼睛，悠然陶醉于传统的优越之中。这悠然，是对西方文化的冲击的软性反弹；这陶醉，是为了固守中国文化的最后阵地。他的所作所为不过是在文化反弹的心理背景下对传统中国文化进行的“再认同”。

不过这种文化的“再认同”是曲折的或扭曲的“再认同”。他的再认同就是竭尽全力地美化、神化传统中国文化，不分精华糟粕，不管良莠一股脑儿地祭到他所设的神坛上。如果这样来解读辜鸿铭先生，我可以说他对传统中国人的赞扬到如此夸张的程度，倒也是可以理解的了。

第二个心得，如果我们理解辜鸿铭内心的焦虑和由此形成的文化反弹，不要过分计较辜鸿铭先生对传统中国人精神的种种赞美，他所谓的中国人“过着心灵的生活”倒确实值得我们玩味和参酌的。

中国人怎样过着“心灵的生活”？两个方面：第一，他在赞美中国人“是心灵与理智完美集合的产物”的同时，更同意阿瑟·史密斯所观察到的“中国人缺少精确性”的特点。为什么缺少精确性？因为中国人“心灵是纤细而敏感的，它不像头脑或智力那样僵硬、刻板，你不能指望心也像头脑或智力一样，去思考那些死板、精确的东西。”这说明辜鸿铭先生对传统中国人在理性方面不够发展确实有充分认识。此可为“理性不足”的证据；第二，中国人之“温良、深沉、博大、纯朴”，虽有溢美或过度赞誉之嫌，倒也可以说明中国人对内心情感生活的看重。见微知著，正好作为我所概括的中国人格“情理有余”的证据。

第二位要介绍的是梁漱溟先生。梁漱溟（1893－1988）是一位真正的儒家，真正的儒家并不是只说不做的。所以他不仅是理论家，更是实践家。他早年便积极致力于社会活动，以期实践自己的学术和社会理想。梁先生所言“我希望我的朋友，遇到有人问起，梁某是怎样一个人？便为我回答说：‘他是一个有思想的人。’或说：‘他是一个有思想，又且本着他的思想而行动的人。’这样便恰如其分，最好不过。如其说：‘他是一个思想家，同时又是一个社会改造运动者。’那便是十分恭维了。”应该是他的一个极佳的自画像。

梁先生的晚年十分不幸，政治上既屡遭迫害，社会上几乎无人问津，生活更是潦倒窘迫。但他竟奇迹般地活到了96岁高龄。在他去世时，媒体称“中国的最后一个大儒去了”。梁先生的一生，真可算得上是一个典型的中国传统儒家人格的现代版本。

梁漱溟终其一生都在维护和发扬儒家文化，认定“世界未来的文化就是中国文化复兴”。这些观点体现在他最重要的著作《中国文化要义》《东西文化及其哲学》《人心与人生》中。

我们择其要，介绍他对传统中国人的看法。在《中国文化要义》一书中，他归纳了各方面的观点，认为中国人的主要特点有十个方面：

（一）自私自利。此指身家念重、不讲公德、一盘散沙、不能合作、缺乏组织能力，对国家及公共团体缺乏责任感、徇私废公及贪私等。

（二）勤俭。此指习性勤俭、刻苦耐劳、孜孜不倦、好节省以至于吝啬，极有实利主义实用主义之精神等。

（三）爱讲礼貌。此一面指繁文缛节，虚情客套，重形式、爱面子以至于虚伪；一面亦指宁牺牲实利而要面子，为争一口气而倾家荡产。

（四）和平文弱。此指温顺和平，耻于用暴，重文轻武，文雅而不免纤弱，特喜调和妥协；中庸及均衡，不为已甚，适可而止等。

（五）知足自得。此指知足安命，有自得之趣，贫而乐，贫而无怨，安分守己，尽人事听天命，恬淡而爱好自然风景，不矜尚权力，少以人力胜天之想等。

（六）守旧。此指厚古薄今，因袭苟安，极少进取精神，安土重迁，一动不如一静等。

（七）马虎（模糊）。此指马虎笼统，不求精确，不重视时间，不讲数字，敷衍因循，不彻底，不大分彼此，没有一定规律等。

（八）坚忍及残忍。残忍指对人或对事物缺乏同情；此最为西洋人所指斥谴责者。坚忍则谓自己能忍耐至甚高之程度。克己、自勉、吃亏等皆属于此。对外对内两面实为相连之事。

（九）韧性及弹性。韧性止于牢韧，弹性则并有弹力。此不独于其个人生命见之，全民族历史恰亦证明如此。此不独其心理精神方面为然，于其体质及生理现象亦证明如此。因有“温炖汤”“牛皮糖”等称喻。

（十）圆熟老到。此盖为中国民族品性之总括的特征，故列为殿。其含义有：悠悠然不慌不忙，稳健、老成持重、心眼多、有分寸、近情近理、不偏不倚、不露圭角而具有最大适应性及潜力。（梁漱溟《中国文化要义》，学林出版社，1987 年版，22－23 页）

罗列出传统中国人的这些特点，并不是梁漱溟的主要学术贡献。事实上，比他稍早或稍晚的人都有过类似的说法，只是侧重点有些差别而已。

中国人为什么会有哪些特点呢？梁漱溟认为，因为中国人是重家庭，不重集团生活的人；中国社会是伦理本位的社会；中国人以道德代替宗教的人生信仰；中华民族是以“理性”（我们已经说过，梁漱溟先生所谓“理性”实为“情理”）为本的民族；中国社会没有阶级对立，只有职业分途；中国的国家松散，“不像国家”；中国历史只是一治一乱的循环，没有革命可言；中国是人类文化早熟的国家等。

在梁漱溟先生上述的文化观点中，经常被他提到，也特别为他所看重的是他“中国文化是早熟的文化”，中国文化“是向内用力的文化”的观点。

所谓“文化早熟”，所谓中国文化“向内用力”的文化，是梁漱溟先生比较西方文化之后得出。他说：“西洋文化是从身体出发，慢慢发展到心的，中国却有些径直从心发出来，而影响了全局。前者是循序渐进，后者便是文化早熟。”（梁漱溟《中国文化要义》，学林出版社，1987 年，第一版，264 页）

中国文化“径直从心发出来”，可以从以下两个方面说明：

第一，不重视“理智”（实为理性）。梁漱溟先生说“从前中国人常爱说‘读书明理’一句话。在乡村中，更常听见指说某人为‘读书明理之人’。这个理何所指？不烦解释，中国人都明白的。它绝不包含物理的理、化学的理、一切自然科学的理，就连社会科学上许多理，亦都不包含在内。”（梁漱溟《中国文化要义》，学林出版社，1987 年，第一版，128 页）这样一说，我们就很明白，梁漱溟先生之“理智”，也就是“物理的理，化学的理，一切自然科学上许多的理”，也就是西方文化中的“理性”。梁先生之中国人“不重视理智”，实则为不重视“理性”。

第二，中国人更看重的是“情理”，也就是梁先生所称的“理性”。在这里，我们还须阐明，在梁先生的概念中，“理性”究竟是什么？“心思的作用原有理智理性两面，这里又单指理性为心。所谓从心出发者，正谓从理性发出。因此，‘理性早启’，‘文化早熟’，可算同义语。”（上书，267 页）有了这个概念，梁先生才可以说“中国人是以理性为本的民族”，“中国古人却正有见于人类生命之和谐。——人自身是和谐的，人与人是和谐的，以人为中心的宇宙是和谐的。……此和谐之点，即清明安和之心，即理性。”（上书，133 页）

其实，梁先生在论说“中国人所说的理”即“理性”和“科学之理”即“理智”后直接点出了“情理”二字：“所谓理者，既有如此不同，似当分别予以不同名称。前者为人情上的理，不妨简称‘情理’，后者为物观上的理，不妨简称‘物理’。此二者，在认识上本是有分别的。”（同上书）

在梁先生的著作中，总是把理性与理智两相区分，认为理智是科学和技术的作用，理性是心灵的作用。不过在上面这段话中，梁先生却又专门对中国人的“理性”做了特别说明，并以“情理”冠之。这是中国人心理和人格特征的大关键、大过节，故此请读者特别留意，我在后面还要专门论述。

那么梁漱溟先生所描述的中国人的人格特征是什么呢？我们仍然可以用两个方面来概说，是“理性不足，情理有余”。

第三位我要特别提到的是前辈学者林语堂先生的观点。

林语堂（1895－1976）是现代著名文学家和文化学者，几乎和梁漱溟先生是同时代的人。他自称“两脚踏东西文化，一心评宇宙文章”，中英文均极好，许多文章和著作就是直接用英文写成的。他集古今中外文化于一身，自称是“一团矛盾的人”。

怎样看林语堂是“一团矛盾的人”？施建伟先生在《林语堂在大陆》一书中说，那“在于林语堂本人思想、性格、气质、兴趣、爱好的多重性，复杂性和矛盾性。他集古今中外各种文化因素于一身，看似中西结合，却又不中不西，又中又西。任何事情，哪怕是一件芝麻绿豆的生活琐事，林语堂都会借题发挥，小题大做。比如，戴什么帽子、穿什么鞋，吃什么菜……等，只要他有兴致，都可以变成中西文化冲突或两种文化比较选择的大题目。别人所极力掩盖的，正是他着意要暴露的，别人梦寐以求的，他会不屑一顾。他不仅不回避自我的矛盾，而且以‘一团矛盾’自居。”（施建伟《林语堂在大陆》，北京十月文艺出版社，前言，3 页）

林语堂在他用英文写成的著作《吾国吾民》（*My country and my people*，另译《中国人》）对传统中国人的文化人格特征作了如下的归纳：老成温厚，消极避世，超脱老猾，和平主义，知足常乐，幽默滑稽，因循守旧。林语堂先生对中国人人格特征所做的这些归纳和辜鸿铭先生所说的“中国人的精神”倒有些相似之处，虽然林语堂先生不似辜鸿铭先生那样只褒不贬，只扬不抑，而是痛彻于中国文化中的弊病，贬多于褒，抑多于扬。

在林语堂的眼中所看到的“老成温厚”，是思想上的过分稳健，心平气和，忍耐性和因循守旧和多生多育等。不过，林语堂并不喜欢这种“老成温厚”，他说：“思想上的过分稳健会剪去人们幻想的翅膀，使这个民族失去可能会带来幸福的一时的狂热；心平气和可以变成怯懦；忍耐性又可带来对罪恶的病态的容忍；因循守旧有时也不过是懈怠与懒惰的代名词。”（林语堂《中国人》，学林出版社，2000 年版，57 页）

何以体现中国人的消极避世？“中国人的消极避世的习惯有如英国人出门带雨伞，因为政治气候对那些试图单独做点冒险事业的人来说，总是不大正常。换句话说，消极避世在中国有明显的‘活命价值’。”林语堂当然贬斥这种“活命价值”，“消极避世的‘活命价值’是基于这样一个事实，即由于个人权利缺乏保障，人们参与公共事业——‘管闲事’——就有相当的危险。”（上书，61 页）

何以体现中国人的超脱老猾？“超脱老猾是中国人聪明才智的结晶，它的最大缺点是与理想主义和行动主义相抗衡。它击碎了人们对任何改革的欲望，它嘲笑人类的一切努力，认为它徒劳无益，它使中国人失去理想，不去行动。

它能神奇地将人们的活动限制到消化道以及其他简单的生活需求的水平上。孟子是一个伟大的超脱老猾者，他宣扬人类主要的愿望是吃喝与女人。”（上书，65页）正因为如此，“所有的中国人在成功时都是儒家，失败时则是道家。我们中的儒家建设、奋斗；道家旁观、微笑。一个中国人在位时说道论德，闲居时赋诗作词，并往往是颇为代表道家思想的诗词。”（上书，67页）

何以体现中国人的“和平主义”？“‘和平主义’是建立在人类对生活的高度了解之上的。如果一个人学一点愤世嫉俗，他就对战争多一点反感，这也许就是为什么所有有知识的人都是胆小鬼。中国人是世界上最不会打仗的人，因为他们是聪明的种族，是玩世不恭的道学与强调和谐为人生理想的入学所培养、做左右的民族。”（上书，71页）

归纳一下林语堂对中国人性格的这些描述，结论仍然是，中国人特别重视心灵的体验，特别重视情感的生活，特别追求合“情理”的人生态度——反之，对思辨，对征服环境，对科学，总是漫不经心。这些心灵体验、生活方式和人生态度糅合到一起，就养育成了传统中国人的基本性格特征。

我们更感兴趣的是，中国人的这些文化人格特征在中国人的生活中究竟起到了什么样的作用？不烦解释，它确确实实在相当的程度上帮助中国人保持了心理的平衡。中国人很少需要真正去面对两难或矛盾的生活处境，即便出现这样的处境，中国人也会时而用儒家的方法，时而用道家的方法去处理，这就是传统中国人很少产生焦虑情绪的原因之一。即便产生了焦虑情绪，传统中国人也自有一套办法来缓解它。

缓解或化解焦虑的方法之一就是中国人特有的幽默、嬉戏的人生态度——而这种人生态度和上述的文化人格特征是一脉相承的。林语堂下面的几段话，给人颇深的印象：

> 中国人有一种自己独特的幽默，他们总喜欢开玩笑，这种幽默是建立在对生活的滑稽认识之上。中国人在政论文中总是严肃的，很少幽默地使人放松一下。但在另一些场合，他们对重要的变革和运动所采取的满不在乎的态度又常常使外国人惊奇不已。
>
> 生活是一场大闹剧，个人不过是其中的玩偶。如果一个人严肃地对待人生，老老实实地按照规章办事，或者仅仅因为一块木牌上写道“勿踏草坪”就真的不去践踏草坪，那么他总是会被人视为傻瓜，通常会受到年长一些的同事哄笑。由于笑具有传染性，这个人很快也就变成一个幽默家了。
>
> 这种闹剧性的幽默，结果使中国人对任何事情都严肃不起来，

无论是最为严肃的政治改革运动，还是一条狗的葬礼。

能欣赏中国式幽默的人势必也能够正确理解中国的政治方案。政治方案与官方宣言也只是一种形式，大多有那些精通模棱两可而言过其实的术语的书记员起草，正如有专门的商店出租葬礼仪仗用的行头一样，没有一个聪明的中国人会一本正经地对待它们。

这就是中国人滑稽的人生观。汉语中充满了把人生看作舞台的比喻：中国官员的就职离职被说成是“上台”“下台”，某人提出一项略有夸张的计划会被称为“唱高调”。……人们的那种响亮的笑声未免有点儿过分，因为那仍是超脱老猾者的笑，任何热情与理性之花，一旦碰到这种笑声，都会凋谢枯死。（上书，79－82页）

幽默是理性的副产品。中国人的幽默和西方人的幽默有很大不同。西方文化的幽默是理性的、思辨的、深沉厚重的、自嘲的、溶解在行动中的；中国文化中的幽默则是情绪的、缺乏思辨的、轻浮飘然的，嘲他的、局限在口头的。中国文化语汇中并没有“幽默”这个词，用现在常用的话说，中国文化缺乏幽默的“语境”。中国式的“幽默”，是让生活顺溜一些的润滑剂，所以我们毋宁说是“打趣”“滑稽”或者“插诨打科”更为贴切一些。

林语堂所谓之中国人“超脱老猾”和“幽默滑稽”的人格特征与理性主义的精神当然是彻底相悖的，所以他说“任何热情与理性之花，一旦碰到这种笑声，都会凋谢枯死”。不过这种精神倒是“合情合理”的，所以每个中国人不仅能心领神会，而且运用自如。

凡此种种，我们能不能做出中国人文化人格特征之“理性不足，情理有余”的解读呢?

照我看来，不仅可以这样解读，林语堂先生还走得稍过了一点。林先生眼中的中国人不仅是“理性不足”，而是缺少理性；不仅是“情理有余”，而是尽在情理。他所描述的中国人老成温厚、消极避世、超脱老猾、和平主义、知足常乐、幽默滑稽、因循守旧等人格特征无不是高度“情理主义”的产物。

不过连林语堂先生自己也说自己是“一团矛盾的人”，他尽可把中国人的人生描述得如此知足常乐，如此超脱避世，像个真正的“道家”，实在只是中国人的一个侧面，或者说是拿出来给人看的一面。那藏起来的一面，那“修齐治平”的儒家的一面，倒更应为中国人人格的本质。细细体察之，我认为林语堂先生的内心也充满了焦虑。在我看来，林先生是把他的焦虑深深藏于自己内心深处了。他是用幽默挥洒的态度来掩盖自己内心的焦虑，用“超脱老滑”的道家精神来诠释“修齐治平”的儒家风范。这种心态，真实地反映出大多数中国知识分子基本风貌。

说到大多数中国知识分子的基本风貌，最有代表性的莫过于梁实秋先生了。梁实秋（1903－1987）也是二十世纪中国文坛中的一杰。姑且不论他所翻译的《莎士比亚全集》，编撰的《梁实秋英汉大词典》在中国文学界和翻译界的影响，也不论他在二十世纪三十年代中国文坛上引来的论争而被鲁迅诟骂，更不要说他晚年夫人去世后和比自己小28岁的歌星韩菁清小姐的罗曼史，单只看他的著名小品文《雅舍》，就足以这位老先生是如何身体力行中国文化中的“真味”了。

何谓“雅舍”？实指梁先生抗战期间在重庆北碚与朋友合住的几间陋室。这几间破房子“蓖墙不固，门窗不严”，“风来则洞若凉亭”，“雨来则渗如滴漏”。连基本的遮风避雨都不能，何来“雅舍”可言？可是，你看梁先生是如何感受这几间破房子的：

> “雅舍”最宜月夜——地势较高，得月较先。看山头吐月，红盘乍涌，一霎间，清光四射，天空皎洁，四野无声，微闻犬吠，坐客无不悄然！舍前有两棵梨树，等到月升中天，清光从树间筛洒而下，地上阴影斑斓，此时最为幽绝。直到兴阑人散，归房就寝，月光仍然逼进窗来，助我凄凉。
>
> 细雨蒙蒙之际，“雅舍”亦复有趣。推窗展望，俨然米氏章法，若云若雾，一片弥漫。但若大雨滂沱，我就又惶悚不安了。屋顶湿印到处都有，起初如碗大，俄而扩大如盆，继则滴水乃不绝，终乃屋顶灰泥突然崩裂，如奇葩初绽，訇然一声而泥水下注，此刻满室狼藉，抢救无及。

窗外下着蒙蒙细雨，让主人感受到大书法家米芾的草章，尚且可解；明明是破房子，却说它是“雅舍”，大雨滂沱之时，“屋顶灰泥突然崩裂”，却联想到奇葩初绽，就有些匪夷所思了。

怎么理解这种精神？这不是传统中国人“达则兼济天下，穷则独善其身”的精神却又能说是什么？这不是对东坡先生被贬之后生活极度困顿之中尚能庭下赏月，尚能感慨“何夜无月，何处无竹柏，但少闲人如吾两人耳”的效法又是什么？

传统中国人对世俗的人生和心灵的人生、对生命始终有着既现实又超然达观的意识，这种意识说它是儒家也可，说它是道家也可，甚或说它是佛家的精神亦未尝不可。人本来就是这世界的匆匆过客，凡几十年时间，哪里才算得上是自己的归宿呢。好似梁先生对“雅舍”的总结：

> “雅舍”非我所有，我仅是房客之一。但思“天地者万物逆旅”，人生本来如寄，我住“雅舍”一日，“雅舍”即一日为我所有。即使此一日亦不能算是我有，至少此一日“雅舍”所能给予苦辣酸甜，我实躬身亲尝。刘克庄词：“客里似家家似寄”，我此时此刻卜居“雅舍”，“雅舍”即似我家。其实似家非家，我亦分辨不清。

人本身就是这个世界的匆匆过客，这个感念，在中国这个非宗教的国度里，亦有着非常深刻的认识。即便是俗人，也明白“生不带来，死不带去”的道理，那么何妨把自己的住处称为“雅舍”呢？

我们如果明白梁实秋先生之“雅舍”是在中国遭受日本侵略，国家民族处于危亡之秋，人民生活在水深火热之中的背景下，我们可能对梁先生的“雅舍”会有另一番看法了吧。

事实上，梁先生的“雅舍”观在当时就曾被许多人痛斥，鲁迅先生甚至骂他是“丧家的，资本家的‘乏’走狗”。不过，陈漱渝先生在评价梁先生时有一段话倒值得我们思考：“在抗日战争期间，曾经产生大量爱国意识强烈、战斗激情澎湃的‘怒吼的散文’，也曾大量产生描绘抗战艰辛、反映民众疾苦的‘受难的散文’。由于历史条件的限制，这两类作品中的大部分篇什存在着不同程度的公式化、概念化倾向，尽管在当时产生了不可低估的鼓动作用和暴露作用，但事过境迁，已为大多数读者淡忘。与此相反，以《雅舍小品》为代表的‘闲适的散文’，却反倒愈显出它的艺术魅力。”（以上综见《梁实秋散文》，中国广播电视出版社，1989 年）

这种“雅舍”观，能不能说是“理性不足，情理有余”呢？我以为正是如此。

二、西方著名学者眼中的传统中国人

对于中国传统文化和传统中国人的观察，中国人自有中国人的视野，西方人有西方的角度。当中国的大门刚刚打开一条缝时，这些从门缝中挤进来的西方人，他们会怎样看这个他们从来没有见识过的世界呢？

有两点值得我们留意，一则是他们站在另一种文化的角度，对与西方文化有极大差别的中国文化，可作文化比较研究，或跨文化的研究；二则是他们跳出了中国传统文化和中国人的圈子，以一种旁观者的视角来观察他们所看到的一切，他们或许会少了一些情绪，多了一些理性。

本节要提到的著名西方学者有，阿瑟·史密斯（Arthur Smith，中文名为明恩溥）、赛珍珠（Pearl Buck）、伯兰特·罗素（Bertrand Russell），以及我们的近邻，日本学者桑原隲藏。最后我们还要提到几位现代外国学者的看法。

19世纪末、20世纪初，在世纪交替之间，有一位美国人，在中国生活了近半个世纪，据说对中国文化有着深刻的认识，对中国人有着深厚的感情，他把这种认识和感情写成了一本向西方人介绍中国的书，书名为《中国人的特性》（Chinese Characteristics）。他就是辜鸿铭先生专门提到过的那位阿瑟·史密斯（Arthur Smith，1845－1932），中文名为明恩溥。这本书在1899年出版，轰动一时。近年来亦有再版，竟颇为抢手，成为当今难得一见的文化奇观。

应该说，面对着历史悠久的中国文化和复杂的中国人，阿瑟·史密斯先生是非常谨慎的。他在这本书的“导言”中承认，“中国幅员辽阔，一个人只是在其中几个省居住，考察过的省份不到它的一半，当然没有资格对整个国家做出概括”。（阿瑟·史密斯《中国人的特性》见《中国人三书——中国人气质》，北方文艺出版社，2006年，导言4页）阿瑟·史密斯的自我期许是，尽量客观地描述出中国人的气质来。他说“要想拒绝赞美中国人所具有并表现出来的优点，我想不到任何理由；同时，又存在着另外一种危机，即屈从于既定的思想框架，给予中国人超过实际道德品行的高度评价——这种做法的危害性并不亚于那种不分青红皂白的指责。”（上书，4－5页）

作为一个西方人，能够对古老的中国文化有这样的文化视野，实在是非常难得的。怪不得连鲁迅先生都要说：“我至今还在希望有人翻出斯密斯的《支那人气质》来。看了这些，而自省，分析，明白那几点说的对，变革，挣扎，自做工夫，却不求别人的原谅和称赞，来证明究竟是怎样的中国人。”（《鲁迅全集》，人民文学出版社，1989年，第六卷，626页）

只要看看它的目录就可以知道这个金发碧眼的西方传教士是如何看待当时的中国人的特性了：保全面子，节俭持家，勤劳刻苦，讲究礼貌，漠视时间，漠视精确，易于误解，转弯抹角，顺而不从，思维含混，不紧不慢，轻视外族，缺乏公心，因循守旧，随遇而安，顽强生存，能忍且韧，知足常乐，孝悌为先，仁爱之心，缺乏同情，社会风波，重责守法，相互猜疑，缺乏诚信，多元信仰，裙带关系，善于吸收，好吃名利，轻信温和，安于寄生，忽视基础，不会保护古迹，重视中介人，缺乏利他主义等。

书中所述，大多是史密斯先生在中国期间所观察到的彼时中国人生活方方面面的点滴的罗列。中间有褒有贬，有扬有抑，倒也不用去多管它。也有相当的地方有自相矛盾之处，例如"缺乏同情"，就与他所观察到的"仁爱之心"和"孝悌为先"等就互相矛盾，也与我们所知道的中国文化的整体精神背道而驰；再如他所说的"缺乏公心"就与"重责守法"也自相矛盾。

假使我们不去理睬他在谈到这些特性时可能的文化偏见和我们在情绪上难以接受的高贵意识，我们该承认，他说到的中国人的这些特性，并不是太离谱。即便在今天，在国人身上，这些特性不是还相当程度地存在着吗?

例如中国人"缺乏精确的习惯"的特性，辜鸿铭认为这个特性正是由史密斯提出，并因之而扬名海外的。在史密斯眼中，这种特性在中国人的日常生活中实在有举不完的例子，并且大部分是他自己的亲身感受。例如，"最能反映中国人的民族特性的，莫过于说人的年龄大小。最简单、最常见的事情，就是根据一个人的属相，能轻而易举推算出这个人的年龄。事实上，在中国，如果说一个老人有'七八十岁'了，可能去年才满七十岁，在他们的观念里，一过七十岁，就是'八十'的人了，如果想弄得准确些，就要先减去后面这个'常数'。中国人即使说出了他的准确年龄，也不能太相信，因为他给出的多是过完下一个春节后的岁数。"（上书，31 页）

史密斯不知道，中国人在说自己的年龄时至少有两种说法，一是实岁，就是实际已经过了多少岁的生日；二是虚岁。所谓虚岁是中国人认为，人一生下来就已经一岁，而不是西方人那样的零岁。如果一个人恰好在年底出生，那么他的虚岁就比实际的年龄大了整整两岁。而中国人在告诉别人自己的年龄时更多的是报虚岁。

作为一个不了解中国文化的外国人，史密斯的迷惑是可想而知的，不管他在中国生活了多少年。"外国人学习中文，最开始遇到的困难就是，用一个什么样的词来区别他人，表明自己的身份。西方人喜欢把一切弄得很确切，这对中国人来说是很难理解的，他们的思维方式和我们有很大不同。"实在说，作为一个地地道道的中国人，我对他的迷惑也很有些感同身受。即使在今天，"马虎"和"将就"也是我们日常生活中最常用的词汇。

史密斯一定去过中国的农村，他所了解到的东西和我们所知道的并没有多少差别。"中国人不想知道，也不知道他的村子里有多少人家，知道那些根本就没有什么意义。有'几百'、'好几百'或者'没有多少'，这就够了，可想而知，准确的数字，过去没有，现在没有，将来也不会有。”（上书，32页）史密斯的话一点也不过头，我自己就曾经有过完全相同的经历。一次我到农村里去，在路上问一个老乡某某地方还有多远，老乡告诉我“还有十来里。”我兴冲冲往前走，走了大半天，这“十来里”才走到。原来这“十来里”足足有四十多里。后来问当地人，他们在观念上把一百里内都叫做“十来里”！

我们当然应该驳斥史密斯所谓在中国“准确的数字，过去没有，现在没有，将来也不会有”的论调，但这种驳斥只能是情绪上的而不是理性的。即使在今天，要说这种现象已经完全绝迹也只能是异想天开的事。在我生活的城市深圳，究竟有多少人口始终是困惑政府官员和老百姓的事情。政府公布的年鉴可能说是600万，而报纸上却说是1000万，管理粮食的部门则反驳说应该是1200万，因为一年中用掉了1200万人才能消耗的大米！

给人印象更深的，是史密斯对中国人“知足常乐”的观察。据他自己讲，这是他在出版时新加进去的：

> 中国人因为知足，所在日常生活中，就不曾有“鸟飞鱼跃”之事。他“天生”就有一种勤劳、热爱和平，遵守社会秩序的本能。此外，上天还赐予他无限的、无与伦比的忍耐力，当遭受苦难时，他们便会认为，苦难的原因是无法预料的，对苦难的到来，自己是无能为力的。通常说来，他都感到很快乐，神情从容而不紧张，并且对于屈辱的消解能力极其之大，就如同鸵鸟一样。……遭受挫折时他们往往并不竭力以头撞墙来表示不满，这在他看来，多少是有些不合理的。相反，对绝大部分事情，他们是绝对屈从的，从来就不严肃认真地提出任何抱怨。……中国人的一个最主要的享乐便是同别人聊天，无论是老朋友还是完全陌生者，都无关紧要。谈话中抨击时政，品评社会带来的乐趣，大大减轻了他们所遭受许多苦难的痛苦程度，这是毫无疑问的。（上书，128－129页）

即使百年以后，我们再来阅读阿瑟·史密斯的著作，书中所述中国人对心灵的直观，对理性的漠视，对现实生活的随意，仍然到处可见。

在中国人的观念中，生命的过程本身是艰辛的，寻常的生活是苦痛的，困难和挫折随处可见。但无论怎样艰难困苦的日子总得要一天天过去。既然如此，为什么要把事情弄得那么明白，那么“精确”呢？中国人既能意识到人生“忧患与生俱来”“不如意事常八九”的大道理，就并不会对苦痛的人生做过多的指望，又能把日常生活中哪怕最小的快乐作最大可能的放大。随遇而安，得过且过，得乐且乐，得饶人处且饶人（饶别人，也饶自己）——这些就是扎根于中国人天性中的基本人生态度，也是中国人克服焦虑情绪的秘诀之一。

“知足常乐”的天性实在是传统中国人人生最好的润滑剂。这个润滑剂不仅滋润了平民百姓那苦难多于快乐的人生，也极大程度地平复了士大夫阶层的充满着渴望的心灵。有了这样的润滑剂，中国人就可以从最不幸的遭遇中寻找生活下去的理由，把哪怕最小的快乐无限地放大，并且从自己找到的、经过放大的快乐中感谢上天没有让他走到绝路，真个是“好死不如赖活着”啊！没有这种润滑剂，中国人在苦难的人生中是一天也活不下去的。中国人为什么会“知足常乐”？还是只有“情理”二字方能解释。

史密斯所观察、所描述的“中国人的特性”——一方面是“缺乏精确的习惯”，另一方面是“知足常乐的天性”，这两个方面合起来，是否可以归纳为“理性不足，情理有余”呢？没有别的选择，我们只能作出肯定的回答。

还有一个不能忘记也不可忽视的人物，就是赛珍珠。

赛珍珠（Pearl Buck，1892－1973）是美国著名女作家。她在出生几个月时就随父母来到中国，度过她的童年和青少年时期。以后又有较长时间在中国居住，据说能操流利的中文，写得一手娟秀的小楷。1931 年，她出版了描写中国农民的长篇小说《大地》（*Great Earth*），使她成为 1938 年诺贝尔文学奖得主，并赢得了世界性的声誉。

赛珍珠是个颇受争议的人物，几面不讨好。当她的《大地》出版并获得诺贝尔文学奖后，被鲁迅先生批评为“肤浅”，认为她所了解的中国，不过是“浮面的情形”。1949 年以前，国民政府似乎也并不怎么喜欢她，据说连她的诺贝尔文学奖的颁奖仪式也懒得派人出席。新中国成立后，赛珍珠更完全成为反面教材，但凡提到她，皆指为“美国的反动文人”“美帝国主义文化侵略的急先锋”。

不过近年来她在中国大陆好像又翻身了，她当年在金陵大学（今南京大学）和江苏镇江的旧居被修葺一新（《人民日报海外版》2002 年 10 月 29 日的报道是“修旧如故，以存其真”，着实够得上“名胜古迹”的地位了），庆祝这位在中国度过了半生，而毕生从事中国文化和中国人研究的美国作家 110 周年诞辰。她本人更被誉为“中西文化沟通的桥梁”。中国人对她的评价似乎只有褒而没有贬了。

半个世纪前，瑞典学院诺贝尔文学奖评奖委员会给赛珍珠的获奖评语是：

她曾经生活在中国人当中，与他们共度所有的兴衰变迁，共度丰收年景和饥荒年头，共度革命的流血动乱，共睹乌托邦的谵妄。她结交知识阶层，和民风古朴的农民交往，而这些农民在看见她之前几乎没有见过一个西方人的面孔。她以纯粹的客观性使生活充实了她的知识，给我们提供了使她名扬世界的农民史诗《大地》。（赛珍珠《大地》，漓江出版社，1988 年，1073 页）

《大地》讲述了男主人翁，一个名叫王龙的典型中国农民从一无所有到成为一个大地主，从离开土地到回归土地的故事。

故事就以王龙的婚姻以及他的人丁兴旺之梦开始，至于他的妻子阿兰，他没有梦见她，因为他从来没有见过她。而这并没有什么不恰当。她是邻村一个大户人家的仆人，又因为据说长得难看，所以很便宜就能买到，又由于这个原因，这个大户人家的儿子们没有纠缠她，新郎对这一点是看得很重的。

由于他的妻子是一个劳作上的好帮手，所以他们的婚姻很美满。凡是对她提出的要求她没有不满足的，而她自己则一点也没有，她是完全顺从的、沉默的、但又聪明，行动敏捷。

成功总是伴随着他们，他们能够省下一笔钱作他用，王龙最大的愿望是成为一名父亲，其次就是得到更多的土地来种植。现在这第二个愿望可能不知不觉地冒了出来，他能够买更多的土地，一切都预示着幸福——然而命运之手的打击降临了，旱灾降临，土地荒芜，他们卖了地就能够避灾，但是卖地意味着把未来出卖，他们宁肯举家往南方城市要饭，也不愿意把土地出卖。

由于阿兰在幼年要饭的经历，使得他们一家在南方城市的要饭生涯得以维持一家的生计，最后命运之手再一次保佑了他们。在一次暴动中给了这户人家一笔财产，王龙得以和全家回到故乡。不仅如此，他们还有钱买地、得以实现他富有的梦想。

王龙过上了地主悠闲的生活，可心中再没有了真正的安宁。他娶了一个小妾，把阿兰冷落在一个黑暗的角落，让她精力慢慢耗尽后死去。

儿子们都不是什么好东西，大儿子沉溺于声色，二儿子成了一个高利贷者，三儿子成为一名军阀，祸害这个不幸的国家。中国这个中央帝国在动荡的新生中被扯得四分五裂。（上书，1074－1076 页）

王龙在尝尽了人间的酸甜苦辣和悲欢离合后终于悟到了自己的人生归宿。这个归宿就是王龙在临死时嘱咐子女的一段话：

“我们从土地上来的……我们还必须回到土地上去……如果你们守得住土地，你们就能活下去……谁也不能把你们的土地抢走……”（上书，321 页）

王龙终于回到生他养他的土地中去了。

再次建议读者直接去读这本小说，去看看从一个外国作家的眼中所看到的那个时代的传统中国农民——他们的生活、梦想、痛苦、快乐，他们与土地的关系，以及他们在动乱的社会中的种种挣扎——究竟是什么样子。

《大地》中王龙的性格也许代表了传统中国农民的矛盾心理：勤劳踏实，服从命运，既屈从于自身的社会地位，也希望通过自己的勤劳慢慢地改变自己，更梦想着命运有朝一日会来惠顾自己；只要社会稳定，能过得下去，就严格地恪守孝道，遵守伦理道德，诚实而且朴实；对有钱人，则充满了仇视、嫉妒，或许还夹杂着更多的崇敬的心态。一旦自己成为有钱人，却马上显现出骄傲的态度和傲慢的行为来；给人的印象是老实巴交，服从命运的安排，但对待生活中的具体事情却有许多狡黠的好手段；只要有机会，就会离开那片滋养他的土地，而内心对土地怀有深厚的感情。人性中的诸多矛盾心理，集中在中国农民身上体现出来。

不仅如此，王龙作为赛珍珠塑造的典型环境中的典型人物，更具有分裂的性格——坚定执着与粗鲁猥琐并存，英勇善良与懦弱卑鄙并存，勤勤恳恳与游手好闲并存，老实巴交与聪明狡黠并存，尊敬崇拜与仇视嫉妒并存……。对于这诸多的并存，我们又何以不能说，正是中国传统文化带给传统中国人的性格特征呢？我们再把王龙们的性格综合起来看，又何以不能说，“理性不足，情理有余”的文化精神已经非常充分地体现出来了呢？

还需要特别提到另一位外国学者是罗素先生。我们已经在多处引述过罗素先生的观点，这里对这位先生做一个简要的介绍。

伯兰特·罗素（Bertrand Russell，1872－1970）是 20 世纪声誉卓著、影响深远的英国哲学家和思想家。他的一生著述丰富，涉及哲学、数学、伦理学、社会学、历史学、宗教学和政治学等诸多领域，尤以数理哲学和逻辑学的建树最为突出。作为一位对人类进步事业十分关切和拥护的人文学者，罗素一直对中国和中国人民怀有特殊的感情。他在 20 世纪初专程来华访问，在中国讲学、考察，居住了半年多。回国后，写成一部专著《中国问题》（*The Problems of China*）全面系统地阐述了自己对中国问题的见解和对中国人的看法。

罗素先生开宗明义阐明了自己对“中国问题”的立场，联系到二十世纪初叶中国的实际状况，这种立场是多么难得：“若要使西方各国与中国的交流产生良好的效果，我们就不应该自命为高等文化的使者；更不应该视中国人为劣等民族，而自以为有剥削、压迫和欺骗他们的权利。我认为，没有任何理由视中国人为劣等民族，而且大多数对中国稍有了解的人也都会同意我的观点。”（罗素《中国问题》，学林出版社，1986 年，2 页）罗素先生讲了好几个西方人对中国文化和中国人的“不应该”，那么我们“应该”说，作为一个西方人，这实在是难能而可贵的。

那么，在罗素的眼里，中国人的性格又有什么特点呢？罗素所看到的是，“中国人温文尔雅，他们所要求的只不过是正义和自由。他们的文化比起我们的更能使人类快乐。”（上书，132 页）在人性与追求快乐的目的这个问题上，罗素似乎更像一个传统的中国人，他的另一句话说出了这个观点：“对我来说，中国人的方式并不意味着幸福。但在对造成贫困与疾病的原因作了必要的推断后，我倾向于认为：中国人的生活给中国人的幸福要比英国人的生活带给英国人的幸福多得多。”（上书，57 页）简直要成另一个辜鸿铭了。这话如果不是出自罗素先生之口，准会被人认为是呓语。

罗素认为，中国文化能带给中国人快乐并不是因为舒适的生活——譬如良好的卫生条件、物质生活的富裕和便利、整洁有序的街道等——事实上，他所看到的中国“拥挤不堪，疾病丛生”（上书，57 页），而且“初来乍到的人会震惊于明显的罪恶：乞丐、极度贫穷、疾病流行、政治混乱腐败”（上书，158 页）。中国文化带给中国人的快乐是由于，“中国人，所有阶级的中国人，比我所知道的其他任何人种更爱逗乐，他们从世间万事中都找到快乐，一句话就能化干戈为玉帛。”（上书，158 页）中国人这种快乐的得来是深藏在中国文化中对一切“安之若素”的精神和“知足常乐”的态度。无论是儒家，还是道家，都教给了中国人这样的精神和态度，并不需要刻意去追求。你看罗素举的一个例子：

> 我记得有一个热天，我们一行人出游，坐轿登山。山道崎岖难行，轿夫十分辛苦。到了旅行的最高峰，我们休息十分钟，让轿夫也可休息一会儿。他们于是坐成一排，取出烟管，互相取笑，仿佛世间万事都已了无牵挂。如果在任何一个工于心计的国家，他们肯定会乘机抱怨酷暑难当，以求增加小费的。（上书，158 页）

中国人既善于从生活中找到人生的快乐，更善于忍耐生活中的苦难。“中国人的性格中最让欧洲人惊讶的莫过于他们的忍耐了。”万事忍耐，是中国人对付诸如“乞丐、极度贫穷、疾病流行、政治混乱腐败”的苦难现实的秘诀。这不仅仅是出于无奈之举。中国人的忍耐并不是被动，而是主动的忍耐，这很像伟大的心理学家弗洛伊德所说的“主动性遗忘”，进而成为中国人的集体无意识。

罗素所看到的中国人的忍耐性，还有更深的内涵：“受过教育的中国人都清楚地感到外国的威胁。……不过，中国人既不仿效日本人去抵制外来的势力，又不听命于外国势力而无所作为。他们的思考不是以十年为单位，而是万年。他们曾经被征服过，最初是蒙古人，后来是满洲人，但两次都同化了征服者。中国文明未经变化地保存了下来；几代人之后，征服者比中国人还中国人。”（上书，163 页）我们将在第八章，专门介绍中国文化对企图征服中国的外来文化的两次同化，罗素先生的这段话，恰可作为印证。

罗素说得一点不错，中国人永远相信，任何困难都是暂时的，总会过去的。只要能忍耐，随着时间的推移，一切都会好起来。中国人动辄想到自己有几千年的文化历史，动辄回顾自己在历史上的风光和辉煌。是啊，想想看，我们只是近百年来才落伍，才不如人家，这有什么要紧呢？百年和几千年相比，孰轻孰重呢？

在罗素眼里，每个中国人都是“最现实的哲学家”：对于苦难，对于可能发生的威胁和危险，中国人会问：“兢兢业业防患于未然是不是明智？为了防备将来可能发生的灾害而失去许多现时的快乐是否称得上深谋远虑呢？虽然一直在建造大厦，却一直无暇去住，我们将如此度过一生吗？”（上书，158 页）

不过，罗素在中国看到的“最现实的哲学家”，却远远离开了理性。“中国文化中有个弱点：缺乏科学。”（上书，39 页）缺乏科学，就是缺乏理性主义的精神。站在西方文化的立场，罗素先生告诫他的同胞，“我们可以教中国人的并不是我们的道德，也不是治国箴言，而是科学与技术。中国的知识分子所真正面临的问题是学习西方人的知识而不要染上西方人机械的人生观。”（上书，63 页）

从文化学和社会学的角度来看，我不免要说罗素先生的良好愿望实在是难以实现。文化从来就是一个整体，西方人既要把自己先进的科学技术传授给中国人，就不可避免把自己的价值观一股脑儿挟带在一起，贩卖给中国人；即使西方人不这样做（西方肯定要这样做，事实上，西方已经这样做了），中国人自己也要面临这个难题的。

我一再说，作为一个西方人，罗素先生的这些看法是难能可贵的，是我们必须要重视的。从罗素先生用他独特的视角对中国人的观察中，仍然可以证明我们的观点，中国文化，中国人的人格实在是“理性不足，情理有余”的。

最后要介绍我们的邻居。日本学者桑原隲藏（1871－1931）是日本近代研究中国历史的先驱者和开创者，他于1927年出版了著作《东洋史说苑》，这部书是他研究中国文化和中国人性格的短篇论文集。作为日本人，既然是邻居，又同属于东方文化，他对于中国文化和中国人的看法值得我们来了解。

桑原隲藏在谈到中国人的民族性时开宗明义地说：“正如每个人都有自己的个性一样，一个国家、一个民族都有属于自己的风格和气度，这就是一种国民性或者民族性的体现。……中国也不例外，也具有自己的民族性，最为显著的莫过于文弱和保守，在几千年儒家思想的熏陶下，中国人形成的文弱保守性，早已广为人知，现在加以系统地提出来，并不是什么新鲜的论说。”（《中国人三书》，北京文艺出版社，2006年，203页）在桑原隲藏看来，中国人文弱的性格，从孔子时代就开始了，成为中国人热爱和平，避免任何争斗，尽可能忍让妥协的性格根源。

桑原隲藏认为，中国人热爱和平是举世公认的，但这种精神主要是由于文弱和妥协的性格造成的：“中国人是最善于妥协的，妥协性的确是中国人的国民性之一。文弱，长于打算的中国人，很早就明白小到争斗，大到战争这些都是有危险的又没有利益的事，无论是个人还是国家，都尽量避免它的发生，代之以妥协来解决问题。其实，与其说中国人经常妥协，不如说他们有滥用妥协的倾向。”（上书，220页）联系到20世纪30年代开始的中日战争，我们不能不怀疑桑原隲藏在分析中国人的妥协性性格时的心态和动机。不过我们姑且不论他的心态和动机如何，善于妥协，追求和谐却不失为中国人性格中的重要成分。

如果要深入分析中国人善于妥协和追求和谐的性格，归根到底还是中国人“理性不足，情理有余”的文化精神所致，而不是由于桑原隲藏所谓天性中的文弱。理性不足，就使中国人不能精于计算和在利益上寸步不让，也使中国人对于事情的总体把握强于任何具体得失的算计。情理有余，更使中国人把追求和谐（哪怕是表面的和谐）放到至高无上的地位。怎样才能达到和谐？最好的办法就是妥协。

在桑原隲藏看来，除了文弱的特性，中国人的性格中更有保守的一面。

中国人保守的原因可以从下面几点分析出来。

一、中国人天生的气质就有保守性。

二、中国是四大文明古国之一，自古以来其灿烂文化就远远高于四周的民族，所以中国人向来就以本国的文明自负，认为自己的文明是独有的，是别人望尘莫及的，并且尽力去维持、保存这种文明。可以说这种习惯造成了中国人的保守性。

三、儒教在中国有着深远的影响，它的思想就是尚古保守的。（上书，212 页）

保守性给中国人带来的最直接的结果是，凡事崇尚祖宗，一切遵从先例。祖宗的东西都是对的，是不能有任何改动的，即使是创新，也要假托古人或先例。“引经据典”是中国人最常用的办法，因为只有这样做，才能达到自己想达到的目的，也才行得通。

保守性当然有很多消极效用，其中之一是名与实的分离。“相对于精神，中国人更重视外在形式的表现，这和他们的保守气质密切相关。在中国人的习惯中，名与实常常是相分离的，在外国人眼里，有些现象就显得十分有趣。”（上书，218 页）我在前面曾经讨论过儒家文化名与实相分离的事实，举过关于中国人“说一套，做一套”的例子，如中国人在性问题上的“说法”和“做法”就是完全分离的。譬如中国男人纳妾是为了多生后代尤其是男性后代，这完全是和孝联系在一起的，因为“不孝有三，无后为大”。

桑原隲藏也举到关于中国人在孝的问题上名实分离的例子：

“比如说，中国人向来提倡以孝为本，孝被认为是最大的善行，是国家与社会的基础，所以历朝历代对孝行都有一定的奖励。诚然，尊老是一种美德，但体现在先形式后精神的中国人身上，孝行，难道就是赤身裸体地躺在结冰的河上，向上天祈求母亲病愈吗？中国以前就有二十四孝之类关于孝行的极端化的样本，比照模仿的人一定不少，其出发点可能是对功名利禄的追求。”（上书，218 页）

中国文化中的保守性最主要的原因恐怕还是由于中国文化是世俗的文化和伦理的文化的高度统一，现实生活和精神生活的高度统一的结果，更是中国文化“理性不足，情理有余”的精神的体现。用梁漱溟先生的观点，中国文化是早熟的文化，这种早熟的文化的特点是用心和向内用力，不需要向着外面去扩张自己，故而体现出来就是保守性的。在今天看来，中国文化的保守性让中国人在现代化和全球化过程中大大落后于整个世界的发展，也让中国人吃了不少亏。

如果说前面提到的几位外国人都是在 19 世纪和 20 世纪之交，在中国刚刚打开国门，中国社会刚刚开始转型时对中国文化和中国人进行观察后得出的意见和看法，那么，生活在现代的外国人对中国人是怎么认识的呢?

居住在香港多年的西方学者彭迈克1993年出版了一本著作《难以捉摸的中国人》，可以视作现代西方人对中国文化和中国人特性的认识。（我见过此君，并有过简短的交流，奇怪的是他研究中国文化和中国人的特性多年，竟然一句中文也不会讲，不知他对中国人的研究是如何进行的——这也是一个有趣的文化现象。）

彭迈克在该书的“前言”记述了几件在他看来既有趣又不可捉摸的事情。

第一件事：

> 有一个三十多岁的妇女上了火车，她背上用布带背了个婴儿，一手提了许多购货袋，一手还拉扯着一个三四岁刚学步的孩子。车厢很挤，所以我把座位让给了她。她谢了我，把那孩子放在座位上，可自己仍然站着。

另一件事：

> 我们系里有一个职位。要一位应聘者举行讲习会，这样我们可以直接了解他的研究情况。他一开头就抱歉没有很好地准备，他说：“这个星期我很忙，所以我没有时间费心准备讲课，有什么缺点请你们原谅。”（彭迈克《难以捉摸的中国人》，牛津大学出版社，1993年，75－76页）

这些在中国人看来是司空见惯、稀松平常的事情，在一个外国人眼里就觉得难以捉摸，不可思议，而且这个外国人在中国香港竟然“已经生活了十五个年头了。”究其原因，还是这位英国绅士对中国人的“情理”生活模式不大明了的缘故。那个接受了别人的座位却让自己的孩子来坐的妇女的行为，是合乎中国人情理的，因为在中国人看来，小孩子永远需要受到更多的保护，即使这样做对训练一个儿童的自立精神并没有什么益处。

同样，那个明明做好了充分准备却要申明自己没有时间准备的香港中文大学的教师也是合乎中国人的情理的，这既是必要的礼貌，每个中国人对他的意思也都心知肚明，他不这样说反让人感觉不对劲；也是他给自己准备好的台阶，万一不能得到那个职位，是由于“这个星期我很忙，所以我没有时间费心准备讲课”，不至于丢太大的面子。实在说，这是他自我保护和克服焦虑的好方法。

彭迈克实在用不着大惊小怪。

现代许多心理学家大多采用科学的或实证的研究方法对中国人的心理进行研究。我想引用彭迈克书中关于“冲突的处理”一段：“中国人认为发起任何种类的争吵，都会招来混乱。因而，他们尽可能避免直接的对抗，如果需要的话就间接地予以处理。这种不喜欢争论的传统，使许多社会心理学家在进行由西方设计的侵犯实验时大吃一惊。麦德森（Michael Madsen）设计了一种纸板游戏，以评价儿童的竞争感和合作反应。当他和美国儿童改变奖励结构时，他发现美国儿童很快便从合作改变为竞争。但是，他用改变奖励结构的办法，却不能影响台湾和香港的儿童做出这种改变。他们继续合作，即使不合作对他们更有利。对人际和谐的要求是如此强烈，以致暂时的经济利益不能征服它。”（上书，75－76页）

彭迈克说得一点不错，为了人际关系的和谐中国人是不惜牺牲某些利益的，因为人际和谐是中国人情理生活中重要的一环。但是，西方人不能明白，即便“和谐”也有个重要的前提，就是看维持这种和谐是否合乎中国人的情理。如果合乎情理，则不妨牺牲利益，甚至重大的利益；如果不合乎情理，则寸土必争，寸步不让，打得头破血流也在所不惜的。中国人常说：“欺人不能欺得太甚”，何以为“欺人太甚”？就是我们的同胞们经常说的另一句话：“杀人可恕，情理难容”。所以，凡事如果涉及情理问题，中国人永远不易的原则是：“人不犯我，我不犯人，人若犯我，我必犯人”。

更需要指出的是，彭迈克以及他所引用的观点较多来自中国文化和西方文化之间的实证性研究。做这类研究固然符合现代心理学作为一门科学的基本的要求，但稍不留神就会被一些表面的现象蒙蔽。殊不知其中迷雾重重，许多不易被察觉的文化情结深藏在被观察者的行为后面。所以在做实证研究时要小心，在做结论时尤其要非常小心。

我们分别引述了有代表性的几位中国学者和几位外国学者关于中国传统文化和传统中国人性格的观察以及他们的基本观点。无论是中国学者还是外国学者，他们虽站在各自不同的立场，各有不同的角度，但都不约而同地指明了传统中国人的人格特征，这个特征就是：“理性不足，情理有余”。

我们还得到了一个重要的结论：传统中国人的人格特征与中国文化的基本特征是完全一致的，传统中国人与传统的中国文化是完全协调的，两者之间犹如鱼和水之间的关系。传统的中国人，就是这样——优游于自己的文化之中，专注于自己的内心修养，把“形而下”的世俗生活和“形而上”的心灵的生活完全、彻底结合起来了，只有这样的生活是“合情合理”的。

不过在如何“合乎情理”这件事上，由于缺乏客观的指标，何事合乎“情理”，何事不合乎“情理”，怎样是合乎“情理”，怎样不是合乎“情理”，倒是颇难拿捏的。

三、传统中国人的心理模式

所谓心理模式，就是一套相对稳定的心理行为方式。心理模式一旦形成，人们将自觉或不自觉地从某个固定的角度去认识、思考问题，并用习惯的方式解决问题。

心理模式和人格特征的区别在于，后者是人的宏观的人生态度，是人对自身心理和行为的整体把握，前者则是在人格特征的指引下，人在日常生活中的概括性和习惯性的行为方式。

传统中国人的心理模式与传统中国文化和人格特征保持了协调和统一，这种“一致”“协调”和“统一”的文化基础仍然是“理性不足，情理有余”的总体文化精神。

在“理性不足，情理有余”的文化基础上，我们可以把中国人传统的心理模式概括为六个方面：重义而轻利的心理模式，重动机而轻效果的心理模式，重形式而轻内容的心理模式，重耻感而轻罪感的心理模式，重克制而轻享乐的心理模式，重适意而轻思辨的心理模式。

第一，重义而轻利的心理模式

重义轻利是儒家一贯的主张，孔子本人就说过一句至今流传不衰的话：“君子喻于义，小人喻于利”（《论语·里仁第四》）。

要说传统中国人是不是重义轻利，就须对“义、利”有所界定。先看古人怎么说。要看古人怎么说，还要看我们怎样理解古人之所说。中国古人说话有两个特点：一是或含糊不清，或语焉不详，甚至在不同的地方使用时有不同的意思；二是不讲究语法，有时这个词是动词，有时是名词，有时又成了叙述词或形容词。如果用今天的逻辑学或语法学来理解，实在是颇费思量的。

在儒家学说里，“义”究竟是什么？它究竟侧重于人的精神境界哪些方面？

《孟子·告子上》：“义，人之正路也。”正就是“义”，不正就是不“义”。《中庸》中子思说：“义者，宜也”。《孟子·离娄上》宋·朱熹注：“义者行事之宜，谓人之路，则可以见其为出入往来必由之路，而不可须臾舍矣。”

这样看来，“义”有了两层含义：一是“正”，人们常说要走正路，行正义，就是这个意思。不过怎样算是正？怎样是不正？这样就有第二层意思，“适宜”。做适宜之事，说适宜之话，就是“义”。再拆开来看，何谓适宜？何者适宜？《管子·心术上》：“义者，谓各处其宜也。”

下面引述孔子部分关于“义”的论述，并附以我的理解和评价。

“不义而富且贵，于我如浮云。”浮云者，过眼之烟云也。这话说得何其轻巧！“富与贵，是人之所欲也”，人在本质上就是喜欢“富贵”二字的。这既给追求富贵的人提个醒，更给清贫的人提供了一个心理平衡的好武器。

“上好义，则民莫敢不服。”俗话说，上梁正，下梁就正；上梁不正，下梁就歪。天下一理，概莫能外。儒家文化是一种伦理文化，是调整人际关系的文化，是统治者的文化，也是被统治者的文化。身处高位的人追求“义”，下面的人就不敢不服从。统治的武器也是道德的武器，统治者就是教育者，这在中国文化中传承不绝。

“无欲速，无见小利。欲速则不达，见小利则大事不成”。这句话人人能懂，占小利则吃大亏，吃小亏就会占大便宜。这个道理对不对？当然对。只是道德问题一转而成了方法问题、手段问题，可见孔子并不完全排斥利益。

“君子义以为质”。孔子要求君子要以“义”作为自己的本性。如果把“义”和“利”两相对立就很难办，因为人的本性是追求富与贵，是人之大欲，正如告子所谓“食色，性也”。这给我们一个启示，孔子大概并不想把二者对立起来。

“君子义以为上。君子有勇而无义为乱，小人有勇而无义为盗”。如果无“义”，连君子也会成坏人啊，君子无义，比小人无义更可怕呢，小人充其量成为盗贼，君子却会乱天下。这里又出现了逻辑的混乱，君子本来就是“义”的代表和化身，何以会“君子有勇而无义”？譬如下句。不过不要紧，中国文化本来就是不大讲究逻辑的——“理性不足，情理有余”嘛。

“君子喻于义，小人喻于利”。孔子一生中倾其心要做的事情之一，就是把人群分为君子和小人两部分。用什么划分？就是义和利。“义”“利”的标准既是模糊的，把一个模糊的标准放到这样高的位置，在中国传统社会中，施行起来倒还顺理成章，进退有度，因为传统中国人本来就是“理性不足，情理有余”的。但在今天，不能不给正专心致力于现代化进程中的中国人带来很大困惑，以义为上的就是君子，以利益为上的就是小人，这是不是中国商业社会始终建立不起来的原因呢？

“君子之于天下也，无适也，无莫也，义以比之”。孔子这句话是什么意思？有人说这是把“天下”——国家、民族放到了第一位，没有什么个人利益。不过在我看来，另一种理解更符合孔子的本意：对于一个君子来说，面对和处理世界上的任何事情的标准和尺度没有别的，只有“义”。

到此处我们终于算是明白儒家文化中“义”的含义了，义就是适宜。适宜就是各种人要处于适宜的位置，做在这个适宜的位置上该做的事情。人处于不适宜的位置，做了不适宜的事情，就是不正，就是不义。

传统中国文化的核心就是以家庭为中心的人伦关系和由此演化出来的全社会的伦理道德。伦理道德关系就是人与人之间的适宜的位置关系，是每个人在自己适宜的位置上该做什么事情的准则。这才是“义者，宜也”的真实的和本质的意义。

儒家文化为什么把“义”和“利”那么显要的位置来讨论？当我们真正理解了“义”的含义后，我们明白了，如果不如此，就会打破固有的人伦关系，君不君，臣不臣，父不父，子不子，社会上的各种利益关系也会彻底混乱，这就动摇了儒家文化作为人伦道德的根本。

再来说“利”。孔子承认，追求“利”是人的基本生理和心理欲望。把“利”的意思扩大一些，可以和“富贵”“食禄”“出仕”“性（色）”等同义。“利”既是本性的欲望，就难以控制，难以驾驭。对此孔子有极为深刻的认知，他有一句话说得最为彻底：“吾未见好德如好色者也”。这说明，孔子从来就是一位现实主义者。

“义”和“利”是一对矛盾，但并不等于只要“义”，不要“利”，而是先“义”后“利”，要“大利”而去“小利”。孔子说过“见小利则大事不成”。当二者发生冲突时，必须要用“义”来克制住“利”。孟子把这个道理说得更明白：“生，亦我所欲也；义，亦我所欲也，二者不可得兼，舍生而取义也。生亦我所欲，所欲有甚于生，故不得苟得也；死亦我所恶，所恶有甚于死者，故患有所不辟也。”

“义”“利”关系的核心在哪里？何谓“大利”？何谓“小利”？何谓“以其道而得之”？就是看你是不是按照儒家所设定的社会伦常关系来取得。在中国传统社会中，每个人各自守住自己的位置，取得属于自己的那份利益就好了。

第二，重动机而轻效果的心理模式

动机和效果的关系，是哲学也是心理学的一个基本问题。从心理学上说，动机是人从事某一样工作或做某一件事情的原因，是启动、维持、指引人向着某一个目的的动因。肚子饿了要吃饭，天气凉了要添衣服，这是最基本最原始的动机。追求快乐，喜欢享受，无论是精神的还是物质的，这是较高一层的动机。牺牲自己，以全大义，以小我完成大我，“毫不利己，专门利人”

的精神也可能是人的行为动机。人在意识清晰的状态下不管做什么事情总是有一定原因的（潜意识的动机，我们不在这里讨论）。而效果则是指一件事情做得好还是坏，是不是达到了动机所企图达到的结果。

一件事情的效果如何，显然和动机有一定的关系，但二者之间并不一定是直线的或者相互消长的关系。用不着深奥的哲学和心理学知识，生活的常识就告诉我们，良好的动机可以得到好的效果，卑鄙的动机引出坏的结果；动机的强烈程度不同也可能引起不同的效果。同样，良好的动机有时也可以引出坏的效果，反过来，好的效果不一定是由于好的动机所造成的。“好心办坏事”，“歪打正着”，在世俗的生活中实在是很常见的事情。

那么儒家文化怎样看待动机和效果之间的关系呢？

儒家文化是重动机而轻效果的。儒家文化从来把个人的道德修养放在人格塑造的首位，而个人的道德修养主要是人内在的心理品性，就不免和客观效果评价脱节。

例如，关于“仁”。在《论语》中，孔子关于“仁”的话讲得最多，涵盖的范围最广，但意思也最模糊。原因之一就在于整个儒家体系中缺乏对这个概念可能产生的客观效应的明确的评判标准。“仁”所侧重的是个人内在道德修养的追求，而应该达到什么效果，则语焉不详。我们举几个例子看看：

“樊迟问仁。子曰：‘爱人’。”注意，这是孔子关于“仁”的最重要的解释。西方人把“仁”翻译为 heartkindedness，或 benevolence，即“慈爱”，均不能达意。辜鸿铭说：“在欧洲语言中，古老的基督教术语中的‘神性’（godliness）一词与‘仁’的意义最接近。因为‘仁’是人所具有的一种神圣的、超凡的品质。”如果说西方的“慈爱”是出于理性，那么我们就只能说传统中国文化中的“仁者爱人”是出于情理了。

“刚毅、木讷，近仁。”在孔子眼里，刚毅、木讷，这两个特点虽不能说就是“仁”，但已经非常接近“仁”了。在今天看来，一个人做人刚毅尚可，木讷则不可。何者为“木讷”？眼观口、口观鼻、鼻观心，指天、指地，指自己，反应迟钝，做事黏滞，这种性格特点在现代社会中很难说是优秀的和令人推崇的，首先其社会适应性就要打一个折扣。不管怎样，用某种性格特点来作为“仁”的注释，不能不说是儒家对效果评价的忽视。

“知及之，仁不能守之，虽得之，必失之。”即便有了知识，有了学问，如果没有“仁”来维护，不能被“仁”所“守之”，得到了也会失去。这句话更典型地表达出儒家重内心修养而轻外在行为、重主观动机而轻客观效果的主张。这是中国人道德至上主义、动机至上主义的发源地。在中国“文化大革命”中有一句有名的口号，叫做“宁要社会主义的草，不要资本主义的苗”，则是道德至上和动机至上主义的现代表达。

“子张问仁于孔子。孔子曰：‘能行五者于天下，为仁矣。’请问之。曰：‘恭、宽、信、敏、惠’”。“恭、宽、信、敏、惠”。“恭”是恭敬，“宽”是宽容或宽厚，“信”是诚实或诚信，“敏”是敏捷，“惠”是聪慧，这五个方面都属于自我的道德修养和处理人际关系的内容，是一个典型的谦谦君子的形象。实在看不出来这样的谦谦君子的形象和他的实际工作能力所取得的客观效果有什么关系。按照这个标准，人只要愿意做道德意义上的“好人”，善于处理好人际关系，即使不学无术、毫无成就也可以成为君子。

“仲弓问仁。子曰：‘出门如见大宾，使民如承大祭，己所不欲，勿施于人。在邦无怨，在家勿怨’。”这里强调的还是怎样通过道德的自我完善来处理好各种类型的人际关系。“己所不欲，勿施于人”，这就是儒家文化全力倡导的善于处理人际关系的君子形象。

第三，重形式而轻内容的心理模式

读者可能会提出问题：儒家文化重形式而轻内容的模式和前面讨论的重动机而轻效果的模式会不会有矛盾的呢？形式是外在的，看得见的，表层的东西——效果同样是如此；内容是内在的、看不见的，深层的东西——动机同样也是如此。那么怎么可能在这里重视的东西到了那里就变成不被重视的了呢？但如果我们稍作仔细的思索，我们会发现两者实际上并不矛盾。不仅不矛盾，而是同出一辙的和协调一致的。

把这两个表面上看来矛盾的东西统一起来的是儒家文化的另一个重要概念：“礼”。

在儒家体系中，最重要的观念当然是“仁”，但“仁”是通过“礼”才得以实现。孔子讲了一句非常著名的话来回答这个问题：“克己复礼为仁，一日克己复礼，天下归仁焉”。

孔子深怕没有把这个问题讲清楚、讲透彻，遂叫他的学生颜渊提问题，自己好再接着深一步解释。于是：

颜渊曰：“请问其目。”子曰：“非礼勿视，非礼勿听，非礼勿言，非礼勿动”。

这就对了。在儒家文化中，“仁”和“礼”宛如一对连体的兄弟，没有“仁”的“礼”和没有“礼”的“仁”都是不存在的。礼需要仁来限定，仁则需要礼来表达。于是，顺理成章——如果我们说“仁”是孔子强调的“动机”的话，那么“礼”就是孔子同样强调的“形式”——所以我说儒家既是重动机（仁），也是重形式（礼）的。仁是看不见的，而礼是实实在在，是看得见，摸得着的。

中国人是最重视“礼”的民族。“礼”可以是划分社会阶层的礼仪、礼节，也是体现于日常生活中的礼貌、谦逊。在一个既看重人际关系又重视“心灵的生活”的民族里，“礼”不仅是社会生活秩序的保障，更是心理生活的必需。如果说“仁学”乃“二人之学”，“礼”则为“二人之礼”，二者合并，就是伦理道德。

《论语》中关于“礼”的内容实在太多了！仅举个别最有名的句子，窥一斑而知全豹：

> 子曰：“不知命，无以为君子也；不知礼，无以立也；不知言，无以知人也。”
>
> 子贡曰：“君子亦有恶乎？”子曰：“有恶：恶称人之恶者，恶居下流而讪上者，恶勇而无礼者，恶果敢而窒者。”
>
> 子曰：“博学于文，约之以礼，亦可以弗畔矣夫！”
>
> 子曰：“先进于礼乐，野人也；后进于礼乐，君子也。”
>
> 子曰：“恭而无礼则劳，慎而无礼则葸，勇而无礼则乱，直而无礼则绞。”

“儒家”这个词的本来意义就是专门从事典礼和仪式的专业知识分子。相传是孔子所编撰整理的《仪礼》具体记载和规定了社会各个阶层的人所应该遵循的礼仪。这部大典原有五十六篇，经秦始皇焚书坑儒后仅剩十七篇，就这十七篇，亦有十分丰富的内容。西汉礼学家戴圣还编纂有《礼记》一书，内容则更加庞杂，条目繁多，宛若天上星辰。且不说做，读一遍都要把脖子累得断筋。

第四，重耻感而轻罪感的心理模式

耻感（或耻辱感）意识是社会学、文化人类学和社会心理学上的一个名词。所谓耻感意识又称“他律意识”。“他律”者，被他人所“律”也。换言之，一个人的行为标准来源于他人的评价系统，自己的行为好不好，不是自己认为如何，而是要看别人认为如何。与此相反则为罪感（或罪恶感）意识，称为“自律意识”，行为的准则存在于自我本身。

美国著名女人类学家本尼迪克特有一段话把耻感意识和罪感意识论述得十分清楚：“在不同文化的人类学研究中，分清以耻辱感为基调的文化和以罪恶感为基调的文化是一项重要的研究。以道德为绝对标准的社会，依靠启发良知的社会属于罪恶感文化，但在这样的社会中，例如在美国，当一个人做了某些蠢事，尽管这并不是罪恶的事情，他也会深感耻辱。也许一个人会因为穿着不合时宜或口误而感到极度懊恼。在以耻辱感为主要约束力的文化中，人们对估计会引起其罪恶感的行动感到懊恼。这种懊恼有时十分强烈，而且它不像罪恶那样通过忏悔和赎罪来减轻。一个犯了罪的人可以通过卸下重负而得救。这种坦白手段既被用于我们的世俗精神疗法之中，也被各式各样的毫无共同点的许多宗教团体所采用。我们知道它给人带来宽慰。在耻辱感成为主要约束力的地方，一个人即使向茶会牧师供认错误也不会感到宽慰。相反，只要坏行为'不为世人所知'，就不必烦恼，自供反会自寻麻烦。因此，耻辱感文化就是对神也没有坦白的习惯。他们有庆贺幸运的仪式，但没有赎罪仪式。真正的耻辱感文化靠外部的约束力来行善，而不像真正的罪恶感文化那样靠内心的服罪来行善。耻辱感是对他人批评的一种反映。一个人受到公开嘲笑与摈弃，或者以为受到嘲笑而感到耻辱，在任何一种情况下，耻辱感都将成为强大的约束力。但它要求有旁观者，至少是想象出来的旁观者。罪恶感并不如此。在一个荣誉意味着无愧于自己心目中的自我形象的民族中，一个人即使在无人知晓自己的不端行为的情况下，也会为罪恶感所烦恼，而且他的罪恶感可以通过供认其罪恶得到减轻。"（本尼迪克特《菊花与刀》，九州出版社，2005 年 1 月第一版，第 159 – 160 页）

耻辱感或他律意识，在儒家文化中，是整体道德感的一个重要成分。在心理上，个体透过耻辱感来获取内心的自尊（"知耻者近乎勇"），在行为上，则是透过"礼"的各种规则来塑造自己的社会形象（"克己复礼为仁"）。

本来，耻辱感是人类共有的一种自我意识，但当这种意识成为一个民族文化中的重要成分时，这个文化就成为耻感文化。

我们举几个例子看看。有甲乙丙丁戊五个人的两两对话：

甲对乙说："某某买了一件漂亮的新裙子，人人都说好看，我也想也去买一条呢！"

乙对丙说："我劝你别对你男朋友太好，否则他会看轻你，甚至不爱你的。"

丙对丁说："真糟糕，我今天下午讲错了一句话，别人不知会怎样看不起我呢！"

丁对戊说："我真想继续读书，但我爸爸想让我早一点工作，我不知怎样办才好呢。"

甲对丁说："这事天知地知，你知我知，再没有任何人知道，不要怕。"

这些对话，看似无用，其实一句废话也没有。甲对乙说想去买一条裙子，原因在于“人人都说好看”；乙劝丙不要对她的男朋友太好，“否则他就会看轻你，甚至不爱你的”；丙后悔自己下午讲错了一句话，担心的是“别人不知会怎样看不起我呢”；丁的矛盾在于自己想读书，而爸爸要她早点工作，她不知道该怎么办；而甲和丁一定在干一件不可告人的勾当，他们认为，只要没有别人知道，心里就坦然了，用不着自责。这些对话有一个共同的特点，就是一切都是别人怎么看，别人怎么说，生怕别人不喜欢自己，更害怕别人看不起自己。于是就只好以别人的意志为意志、别人的看法为自己行为的准则。

过去常说“女为悦己者容”，女孩子把自己打扮得漂漂亮亮的当然是为了别人（当然不只是为了男人）喜欢自己。俗语说“出门看天色，进门看脸色”，一般说来，男人的本事在看“天色”，而女人看别人脸色的本领比男人确实要大得多。这是符合事实的。在中国这样一个耻感文化的国家，女性的耻感的确强过男性。

杨国枢先生说：“中国人在心理与行为上甚易受到他人影响的一个强烈倾向——对他人的意见、标准、褒贬、批评特别敏感而重视，在心理上希望在他人心目中留下良好印象，在行为上则努力与别人一致。他人取向所强调的，不是当事人与他人的关系，而是在消极方面要尽量避免他人的责罚、讥笑、拒绝、尴尬及冲突；在积极方面要尽量获得他认同的赞同、接受、帮助及欣赏。”（《中国人的心理与行为：本土化研究》，中国人民大学出版社，2004 年第一版，第 109 页）希望得到别人的好感，获得社会的肯定，这是所有文化中都会有的，但中国文化对此有特别地重视，构成典型的“耻感文化”。

毫无疑问，儒家文化就是一种典型的“耻感文化”。孟子所谓“无羞恶之心，非人也”，就是这种耻感文化的最好注脚。在中国人的世俗生活中，耻感就是人的“面子”。

英国学者罗素对中国人面子的评价是生动而中肯的：“外国人对中国人要面子觉得很可笑。殊不知只有这样才能在社会上形成相互尊重的风气。每个人，都有面子，即使最卑贱的乞丐。”（罗素《中国问题》，学林出版社，1996 年版，第 161 页）

在中国文化中，面子代表一种尊严、声望和地位，既可以通过成功和炫耀来获得，也可以通过避免失败或不利的局面来得到。这一切的依据是社会意识是否认可。在中国社会中，人只要推测出社会或公众对某件事情的判断就可以确定自己的基本行动方针和行为走向。而准确地对社会和公众意识进行推测，是每个成熟的中国人的必须具备的功夫。这一切都是通过面子观念来实行的。

面子固然有积极的一面，更多的则是消极的一面。中国人可以为了得到面子而放弃许多实在的利益，也可以因为防止失去面子偷偷吞下生活的苦果。在中国人看来，丢面子会导致一个人激起情绪上强烈的不快的体验，感觉自己陷入窘境，感到耻辱和羞愧，最终出现强烈的焦虑。在这种情绪的指引下，为了挽回失去的面子，中国人会做出许多不合乎理性的事情，即便牺牲极大的实际利益也在所不惜。

第五，重克制而轻享乐的心理模式

和重“义”而轻“利”的模式一样，儒家文化把克制和享乐互相对立起来，用前者来压制（或曰调节）后者。儒家认为，克制自己，过着一种清贫的生活，是君子应该追求的品格，是道德的；反过来，生活中的享受、轻松、自然、快乐等则是君子所不齿的，是不道德的。

我们可以在孔子的言论中找到不少这方面的论述，例如：

> “君子食无求饱，居无求安。”
>
> “贤哉，回也！一箪食，一瓢饮，在陋巷。人不堪其忧，回也不改其乐。贤哉，回也！”
>
> “饭疏食饮水，曲肱而枕之，乐亦在其中矣。”
>
> “奢则不孙，简则固。与其不孙也，宁固。”
>
> “君子固穷，小人穷斯滥矣。”

如此，我们能不能敲定儒家文化就是“重克制而轻享乐”的呢？同样，我们可以从《论语》中找到孔子另外的论述说明孔子并不是反对享乐的。例如，孔子讲过一大段关于如何讲究衣食的话：

> “君子不以绀緅饰，红紫不以为亵服。当暑，袗絺绤，必表而出之。缁衣，羔裘；素衣，麑裘；黄衣，狐裘。亵裘长，短右袂。必有寝衣，长一身有半。狐貉之厚以居。去丧，无所不佩。非帷裳，必杀之。羔裘玄冠不以吊。吉月，必服而朝。”
>
> “食不厌精，脍不厌细。食饐而餲，鱼馁而肉败不食，色恶不食，臭恶不食，失饪不食，不时不食。割不正不食，不得其酱不食。肉虽多，不使胜食气。惟酒无量，不及乱。沽酒市脯不食。不撤姜食，不多食。祭于公，不宿肉，祭肉不出三日，出三日，不食之矣。食不语，寝不言。”

是啊，你看这两段话，一则曰如何穿，一则曰如何吃，有那么多的讲究，不是讲享乐是什么？这实在是误解了孔子。

孔子究竟主张克制还是主张享乐？其实只要稍微细致一点，我们就会发现，孔子这里所讲的，并不是看重生活的享受，而是对“礼仪”的重视。正是因为儒家文化中有太多的礼仪，所以才有这么多的吃穿的考究。

但我还是很难相信作为中国的主流文化，儒家竟对生活的享乐采取完全排斥的态度，这不符合人性。一种违背人性的文化，我们也很难相信竟然能成为主流文化达两千多年之久。

作为世俗的文化，儒家文化早就有了解决的办法。办法就是“说一套，做一套”。“礼”是儒家的公众形象，是形式，是“说一套”；人生的享乐则是现实的生活，是内容，是“做一套”。

例如，在对待“性”这样的事情上。我曾经对中国人对待性的态度进行过分析，我发现这种态度的基本特色是，中国人把个人公众形象与世俗生活做了很巧妙的分离。譬如纳妾。在长达几千年的封建社会中，中国一直是一夫多妻制。这本来和儒家的道德观是水火不相容的，之所以能够相互融洽，是因为根据“礼”。中国男人纳妾在社会形象上完全不是为了性欲的满足，而是为了生（或多生）男孩子——不孝有三，无后为大，这是封建社会中每一个企图或已经纳妾的中国男子的最强大的理由。这是绝对合“礼”的。

再如，“房中术”与养生之道。对于性行为技巧的研究，绝不要以为是现代西方人的专利，中国古已有之，并且有非常深入细致的研究，古人称作“房中术”。按照现代性学的观点，人类性行为至少有三个功能：一曰快乐功能；二曰健康功能；三曰生殖功能。所谓性欲，则主要是为了满足快乐功能。但在中国的“房中术”，几乎排斥了快乐功能（至少在表面上是如此），而主要集中于健康功能（部分生殖功能），即古人所谓“养生之道”。中国“房中术”中最著名的流传最广的说法是，男人可以通过性交吸取女人之阴精，以滋养男人的身体，达到益寿延年的目的。与更多的女人发生性行为不说是为了满足性欲，不是为了获取快乐，而是为了身体健康。这样的“说法”是多么美妙！这样的事情何乐而不为？

永远不要忘了，儒家文化是世俗的文化，孔子本人是一位伟大的现实主义者。

第六，重适意而轻思辨的心理模式

黑格尔在《哲学史演讲录》有一段关于孔子的话：“孔子只是一个实际的世间智者，在他那里思辨的哲学是一点也没有的——只有一些善良的、老练的、道德的教训。”（黑格尔《哲学史演讲录》，贺麟等译，商务印书馆，

1996年，第119页）去掉贬义，细思之，倒也不无道理。

中国文化是“理性不足，情理有余”的文化，所谓“理性不足”，固不是不要理性，中国人的理性是“实用的理性”。这种理性远离了从容的抽象思辨，也未沉入厌弃人世的追求解脱，而是执着于人间世道的实用探求，使社会伦理和人世实际占据了这种理性思想考虑的首要地位。

美学家朱光潜先生对此有一段生动的叙述：“中国人是一个最讲实际、最从世俗考虑问题的民族。他们不大进行抽象的思辨，也不想费力解决那些和现实生活好像没有什么明显的直接关系的终极问题。对他们来说，哲学就是伦理学，也仅仅是伦理学。……我们完全可以想象，当他们遇到人的命运这个问题时，是既不会在智能方面表现出特别好奇，也不会在感情上骚动不安。在遭遇不幸的时候，他们的确也把痛苦归之于天命，但他们的宿命论不是导致悲观，而是产生乐观。如果某人的朋友死了儿女，他就安慰那位朋友说，‘命该如此’，意思是说，‘不要多想，不要过于悲伤了’。只要归诸天命，事情就算了结，也不用再多忧虑。中国人实在不怎么探究命运，也不觉得这当中有什么违反自然或者值得怀疑的。善者遭殃，恶者逍遥，并不使他们感到惊讶，他们承认这是命中注定。”（朱光潜《悲剧心理学》，人民文学出版社，第215－216页）

儒家文化并不关心对宇宙本质和人性本质的思辨，更多的是用一些含糊语言和界定不清的概念表达出对生命的感悟。从一般人到思想家，对远离现世生活的一切都不加注意，也没有兴趣。对形而上的世界缺乏热情，也就用不着从本质上去思辨人生的矛盾、冲突，就远离了危机，更不会有西方人所谓的悲剧精神。

钱钟书先生在《围城》中写方鸿渐刚刚和孙柔嘉订婚后，谈恋爱时该说的甜言蜜语说完了，婚后的柴米油盐诸多杂事还没到时候说，感到无聊，于是无话找话，把在伦敦上道德哲学课时一位有山羊胡子的哲学家讲的话对孙小姐说：“天下只有两种人。譬如一串葡萄到手，一种人挑最好的先吃，另一种人把最好的留在最后吃。照例第一种人应该乐观，因为他每吃一颗都是吃剩的葡萄里最好的；第二种应该悲观，因为他每吃一颗都是吃剩的葡萄里最坏的。不过事实上适得其反，缘故是第二种人还有希望，第一种人只有回忆。”

对中国人来说，这两种吃法都会乐观。先吃好的，他每吃一颗葡萄都是剩下中间的最好的，值得乐观；先吃坏的，好葡萄自然在后面，更值得乐观。中国人根本不需要像长山羊胡子的英国哲学家那种“装腔作势”的思辨。

因此，在整体的人生态度上，中国人是随和大度的，从容不迫的，安详宁静的，自得其乐的，用不着杞人忧天，只要得过且过，生活即使落拓也会无虑。中国人绝不会自己给自己套上枷锁，自己给自己设置障碍，自寻烦恼折磨自己。

中国清代文论家金圣叹一口气能数出中国人现世生活中的三十三个“不亦快哉”，就是因为他们抛弃了理性的形而上思辨，追求生活中的适宜之故。

金圣叹真是个奇人奇才，也是个怪人怪才。且不说他“腰斩”水浒、“割裂”西厢的功过，也不说他在顺治皇帝死后在文庙哭灵，痛诉地方官吏的凶残贪暴，引发著名的“哭庙案”，也不说临死前大谈“盐菜与黄豆同吃，大有胡桃滋味”，单说他这三十三个“不亦快哉”，就忍不住发出痛快的大笑。试评几则，与读者分享。

第一则

> 其一，夏七月，赫日停天，亦无风，亦无云；前后庭赫然如烘炉，无一鸟敢来飞。汗出遍身，纵横成渠。置饭于前，不可得吃。呼簟欲卧地上，则地湿如膏，苍蝇又来缘颈附鼻，驱之不去，正莫可如何，忽然大黑车轴，疾澍澎湃之声，如数百万金鼓，檐溜浩于瀑布，身汗顿收，地燥如扫，苍蝇尽去，饭便得吃。不亦快哉！

金圣叹所说的是什么感觉？快感！同样的感觉是，大暑天，热到极点，突然进入空调房，皮肤毛孔猛然收缩，什么感觉？快感！饿极了，突然来一桌美味佳肴，那香气扑鼻啊，那垂涎欲滴呀，吃第一口菜，什么感觉？快感！内急万分，突然找到出恭处，什么感觉？快感！还有……不亦快哉！

第二则

> 其一：十年别友，抵暮忽至。开门一揖毕，不及问其船来陆来，并不及命其坐床坐榻，便自疾趋入内，卑辞叩内子：“君岂有斗酒如东坡妇乎？”内子欣然拔金簪相付。计之可作三日供也，不亦快哉！

有人说，男人的真性情，只有在冷兵器时代才能淋漓尽致；男人之间的友情，只有在中国式的农耕时代才能体验得到；男人的豪情，还得有个好夫人才能毫无挂碍地表现出来。没有苏夫人，东坡安得交广天下朋友，安得以赤子之心待人，又安得友人如赤子之心待己？诚然！一个男人，没有一个可以托妻付子的朋友，没有如李白高唱的那种感情：“李白乘舟将欲行，忽闻岸上踏歌声。桃花潭水深千尺，不及汪伦送我情”，将何以立世？将何以为人？诚然！金圣叹有这样的朋友，又有这样的夫人，安能不“不亦快哉”！

第三则

> 其一：街行见两措大执争一理，既皆目裂颈赤，如不共戴天，而又高拱手，低曲腰，满口仍用者也之乎等字。其语刺刺，势将连年不休。忽有壮夫掉臂行来，振威从中一喝而解。不亦快哉！

这是一个有趣的场面，两个又穷又酸，肚有点墨的文人吵架。你看他们，你来我往，你说一个“子曰”，他还一个“诗云”，吵得面红耳赤，瞪大双眼，拱手曲腰，没完没了，就是不动手。吵什么呢？如此，怎么是个了？来了个没文化的莽汉，大喝一声，“吃饱了没事干，吵个鬼哟！”各自乖乖回家。又穷又酸的半吊子失意文人谓之“措大”。世界上如果“措大”多了，会非常可怕。

第四则

> 其一：久欲为比丘，若不得公然吃肉。若许为比丘，又得公然吃肉。则夏月以热汤快刀，净割头发。不亦快哉！

比丘就是和尚。做个吃肉的和尚，是位花和尚。说起花和尚，自然想起鲁智深。小时候读水浒，最喜欢的角色就是此君。开口洒家，闭口洒家，三拳打死镇关西，倒拔垂杨柳，为朋友两肋插刀，疾恶如仇，真是豪爽之极，义气之极。不过那都算不得不亦快哉。只有在《水浒传》中第三回中“鲁智深大闹五台山”，那才叫“不亦快哉”呢！

第五则

> 其一：寒士来借银，谓不可启齿，于是唯唯，亦说他事。我窥见其苦意，拉向无人处，问所需多少，急趋入内，如数给与，然而问其必当速归料理是事耶？或尚得少留共饮酒耶？不亦快哉！

世界上有两件事情最难，第一件事情是向人借钱，第二件事情找理由向人借钱。想当年林语堂先生向好友赛珍珠女士借钱没有借到，两人从此绝交。世界上同样有两件事情也是最难，第一是拒绝借钱，第二是找理由拒绝借钱。

如果借钱给了人，还留借钱的人喝酒，等于同时解决了四个难题，怎能“不亦快哉”！帮人帮到底，送佛送到西，难得难得！

第六则

其一：身非圣人，安能无过，夜来不觉私作一事，早起怦怦，实不自安。忽然想到佛家有布萨之法，不自覆藏，便成忏悔。因明对生熟众客，快然自陈其失。不亦快哉！

俗语说，为人不做亏心事，半夜不怕鬼敲门。问题是，既是俗人，就免不了会做一点亏心事，见不得人的事。问题又来了，做了又怎么样？心里会怦怦跳，吃饭会不香，睡觉会不安稳。所谓“布萨之法”，来源于梵语“布萨”，译为“净住”或“长养”，意思是有过则忏悔，无过则加勉。“私作一事”，心中一直不安，索性竹筒倒豆子，全抖搂出来，把自己心理的阴暗面全曝光于天下，心理负担彻底解除，彻底轻松，当然不亦快哉！

我想起了法国启蒙运动的杰出人物卢梭。在他的《忏悔录》中有一段话：“不管末日审判的号角什么时候吹响。我都敢拿着这本书走到至高无上的审判者面前，果敢地大声说：‘请看！这就是我所做过的，这就是我所想过的，我当时就是那样的人……请你把那无数的众生叫到我跟前来！让他们听听我的忏悔……然后，让他们每一个人在您的宝座前面，同样真诚地披露自己的心灵，看有谁敢于对您说：我比这个人好！’”确实没有人敢。

第七则

其一：重阴匝月，如醉如病。朝眠不起，忽闻众鸟毕作弄晴之声，急引手搴帷，推窗视之，日光晶莹，林木如洗。不亦快哉！

同样的感受，在生活中比比皆是。思考一件事情，久久不得其解，某天灵机一动，豁然开朗，何其快乐！和最亲密的人闹矛盾，冷战几日，好像世界末日到了。偶然的机会，忽然冰释了，太阳重新升起，生命重新展开，岂止“不亦快哉”啊！《老子》中说，“飘风不终朝，骤雨不终日”，在中国人眼中，自然界和人都是这样。

第八则

其一：佳磁既损，必无完理。反复多看，徒乱人意。因宣付厨人作杂器充用，永不更令到眼。不亦快哉！

放下，这是做人做到最难处。人生就是太多的东西放不下，未了的心愿放不下，喜爱的东西放不下，追求的事情放不下，甚至已经损坏、无用无益的东西都放不下。奈何?！金圣叹是潇洒的，所以在临死之前还要告诉自己的儿子，“盐菜与黄豆同吃，大有胡桃滋味”！

第九则

> 其一：箧中无意忽检得故人手迹。不亦快哉！

现代人要想有金圣叹这样的“不亦快哉”是不可得了！生活在现代的人，人与人之间联系的方式就是电话、上网，根本就不会用手来写一封信了。这是现代科技带给我们的好处，也让我们损失若干细致的感觉，这些感觉是如此的微妙啊。

钱钟书先生的小说《围城》中方鸿渐想和唐晓芙谈恋爱，遂请她吃饭。饭后有段对话，值得玩味：

> 鸿渐向她要信址，请她写在自己带着看的那本书后空页上，因为他从来不爱带记事小册子。他看她写了电话号数，便说：“我绝不跟你通电话。我最恨朋友间通电话，宁可写信。”唐小姐：“对了，我也有这一样感觉。做了朋友应当彼此爱见面；通个电话算接过了，可是面没有见，所说的话又不能像信那样留着反复看几遍。电话是偷懒人的拜访，吝啬人的通信。最不够朋友！并且，你注意到么？一个人的声音往往在电话里变得认不出，变得难听。”“唐小姐，你说得痛快。我住在周家，房门口就是一架电话，每天吵得头痛。常常最不合理的时候，像半夜清早，还有电话来，真讨厌！亏得‘电视’没普遍利用，否则更不得了，你在澡盆里、被窝里都有人来窥看了。教育愈普遍，而写信的人愈少；并非商业上的要务，大家还是怕写信，宁可打电话。我想这因为写信容易出丑，地位很高，讲话很体面的人往往笔动不来。可是，电话可以省掉面目可憎者的拜访、文理不通者的写信，也算是个功德无量的发明。”

金圣叹这样的人生态度，只有轻思辨，重情理的中国人才会有。这种人生态度，既用不着去对人生作理性思考，更用不着作是非之辨，只需要从生活最细微之处寻找快乐。说它是对人生戏谑的态度也可，说它是审美的态度也可。无论是书斋里的浸透着墨香的文人，还是整天流着臭汗的莽汉，都深悟这样的道理。

即便是中国的诗歌也会把人生的怨苦悲哀、丑拙鄙陋当作玩笑，用来打趣。胡适曾经说过："陶潜与杜甫都是诙谐有趣的人，诉苦说穷，都不肯抛弃这一点风趣。因为他们有这一点说笑话做打油诗的风趣，故虽在穷饿之中不至于发狂，也不至于堕落。"

中国的戏剧、小说尽可以写得非常凄惨，但多是以大团圆为结局。

中国人的绘画，也从来不要求严格的空间透视，不要求形象的逼真，而是追求最大的想象的自由，讲究神韵。在一张宣纸上，中国画家可以把自己想象中的山山水水尽情泼洒上去，而全然不顾近大远小的基本透视常识。无论山水，无论花鸟，无论人物，不求形似，不法于世，强调的是尽情抒发主观的情绪，人与画达到高度的统一。

中国的书法，更是世界上最独特的艺术。一个个汉字被书法家赋予了生命，充满了节奏和韵律的美。坚定而圆满的笔画，暗示着巨大精神力量的灌注，瘦骨嶙峋的一支毛笔，在书法家手里，或疾厉、或徐缓、或飞动、或顿挫，洋洋洒洒，都受主人主观意念的驱使，宣泄主人的情感，折射出主人雄浑高远或清澈澹泊的人生意趣。中国书法"晋人尚韵，唐人尚法，宋人尚意，元、明尚态"。晋人的书法显示出流美妍媚，风流潇洒；唐人的书法法度严谨、气魄雄伟；宋人的书法则纵横跌宕、沉着痛快等，都反映出中国人的基本人格特点和人生追求。

总结传统中国人这六种心理模式，更让我们得出坚定不移的结论：传统中国人确实是"理性不足，情理有余"的人。

四、传统中国人的情绪表达

在人的心理活动中，情绪是最说不清道不明的东西。在大多数情况下，情绪构成了人全部心理活动的背景，给人的心理活动打上底色，为人的心理活动确定了基调。

我们说情绪是心理活动的背景，就好比把人的心理比成一个大舞台。人的各种心理活动，譬如感觉、知觉、记忆、思维、想象等，就是这个舞台上的演员。它们的演出，都要在情绪这个舞台的大背景下才能进行。这个背景如果很灰暗，或者根本就缺乏照明，舞台上是一片黑暗，那么上述那些演员的演出不免就要打很大的折扣，有时还可能根本没有办法表演下去。而在有的时候，情绪则自己挺身而出，充当主角，其他的心理活动都成了情绪的配角，演出一幕幕情感的戏剧，把人的喜怒哀乐尽情地表现出来。

我们又说情绪给人的心理活动打上了底色和基调。凡是懂得绘画的人都知道，给一幅油画打什么底色就决定了这幅画的基本色调是暖色、冷色还是中间色，而这些基本的色调就决定了这幅绘画所要表达的基本意思。用到人的心理活动中，色调就是某种情绪。凡是懂得音乐的人都晓得，但凡一首大的音乐作品——譬如奏鸣曲——都有一个基本的调式，例如大调式（major）、小调式（minor）等。大调式多半反映开朗、明快的风格，而小调式则多半反映出灰暗和忧郁的情绪。当人的心灵触摸着外面世界的时候，当人体验着各种感受的时候，情绪就好比调式，决定着全部心理活动的基本格调。

我们常说，不要戴着有色眼镜看自己，看别人，看世界。所谓有色眼镜，就是情绪给心理活动制造的背景、底色和基调。在这些背景、底色和基调上，情绪本身又充当着重要的角色。所以，心理学家说："情绪是体验，又是反应；是冲动，又是行为。它是有机体的一种复合状态，是以特殊方式来表现的心理的东西。"

情绪的表达是情绪心理学中的一个非常重要的内容。每当我们与他人交往时，不管是不是面对面的，我们都在不断地表达着情绪，与此同时，也在监视并解释着对方的情绪表达，形成人际之间的互动。情绪的体验是人内心的活动，天下既没有人能知道别人在思什么、想什么，故亦无法体会到别人的情绪。人向外表达的情绪是沟通人与世界的最重要的通道。

情绪表达，又称情绪表现（emotion expression），简称表情，是指人处于某种情绪状态时，在生理上、心理上以及外显行为上所表现的变化或活动，包括面部表情、言语表情和身体表情以及其他一切可以表达个体情绪的方式。

在大多数情形下，情绪的体验和表达两者之间可能是一致的。内心高兴时人会笑逐颜开，内心痛苦会愁眉苦脸；但在有些情形下，人所表达的情绪与真实的内心体验之间的关系曲折而复杂的，有的时候甚至可能是相反的。当我们面对一个满脸微笑的人，是不是就一定能判断出他内心是高兴呢？反过来，一个沉默寡言的人是否就真的很苦恼呢？我们谁也没法打这个包票，即使是高明心理学家也绝难做到。中国文化对此有非常深刻的认识，生活中我们就经常使用这样的俗语，"知人知面难知心"，"口蜜腹剑"，"当面说得好听，背后又在捣鬼"等。正是有感于此，孔子才谆谆教导说："君子讷于言而敏于行。"人想什么和说什么，感受什么和表达什么，有时可能完全是两回事。人不免经常会受情绪表达的骗。生活的经验告诉人们，外在的情绪表达绝对是不可全部相信的。

不过情绪的表达也并不是没有规律可循。心理学家只要找到大多数人在什么样的情形下怎样表达情绪，表达什么情绪，就可以从中间找到规律。

人的情绪表达受文化的影响甚大。在不同的文化中，情绪的表达受到这个文化的制约，遵循这个文化所规定的情绪“表达规则”。这正是情绪心理学的研究重点。

不同的文化影响和规定了这个文化中的人们在什么情况下表达什么情绪，代表了什么内容。生活在本土文化中的人完全心知肚明，准确解读，严格遵守，不会有误。而外来的人在未了解之前自然不能解读某种情绪表达所代表的意义，还常常闹出许多笑话来。例如西欧和美国人以亲吻面颊表达亲切，但在中国人之间这样做则会引起很大的误会；日本人常用微笑表达抱歉；中国人在受到夸奖时用自我否定式的谦虚表达谢意；世界上大多数文化是用点头表示同意或赞成，用摇头表示否定，而某些文化群体的人则用摇头表示赞成，点头表示否定；美国和大部分欧洲人用手做出 V 字形表达胜利，而中国人可能表达的是另一种含义，也许是两个心照不宣的人约会前给对方的暗号。

在不同的文化群体中，情绪的表达受到当时情景的制约。情绪心理学家艾克曼（Ekman）等曾经让美国的和日本的大学生观看一部悲伤的电影，分别为单独看和与他人一起看。在看到最悲伤的情节时用隐蔽的摄影机拍下被试者的表情。在单独看时，美国的和日本的大学生的表情没有差别；而在与他人一起看时，美国的学生旁若无人地表达、宣泄自己的伤心或者沮丧，日本学生却很少表露出悲伤的情绪，而往往用礼貌的微笑来掩盖这种情绪。艾克曼认为：这是因为日本文化不鼓励人公开表露自己的情绪之故。这些都说明在不同的文化中，人们要遵循这个文化所规定的情绪“表达规则”。

中国文化是世俗生活和心灵的生活相结合的文化，特别注重心灵的感受和情感的体验，存在着许多细致而微妙的情绪表达方式。不仅十分注意自己的表达，更看重对方的感受；中国文化又是特别注重礼仪的文化，这种礼仪在过去是通过烦琐的礼节来表示，在今天则是通过“面子”来维持。在中国人的人际交往中，不仅要维护自己的面子，还要特别注意不要伤及到别人的面子。“面子”在，万事可，“面子”失，万事休。凡此种种，使我们想到，中国文化一定有一套情绪表达的规则。

那么中国人在情绪的表达上会遵循什么样的“表达规则”呢？

第一个规则，中国文化不鼓励人在公开的场合下不加掩饰地表现自己的情绪。这一点和日本人的表达方式颇为相似，只有过之，没有不及。

“胜不骄，败不馁”，“宠辱不惊”，“去留无意”等固表明了中国人所追求的人格素养，亦反映了中国人赞赏的情绪表达方式。虽然在私下里可以大喜大悲，但在公开场合下，收敛和忍耐是中国人最推崇的所谓的“儒雅”风度。反之则被斥为轻浮和放浪形骸，最为正经的中国人所不齿。不管男人还是女人，都不能违反这个规则。一个失恋的女孩子，在众人面前一定要神态自若，绝不可以表现出痛苦的表情。一当她回到家里，她会跑到自己的房间，关上门，然后扑到自己的床铺上失声痛哭。中国人是这样地熟悉这个情景，以至于许多影视作品把这个情节作为最经典的失恋情节，不加任何变化地反复使用，直到令所有的观众都感到厌烦。

中国人初出国到西方国家时，常常会为西方人不加掩饰地表现自己的情绪大感惊讶。我的一位朋友告诉我，他在美国交往了一位女朋友，经常“惊惊乍乍”，不知含蓄，当着众人的面喜则大喜，悲则大悲，让人十分难堪。两人最后只好分道扬镳。

既然接受过中国文化的熏陶或了解中国文化的人都知道，在公开的场合，绝不能不加掩饰地表现自己的情绪；那么，作为观察者，在任何公开场合，也就不大可能观察到中国人真正的内心感受。所以，社会学家和心理学家应该明白，对中国人的心理的实证研究就要特别地小心和留意，在研究的时候不仅要受到相当的阻碍，对结果的分析也要打很大的折扣。如果进行实证的研究家们不注意这一点，他们的研究结论就常常会与实际的情形相差甚远。

第二个规则，中国文化不鼓励直接地表达自己的情绪，而主张间接地、曲折地甚至是用相反的意义表达情绪。

譬如中国人请客吃饭时，明明是一桌丰盛的宴席，主人也有责任表达自己的歉疚之情，一定要请客人原谅，因为“实在没有什么菜，不成敬意”；客人则一定要堆满笑容，无论饭菜多么差，多么不合胃口，也有义务称赞主人的菜“实在是太丰盛了”。背后可以议论主人的饭菜不好，也可评论主人的格调和风度如何，但当面一定要夸奖，一定要表示出自己极高的兴致。对于这样的表达方式，每个中国人都极为熟悉，不容有误，也不会有误。中国人吃饭，是人际交往的重要方式，往往有明确的目的。一顿饭下来，如果主人和客人都没有按照既定的方式表演，则无论对主人和客人，都是极大的失败。

中国传统文化不赞成随便夸奖女人漂亮，更不赞成受到夸奖的人像西方人那样说一声“谢谢”来回答。合乎中国传统文化的反应应该表现出羞涩，至少要做出不敢承受夸奖的样子；也不赞成对人直接表达自己的爱慕之情，甚至不赞成恋人和夫妻之间用直接的方式表达感情，最符合中国文化习俗的爱情表达是“秋波暗送”，是“眉目传情”，讲究的是“含蓄”二字。

《西厢记》中张生和崔莺莺虽然是艺术形象，但未尝不是反映出了中国人喜爱的爱情表达方式。张生和莺莺一见钟情，二人在花园中初次相遇。张生在这边厢早就魂灵出窍，那边厢莺莺则是长吁短叹。二人都有无限的心事，不能表达。张生是男人，当然先来一首：

月色溶溶夜，花阴寂寂春；如何临皓魄，不见月中人？

这分明是试探。莺莺听得真切，对红娘说：“有人墙角吟诗。”红娘答：“这声音便是那二十三岁不曾娶妻的那傻角。”莺莺叹道：“好清新之诗，我依韵做一首。”赶紧还他一首：

兰闺久寂寞，无事度芳春；料得行吟者，应怜长叹人！

这就接住了张生放出的试探气球。这气球并不是真气球，而是一颗石头。这石头丢到水里，就绽出层层的涟漪。两首诗这样一来一往，就有感觉了，就为整个爱情故事的发展做好铺垫了。不过，读过《西厢记》的人都知道，后面的爱情故事还曲折得很呢，还有好多一波三折在等着他们俩呢。唯其如此，这个故事才耐得人咀嚼，招得人喜爱，才有这样大的艺术魅力。

“我爱你”这三个字纯是从西方舶来的语言，在中国文化的字典中是找不到这三个字的。很简单，直接的或直露的感情表达并不符合中国文化传统。在中国传统社会中，如果非要问一个女孩子为什么爱这个男人，她大抵只好说，他身体好，性格好，能力强，至多再加上有责任感之类。如果用西方的语言，这几个方面与爱情本身相去甚远。实际上，这就是她的爱情表达方式。我们千万不要误以为传统中国人不用“我爱你”三个字就没有爱情可言，更不要被所谓“身体棒”“性格好”“能力强”的障眼法瞒过。

我们要永远记得中国文化是“理性不足，情理有余”的文化。在这个文化中，“重情理”是万源之源。所以，这个规则实则就是中国人“重情理”心理的反映。间接表达某种感受，乃至“正话反说”是合乎中国人的情理的，否则就是不合情理的，就不免会受人讥笑、讪笑，被人认为“不懂事”“不成熟”。

第三个规则，中国文化不鼓励人在有了心理或情绪问题时轻易向家庭以外的人求助。

中国人在有了问题（包括心理和情绪的问题）难以解决时怎么办？最佳的办法和途径是回家。在几千年的文化发展中，既然已经形成了一整套以家庭为核心的社会支持系统，个人一切问题也同时就是家庭的问题，于是家庭便成为中国人心灵之船停泊的港湾和最后的避难所，也成为中国人最乐于接受的心理医生。在家庭中，个人的心理问题经过家人的一番抚慰、训诫、说理、休养等调理过程，一切问题便都可以得到解决。在家里什么都可以说，可以做，出了家门就是另一回事了。用四川话说：“肉煮得再烂也在锅里面”，自己家里的事情自己解决，不容外人置喙。这就是每个中国人都懂得的“家丑不可外扬”的道理。

如果中国人向一个家庭以外的人暴露了他的问题，袒露了他的情绪，那么他在心理上就已经把这个人当作了他的准家庭成员式的知心朋友；那个接受他的表白的人自然也就知道了自己在对方心目中的位置，不管是警觉还是惊喜，那个人都不会随意待之。每个中国人都明白的这个道理，研究中国人的心理学家更不可不明白。

第四个规则，中国文化不鼓励不顾他人反应的直截了当的情绪表达和宣泄。

中国文化中存在着典型的羞耻感文化或面子文化。面子文化是以他人的评价为自己行为准则的，这就导致了中国人在情绪表达时特别留意对方的反应。如果你的情绪表达损害了对方的面子，或者让别人感觉到难堪，无论这种表达真实与否，都是不合适不恰当的。即使是面对着家庭的成员，在表达自己的情绪时也要注意对方的感觉。

例如钱钟书先生在《围城》写方鸿渐一行从上海到湖南的经历一段，路上历尽艰辛，苦不堪言。快到目的地时，方鸿渐与同行好友赵辛楣有一段对话。方鸿渐问赵辛楣：

> “我问你，你经过这次旅行，对我的感想怎么样？觉得我讨厌不讨厌?”“你不讨厌，可是全无用处。”鸿渐想不到辛楣会这样干脆的回答，气得只好苦笑。兴致扫尽，静默地走了几步，向辛楣一挥手说：“我坐轿子去了。”上了轿子，闷闷不乐，不懂为什么说话坦白算是美德。

在中国社会中，说话坦白当然不能算是美德，因为那会伤害对方的面子。这可不是小事情。

中国人，即使是夫妻之间也很少讨论性生活方面的感受，认为这样做有损面子。我在做心理医生时，经常面对过一些性心理障碍的夫妻，发现相当多是由于互相之间缺乏最基本的性交流造成，女性尤其如此。不用多问，道理非常简单，他们“说不出口”。西方人一定会为此惊讶，这样的事情做都做了，还有什么说不出口的？他们不知道，在中国文化中，有的事情只能说而不能做，有的事情只能做而不能说，只有极少数的事情既能做又能说。至于什么事情能说不能做，什么事情能做不能说，什么事情既能做又能说，那是非常的微妙，全由“情理”二字来掌控。

羞耻感文化使中国人在情绪表达时看重的是结果而不是过程。所谓的结果就是，是不是合乎情理，是不是符合面子的要求。在中国人心目中，一个人不管不顾地发泄自己的情绪，既伤害自己也伤害别人，那样的人最要不得，在生活中离他远之则吉。

第五个规则，中国文化中存在着把心理问题尤其是情绪问题道德化的倾向，这直接影响了中国人的情绪表达方式，反过来进一步影响了中国人的情绪体验。

中国传统文化认为，一个善于修身养性的人是不应该有什么心理问题的。孔子有所谓“君子坦荡荡，小人长戚戚”的话，那么“坦荡荡”的君子有什么见不得人的心事呢，当然不应该有！顺理成章，成天“长戚戚”的自然就不是君子而只能是小人，只能是道德不好的人。因此，一个人有了心理问题或情绪问题（中国人常常用“心事”二字来概括）时，不仅难以为别人所理解，反而容易受到社会的歧视。

怎么办？一个字：“忍”。尤其是涉及个人的自身荣辱的感情，特别要忍住，决不可以轻易流露出来。

《红楼梦》中体弱多病，“泪光点点，娇喘微微”的林黛玉平时受到从贾母开始全家人从上到下的悉心照料，但当一旦发现她的“心病”原来是因暗恋她的表兄贾宝玉而起时——其实贾府上上下下，没有人不知道宝玉和黛玉之间的爱情——不仅得不到照顾，临死时连看望的人也没有。对此，贾母讲了一段非常绝情的话，令人齿冷：

> “咱们这种人家，别的事自然没有的，这心病也是断断有不得的。林丫头若不是这个病呢，我凭着花多少钱都使得；就是这个病，不但治不好，我也没心肠了。”

宝、黛不可能结合为夫妻，他们的爱情不可能有更好的结局，关键在于他们的爱情和婚姻不符合中国传统社会的家庭和家族观。虽然许多人批评高鹗对《红楼梦》的续作为狗尾续貂，但在宝、黛的爱情悲剧上，我倒觉得高鹗所完成的宝、黛的结局是对中国社会和中国文化的深刻认识。

第六个规则，情绪表达的“躯体化方式”。当长期的忧伤、愤懑、感慨、焦虑郁积于心，不能发泄，不好发泄，无处发泄的时候，就只好以身体疾病的形式表达出来了，这就是“躯体化方式”。这是中国人情绪表达最特殊的一种方式。

在中国社会里，情绪表达采取躯体化方式的原因之一是，一个人身体有了病，可以得到社会最大的同情和家庭最好的照顾，从而可以获得最大的利益。所以中国人在要想得到什么的时候，在有了麻烦，有了问题难以解决的时候，在心理困扰不安的时候，尤其是在焦虑的时候，最好的方式就是进入“病人角色”。

产生于中国文化土壤中的中医体系特别能够反映这种躯体化形式，有一套特殊的理论来加以说明。在中医辨证中专门讲到了心理问题躯体化：七情致病（怒伤肝，思伤脾，恐伤肾，忧伤肺……），但中医医师在与病人讨论治疗的时候却并不涉及病人的心理问题，而是大谈如何“气血不通”“阴阳不调”，同时给病人开一些又苦又涩的草药煎服。多少年来，我一直有这样的疑惑：这些苦药水究竟在多大的程度是起到真正的治疗作用？几千年的中国文化，创造了中医这种独特的形式，成为中国人最乐于接受的心理治疗学。也正是由于同样的原因，中国人坚信，有了病就应该吃药（不管这种病是躯体的还是心理的），而不大相信通过“谈话”就能治疗疾病。

以上六则中国人表达情绪的基本规则和习俗，是中国传统文化和传统中国人人格的另一种体现。

情绪的表达并不能等同于情绪的体验。体验到的情绪未必能表达出来，表达出来的情绪不一定就是真正的内心体验。于是，在情绪的表达和情绪的体验之间，可能有着各种复杂的联系。一般认为，我们必是先体验到自己的情绪，然后才会把体验到的情绪要么表达出来，要么隐瞒起来，要么用伪装的形式表现出来。譬如我们内心体验到了快乐，我们才会在语言、表情、身体行为上表达出我们的快乐来；没有体验到快乐，就不会有什么表达。这个说法很符合生活常识，最容易为我们所理解。

但美国情绪心理学家詹姆士和兰格却不这样认为。以他们二人名字命名的情绪理论对上述那种符合生活常识的道理作了彻底的颠覆：

> 通常人们对情绪的看法是：（1）我们内心觉察到某种事实；（2）这引起了某种精神上的感情（叫作情绪）；（3）接着，产生了身体上的表现。而詹姆士的观点则恰恰与之相反，他说：“……身体的变化直接跟随着对现存事物的知觉而产生，当它们发生时，我们对这一变化的感觉即是情绪”。例如，人们通常认为，如果我们面对我们所不习惯的某种公开的行动时，我们会感到焦虑，然后便会由此产生“神经质的颤抖”，哆嗦和口吃。而按照詹姆士的观点则是，当我们面临着公开行动时，我们先“发抖”，哆嗦和口吃，而后对这

种身体变化的感觉使我们感到焦虑，可见，像许多理论家在某些次要方面所做的一样，詹姆士正把过去的理论整个颠倒过来。他的理论的核心内容是，由环境激起的内脏活动实际上导致了我们所认为的情绪。（斯托曼《情绪心理学》，22 页）

从这个引起情绪心理学家们极大争议的理论中，我们是否可以获得这样的引申意义：中国人的情绪表达方式有可能直接或间接地影响中国人的情绪体验。

中国人，无论是辜鸿铭先生所说的“温良”，还是我们在日常生活中经常看到的“客气”，就不仅是表达方式，而且反过来影响了情绪的体验，最后真正灌注于中国人的人格中，成为真实的情绪体验。

譬如，一个人经常采取“温良”“客气”的方式对人，久而久之，“温良”和“客气”就会成为一种习惯，这种习惯就会渗透到人格中去，让人体验到温和的情绪。再如，中国人忍耐性之强为全世界所著名。如果我们追问，中国人为什么有那么强的忍耐性？我们会发现，中国人对不幸生活事件的忍耐并不像西方人那样会产生极大的负面效应，甚至像心理分析学说所说的那样经过压抑作用转变成某种心理的力量，最终以爆发的形式表达出来。不，恰恰相反，中国人忍耐的结果或许就真正使自己的心情平静下来。结果是，不幸事件的负面刺激的强度随之相应降低了，中国人真的感觉不到那样强烈的焦虑感和挫败感。

五、从孔子看传统中国人的焦虑及其缓解

大体上说，传统中国人在人格特征和心理模式上与中国传统文化是相一致，相顺应的。顺应文化的中国人，心理自然是平衡的，宁静的，较少有焦虑的情绪，尤其是强烈的焦虑情绪。不过从另一个角度，我们与其说中国人较少有焦虑，不如说中国人掌握着较好、较有效的缓解焦虑的方法。

中国人掌握着什么方法来有效地缓解自己的焦虑的呢？中国人是怎样使用这些方法来缓解焦虑呢？或许，以孔子本人为例，对我们说明中国人焦虑的产生和缓解会更有启迪。

孔子的时代，正是社会发生大变革，人们的生活发生大动荡的时代。这是中国历史上的“黄金时代”。这个大动荡的时代带来了大机遇，对每个人都构成强烈的刺激。生活在那个时代的中国人，必然充满着激烈的心灵冲突。作为以治国平天下为己任的儒家知识分子，当然企望有所作为，在那个大时

代里实现自己。

处在这样的时代中的孔子正是这样一个人。在他的整个一生中，孔子做过官，主持过礼仪，甚至做过代理宰相（摄相事）的职务。但在官场上，他既不得志，又不得意。他只好到处流浪，周游列国竟达十三年之久。作为在当时可能最有学问的一个人，他的满腹经纶，无处使用。这对于一个处身于大时代的大知识分子来说，真是极大的不幸。极大的不幸造成心灵最激烈的冲突，产生最强烈的焦虑。

焦虑的孔子甚至去向老子询问解决的办法。老子用一种教训的口气说："英雄人物遇到可以施展抱负的机会，立即献身。没有这种机会时，不必勉强追求。我认为珠宝一定要保藏严密，有才能的人不必外表精明。把你的骄傲去掉，再把你的欲望去掉，这些对你没有任何好处。"

面对动荡的时代，究竟应该怎么办？在老子看来，整个社会制度和文明均发生了根本的错误，有智慧的人应该抛弃它们。他的办法既简单也便于操作：远离社会，远离是非，远离欲望，远离冲突。他对中国人说，放弃你们所有的一切，跟随我到大山中去，做一名真正的隐士吧。在那里可以过一种真正随意的生活，那才是真正的心灵的生活，永远不朽的生活。那样的生活，自然没有了苦难，也没有了焦虑。

但孔子并不接受老子的观点。他认为"错误不在于社会与文明本身，而在于这个社会与文明的发展方向上，在于人们为这个社会与文明打下了错误的基础。"（辜鸿铭《中国人的精神》，45 页）孔子当然不会接受老子的劝告，用逃避的办法来解决人生的问题。孔子倾其一生的力量，就是要改变这个"错误的基础"，实现自己的人生抱负。

怎么办？当一个焦虑的人找不到好的办法处理他人生的大问题时，他有一个现成的办法，就是看看前人是怎么做的。遵照前人的做法无疑是最安全的。这是一个聪明的选择。孔子正是这样做的。他的办法是首先遵循他所最心仪的周王朝的社会模式和礼仪，告诫自己也告诉他的弟子，"克己复礼为仁"。这个方法既是孔子的社会理想，也是自己的人生追求。社会安宁，人生和谐，这是孔子所企望的理想，也是他毕其一生所做的事业。孔子所创建的儒家文化，就是围绕着孔子的社会理想和人生轨迹而展开。这样的方法——克己复礼——对克服孔子心灵的躁动，缓解焦虑情绪肯定是有效的。

有效是有效，但终究不是长久之计。在传统中国人，尤其是传统中国知识分子人生面前，始终面临着两个选择：做官——治国平天下；做君子——修身养性，独善其身。如果有两个选择摆在人的面前，不产生焦虑的心情简直就是不可能的。我们所看到的孔子的前半生的经历，就是在这两个选择中徘徊，在徘徊中焦虑不安。“克己复礼”只是使孔子找到了克服焦虑的暂时的办法。

但孔子绝不仅止于此。孔子的根本办法并不是教人在两个方面选择，而是要人们把两者统一起来。孔子用自己人生的实践总结出人生最重要的道理，他“告诉中国人不要抛弃他们的文明——在一个有着真实基础的社会与文明中，人们同样能够过上真正的生活、过着心灵的生活。”（辜鸿铭《中国人的精神》，45 页）

在一个世俗的世界中怎样过着“心灵的生活”？就是把“内圣”和“外王”结合起来。这样做就终于找到了心理的平衡点，既能这样又能那样——孔子就是从这个平衡点上找到了、克服了内心的焦虑的办法。

孔子的社会理想是，在周朝古老的文明蓝图上，重新进行综合与阐发，建立一个安宁而和谐的社会。而他的人生理想是，按照一个君子的模式修炼自己的内心，在家里做一个孝顺的儿子，在人与人之间，做一个仁爱和善良的人，对人要忠心谋划尽心尽力，对朋友真诚以待，并且积极投身到社会中去，对社会承担起自己的责任。——这就是“内圣外王”的全部含义。通过“内圣外王”，就把人的社会理想和个人理想完整地结合起来了。如此形成了儒家学说的雏形。

孔子思想的基本教义是，在个人与社会之间不要做选择，“内圣外王”是一个统一的整体，只有做一个真正的君子（内圣），才能去做官（外王），才能“治国平天下”。而后者只不过是前者在社会生活中的体现而已。

这个道理，孔子在他三千名弟子中，大肆宣讲；他的弟子们则把他的言论，一一记录在案。再通过他的弟子之口，向后人广为传播。儒家学说最重要的经典《论语》，由此形成，成为千年以来中国人最重要的人生辞典。

中国所有的知识分子都应该对孔子表达最高的敬意。孔子用自己的坎坷经历，用自己的大智慧，告诉后来的知识分子在两难的选择时应该采取什么样最合理的做法。孔子通过自己的焦虑的心理过程，最终传达给后人克服焦虑情绪的根本办法。

我们举例来说说孔子是怎样做的，又是怎样告诫人们应该怎样做的。

《论语》中的第一句话就把人在面对两种选择时应该怎么办告诉给中国知识分子，那是每个中国人都能倒背如流的话：

学而时习之，不亦说（通悦）乎。有朋自远方来，不亦乐乎。人不知而不愠，不亦君子乎。

我小时候读《论语》，老师告诉我们说，“学而时习之，不亦说乎”是圣人在告诫我们，要学习好任何一门功课，就要及时复习，在复习的时候要“不亦说乎”。对此我一直非常迷惑。因为对一个孩子来说，除非是天才或者怪物，复习功课怎么也做不到高兴得要手舞足蹈的地步。这个迷惑一直持续着，我相信这样子来理解孔子的话不是孔子的原义。

如果联系孔子的关于人生学说的核心——内圣外王，我们就会恍然大悟：“学而时习之”——并不是要人们不断地复习功课，而是要把自己的学问经常地、不断地去实践，去施行。这里“习”不是复习，而是“实践”之意。

实践自己的学问，把自己的学问运用于社会，在社会中施展自己的才干，这样才值得“不亦说乎”呢！在孔子看来，只有这样，才是人生最理想的状态。我们如是理解论语中的这第一句话，就一通百通，真正把孔子思想的精髓拿到手上了。

但如果社会没有给你机会去实践，满腹的学问就不能运用。再说直白一点，如果没有做成官，“治国平天下”的使命就只能成为空想。满腹经纶不能运用，这是人生最大的悲剧，会给人心理上造成最大的焦虑。那又该怎么办？

《论语》的第二句话告诉我们，好好做学问啊，做好了学问名声远播，就有人前来拜访、学习，这也是一种人生的实现呢，也是值得高兴、值得庆幸的呢——不是吗，“有朋自远方来，不亦乐乎”。

埋首于学问，收弟子，办教育，出大名，桃李满天下，这不失为传统中国知识分子的另一种人生理想。但能做到这样的人毕竟不多。孔子似乎早想到这一点，所以有更重要的第三句话：“人不知而不愠，不亦君子乎”！做学问不是为了让人知道，只要好好进行自我修养，别人即使不知道，那有什么关系呢，根本用不着生气，根本不会生气——那才是真正的君子呢！

三句话，说了三种人，也说了人的三种状况，每个人，每种状况都能找到自己的位置。每个不同的人，都可以根据自己的实际状况，实现自己的人生，从而求得心理的平衡。细细想来，世界上不就是这样三种人吗？人生不就是这样三种状况吗？如此解来，“内圣外王”的人生理想不是全部都实现了么？

我们应该承认，孔子真是一位克服焦虑，保持心理平衡的大师！

我们下面再举一些例子来说明孔子教导我们怎样来克服焦虑，保持心理平衡的。

例如，孔子有一句非常著名的话：“君子坦荡荡，小人长戚戚”。孔子的学生问他，怎样才能做到“坦荡荡”呢？孔子回答：“内省不疚，夫何忧何惧？”意思是说，人只要按照自己的良心去做事情，内心没有值得愧疚的事情，有什么值得“忧”，值得“惧”的呢。没有做亏心事的人自然不怕半夜鬼叫门。一个人是否忧虑，值不值得焦虑，不在外面，不在社会的评判，关键是在自己内心的省察。——儒家文化既是世俗的文化，更是心灵的文化，从孔子的这句话中，找到了最直接的证据。

再如，在孔子的弟子中，有一位叫司马牛的人没有兄弟，五伦中缺少了一伦（这对于古人来说，是非常不幸的），于是对孔子说：“人家都有兄弟，唯独我没有。”孔子的学生子夏安慰他说：“我听常言说，人的命运有的时候不是自己能左右的，我们只要认认真真地做人，没有过错，对人和蔼有礼，这样，四海之内，普天之下，人人都是自己的兄弟嘛，还愁什么没有兄弟呢?”司马牛的问题直逼儒家文化的核心——人伦，而子夏的回答同样环绕儒家文化的核心——内圣，而且非常机智巧妙，所以很有用，也很有效。这比今天的大多数心理医生，要高明不知道多少倍。“四海之内，皆兄弟也”成为中国人永恒的格言。

孔子早就知道，克服焦虑的办法就是化解心灵冲突的办法。孔子是智慧的，他在不同的场合用不同的道理告诉他的弟子怎样做才是最合情合理的，怎样做才能化解内心的冲突，即使互相矛盾也在所不惜。孔子的智慧更是更大的智慧，他把看来相互矛盾的道理统一起来，并永远不离开他的理论核心。

传统中国人的人格特征和心理模式要顺应中国文化，还需要一个操作系统。“仁”“义”“礼”“智”“忠”“孝”“廉”“耻”固然构成了中国人做人的全部准则，还必须把它们纳入一个完整的系统中。而这个系统要具备操作性，这样才能真正观照中国人的心灵，统领中国人的行为。

这个系统就是“君子操作系统”。君子操作系统的前提是，在人群中分为两种人，一种为“君子”，另一种为“小人”。儒家的全部学说，就是谆谆教导人们，要做君子，而不能做小人。

孔子称君子之道涉及广泛，实在难以言喻（君子之道费而隐）。所以孔子在论及君子之道时有如许之多：

“君子务本，本立而道。生孝悌也者，其为仁之本欤!”孝为君子之本。孔子对孝的论述，我们早已留下深刻的印象，这里又把孝放在做君子的首位，孝在中国文化和中国社会中的位置，可想而知。这一点有相当的操作性。在中国社会中，对自己的父母不孝的人，绝对不可能是君子。即使在今天，一个女孩子总是受到及时的忠告，在找男朋友时，如果发现他对自己的父母没有孝心，千万要小心，最好不要和他好，更不要嫁给他。

“君子不重则不威，学则不固，主忠信，无友不如己者，过则勿惮改”。“重”就是自重，既要对自己充满信心，也要懂得尊重自己，珍惜自己。所以不自重的人，就没有威严，学到的东西不能巩固。对人要忠心，有信誉，为人谦虚，相信别人都有各自的长处，自己有了错误勇于改正。孔子的这段话，即使在今天，也应该作为我们的行为操守。

“君子不器”。何谓“不器”？器者，器皿也。不器就是不要把自己装到一个现成的器皿中去，不要约束自己，限定自己。这是一种理解。另一种理解，“器”在古代是一种非常高贵且神圣的东西，那么孔子说“君子不器”是不是说君子不要自己把自己看得那么神圣，用今天的话说，要有平民意识。哪种解释更好？读者自辨。

“君子成人之美，不成人之恶。”孔子这句话直逼人的本性。不要成人之恶，就是不要去做任何伤害别人的事情，这固然很难，但成人之美则最难。成人之美要把别人的成功当成自己的成功，自己不能成功却要帮助别人成功，末了还要把别人的快乐当成自己的快乐——这难不难？西方亦有谚语云：同情别人的弱点人人都做得到，只有天使才会同情别人的优点。

“君子周而不比，小人比而不周”。最通行的说法是，君子大公无私，小人结党营私。当然也有别的解释，比如君子应该遵守严格的等级制度和等级观念，存疑。

“君子和而不同，小人同而不和。”这是我们今天的时代最流行的关于君子的话语。通行的解释是，君子讲求和谐而不同流合污，小人只求完全一致，而不讲求协调。

“君子怀德，小人怀土。君子怀刑，小人怀惠”。君子要有远大的志向，志在四方，所以“怀德”；君子知道做任何事情都要有规矩，所以“怀刑”。小人则反之，“怀土”——只知道守住自己巴掌大的地方，“怀惠”——只知道鼻子跟前的那么一丁点利益。

“君子欲讷于言而敏于行”。少说多做，我们从小就接受这样的教育。这样做可能会吃亏，但永远不会吃大亏。

“君子博学于文，约之以礼，亦可无畔矣夫”。有学问，懂规矩，就不会犯大错误，这样的人可以称为君子了。

“君子矜而不争，群而不党。”君子庄重自尊，不与人争强，也不结党营私。

“君子思不出其位。”什么是“位”？“位”可以理解为本分、分际。孔子的意思是君子的思考不应该超过自己的本分，要严守自己的分际，不要越位。这和孔子的另一句话“不在其位，不谋其政”应该是同样的语境。把儒家文化通前彻后想一下，孔子一生不都在讲伦理，讲秩序，讲“位”嘛，用今天的话讲，就是“定位、到位、不越位”。

“君子不以言举人，不以人废言。”把说话的人和他说的话分开，对就是对，错就是错，何其难哉。

“君子坦荡荡，小人长戚戚。”这既是缓解焦虑的好办法，也是泛道德主义的源头。君子有君子的烦恼，小人有小人的悲伤。君子能够化解他的烦恼，小人的悲伤却只能让他永远做一只可怜虫。

“君子有三戒：少之时，血气未定，戒之在色。及其壮也，血气方刚，戒之在斗。及其老也，血气既衰，戒之在得。”青少年时，由于机体发育尚不成熟，注意不要在性方面有太强烈的追求；壮年时，身体强健，血气充沛，脾气也大，要少与人争斗，以免伤人害己；到了老年，体质已经虚弱，就要把名利看得淡一些。这是关于发展心理学的最早论述。

“君子有九思：视思明，听思聪，色思温，貌思恭，言思忠，事思敬，疑思问，忿思难，见得思义。”耳聪目明，温良恭俭让，做一个君子要从生理到心理进行全面的修养，全都有了。

“君子有三畏：畏天命，畏大人，畏圣人之言。”人必须有所敬畏，有所畏惧，在一个没有宗教的国度里，如果没有任何敬畏和畏惧，是非常可怕的事情。

“君子有三变，望之俨然，即之也温，听其言也厉。”君子看起来非常庄严，与之接触感觉十分和蔼、温良，听其言又极为严厉，一丝不苟。这样的人如何？“与君一席话，胜读十年书”。

“君子谋道不谋食。耕也，馁在其中矣。学也，禄在其中矣。君子忧道不忧贫。”作为世俗的非宗教的文化，儒家理所当然要把“道”抬到极高的位置；而作为社会中的精英的“君子”，当然要“忧道不忧贫”了。置身于世俗世界中的君子，要过心灵的生活，这就是儒家文化的辩证法。

“君子病无能焉，不病人之不己知也。”这个道理应该讲给天下所有的读书人听，做君子不怕别人不知道自己，怕的是自己没有能力。这也与“人不知而不愠”是同样的语境。人要有真本事，走遍天下都不怕。这对平衡知识分子的心理太有用了。

“君子不忧不惧”。在孔子的观念中，君子 = 不忧不惧。君子为什么能不忧虑、不恐惧？不忧不惧当然要通过人生的修炼才能达到，论语中至少有一半在讨论这个问题。

“不知命，无以为君子也。不知礼，无以立也。不知言，无以知人也。”君子要知命、知礼、知言，凡事都有个“道”。这说明，儒家文化不是宗教，胜似宗教。

“女为君子儒，无为小人儒。”仅仅有学问还不能成为君子，知识分子中小人可真是不少。孔子早看透了，所以才这样谆谆地教诲他的弟子们。

随着逐朝逐代对儒家文化完善，“君子操作系统”结构愈加严谨，操作性愈强，成为儒家知识分子自我修身的工具。既是“达则兼济天下”——社会昌明时报效国家、实现自我的人生“大义”，也是“穷则独善其身”——政治黑暗时仍能游刃有余地埋首学问，保持平衡的心理依托。（写到这里，我想到苏东坡写给弟弟子由的一句谐趣的诗《戏子由》：“宛丘先生长如丘，宛丘学舍小如舟，常时低头诵经史，忽然欠伸屋打头”，不觉一哂。）

中国文化的君子操作系统，最重要的作用是，当达不到现实目标时可以自我安慰，在处理各种复杂的人际关系时可以作为万能的钥匙；它更是知识分子相互攻讦的最有力的武器——方法非常简单，就是把自己纳入君子系统，把对方纳入小人系统。

如此，儒家文化的“君子操作系统”与中国人的人格特征和心理模式就完全吻合起来了；如此，我们就可以回答：传统中国人的人格特性和心理模式顺应了中国传统文化，或者说，它们本来就是一回事；如此，我们就可以把中国文化比拟为一条长流不断的河，传统的中国人，尤其是知识分子是真正地在这条大河里如鱼儿般自由自在地畅游了。

知识分子的心理平衡了，焦虑缓解了。但对于大多数中国人来说，他们既不是诗人和艺术家，也不是高级知识分子。对于这些凡夫俗子来说，他们的生活充满了困苦，每时每刻都会受到各种不测事件的打击，他们要倾尽全力为温饱而奋斗，他们要面对人世间的种种冷酷无情，他们承担着神秘莫测的世界的重压——他们不可能去“忧道”，他们的生活现实只能让他们“忧贫”。他们未必企图实现“治国平天下”的远大理想，但他们更需要求得安宁：生活的安宁和心理的安宁。

儒家文化部分地抚慰了他们的心灵。儒家的家庭伦理观、廉耻意识、良心和道德的力量、深刻的同情心，强烈的克制和忍耐精神，都是一般民众心理生活不二法则，也是打开他们心结的万能钥匙。他们也可以把自己纳入“君子操作系统”中去。他们当然希望像一个真正的儒家“内圣外王”——必须指出一个事实：中国传统社会的科举制度确实给每个中国人保留了通往最高社会阶层的希望。虽然这条路对一个最平常的人毕竟太遥远了。

所以，儒家文化，并不能完全解决中国人心灵的冲突，焦虑的心情并不能得到彻底的解除。必须另给他们一个空间。

好在中国还有道家文化呢。道家文化是一种自然而清纯的审美文化，是回归生命本原而自由自在的人生观。当儒家文化激励中国人要“内圣外王”，要“修身齐家治国平天下”时，它教会中国人在自然、现实、理想之间寻找平衡和心理的支撑点。

道家思想，譬如顺应自然，清静无为，讲求悟性，摄生养性，追求本原，相反相成等，这些道理我们在日常生活中不是经常使用吗?

其实，如果我们诚心静气仔细阅读、咀嚼儒家和道家的经典，我们会发现，两者之间并没有通常人们所认识的那样深的鸿沟。我们不仅可以在《易经》那里找到它们共同的源头，它们整体上的生命价值观、对适意的人生目标的追求、尊法自然等，实在有相当多的一致。一个传统的中国人，无论是“内儒外道”，还是“外儒内道”，我们从他身上，是永远也没有办法把儒家和道家彻底分开的。

生活在这样一种文化中的中国人，可能会过着贫乏的生活——因为物质文化的不发达；可能会遭受人生的苦难——由于战乱和灾荒；可能会烦恼——人生的理想不能得以实现；可能会愤怒——由于社会生活中的种种不公平；也可能会孤独——因人际关系的复杂，总之，人类的各种心理问题都会发生，而焦虑，唯独焦虑，却较少发生——即便发生，也会在顺应文化的过程中较容易地获得解决。随着焦虑的解决，中国人的心灵便在较低的物质生活中获得宁静、安谧、平衡，领悟到生命的本源意义，寻求到人生价值的最后归宿。

第七章　西方文化是焦虑的源头

当我们徜徉在中国传统文化的历史长河中时，我们的眼光总是忘不了向另一个文化投去深深的一瞥。其勃勃的生机，如虹的气势，一往无前、不顾一切的强悍劲头，以其强大的冲击力和强烈的渗透力量，不仅独立于世界文化之林，更引领着整个世界文化的走向。它对我们的文化冲击太大了！对我们的影响太大了！从19世纪中叶以来，中国的整个历史发展过程，都离不开它。如果没有它，我们真的难以想象我们今天会是什么样子。我们对它实在是爱恨交加。

它就是——“西方文化”。

有学者认为，笼统说西方文化并不合适，就像笼统地说东方文化不合适一样。东方和西方，是两个大的地理概念（今天也有用其作为经济概念），用地理概念来诠释不同的文化概念当然是不合适的。

不合适当然有不合适的理由。首先，就像西方是有许多不同的国家——美国、英国、德国、法国等——所组成的一样，西方文化也是由多种文化所构成，譬如美国文化、德国文化、英国文化、法国文化等，它们都有各自不同的特点。我们不能硬说美国文化就等同于英国文化，也等同于德国文化、法国文化等，就像我们不能硬说美国人和英国人、法国人、德国人的性格都相同一样。这是从西方各种文化的特殊性的角度来看。其次，许多文化历史学家都指出，西方文化发展有很明确的阶段性，甚至可以说不同的阶段之间缺乏连贯性。譬如古代时期的西方文化和后来发展的西方文化，以及今天我们所看到的西方文化，都有很大的差异，不似中国文化那样一以贯之。我们在讨论西方文化的时候，自然要说明是哪个时期的西方文化才对。

但强调西方各国文化的特殊性，不能忽略了它们的共通性。此其一。其二，我们说西方文化的发展有明确的阶段性则可，说它的发展缺乏连贯性，则不可。古代的西方文化和今天的西方文化固然有很大的不同，但后者的发展并不是和前者没有任何关系，更不能说后者和前者是两个完全不同的东西。

英国哲学家罗素认为，确实存在着一个所谓的“西方文化”。不仅存在着一个“西方文化”，而且它们可以追溯到共同的起源：“西欧和美国的精神生活实际上是同质的，我们可以追溯到三个起源：（1）希腊文化；（2）犹太宗教与伦理；（3）现代科学的产物——现代工业主义。我们可以把柏拉图、《旧约》和伽利略作为这三种元素的代表。从希腊文化中，我们发展了文学、艺术、哲学和纯数学，以及社交上优雅的礼仪；从犹太人那里，我们学到狂热的信念（及其好朋友，名叫“信仰”）、更为狂热的道德热情（包括原罪观念），还有宗教的不宽容和我们民族主义中的一部分；从科学那里，如同应用在工业主义中一样，我们得到了权力和权力感，以及这样的信念：我们得以像神一样去操纵未科学化人种的生死。由于科学，我们得到了经验的办法，并已获取了几乎所有的真理。”（罗素《中国问题》，学林出版社，1996 年版，147 页）

循着罗素的思路，我们还可以把这几个因素进行合并同类项的处理，基督教文化为一个方面的内容，科学文化为另一个方面的内容。这样我们可以把西方文化的共同源头合并为两个：基督教文化和科学主义文化。而古希腊文化的主要精神和现代科学文化的主要精神是一脉相承的，后者是从前者发展而来。

这两样东西，就是西方文化的核心精神或精髓。

基督教文化，我将在后面介绍，它是西方人精神生活的最主要的支柱。而发轫于 16、17 世纪的西方现代化文化，既在其发展过程中逐渐构筑起了现代文明的基石，其文化观念又起源于古希腊的理性主义，又对世界文化格局产生巨大影响，是讨论西方文化的时候最不可忽视的。

再说透彻一点，无论基督教文化还是西方现代科学文化，都发源于古希腊文化中的理性主义，它们是理性主义的两个孪生孩子。只不过这两个孪生的孩子一个（现代科学技术）得到了极端的发挥，而另一个（基督教文化）在现代化进程中受到了一定程度的阻碍而已。

一、理性主义是古希腊文化的主要精神

古希腊文化和中国文化几乎在同一个历史时期中诞生。但两个文化却走了完全不同的道路，结出了完全不同的文化果实。今天回头去看，真是令人感慨万千。

古希腊文化的主要精神是什么？我们的回答是：理性主义，舍此无他。古希腊先贤亚里士多德说过一段话，这段话对理性主义在古希腊文化中的位

置作了最好的诠释："理性观念同人性相比较，理性观念是神圣的；那么，同人们的日常生活相比较，以理性观念为根据的生活也一定是神圣的。一个事物的性质中的特征是什么呢？它是那一个事物中最优秀的东西，它能带来最大的快乐。对于人来说，这就是以理性为根据的生活，因为它才使人成为人。"

同样是在两千多年前，同样是对人性的本质进行思考，古希腊人和古代中国人从一开始就分道扬镳了。在中国人的眼里所看到的人性是天人合一，是伦理次序和情感的和谐；而在古希腊人的眼里，看到的是人与自然界的区别，是独立的人格，是理性的力量。

古希腊是人类历史上群星灿烂的时期，除了最著名的"古希腊三贤"——苏格拉底、柏拉图、亚里士多德——以外，还有许多在历史上做出过重要贡献的文化巨匠。这一点颇似同时期中国的春秋战国时代的"百家争鸣"。和中国春秋战国时期"百家争鸣"不同的是，古希腊时期的学者们虽然也表达着各自对世界的不同看法，但最后都殊途同归，都归结到了理性主义。

古希腊时期的亚里士多德的逻辑学，苏格拉底关于灵魂的学说，柏拉图的宇宙哲学、德谟克利特的原子论、毕达哥拉斯的数学、欧几里德的几何学等，共同创造出了璀璨的古希腊文化，它们既是理性主义的产物，也促进了理性主义的发展。在这些学说的指导下，古希腊人对自然界进行了不懈的探索和分析，对当时，对后来科学技术的进步，乃至于整个西方文化，都有不可估量的影响。理性、知识和智慧在古希腊人的心目中具有至高无上的地位。

在诠释世界的本原上，古希腊哲学存在着两种观点，一种认为世界是由原子构成的，另一种则认为世界是由理念（事物的本质）构成的。过去人们喜欢把他们分为唯心主义和唯物主义这样势不两立的两派，但我们发现，他们在思维方式上却没有本质的区分。

例如，德谟克利特认为，一切物质都由微粒组成，这种微粒无限小，世上没有比它再小的东西，因此它是不可再分的。这需要人的感觉去认识。感性认识是认识的最初级阶段，当感性认识在最微小的领域内不能再看、再听、再嗅、再摸的时候，就需要理性认识来帮助，因此理性是比感性更精致的认识工具。

而柏拉图等大多数哲学大师则认为世界是由理念（事物的本质）构成的，感性只能认识具体事物，而只有理性才能认识事物的理念（本质）。理性才是人的本质。

这样，两大派在一个关键的问题上基本一致，都认为理性高于感性，只有理性才是人性的核心。

在古希腊哲学中，对世界影响最大的是亚里士多德的逻辑学。罗素在《西方哲学史》一书中写道："亚里士多德的影响在许多不同的领域里都非常之大，但以在逻辑学方面为最大。在古代时期当柏拉图在形而上学方面享有至高无上的地位时，亚里士多德已经在逻辑方面是公认的权威了，并且在整个中世纪他都始终保持着这种地位。到了13世纪，基督教哲学家又在形而上学的领域中把他奉为是至高无上的。文艺复兴以后，这种至高无上的地位大部分丧失了，但在逻辑学上他仍然保持着至高无上的地位"。（罗素《西方哲学史》，商务印书馆，1983年版，252页）

亚里士多德在逻辑学上最重要的贡献之一是关于三段论的学说。这是关于人类思维的最基本定理。一个三段论就是一个包括大前提、小前提和结论三个部分的论证。最为人们熟知的是被称为Barbara（又叫全称肯定）的三段论：

如果所有的B是A（大前提）
并且所有的C是B（小前提）
则所有的C是A（结论）

这种三段论式的推理由大前提、小前提和结论三个判断构成，其中包含A、B、C三个概念。亚里士多德把人的思维推理过程总结成这样一些抽象形式，就给研究推理的规律性造成了极大的便利，对于教给人们进行正确的逻辑推理有非常重要的意义。亚里士多德在《形而上学》一书中总结了关于形式逻辑的基本规律：同一律、矛盾律和排中律，而矛盾律和排中律是他首次提出的。直到今天，我们所学习的形式逻辑的基本原则仍然是来自于2000多年前亚里士多德的理论。

我们再举两个例子来说明古希腊文明中理性主义的作用。一个是古希腊的数学，另一个是古希腊的神话。

古希腊数学的发展已经到了相当发达的地步。著名数学家欧几里德的《几何原本》就是一本具有公理化的结构和严密的逻辑体系的著作。在这本著作中，欧几里德对前人的定义和定理进行了筛选，只要选择出几个具有重大意义的公理，然后对它们逻辑地、按演绎的方式组织命题和进行证明。

何谓公理？就是不需要证明同时也无法去证明的定理，也就是不证自明的道理。例如"两点之间直线最短""两条平行线永远不能相交""三点确定一个平面""等量加等量，其和相等""等量减等量，其差相等""整体大于部分”等，都是不用证明的公理。而全部的欧几里德几何学，就是建立在这些公理的基础上，没有这些公理，就没有欧几里德几何学。

——我小的时候学习欧几里德几何学时常常很迷惑，为什么公理就不用去证明了呢？公理到底是由谁来制定的呢？我去问老师，老师回答，既然是公理，当然用不着证明，这还要问吗？老师的回答，并没有消除我的迷惑，我相信欧几里德和古希腊人一定有他们的想法，他们一定要去找，而且一定找到了设定公理的人。公理的存在，给基督教文化，给上帝留足了空间。

欧几里德就是利用这些公理，使它们成为整个数学体系的出发点和依据，然后运用逻辑推理证明其他命题，进而得到一系列几何学的定理。《几何原本》中400多个命题，都是从几条极简单的公理推导出的。这些推导的过程，则是严密的逻辑过程。

在逻辑学上，欧几里德提出了分析法、综合法和归谬法。所谓分析法就是先假设所要求的已经得到了，分析这时候成立的条件，由此达到证明的步骤；综合法是从以前证明过的事实开始，逐步导出要证明的事项；归谬法是在保留命题的假设下，否定结论，从结论的反面出发，由此导出和已证明过的事实相矛盾或和已知条件相矛盾的结果，从而证实原来命题的结论是正确的。尽管科学的发展日新月异，今天中学生所学习的几何学，仍然是欧几里德的《几何原本》。

如果没有理性主义，没有逻辑学，古希腊数学——以及现代数学的发展根本是不可想象的。同样，没有欧几里德的几何学，没有古希腊的数学，西方理性主义和科学技术也不可能发展到今天的局面。

希腊神话是古希腊文化重要的组成部分，它对整个西方文化乃至全世界文化发展的影响和贡献都是无与伦比的。希腊半岛三面环海，东临美丽的爱琴海（Aegean Sea），西通爱奥尼亚，北穿达达尼尔海峡。就在爱琴海上星罗棋布着四百多座大小不同的岛屿，犹如撒在海面上的珍珠玛瑙一般。就是在这个地方，诞生了我们取之不尽、用之不竭的希腊神话。希腊神话已经成为整个西方世界不可分割的部分。我到欧洲去时，在欧洲的各个国家的绝大多数城市，到处看到希腊神话中的雕塑，更不要说在希腊本土了。我相信如果没有对希腊神话的粗浅的了解，任何一个东方人到了欧洲一定会感到乏味之极。

古希腊神话的时代，又称“荷马时代”，是古希腊从公元前11世纪到公元9世纪古希腊的也是整个人类的一段最精彩的人文历史的华章。

在古希腊神话中，一切皆从混沌（Chaos）开始。然后，混沌生了地神该亚（Gaea），之后就出现了在大地的底层出生的黑暗和在地面出生的夜。黑暗和夜兄妹俩结合生下了光亮（Light）和白天（Day）。接着该亚生出了天空，即是天神（又叫穹苍之神）乌拉诺斯（Uranus），乌拉诺斯和该亚结合，成为世界的主宰。他们一共生下了六男六女，即十二个泰坦巨神（Titans）。希腊神话中的最著名的神祀都是这十二个泰坦巨神的后代。例如有名的普罗米修斯（Prometheus）是泰坦爱泼特斯之子；这十二个儿女中最小的儿子克洛诺斯（Coronus）和姐姐瑞亚（Rhea）生了三男三女，他们的小儿子就是大名鼎鼎的万神之神宙斯（Zeus）。宙斯和他的两个兄长主宰了世界：宙斯掌管天，哥哥波塞冬（Poseidon）掌管海洋，另一个哥哥哈得斯（Hades）则掌管冥界，同时也是财富之神。而宙斯的儿女们也是著名的神祀，太阳神阿波罗（Apollo）是宙斯之子，智慧女神雅典娜（Athena）则是宙斯的女儿，战争之神阿瑞斯（Ares）也是宙斯的儿子。

希腊神话中的众神是一群超人，这些神祀们既有人类所不具备的力量，同时却充满着人间的感情。千奇百怪的神话故事既发生在天界，更似发生在人间。他们被划分为不同的等级，宛如生活在一个森严的国度中。他们像人类一样需要膳食、饮料、休息，也有人类的欲望，甚至也有人类的弱点。

而我们看到，希腊神话充斥着理性主义的精神——我们干脆说，希腊神话就是理性主义的产物。亚里士多德在《形而上学》中提出“实体”的概念，把“实体”定义为一切事物相关的本原，即等同于他所说的“作为存在的存在”。他还推论出有一个永恒不变的、非感性的实体，作为一切运动的第一发动者，而这个第一发动者就是神。只有神，只有神的活动才能给人类寻找到自己最后的归宿。亚里士多德认为，神的活动是理论科学之“自我实施”的最佳典范，神是“思想的思想”，是宇宙万物的最初的动因和最终的目的。在古希腊人眼里，在迷幻般的自然力量和生命现象后面，一定有一位万能的神创造了这个世界。神被赋予人的禀性，具有人不能具备的力量，给这个世界制定了不可逾越的铁的法则。

德国哲学家卡西尔在谈到人类神话的性质时说：“把神话思想比之于科学是可能的，并且甚至是必要的。自然，它们并不走相同的路，但它们似乎在追寻同一件事物——真实。”（卡西尔《论人》刘述先译，广西师范大学出版社，2006 年 11 月，110 页）因为神不是别的什么，它是人所创造的一个理性主义的符号。

刘东先生《西方的丑学》一书在探讨希腊神话的起源时说，马克思、恩格斯、黑格尔、弗洛伊德等德国经典作家“对古希腊神话的不同发微，却有着两个共同的前提，那就是：第一，他们都认为这种原始的和古老的思想方式中贯穿着（或疏或密的）自身逻辑系统。……第二，他们进而都认为这些神话传说的内在结构在不同程度上存在着与现代理性的某种契合。”（刘东《西方的丑学》，北京大学出版社，2007年1月，19－20页）

我们以《俄狄蒲斯王》为例，说明理性主义精神是怎样在希腊神话中发生作用的。心理分析创始人弗洛伊德所谓“俄狄蒲斯情结”就是来源于这个神话：

神曾预言底比斯国王拉伊俄斯之子俄狄蒲斯将弑父淫母。为了避免这个可怕的结局，俄狄蒲斯出生后三天就被其父命人用钉子将他的双脚刺穿，用绳子捆绑后抛弃在山崖中。执行这一命令的牧人可怜这个无辜的孩子，把他交给了另一位牧人，回去向国王谎报任务已经完成。

俄狄蒲斯被牧人救起后，由科任托斯国王收养，并给孩子取名俄狄蒲斯。俄狄蒲斯长大后也去访求预言，神告诉他，“你将会杀害生父，娶生母为妻，给人们留下可鄙的后代。”俄狄蒲斯误认为科任托斯国王和王后就是自己的生身父母，为了摆脱厄运，他只好逃往底比斯。路上他无意间杀死了微服出行的底比斯国王，而那正是他的生父。至此，那则父亲和儿子都获得过的神谕，悲惨地应验了，尽管他们双方都千方百计避免它的实现。

杀死自己的亲生父亲后，俄狄蒲斯来到底比斯国。那里正在遭受着一场空前的灾难。灾难的起因是著名的狮身人面兽斯芬克司来到底比斯国，对底比斯国的居民出了各种各样的谜语，猜不出来的人就会被她撕碎，并吞吃掉。很多人都被她吞吃了。正在此时，俄狄蒲斯到达底比斯国，他愿意猜谜。于是斯芬克司出了最难的一条谜语：

“早晨四条腿，中午两条腿，晚上三条腿。在一切造物中，只有他改变动物脚的数目；可是在他用腿最多的时候，肢体的力量和速度却是最小。”

俄狄蒲斯的回答是：“这谜底是一个人。人在幼年，即生命的早晨，是一个人力气最弱小的孩子，他用两条腿和两只手在地上爬行；他长大成人，进入生命的中年，毫无疑问只用两条腿走路；后来，他终于年迈体衰，进入生命的黄昏，只好拄着一条拐杖帮着走路，好像三条腿一样。”

谜语猜出来了。斯芬克司羞愧自杀，底比斯得救了。

底比斯人十分感激，拥立他为新王，并使他娶前国王之妻为妻，并生下了四个儿女。前国王之妻正是他的亲生母亲。但他并不知道他已经犯下了杀父娶母的罪孽。不久，神给底比斯国降下了可怕的瘟疫，谁都无法拯救。神谕说，必须把一位杀父娶母的罪孽之徒赶走，灾难才会过去。俄狄蒲斯四处寻找这个罪孽之人。终于，救了俄狄蒲斯性命的牧人被召来了，他说出了事情的全部真相。

一切怀疑都消除了！恐怖的事实揭晓了！俄狄蒲斯狂叫着，他要在地球上除掉那个妖怪，那个既是自己的母亲，又是自己的妻子的女人。她却早已悬梁自尽了。俄狄蒲斯用针刺瞎了自己的双眼，他在全体底比斯人面前承认自己是杀父的凶手，是娶母的丈夫。这真是天的诅咒，是地的妖孽。他只能离开底比斯。

最后，俄狄蒲斯在流浪中悲惨地死去。

尼采在《悲剧的诞生》中写道："俄狄蒲斯，这弑父的凶手，这娶母的奸夫，这斯芬克斯之谜的破解者！这神秘的三重厄运告诉我们什么呢？……考虑一下破谜和娶母的俄狄蒲斯，我们马上就可以这样来说明上述信念：无论在哪里，只要预言和魔力破坏了现在与未来的迷惑力，破坏了严格的个体法则，破坏了自然的神秘圈，则极端地违背天理的事——譬如这里所说的乱伦——便是那里的必然的先决条件。因为，若不是成功地反抗自然，也就是依靠自然的手段，又如何能迫使自然暴露其秘密呢？我从俄狄蒲斯那可怕的三重厄运中洞悉了这个道理，也破解了自然这双重性质的斯芬克斯之谜，它必须作为弑父的凶手和娶母的奸夫才能打破最神圣的自然秩序。"（尼采《悲剧的诞生》熊希伟译，华龄出版社，1996 年 1 月，42－43 页）所以，我们完全可以认为，《俄狄蒲斯王》的故事正是源于古希腊人对于自然界和宇宙有一种固定设计的信念，这个信念的核心就是理性主义。

不仅《俄狄蒲斯王》的故事，所有的希腊神话故事，都按照这样的逻辑演义出来，都循着理性主义的基本规则发展。

另一则著名的神话是普罗米修斯的故事。神的力量虽然无比强大，但这则神话通过普罗米修斯的英雄壮举创造了人类，拯救了人类，最终成全了人类：

普罗米修斯是十二泰坦巨神之一泰坦爱泼特斯之子。他用河水调和黏土，按照天神的模样捏塑成一种形体，为了这种形体有生命，他借用了动物灵魂中善与恶的两重性格，将它们锁闭在泥团的胸里。

普罗米修斯的女友雅典娜是智慧女神，她朝那只有一半灵魂的泥团造物上吹了一口仙气，让泥团获得了灵性。世界上的第一批人出现了。但这批人耳不聪、目不明、四肢不灵，不知道如何使用上天赐予的灵魂。

普罗米修斯关心着人类的一切活动，教会他们如何运用智慧，如何劳动、生活。

天空完全归宙斯和他的儿子们主管。他们要求人类敬重他们，由他们来保护人类，并决定人类的一切权利和义务。普罗米修斯替人类辩护，希望诸神不要对人提出过分苛刻的条件。

聪明的普罗米修斯想办法愚弄了宙斯，宙斯决定对普罗米修斯实行报复。他拒绝向人类提供生命最需要的一件东西，那就是火。普罗米修斯却想到了个办法，用一根长长的茴香枝，在烈焰熊熊的太阳车经过时，偷到了火种并带给了人类。

宙斯大怒，他差人将普罗米修斯带到高加索山，用一条永远也挣不断的铁链把他缚在一个陡峭的悬崖上，让他永远不能入睡，疲惫的双膝也不能弯曲，在他起伏的胸脯上还钉着一颗金刚石的钉子。他忍受着饥饿、风吹和日晒。此外，宙斯还派一只神鹰每天去啄食普罗米修斯的肝脏，但被吃掉的肝脏随即又会长出来。就这样，日复一日，年复一年，他一直忍受着这痛苦和折磨。

直到大英雄赫拉克勒斯经过高加索山时，才用弓箭把那只残酷的鹰射死，解开绑缚着普罗米修斯的锁链，把他救了下来。

尼采说，普罗米修斯的行为“是对渎神行为的真正赞美，然而它最惊人之处却是埃斯库洛斯（古希腊悲剧的作者之一）的深厚正义感：一方面是勇敢的‘个人’的无限痛苦，另一方面是神的困境，对于诸神的末日的预感，这两个痛苦的世界的力量促使和解，达到形而上的统一——这一切最有力地揭示了埃斯库洛斯世界观的核心和主旨，他认为命数是统治着神和人的永恒正义。”（上书，44 页）这永恒的正义和命数当然是来自于理性的伟大力量。

古希腊人对人类文明的发展做出了巨大的贡献。正如罗素所说：“在全部的历史里，最使人感到惊异或难于解说的莫过于希腊文明的突然兴起。构成文明的大部分东西已经在埃及和美索不达米亚存在好几千年，又从那里传播到了四邻的国家。但是其中却始终缺少某些因素，直等到希腊人才把它们提供出来。希腊人在文学艺术上的成就是大家熟知的，但是他们在纯粹知识的领域上所做出的贡献还要更加不凡。他们首创了数学、科学和哲学；他们最先写出了有别于纯粹编年表的历史书；他们自由地思考着世界的性质和生活的目的，而不为任何因袭的正统观念的枷锁所束缚。所发生的一切都是如此之令人惊异，以至于直到最近的时代，人们还满足于惊叹并神秘地谈论着希腊的天才。”（罗素《西方哲学史》何兆武、李约瑟译，商务印书馆，1982年，24页）

希腊文明“是建立在自由、乐观主义、世俗主义、理性主义的理想之上的，尊重肉体也尊重心灵，对个人的尊严和价值予以高度重视。……宗教是世俗的和实际的，为人类利益服务。……文化是第一次被放在以知识为首位的基础上——被放在视自由探索精神为至高无上的基础上。他们没有什么不敢去探究的题目，他们认为没有什么应该排斥在理性领域之外的任何问题。思想凌驾于信仰之上，逻辑和科学凌驾于迷信之上，达到了一个前所未闻的程度。”（伯恩斯，拉尔夫《世界文明史》，卷1，第259–260页）没有任何疑问，古希腊人给全世界的所有贡献归结到一点，就是——理性主义。

二、基督教文化是理性主义之花

“在所有的伟大宗教当中，基督教流传得最广，并且拥有最大数量的信徒。数字可能有些夸大，不过根据记录每三个人就有一个是基督徒，为数大约有十亿到十五亿之多。”（史密斯《人的宗教》刘安云译，海南出版社，2006年5月，343页）

这个现象是如此独特，全世界无出其右。按照卡西尔的说法，基督教本身就是西方文化的一个符号。没有基督教就没有西方文化。欲讨论西方文化，怎么也不能避开基督教文化。

实际上，基督教是一个笼而统之的说法，基督教包括天主教、东正教和新教以及其他一些小的派别。公元一世纪中叶，基督教产生于地中海沿岸的巴勒斯坦，公元135年从犹太教中分裂出来成为独立的宗教。公元392年，基督教成为罗马帝国的国教，并逐渐成为中世纪欧洲社会的主要精神支柱。1054年，基督教会分裂为东西两派。东派教会自称正教（东正教），西派教会自称公教（天主教）。十六世纪中叶，罗马公教又发生了宗教改革运动，陆续派生出一些脱离罗马公教的新教派，统称“新教”，在中国则称为“耶稣教”。基督教有两种含义，广义是指天主教、东正教和新教三大教派的总称，狭义的则单指“新教”或中国的“耶稣教”。这里取广义的含义。

有一个最重要的问题必须回答，基督教为什么在全世界流传最广，为什么拥有最多的信徒？究竟是什么使得基督教成为全世界近三分之一的人类的精神依托？

我在谈到人类为什么需要宗教时列举了四个理由：一是生与死的问题，二是人生的目的问题，三是人生的苦难问题，四是不可预测的问题，这四个问题，在中国文化以外的几乎所有文化，都需要从宗教中去寻找。最彻底地说，人需要给自己的灵魂找到一个安宁的去处，一个可以寄托的精神的彼岸。

基督教最大限度地满足了人类的这个需要。

首先，基督教的基本预设就是二元论（Dualism）的，它把世界一分为二：现世的世界和天国的世界，或者说，此岸与彼岸。

在基督教中，所谓现世，包括现世的生活、现世的人性和现世的秩序。现世就是人生的此岸。在现世的——此岸的生活中，一切是痛苦的、不平等的、不完美的、罪恶的、黑暗的、虚假的、肮脏的、短暂的，总之，一切不美好、不完满的东西都存在于人生的此岸。现世、此岸，正反映了人类自己对生命，对人生的目的，对苦难的不可知。

正因为有了此岸的映照，我们才会遥想现世生活以外的非现实世界——彼岸的世界。与此岸对应，它是充满正义的、平等的、永恒的、光明的、真理的、纯洁的、善的。总之，一切最美好、最完美的东西皆存在于人生的彼岸。

这个特点——此岸世界与彼岸世界的相互映照，是基督教的大前提。其他一切，皆由此发端。

其次，为什么此岸世界如此不完满，此岸的生活如此痛苦？这一切都是因为生活在此岸的人的罪孽造成，这就是原罪。每个人，无论他现在如何，他都从自己的祖先那里得到了罪孽——这种罪孽从亚当和夏娃偷吃禁果就存在了。所以，人唯一的生活目的就是获得拯救，获得拯救的人才能到达彼岸的世界。所以基督教可以说是一种拯救性宗教。这带来两个方面的结果，一是给人生制定了永恒的目的，也是唯一的目的，就是获得拯救，到达彼岸；与此同时，也正因为强调拯救，造成了基督教与现世之间剑拔弩张的紧张关系。

最后，基督教给生活在现世中的充满着苦难和罪孽感的人指明了前进的方向。人虽然是有罪的，但基督教给所有犯了错或犯了罪的人以原谅。基督教认为，耶稣基督在十字架上的受难，已经为人类赎清了罪过；只要信徒们真心向上帝忏悔，就一定会得到上帝的谅解。这样，就给每个世俗的个体提供了可操作的工具。

人要获得拯救，就要按照基督教的教义要求去做，最基本、最重要的就是爱上帝和爱他人。耶稣在《新约·马太福音》中说："要尽心、尽性、尽意地爱主，你的上帝。这是诫命中的第一，且是最大的。其次也相仿，就是要爱人如己。这两条诫命是律法和先知一切道理的总纲。”每个人只要按神允准的理性方式生活，按照教义所要求的人的内在价值标准生活，去爱上帝和世界上所有的人，人就能获得拯救，就能到达生命的彼岸。

基督教虽然强调爱，但并不赞成性爱，更反对狂热的感情和由性爱带来的激烈的快感。基督教作为理性的、积极的禁欲主义把性爱作为非理性之物加以摒弃。而且把性爱看作粗俗之事，与超越、升华、拯救的基督教主旨相悖。在人类的全部感情中，性爱带来的感情毫无疑问是最冲动、最强烈、最泛滥、最不可控制的感情。英国哲学家罗素就说过，“爱可以强烈到任何程度。”（罗素《婚姻革命》80页）罗素这里所讲的“爱”，当然是指性爱。对于性爱，全世界的文化几乎采取了相同的态度：控制它，压抑它，绝不能让它泛滥成灾。控制和压抑的方法各式各样，儒家文化采取了“说一套，做一套”的方式，而在基督教看来，人作为一种被性欲毫无希望地折磨、扭曲的生物，要获得拯救，就必须限定其性欲。唯一可以容忍的性爱方式就是婚姻。只有婚姻才是上帝允准的，所以只有婚姻中的性爱才符合理性的目的，但即使在婚姻中，性爱也不能有快感。男女在婚姻中可以生育抚养孩子，而且可以使夫妻相互扶持，产生高尚的责任感。

这是一个很好的方式，把本来泛滥无归的人的各种欲念收拢起来，纳入一个人与社会都能接受的范围中。由此，社会的规范得以建立，个人的生命有了归依，还体现了人的价值感，获得了人的尊严感和高尚感。对于社会来说，这种方式是好方式，但对个人来说，各种欲念被收拢了、压抑了，却并不是好事。这也是为什么在基督教世界，现世的世界总是充满着苦难，尤其是个体的人心灵特别容易受到伤害的一个原因。

生活在基督教的教义里，人生活真正的、也是唯一的意义，就在于和上帝沟通并获得拯救，只有这样才能进入天国，才能享有永恒的荣耀、光明和幸福。这对人在面对无奈而痛苦的现世生活时，有一种强大吸引力和诱惑力。

天国有如此强大的吸引力，要获得通往天国的通行证，不仅要按照基督教的教义生活，还要广为传布上帝的福音。当传教士们不辞辛劳地在全世界传播基督教时，不管被传播地的人们怎样看待他们，传教士本身，倒真觉得自己离上帝越来越近了。这种体验，大概是非基督教人士所不能体验的。这样，基督教给生活在现世的人们以强烈的归属感，所有信仰耶稣基督的人都不再感到孤独：每一个人都感到自己是一个大集体中的一员，这个大集体的所有成员都在为一个共同的目标而奋斗——那就是实现上帝的计划。这个大集体、这个大计划是不可能被战胜的，因为他们都属于上帝。

基督教文化就是在基督教教义的基础上所形成的文化。如果我们对基督教文化的特点进行一番归纳，并相应地和中国文化进行对照，这对我们阐明焦虑的来源是有帮助的。

第一，在时间与空间的认识上，基督教文化认为时间是有始有终的。既然世界是由上帝创造的，就有开始的时间，也有结束的一天，那么世界末日终有一天会到来。因此，基督教文化有强烈的时间紧迫感，凡事要加紧做，一切要赶在世界末日到来之前。而在中国文化中，世界是无始无终的，天地是永恒的。《易经·彖传》："天地之道，恒久不已也"。《道德经》说："天下万物生于有，有生于无"。所以无论是有与无之间，还是生与死之间，根本就没有区别。既然没有现世和天国，此岸和彼岸的差别，人生是一个无休止的过程，也就没有紧迫的事情必须要抓紧做。中国人永远相信，凡事不要着急，慢慢来，总会有好结果的。罗素说，中国人处理事情不是以十年为单位，而是以万年为单位的。我相信罗素的话是中肯的。

第二，基督教文化尊上帝为唯一的人格神。除上帝以外，不允许再有别的信仰。在中国文化中，一个人可以有多种信仰，崇奉多种神灵，中国人虽以祖宗崇拜为基本，但祖宗并不是神祀。而民间的神灵之多，则令人眼花缭乱。有财神、灶神、水神、火神，不同的行业，都有自己的神。中国人拜神，不过是在心灵上增添一份吉利而已。外来的任何宗教，都能在中国生根开花，结出的却是中国文化的果。这种现象，在基督教文化中是不可能出现的。

第三，基督教文化是向外扩张的。基督徒的使命，就是要想方设法使全人类信奉基督教，即便使用强迫的力量，付出极大的代价也在所不惜。基督教文化的这种扩张性还鼓励人们从事探险活动，不断地探索、征服未知世界。西方宗教历史上的"十字军"东征和无数的宗教战争都是最好的例子。中国文化主张万事要顺其自然，社会按照伦理秩序运作，人与人和谐相处，在自身则要追求心灵的安静和道德的圆满。在中国历史上，固然有过不少战争，战争的起源和目的也各不相同，有的战争是为了改朝换代，有的是抵抗外来的侵略，但从来没有过宗教性质的战争。中国人从来不为信仰而战。

第四，基督教文化相信世界上有超自然的力量在主宰着人类。人只有信奉基督教才能获得安全感和永恒感。耶稣说："我赐给你安宁，这种安宁，世界不能给你，也无法将它从你身上剥夺。"

超自然的力量就是理性的力量。为什么说超自然的力量就是理性的力量？法国哲学家费内隆（Francois de Fenelon）说，自然界存在的一切正是来自于超自然力量的神奇。他论证说，不仅仅是易于感知的大物体，在极其微小的其他物体上，我们也能感受神奇；不唯动物的身体，只要从它们的各种本能，睡眠、食物、物种的持续不变的特征，我们也能找到证据显示造物者的技巧和威力。更为神奇的是人体本身，皮肤、血管、骨头、关节、感官、舌头和牙齿等，每一个器官对于整个身体的比例，最重要的是人的灵魂，都说明有一个超自然的力量在控制着这一切。

前面谈到欧几里德的几何学中的公理问题，逻辑学是从公理以后才发生作用，公理以前呢？理性主义告诉我们公理是不用证明的。为什么不用证明？因为可以从上帝那里找到最圆满的出处。世界上最完美的理性只有来自上帝。

生活在非基督教文化中的人常常难以理解，为什么理性主义和超自然主义，理性主义和宗教精神居然能在西方并行不悖？其实，正是理性主义才能产生基督教文化。对于人生的重大问题，只有理性精神特别强烈的文化，才会冥思苦想，才会上下求索，苦苦去寻找答案。当在现实生活中找不到答案时，理性主义自然而然要在现实生活以外去寻找。此其一。其二，理性主义本身的局限性也给上帝的存在留下了最充裕的空间。理性虽不能证明，却也不能否认上帝的存在。这正是西方理性主义的大矛盾，也是产生心灵的焦虑的一大原因。中国文化既是世俗的文化，追求现世的人生，内心的安宁也就只能从现实生活中获得；在现实生活中，更重视的是情理，理性的一面则十分平淡。更重要的是，中国文化认为，天地本身就是善的，就有道德，而人与天合一，人也就自然有了道德。诚如《吕氏春秋》所说："天无私覆也，地无私载也，日月无私烛也，四时无私行也，行其德而万物得遂长焉。"

第五，基督教认为，人来到世间，都是迷途的羔羊，需要上帝的特别引领和宽恕。神的眼睛永远在注视着每个人，关照着每件事。由此，罪感文化成为基督教文化的重要成分，罪感文化所遵循的是"自律意识"。而中国文化是典型的耻感文化，中国人的行为遵循"他律意识"。当中国人在做一件不好的事情以为"人不知、鬼不觉"而沾沾自喜的时候，生活在基督教文化西方人却备受良心的煎熬，因为不管做什么事情，即使没有任何人知道，上帝却一定知道。

第六，在基督教文化中，性的欲望则是粗俗的和毁坏性的，必须加以抑制。婚姻是在上帝面前的结合，是上帝的选择，是神圣的事情。"对这种神圣婚姻的约束是来自教会，来自上帝的权威。"（辜鸿铭《中国人的精神》，54页）而中国文化把婚姻、性与自然、与社会伦理紧密地结合起来。结婚是家庭和家族的事，也是社会的事；性是为了生孩子，生孩子则是最大的"孝"（不孝有三，无后为大），性还是为了健康。中国人给性欲的释放找到各种"说法"。所以在中国传统社会，在本质上并不排斥性，更不压抑性。为什么弗洛伊德的心理分析理论产生并畅行于西方，而与中国文化无缘？基督教文化对性本能的压抑很可能是一个基本的原因。

第七，在基督教教义里，上帝把这个世界交给人去治理。因此基督教文化重视人文主义的精神。既然上帝是全体子民仰慕的唯一的神，因此，在上帝面前，人人都是平等的。这个观念，容易产生民主与博爱的思想。而中国文化的人文精神是在社会上建立“君君、臣臣、父父、子子”的伦常关系，人与人之间，有严格的等级区分。无论是“仁”还是“爱”，都必须得在伦常的人际关系中才能正确运作。在中国人心里，首先要做到对自己的亲人好，然后才能做到对其他人好。中国人的博爱精神，必须要建立在对亲人、对家庭之爱的基础上才能成立。以此为顺情，非此为矫情。一个人不爱自己的父母家人，却去爱其他的人，在中国人看来，不是有不可告人的目的，就是矫情。两种文化，在这个观念上，竟有天壤之别。

第八，在基督教文化，人与自然的关系是征服与被征服的关系。人要生存，必须征服自然，战胜自然，缺乏对自然界的崇敬、热爱的心情，不能与大自然和谐共处。而中国文化特别强调人与自然的和谐共处，人与自然融合为一体。

或许有人会举出现代西方人对自然和环境的保护远胜于现代中国人的例子来反驳这个说法，但如果我们从根本上看，现代西方人对自然和环境的保护完全出于人自身的长期利益，是理性主义的要求。征服自然的最后结果是彻底耗竭自然，最后出现“熵”的世界。这个观点，我在本书中反复谈到。

那么，至此我们能否得出西方基督教文化就是理性主义的产物，或者至少说基督教与理性主义并行不悖的结论呢？我们的回答是肯定的。

理性主义相信万事万物都有注定的规律可循，任何事物，有来处就会有去处。基督教的教义，就是在向人们讲明这个道理。在人的思维和理性不能达到的地方，不能做成的事情，则更可以由上帝去达到，让上帝去完成。例如，欧几里德的几何学中的公理，牛顿力学中的第一推动力的来源，就只能让上帝去做出说明。

理性主义固然不承认经验以外的未知的世界，但同样不能证实经验以外的世界的不存在，这就给上帝留下了存在的空间。这是从反面说。从正面来说，理性主义永远是相对的，即使最完美的科学理论，也只能是暂时的，人永远不能证明它。任何一个和科学理论不一致之处，就足以使科学理论证伪。世界既然必定是按照着某种规则在运行，理性主义就迫使人们不得不相信，在自己的经验世界和科学理论所不能及的地方，有一个最完美的存在，那个存在只能是上帝。

理性主义不能带给人道德情感和终极价值，不能回答人生的意义和价值的来源，人必须在理性的世界之外去寻求自己灵魂的归宿。从西方历史的时间顺序来看，不是先产生了基督教再产生理性主义，而是先有了理性主义，后有基督教。就我们知道的历史事实，早在公元前几百年理性主义就已经在古希腊绽放出了绚丽的花朵，只是在公元一世纪中叶，基督教才产生于地中海沿岸的巴勒斯坦，直到公元135年基督教才从犹太教中分裂出来成为独立的宗教。指出这个时间顺序，使我们联想到，基督教的产生、发展和兴旺不是人类非理性时代的结果，而是理性主义的产物。

反过来，科学本身也是基督教的产物。在西方社会中，一个著名的科学家的身份不仅不妨碍他成为一名虔诚的基督徒，反而，一位基督徒更容易成为一名科学家。美国现代著名科学史家兰西·佩尔斯（Nancy Pearcey）和查理士·撒士顿（Charles Thaxton）合著的《科学的灵魂》一书中指出过这样的事实："'牛顿是一位基督徒？'一位年轻的女子惊愕得口也合不起来。她刚从一所重点大学获取荣誉级的硕士学位，她是校园中基督徒团的领袖，但是她在科学发展史的伟人中却从来没有听到他们是基督徒，以及他们的科学成就是源于他们在宗教上的观念。"（兰西·佩尔斯、查理士·撒士顿 合著《科学的灵魂》，江西人民出版社，2006年，绪论5页）

所以，"科学的源产地，基督教文化，不是科学的威胁，而是它的助产妇。""世上除却基督化的欧陆以外，没有另外一个文化系统可以引起现代的科学革命。"（上书，15页）

为什么这样说？关键在于"科学的研究需要对世界有一些基本的预设。没有这些预设，科学研究不可能进行。Foster的论点是，西方思想界在未成立科学事业之先，一定要认定大自然一些本质和特性。怀海特认为，'对科学可能发展的信心'，必定先于科学理论的发展。怀海特解释这些信心建立于某种惯用的思想——如大自然是有规律的——他认为这种信念源自基督信仰的创造论：世界是神的创造。"（上书，15－16页）

我们如果能够理解理性主义与基督教之间的关系，就能够理解为什么科学理论发生于宗教气氛浓厚的欧洲而不是在没有宗教的中国，就能够理解为什么在科学技术高度发达的西方同时存在着高度发展的基督教文化，也就能够理解为什么一个伟大的科学家同时会是虔诚的基督徒。

宗教产生于理性。人类有多强大的理性主义，就有多强大的宗教情结；同样的道理，宗教是一个理性主义永远不能解开的结。这恐怕是许多从来没有过宗教信仰，从来没有接受过宗教的精神洗礼的人怎么也想象不到的。

三、现代化就是理性化，是人“精力过剩的合理化”的产物

现代化是我们这个时代使用最广泛的词汇之一。尤其对我们中国人来说，它既不是我们的文化产物，也不是我们主动招来的东西，但当它一旦进入我们的文化，就由不得我们了。它像一个幽灵，徘徊在我们的上空，使我们抓之不住，挥之不去。

现代化作为一个运动，是16、17世纪起源于欧洲，发展于美洲，波及亚洲乃至全世界的人类追求理想社会与幸福生活的全球性运动，这个运动一经启动就势如破竹，浩浩荡荡，所向披靡，任何力量也难以阻挡。直到今天，这个运动仍在如火如荼进行中。它概括了人类社会近期发展进程中的急剧变革。

人们普遍认为，现代化是一个综合的、多层次的、动态的概念，是连续系列的变化过程，是包括社会经济技术各个层面的同步变革过程。现代化过程，存在着几个明显的转变：从初级的自然经济向技术聚集的工业经济以及向以高新技术为代表的知识经济转变；从依附型的政治文化向参与型的政治文化转变；从封闭的选亲体制向开放的选贤体制转变；从初级的经济结构向高级的经济结构转变……。在这个意义上，现代化直接表现为由传统社会到现代社会的历史变迁过程。

现代化运动在全世界的发展是不均衡的。世界各国的现代化实践大致可分为“原生”和“后发”两类。“所谓‘原生’的现代化，指的是产生于西欧各国以及主要由西欧海外移民组成的前殖民地国家（美国、加拿大、澳大利亚等）的现代化运动。由于现代化最初的种子本身就萌芽于西欧的社会思想土壤中，所以具有强健的先天生命力，这类‘原生’现代化也悉数以大获全胜告终。最迟至20世纪上半叶，西欧、北欧、北美和大洋洲的主要国家顺利地实现了现代化。到20世纪后期，传统文化与西欧相似或相近的南欧和中、东欧国家也先后完成了向现代化的过渡。所谓‘后发’现代化，其实就是非西方世界的现代化。”（陈季冰《现代化的路径——关于现代化的思想笔记》，载《上海东方早报》）

关于“后发现代化”，涉及西方文化在现代化过程中对原生文化的冲击，例如在中国的“后发现代化”进程中，西方文化与中国传统文化的冲突，我留待下一章“中国文化的危机”中进行讨论。

现在我们必须先回答两个问题：

第一个问题，为什么要有现代化运动？这个问题看似简单，人类要追求理想的社会，追求幸福的生活，所以必须要有现代化运动。现代化运动的历史本身似乎也已经回答了这个问题：有了现代化运动，社会生产力得到极大的解放，经济社会的发展极大地加速，世界财富积累极大地丰富，人们的物质生活越来越丰富，越来越舒适。但稍作细致的思考，我们会发现，回答这个问题的答案，回避了一个最重要的问题，那就是有了现代化运动，人是否越来越幸福了？恐怕未必。简单地对这个问题作出肯定的回答，同时也就否定了现代化运动以前，人类的生活是幸福的。

第二个问题，为什么现代化运动起源于西方？可能的原因有三个：

一是西方文化中早已存在的理性主义。现代化必然起源于理性主义，现代科学技术的发展，亦必须以发达的理性主义为基础。按照德国哲学家马克斯·韦伯的说法，现代化就是理性化。

二是基督教促使了现代科学技术的产生。基督教本身既是理性主义的产物，也是催生现代科学技术的助产士。美国科学史家兰西·佩尔斯和查理士·撒士顿在他们的合著《科学的精神》一书中对这个观点进行了大量的论述。

三是教会神权的过度发展，甚至离开了基督教原教义的宗旨，伤害了人的尊严，压迫了人的权利，由此导致了人本主义的反弹。所谓“黑暗的中世纪”就是那个时期的真实写照。如果我们考察一下发生于14、15世纪的西方文艺复兴运动的历史，应该说，这个理由是站得住脚的。

从这里又引申出来，现代化必须有两个方面的基础：一个是社会基础；另一个是科学技术的基础。

现代化的社会基础就是人道主义。人道主义与人本主义、人文主义属于同源词汇（或许也可以把这三个词汇做进一步的区别，但本书视其为同一），英文为Humanism。人本主义起源于西方14、15世纪文艺复兴时代。最初的人本主义把凡是认为人和人的价值高于一切的理念都归于此。现代人本主义又称科学人本主义、自然人本主义或伦理人本主义，是一种反对一切超自然主义以及肯定人类的尊严、自身价值的科学、民主和关怀的哲学观点。

人本主义有几个不可动摇的基本原则：所有人在尊严和价值上是生来平等的；所有人不受性别、种族、信念或社会起源、财产或出身上的歧视的权利和自由；个人安全和自我保护的权利；个人摆脱不自愿的奴役或奴隶状态的自由，摆脱烦扰的自由、思想和良心的自由、言论和表达的自由、表达价值观和追求自己生活方式的自由；隐私权；智力和文化自由；适当的健康保健权利；需求的权利；经济上的自由；道德上的平等；法律上的平等；民主权；婚姻和家庭权利；保护孩子不受虐待和在物质和文化上不被剥夺的权利等。这些都是西方文化公认的人道主义核心价值观的具体体现。这些原则，已经成为今天西方世界的普世价值观。西方现代化的政治制度、经济制度、文化制度、法律制度，都是建立在人本主义的基本价值观的基础上。

有了人本主义，西方的现代化就有了坚实的社会基础。但仅仅有这个基础现代化还不能真正发展，还必须有一个强大的力量，才能让现代化这个巨大的列车开动起来，这个力量就是现代的科学技术。而现代科学技术的来源则是西方古已有之的理性主义。

理性之于社会生活中的体现，就是科学技术、管理制度、法律规范、经营计算等具体的形式。没有这些东西，整个现代化就是空中楼阁。现代化进程的确表明，这个过程在整体上受到了科学技术、经营计算、法律规范、管理制度等的统治。

为什么理性的发展一定会催生出现代化运动？罗素从另一个角度对西方现代化的产生及其与理性主义的关系做了评价："我们的西方文明建立在这样的假设之上，用心理学家的话来说是精力过剩的合理化。我们的工业主义、军国主义、热爱进步、传教狂热、扩张势力、控制和组织社团，这一切都是因为精力太过旺盛。"（罗素《中国问题》，学林出版社，1996 年版，7 页）

什么是"精力过剩的合理化"？

中国学者梁漱溟先生在其著作《东西文化及其哲学》中从另一个角度来解说："西方化是以意欲（will，今译意志、意向——笔者）向前要求为其根本精神的。或说，西方化是由意欲向前要求的精神产生'赛恩斯'（science，科学）与'德谟克拉西'（democracy，民主）两大异彩的文化。"所谓西方"意欲向前"是与中国文化"意欲向内"相对的，就是要不断地探索未知的客观世界，是一种永远不能满足的精神。这种精神用罗素先生的话就是"精力过剩的合理化"。我们可以说"精力过剩的合理化"是理性主义的必然产物。

"赛恩斯精神"即科学精神，也就是理性主义精神，"德谟克拉西精神"即民主精神，也就是人本主义精神，这两个方面作为现代化的基本特点，是我们要反复强调的。

西方人的"赛恩斯精神"或曰科学精神，我们从西方文化中所发挥到极致的理性主义，便可一目了然。然则何以西方文化又是放射着"德谟克拉西精神"或曰民主精神的异彩呢？

梁漱溟先生这样来回答："这是由人类的觉醒——觉醒人类的本性——不埋没在宗教教会、罗马法典、封建诸侯底下而解放出来。这个就是我们所说的'人的个性伸展，社会性发达'。他们是由觉醒人类的本性来要求人类本性的权利；要做现世人的生活，不梦想他世神的生活。那么，自然在他眼前为他生活之碍的，要反抗排斥，得到他本性的权利而已。”（梁漱溟《东西文化及其哲学》，转引自《梁漱溟集》，群言出版社，1993年第一版，155页）基督教神权的过度发展压迫了人的权利，导致人本主义的反弹，要求人的自由，人的尊严，成为开始于14、15世纪的西方文艺复兴运动的基本动因。

于是，以追求自由、平等、博爱，追求人的尊严为旗帜的文艺复兴运动，和以理性主义为核心的工业化运动，成为西方现代化运动之两翼。两翼一展，扶摇直上，席卷全球。

我以为，我们这样来理解西方现代化的产生和发展，以及现代化之两个基本特征的关系是合乎事实的：在西方文化中，理性主义早已存在，在古希腊时期就已经发展到相当的高度。这种理性精神，是“意欲”向前的，孜孜不倦地要探求外面的世界，始终不能满足；若按照罗素先生的意见，乃是一种“精力过剩的合理化”，它必须、必然要无休止地前进。探求和前进的结果必然促进科学技术的发展，必然导致人自身的觉醒，就要求人本身的权利和尊严。这就是现代化运动发生和发展的基本原因。

然而，正因为西方人“理智的活动太强太盛，实为显著之特点。在他所成就的文明上，辟创科学哲学，为人类其他任何民族于知识、思想二事所不能及其万一者。不但知识思想的量数上无人及他，精细深奥上也无人能及。然而他们精神上也因此受了伤，生活上吃了苦，这是19世纪以来暴露不可掩的事实！”（上书，157页）

精神上受了什么伤？生活上吃了什么苦？焦虑！没有别的，正是由于理性的高度发展，使人类深陷于焦虑情绪的陷阱中，不能解脱。我们了解了西方文化——尤其是现代发展的过程，更印证了我的理论：“焦虑产生于理性。”

总而言之，概而言之，西方文化，无论是基督教文化，还是现代文化，都是由于西方人“理性”活动“太强太盛”的缘故，是罗素先生所谓“精力过剩的合理化”，也是梁漱溟先生所说，是“意欲”所指的方向始终向前（实则向外）所致。

西方文化之“浮士德式的精神”就是这样催生出来的。

四、“浮士德”式的“无限进取”精神

西方文化的基本精神是理性主义。基督教文化也好，人本主义也好，自由、平等、博爱的精神也好，科学技术也好，西方的社会制度、经济制度、法律制度也好，统统都是理性主义的产物。

在理性主义阳光的照耀下，不允许有任何被掩盖的东西，不允许任何玄学和模糊主义有立足之地。面对万事万物，必得把掩盖的东西拆穿，把玄想的和模糊的东西了解透彻，人的心灵方能稍安。英文中有一个词汇颇能传神地表达理性主义的基本态度：discover（把遮盖住的东西揭穿，引申为探索、发现）。

德国哲学家史宾格勒（Spengler）用"浮士德式的精神"（Faustian - promethean drive）来形容这种精神——源于德国大文豪歌德的著名歌剧《浮士德》中的主角浮士德的故事。

《浮士德》取材于16世纪德国有关江湖术士约翰·乔治·浮士德的民间传说。这是一出长达一万二千一百一十一行的诗剧，分为两部。第一部二十五场，不分幕。第二部分五幕，二十七场。全剧没有首尾连贯的情节，而是以浮士德思想的发展变化为线索。

不断地追求知识，内心永远不能满足，最后对知识彻底地失望，就是歌德塑造的浮士德形象。我们且看第一幕中浮士德的独白：

> "哲学、法学、医学，还有那无用的神学，我竭精殚思地研究过了，然而思想起来，该多么愚蠢啊！
>
> 现在就是这个样子，我丝毫未能变得聪明。人们称我为术士、博士，已经有十年之久了。
>
> 上、下、左、右，我牵着学生们的鼻子，指导他们，可是，最后，我只知道我一无所知。一想到此，我五内如焚。"

这段独白代表了西方文化中的一种著名的精神，就是苏格拉底所说的那句著名的话："无知之知"——"知道自己有不知道的事"。既然知道自己有不知道的事情，怎么办？只有不断地追求，不断地去"求得人生的全部知识"。

即便人不断地求知，即便人追求到了自己想要知道的知识，那又怎么样?！有了知识，人的心就能安宁吗？浮士德的另一段独白说出了心灵更大的困惑：

> "我大胆地攫取了人类智慧的宝库，可毫无用场。我把它堆积在手头，然后我呆呆坐着，可我的内部丝毫涌现不出新的力量。我的身量连一根毛发那么长也未能延伸，对于无限，连一步也未能接近。"

培根说："知识就是力量"，可是在歌德——浮士德的眼里，知识把他和天国隔离得越来越远了！攫取了人类智慧的宝库的大学者浮士德博士，"对于无限，连一步也未能接近"！就像歌德说过的那句话一样，"在这个完全是有条件的世界上，去直接追求无条件的事物，没有比这个更可悲的景象了。"（《歌德的格言与感想集》程代熙等译，中国社会科学出版社，1982 年，66 页）

这就是浮士德的悲剧，这就是知识的悲剧，也是理性的悲剧——人生的意义，人生的目的，人生的归宿——这些基本的哲学命题，知识和理性一个也不能解决！

怎么办？唯一的办法就是不断地前进。在这条路上，浮士德博士义无反顾，一往无前。浮士德与魔鬼靡非斯特订立契约时，说过一段话：

> "如果悠然在安乐椅打瞌睡，我就完蛋。如果轻易为甘言所弄，我迷蒙地、以沾沾自喜自居，而且受骗，沉醉在快乐的梦境里，那就可以说，我的末日已经来临。"

浮士德逼迫着自己不断前进，永远前进，找不到任何停下来的理由，只要一停下来，自己的末日就来临了。

歌德用《浮士德》告诉了我们一个极度不安的灵魂，一个找不到生命的彼岸的灵魂，一个被理性的精神逼迫着不停地追求的故事。据说在西方国家每上演该剧时，全场总是一片欷歔。

浮士德的故事究竟讲述了什么道理？传达了什么观念？歌德自己说："人们不断地来问我在《浮士德》里要体现什么样的观念？仿佛我自己懂得这是什么而且可以告诉他们。从上天下来，通过世界，下到地狱，这当然不是空的，但也不是观念，而是动作的过程。此外，恶魔赌输了，而一个一直在艰苦的迷途中挣扎、向较完善的境界前进的人终于得到了解救，这当然是一个有作用的、可以解释许多问题的好思想，但这不是什么观念，不是整部戏剧乃至每一幕都以这样的观念为根据。倘若我在《浮士德》里所描绘的那丰富多彩、变化多端的生活能够用贯穿始终的观念这样一条细绳串在一起，那倒真是一件绝妙的事。"歌德自己不愿意给《浮士德》设下什么观念，但正是他在剧中所描绘的那"丰富多彩、变幻多端的生活"给人们以极大的启迪。

这就是西方文化早已存在，从《浮士德》得到提炼的精神——"浮士德精神"。这种精神就是人受到自我催逼，要求人不断进取的精神。不过浮士德的自我不再是那个单纯沉浸在一己之私的有限自我，而是一个无限的、具有绝对不安灵魂的自我，一个一直在寻求超越、寻求终极归宿的自我，一个永不满足的自我。反映出西方文化对不可知的世界，对未来，对人生的终极归宿的无限渴求。

“浮士德式的精神”说明：在理性的驱使下，人所具的这种无限进取精神拼命要去寻找彼岸的世界，但最终却找不到彼岸世界的苦恼和困顿。于是人只好在此岸世界的无限性中苦苦寻觅，这种寻觅却被有限的生命和有限的自我所限制。人为了让自己的灵魂得到安宁，必须不断地进取，不断地向前迈进。在这个过程中，目的不见了，人只是为前进而前进，为进取而进取。“浮士德式的精神”就是为进取而进取的精神。这意味着，理性作为工具在人文领域中已经获得了最极端的发挥。

考察西方现代化的全部过程，从头到尾贯穿着“浮士德式的精神”。有人说，在现代化进程中，正是歌德的《浮士德》，以及贝多芬的第三（英雄）、第五（命运）、第九（欢乐）等交响曲和黑格尔的《精神现象学》，把这种无限进取、永远向前的人类的理性精神推到了前无古人后无来者的高峰。对于充满着理性主义情怀的人来说，那是人生的一杯最佳的美酒，使人陶醉，永不厌倦，不能自已。这种精神促成了现代化进程的迅猛发展，结出了我们迄今为止所知道的最优秀的人类文明成果。全世界的人民，无不对这种精神崇尚备至，赞美有加，无限追求。

但我们稍加思索，就会发现，这种无限进取的“浮士德式的精神”却是一把双刃的利剑，它在带给人类现代化，带给人们先进的文明成果的同时，把人类带上了一条万劫不复的极度焦虑之路。

我们生活在这样一种社会秩序中，这种秩序深受机器生产和经济条件的制约。而今天经济条件的制约正在以不可抗拒的力量决定着每一个人的生活，而不仅仅是那些直接参与经济获利的人的生活。也许这种决定性的作用会一直持续到人类烧光最后一吨煤，用尽最后一滴水的时刻。

“浮士德式的精神”把人类推到无休无止、永不停息的追求中。马克斯·韦伯已经清醒地意识到这一点。他从理性主义的科学性和现代性的视野，对认知理性、对工具理性，对“浮士德式的无限进取精神”有着深沉的忧虑和警醒。韦伯十分担心人类的未来命运。他说，在我们这个时代，理性已经达到无以复加的地步，那些终极的、最高贵的价值，已经从公共生活中销声匿迹。而理性本身，却不能把我们带入诸如幸福、安宁、友爱一类的精神世界中。这一点，我们在前面已经作过深入的分析，不遑多论。

现在，我们应该非常清楚了，随着现代化进程，西方文化中的认知理性把人的生活彻底纳入经济秩序的轨道，“浮士德式的无限进取精神”把人类的生命推向了现实的此岸世界的极端，再无路可走；价值理性则“前门把上帝送走，后门把上帝请进来”，精神生活的彼岸世界愈加渺茫，人类的终极关怀更无所归依。

于是，在挟着现代化思潮的西方文化中：

我们看到，西方文化理性主义、浮士德式的无限进取精神栽培了理性的种子，却收获了非理性果实；这种精神竭尽全力追求幸福，追求完善，追求生命力量的尽情展现，结果却使人陷入万劫不复的焦虑的陷阱中。愈追求理性，非理性就愈激烈。这个结果，是人万万也没有想到的，正好套用中国那句有名的成语：“南辕北辙”。这是一个无解的死结。

我们最终看到，在西方文化中，人类的焦虑不仅不可避免，而且会越来越深重。因为不是别的，正是西方文化，正是理性主义的极端发挥产生了焦虑。而我关于焦虑的定义：“焦虑产生于理性而脱离理性的轨道”，在西方现代化文化中得到最好的理论诠释和实践印证。

五、西方文化的现代价值观

我们所说的西方现代文化（简称西方文化）是在古希腊文化、基督教文化的基础上，经过14、15世纪的文艺复兴，17、18世纪的工业革命以后而发扬光大，逐渐形成的。西方文化已经形成了一整套价值观，这套价值观随着现代化和全球化进程而风靡于全世界。

西方文化的价值观，支撑起了整个西方现代化的大厦，营造出了西方文化通行的语境。只有在这个文化大厦中，现代化才能找到自己的位置，也只有在这个文化语境中，人与人之间才能找到共同的交流方式。

西方文化价值观最主要的精神是什么？我们可以把它归纳为十个方面：

一为民主政治。我们不要以为，民主政治的精神是现代西方文化才出现的，在古希腊城邦制度中，民主的精神已经根深蒂固。古希腊政治家伯里克利（Pericles）有段话把这个制度解释得非常清楚：“我们的制度之所以被称为民主政治，因为政权是在全体公民手中，而不是在少数人手中。解决私人争执的时候，每个人在法律上都是平等的；让一个人担负公职优先于他人的时候，所考虑的不是某一个特殊阶级的成员，而是他们的真正才能。任何人只要他对国家有所贡献绝对不会因为贫穷而在政治上湮没无闻。”

中国文化中所谓“政治”一词，与我们现在常用来与之对应的英文“politics”，实际上并无共通之处。“politics”来自于古希腊“polis”即“城邦”之意，是指生活在城邦中的公民的自治制度，这个制度规定公民相互之间要以协商、民主的态度解决社会生活和日常生活中的各种问题。

民主政治，根植于古希腊的公民自治制度，经过文艺复兴阳光雨露的滋润，已经结出了最丰硕的成果。这个成果，随着现代化进程传播到全世界，成为西方文化价值观最主要的精神。

二为法治精神。民主与法治是永远不可分开的，任何民主的实施必然与严格的法律制度紧密相连，而真正彻底的法治也只有在民主制度下才能通行无碍。同样，西方文化的法治精神也是古已有之。在古希腊，城邦按法律治理，任何人的地位都不得高于法律。在柏拉图的三大著名著作中，其中一部即为《法律篇》（其他两部为《理想国》和《政治家篇》）。即如柏拉图所言，法律是决定国家兴衰的因素。“如果一个国家法律处于从属地位，没有权威，我敢说，这个国家一定要覆灭。然而，我们认为一个国家的法律如果在官吏之上，而这些官吏服从法律，这个国家就会获得诸神的保佑和赐福。”法律是至高无上的，统治者也只能是法律的奴仆。

法律面前人人平等。在现代西方世界，法律不仅是社会生活、经济生活的保障，也是处理国家与国家的关系、人与人之间的关系的准则。法律，已经渗透到西方人生活中每个细枝末节；法制的精神，也理所当然地融入到西方人的血液中，铭刻到了西方人的灵魂里，落实到了西方人的行为之上。

三为理性主义。理性主义是科学精神的核心，是西方文化的根本。古希腊诞生了亚里士多德的物理学、毕达哥拉斯的数学、欧几里德的几何学，在这些理论的指导下，人们对自然界进行了不懈的探索和分析，促进了科学的诞生和发展。追求理性，服从理性，是人的崇高使命和神圣职责，也是人生的价值与意义所在。整个现代化进程不仅继承了古希腊的理性精神，更使西方理性主义达到了前所未有的登峰造极的地步。

四为自由精神。西方文化中的自由精神也起源于古希腊文化。古希腊的自由精神最集中地体现在对个性的追求和尊重上。古希腊人认为，每个人都有自己的独特个性、独特价值，不可重复，不可替代。每个人都有自己的鲜明个性，人生的价值和意义在于让自己的个性充分发挥，与此同时，每个人都必须尊重别人的独特个性和独特价值，两者并行不悖。

我们都知道在美国独立战争中帕特里克·亨利（Patrick Henry）那句著名的话：“不自由，毋宁死！”（“Give me liberty, or give me death!”）。liberty 精神，是现代西方国家的主要立国精神。和中文所理解的“自由”不同，liberty 是指一种政治上的权利和地位，是自由发表言论，自己掌握自己的命运，自己的事情自己说了算的自由。

自由精神在现代西方已然成为经济社会发展的必要条件。在当代市场经济中，崇尚自由竞争、自由贸易和重商主义，实行自由放任，政府不干涉主义，个人在经济活动方面有充分的自主权。没有这种自由精神，现代西方社会就失去了存在的基础。

五为博爱的精神。博爱是基督教文化的基本道德原则。基督教有三个基本道德原则：博爱、信仰、希望，博爱居三德之首。在基督教看来，爱是信仰和希望的落实处。

《圣经·新约全书》"哥林多前书"第13节：

> "我若能说万人的方言，并天使的话语，却没有爱，我就成了鸣的锣、响的钹一般。我若有先知讲道之能，也明白各样的奥秘、各样的知识，而且有全备的信，叫我能够移山，却没有爱，我就算不得什么。我若将所有的周济穷人，又舍己身叫人焚烧，却没有爱，仍然与我无益。爱是恒久忍耐，又有恩慈；爱是不嫉妒，爱是不自夸，不张狂，不做害羞的事，不求自己的益处，不轻易发怒，不计算人的恶，不喜欢不义，只喜欢真理；凡事包容，凡事相信，凡事盼望，凡事忍耐。爱是永不止息。……如今常存的有信，有望，有爱；这三样，其中最大的是爱。"

没有一颗充满爱的心，即便是善举，也是无意义的。

值得留意的是，随着现代化进程的发展，随着理性主义被推上巅峰，随着西方人惊叹"上帝死了"之后，西方人对这种爱"从哪里来，到哪里去"，则已经打了一个大大的问号。这是我们讨论西方文化中价值理性的缺失的一个重要基础。

六为罪感意识。西方人时常受到这样一种罪感意识所缠绕，认为每个人生来就有原罪，因此人注定要在现世中受苦受难，还有死亡之威胁。他们一心想摆脱这种威胁，使灵魂获得救赎，生命获得永生，因而产生对天国的渴望和对上帝的追求。

罪感意识和理性主义是并行不悖的，正如基督教意识和理性主义并行不悖一样。西方文化的罪感意识在社会心理上已然演变成为和"耻感意识"相对的一种文化现象，是一种"自律意识"。

正如美国著名女人类学家本尼迪克特所说："以道德为绝对标准的社会，依靠启发良知的社会属于罪恶感文化，但在这样的社会中，例如在美国，当一个人做了某些笨事，尽管这并不是罪恶的事情，他也会深感耻辱。"（本尼迪克特《菊花与刀》，九州出版社，2005年1月第一版，159页）有这样一则发生在第二次世界大战中的故事：

> 盟军侦探在敌占区获得了一个非常重要的情报急需送到目的地。当他经过一个村庄时，看到有一家屋前放着一辆自行车，主人并不在家。他为了尽快把情报送到，骑走了这辆自行车，完成了任务，获得了勋章。但他为此一直耿耿于怀，灵魂不得安宁。战后，他回到那个村庄，主人早已不在了。他为了表达自己的愧疚之情，为那个村庄的每个人买了一辆自行车。

我们可以想见，强烈的“自律意识”就是这样使人随时处于紧张、焦虑的状态中。

七为人文精神。人文精神首先表现为肯定人的价值，把人的价值永远放在第一位。在人文精神下，人们放声讴歌人之伟大，人之尊严。尤其在文艺复兴以后，歌颂人、肯定人的价值更成为人们的自觉意识。

人文精神的最高表现就是人道主义。人道主义包括两个层面：一方面同个体的自我意识相联系，强调尊重个体的价值，发展个体的能力与自由。利己主义、快乐主义、追求美与才能的发展及个人主义等个体意识张扬，是现代化时代精神的主流；另一方面与同类意识相联系，人意识到自己作为人类的一员的光荣与责任，因此他不能满足于一己的快乐，而也应想到他人，想到社会，想到全人类的幸福，他愿为此努力奋斗，必要时甚至愿牺牲自己的利益直至生命。不过，这本身也是一对矛盾。西方文化中的人道主义精神，并不能彻底解决这个矛盾。

八为个人主义精神。文艺复兴时期最重要的成果是人的价值的重新发现，最重要的精神是个人主义。个人主义不仅仅指利己主义，甚至不主要指利己主义，而是指个人自觉的主体意识与个体性意识。西方文化中同个性自由、个人能力发展与个人主体地位联系在一起的个人主义精神，崛起于文艺复兴时期，一直发展到今天。

个人主义首先表现为随处可见的鲜明的个性。不仅是统治者、贵族、上层人物，而且许许多多的普通人、学者、教师、艺术家、秘书、商人、银行家、演员、工匠以及许多妇女都具有鲜明的个性特点。人们意识到自己的存在独一无二，不可重复，不可替代，因此活在世间，一方面要尽情享受，追求现世的幸福，另一方面努力让自己的个性得到充分的发展。

在个人主义精神的指引下，人们或粗野，或勇敢；或暴虐，或文弱；或好学，或尚德，或贪婪；或喜欢社交，或精明能干；或醉心艺术；或聚敛钱财；或放纵本能，声色犬马地享受；或献身于创造，做出第一流的成绩，博得众人的尊重。个人主义的本质是，无论如何，都要让自己的价值得到彻底的实现，自己的能力得到充分的发展。

在现代市场经济中，个人主义得到了最充分的发展。马克思曾精辟地分析过，西方的个人主义的强大是植根于市民经济的强大之中，市民经济是商品经济，所有劳动都必经还原为抽象的物或通过抽象劳动的凝结——货币来进行等价交换，而不管什么出身、信仰和社会关系，在货币这个抽象的物面前都是平等的。因此商品是天生的平等派、自由派，也是个人主义成长壮大的深厚基础。

个人主义虽然不完全是利己主义，但个人主义在追求个人性情的发展和欲望的满足的同时，不可避免会表现为利己主义。英国功利主义哲学家、经济学家杰里米·边沁（Jeremy Bentham，1748—1832）为了避免个人主义所带来利己主义的损害，提出了功利主义的原则，这就是著名的“边沁主义”。

边沁认为，人既然都是受功利支配的，避苦求乐是人的本性，追求功利就是追求其自身的最大幸福，那么要避免人因追求个人幸福而损害到他人，必须寻找到大多数人都能接受的原则。这个原则应该由社会或政府来完成。对于社会或政府来说，他们采取的所有措施，都应该是追求最大多数人的最大幸福，以保证每个人在追求个人幸福时也给他人带来幸福。这就是功利主义的最大幸福原则。而“最大多数人的最大幸福”就是“共同体的利益就是成员利益的总和。”

边沁主义的基本原则是，社会和政府的一切活动，采取的一切措施都应该从人性出发，凡是能够减轻痛苦、增加快乐的措施，在道德上就是善良，在政治上就是优越，在法律上就是权利。“边沁主义”原则既保证了西方个人主义的充分发展，也保证了社会的有序化和良性发展。

九为对自然界的征服精神。西方文化从古希腊开始，对自然的态度就是征服的态度。现代化进程，科学的成就和理性主义无疑更增强了西方人征服自然的信心。在科学的推动下，人类简直没有什么不能认识，也没有什么自然力不能驾驭。即使现在不行，以后准行，因为在科学主义看来，科学技术是累积的，是不断进步和无止境发展的。人的创造力无穷无尽，人的存在和力量也永无止境，还有什么困难与险阻不会被踩在脚下呢？这种乐观向上、充满信心的精神风貌一直延续至今。

但征服自然的精神却把人放到了与自然对立的位置，可能带来的后果不言自明。

十为竞争精神。现代西方文化是经济文化，而经济文化的基本原则是个人竞争原则。个人主义是竞争精神的必然后果，竞争精神给个人主义发展提供了最广阔的天地。个人主义和竞争精神促使经济向前迅猛地发展，经济的发展则使整个现代社会着迷不已。

社会心理学家告诉我们，当人们在对竞争与合作这两个行为进行选择时，即使清楚地意识到只有合作才是最有利的事情，人们也会不由自主地选择竞争。下面是美国社会心理学家所做的一个有名的“卡车试验”：

> 这个试验要求每个被试都设想他们正经营着一家卡车公司，并且要求每一辆卡车由一个地点尽快地到达另一个地点。这两辆卡车并不进行竞争，他们有不同的起点和不同的终点。但是，有一个障碍物——两者最快的路线都会合在一条狭小的道路上。它们行驶的方向是相反的。两辆卡车使用一条路线的唯一办法就是其中的一辆卡车等待片刻，让另一辆卡车先通过，不论哪一辆卡车先进入这条道路，另一辆卡车就不能使用这条道路，如果两辆卡车同时驶入就都不能向前行驶，除非叫一辆卡车倒退出去。另外，每个竞赛者都有一个栏，门横跨在直接的路线上，通过按电钮可以将栏门提升起来，使用时由于有门阻挡而使道路不通，两辆卡车各有一条备用路线，互不冲突，但是走备用路线要远些。事实上，竞赛设计者如采用备用路线一定会减少得分，即使在狭窄的路线，两者交替使用这条路线也会得分。告诉竞赛者，竞赛的目的是尽可能地为自己赢得更多的分数，并没有要求一位竞赛者比另一位竞赛者多赢分数。

试验的结果是令人吃惊的。参加者都很清楚，最令人满意的策略是合作，交替地使用这段狭窄的道路。根据这种方法，两者都能使用这段直接的路线，只要一辆卡车等几秒钟，让另一辆卡车先驶过去。尽管这样，竞赛者之间仍不肯合作。他们不让对方使用这段狭窄的道路，而自己抢先通过，提升他们的栏门，结果双方都丢失了分数。根据典型的试验，双方都试图利用这段道路，结果迎面相遇于中途。他们都坚持停留一会儿，每个人都拒绝倒退。竞赛者会神经质地笑一笑，或者说点难听话。最后，其中之一会倒退车子，打开栏门走备用的路线。再一次试验，他们还会这样做。怎么试，他们都这样做。偶然的合作情况有时出现，但大多数是竞争性的。（弗里德曼等《社会心理学》，黑龙江人民出版社，1984 年，559 - 560 页）

竞争，本来是理性的行为，但人一旦进入竞争状态，就不可避免打上浓厚的非理性色彩。在现代经济社会中，竞争则更演变为互相敌视和倾轧。正如霍妮（K. Horney）所说：“独立的个人不得不与同一群体中的其他人竞争，不得不超过他人和不断把他排挤开。一个人的利益往往就是另一个人的损失。

这一情境的心理后果乃是人与人之间潜在的敌意的增加。每一个人都是另一个人的显示的或潜在的对手。……人与人之间这种潜在的敌对性紧张，其结果乃是导致不断产生的恐惧——对他人潜在敌意的恐惧，这种恐惧又因为害怕自己的敌意遭到报复而加强。正常人身上恐惧的另一个重要来源是害怕遭到失败。对失败的恐惧是一种现实的恐惧，因为一般说来，失败的可能性总是比成功的可能性大得多；而且，在一个竞争的社会里，失败即意味着各种需要都遭到实际的挫折。失败不仅意味着经济上的不安全，而且意味着丧失名声和地位，意味着各种各样情绪上的挫折、打击。”（霍妮：《我们时代的神经症人格》，贵州人民出版社，1988 年第一版，239 – 241 页）

所列十条，大体上能映照出整个西方文化的现代价值观。这个价值观是一个完整的、结构紧密的系统，从古希腊文化到基督教文化，再到现代西方文化，一脉传承，发扬光大。

从这些精神中，进一步加深、强化了我们的观点，西方文化的核心就是理性主义。殊不论古希腊文化的自由精神、民主精神、法制精神等几乎就是与理性主义同源，即便是基督教文化对上帝的信仰，也是缘于理性主义。

第八章　中国文化的危机

就每个个体而言，能生活在自己的本土文化中并顺应这种文化是幸运的。在这种情形下，人与自己的文化的冲突虽然难以完全避免，但除非人有意识地和自己的文化作战，人在总体上是依托于自己的文化，与自己的文化是相适应、相协调的。他们的生活虽然也可能出现各式各样的问题，甚至遭遇到各种各样的灾难，但由于在总体上顺应了自己的文化，就避免了大量的焦虑情绪。即使产生了焦虑情绪，也能够在顺应文化的过程中找到因应之道。

与自己所生活的主流文化作战的有两种人：一种是先锋派或前卫派的激进人物，他们不满足于现存文化的种种流弊，他们以改造社会与文化为己任，他们要反抗现存文化的核心价值观，企图用自己的价值理想改造甚至取代现存文化。他们可能代表着先进的文化价值观，他们也可能对社会的发展作出极大的推动作用。他们是走在时代前列的英雄。但从个体的角度，在他们所生存的时代里，他们却不可能战胜文化，而最终成为祭祀文化的牺牲。

另一种是与文化采取全面对抗的人，他们几乎不能适应文化的基本要求，在文化的诸多方面，譬如这个文化的符号、价值观、规范、社会习俗等都格格不入。原因是多方面的，可能是由于他们在成长中的社会化过程出现了严重障碍，可能他们本来就生活在和主流文化相隔离的某种亚文化中，也可能由于他们的生命过程受到某种阻碍，遭受过严重的挫折，致使他们与主流文化实行全面对抗。譬如犯罪嫌疑人、吸毒人员、人格障碍者等都是。严格说来，他们也是文化的牺牲。

上述两类人毕竟只占到人群中的极少数，他们处于正态分布曲线的两端。对大多数人而言，从总体上而言，人与所生存的文化的关系是协调的；不仅是协调的，大多数人更把自己生存的那个文化，作为自己安身立命的根基，须臾离开不得。

对整体而言，一种文化遭受到另一种文化的强烈冲击，甚至招致全盘否定的时候，就不是某个个人或某一群人与这个文化的关系了，而几乎是整个民族发生了严重的问题。这种情形，我们称之为“文化的危机”。

不同的文化之间当然并不一定总是或必定会产生冲突。一种文化与另一种文化之间的相容，一种文化对另一种文化的包容、同化，以及相互之间的整合，和文化的冲突一样，在不同文化之间都是可能发生的事情。事实上，在中国文化史上，不同文化的同化、整合，相互的协调、包容，是更为常见的事情。

强烈的文化冲突可能在以下三种情形下发生：一是遭遇的两种文化之间的差异极大，而且两种文化的个性特征都非常明显；二是其中一种文化与时代的发展和脉动相适应、相整合，另一种则已经明显不能满足所处时代社会发展的要求；三是一种文化以“优势文化”和“强势文化”的身份出现，视另一种文化为“弱势文化”，并对另一种文化实施“强奸”的情形。

中国文化和西方文化的差距是巨大的。中国文化是“理性不足，情理有余”的文化，而西方文化是“理性主义”高度发展的文化。这两种巨大的差异必然体现在两种文化的各个方面。此其一。

其二，以儒家文化为主流的中国传统文化，经过两千多年的时间，到了今天，已经僵化。

儒家文化在发展的初期和中期，不仅充满了勃勃的生机和旺盛的生命活力，更令人亲切，使中国人优游于世俗的生活和心灵的生活中。今天我们读孔子等先秦儒家们的书时仍然有这样的感情。但从宋明理学以后，逐渐走向僵硬和刻板，更把非理性精神发挥到了极致。儒家文化在相当的程度上，已经严重束缚了中国人的人性，成为中国人社会生活的桎梏。儒家文化“理性不足，情理有余”的特点，也不能适应以理性主义为基本特征的现代化进程的发展要求。不仅如此，中国文化已经失去了接纳其他文化的博大胸襟。

其三，即使巨大的差异并不是中西两种文化必定要发生冲突的必然的原因，即使中国传统文化不能适应现代化进程，也不是两种文化冲突的充分理由。两种文化平心静气地进行交流的可能性并不是完全不存在。本来，文化是社会生活长期积淀所形成，改变文化亦绝没可能一蹴而就，任何历史的问题必须历史才能解决。无论是西方人，还是中国人都应该有这样的文化气度和耐心。

问题在于，西方文化是挟着现代化浪潮而来。就现代化本身来说，是一种全人类追求理想社会与幸福生活的全球性运动。没有人愿意否定现代化，拒绝现代化。事实上，现代化给我们带来的现实好处实在是太多了。

但心甘情愿地接受现代化，并不等于心甘情愿地接受西方文化。西方文化既挟带着现代化的滚滚浪潮而来，从一开始就打上了“优势文化”的标签，表现出“优势文化”汹涌澎湃的气势，一心要对“劣势文化”进行改造和征服。

问题还在于，当西方文化席卷而来时，不仅是“优势文化”，更是“强势文化”。“强势”的西方文化对处于“弱势”的中国文化采取了“强奸”态势，非要压倒、吞并已经存在几千年之久的中国文化不可。态度又是那么气势汹汹，不可一世，不加考虑，不容商量。具有基督教文化特征的西方文化从本质上就是一种排他的文化，它的基本要求是在全世界传布上帝的福音和本文化的价值观，排斥其他文化的共存。西方文化对于中国文化，正是“优势文化”对“劣势文化”、“强势文化”对“弱势文化”实施“强奸”。

问题更在于，中国人对自己的文化缺乏整体的判断和观照，表现出既爱又恨的态度。爱者爱得奇紧，把中国文化说成是世界上最优秀的文化，未来的世纪是中国文化的世纪，中国人的性格是最优良的性格；恨者则恨得咬牙切齿，似乎中国文化全都是糟粕，需要彻底脱胎换骨。

在这样的情形下，两种文化之间的剧烈冲突就不可避免地发生了。有一个事实是不可否认的，那就是无论是中国人，还是西方人，全然没有料到这个冲突的过程是这样激烈，这样痛苦，这样难堪，这样持久。

在讨论中西两种文化冲突如何激烈、痛苦、难堪和持久之前，我们有理由看看历史上中国文化与其他文化之间是如何相处，看看某种外来的文化在进入中国后会发生什么文化现象，这对我们深入剖析中西两种文化的冲突是会有帮助的。

打开中国文化历史，我们所看到的事实是，面对外来文化，中国文化曾经有着宽阔的胸襟和宏大的气度，不仅不排斥，而且乐于接收它们，与它们和平共处。原因很简单，中国文化本身具有强大的整合能力和同化能力。

一、中国文化对外来文化的整合与同化

在中国几千年的历史中，虽然经常上演“分久必合，合久必分”的悲喜剧，但中国的统一，中华大帝国的大一统，一直是中华民族的人心所向和根本归宿。这不能不说是世界历史上的文化奇观。

——我的一个美国朋友告诉我，他听到中国人讲着各种不同的方言而又使用同样一种文字实在感到非常吃惊，并告诉我在美国这样的国家，基本上是没有方言这一说的。

但中国人（以汉族为主）在历史上却并不是没有受到过其他民族的统治，中国文化并不是没有受到过外来的其他文化的冲击。事实上，中国历史上汉

族就曾多次受到非汉族的少数民族的统治，影响到全国的大的政权更迭，就有两次。一次是公元13世纪，蒙古族人对中国的统治，建立元朝；第二次是公元17世纪，满族人对中国的统治，建立清朝。从整体上说，中国文化对外来文化采取了两种方式，一曰整合，二曰同化。在这个过程中，外来的文化都被整合或同化，消失于中国文化的汪洋大海之中。中国文化本身则从其他文化中吸取了相当的养料，滋养自己，使其成为自己文化的一部分。

第一次是公元13世纪，中国北方的蒙古族入侵中原，推翻了宋王朝，建立由蒙古人统治的元朝。元朝时期蒙古族对中原汉族的统治，前后时间达118年，最后被汉族人民推翻，建立以朱元璋为开国皇帝的明朝，遂才恢复汉族的政权。

当时的蒙古民族是以游牧为主，蒙古族文化固充满了剽悍的力量和旺盛的生命力，但从文化水平上说，却是相当落后的文化，和已经有了几千年的悠久历史的汉族文化自然不可同日而语。

这是一次典型的落后文化通过武力对先进文化的征服和统治。问题不在于蒙古人是否意识到自己的文化比中国文化低，根本还在于蒙古人对中国的先进文化采取排斥和轻视的态度，这就在元朝统治一开始就预示了这个王朝的命运。

面对先进的文化，蒙古族统治者对汉族人民采取了残酷的压迫和劫掠。这是最愚蠢的统治行为。我们不能不说，这正是由于他们对汉族的先进文化的畏惧所致。

元朝政府把人民分成四等，第一等自然是蒙古人，他们自称天之骄子，所有的政府首长，几乎都只能由蒙古人担任；第二等是西域的中亚细亚人，亦称色目人，他们大多信奉回教，又被称为回回人；第三等人是“汉人”，即当时中国北方的汉族；第四等人是“南人”，即当时南宋的汉族人。在中国的土地上，汉族人的地位最为低贱。

在把不同民族分成高低贵贱四个等级的同时，元朝政府更把社会排列成十个不同的等级：一、官，二、吏，三、僧，四、道，五、医，六、工，七、匠，八、娼，九、儒，十、丐。在一个先进的文化中，文化人（儒生）理应得到最大的尊敬。而在元朝政府，知识分子却排在几乎最低的社会阶层，甚至在娼妓之后。这不仅是中国文化人的悲哀，中国文化的悲哀，也是元朝统治者的悲哀。这种事情只有极度无知和颟顸的人才会做出来，无异于自掘坟墓。

不仅如此，当时大多数蒙古人根本就不会中国的文字，多数人甚至汉语也不会讲。《老子》尝有言，“治大国，如烹小鲜”，元朝的蒙古统治者全然不懂这个道理，一味乱来。元朝不到一百年，就彻底腐败、民不聊生，导致民怨沸腾，人民揭竿而起。最著名的是红巾起义。元末民间流行的一首《醉太平》小令真实地反映了这种情况：

堂堂大元，奸佞当权，开河变钞祸根源，惹红巾万千。法官滥，刑法重，黎民怨。人吃人，钞买钞，何曾见？贼做官，混愚贤，哀哉可怜！

随着一百多年后元朝的灭亡，蒙古人被汉族驱逐出中原后，重又回到了入主中原前的游牧状态，并没有从中原的先进文化中吸取有用的养料。毛泽东在他的一首著名的词中对此作过辛辣的讽刺和恰当的评价："一代天骄，成吉思汗，只识弯弓射大雕"。

中国文化的大河，在整合了蒙古族文化的强悍的精神和旺盛的生命力量后，不间断地继续向前流动。而蒙古民族最终成为中国的一个少数民族，成为以汉民族为主体的中华民族整体的一个组成部分。

汉族人第二次被外来民族统治是在公元17世纪，距第一次被外族人统治，已经有四百来年了。但这次的情形，则与上一次，完全不同。

居住在中国东北的女真人（后改称满洲人）在爱新觉罗氏族的率领下，入主中原，统一全中国，成为统治中国的第二个非汉族政权。

柏杨先生在他的著作《中国人史纲》中这样写道："对当时的汉民族而言，满洲人征服中国，是中国的第二次亡国。但满洲人在文化上是一个非常落后的民族，连文字也没有，满洲文字是努尔哈赤时才创造出来的，并不能普遍。因为对满洲人来说，满洲字和汉字，都是新文字，而汉字拥有海洋一样的文化背景，满洲字则只限于日常口语。结果满洲人迅速地汉化，像掉到海洋里的人非喝海水一样，他们没有选择的余地。在建州卫时期，满洲即已流行汉语。入关以后，和汉人更广泛的接触，汉语就更普及。玄烨（康熙）大帝精通汉文，跟一个汉民族的高级知识分子一样，更精通儒家系统的各种经典。他以后的每位皇帝，都是如此。他的孙儿弘历（乾隆）仅中国诗就写了五万余首，以数量言，在全世界恐怕要占第一位。所以，事实上没有多久，满洲人就以土生土长的中国人自居，这跟蒙古帝国的统治阶级深拒固闭的情形，恰恰相反。"（柏杨《中国人史纲》，时代文艺出版社，1987年版，812页）

和元朝的蒙古统治者完全不同，清朝皇帝对中国文化人和中国文化表现了最大可能的尊重和景仰。刚入关后的满族统治者，在摄政王多尔衮的领导下，不仅祭孔庙，编儒书，更开恩科，取士子，为汉族知识分子大开仕进之门。在清朝的中央政府各部，均设一满一汉两个首长（尚书），都对皇帝负责。所有衙门的公事，要求满、汉官员共同完成，不允许“只见满臣，不见汉臣”；所有衙门的公章，也一律要铸有满汉两种文字。

康熙皇帝和乾隆皇帝均有数次下江南的记录。在中国历史上，只有具备充分自信和开阔胸襟的统治者才敢不断离开自己的都城。皇帝离开京城，自然是浩浩荡荡，神龙不见首尾，一路走来，雄伟壮观，也竭尽奢靡。《红楼梦》中赵嬷嬷回忆，当年江南的甄家（实为贾家）“接驾四次。要不是我们亲眼看见，告诉谁也不信的：别讲银子成了粪土，凭是世上有的，没有不是堆山积海的，‘罪过可惜’四个字竟顾不得了！”可见声势之浩大，花费之奢靡，已经远远超出了对皇权的尊严和权威的炫耀。后人对康、乾的江南之行争议颇大，批评占多。其实，他们南巡的最根本目的，是收复汉族知识分子的人心，网络汉族知识分子人才进入政治和社会管理核心。今天看来，其浩大的声势是有意做出来的，就是要做给汉族人看，做给汉族知识分子看。清朝的满族统治者的气度与胸襟，和元朝蒙古族统治者恰成鲜明的对照。

在清朝两百多年的统治中，满族的统治者们不仅全部接受了中国的社会政治形态和中国的文化心理模式，连自己的语言也忘得一干二净，可以说是全盘汉化了。到了清朝后期，连皇帝本人都不会说满语了。满族的主要制度，如八旗制度，则由于清王朝晚期自身的腐败的和汉族文化的强大影响而名存实亡。当清王朝被推翻时，无论是汉族还是满族人，除了要剪掉头上的辫子外，并不需要做特别的改变。

今天，清朝的满族已经成为一个历史的名词，满族这个伟大的民族，在完成自己的历史使命后，已然退出历史舞台，消失于完全与汉民族同化的熔炉之中，成为中国的一个少数民族，成为整个中华民族大家庭的一个组成部分。

在中国的东北（以及中国的其他地方），至今仍然生活着满族的后代，但如果谁想把他们和汉族人作一个区分，无论是装束上还是生活习惯、民风民俗上，都很难做得到了。所谓花盆底的鞋子、高把头、男人刮得趣青的头顶和垂在背后的辫子，对满族人来说和汉族人一样，只能从电影、电视和其他文学作品上才能看到了。至于满族的语言和文字，也只有在特别的地方（比如为了吸引游客在一些旅游景点和在民族学院里），才会出现。在我的朋友中间，有一些满族人，我向他们询及满族的历史和风俗，他们只有摇头的分了。他们和我们的唯一区别，也只是在填写履历表的时候，在民族一栏写上“满族”而已。

中国历史上这两次外族入主中原，都成功建立了少数民族的王朝，完成了对全国的统治。两次的情形虽完全不同，但都指向同样一个事实，那就是外族两次入主中原，都不能说是中国文化的失败，反而是中国文化的胜利。大海一样的中国文化，对任何外来文化，要么是同化，要么是整合，最后总是把外来文化的优点吸纳进来，成为自己文化的一部分。中国文化，给人留下的印象是，总是充盈着非凡的活力，张扬着恢弘的气度。

二、现代化“轰开”中国的大门

这次不同了。

现代化运动，是在16、17世纪起源于欧洲。而16世纪开始的中国，正是中国最后一个汉族的王朝——明朝统治最黑暗的时期。儒家文化在16世纪的中国经过宋明新儒学的发展，不仅到了不可动摇的文化至尊的地位，而且更加系统、更加完善，走向僵化。

公元16世纪是东西文化发展的分水岭。西方文化，从此时开始迈向现代化的历程，而中国文化依然按着自己固定的轨道继续蹒跚前行。

从16世纪开始的世界历史和中国历史，需要特别提出几点。

一是由于中国长期的大一统和儒家文化定于一尊的地位，中国人对世界的认识变得极为狭隘。儒家文化经过宋明理学的改造，充满生气的孔子学说逐渐被僵化，文化精华渐向式微，文化糟粕日益显露。而道家文化崇尚自然、清静无为的思想则在某种程度上被道教所替代，人们忙于炼丹、卜卦、看风水，神秘主义和玄学思想畅行于中国大地。公允地说，中国传统文化在世界性的现代化进程中已经明显处于劣势，明显跟不上时代发展的步伐。

二是，以英国工业革命为肇始，随着科学技术的进步，西方对客观世界的认识，已经进入空前快速的发展，新发明、新创造层出不穷；市场经济的观念和游戏规则，以及与之相配套的政治制度、法律制度，已经基本形成；更重要的是，西方经过文艺复兴和思想启蒙运动，理性主义、科学、民主、自由、平等、博爱、人本主义等思想逐渐深入人心，成为现代西方国家立国的根本原则。

三是，西方国家从15世纪末以哥伦布发现新大陆为标志开始了“新扩张时代”，急剧发展的经济促使西方人不可阻挡地要走向全世界。世界各个大陆之间的封闭、孤立状态将被打破，世界成为一个互相影响、紧密联系的整体的趋势已经不可避免。现代化进程必然风靡于全世界。

于是，西方向东方的扩张势在必行，封闭的世界即将被打破，现代化运动浪潮，不可阻挡地要席卷全球，中国自然不可能幸免；更严重的问题是，中国对此不仅一无所知，而且颟顸地认为，自己仍然是天下最强大的国家，自己的文化是最优秀的文化。中国对付西方文化的武器，仍然习惯性地延用过去对待周边少数民族的方式：那些远渡重洋、长着鬼怪般面孔的西方人，不过是仰慕天朝大国的“夷狄”，是“鬼子”，是企图前来盗宝的强盗，用不着动用武力，恩赐他们一点儿东西打发一下也就是了。

前两次被外来文化入侵，中国文化并没有受到任何损害，反而是同化和整合了异族的文化，把异族的文化完全淹没在中国文化的大海之中。中国人满以为，这次也会重演上两次上演过的戏剧。未曾想到，这次和上两次，完全不同。其不同在于，前两次完全是落后文化通过武力对先进文化进行挑战，而这次却是适应世界发展潮流的文化对明显跟不上这个潮流的文化的强烈冲击，而且前者打定了主意，一定要对后者进行全面的征服。

中国人自然有中国人的办法，那就是把国门紧锁起来，这个方法倒也简单：禁海、禁商、拒绝与洋人交往。但来势汹汹的西方人，挟带着现代化强劲势力的西方人，代表着先进生产力和先进文化的西方人，不打开中国的大门是誓不罢休的。于是，在轰隆隆的炮声中，中国的大门被西方的坚船利炮强力轰开了。整个的中国近现代史，就是被西方列强的侵略、掠夺和践踏的历史，是割地赔款，丧失民族尊严的一部血和泪的历史；而更重要的是，这一次中国文化遭受到前所未有的最强大的挑战和最猛烈的冲击，同化、整合等功夫通通失效了。

中国人在反抗侵略、捍卫尊严、保卫自己文化的过程中十分不情愿地、十分被动地、万般无奈又满心焦虑地被裹挟着进入了现代化过程。这一点尤其值得引起我们注意，它不仅使中国人在现代化进程中特别艰难、曲折，还使中国人对现代化的心态出现严重的扭曲。中国人不可避免地、前所未有地要极度焦虑了！

面对于此，中国人对外来文化再不能表现出宽阔的胸襟和宏大的气度，即使想这样也很难做到了。面对西方强势文化，中国人所能表现的，只能是十分的敏感、多疑的态度。这就好比一个人，当自身强健的时候，必然具备开阔的视野，博大的胸襟，海纳百川的恢弘气势；自身孱弱的时候，自然会目光短浅，心胸狭隘，焦虑警惕、不知所措。想想大唐盛世时期中国人面对外国人的胸怀，看看自 16 世纪以来中国人对西方人的态度，不禁令人欷歔不已。

所以，当基督教传教士一来到中国，已使中国感到担忧。中国人隐隐感到，这些人和过去的朝贡者不大一样，虽然对今后可能发生的事情尚不能做出准确的预测，但外来者的气势和自身的状况使中国人不能不对外来者采取本能的抗拒。

担忧和抗拒的结果是排除一切外来的东西，把自己的大门彻底关起来。反正中国地大物博，物产丰富，文化发达，没有这些叫人烦心的金发碧眼的“夷人”“蛮子”们在眼前晃来晃去，中国会更好，中国人的日子会过得更好。儒家文化宏伟的心胸和开阔的气度，呈现出狭隘、委琐之象。

从16世纪到18世纪之间，中国人对外来基督教文化经历了一个曲折的过程。其中需要提到一个人的名字：利玛窦。

利玛窦（Mathieu Ricci，1552－1610）是意大利耶稣会传教士，他于1593年由澳门进入内地，1601年进入北京，晋见了明朝万历皇帝。

据说利玛窦向皇帝晋呈了两样东西，一件是自鸣钟，此物令万历皇帝爱不释手，日夜观赏；另一件是世界地图。当利玛窦把地图在中国官员面前展开，一个让中国人不可思议的状况出现了：中国只是其中的一块，而且并不处于全图的中心！这和中国人几千年来的观念完全矛盾。于是，有人出来指斥说，利玛窦“以其邪说惑世”，“欺人之其目之不能见，足之不能至，无可按验耳。真可谓画工之画鬼魅也”。抨击者的依据是：“中国当居正中，而图置稍西，全属无谓。”画出这样的地图，当然是异端邪说。

这就是利玛窦所看到的中国人：“因为他们不知道地球的大小而又夜郎自大，所以中国人认为所有各国中只有中国值得称羡，就国家的伟大、政治制度和学术名气而论，他们不仅把所有别的民族都看作是野蛮人，而且看作是没有理性的动物。”（利玛窦《中国札记》，181页）

只要稍稍检视一下中国近代史，我们无例外地会发现，越是中国的国力羸弱，受到西方列强的凌辱越多，中国人越没有自信心的时候，就越是中国人“把所有别的民族都看作是野蛮人，而且看作是没有理性的动物”的时候。这只有用文化的心理防御才能作出唯一合理的解释。如果以为中国人历来存在以自我为中心，以中国文化为天下文明的唯一标杆的“狭隘文化意识”，则大差矣。

应该说，利玛窦在中国期间，虽然有强烈的反弹声音，两种不同文化的交流还算基本平和，他对中国文化还算尊重，也并没有受到像后来他的同僚们那样受到的强烈的排斥。有人据此认为，如果按照利玛窦的方式，如果西方人对中国文化更尊重一些，中国人对西方文化更接纳一些，或许中西两大文化不会产生如此大的冲突。但这种假设是不可能发生的。西方人必须打开中国的大门，不管是通过什么手段；中国人必然会对西方的企图竭尽全力予以阻止，也不管采取什么方法。明朝的中国人和利玛窦之间还算平和的交往，是由于中国人把利玛窦当作希奇看，他带来的东西，也不过是一些小玩意儿，至多不过是“奇技淫巧”，用不着太认真；至于中国是不是位于世界的中心，也用不着太在乎，因为那不过是一张纸而已。而利玛窦本人，在中国也并没有具体的商业任务，而且不久就去世了。

到18世纪末，整个世界的形势完全不一样了。现代化进程已经开始了世界范围的扩展，西方原发现代化的国家，开始了向东方打通新商路的扩张。中国自然在他们必定要纳入的国家，不能自外。长期闭关自守的中国，对世界上发生的这一切无法知道，也无从知道。就在那时，发生了一件令人啼笑皆非的事件。这件事，已经是一个严重的信号。不能说中国人对此没有丝毫的理性认知，合理的解释只能是，这个事件整个反映出了中国人更加强烈的自我文化心理防卫。这就是有名的英国特使马戛尔尼使华事件。

公元1792年（乾隆五十八年）9月26日，在英国港口，皇家战舰“狮子号”“印度斯坦号”等几艘船只正准备扬帆出海。这是乔治三世国王派遣的一支庞大的访华使团的船队，为首的就是乔治·马戛尔尼勋爵（Earl of McCartney）。他们将远渡重洋，前往遥远而古老的中国。表面的理由是，参加庆贺中国乾隆皇帝83岁寿辰的典礼。

18世纪末的英国，正处于现代化进程的快速时期，商品经济高度发展，迫切需要开辟新的市场。因此，马戛尔尼此次出行的真正目的，是要敲开这个古老的东方王朝的大门，打开一条东方的商路。

乾隆皇帝以为强大的远夷国王遣使前来，为自己祝寿，至少应该在表面上表现出非常高兴的态度，也需要表现出泱泱大国的宽宏气度。于是他命令广东及沿途官员好好优待使者；其携来货物，“免其纳税”，供给上等食物。马戛尔尼一行从大沽上岸，运载英国礼品的车船立即被中国官员强行插上表明“英吉利贡使”字样的旗帜。对此，马戛尔尼只好佯装不知，一路到京。

但在如何觐见皇帝的礼仪上，发生了严重分歧。乾隆皇帝开出了唯一的也是最重要的条件，贡使来时必须实行藩国见天朝大皇帝的三跪九叩之礼。马戛尔尼则认为，向中国皇帝行三跪九叩礼有损于大英帝国的尊严，他主张朝见时向皇帝行单膝下跪的英式礼节。乾隆皇帝对英国使团的表现反应非常激烈，他说，他们这样妄自尊大，我很不愉快。像这样无知的化外之人，也不值得优待。

今天，我们对乾隆皇帝开出的这个条件，定会皱着眉头而哑然失笑。今天的人们一定不明白，当时的中国人为什么在怎样磕头这样的事情上这样较真？在相当长的一段时间里，人们一直认为，这纯属于乾隆皇帝以及他周围的臣子们的无知、颟顸，而且是没有任何实际意义的务虚。仔细想想，其实正是因为乾隆皇帝和他的大臣们已经预感到可能出现的威胁和危险，预感到来者不善，坚持行三跪九叩大礼，只不过是对可能出现的威胁和危险的自我防卫而已。

此时，英国使团面临着被驱逐的危险。马戛尔尼不得不收敛其“骄矜”的态度，清朝政府也作出了妥协，双方达成共识：在八月初六日万树园礼节性的欢迎宴会上，英国使节行英国式礼节，而到八月十三日，在澹泊敬诚殿正式举行乾隆万寿典礼时，他们要行中国的三跪九叩礼。乾隆皇帝态度也有所缓和，他表示这些人从海上远道而来，不熟悉天朝的法度，不得不稍加抑制，今天既然诚心效顺了，还是应该给予恩惠。（瞧，连说话的神态和语气都是典型的自我防卫方式）

乾隆五十八年八月初十日，乾隆在避暑山庄万树园接受马戛尔尼入觐，马戛尔尼“单腿下跪”行礼。十三日举行乾隆83岁的祝寿大典，马戛尔尼一行与缅甸国使臣和蒙古王公一起，向皇帝祝寿，“全体祝寿人员根据指挥行三跪九叩礼”。皇帝的面子，也是中国人的面子，总算得到了维护。

这次使华，打开中国的大门是英国的真正目的。叩拜之后，马戛尔尼即代表英国提出了七项要求，即：多口通商，可到宁波、珠山、天津、广东地方交易；在北京设立英国商行；在珠山附近给一小岛；拨给邻近广州的一块地方；英国货物自广东到澳门免收税或少收税；英船照其他地方税率交税；允许英国传教士在中国自由传教。

面子得到维护的乾隆皇帝，警觉之心并没有丝毫放松。他在回复的敕谕中对英国提出的要求，逐条列举理由驳斥，不允其请。理由自然是正气凛然：

> 所有物产，中国俱备，而又丰富，无缺少之虞。是以外夷之出品，无需输入。至有茶、丝、磁器等，为欧洲国家所必须者。……朕未忘尔地孤独遥远，与世隔绝，独处海外之一隅，但朕未曾忽略尔对天朝作用可原谅之无知。

而对于英国要求在中国传教、派使节的要求，乾隆皇帝的回答，更是对无知小孩的劝慰和教训的口吻：

> 至于尔国王恳请派一尔国之人，住居天朝，照管尔买卖一节，此则与天朝体制不合，断不可行。设天朝欲差人常住尔国，岂亦尔

国所能遵行？况西洋诸国甚多，非止尔一国，……岂能因尔国王一人之请，以致更张天朝百余年法度？

乾隆皇帝拒绝英国要求的敕书发出后，英国使团的希望彻底破灭，标志着马戛尔尼使团访华的失败。清政府遂催令英国使团迅速回国，并传令沿途官员严加防范，以防英国人滋事。这个历史上有名的“马戛尔尼使华”事件，总算以平息告终。令人生厌的英国人终于被赶走了。朝廷上下，大大舒了一口气。古老的中华帝国，像一个庞然巨大的牛车，按照自己的既定路线，继续朝前走了。

但事情并没有完，也不可能完。正在现代化进程急剧上升时期的英国人，一定要打开新的商路。47 年后，公元 1840 年（清道光二十年），鸦片战争爆发。英国人彻底剥去了彬彬有礼的外衣，终于用大炮轰开了中国的国门。

记住这一年——1840 年，从这年起，中国的国门被打开了，中国文化真正的危机开始了。

从此，西方列强对中国的侵略和掠夺加剧，使中国政府不断签订不平等的卖国条约，竟长达一百多年。这一百多年里，中国几乎国不成国。中国文化，受到最强大的挑战，而挑战是以被侮辱开始。

中国必须、也必然会有强烈的反应。反应的过程大约经历了几个阶段。其间中国人的焦虑心情是可想而知的。

第一阶段是强烈反感和排拒反应。

千年以来，中国像一艘古老的巨船，缓慢地按照自己既定的航向向前航行。突然之间，巨变来临。气势汹汹、咄咄逼人的西方人来到这艘大船上，横行霸道，大肆抢掠，中国人对其所作所为完全懵了。就像一个人面对他想也未曾想过会发生的可怕的事情一样，无论是中央政府官员，还是儒家知识分子，抑或一般的民众，对西方列强的坚船利炮，对西方人对中国的侵略、掠夺，只有震惊。挨打虽然已成事实，身体上已有切肤之痛，心理上却死也不愿意承认。但不愿承认也得承认，事实摆在那里。面对挨打的事实和天朝大国的奇耻大辱，强烈的情绪反感和拒绝反应是可想而知的。

强烈的情绪反感和拒绝反应的结果是固守阵地，肯定自己原来的一切都是最好的，国家仍然是天朝大国，文化仍然是最先进最文明的文化。中国人在惯性的思维指引下，采用的方法是几千年来对付周围“蛮夷”的方法。西方人在中国所做的一切，只是没有受到中华文化的教化所致。既然洋人那一套只不过是“奇技淫巧”，只不过是“机巧”“术数”“艺技”，和中华文化相比，乃以“末”比“本”，岂可同日而语！清同治时期大学士倭仁向同治皇帝上的一份奏疏中把这种心情表达无遗：

立国之道，尚礼义不尚权谋。根本之图，在人心不在技艺。今求一技之末，而又奉夷人为师。无论夷人诡谲，未必传其精巧，即使教者诚教，所成就者，不过术数之士。古今未闻有恃术数而起衰振弱者。

结果是，国门关得更紧，文化的防守更为严密。

第二阶段是“以夷制夷”阶段。

国门哪怕是打开一条缝，再想关上也是根本不可能了。一味地麻醉自己，用心理防御的方法翘着腿、闭着眼，局面将会变得更糟。在那样的气氛下，清王朝中必须也应该有头脑冷静、清楚的人。譬如曾国藩、左宗棠、李鸿章等。洋务运动、同治“中兴”就是在这样的背景下轰轰烈烈开展起来的。

李鸿章在给同治皇帝的上疏中说：洋人“轮船电报之速，瞬息千里，军械机器之精，巧力百倍，炮弹所至，无坚不摧，水陆关隘，不足限制，又为数千年来唯有未有之强敌。外患之来，变幻如此，而我犹欲以成法制之，譬如医者疗疾，不问何症，概投以古方，诚未见其效也。”

看来，中国只有唯一的出路，那就是改变自己。好在世俗精神从来是中国文化的优良传统。既然西方的优势在船坚炮利，那就向他们学习好了。曾国藩、左宗棠、李鸿章等成为洋务派的主要领袖人物。一批造船厂、铁器工厂、铁路公司、织布局出现了，口号则是“师夷长技以制夷”。

与此同时，儒家文化却受到最严密的保护，没有丝毫改变。洋务派另一位领袖人物丁日昌的话是为代表：“西学除船械一切必须效法西洋外，其余人心、风俗、察吏、安民，仍当循我规模，加以实意。”

如果我们形容洋务派对西方技艺的欲拒还迎的态度，很像一个掉进水中而又严守礼教的封建妇人，求生的本能使她不得不战战兢兢、犹犹豫豫把手伸向那个把她推进水中的陌生男人。

第三阶段是“中体西用”阶段。

洋务运动的“以夷制夷”方略以1894年中日甲午战争的结果宣告失败（顺便一说，现代有人认为，中日甲午战争的失败是偶然因素，因为当时中国海军的力量“空前强大”，不应该败于小日本。在我看来，那不过是晚发的精神上“自慰”而已，和晚清颟顸官吏的看法没有两样）。

中国人认识到，仅仅学习西方的“奇技淫巧”以制夷是不够了，必须做进一步的改变。进一步的改变就是所谓“中体西用”。该主张为时任湖广总督张之洞提出，即“中学为体，西学为用”。“体”为中华儒家文化的主体，传统的伦理道德和价值不能改变；“用”即以西方的科技、社会管理、实业等为功用，以此来因应外界的变化。

“中体西用”的观点已经承认西方文化的先进性，只是心有不甘，做着最后的抵抗而已。明眼人一看就明白，“中体西用”是一个极大的文化让步，它已经开始悄悄地涉及传统文化这个中国人的命根子。

第四阶段是“全盘西化”阶段。“中体西用”的主张一出台，就遭受激烈的争论，实则是两面不讨好，既不能得到维护传统文化的“国粹”一派人的支持，亦受到激进一派的强烈攻讦。两派的争论至今未息，波澜常起常翻。当所有的办法都不能抵挡西方人的进攻，不能挽狂澜于既倒，国将不国时，彻底放弃中国传统文化被认为是最好的选择。以胡适等为代表的新文化运动认为，中国与中国人要得救，必须彻底打倒孔家店，彻底放弃儒家文化，不仅要完全接受西方的科学技术，更要全面学习与接受民主、科学及西方文化中的其他内容，尤其是西方的价值观。这就是“全盘西化”。

“中体西用”和“全盘西化”既没有可操作性，自然不能挽狂澜于既倒。中国人的文化自尊进一步受到严重挫伤，文化冲突进一步加剧，无所适从的中国人更加焦虑。

从1840年开始的一百多年来的中国近代史就是这样：“欧洲文化中改变中国传统习惯的，除了战争，就是商业和知识这两方面。但这两方面的影响都是依赖武力而奏效的。如果我们没有在战争中打败中国，那么中国肯定不会开放门户，也不会接受西方思想。”（罗素《中国问题》，学林出版社，1996年版，60页）西方人用坚船利炮轰开了中国大门，西方现代文化对传统的中国文化展开了强力的进攻，现代化运动以最特殊的方式开始了它在古老的中国大地上的进程。

结果是，中国社会，被迫发生转型。

三、从1840年开始的中国社会转型

“社会转型”是现代中国人使用最为频繁的语汇之一。

社会转型是一种社会变革，是社会生活的各个领域、各个层面发生整体性的改变。这些改变既包括社会的政治结构、经济结构，也包括文化的变迁。

中国在社会转型前，是以自然经济为主导的传统农业经济和与之相适应的宗法社会形态，转型的目标是以商品经济占主导的现代工商社会形态。在这个过程中，社会结构、经济与社会制度、文化观念等都必然发生深刻的变化。

概括说，中国社会转型是指中国社会从传统社会向现代社会的转变。具体说，就是从农业社会向工业社会、从工业社会再向知识社会或信息化社会、从彼此隔绝的静态乡村式社会转化为开放的、被种种资讯手段紧密联系起来的动态城市式社会、从同质的单一的社会向异质的多元社会、从理想化的社会向现实性社会、从宗法—专制社会向民主—法制社会的社会整体的变迁和发展。

在社会转型的过程中，现存的文化承受着巨大的压力和冲击。社会转型必然要求文化发生一系列深刻的变迁，要求文化适应并推动转型过程，但由于文化本身的滞后性和强大的惰性，更有可能成为社会转型的阻力。中国传统社会历史悠久，文化发展极为完善，社会结构超强稳定，因此惰性巨大。

在这样的情形下，有几件事情是必然要发生的：自然经济对商品经济的抗拒，集权式专制政体对民主政治的抵制，传统价值观对现代价值观的抵抗，宗法式伦理对个性发展的压抑等，这诸多因素决定了中国社会转型必然困难重重。

中国的社会转型期的历史逻辑起点为公元 1840 年。这样来定位，我们就把中国社会转型看作一个整体发展的过程。在这个过程中，包含了整体变化与局部变化、剧烈变化与缓慢变化、量的变化和质的变化、稳定式的变化和动荡式的变化、表面的变化和内部的变化等。这些变化过程，宛如一条不断流淌的大河，时而蜿蜒曲折，时而波澜壮阔，时而平静如处子，时而迸发如脱兔，不一而足；这样来定位，我们就可以把中国近代历史上几个重大的变革和革命，譬如清末洋务运动、1911 年辛亥革命、1919 年“五四”运动、1949 年的新民主主义革命、1978 年改革开放等看作是中国社会转型这条不断流淌的大河中出现的几次滔天大浪，也可以看作是中国社会转型中的标志性坐标。

中国的近代历史和中国社会转型的历史，从 1840 年开始。就在这一年，正在全球寻求贸易市场的英国，借口湖广总督、禁烟钦差大臣林则徐在广州禁绝鸦片，更在虎门销毁鸦片事件，以战舰十六艘，军队四千人，向中国发动战争，用炮火轰开中国大门，史称“鸦片战争”。两年后，道光二十二年（1842 年）七月二十四日，也是在英国使团首次访华的半个世纪之后，清政府与英国签订了丧权辱国的《南京条约》：

一、中英两国以后“和好”，“各往他国者，必受该国保佑身家安全”。

二、中国开广州、厦门、福州、宁波、上海“五口通商”，英国可派领事、管事等官式外交代表，设驻于这五个港口城市。

三、中国将广东省宝安县的一个沿岸小岛香港，割与英国。

四、中国赔偿英国鸦片烟价六百万两。

五、中国方面取消“公行”制度，并偿英三百万两作为商欠之数。

六、中国赔偿英国军费一千二百万两。

七、“以上酬定银数，共二千一百万两，此时交银六百万两”，并规定了其余的一千五百万两，在以后的分期交付方法。

八、凡英国人在中国被囚禁者，全部释放。

九、凡因与英人有关，或在鸦片战争中与英国事被监禁者，亦全部释放。

十、议定税则并规定英国货物，自在某港按例纳税后，即准由中国商人遍运中国，而路所经过税关，不得加重税。

十一、中英两国文书平行。

十二、中国交付第一批六百万两款项后，英军退出南京、镇江，并不再行拦阻中国各省商买贸易，同时自宁波外港镇海撤兵，至于驻在定海舟山及厦门鼓浪屿的英军，则待中国将二千一百万两全数交清，及实际开放了五口通商后才撤退。

十三、条约应迅速交两国皇帝批准，并换约。

这个被称为丧权辱国的条约，成为国人心头永远的创痛。但在一百六十多年后的今天，我们再来看这个条约，除了割地赔款这样的屈辱内容外，其实我们应该看到，《南京条约》更重大的意义，是中国的大门，从这里开始洞开。一旦洞开，就不再复合。中国几千年闭关自守的历史，从此结束。就是从这一年开始，中国的传统社会，被迫开始转型。

中国既走上了社会转型的不归路，就像多米诺骨牌效应一样，第一块倒下，后面的骨牌必须倒下，直到最后一块。

首先，是延续四千六百多年的君父一体的皇权制度，开始动摇，最后崩溃。

1840 年以后，整个清王朝，一扫王朝前期的文治武功和勃勃生机，以令人惊讶的速度迅速衰败下去，给后人留下的只有腐败、无能、无知、颟顸和贪渎。几十年间，就把几千年的中华大帝国这座大厦推到了将倒必倾的地步。

在这期间，中国人充耳所闻，全是一座古老的大厦在分崩离析过程中朽木折断发出的吱吱嘎嘎的声音；中国人的目力所至，仿佛是一座大厦倒塌过程中老鼠四处乱窜，互相撕咬的惨状。这种状况，不仅使人忧伤，更令人恐怖。

终于在 1911 年爆发了辛亥革命，给这座即将倒塌的大厦加上了最后一根稻草。辛亥革命的直接后果是满清王朝被彻底推翻，几千年的帝国大厦，轰然倒下。这一次，已经不是简单的改朝换代了，持续数千年的王朝制度彻底崩解，用孔子在两千多年前的话讲，中国是真正的"礼崩乐坏"了！

其次，随着中国大门的洞开，西方的物质文化潮水般涌进来。

西方物质文化的涌入，相对于文化的精神层面而言，要通畅得多，顺利得多。原因有两个：一是中国人面对西方坚船利炮，不断丧师失地，产生了强烈的危机意识，以及由危机意识所引发出来的避害反应。二是学习西方先进物质文明，引进西方科技器物，很快被中国人接受，几成时尚。

第二个原因是，在整个文化的结构中，物质文化是最容易被接受的东西，较少引起深层次的文化冲突。不仅不引起深层次的文化冲突，在中国人的内心，还潜隐着深层次的文化优越感。那就是，西方只是在物质文化优于中国，而在精神文化方面，则大大低于中国。有了这个心理认知，中国人就可以放心大胆地接受西方先进的物质文化了。

中国人在认知问题上一旦解决，做起事来，效率亦并不低下。例如，1864 年，上海建立江南制造局；1866 年，福州设海军造船厂；1870 年，天津设立机器制造局；1872 年，更选派青少年赴美国留学，每年三十人；1875 年，北洋舰队建立；1878 年，唐山设开平矿物局；1890，湖北设大冶煤矿，汉阳设兵工厂，等等。由于工厂的建立，不得不形成社会化的生产方式，天长日久，竟渐成气候。

在中国社会转型过程中，从此形成一个非常奇特的现象，那就是大胆接受西方物质文化，彻底拒绝西方精神文化，以至于在中国人的深层心理中，形成一个"文化情结"（complex），这种情结，在中国人的心理中，不断发酵，时至今日，发酵仍在继续。

再次，政治、经济、教育等制度，被迫改变。随着千年帝制的结束，新共和国建立，必须在政治制度上改弦更张，另起炉灶。皇帝被推翻了，宪政的国家政体建立起来了（至少在表面上是如此），国会成立了，民国的总统诞生了。仿照现代国家的财政税收制度、海关制度、银行系统渐次建立。延续几千年的科举考试正式取消，除派人出国留学外，更设立现代形式的学堂，培植科学技术人才和外语人才。此外，还有更多的改变，例如司法制度、监狱制度、人口买卖制度、宦官制度、官吏选拔制度等。但我们说，这些改变，都是被迫的改变，因而更多是表面上和形式上的改变。实际上，辛亥革命以后数十年间，中国几乎没有真正统一过，内战频仍，外患不断，几乎亡国。

但无论如何，1840 年以至 1911 年以后，中国在政治、经济和社会的层面，和过去确是不可同日而语了。辛亥革命把中国社会转型推到了第一个高潮。

中国的大门既是被西方的炮火所强力轰开的，中国社会的转型既是被迫进行的，在这个过程中既充满了屈辱和苦难，存在着国家被瓜分被掠夺的事实，中国人必须首先为尊严而战斗，为民族的生存而奋斗。指出这个现象，更说明中国社会转型的曲折和艰难。中国社会转型一开始就是在民族心理被扭曲的状况下进行的。这期间的社会转型，实质上并未触及中国文化的核心价值观，但挑战的号角已经吹响。

最大的挑战发生在 1919 年。“五四”新文化运动，正式向儒家文化发起了最猛烈的攻击。

“五四”新文化运动的基本口号是对“德先生和赛先生”（“德先生”为英文 Democracy，即民主；“赛先生”为英文 Science，即科学）的呼唤。提倡民主，就是反对专制主义，要求社会平等和个性自由，实现西方立宪共和制的国家；提倡科学，就是反对迷信和盲从，介绍科学知识，主张以科学的法则来判断一切。科学和民主，是西方文化的主要精神，这个精神，与儒家的伦理文化完全背道而驰。因此，“五四”运动的本质就是向以儒家文化为主流的中国文化发起了猛烈的攻击。孔子从祭祀了几千年的祭坛上被掀了下来，彻底打倒在地。“五四”时期，最煽情的口号就是“打倒孔家店”。

“五四”新文化运动的影响是巨大而深远的。直到今天，还有人在不断评价“五四”运动的意义。“打倒孔家店”的口号，在整体顺应了中国社会转型，引得先进分子的欢呼。但由于动摇了中国传统伦理价值的根基，始料不及的结果却是引起了强烈的社会反弹：“五四以来的西化知识分子，由于把二十世纪的欧美社会理解成独一无二的现代模式，同时又把西方文化认定为有机整体，必须全盘接受。他们对传统的批判是尖锐的、彻底的、极端的。据说那时出现过‘四万万同胞，一个混蛋’的对联。那种恨铁不成钢、爱之深而责之切的急迫感、沉痛感，在类似自嘲、自咎的文字中表露无余。中国传统文化既然和世界潮流不相容，适应西方现代化也就成为不可抗拒的趋势。然而，西化论者眼中的中国传统文化，除了封建遗毒之外，还有什么内容呢？……如果说，传统文化的根必须枯萎之后才有再生的可能，那么这再生的文化是否以引进外来的思想为种子，和传统的关系只是在共同的土壤上先后成胚胎、发芽而已？如果说，传统文化的根已腐烂，枯萎是不可避免的，我们不如自觉地将其铲除，让新种早日开花结果，那么这是否意味着我们已置身传统文化之外，只是观赏者而非参与者了？这类设想使我们不能不正视‘文化认同’的问题。”（杜维明《儒学第三期发展的前景问题》，见《评新儒家》，上海人民出版社，111 页）

请读者留意，问题来了。一当社会转型触及文化的最深处，触及文化的价值系统，所谓“文化认同”的问题出来了（关于文化认同，我在后面将会详细论述），对挑战的反弹出现了。无论是对传统文化价值观的挑战，还是对这种挑战的反弹，有一点是可以肯定的，那就是在中国社会被迫转型时期，中国人出现了强烈的集体文化焦虑。

1949 年后，中国社会结构发生了天翻地覆的变化。但有一点仍然不变：闭关自守如故。

社会转型的第二次大浪潮发生在公元 1978 年。离社会转型发生的起点 1840 年，已经过去 138 年了；离开第一次转型大浪潮，已经过去半个多世纪。如果说鸦片战争以后中国的社会转型是在外力的推动下被迫发生，那么这次社会转型既有外力的作用，更主要的则是孕育于社会的内部需求。

这次社会转型是结构性和全方位的。包括：从计划经济社会到市场经济社会、从传统社会到现代社会、从农业社会到工业社会、从封闭社会到开放社会、从单一社会到多元社会、从空想的社会到现实的社会、从伦理社会到经济社会，均发生转型。

这次社会转型，把中国的现代化进程向前大大推进一步，表现出和世界潮流接轨的态势。从文化学的角度，有两个方面值得注视：一是社会阶层和社会利益团体发生复杂的变化；二是传统文化根基更加动摇，甚至出现文化“虚无”和价值危象。

在中国社会转型的两次大的浪潮中，中国人的心理更加焦虑。

四、中、西文化的冲突

现代化的优势是无与伦比的，就是盲人也能看出来。没有人会公然表示自己不喜欢现代化，更没有人拒绝现代化给自己的生活带来的种种好处和方便。

有现代化就好，没有现代化就不好：两者不用比较，优劣差异立见。尽管是“后发”，尽管是被人通过野蛮的武力强力推行，尽管充满了屈辱，中国人别无选择。欲“富民强国”，唯有一途，就是义无反顾地迈上现代化的道路。

但中国人在整个现代化进程中却充满了焦虑。根本原因在于，以西方理性主义文化为核心的现代化思想，与以伦理为中心的中国传统文化是那么格格不入。一百多年来，中国人想尽了办法，接受现代化，但绝不放弃自己数千年的传统文化。中国人深深意识到，一旦失去了自己安身立命的传统的伦理道德和价值观，就失去了自我；失去了自我的现代化只能造成更深层次的心灵焦虑。

但在现代化浪潮浩浩荡荡席卷中国的时候，彻底接受，完全顺应西方现代文化似乎成为不可抗拒的趋势。“由于把 20 世纪欧美社会理解成独一无二的现代模式，同时又把西方文化认定为有机整体，必须全盘接受。”“然而，西化论者所理解的中国传统文化，除了封建遗毒之外，还有什么内容呢？固然可以产生振聋发聩的一时效验，但忧国的沉痛感若不能引发创造转发的智慧，那么，无可奈何的悲观主义便应运而生。西化论者痛斥国人的‘奴性’，甚至把中华民族忍辱负重的美德刺为麻木不仁，固然表现了爱国的热情，但文化的开新终究不能从悲愤的绝望之情处起步。”（杜维明《儒家第三期发展的前景问题》，见《评新儒家》，上海人民出版社，111 页）这种情绪，在处于现代化进程和社会转型中的中国知识分子中间，极为普遍。

我们是应该做彻底的西化论者呢，还是坚守自己的文化阵地，绝不放弃呢？我们是做激烈的爱国主义者，还是做无可奈何的悲观主义者呢？除了无休无止的争吵，没有人能对这些问题给出最佳答案。这种情形，又颇似一个内心满是焦虑的人，搓着双手，在房间里不停地来回踱步，口里念念有词，怎么办呢？怎么办呢？

我们一路检视中国现代化进程中一些文化大师的观点，无论是维护传统文化的，如辜鸿铭、梁漱溟、林语堂等诸位先生，还是批判传统文化的，如胡适、鲁迅、陈独秀等诸位先生，我们会发现，在现代化浪潮下，无论对中国传统文化是维护还是批判，他们所见之文化冲突就是发生于中国传统文化之“道德精神”与西方文化之“理性精神”之间。

也有人似乎在两种极端的观点中找到了生存的夹缝：西方化究竟能不能和现代化画上一个等号，尚在两可之间呢。例如，杜维明先生指出：“固然，作为西方文化特色的民主和科学可以用超越欧美特殊文化现象的理型标出（在此我们必须进一步区分民主和科学在普通化和抽象化可能性上的歧义），但是严格地说，西方文化应该落实到英国文化、法国文化、德国文化和美国文化的层次才能分析得比较精当。既然每个文化有其特殊性和具体性，那么一个特殊而具体的文化都有其个性。……在把现代化等同于西化的时代，大家相信现代化这股西化的浪潮势必把古今中西的差异熔为一炉，将来只有西方的现代文化，不可能有任何其他类型的现代文化。殊不知，在所谓现代化

即是西化的历程中，英国、法国、德国和美国都有其特殊而具体的文化认同。”（上书，113页）

依杜维明先生的意见，既然现代化不能等同于西方化，那么中国文化与之发生冲突的对象，并不是现代化本身。杜维明举例说：“德国的现代化不仅不是英法化，而且在意识形态和政治结构方面还和英法长期保持抗衡的关系。英国由不流血革命而发展成君主立宪的稳定结构，和法国经过大革命之后政局一直动荡不安的共和制度，代表极不相同的政治文化。”（上书，113页）这种观点是可以理解的，如果把现代化与西方文化画等号，我们岂非只有全盘西化一途？不过我们要问，中国文化与之发生冲突的对象，如果不是西方的现代化文化，究竟是什么呢？

西方文化的两个方面，基督教文化和现代化文化，全都与中国文化格格不入。但在现代化进程之初，两种文化的冲突首先是发生于儒家文化和基督教文化之间。

举一个例子，也许不足为训，读者姑且读之。作家李劼人在他的小说《死水微澜》中讲述了清末民初，在四川省的省会成都市的附近一个叫作天回镇的地方发生的故事，讲述了在中国面临巨变时节在那个小镇的一潭死水上引起的“微澜”。发生了什么“微澜”？就是在当时发生的一件事情，即中国近代史上非常有名的“排教案”。

先说“排教案”的背景。基督教本来在明朝时期（可能更早）就已经传进中国，但鸦片战争以后，随着西方列强对中国强力进入，基督教在中国的传播达到了一个高潮。基督教的强势传播，免不了遭受中国人的强烈抵制。所谓“排教案”，或称“教案”，就是在这样的大背景下发生。清朝末年，“排教案”在中国各地时有发生。最大的一次是“天津教案”。

同治九年（1871年）六月，一个名叫武兰珍的拐卖儿童的罪犯被天津官府抓获，武兰珍供称，其作案所用的“迷魂药”是由天津的法国天主堂所供给。案件发生后，消息不胫而走，天津民众群情激愤，在天津法国天主堂前集会，人数达万人之多。参加案件调查的法国领事丰大叶性情暴躁，首先开枪打伤民众和清朝官员，一时民众更加愤怒，当场殴毙法国领事丰大叶及其随从。随后，局面越发不可收拾，民众又自发组织，鸣锣聚众，打死法国神父、修女、商人、职员及其家人等20余人，中国雇员数十人，焚烧法国教堂、育婴堂、领事馆等，酿成震惊中外的大案。最后的结果不说我们也知，清政府在洋大人面前自然是先惩罚自己人，然后赔银子兼赔礼道歉，丢尽了脸面。

那么，中国人为什么要排教？为什么一件小事可以引起泼天的大浪？为什么当时民众在心理上对基督教会有那么强烈的反感？四川著名作家李劼人在小说《死水微澜》里有一段奇文，是书中主人翁罗歪嘴给他的相好蔡大嫂念的一张传单：

为什么该打教堂？道理极多，概括说来，教堂者，洋鬼子传邪教之所也！洋鬼子者，中国之外蛮夷番人也！尤怪者，是他们懂我们的话，我们不懂他们的话。穿戴也奇，行为也奇，又不作揖磕头，又不严分男女，每每不近人情，近乎鬼祟，故名之为洋鬼子，贱之也！而尤令人百思不得其解者，我们中国自有我们的教，读书人有儒教，和尚有佛教，道士有道教，治病的有医，打鬼的有巫，看阴阳论五行的有风水先生，全了，关于人生祸福趋避，都全了；还要你番邦的什么天主教耶稣教干么？我们中国，奉教者出钱，谓之布施，偏那洋教，反出钱招人去奉，中国人没有这样傻！他们又哪来这么多钱？并且凡传教与卖圣书的，大都不要脸，受得气，你不睬他，他偏要钻头觅缝来亲近你，你就骂他，他仍笑而受之，你害了病，不待你请，他可以来给你诊不要钱，还连带施药，中国人也没有这样傻！我们中国也有捐资设局，施医施药的善人，但要有所图焉。人则送之匾额，以矜其善；菩萨则保佑他官上加官，财上加财，身生贵子，子生贵孙，世世代代，坐八人大轿，隔桌打人，而洋鬼子不图这些。你问他为何行善？他只说应该；再问他为何应该？也只说耶稣吩咐要爱人。耶稣是什么？说是上帝之子。上帝，天也。那么，耶稣是天子了。天子者，皇帝也，耶稣难道是皇帝吗？古人说过，天无二日，民无二主，普天之下，哪有两个皇帝之理？真是胡说八道。而太不近人情了！况且，看病也与中国医生不同，不立脉案，不开药方，唯见其刀刀叉叉，尚有希奇古怪之家伙，看之不清，认之不得，药也奇怪，不是五颜六色之水，即是方圆不等的片也丸也，虽然有效，然而究其何药所制：甘草吗？大黄吗？牛黄吗？马宝吗？则一问三不知。从这种种看来，洋鬼子真不能与人并论！但他不辞劳苦，挨骂受气，自己出钱，远道来此，究何图之？思之思之，哦！知道了！传教医病，不过是个虚名！其实必是来盗宝的！中国一定有些什么宝贝，我们自己不知道，番帮晓得了，才派出这般识宝的，到处来探访。又怕中国人知道了不依，因此才施些假仁假义，既可以掩耳目，又可以买人心。此言并非诬陷他们，实在是有凭据的。大家岂没有听见过吗？扬州地方，有一根大禹王镇水的神铁，放在一古庙中，本没有人认得，有一年，被一个洋鬼子偷去了，那年，扬州便遭大水，几乎连地都陷了。又某处有一颗镇地火的神珠，嵌在一尊石佛上额上的，也是被洋鬼子偷了，并且是连佛头齐颈砍去的，那地方果然就喷出地火，烧死多少人畜。还有，只要留心，你们就看得见那些洋鬼子，一到城外，总是要拿一具奇怪的镜子，这里照照，那里照一照，那就在探寻宝物了。你们又看得见，他们常拿一枝小木杖，在一本簿子上画，那就在画记号了。所以中国近年来不是天干，就是水涝，年成总不似以前的好，其大原因，就在洋鬼子之为厉。所以欲救中国，欲卫圣教，洋鬼子便非摒诸规外不可，而洋教是其巢穴，此教堂之宜打者一也。

其次，他那医病的药，据奉教的，以及身受过他医好的病人说，大都是用小儿身上的东西配制而成。有人亲眼看见他那做药房间里，摆满了人耳朵、人眼睛、人心、人肝、人的五脏六腑，全用玻璃缸装着，药水浸着，要用时，取出来，以那奇怪火炉熬炼成膏。还有整个的胎儿，有几个月的，有足了月的，全是活活的从孕妇腹中剖出，此何异乎白莲教所为呢？所以自洋鬼子来，而孕妇有被害的了，小儿常常遗失的了！单就小儿而言，岂非有人亲眼看见，但凡被人抛弃在街上在厕所的私生子，无论死的活的，只要他一晓得，未有不立刻收去的；还有些穷人家养不活的孩子，或有残废为父母所不要的孩子，他也甘愿收去，甚至出钱买去。小儿有何宜处？他们不惜花钱劳神，而欲得之，其何故也？只见其收进去，而不见其送出来，墙高屋邃，外人不得而见，其不用之配药，将安置之？例如癸巳端阳节日，大家都于东教场中，撒李子为乐之际，忽有人从四圣祠街教堂外奔来号于众人：洋鬼子肆杀小儿！其人亲闻小儿着刃，呼号奔命，众皆发指，立罢掷李之戏，而集于教堂门洞，万口同声，哀其将小儿放出，而洋鬼子不听也，并将大门关得死紧。有义士焉，舍身越墙而入，启门纳众，而洋鬼子则已跑了，小儿亦被藏了。但药水所浸的耳朵、眼睛、五脏六腑，大小胎儿，以及做药家伙，却来不及收拾；怪火炉上，方扎着绿焰之火，一银铛中所烹制者，赫然一对人耳也。故观者为义愤所致，遂有毁其全屋之举，此信而有证之事，非谰言也。圣人说过，不以养人者害人，洋鬼子偏杀人以治人，纵是灵药，亦伤天害理之至。何况中国人就洋鬼子求治者极少，他那有盈箱满箧的药，岂非运回番帮，以医其帮人？“蛮夷不可同中国”，况以中国之人，配为药物，以治蛮夷之病，其罪浮于白莲教，岂止万万！而教堂正为其所恶之所，此教堂之宜打二也。

夫教民，本天子之良民也。只因为饥寒交迫，遂为洋鬼子小恩小惠，引诱以去。好的存心君国，暂时自污，机运一至，便能自拔来归，还可借以窥见夷情。而多数则自甘暴弃，连祖先都不要了，倚仗洋势，横行肆里，至于近年，教民二字，竟成了护身符了，官吏不能治，作奸犯科，无所不为。这些都是莠民，应该置于严刑而不赦者，而教堂正其凭依之所，此教堂之宜打三也。有此三者主张打毁教堂，扫清洋人的势力，当然是有利而无害的了。

这段奇文，奇就奇在完全彻底的情绪化和非逻辑化。在完全的情绪化和非逻辑化基础上，所做的分析，所得出的结论，全是推测，或者说全是臆测，自然不会有任何理性的思考。这种极具感染力的情绪，这种具有巨大的非理性力量和强大的自动化倾向的情绪，一经渲染，便如滔滔洪水，势不可当。由此我们可以想见在清末民初的普通民众中，对基督教有多么强烈的排斥和仇恨的心理！

其实，并不是对基督教本身有多么强烈的排斥心理，目标完全是针对着由基督教带来的西方文化，核心是西方价值观。回想一下利玛窦，再想远一点，两千多年前中国对于佛教传入时的态度，我们是不是应该感慨万千呢！

毋庸讳言，中国传统文化一百多年来所遭遇到的并不完全是儒家文化与基督教文化的冲突；中国人强烈的焦虑心理亦不能彻底归咎于西方列强的巧取豪夺。本书前面所罗列的西方现代文化的十大特点，中国传统文化基本阙如。

中西文化的冲突从根本上说，是西方“理性主义”和中国“情理主义”的冲突。本来，这两种文化特点并不是不可以取长补短，就像罗素先生所满怀希望的那样：“可以说，我们的文明的显著长处在于科学的方法；中国文明长处则在于对人生归宿的合理理解。人们一定希望看到两者逐渐结合在一起。”（罗素《中国问题》，学林出版社，1996 年版，153 页）但“西方人到中国去无非三种动机：打仗、赚钱、传教。虽然第三种动机具有理想主义的美德，并激励了许多英雄，但这三种人——军人、商人、传教士都是强迫世界采纳我们的文化，或多或少抱有强硬的态度。”（上书，155 页）在这样的情形下，罗素先生，以及世界上所有善良的先生们的愿望，不免全都要落空，变为泡影。

同时我们应该也必须承认，在现代化的世界性潮流中，中国传统文化缺乏现代化的基本理念，中国传统文化从整体上不能适应现代化的要求。不能适应也要想方设法适应，摆在中国人面前的是强权和武力，中国人没有退路；中国要适应现代化进程，就必须改变自己的文化，在这一点上，中国人也没有退路。

就是在这样的情形下，中国文化的危机不可避免地出现了。危机中，强烈的焦虑向着中国人排山倒海般涌来了。

五、中国文化的危机

在讨论中国文化的危机之前，我们须先谈另一个问题。这个问题我们在前面已经提到过，即人对文化的认同（culture identity）。

"认同"（identity）一词，在心理学和逻辑学中为"同一性"或"一致性"之意。20 世纪 50 年代新心理分析学派的另一个代表人物艾里克森(E. Erickson)曾用来描述青少年在人格发展的过程中由于新角色在不断增加，新旧角色混在一起，互相协调、整合的过程，这个过程就是自我认同的过程。如果在这个阶段各种角色不能互相协调和整合，就会出现心理危机，此即"自我认同的危机"。"认同"这个概念后来被学术界广泛借用于其他领域。

文化认同，就个体指向而言，指个体对自己所生存的文化在心理上的认可、接受，并在行为上对它的顺应；就共同体指向来说，指个体对不同社会组织和不同文化传统的归属感。

对文化的认同，主要体现在生活在某个社会中的人对这个社会的文化的认同，而最重要是对文化的核心价值的认同。

在一般的情形下，文化与社会的整体发展是相一致的。我们说，人生活在某个社会中和生活在某个文化中，实际上讲的都是一回事。但当某个时期，社会出现大的变革——从一种社会形态转变为另一种社会形态——我们通常所说的社会转型之时，由于文化是由长期的积累和沉淀而成，具有沉重的惰性和滞后性，它不能随着社会的快速变化而变化，就会形成文化与社会形态的分离。生活在文化与社会形态分离状态下的个体，不可避免会出现文化认同危机。

社会转型带来巨大的社会变革，社会变革则必然引起一系列的变化，尤其是生存方式和生活模式发生变化。具体到中国社会的转型过程中，在固有的传统文化下中国人已经习惯、适应的，已经深入中国人的骨髓、渗透进中国人的灵魂的生存方式将会被打破，被毁坏，被淹没。

从形式上，和青少年在人格发展过程中出现的自我认同一样，文化认同的目的是寻求生存方式的同一性。青少年的自我认同过程是一个顺应的过程，除非由于某种特殊的原因破坏了这个过程；而不同文化的差异却很难是顺应的过程，差异可能彻底破坏了同一性。文化认同的目的是寻求生存方式的稳定性，而文化的冲突打乱了稳定性；文化认同的目的是寻求生存方式的持续性，而快速的社会变化断裂了持续性。

德国社会学家马克斯·韦伯（Max Weber）在提出“现代化即理性化”的著名公式后，进而认为，“传统”和“现代”是两个相反的、互不相容的范式（paradigm）。所谓“现代”，是以“理性”“进步”“自由”“民主”等为标识和价值体现，而“传统”则是这个标识的反面或对这些价值体现的阻碍。因此，在马克斯·韦伯看来，“传统”是“现代化”的主要障碍，只有扫除“传统”才能推动现代化的进程。扫除一分，便推进一分，彻底扫除，才能彻底推进。这个观点为西方大多数社会学家所认同。

如此说来，中国传统文化就成为中国现代化进程的最大阻碍，似乎只有彻底放弃自我，或者彻底改变自我，才是最终的出路。

美国著名史学家费正清（John K. Fairbank）提出了“挑战”与“回应”的理论以解释中国自19世纪中叶以来的历史进程。他认为，西方文化代表了“现代”的理念向中国的“传统”文化进行挑战，但中国的“传统”一直未做出正面的回应，所以一个多世纪以来，中国的“现代化”都是失败的。（转引自余英时《现代危机与思想人物》，8页）

这对追求现代化的中国人是致命的打击。中国人赖以生存的几千年的传统文化和价值观被判定为“现代化”的障碍，是必须加以扫除的东西。这可不是简单的取舍问题，这也不是青少年发展过程旧角色的更新、新旧角色的协调和整合那么简单的问题。

彻底放弃自己的传统文化，这是中国人无论如何也不可能做到的。殊不论“全盘西化”在民族文化感情上通不过，要彻底改变一个有着几千年历史、个性特别明显、渗透到人生活中每个细节中去的文化，在客观上就无操作性可言。

固然，“五四”运动提出的“打倒孔家店”的口号，对中国传统文化提出强烈的质疑和否定，“顺应了”现代化的情势，对中国的整个现代化进程起到了积极的推动作用。但仔细分析，“五四”所摧毁的，主要是传统文化的“硬件”，如两千多年的封建制度的解体和社会、经济制度等方面。“但价值系统是传统的‘软体’的部分，虽然‘视之不见’‘听之不闻’‘搏之不得’，但确实是存在的，而且直接规范着人的思想和行为。1911年以后，‘传统’

的‘硬体’是崩溃了，但作为价值系统的‘软体’则进入了一种‘死而不亡’的状态。”（上书，9 页）

事实上，在中国现代化进程中，中国传统文化一直在与所谓“现代化”理念进行着激烈的搏斗。在这个过程中，中国人的危机意识和与之伴随的焦虑的心情，一直存在。这种焦虑的心情和激烈的危机意识，就是现代化过程中的“中国文化危机”（crisis of Chinese culture ）。

中国所有的危机都是在文化认同的危机前提下发生的。“我们在近百年来，因为西方的冲击，暴露了我们传统的许多缺点，打击了我们文化的自尊心，因此我们在心理上造成一个‘结’，需要一个文化再认同。”（张灏《新儒家与中国文化危机》，转引自上书，234 页）这不是对一个文化定义的回答，却反映了一百多年来的基本文化事实。

在传统的价值观和“现代化”理念进行激烈的搏斗中，民族的集体焦虑心情日益加重，“随着焦虑的产生，人们经历到文化认同的危机。几十年来，中国一直处于剧烈的变局里，因此这种危机在知识分子里扩张和尖锐化是不足为奇的。在中国，由于变局的成因主要来自外国，致使这种危机更加复杂。结果，中国的文化认同危机出现了非西方国家所共有的典型特征，其特色即是，因西方而产生的屈辱形成了情意综。”（张灏《新儒家与当代中国的思想危机》，见《评新儒家》，48 页）

这个由于屈辱而产生“情意综”（英文为 complex，又称“情结”，是心理分析用语，原指被压抑在潜意识中的、以性本能为核心的需要或愿望，其特点是具有非理性的强烈的感情色彩）郁结了中国人的文化心态，形成极度焦虑的文化心理，结果表达出极端的文化行为，要么是“西方的月亮也比中国的圆”，要么不加分辨地排斥西方文化中的任何东西。

文化认同的危机在民族文化心理上，直接带来另一个危机，即“意义的危机”（crisis of meaning）。

“什么叫作意义的危机呢？我们作为一个人，无论古人或今人，不管是外国人还是中国人，在生存的过程中，一定会面对一些基本的人生问题，如生死问题、道德问题等。但我们怎样去理解它，才能心安理得地活下去呢？传统，有强烈的宗教意识可以帮助我们解决，无论信佛教、信道教、信儒家等，都有一套完整的宗教意识形态来帮助解释，因此可以心安理得，可以‘安身立命’。但是在现代，当传统的宗教意识和意识形态受到西方的冲击、震荡，设置破碎以后，意义的危机就更突显出来了。”（上书，234 页）

“意义的危机”就是传统价值的失落。价值系统是文化中核心的成分，是一个社会中大多数人所具有的对于区分好与坏，正确与错误，符合或违背整体社会愿望的共同的观念。价值系统充满了感情，为生活在这个社会中人们的行为提供充分的正当的理由，也为这个社会提供了道德的规范。价值系统，正是一个人“安身立命”和“心安理得”的命根子。价值的失落，就是失去了人“安身立命”的根本，就会发生“意义的危机”。

张灏先生认为，“意义危机”造成了中国现代化过程中的“三种精神的迷失”：

一是“道德的迷失”：“首先从道德价值开始。从1895年到1905年之间，西方思想大量地侵入，同时固有思想的非正统流派又告复活，儒家传统的一些重要政治价值首遭难题。到了1910年代末期，当“五四”的狂热者要求对所有价值，特别是整个儒家的道德传统，重加评估之时，‘迷失’状态达到了极致。他们在道德上打破旧习的范围，可能在当今世界上无出其右者；非西方的历史文明在经历现代的转型之际，绝无如中国一般，像火凤凰冲动地看着自己的文化传统完全地否定掉，这种激进的破坏行动，造成道德迷失的普遍心理，也自然产生了尖锐的焦虑。”

二是“存在的迷失”。“从宗教与存在主义之研究得来的洞见，教我们注意人类存在结构里的焦虑。焦虑是由苦难、死亡以及雅斯培所说‘界限处境’（boundary situations）经验之存在困境所造成的，而且焦虑也是人生所无法避免的际遇。在现代世界，生命的存在困境不一定比过去更尖锐。到了传统宗教信仰的象征庇护已遭破坏之时，这些困境不可避免地会给中国人造成新的痛苦之源。”

三是“形而上的迷失”。“由于全然采用传统宗教和哲学的形而上世界观，过去的中国知识分子生活于睿智的世界中。到了现代，科学的输入成了传统世界观的强力溶剂。对许多受过教育的中国人来说，科学冲击并非全然的困扰，因为使外在世界更加合理这一点上，科学的确开出了一条新路。但科学提供的睿智是有其限制的。因为科学虽然能回答许多‘什么’（what）和‘如何’（how）的问题，可是对于‘究竟因’（ultimate why）却无法不缄默。因此，科学因其本质之故，无法取代传统中涵盖一切的世界观。”形而上的迷失就是对人的价值、对人生终极目的的失落，这种失落使中国人本来的终极关怀失去了依托。

“在现代中国，精神迷失的特点是道德迷失、存在迷失和形而上迷失三者同时存在的，而不在于任一项的个别出现。位于现代中国之‘意义危机’的底部，是此三种迷失的熔合。”（综上，张灏《新儒家与现代中国的思想危机》，见《评新儒家》，50－51页）

如果我们联系到传统中国文化是心灵的文化，是伦理道德的文化，是形而下与形而上有机融合的文化，我们该承认，张灏先生所说中国人在现代化进程中面临的文化认同的危机和“意义的危机”正是中国人在现代化进程中的真实心态；我们更可以理解中国人在这种危机中所体验到的强烈的焦虑情绪。这种情绪不是某一个个体的情绪，而是整个民族在文化失落的过程中的集体焦虑以及为了摆脱这焦虑而产生的更深层次的焦虑。

现代化进程在全世界正以排山倒海之势，雷霆万钧之力向前推进，中国人必须竭尽全力跟上它的步伐；西方文化挟着现代化之力对中国传统文化进行猛烈的攻击，造成中国文化的前所未有的文化危机，使中国人失去安身立命的根基。中国人正面临着从来没有遇到过的两难境地。世界上难道还有比这样的两难境地更令人焦虑的事情吗?

行笔至此，狄更斯在《双城记》中那句著名的话又浮现在我的眼前：“那个时代是最美好的时代，那个时代是最糟糕的时代；那个年头是智慧的年头，那个年头是愚昧的年头；那个时期是信仰的时期，那个时期是怀疑的时期；那时的季节是光明的季节，那时的季节是黑暗的季节；那时候是希望的春天，那时候是失望的冬天；在我们的面前，我们似乎什么都拥有，与此同时，我们却一无所有。在那样的年代里，我们每个人都在朝着天堂直奔而去，我们却又全都向着地狱一路迅跑——简而言之，那是一个权威人士们叽叽喳喳要用形容词的最高级来形容它的年代。那个年代跟现在的情形非常相像：说它好，只能用形容词的最高级来形容；说它不好，还是只能用最高级来形容。”

也许，郭沫若先生的长诗《凤凰涅槃》可以传达出一部分这样的情绪。

听，先是凤凰的哀鸣：

五百年来的眼泪倾泻如瀑。
五百年来的眼泪淋漓如烛。
流不尽的眼泪，
洗不净的污浊，
浇不熄的情炎，
荡不去的羞辱，
我们这缥缈的浮生
到底要向哪儿安宿?

啊啊
我们这缥缈的浮生

好像那大海里的孤舟。
左也是漶漫，
右也是漶漫，
前不见灯台，
后不见海岸，
帆已破，
樯已断，
楫已漂流，
柁已腐烂，
倦了的舟子只是在舟中呻唤，
怒了的海涛还是在海中泛滥

继之是无限彷徨：

我们飞向西方，
西方同是一座屠场。
我们飞向东方，
东方同是一座囚牢。
我们飞向南方，
南方同是一座坟墓。
我们飞向北方，
北方同是一座地狱。
我们生在这样个世界当中，
只好学着海洋哀哭

还有绝望的心情：

火光熊熊了。
香气蓬蓬了。
时期已到了。
死期已到了。
身外的一切！
身内的一切！
一切的一切！

因为过去拥有的一切不能再复返：

啊啊！
我们年轻时候的新鲜哪儿去了？
我们年轻时候的甘美哪儿去了？
我们年轻时候的光华哪儿去了？
我们年轻时候的欢爱哪儿去了？
去了！去了！去了！
一切都已去了，
一切都要去了。
我们也要去了，
你们也要去了，
悲哀呀！烦恼呀！寂寥呀！

在危机中，只有盼望在浴火中的重生：

我们生动，我们自由，
我们雄浑，我们悠久。
一切的一，悠久。
一的一切，悠久。
悠久便是你，悠久便是我。
悠久便是他，悠久便是火。
火便是你。
火便是我。
火便是他。
火便是火。
翱翔！翱翔！
欢唱！欢唱

我们欢唱，我们翱翔。
我们翱翔，我们欢唱。
一切的一，常在欢唱。
一的一切，常在欢唱。
是你在欢唱？是我在欢唱？

是他在欢唱？是火在欢唱？
欢唱在欢唱！
欢唱在欢唱！
只有欢唱！
只有欢唱！
欢唱！
欢唱！
欢唱！

谁能说这不是面对文化危机时的彷徨、挣扎、绝望、痛苦、期盼、激动、焦虑，只能烧掉自己才能获得重生的情绪呢！

第九章　两种中国人之二
——现代的中国人

所谓现代中国人，只能称作“处于现代化进程中的中国人”。从社会学和文化心理学来讲，和传统的中国人相对应的真正的现代中国人还没有形成，所谓“现代中国人”的稳定的文化人格特征、社会心理模式和行为模式，不仅尚未成型，而且究竟应该是一个什么样子，大多数人心中都还没有一个谱呢。用社会心理学家的话说，我们对现代中国人“缺少社会的期待”。所以我们只能说，现代的中国人就是只能是“现代化进程中的中国人”。

鲁迅先生在1919年“五四”时期写的一篇文章《我们怎样做父亲》中有一段话，这段话是讲在中国文化中，做父亲的人应该怎样对待自己的子女：“自己背着因袭的重担，肩扛住了黑暗的闸门，放他们到宽阔光明的地方去”。鲁迅希望中国的父母们要“背着因袭的重担”“肩住黑暗的闸门”，给自己的后代，给孩子们创造一个光明的未来。这段话也有助于描述“处于现代化进程中的中国人”的状况，也可以说是对面临着激烈的文化冲突的现代中国人焦急的期盼。

作为新文化运动的先驱，鲁迅痛感于中国几千年专制社会的中国人的压抑，对传统文化中的糟粕更是深恶痛绝，对中国传统文化的贬斥多于褒扬，痛斥为“吃人”的文化。所以他说中国人“背着因袭的重担”“肩住黑暗的闸门”，他也对中国的未来充满了热切的渴望，那就是要到“宽阔光明的地方去”。但怎样到那“宽阔光明的地方去”，鲁迅先生并不知道。不仅鲁迅先生不知道，所有的中国人都不知道。

重要的是，在中国现代化进程中，传统社会的转型，传统文化的失落，文化认同的危机，带来不可避免的社会后果、文化后果和心理后果。这些后果是：中国传统的社会支持系统动摇、传统中国人的心理模式解构、社会阶层的混乱。

一、社会支持系统动摇

几千年来，中国传统文化产生了一套完整的社会支持系统。这个支持系统是中国社会的安全阀门。中国人的社会支持系统是建立在家族和家庭观基础上的社会伦理体系。我们曾经把这个系统垒成一个“金字塔”。（见本书第五章）

现在我们要分析这个金字塔形的社会支持系统发生了怎样的动摇，对中国现代社会和现代中国人产生什么样的作用和影响。

这个金字塔系统的六个层面可以概括为三个要素：以“孝”为核心的家庭人伦关系；以家庭人伦关系为圆心扩大、延伸的人际关系；以儒家文化为主流，道家文化为补充的人生观。这三个方面，如今都发生了动摇。

第一方面，以“孝”为核心的家庭人伦关系的动摇。

和任何系统发生动摇一样，中国传统社会支持系统的动摇是从最基础开始的。中国传统社会支持系统的基础就是儒家文化的家庭和家族观及宗法制，以及与其紧密相连的以“孝”为核心的家庭人伦关系。

变化发生在以下几个方面：

第一个方面，大家庭土崩瓦解，以“孝”为核心的中国传统伦理观受到强大冲击。

自1840年中国第一次社会转型以来，至1911年，随着皇权制度的灭亡，宗法制度逐渐衰落，最后彻底崩解以至消失。1911年至1949年，随着社会的大变革，由数个甚至十数个核心家庭集合而成的大家庭亦逐渐解体，被核心家庭不断取代。与此同时，以“孝”为核心的中国传统伦理观与整个社会的进程发生强烈的冲撞，有史以来第一次受到强烈的冲击。

以“孝”为核心的中国传统伦理观是中国传统社会的基石，没有这个基石，中国传统社会就不可能稳固。从道德层面，中国传统伦理观既有正面的作用，也有负面的效应。但当历史发展到社会转型的当口，人们看到的大多是负面的效应了。巴金先生讲了“我控诉”，鲁迅先生眼里看到的则是“吃人”。

鲁迅发表于1918年“五四”前夕的白话小说《狂人日记》更借“狂人”之口，对中国传统文化，尤其是对中国传统家庭和家族制度进行了最猛烈的抨击和最彻底的否定。

按鲁迅在这篇小说的“题引”中所写的，这篇小说是一个叫昆仲的某君，患了“偏执狂”（鲁迅在书中称为“迫害狂”），回到家里所写的一段病中日记。鲁迅当然不是在讲精神病病理现象，是欲借“狂人”之口，表达自己对传统文化的猛烈抨击。其中最著名的是这段话：“我翻开历史一查，这历史没有年代，歪歪斜斜的每页上都写着‘仁义道德’几个字。我横竖睡不着，仔细看了半夜，才从字缝里看出字来，满本都写着两个字是‘吃人’！”几十年来，这段血淋淋的文字一直在强烈地敲打着中国人的心，刺激着中国人脆弱的神经！鲁迅先生在中国现代史上起到的作用是无人能替代的，他所做出的贡献是无与伦比的。但他对中国传统文化斥为“吃人”，令人悚然。

1949年以后，核心家庭成为最主要的家庭形式，大家庭几乎不复存在；妇女解放运动既波澜壮阔而又波诡云谲；儒家思想被认为是腐朽的道德观而受到最严厉的批判，“孝”道自然不能幸免。

公元1978年中国发生第二次社会转型以后，更出现以下的变化。家庭简单化和小型化：大多数家庭由一对夫妻和一个孩子组成；家庭流动化和多样化：分居家庭、未婚同居家庭、无子女家庭出现；家庭“空巢”化：家庭结构简单化和家庭规模小型化，使“空巢家庭”（子女不在身边的老年夫妇家庭）和老龄鳏寡孤独家庭不断增加。

据香港《远东经济评论》2007年5月号的一篇文章报道，“随着社会总收入的增加和社会结构的变化，中国传统的家庭观念也在发生变化。据中国国家统计局2005年所作的全国人口抽样调查显示，中国平均每个家庭的人口数量正在逐年下降，1982年、1990年、2000年和2005年的数字分别是4.41、3.96、3.44和3.13。在那些有一位65岁以上老人的家庭中，有16%的家庭是一位老人独居；而在有两位65岁以上老人的家庭中，有42%的家庭是一对老年夫妻单独生活。”可以预测，随着中国现代化进程的发展和社会转型的不断深入，中国现代家庭的人口数量将还会逐步下降，而孤寡老人独居的情况，将会进一步加重。

值得注意的是，家庭内部亦发生变化：夫权和父权同时受到挑战，男性中心主义开始动摇；子女的地位出现形式上的上升；家庭对个体的束缚力量下降。传统的“孝”道文化对今天的中国人来说，已恍若隔世。

第二方面，以家庭人伦关系为圆心，扩展、延伸的其他人际关系发生改变。

传统中国人的人际关系是家庭人伦关系的扩大。这种将家族或家庭人伦关系向家族或家庭以外的人际关系扩大的所谓“泛家族化历程”是按照“同心圆原则”进行的。这个同心圆的圆心是人伦中的一级血缘关系（父母、兄弟姊妹），依次是姻缘关系（由于婚姻而造成的各种人际关系）、次级血缘关系、亲戚关系、师生关系、邻居关系、同乡关系、战友关系、同学关系，以及上述关系的衍生关系，依次形成逐级的同心圆。

“阳明心学”的创始人，明朝的大文人王阳明对这个“同心圆”有两段很精彩的论说。第一段话：“父子兄弟之爱，便是人心生意发端处，如木之抽芽。自此而仁民，而爱物，便是发干生枝生叶。墨氏兼爱无差等，将自家父子兄弟与途人一般看，便自没了发端处；不抽芽便知得他无根，便不是生生不息，安得谓之仁？孝弟为仁之本，却是仁理从里面发生出来。”（《王阳明全集·传习录上》）

我们暂不去用现代的观点和王阳明论理，但我们不可否认，王阳明所说的未始不是中国传统社会的一个基本状况。

在传统社会，以“同心圆”方式运作的“泛家族化历程”有着深厚的以“孝道”为核心的家庭伦理基础，“同心圆”本身则有远近亲疏的严格次序，运作起来，倒也井然有序，疏密有度，不致混乱。而今，“孝道”文化既然受到猛烈冲击，甚而至于被彻底抛弃，“同心圆”次序解构，出现社会关系和人际关系的“乱码”。

所谓“乱码”就是彻底打破传统文化的“同心圆”次序，社会关系和人际关系的无序和混乱。在无序和混乱的状况下，人们的行为无所依从。

在这种情形下，人们有两个出路。一个是把墨子的“兼爱”重新祭出来，用现代的语言就是“毫不利己，专门利人”。这是人类道德理想的制高点，可惜的是，这个制高点缺乏任何道德原则都必须具备的操作性，无人能够企及。那么剩下的唯一出路便是“此时此地”的利益原则。在一个缺乏现代规则的文化中，结果只能使无数的“潜规则”畅行于天下。

“潜规则”实际上就是无规则。既然以家庭伦理为圆心的同心圆规则不复存在，“潜规则”的制造者就彻底失去廉耻，想怎么干就怎么干，今天遵循这个潜规则，明天则按照那个潜规则，哪怕各个规则相互之间是完全矛盾的。同心圆中各个层级，则形成松散的利益团体，有好事时大伙轮流坐庄，分金散银，弹冠相庆，一旦有风吹草动，早作鸟兽散。这就是现代中国社会中最典型的“群氓”型结构。这种结构，对当今中国社会顺利转型具有极大的破坏作用。

第三方面，儒家文化为主体，道家文化为补充的人生观发生动摇。

儒、道两张皮，在传统的中国人中，从来没有彻底分开过。中国人永远是骨子里的儒家和面子上的道家。而所谓“达则兼济天下，穷则独善其身”，不过是此一时彼一时的事情。传统的中国人运用这两方面的技巧极为娴熟，达到了炉火纯青的地步，如此构成中国人心理上人格上的大支撑。

以前曾举过苏东坡为例子，这里我想另举一个例子，就是2006年2月24

日去世的著名学者张中行先生。

张先生的去世引起了不大不小的震动，原因恐怕就在他被人所赠的头衔："布衣学者"或"布衣大师"。不管是学者也好，大师也好，都不是关键。关键是他为"布衣"。为什么是"布衣"？据说是因为张先生一生没有做过任何"官"，连最小的芝麻官小组长也没有当过。在1949年以后的历次政治运动中，张老先生因为"知识分子是被改造的对象"，亦经历过干校劳动，遣返回老家等待遇。沉浮之中，张中行一直潜心治学，为人散淡，不入官场，连中国作协也无意加入，故此被称为"布衣学者"。又据说，张先生淡泊于名利，谨言慎行，从事处世为人极其低调。如果按照儒家的标准，张中行先生是很不得志，也很不得意的。但他赢得了公众极佳的评价：布衣学者张中行老，他是个雅人、雅行、雅趣又写雅文的人，他毕生淡泊，疏于名利，远于世俗，洁身自律，遨游于书海，伏案于窗前，寄情于林下乡风，粗茶淡饭，而终日不悔。——这不是道家风骨又是什么？

不过，在我看来，中国传统知识分子在内心永远是儒家，是否做道家，什么时候做道家则要根据不同的情况和境遇而定。引一段张中行先生文章中的话，似说李商隐，实叹自己："人生有很多种境，其中一种，像是可人之意，缥缈而并不无力，情况颇为难说。但知难而退，心里难免有些慊然。所以决定知其不可为而为，试着说说。早的记不清了，由李义山说起。他写了不很少的'无题'诗，其中一首七律尾联云：'蓬山此去无多路，青鸟殷勤为探看'。这是他落网之后的一种想望呢，还是欲入网而不得时的一种想望呢？他写而不愿标题，是不想明说，我们也就不得而知。但有一点是可以推知的，是他不安于户牖之内，渴想蓬山，'身无彩凤双飞翼，心有灵犀一点通'，所以才呼天唤地，希望青鸟有助人雅兴，成人之美。也许青鸟终于没有来吧，于是在另一首《无题》中禁不住涕泣了，也是尾联云：'刘郎已恨蓬山远，更隔蓬山一万重。'看来是'道之不行，已知之矣。'（有人以为这都是表现求官不得的心情，似大杀风景。）"（张中行《世道美文》，3页）

这一段美文，尤其是最后括弧里的那句话，是不是很有意思呢？为什么求官不得的心情就大煞风景呢？如果这样看来，孔子本人更是大煞风景的人了。我们早已知道，在中国传统知识分子中，真正的纯粹的道家是没有的。

其实，儒家与道家精神的融合，才是中国人永远的"道"，既用不着躲闪经世济时的抱负，展示自己治国平天下的才能——在中国传统社会中，那就是要做官，想方设法做官，做好官，只有这样才是最好的实现人生抱负的途径；但也不用撞了南墙不回头，非要怎样怎样不可。毕竟，人要活下去，而且要比较轻松适意地活下去。此时做道家没有什么不好。

像张中行先生这样的人，再稍扯远一点，像梁漱溟先生那样的人，是在中国传统文化受到强烈冲击，濒于溃败的情况下生活在传统价值观中的屈指可数的文化奇观。很有可能，随着张中行先生的故去，在现在的中国，再难找到第二个了。

当今的大多数人，既不可能有像他们那样的人生，更不能懂得个中的道理，所以浮躁得要命，更焦虑得要命。现代中国人把本来黏合在一起的儒、道两张皮彻底撕裂开了。

综上，社会支持系统的动摇，现代中国人生存的安全阀门发生严重故障，焦虑阈值直线降低。结果是，焦虑的情绪铺天盖地涌来，遮无可遮，挡无可挡，更无处躲藏。

二、传统心理模式解构

浸淫着儒家文化长达几千年的中国人，形成了独特的心理模式。这些心理模式就是：重义而轻利的心理模式，重动机而轻效果的心理模式，重形式而轻内容的心理模式，重耻感而轻罪感的心理模式，重克制而轻享乐的心理模式，重实用（适意）而轻思辨的心理模式（详见第六章）。

这六种心理模式在传统中国人的行为上是成功的，也是成熟的，原因在于这些模式不仅完全适应中国文化，而且成功地避免了心理冲突，进而避免了焦虑。

如今，这些心理模式已经部分或大部分发生解构。（注：“解构”［Deconstruction］是20世纪60年代后期法国哲学家贾奎斯·德里达［Jacques Derrida］所提出的一个概念，意思是对原来结构的破坏和分解。）

现在我们来看看这六种心理模式怎样发生了解构。

第一，重义而轻利的心理模式的解构。

义和利，是中国传统文化中最主要的一对矛盾概念。全部儒家文化都围绕着这对矛盾，都在孜孜不倦地教导中国人应该怎样处理它们之间的关系。如果说，这种单线式的选择在中国传统社会中是合理的，生活在这种氛围中的传统中国人尚能依此维持大体的心理平衡，那么在现代化进程中，在社会转型中，这种选择难免会出现困境。

整个现代文化，就是建立在利益的基础之上。人与社会的关系，人与人的关系都被纳入利益关系的大系统中。在这个系统中，人际关系变得非常简单并且直接。这种关系的原则是：“一个人的利益往往是另一个人的利益的损失。”（霍妮《我们时代的神经症人格》，239 页）。

现代文化的道德要求是，既要追求自己的利益，又要以不损害、不侵犯他人的利益为前提；更进一步，不仅要追求自己的利益，还要保证同时满足他人的利益。这就是所谓的“双赢”。这种道德模式有没有操作性呢？

有没有操作性要看在什么样文化和社会结构中。西方文化对个人主义进行了准确的定义。个人主义不仅仅指利己主义，而主要指个人自觉的主体意识与个体性意识。个人主义是同个性自由、个人能力发展与个人主体地位紧密地联系在一起的精神。每个人是以权利和义务来定义的。追求个人的权利和利益是正当的，维护他人的权利和利益也是正当的。这两者并不互相矛盾，完全可以并行不悖。大家共同的利益则应该由社会来调节，这就是所谓“边沁的功利主义”。在边沁看来，人都是受功利支配的，避苦求乐是人的本性，追求功利就是追求其自身的最大幸福；而对于社会或政府及其措施来说，就应该把追求最大多数人的最大幸福作为首要的任务，这就是功利主义的最大幸福原则。姑且不论个人最大的幸福和最大多数人的最大幸福是否达到了协调一致，努力去追求二者的一致倒是西方文化矢志的目标。

在中国传统文化中，情形则完全不同。中国文化是典型的群体文化，个人是以他人来定位的，即所谓“仁者，人也”。只有在“二人”的对应关系中，才能对其中的任何一个人下定义。这些对应的关系就是“君君、臣臣、父父、子子”的伦理关系。用现代社会学的观点来看，这种以“二人”对应关系为主体的文化，其个体的界限是模糊的，个体的利益更被湮灭在“二人”的对应关系中。这就注定了，在利益关系上，中国人强调“以对方为重”“为别人而活着”，这就是中国传统文化追求“义”而放弃“利”的实质含义。

当西方的这种现代理念向着缺乏个人主义基本概念的中国传统文化发起猛烈攻击的时候，必然在中国人的道德上引起了极大的混乱，使中国人无所适从。我把它定义为“界限性利益模式”。

“界限性利益模式”类似于“界限性处境”，其特征是模糊两个对立的范畴之间的区别，使二者之间的界限变得模棱两可。既然任何单独的个体都不存在具体的利益，既然任何利益都涉及“二人”，那么，追求任何个人的利益都可能带来心理上的困惑。中国传统文化道德旗帜的色彩本来是极为鲜明的，赞成什么，反对什么，喜欢什么，厌恶什么，并没有骑墙一说。但“界限性利益模式”则左右摇晃，前后失据。

摆在现代中国人面前的事实是，现代中国义、利心理模式解构的结果并不能使中国人完全依从于利益关系的指引。如果说完全生活在西方文化中，顺应现代文化的西方人在利益处境中亦会产生激烈的心理冲突，那么脱胎于中国传统文化，生活在转型期社会的中国人则面对着更为严重的心理冲突，导致更为严重的焦虑。

第二，重动机而轻效果的心理模式的解构。

儒家文化是重动机而轻效果的。儒家从来把个人的道德修养放在人格塑造的首位，而个人的道德修养主要是内在的，是和客观评价相脱节的。至于效果如何，并不深究。为什么“仁”这个孔子讲得最多、儒家思想中最重要的概念，会出现那样多各式各样的定义呢？原因之一就在于整个儒家文化系统中缺乏对这个概念可能产生的客观效应的明确评判。

处于现代化进程中的中国人必须舍弃这种模式。原因很简单，现代社会必须效果第一，舍此不能建立有效的社会秩序。失去这个心理模式，就使中国人的行为失去重心，摇摇摆摆，踉踉跄跄，“进退自如”变成进退失据，“游刃有余”变得动辄得咎。

不仅如此，“重动机而轻效果”心理模式解构还使中国人的行为规范的标杆在风雨中飘摇。中国人做事情从来是王阳明所说的“身之主宰便是心；心之所发便是意；意之本体便是知；意之所在便是物”，完全从心理、从动机出发的行为标杆彻底失去了。至此，人们的社会行为无所适从，最终的结果是中国文化最看重的“君子”风范彻底崩解。

第三，重形式而轻内容的心理模式的解构。

在我们前面讨论的动机与效果的关系中，就效果而言，则有“形式的效果”和“内容的效果”之分别。在儒家文化中，所谓“形式的效果”就是孔子所说的“礼”。

不用说，这个心理模式与现代化文化是不能相容的。接受现代化文化较多的中国年青一代企图冲破形式的束缚，打破一些固有的礼节，但这个努力在总体上总是不能成功。中国人对敢于打破任何固有的礼节和礼貌的年轻人总是采取厌弃的态度，并以此作为“世风日下”“人心不古”的重要标识物。鲁迅在他的小说《故乡》中描写的“九斤老太”整日叹息的“一代不如一代”就是一个典型。中国文化强调的伦理道德是“里子”，礼节和礼貌则是它的“面子”。“面子”没有了，“里子”更安在乎？其结果是，烦琐礼节的烦恼减轻了，焦虑加重了。

第四，重耻感而轻罪感的心理模式解构。

耻感意识与罪感意识的对立既是中国传统文化和现代化文化的差异，也是儒家文化与基督教文化的分野。

这个心理模式与现代化文化的矛盾迫使其彻底解构。在一个没有宗教的国度中耻感模式解构的结果是灾难性的。在现代化的进程中，中国人已经意识到耻感意识（或曰面子文化）让自己吃尽了苦头，无论是国家与国家之间，还是人与人之间都是如此。无数的经验教训告诉中国人，在现代化进程的大背景下必须放弃耻感意识，做出新的选择。在日常生活中，中国人不断告诫自己，不能把他人的看法作为自己的行为标准，不能透过别人的眼光来看自己，更不能“死要面子活受罪”。遗憾的是，拼命要放弃的耻感意识却牢固依旧，努力去建立罪感意识却更使中国人的心灵缺少了依托，因为中国人没有自己的上帝可以去忏悔。心灵的漂浮感使中国人更加浮躁，更加焦虑。

第五，重克制而轻享乐的心理模式解构。

从动物进化而来的人类，追求快乐是本能所使然。理性的作用不仅让人要生存，更要生活。其结果却使人变得贪婪、奢侈，永无止境地追求自身利益。这就是人的本性，说它是人类共有的劣根性亦未尝不可。

儒家的创始人先验地看到了人类的贪婪和奢侈将会给人类自身带来毁灭性的后果，孔子说：“奢则不孙（逊），简则固。与其不孙也，宁固。”面对两难，与其奢而不逊，不如简而固，所以要求人们克制。孔子充满感情地夸赞他的学生颜回：“贤哉，回也！一箪食，一瓢饮，在陋巷。人不堪其忧，回也不改其乐。贤哉，回也!”

现代物质文化对现代人的心灵是极大的诱惑。在现代社会里，个人的成功之所以令人心醉神迷，就在于成功意味着占有更多的社会资源：物质资源、文化资源和性资源。随着现代化进程的不断推进，西方人已经意识到，这将形成一个恶性循环。这个恶性循环终将破坏人自身的和谐和人与环境的和谐，使人无限度地焦虑不安，最终把人送上毁灭的不归之途。

非常遗憾的是，今天的中国人却正在西方人的道路上亦步亦趋。“重克制而轻享乐的心理模式”的解构意味着中国人失去传统文化协调机制，陷入到与传统文化的矛盾和物质诱惑的恶性循环的双重焦虑中。

第六，重适意而轻思辨的心理模式解构。

在中国人的理性世界中，并不关心对宇宙本质和人性本质的思辨，最典型的是孔子的“天命”和老子的“道”，完全是混沌的心灵感悟和非逻辑性的推衍。

思辨固是理性的基本特性之一，但若按照我在本书中提出的关于焦虑的定义，焦虑是产生于理性而又脱离了理性轨道的情绪，西方人强烈的焦虑感正是长于理性的思辨的缘故（至少是原因之一）。传统中国较少有焦虑（即便他们过着苦难的人生），除了他们与传统的文化相顺应外，也和他们理性的思辨相对不足有关。无疑，“重适意而轻思辨”的心理模式的解构，使中国人从基本缺少焦虑到比较焦虑，最终越来越焦虑。

三、中国社会各个阶层的焦虑——与美国社会的比较

在一个正常运行的社会中，一定会分成各种社会阶层。这些社会阶层基本上是稳定存在的，它们在社会运行中起着各自不同的作用。生活在各个社会阶层中的人们，能够认同自己所处的阶层，同时努力进入比自己更高的阶层。

社会学家考察社会阶层的着眼点是社会的稳定性和社会行为的相互作用，心理学家则着重于各个社会阶层中的人的基本心理状态。在讨论社会转型期中国人的基本心理状态时，我们当然要问，中国社会当今的社会阶层是怎样划分的？在各个社会阶层中人们的心态如何？

在讨论这个问题之前，我们先看看美国社会的基本情况，看看对我们中国社会阶层的划分和分析有什么借鉴。

美国社会文化学家保罗·福塞尔（Paul Fussell）把现代美国社会分为三层九个等级：

上层阶级：看不见的上层，上层、中上层阶级；

中层阶级：中产阶级，上层贫民，中层贫民，下层贫民；

下层阶级：赤贫阶层，看不见的底层。

保罗·福塞尔对美国社会各个阶层的心理状态的分析是别致而有趣的。下面我们在介绍福塞尔的分析时对中国现代社会阶层进行简单的比较。

> 看不见的顶层：一个看不见的阶级。他们的钱来源于继承遗产。他们喜欢炫耀和挥霍。后来，他们在媒体、大众的嫉恨、慈善机构募捐者的追逐下销声匿迹了。
>
> 正是从这里，我们开始观察到美国等级制度中最奇妙的一幕——“看不见的顶层”和“看不见的底层”之间的那奇特的酷肖，如果实非“源自兄弟之情”的话。
>
> 正是由于避开了他人，这两个阶层的人分享着同样的焦虑。

——在现代中国，虽然很少有由于大量的遗产而成为最富有的人，但存在着由于父辈的原因成为最容易获得社会权力的人。他们掌握着大量的社会资源，在相当的程度上左右着社会机器的运作，在社会各个领域中成为中坚力量。他们是否已经形成一个社会阶层，则需要社会学家做实证性的研究。和美国不同的是，他们并不是看不见的，而是随处可见。他们的焦虑则是来

源于他们既紧紧依附于他们社会的权力来源，又千方百计力图摆脱这个来源给他们造成的社会影响。

上层：一个既富有又看得见的阶级。可能是大的银行主管，还喜欢参与国会某委员会的事物。他们贪婪安逸，有时还很有趣，家中宾客川流不息。但是有一点，他们对思想和精神生活毫不关心。

——在中国，这个阶层已经开始形成。但形成的过程非常短暂，社会没有给出足够的时间让他们消化自己的财富。他们深深明白中国文化在骨子里是极端轻蔑“暴发户”的。因此，在成为巨富以后，他们力图要做的就是把自己打扮成精神的贵族。他们当然要住最好的房子，买最高档的车，在最好的宾馆住宿和吃饭，不惜一掷千金做一些“雅致”的游戏。他们也会把自己的钱投入慈善事业，也会去帮助建立几所“希望小学”，资助几个贫困的大学生上学。他们渴望充实自己，花很多钱在中国最好的大学进修学习，但更大的动机是在这些名牌大学镀上一层金。他们缺少成为精神贵族的文化标杆。毫无疑问，经济上的极度富有和精神的贫乏是这个阶层最大的矛盾，也是他们焦虑的根本所在。

中上层：一个有钱、有趣味、喜欢游戏人生的阶级。所有比这个阶级低的阶级，都渴望成为中上层阶级。

民意测验显示，当要求回答“你愿意成为哪一个阶层的成员”时，大部分人选择中层。当问题是“你愿意属于中层的哪一部分”时，大部分人的回答是“中上层”。

——可能，在我们的社会中，存在着这种“有钱、有趣味、喜欢游戏人生”的人，譬如一些艺术家、作家（艺人不能算在内）等。但作为一个社会阶层，则尚未形成。

中产阶级：一个最谨小慎微、了无生气的阶层。他们是企业的螺丝钉，“可替换的零件”。他们最惧怕“他人的批评”，因此是为他人而生存。他们是全社会最势利的一群人。

“地位恐慌”最具中产阶级色彩的焦虑形式，所以他们才需要申请越来越多的信用卡、订阅《纽约人》杂志，因为他们估计这表现了中产阶级的品位。

这些人由于异常害怕失去工作而在生活中变得非常被动，他们仅仅将自己当作一个无限庞大的结构中的一个部件，进而磨灭了自己的个性。

要想发现势利之徒，就到中产阶级中去寻找。中产阶级总是为自己的品位以及这些品位对自己究竟有没有好处忧心忡忡，因此总是将自己与想象中的金钱、权力和品位的拥有者联系起来，用来克制自己向下沉的自然倾向。

中产阶级的另一个标志是迫切要让自己从属于什么的欲望，以及他们用购物等机械行为达到这一目的的方式。

中产阶级的最后一个标志，源自这个阶级的社会不安定感，即习惯性地拿自己开玩笑打趣。有时候他们会当众道出几句也许聪明的俏皮话，但随即便会环顾四侧，捕捉听众的反应。当然，他们强烈地渴望称赞。

——出乎意料的是，保罗·福塞尔先生对美国中产阶级的论述和中国人的看法大相径庭。我们一直以为，中产阶级在美国社会中是最稳定、最有力量、最富有生气、最代表整个社会价值观的阶级。不过如果我们从这个阶级的社会身份来看，福塞尔的话也许并不过分。任何处在中间层次的人都是难得稳定的，他们害怕自己不小心掉到下一个阶层中去，他们又千方百计要进入上一个阶层，他们在摇摆之中，自然会有“社会不安定感”，也就构成他们焦虑的主要原因。在中国，大家公认这个社会阶层尚未形成。

上层贫民：一个被称为“蓝领贵族”的阶级。他们靠手艺吃饭，认为自己和律师、医生们一样也算“专业人士”。他们的钱夹总是鼓鼓囊囊的，外边还会勒一根皮筋。

他们和中产阶级相比，区别究竟何在呢？更加缺少自由和自尊。

上层贫民独有的焦虑是害怕丧失或降低等级地位。

——在西方文化中，所谓的自由或尊严是指个人完全根据自己的意愿决定自己的事情，自己决定自己的命运的信念。如果用这种信念来划分，作为个人，中国人要达到这样的程度尚需相当长的时间。

中层贫民：一个在工作中失去自信的阶层。由于经常受到老板的斥责而对生活心存怨恨。他们生活中唯一的乐趣，也许就是串亲戚。

中下层贫民为自己的工作感到痛苦，通常上因为对他们的监督和管理太严酷，总是被别人当成任性的孩子一样对待。

整个等级体制更像是在识别自由的价值，而非仅只宣扬金钱的价值。你的工作在多大程度上受到监督，比你从这种接受监督的劳动中能领回多少报酬，更能显示你的真正等级。这一点说明了为什么中学老师比大学教授的地位要“低”。中学教师有责任每周向校长、行政负责人报告“授课计划”，也就是说，承认自己的屈从地位。而大学教授因为无需向任何人汇报工作而要位高一等，尽管中学教师有可能更聪明，更有风度，更有钱。

——这个阶层在中国或许应该和上一个阶层合并，成为一个阶层。他们共同的特点，就是他们尚不能根据自己的意愿来决定自己的人生，“谋生”的动机——尽可能在物质生活上过得好一点，在他们人生中占了最大的比例。他们的焦虑的来源可能和福塞尔所分析的一样：他们虽然也在艰苦地谋生，但他们最担心的也是被降到下一个阶层。但在中国，这个阶层最大的焦虑是对自己所从事工作的厌烦而不能摆脱。

下层贫民：一个没有明天的阶级。非法移民的大军，过一天算一天也是他们的常态。正是这一阶层，承担了美国社会中最低下的工作。

他们的特征是疏远和孤独，就像生活在山谷当中。

——在中国，这个阶层占了人口的最大多数。中国的农民，以及农民工，都属于这个阶层。他们的唯一目的是活着，主流社会的发展也影响着他们的生活，但他们与主流社会却有相当的距离。作为一个寻求公平和和谐的社会，这个阶层是政府和全社会最值得关注的基层。让他们尽快脱贫，进入主流社会，是全社会的目标。

赤贫阶层：一个无家可归流落街头的等级。懒惰、失望和怨恨压倒了他们的自尊。这是人们看得见的最贫穷的一族。

看得见的底层出没在充斥着廉价酒吧、乞丐、酒徒的街道上，是随身携带购物袋生活的人，是在公共场所长篇大论地向听众诉苦的人们，是那些用纸袋裹着酒瓶子喝酒的人，是那些出于渴望别人认可而当街“表演”的人们。

——这个阶层以及下一个同属于典型的“对立亚文化”阶层。这样的社会阶层在各个社会形态中都会存在。其特点是主流社会的价值观被这个阶层彻底抛弃，他们主流社会充满了怨恨和怒气，只要有机会，他们就会与主流社会作战。只不过中国的这个阶层和美国的表现形式有所不同罢了。

> 看不见的底层：一个在慈善机构和管教所里度过一生的阶级。像看不见的顶层一样，我们看不见这群悲惨可怜的人。
>
> 当过失和苦恼到了让人绝望的地步，人们就沦为看不见的底层，要么整日守在福利机构的房间里，要么想方设法让人弄进一处公共设施，至于那是慈善机构还是管教机关，对他们来说并不那么要紧。（以上引用综见保罗·福塞尔《格调：社会等级与生活品位》，梁丽真等译，中国社会科学出版社，20－60页）

在一个结构完备的现代社会中，社会的各个阶层应该是完整的，各个阶层的界限基本是清晰的。保罗·福塞尔所描述的美国社会三层九个等级，每个阶层和等级都有明确的界限性标志。这些标志既是外在可见的，也是内在隐秘的；既是心理的，也是行为的。譬如“上层贫民”，是“一个被称为‘蓝领贵族’的阶级。他们靠手艺吃饭，认为自己和律师、医生们一样也算‘专业人士’。”而中产阶级是另一种社会特征：“‘地位恐慌’最具中产阶级色彩的焦虑形式，所以他们才需要申请越来越多的信用卡、订阅《纽约人》杂志，因为他们估计这表现了中产阶级的品位。”清晰的社会阶层特色，使社会中每个人明白自己应该所处的社会位置，明确自己的角色地位，找准自己的奋斗目标，各就各位，各得其所，不致引起较大的角色混乱。

但有几点必须指出，一是保罗·福塞尔所描述的美国社会的各个阶层不存在与其他文化的冲突（主要指文化认同、文化危机等）和社会转型的问题。不管是上层还是中产阶级，抑或是赤贫阶层，虽然处于下层阶级都希望爬到比自己所在的阶层更高的位阶上去，但他们在各自的阶层上倒也各得其所。他们与整个美国文化和社会形式是一致的和协调的。二是福塞尔描述各个社会阶层时所侧重的角度是他们所表达出的格调和品位；虽然也分析了各个阶层的焦虑情绪，但并不是福塞尔论述的核心和要害的问题。三是关于中产阶级的社会地位和心理特征。中产阶级在美国社会中占人口的80%，是美国社会的中坚力量。而在福塞尔看来，正是这个阶级充满着浮躁和焦虑不安的情绪。这三点我们在比较中国社会各个阶层时有参考的意义，值得留意。

早在20世纪30年代，中国共产党的领袖毛泽东就对当时中国社会各个阶层进行了分析，这个报告是运用阶级分析的理论进行分析的，是中国在1949年以前最重要最经典的社会阶层分析报告。我在本章的最后将附上这个分析报告，读者自酌。

中国社会科学院从20世纪末（1999年）开始对中国社会各个阶层进行了研究，据说该项目“开展了大规模的社会调查，先后对湖北省汉川市、辽宁省海城市、福建省福清市、贵州省镇宁县、安徽省合肥市、江苏省无锡市和吴江市七都镇、广东省深圳市、北京燕山石化总厂、吉林省长春第一汽车制造厂和天津南开大学等市、县、厂、校，进行了抽样问卷调查、入户访谈和召开各种座谈会、调研会，取得了11000多个样本和近千份各类成员的访谈记录。”并“从2001年6月开始着手进行全国规模的抽样问卷调查。课题组聘请抽样专家，按概率抽样方法，在全国12个省、市、自治区，72个市、县、区进行6000份问卷调查，由课题组成员会同这12个省、市、自治区的同行学者合作实施。”（见中国社会科学院《中国社会各阶层的分析·前言》）

2002年发布了《当代中国社会阶层研究报告》（以下简称《报告》），该报告对当前中国社会进行调查、分析后指出，当前中国存在十个社会阶层，从上到下分别为：

国家与社会管理者阶层

私营企业主阶层

经理人员阶层

办事人员阶层

专业技术人员阶层

个体工商户阶层

商业服务人员阶层

产业工人阶层

农业劳动者阶层

城市无业、失业和半失业人员阶层

我们要问的问题是，这十个社会阶层是怎样划分出来的？依据是什么？理由是什么？

《报告》认为，当前中国社会阶层的分化有四个主要的特点：一是“阶层的分化越来越趋向于表现为职业的分化。职业因素对社会阶层分化的影响主要表现在两个方面：一是体力与非体力劳动者之间的社会经济差异扩大，二是管理者与非管理者之间的社会经济差异扩大，这两个方面的表现都是工业化社会的技术进步和科层组织发展所导致的必然结果”；二是“当代中国社会的一些特殊的制度性安排对社会阶层分化仍然有着显著的影响”，这些制度包括“所有制、户籍制度、部门差异以及国家在资源配置中的强有力的作用”等；三是“生产资料所有权仍然是导致当代社会阶层分化的重要因素之一”；四是“经济体制转轨的过渡期对社会阶层分化也产生了特殊的影响，即在过渡时期的利益调整中，大部分人的收入和生活水平会逐渐提高，同时也会有一部分人因为收入和生活水平相对下降而落入社会低层；另外，在过渡时期还会出现阶层位置不确定的边缘性群体。”

在分析中国社会阶层分化的特征基础上，《报告》以职业分类为基础，以三种社会资源（这三种资源是组织资源、经济资源和文化资源）的占有状况为标准作为划分社会阶层的理论框架，把当前在中国社会划分为上述十个社会阶层。

怎样对这十个社会阶层的高低排列进行等级归类?《报告》认为“各社会阶层及地位等级群体的高低等级排列，是依据其对三种资源的拥有量和其所拥有的资源的重要程度来决定的。在这三种资源中，组织资源是最具有决定性意义的资源，因为执政党和政府组织控制着整个社会中最重要的和最大量的资源；经济资源自 20 世纪 80 年代以来变得越来越重要，但它在当代中国社会中的作用并不像在资本主义社会中那么至关重要，相反，现有的社会制度和意识形态都在抑制其影响力的增长；文化（技术）资源的重要性则在近十年来上升很快，它在决定人们的社会阶层位置时的重要性并不亚于经济资源。”（以上综合引述于 陆学艺主编 中国社会科学院《当代中国社会阶层研究报告》，社会科学文献出版社，2002 年第一版）

这个《报告》，首次打破了中国传统的阶级分析模式，采用现代社会学的调查方式，描述了当代中国社会各个阶层的基本状况，对各个社会阶层进行了社会学分析。

参考美国社会分层的方式，我尝试把这十个阶层进行分类，分别为上、中、下三个阶层：

上层：分为三个层次。

上上层：国家与社会管理者阶层

中上层：私营企业主阶层

下上层：经理人员阶层

中层：分为三个层次。

上中层：办事人员阶层

中中层：个体工商户阶层

下中层：专业技术人员阶层

下层：分为三个层次。

上下层：商业服务人员阶层

中下层：产业工人阶层

下下层：农业劳动者阶层、城市无业、失业和半失业人员阶层

增加一个最低层：农民工阶层。这个阶层在《报告》中没有专门提到。而这个阶层在当前中国社会中，不仅人数众多，而且社会定位不准确，是非常值得关注的群体。

按照《报告》分类的依据，目前在中国社会中对三种社会资源——组织资源、经济资源和文化资源占有的多寡以及社会权利的大小，国家与社会管理者阶层、私营企业主阶层和经理人员阶层占有最多，理应划分在第一个社会阶层。在上层里，又依次排列为国家与社会管理者阶层——上上层，私营企业主阶层——中上层，经理人员阶层——下上层。上层是社会的精英阶层，主导和决定着社会的走向。办事人员阶层、个体工商户阶层和专业技术人员阶层位中层，分别占据上中层、中中层和下种层的位置。但他们尚不能称为通常所说的中产阶层，事实上，他们是一个流动的阶层，他们并没有太多的话语权，也并不能起到稳定社会的作用。社会下层为商业服务人员阶层、产业工人阶层和农业劳动者阶层、城市无业、失业和半失业人员阶层，分别占据着上下层、中下层和下下层。这个阶层的人数最多，但占有的社会资源最少，获取的社会权力最少。

需要指出，我提出的这个分层与《报告》提出的分层有一定的差异，在这里不作商榷之用。我在这里分层的依据，除了占有社会资源的多寡和社会权力的大小外，还注意到了社会影响强弱，以及社会心理状态的优劣。

有意思的是，这四个方面的界限却并不明显。在当前中国社会中，占有多少社会资源和拥有多大的社会权力可能是一致的，也可能是不一致的，这要看拥有什么样的资源。正如《报告》中所说的“组织资源是最具有决定性意义的资源，因为执政党和政府组织控制着整个社会中最重要的和最大量的资源；经济资源自20世纪80年代以来变得越来越重要，但它在当代中国社会中的作用并不像在资本主义社会中那么至关重要，相反，现有的社会制度和意识形态都在抑制其影响力的增长”。社会影响的强弱和资源的占有固然有关，但在社会游戏规则不完善、传统文化被强烈冲击、出现价值观危机的情况下，真正的“话语权”可能掌握在并没有太大的社会资源的一些“边缘化”的人手上，譬如由“文化痞子”们所编造的，在社会中广泛流行的“痞子”语言；而社会心理状况更呈现出“乱码”的现象：社会上层并不一定具有优势心理，反之，社会亦不一定会有劣势的心态。譬如，许多人对北京的“的士”司机都有过这样深刻的印象，只要一坐上他的车，司机就会滔滔不绝

地告诉你最高层发生的许多“小道消息”，既有花絮，也有重大的人事变动，显示出他们生活在天子脚下的强烈的优势心理。在我所接触、了解的各个社会阶层的人士中，无论是高层，还是低层，都对自己的社会定位不满意，而表现出相当的焦躁情绪。我曾经用四川人经常讲的或许不大恰当的语言对这些焦躁的朋友开玩笑说，真是“饿狗叫，饱狗也叫”。这种不满意和焦躁的情绪并不一定是出于对自己社会地位的不满足，出于上升到更高的社会阶层的渴望，而是一种无方向、无目的的焦虑。社会上有三个人，“第一个人说累，第二个人说烦，第三个人则说又累又烦”。这对于我们分析中国现代社会各个阶层的基本心态和焦虑的程度有重要的意义。

分析中国现代社会各个阶层的心态和焦虑的程度，除了上述之各个阶层分层的依据外，还可从两个方面着手：一是下一个阶层对上一个阶层的看法和态度；二是所分析的那个社会阶层与背负传统文化的包袱的多少和与现代价值观冲突的大小。

从第一个方面来看，由于当前划分社会各个阶层的主要不是依据经济资源的占有多少，而更多的是组织资源和社会权力的大小；更重要的是，社会权力的获得和社会权力的使用如果没有完善的游戏规则，这就很容易使得下一阶层对上一阶层既缺乏起码的尊敬和仰慕，上一阶层对下一阶层则缺乏应有的示范效应和标杆作用，这样就使上下两个阶层的人显露出严重的焦虑情绪来。

从第二个方面来看，背负传统文化的包袱最大、出现价值观冲突最强烈的阶层大多在社会的上层和知识分子精英阶层（他们并不构成一个单独的社会层次，这是值得我们留意的），他们除了要为自己的生存和发展而奋斗，他们还担心国家和民族的命运，他们是“忧国忧民”的人。在实际的操作上，他们把对国家民族的忧虑融化在对自己命运的担忧中。文化的危机意识，在这个阶层上表现最为强烈。因此，他们的焦虑情绪比中、下层阶层来得更为严重。

欲分析中国现代社会各个阶层的基本心理状态，还有两个方面值得留意。

一是中国现代社会阶层处于相当不稳定的状态。各个社会阶层可能在较短的时期内互相替代、转化、流动。今天尚处于上层社会阶层的人，可能明天就会下降到下一个甚至更下一个社会阶层；而下层社会阶层的人，则随时可能上升到上一个或更上一个社会阶层。经过几十年的社会动荡，从本质上讲，中国社会中缺乏一个恒定的，能给社会走向起标杆作用和价值的导向作用的社会阶层。

在缺乏具有引导性和指向性作用阶层的社会中，就使社会的各个阶层的价值行为失去方向，无所适从。急剧变化的社会转型期给各个阶层的人提供了机会，也形成了陷阱，更带来了焦虑。

二是中国现代社会缺乏一个稳定的、起支撑作用的社会阶层，譬如西方社会阶层中的中产阶层。虽然保罗·福塞尔把美国的中产阶层描述成一个谨小慎微、了无生气的阶层。事实是，在一个社会里，占人口大多数、经济和社会地位稳定、心理平和的阶层的存在，无疑对这个社会的稳定承担着重大的责任。

不过，对中国社会各个阶层及其心理分析，我只想点到这里即止。我的目的，只是说明，当前中国社会的各个阶层都存在着明显的严重的焦躁或焦虑情绪，而这些情绪在社会转型期是不可避免的。更详细的分析，或许会成为我另一本书的内容。

中国社会各阶级的分析

毛泽东

（一九二五年十二月一日）

谁是我们的敌人？谁是我们的朋友？这个问题是革命的首要问题。中国过去一切革命斗争成效甚少，其基本原因就是因为不能团结真正的朋友，以攻击真正的敌人。革命党是群众的向导，在革命中未有革命党领错了路而革命不失败的。我们的革命要有不领错路和一定成功的把握，不可不注意团结我们的真正的朋友，以攻击我们的真正的敌人。我们要分辨真正的敌友，不可不将中国社会各阶级的经济地位及其对于革命的态度，作一个大概的分析。

中国社会各阶级的情况是怎样的呢？

地主阶级和买办阶级。在经济落后的半殖民地的中国，地主阶级和买办阶级完全是国际资产阶级的附庸，其生存和发展，是附属于帝国主义的。这些阶级代表中国最落后的和最反动的生产关系，阻碍中国生产力的发展。他们和中国革命的目的完全不相容。特别是大地主阶级和大买办阶级，他们始终站在帝国主义一边，是极端的反革命派。其政治代表是国家主义派和国民党右派。

中产阶级。这个阶级代表中国城乡资本主义的生产关系。中产阶级主要是指民族资产阶级，他们对于中国革命具有矛盾的态度：他们在受外资打击、军阀压迫感觉痛苦时，需要革命，赞成反帝国主义反军阀的革命运动；但是当着革命在国内有本国无产阶级的勇猛参加，在国外有国际无产阶级的积极援助，对于其欲达到大资产阶级地位的阶级的发展感觉到威胁时，他们又怀疑革命。其政治主张为实现民族资产阶级一阶级统治的国家。有一个自称为戴季陶"真实信徒"的，在北京《晨报上发表议论说："举起你的左手打倒帝国主义，举起你的右手打倒共产党。"这两句话，画出了这个阶级的矛盾惶遽状态。他们反对以阶级斗争学说解释国民党的民生主义，他们反对国民党联俄和容纳共产党及左派分子。但是这个阶级的企图——实现民族资产阶级统治的国家，是完全行不通的，因为现在世界上的局面，是革命和反革命两大势力作最后斗争的局面。这两大势力竖起了两面大旗：一面是红色的革命的大旗，第三国际高举着，号召全世界一切被压迫阶级集合于其旗帜之下；一面是白色的反革命的大旗，国际联盟高举着，号召全世界一切反革命分子集合于其旗帜之下。那些中间阶级，必定很快地分化，或者向左跑入革命派，或者向右跑入反革命派，没有他们"独立"的余地。所以，中国的中产阶级，以其本阶级为主体的"独立"革命思想，仅仅是一个幻想。

小资产阶级。如自耕农，手工业主，小知识阶层——学生界、中小学教员、小员司、小事务员、小律师，小商人等都属于这一类。这一个阶级，在人数上，在阶级性上，都值得大大注意。自耕农和手工业主所经营的，都是小生产的经济。这个小资产阶级内的各阶层虽然同处在小资产阶级经济地位，但有三个不同的部分。第一部分是有余钱剩米的，即用其体力或脑力劳动所得，除自给外，每年有余剩。这种人发财观念极重，对赵公元帅礼拜最勤，虽不妄想发大财，却总想爬上中产阶级地位。他们看见那些受人尊敬的小财东，往往垂着一尺长的涎水。这种人胆子小，他们怕官，也有点怕革命。因为他们的经济地位和中产阶级颇接近，故对于中产阶级的宣传颇相信，对于革命取怀疑的态度。这一部分人在小资产阶级中占少数，是小资产阶级的右翼。第二部分是在经济上大体上可以自给的。这一部分人比较第一部分人大不相同，他们也想发财，但是赵公元帅总不让他们发财，而且因为近年以来帝国主义、军阀、封建地主、买办大资产阶级的压迫和剥削，他们感觉现在的世界已经不是从前的世界。他们觉得现在如果只使用和从前相等的劳动，就会不能维持生活。必须增加劳动时间，每天起早赶晚，对于职业加倍注意，方能维持生活。他们有点骂人了，骂洋人叫"洋鬼子"，骂军阀叫"抢钱司令"，骂土豪劣绅叫"为富不仁"。对于反帝国主义反军阀的运动，仅怀疑其未必成功（理由是：洋人和军阀的来头那么大），不肯贸然参加，取了中立的态度，但是绝不反对革命。这一部分人数甚多，大概占小资产阶级的一半。第三部分是生活下降的。这一部分人好些大概原先是所谓殷实人家，渐渐变得仅仅可以保住，渐渐变得生活下降了。他们每逢年终结账一次，就吃惊一次，说："咳，又亏了！"这种人因为他们过去过着好日子，后来逐年下降，负债渐多，渐次过着凄凉的日子，"瞻念前途，不寒而栗"。这种人在精神上感觉的痛苦很大，因为他们有一个从前和现在相反的比较。这种人在革命运动中颇要紧，是一个数量不小的群众，是小资产阶级的左翼。以上所说小资产阶级的三部分，对于革命的态度，在平时各不相同；但到战时，即到革命潮流高涨、可以看得见胜利的曙光时，不但小资产阶级的左派参加革命，中派亦可参加革命，即右派分子受了无产阶级和小资产阶级左派的革命大潮所裹挟，也只得附和着革命。我们从一九二五年的五卅运动和各地农民运动的经验看来，这个断定是不错的。

半无产阶级。此处所谓半无产阶级，包含：（一）绝大部分半自耕农，（二）贫农，（三）小手工业者，（四）店员，（五）小贩等五种。绝大部分半自耕农和贫农是农村中一个数量极大的群众。所谓农民问题，主要就是他们的问题。半自耕农、贫农和小手工业者所经营的，都是更细小的小生产的经济。绝大部分半自耕农和贫农虽同属半无产阶级，但其经济状况仍有上、中、下三个细别。半自耕农，其生活苦于自耕农，因其食粮每年大约有一半不够，须租别人田地，或者出卖一部分劳动力，或经营小商，以资弥补。春夏之间，青黄不接，高利向别人借债，重价向别人籴粮，较之自耕农的无求于人，自然景遇要苦，但是优于贫农。因为贫农无土地，每年耕种只得收获之一半或不足一半；半自耕农则租于别人的部分虽只收获一半或不足一半，然自有的部分却可全得。故半自耕农的革命性优于自耕农而不及贫农。贫农是农村中的佃农，受地主的剥削。其经济地位又分两部分。一部分贫农有比较充足的农具和相当数量的资金。此种农民，每年劳动结果，自己可得一半。不足部分，可以种杂粮、捞鱼虾、饲鸡豕，或出卖一部分劳动力，勉强维持生活，于艰难竭蹶之中，存聊以卒岁之想。故其生活苦于半自耕农，然较另一部分贫农为优。其革命性，则优于半自耕农而不及另一部分贫农。所谓另一部分贫农，则既无充足的农具，又无资金，肥料不足，土地歉收，送租之外，所得无几，更需要出卖一部分劳动力。荒时暴月，向亲友乞哀告怜，借得几斗几升，敷衍三日五日，债务丛集，如牛负重。他们是农民中极艰苦者，极易接受革命的宣传。小手工业者所以称为半无产阶级，是因为他们虽然自有简单的生产手段，且系一种自由职业，但他们也常常被迫出卖一部分劳动力，其经济地位略与农村中的贫农相当。因其家庭负担之重，工资和生活费用之不相称，时有贫困的压迫和失业的恐慌，和贫农亦大致相同。店员是商店的雇员，以微薄的薪资，供家庭的费用，物价年年增长，薪给往往须数年一增，偶与此辈倾谈，便见叫苦不迭。其地位和贫农及小手工业者不相上下，对于革命宣传极易接受。小贩不论肩挑叫卖，或街畔摊售，总之本小利微，吃着不够。其地位和贫农不相上下，其需要一个变更现状的革命，也和贫农相同。

无产阶级。现代工业无产阶级约二百万人。中国因经济落后，故现代工业无产阶级人数不多。二百万左右的产业工人中，主要为铁路、矿山、海运、纺织、造船五种产业的工人，而其中很大一个数量是在外资产业的奴役下。工业无产阶级人数虽不多，却是中国新的生产力的代表者，是近代中国最进步的阶级，做了革命运动的领导力量。我们看四年以来的罢工运动，如海员罢工、铁路罢工、开滦和焦作煤矿罢工、沙面罢工以及“五卅”后上海香港两处的大罢工所表现的力量，就可知工业无产阶级在中国革命中所处地位的重要。他们所以能如此，第一个原因是集中。无论哪种人都不如他们的集中。第二个原因是经济地位低下。他们失了生产手段，剩下两手，绝了发财的望，又受着帝国主义、军阀、资产阶级的极残酷的待遇，所以他们特别能战斗。都市苦力工人的力量也很可注意。以码头搬运夫和人力车夫占多数，粪夫清道夫等亦属于这一类。他们除双手外，别无长物，其经济地位和产业工人相似，唯不及产业工人的集中和在生产上的重要。中国尚少新式的资本主义的农业。所谓农村无产阶级，是指长工、月工、零工等雇农而言。此等雇农不仅无土地，无农具，又无丝毫资金，只得营工度日。其劳动时间之长，工资之少，待遇之薄，职业之不安定，超过其他工人。此种人在乡村中是最感困难者，在农民运动中和贫农处于同一紧要的地位。

此外，还有数量不小的游民无产者，为失了土地的农民和失了工作机会的手工业工人。他们是人类生活中最不安定者。他们在各地都有秘密组织，如闽粤的“三合会”，湘鄂黔蜀的“哥老会”，皖豫鲁等省的“大刀会”，直隶及东三省的“在理会”，上海等处的“青帮”，都曾经是他们的政治和经济斗争的互助团体。处置这一批人，是中国的困难的问题之一。这一批人很能勇敢奋斗，但有破坏性，如引导得法，可以变成一种革命力量。

综上所述，可知一切勾结帝国主义的军阀、官僚、买办阶级、大地主阶级以及附属于他们的一部分反动知识界，是我们的敌人。工业无产阶级是我们革命的领导力量。一切半无产阶级、小资产阶级，是我们最接近的朋友。那动摇不定的中产阶级，其右翼可能是我们的敌人，其左翼可能是我们的朋友——但我们要时常提防他们，不要让他们扰乱了我们的阵线。

四、现代中国人的焦虑人格

我在前面不断提到、反复论证两个观点：一是焦虑产生于人类的理性而脱离了理性的轨道；二是人与文化对人的制约的冲突成为人产生焦虑的基本原因之一。

现在，我们要用这两个观点来说明，在中国社会发生转型，中国传统文化受到西方文化的强烈冲击的大背景下，处于现代化进程中的中国人的焦虑是怎样渗透到中国人的人格中，成为我们人格的一部分的。这就是所谓“现代化进程中中国人的焦虑人格”。

人格是心理学上最复杂的东西，也是最重要的东西。我们甚至可以说，只有关于人格的心理学才是真正的人的心理学，人格是心理学中的人。为论述方便，我强调三个方面：一是人格是人心灵最深处的东西，是人全部心理现象的指挥中枢。一个人采取何种行为，这样做还是那样做，喜欢什么排斥什么，从根本上受到人格的控制；二是人格是人之心灵最敏感最情绪化的东西，它动辄牵扯到人的行为动机、兴趣、态度、情感、价值观念等，而这些都涉及文化的核心层面；三是人格既受到个人神经系统基本的动力学特性（在心理学上称为气质的东西，和遗传因素有关）的影响，也是人与他所在的环境相互作用的结果。

基于从这三个方面对人格的认知，我们完全可以想见，当焦虑渗透到人格的领域，将会发生怎样的事情。

焦虑是怎样渗透到了人格的领域并成为人格的一部分呢？

美国心理学家凯利（G. A. Kelly）认为，一个人在建构自己的行为时总是背向着焦虑的，但不适当的努力（无效努力）实际上却导致进一步的焦虑。

而刻板的依附、僵硬个人建构系统本身是来源于焦虑、恐惧及威胁。人为了克服焦虑而努力，努力的结果却使焦虑更加严重。

我们虽然并不同意凯利关于“科学家的个人建构”的理论，但可以套用凯利所谓不适当的个人建构加深加重焦虑的过程，说明人与文化的冲突造成了焦虑，而人为了避免焦虑，采取的不适当的行为，进一步加深、加重了焦虑，最终形成个体的焦虑的个人建构（也就是焦虑人格）。

就全人类而言，在现代文化的核心——现代价值观的指引下，每个个体都要追求自己的价值利益，这必然带来无休止的竞争。随着竞争而来的人与人之间的相互敌意、恐惧、孤独感、软弱感、不安全感有增无减、与日俱增，使人随时处于紧张焦虑之中。为了对抗或消除焦虑，人不得不拼命去追求事业的成功，追求权力、名声，追求财富，追求一切能追求到的东西。但由于这些追求本身是建立在恐惧和焦虑的基础上，于是带来两个结果：一方面，恐惧和焦虑妨碍人去追求事业，追求权力、名声和财富，使他成功的几率大大降低，他为了获取成功必须加倍的努力；另一方面，人为了更有安全感、更少恐惧感、更少焦虑感，对追求到的任何东西都不能满足，必须投入下一轮竞争中去。加倍的努力和不断的竞争两方面的结果都促使人的焦虑感加重，内心冲突无休无止。如此往复，形成恶性循环。

不断往复的恶性循环渗透到我们的人格中，深刻地影响我们的认知结构、情感体验和表达、对外界的态度、人与人之间的关系。心灵的适意和爱的情怀则离我们越来越远，人生的目的越来越不确定，最终让自己的生命失去价值——就是在这样的基础上，形成焦虑人格。

焦虑人格就是在不断产生的焦虑和为了克服这些焦虑不断地竞争，而克服焦虑的手段更加深了焦虑这样的恶性循环中所造成。焦虑人格的核心在于：当人陷入恶性循环中去以后，就处于明知不可为而为的境地，明知道自己为了克服焦虑所做的事情只会加深焦虑而身不由己地去做，无可奈何地去做。焦虑人格的形成，是人性最深刻的悲剧！

而现代中国人的焦虑更在于，在挟现代化浪潮席卷而来的西方文化的压力和诱惑下，改变自己已经顺应的文化模式，被迫、被动地去迎合西方文化模式。因此，现代中国人的焦虑除了与西方文化同样的恶性循环外，更有文化冲突和文化危机而致的恶性循环，就是我不断说的，双重焦虑的循环。

焦虑人格的形成，对人的全部心理活动产生极为深刻而重大的影响。人对外界的认知，情趣的体验，动机、兴趣，人际关系等，全都笼罩在焦虑的阴影中。

各个层面的分析都指向这个不能回避的结论：现代中国人体验着双重的

焦虑，而双重焦虑的恶性循环的结果形成了现代中国人的焦虑人格。

五、现代中国人的双重焦虑

我们已经用了很大的篇幅来讨论，传统的中国人本来是较少焦虑甚至是不焦虑的。原因有两个：一是以“理性不足，情理有余”为特征的中国文化并不具备特别的产生焦虑的功能。中国传统文化以儒家文化为主流，以道家文化为补充，以释家文化为点缀，它们之间相互包容，相互补充，共同支撑起传统中国人的人格大厦。生活在这样的文化氛围中的中国人，即便产生了焦虑，也容易得到化解；第二个原因是，在中国传统社会中，中国人，以及中国传统的社会结构，从整体上对中国文化采取了顺应的态度。中国人的生活，无论是以伦理为轴心的世俗生活，还是以“天人合一”为依归的心灵的生活，都深深地渗透着中国文化的基本精神。中国人，从来就是把中国文化作为自己安身立命的根基。

中国人永远记得孔子、老子和庄子的教导，学会了安贫乐道，懂得在贫困和苦难中保持心境的沉着与安宁。中国人可以一忽儿是儒家，一忽儿是道家，一忽儿却变成了禅家；再不行，中国人还可以在佛教里面找到一个居士的位置，就像我们最熟悉最崇敬的文人居士苏东坡那样。这样，即便在极度的苦难中，中国人也能找到人生的乐趣。

从公元前五百多年的春秋战国时代，到公元 1840 年，两千多年的时间里，中国人的基本状况，大致如此。

如今，这个状况发生了根本的改变。中国被迫进入现代化过程，发生了中国文化危机。

在这种危机的状况下，中国人的心理真正的“迷失”了。用 20 世纪 30 年代 10 名著名的教授发表的《中国本位文化宣言》中的话，反映出了这种“迷失”的心态：“在文化的领域中，我们看不见现在的中国了。中国在对面不见人形的浓雾中，在万象蜷伏的严寒中，没有光，也没有热。”“中国在文化的领域中是消失了；中国政治的形态、社会的组织和思想的内容与形式，已经失去它的特征。由这没有特征的政治、社会和思想所化育的人民，也渐渐地不能算得中国人。所以我们可以肯定地说，从文化的领域去展望，现代世界里面固然已经没有了中国，中国的领土里面也几乎已经没有了中国人。”失去自己文化的中国人还算得是中国人吗？

这就是现代中国人的第一重焦虑。

现代中国人的第二重焦虑来源于现代化进程中理性主义的极端发展。

1840年以来，虽然中国人一直坚拒“全盘西化”的观念，尤其在意识形态领域，更坚持认为自己在“精神文明”上大大高于西方，绝不能作丝毫退让。奇怪的是，在接受理性主义上，却有着异乎寻常的热烈态度。

这种热烈的态度却又是分裂的态度。1919年的“五四运动”有两面最鲜艳的旗帜，一面是“赛先生”（科学），一面是“德先生”（民主）。科学和民主，本来是一面旗帜上共书的两个词，因为它们本是一事之两面，同为理性主义的产物。中国人自作聪明地把它们分开来，一面旗帜变成了两面。按照中国人的二分法，物质文明和精神文明并非紧密联系在一起的，“民主”当然属于精神文明的东西，虽然没有人说“民主”在中国不可行，但需要仔细地考虑，慢慢地探索，缓缓地试行，需要在和自己的文化有高度的磨合乃至融合之后才可。

“科学”则完全不同了。在现代中国，已经形成了这样的“科学”语境：凡科学就是最好的东西，只有科学才是衡量一切的标准。任何东西如果打上了“科学”的标志，就是毋庸置疑，无需讨论的。如果被贴上“不科学”甚至“反科学”的标签，就应该进入被扫荡之列，至少，应该丢到垃圾堆里去才对。中国人对接受“科学”的态度不仅坚决，其对“科学精神”的追求和崇拜，恐怕直教科学故乡的西方人也要大跌眼镜呢。

在现代中国，“科学”已经被抬到了至高无上的地位，颇似传统社会中儒家受到过的待遇。为了消除缺乏科学的强烈羞耻感，中国人想方设法要证明中国文化中“科学”的发展是古已有之。中国人想方设法、绞尽脑汁终于从老祖宗那里找到了“四大发明”，找到了“勾股定理”，找到了“齐民要术”，找到了一切可以证明中国从古代开始就是重视科学的国家的东西。现代中国人，似乎忘记了鲁迅先生的话：“外国用火药制造子弹御敌，中国却用它做爆竹敬神；外国用罗盘针航海，中国却用它看风水；外国用鸦片医病，中国却拿来当饭吃。同是一种东西，而中外用法之不同有如此。”（《伪自由书·电的利弊》，《鲁迅全集》第五卷）

不仅如此，中国人还把所有的东西，都冠以“科学”的称号。中国不仅有“中国科学院”，还有“中国社会科学院”，“中医研究院”则被更名为“中医科学研究院”。“易经”也被冠以“易经科学”，若有人能从现代科学中解释出易经中的某些卦象，更要欣喜万分了。好像离开了“科学”，中国人就找不到安身立命的根基了。冷眼旁观的西方人早看出其中的端倪，英国科学史家汤因比就说过，中国近百年的历史，就是面对着西方科学技术的挑战而不断“应对”的历史。这种“挑战与应对”使中国人始终处于被动的状态：不断地挑战，不断的应对；不断的应对，不断的失落；不断的失落，不断的焦虑。这真是一个尖刻的讽刺。

结论是毋庸置疑的，中国人在失去自己的文化精神的同时，把科学精神推向了极端，也把理性主义推向了极端，这一点比之西方文化，有过之而无不及。我们早论证过，理性主义是产生焦虑的根源，极端的理性主义，产生极端的焦虑。

这就是中国人的第二重焦虑。

问题并不到此为止，中国文化是没有宗教的文化。如果说西方人在焦虑中还可以从宗教中找到一丝出路，处于双重焦虑中的现代中国人，正好比上下悬空，左右失据，无所依托。中国人的灵魂只有在“漂浮的焦虑”（free - floating anxiety）中荡漾开去了。

第十章　现代中国人的集体焦虑与文化突围

在中国国门大开、社会发生转型的这一百多年来，传统中国文化遭受到西方强势文化的冲击，整个民族出现了强烈的文化挫折感、文化失落感和文化危机感。在这个过程中，由于纠缠着西方强势文化对中国文化的打压、排斥和中国人对西方先进的物质文化的羡慕，使得这种集体焦虑的心态更增添了屈辱、自卑和羞耻的自我意识，进而出现强烈的集体文化反弹。

中国人的集体焦虑和集体文化反弹出现两种结果：一是强烈的文化自卑感和文化羞耻感，主张彻底地“全盘西化”，把自己的文化进一步“矮化”。这种心理的过程在文化比较学上称为“弱者政策”。“弱者政策”就是用中国文化中的糟粕和西方文化的精华进行比较，比较的结果是更加突出了自己文化的劣根性。集体文化焦虑和集体文化反弹的第二个表现，就是在自我意识上整体排斥西方文化。这种转变则通过比较文化学上所谓“强人政策”来推行，也就是以自己文化的精华和对立文化的糟粕进行比较，突出自己文化的优越性，使自己的文化转变为“强势文化”。

无论哪种心态，“强人政策”或“弱者政策”，都执于一端，不仅不能解决现代中国的文化危机，而是加重加深了中国文化的危机。其结果，不是缓解了，而是加重了现代中国人的集体焦虑。

现代中国人的集体焦虑弥漫于“中国现代文化”所涵盖的全部社会生活中。我们要给“中国现代文化”打上引号，是因为所谓的现代中国文化并没有真正形成，今天的“中国现代文化”，实际上是西方文化的强烈冲击下，早已七零八落、满目疮痍的传统文化和西方现代文化部分成分的混合体。

在第四章讨论文化现象的时候，我们知道文化至少包含了这样几个成分：物质文化、符号、社会规范和社会习俗、自我意识的体现以及价值系统。在西方文化的冲击下，中国文化的各个层面都受到了沉重的打击，都发生了危机。

一、危机：物质文化、社会规范与社会习俗

物质文化或物质文明，是整个文化的重要组成成分。它是人类物质生产和物质生活方面的成果，是人类改造自然与社会的实践活动中所创造和保存的物质成果。从远古人类创造的最原始的工具——石斧、石刀，到今天的航天飞机、基因工程，人类所创造的一切，都是物质文化的成果。

物质文化是人类理性的产物，它主要表现为劳动工具和技术的改进，生产的发展和生活的改善。一定的物质文化同一定的生产力水平相联系，是生产力发展状况的现实表现。依照通常的理解，生产力水平越高，人类改造和控制自然的能力越强，依赖自然的程度就越小，标志着人类的物质文化越发达，离开野蛮、愚昧的状态就越远。

中国传统社会从来不是一个重视物质文化的社会。这既是我们所了解到的中国文化历史的事实，也是我们对中国文化的基本认识。儒家文化的本体，就是对人心灵修养、对伦理社会、对道德情感的追求。这种追求，集中体现在中国文化中的“道”这个模糊、含混的概念中。这样说并不意味着否定中国曾经有过先进的甚至是灿烂的物质文化。除了一直以来为现代中国人所津津乐道的四大发明，还可以举出更多的例子来。

例子不用我们自己举，早有西方人来做这件事情。这个西方人还不是无名小辈，就是鼎鼎有名的英国著名学者李约瑟博士。他在20世纪50年代出版的《中国科学技术史》这部计有三十四分册的系列巨著中，以浩瀚的史料、确凿的证据向世界表明：“中国文明在科学技术史上曾起过从来没有被认识到的巨大作用”，“在现代科学技术登场前十多个世纪，中国在科技和知识方面的积累远胜于西方”。感谢李约瑟博士，他让中国人在现代化进程这个大背景中不至于太自卑，连我们自己都不知道，我们的祖先竟然在科学技术的发展上有这么骄人的成就。中国人完全有理由据此做出合理的推论，既然祖宗有过这么大成就，作为子孙后代，就没有理由不做出更大的成就。“我们的祖宗行，为什么我们就不行?”每个中国人都免不了要这样来问自己的。

且慢，就在李约瑟博士用大量的证据说明中国古代的科技成就的同时，提出了一个巨大的难题：“尽管中国古代对人类科技发展做出了很多重要贡献，但为什么科学和工业革命没有在近代的中国发生?”这就是有名的“李约瑟难题”。恰恰是这位李约瑟博士，用一个“李约瑟难题”把现代中国人置于十分尴尬的境地。

道理有很多，譬如有的观点认为中国之所以没能再发展出先进的科学技

术，是由于中国古代的科学思想属于“整体论”，不似古希腊的科学思想属于“还原论”。相比之下，后者在科学发展的初期必然会占先，而前者对现代科学的整体发展更具有指导意义。我们不能否定这个说法有它的道理，但我们要说，这个道理并不是解释所谓“李约瑟难题”的根本道理。

根本的道理在于，中国传统文化既是“理性不足，情理有余”的文化，科学技术要在中国自发地成为社会的主体，根本就是不可能的。在中国传统文化的核心价值中，从来没有对科学技术给予过重视，没有科学技术的一席之地，因而科学技术也从来没有进入过真正的士大夫知识分子阶层的视野。这是一个不争的事实。虽然儒家经典之一的《大学》中也讲“格物、致知”，但那样做的目的非常明确，是为了“诚意、正心”，是为了心灵的修养。至于技术上的发明创造，中国士大夫们只需用几个字就可一笑置之：“奇技淫巧、雕虫小技”而已。

不能说在物质文化这个层面中国文化与西方文化没有任何冲突。但发生在物质层面的文化冲突大多是表面现象，原因常常不是由于物质文化本身，更多的时候是起因于其他更复杂和更深层次的原因。

例如中国现代史上多次发生过的“抵制洋货”运动，究其原因，大多是由于西方列强（后来加上东方的强国日本）的行为强烈地刺激了中国的民族情绪，并进而冲击了中国传统文化的核心价值观。而这样的运动，对于中国实业的发展，并没有起到多大的正面作用。

中国人在对待西方的物质文化上，表现出了最大的虚心、大度和容忍。从洋务运动到今天的改革开放，都是这样一路走过来。借用梁漱溟先生的话，中国人面对西方先进的物质文化表现出了高度“理智”的态度。我们要给这种“理智”的态度打上引号，是因为面对西方先进的物质文化，中国人采取了典型的两分法心态，即所谓“西方有先进的物质文明，中国有优秀的精神文明”。这种心态，一直持续至今。

这是一种十分恼人的心态。中国近一二百年来的现代化进程几乎就是在这种恼人的折磨中，时而进一步，退两步；时而进两步，退一步，趔趔趄趄、踉踉跄跄、跌跌撞撞往前走。面对西方先进的物质文化，中国人是如此自卑，乃至于委琐；如此脆弱，乃至于不堪一击；如此羡慕，乃至于嫉妒万分。但一想到自己拥有最先进的精神文化，拥有文明的伦理价值，再想想老祖宗有过“四大发明”，在科学技术上也曾经一度风光过，领先过，中国人又变得底气十足，昂首挺胸，傲视群雄。

这种心态颇似焦虑时的强迫与反强迫的心理冲突。这种心理冲突的典型特征是自相矛盾，是“两个声音，两种人格，两条战线，两面作战”。当人陷入这样的心理冲突后，就陷入了两难的陷阱，不可自拔。

主张“全盘西化”的胡适先生批评过这种心态：“人们常说东方文明是精神的文明，西方文明是物质的文明，或唯物的文明，这是有夸大狂的妄人捏造出来的谣言，用来遮掩我们的羞脸的。其实一切文明都有物质和精神的两部分：材料都是物质的，而运用材料的心思才智都是精神的。木头是物质；而剖木为舟，构木为屋，都靠人的智力，那便是精神的部分。器物越完备复杂，精神的因子越多。一只蒸汽锅炉，一辆摩托车，一部有声电影机器，其中所含的精神因子比我们老祖宗的瓦罐、大车、毛笔多得多了。我们不能坐在舢板船上自夸精神文明，而嘲笑五万吨大汽船是物质文明。”

“但物质是倔强的东西，你不征服他，他便要征服你。东方人在过去的时代，也曾制造器物，做出一点利用厚生的文明。但后世的懒惰子孙得过且过，不肯用手用脑去和物质抗争，并且编出‘不以人易天’的懒人哲学，于是不久便被物质战胜了。天旱了，只会求雨，河决了，只会拜金龙大王；风浪大了，只会祷告观音菩萨或天后娘娘。荒年了，只好逃荒去；瘟疫来了，只好闭门等死；病上身了，只好求神许愿。树砍完了，只好烧茅草；山都精光了，只好对着叹气。这样又愚又懒的民族，不能征服物质，便完全被压死在物质环境之下，成了一分像人九分像鬼的不长进民族。所以我说：这样受物质环境的拘束与支配，不能跳出来，不能运用人的心思智力来改造环境改良现状的文明，是懒惰不长进的民族的文明，是真正唯物的文明。”（胡适《介绍我自己的思想》，1930 年）

胡适先生的观点是有代表性的。我们大概不能同意胡适先生中国物质文化的落后是我们这些“后世的懒惰子孙得过且过，不肯用手用脑去和物质抗争”的结果。但是，我们又很难不同意胡适先生——物质层面的文化和精神层面的文化是不能分开的，落后的物质文化是由落后的精神文化造成；承认和接受别人的先进的物质文化，就应该承认和接受别人的先进的精神文化；表层面的物质文化与深层面的精神文化是血肉相连，不可分割的，归根结底，物质和精神，是一对相依为命的孪生兄弟——这样的观点。

不过精神文化与物质文化的关系，恐怕也不是“先进的物质文化必与先进的精神文化相联系，落后的物质文化，其精神文化也必然落后”那样简单。也正因为此，中国人才在这个问题上永远纠缠不清。

社会规范属于文化的第二个层面即中间层面的内容。在一个社会中，把人们对在特定的情况下应该怎样行动、思维和感受的期待就是社会规范。每个人都必须遵守某种社会规范，从小就要学习各种社会规范。而不同的文化则有不同的社会规范。

中国文化自古以来就是注重规范的。儒家文化以家庭为中心的伦理观，君君、臣臣、父父、子子的人际关系，不同人之间的各种礼节待遇，以及怎样表达情绪等，都有严格的规范。不用说，中国传统文化与西方现代文化的规范有着极大的差别，我们说这种差别是天壤之别也不为过。

社会规范已经或多或少触及了文化的敏感部分，虽然尚未延伸到文化的核心内容。不同文化的冲突在社会规范的层面上开始激烈起来，只是尚没有达到你死我活的程度而已。

中国文化既是以家庭伦理为基础而发扬光大，中国人的社会生活故循着家庭生活模式而展开，这是中国社会里不言自明的道理，也是我们日常生活中最基本的规范。

既然如此，中国人（不仅仅是传统中国人）在现代社会生活中的另一个重要的方面，就有相当的缺陷。这个情形，就是梁漱溟先生在《中国文化要义》中所说的“中国人缺乏集团生活”。“缺乏集团生活”自然缺乏集团生活所必需有的规范。那是一种什么样的局面呢？梁先生说：

> 20世纪80年代初，中国的国门再度打开，西方人带着好奇的心态蜂拥而入，他们要仔细看看这个对世界关闭得太久的神秘的国度。中国人有一件事情必定让他们百思而不得其解，那就是中国人在公共场合不遵守秩序，不按照规则行事，不管不顾，旁若无人。他们迷惑了，中国不是一个几千年的“礼仪之邦”吗？中国人不是最讲礼貌吗？正在他们百思不得其解的时候，他们在正式的场合——所谓正式的场合，就是有领导、有权威在场的场合——见到中国人时，情形又是完全的不同了。他们发现中国人又变得彬彬有礼，温文尔雅，极尽礼貌了。于是他们更迷惑了，究竟哪个中国人是真正的中国人，在哪种场合下表现出来的状况是真实的呢？

两个中国人都是真实的。在后者——有领导、有权威在场的所谓正式的场合，中国人是按照家庭模式或准家庭的模式运作，要维护这个“家庭”或“准家庭”的整体形象，所以要彬彬有礼，要温文尔雅，要极尽礼貌；在前者——没有领导和权威在场的公共场合，自然不需要按照家庭或准家庭的模式运作，于是就发生如梁漱溟先生所描述的情形——“缺乏集团生活的规范”。

现代社会是集团式的社会，这样的社会欲正常运行，就必须建立并完善许多严格的规范。生活在集团式社会中的成员，则必须严格按照这些既定的规范来约束和限制自己的行为。梁漱溟先生之所谓“中国人缺乏集团生活”

所举的例子“开会中不交谈，不咳嗽，走路不出声响，出入不乱挤，一举一动顾及前后而不妨碍旁人等”只不过是社会生活中极普通极寻常的现象，但就是这些极普通极寻常的现象可以追溯到深层次的文化根源。

所以我们可以说，中国人的社会规范是循着两个方面——即把家庭规范运用于社会生活和缺乏集团式生活的规范——而展开的。在这两个方面，中国文化与现代社会的要求确实有相当的距离。这个距离的主要表现就是，在社会生活和集团生活中缺乏明确的游戏规则和法制不彰显。

现代中国人为解决在规范层面与现代文化之间的矛盾和由此引起的心理冲突，采取了两种方法：一是积极向现代化进程所要求的规范靠拢，改变自己的文化结构使之适应现代社会的要求，虽尽了极大的努力，但这个改变可以说是一个漫长、痛苦而基本无果的过程；二是使用中国传统文化中常用的办法，“说一套，做一套”：当面遵守，或在没有办法躲避时遵守集团生活所必需的社会规范；在背后，在可能躲避的情况下却把这些规范置之不顾，按照惯用的家庭式方法来操作，或另行一套“潜规则”。在竞争激烈的现代化进程中，这样的方式无疑会对社会造成极大的混乱，也在每个人的心理上造成极大的困惑。

社会习俗，在文化的结构上，虽然与社会规范同处第二个层面，但在次级层面上，则较社会规范又深了一层。

社会习俗是指历代相习、积久而成的风尚、礼节、习惯的总和。社会习俗在表面上和形式上看极为琐细、杂乱，全都是人们日常生活中的细枝末节。但它在人的行为体系中却是极为重要的东西，在某种意义上说，是更严格的规范，主导着人的心理取向，甚至直指价值观和信仰。

中国传统文化是以伦理为核心的文化；中国传统社会是伦理等级社会。表现在社会习俗中，就是以权威取向为中心的社会取向。杨国枢先生在其著作《中国人的心理与行为：本土化研究》中对中国人在社会生活中表现出来的“权威取向”作了描述：“传统中国人对权威的存在非常警觉与敏感。他们到了任何一个场合，总会细心观察或留意，看看有无现成的权威在场，并要弄清楚谁是超乎自己的权威。中国人见面，总要花费相当的时间，用各种机巧来相互探察或打听，以获知每人的辈分、年龄、职位、级别等，好据以排列高低或尊卑。中国人初次见面之所以要设法直接或间接探对方的底细，便是想弄清楚谁高谁低，谁尊谁卑，然后才能各就各位，知道彼此应该如何相待。而且，为了避免有眼不识泰山的危险，或在不知情的情形下冒犯了权威，中国人对初次见面的人总相当客气或尊敬；等到进一步探察发现对方不如自己之高之尊，再看情形改变态度也还不迟。”（杨国枢《中国人的心理与行为：

本土化研究》，107 页）

对这样的习俗，每个中国人都非常习惯并能自然、自如地行事，炉火纯青，游刃有余。如果他不遵守这样的社会习俗，我行我素，他必定会被排除出局。

社会习俗具有相当大的稳固性，任何一种社会习俗，都是长期累积而成，都是深层的文化沉淀，任何改变的企图都会遭到强大的抵抗。20 世纪初，鲁迅曾经说过一句非常沉痛的话，“中国太难改变了，即使搬动一张桌子，改装一个火炉，几乎也要流血；而且即使流了血，也未必一定能搬动，能改装。”（鲁迅《娜拉走后怎样》）

但是，社会转型期的文化的冲突，不可避免地要波及社会习俗的层面，尤其是在社会急剧变革的时期，往往首先涉及的是社会习俗的兴衰生灭。在这个时候，文化冲突，以及文化冲突所造成的集体焦虑，表现颇为激烈。

如果说中国人还能用不同场合遵循不同的社会规范和“说一套，做一套”的方式来部分化解在集团式社会规范的建立和个体对规范的适应过程中出现的焦虑的话，那么，社会习俗就远非那么简单了。

我们举几个例子，看看在近、现代中国历史上，曾经发生过的几次重大的社会习俗的改变。这些社会习俗的改变，在当时都引起了激烈的社会动荡。

例如清末民初的社会大变革中，中国人剪掉留在脑后两百多年的辫子，发生了激烈的冲突。康有为曾经给光绪皇帝上了一个“断发易服”的奏折，还哄光绪说西方人以前也留辫子的，只是发明机器后，因为不方便才剪去。这篇奏折，今天读来，真是妙文，令人忍俊不禁：

> 今则万国交通，一切趋于尚同，而吾以一国衣服独异，则情意不亲，邦交不结矣。且今物质修明，尤尚机器，辫发长重，行动摇舞，误缠机器，可以立死，今为机器之世，多机器则强，少机器则弱，辫发与机器不相容也。且兵争之世，执戈跨马，辫尤不便，其势不能不去之。欧美百数十年前，人皆辫发也，至近数十年，机器日新，兵事日精，乃尽剪之，今既举国皆兵，断发之俗，万国同风矣。且垂辫既易污衣，而蓄发尤增多垢，衣污则观瞻不美，沐难则卫生非宜，梳刮则费时甚多，若在外国，为外人指笑，儿童牵弄，既缘国弱，尤遭戏侮，斥为豚尾，去之无损，留之反劳。（康有为《请断发易服改元折》，见汤志钧：《康有为政论集》（上册），中华书局，1981 年版）

我不相信光绪皇帝是那么好骗的。只是要变法，就要剪辫子，这就不是小事，总得去找个让人相信也让自己相信理由罢了。在我们今天看来男人剪去头上的那一撮“猪尾巴”是再合理不过的事情，须知在当年可是惊天动地的大事，一些敢为天下先的革命党人也只敢躲在外国的租界里或留学在国外时剪掉自己的辫子。据说连鲁迅先生这样的文化先驱者在日本留学时剪掉辫子，回国后亦弄一条假辫子吊在脑后才敢招摇过市。

妇女“废止缠足”则是女性解放的前奏曲。缠足的风俗在中国历史上历时一千余年，蔓延极广。毫无疑问的是，在以男权主义为特征的中国传统文化中，女性缠足必定出于男性的要求和喜爱。妇女缠过的畸形小脚被美化为“三寸金莲”，受到人们的广泛赞美，引出一批心理变态的“爱莲族”男人。在这样的习俗中，女人把自己一生的幸福都押在自己的这双脚上。

这样的一种习俗曾对于中国历史和社会产生过重大的影响。据说清朝统治者入主中原后，起初极力反对汉人的缠足风俗，一再下令禁止女子缠足。但面对着汉族女性难以停止的缠足之风，到康熙七年（1668 年）只好罢禁。这件事，一度被人们渲染为“男降女不服”——清兵入关，有“剃发令”，在武力高压下，汉族男子最后不得不屈服执行，故而男子剃发，被视为向清廷屈服的象征。与此同时，女子缠足虽也同样为清廷下令停止，但后来并未达到禁止的目的，故而有“男降女不服”之说。由此可见缠足之风的根深蒂固。也正因为此，妇女缠足在清代到了登峰造极的地步，社会各阶层的女子，不论贫富贵贱，都纷纷缠足。

再看白话文的兴起。

本来，在汉语发展的最初阶段，口头语言和书面语言是基本一致的，我们现在觉得那些深奥莫测的古文典籍其实就是当时的白话著作。即使我们今天读《论语》《道德经》等两千多年前的文字，也并不让人感到十分的困难。譬如《论语》中的“学而时习之，不亦说乎”“君子坦荡荡，小人长戚戚”，今天读来，没有人会有理解上的困难。《诗经》中的“窈窕淑女，君子好逑”，至今仍然脍炙人口。让人感到“佶屈聱牙”的《尚书》，其中的“诰体”便是当时记录下来的口语，《汉书·艺文志》说：“《书》者，古之号令。号令于众，其言不立具，则听受施行者弗晓”。所谓“其言立具”则说明是没有经过润色文饰、立刻写成的告示。

但在中国文化的漫长发展过程中，口头语言和书写文字出现了严重的分离。大约从六朝起文言文便与口语有了明显脱离的现象。人们在口头上说着一种语言，书写时却使用另一套系统。这使中国文化有了“两张皮”：文人士大夫们使用一种古老的文字方式和语法系统来表达自己的思想，而民间交流所用的语言却与此完全不相干。这是一种奇特的语言现象，在全世界的语言文化中，几乎是绝无仅有的。如果说中国文化中早存在“说一套，做一套”，那么，同样存在着“说一套，写一套”。为什么会出现这种现象？鲁迅说得很尖刻，也很实在：“我们中国的文字，对于大众，除了身份、经济这些限制之外，却还要加上一条高门槛：难，跨过了的，就是士大夫，而这些士大夫，又竭力的要使文字更加难起来，因为这样可以使他特别的尊严。”（鲁迅《门外文谈》，见《鲁迅全集》第6卷，第92页，人民文学出版社，1981）

当19世纪末、20世纪初，西方用大炮轰开中国的大门，西方文化挟着现代化的巨大浪潮对中国文化强烈冲击的时候，国人在文化自信心上产生了动摇，出现了危机。这种危机的心态，使得国人破天荒地把传统推上了被告席，而文言文作为传统文化的主要载体便首当其冲地受到冲击。1917年年初，胡适在《新青年》杂志首先提出改革中国文字的建议。胡适在《中国文字改良刍议》中提出文字改良的“八事”，其中一事既“不避俗字俗语”，他说，“以今世历史进化眼光观之，则白话文学之为中国文学之正宗，又为将来文学比用之利器，则可断也。以此之故，吾主张今日作文作词，宜采用俗语俗字。与其用三千年前的死字，不如用20世纪之活字，与其做不能行远，不能普及之秦汉、六朝文字，不如作家喻户晓之《水浒》《西游》文字也。”胡适也因此成为新文化的领军人物。而许多旧派人士，却一定要维护文言文这“天下至美”的文字，维护士大夫与“引车卖浆之徒”相区别的一种身份。一时间，提倡白话文还是坚持文言文，展开激烈的论战，成为20世纪初社会转型的一个符号。

以上所举各事，虽然都是在社会转型的过程中成功地适应转型要求，彻底改变了社会习俗的例子，但在当时都是社会反响极大的大事，引起了极大的文化心理的动荡。

更有未能改变的社会习俗的例子，最典型的是中国人的“过年”。过年，又称“元旦”，是中国最古老的习俗之一，是典型的农耕社会的产物。1911年辛亥革命以后，中国开始公历纪年，遂把公历1月1日改称“元旦”，而把元旦叫作“春节”。不过，直到今天，中国人仍然把过年当作一年之中最重要的大事，从不肯轻率敷衍了事。典型的例子是，过年时被禁止的鞭炮，这两年来在各个大城市又开始复燃。这里有一个涉及习俗的逻辑理由：过年不放鞭炮就不是过年，而中国人不过年就不是中国人了。

“移风易俗”是一个新的社会建立过程中常常提到的口号，但口号的提倡者似乎不大明白，一个社会的风俗或曰社会习俗是数百年乃至千年才逐渐形成，是深层次的文化积淀，企图在短时间内去改变只会引起强烈的反弹，导致社会的集体焦虑，引发激烈的社会动荡，付出极大的社会成本。其结果，往往不成功。不仅不能成功，更引起极其激烈的集体文化焦虑。

二、危机：文化符号、自我意识与价值系统

文化符号，已经开始接近中国文化的内层面，触摸到文化的核心。在这个层面的文化冲突渐趋激烈。中国人的集体焦虑，更呈现出曲折、跌宕的面貌。

前已述及，符号是指任何能有意义地表达其他事物而能被大众所理解的东西。因此，符号实际上是一种标识对另一种标识的“替代”。换言之，就是指代某种事物的标记或者记号，它是由一个社会的全体成员共同约定用来表示某种意义的标记和记号。这种记号代表什么意义是社会全体成员都知道的，都认可的。

符号一定是有意义的东西。说它有意义，是说符号作为一种形式，它所标识的事物的意义一定要能被人所理解。有的符号，是世界性的，它们的意义，能够被全世界的人所理解。例如，一张微笑的脸就是一个符号，它所代表的意义，能够被世界上所有心理正常的人清晰解读。再如，全世界所有的人都知道马路上红灯的意义。

符号是人发展起来的最重要的系统，而这个系统是通过语言来表述的。正是有了符号，人类社会的发展才有了可能，人才成为自在自为的存在。据说世界上存在多达5500多种语言，每一种语言都是一个复杂的符号系统。语言的多样性反映出文化的多样性。

德国哲学家卡西尔（Ernst Cassire）认为，人本身就是符号的动物。借助于语言，人类构建了一个超出其生存环境的符号世界，人类才能在这个世界中，获得空前的自由，从而不再受制于环境的束缚。我们的种种文化形态，如语言、宗教、艺术和科学等，就是符号功能的集中表现。

有了符号，人就生活在一个自己创造出来的可能想象的世界中。达尔文在《人类的由来》中将宗教的起源归之于动物的崇拜心理。他说，当一条狗仰面看着他的主人时，在这条狗的心目中，这位主人就是他的上帝。但单纯的崇拜并不能产生宗教。狗所崇拜的是它的现实的主人，所以狗对人的崇拜产生不了人的宗教。人对神除了崇拜之外还有恐惧、敬畏的心理。更重要的是，神本身是人创造出来的符号。而“神”这个符号是人虚拟的。因此，符号又把人直接导入了一个虚拟的精神世界中。

中国文化与西方文化有各自不同的符号系统，这些符号系统不仅有不同

的表述形式，更重要的是有不同的核心意义。

例如中国人的神和西方的神有着本质的区别。西方的神是人生以外的另一个世界，是人的精神的最后归宿，涉及人类的终极目标。同时，西方的神也是人格化的神，是西方人精神上的另一个自我。而中国的神则和中国人完全融合为一体，不是“另一个”，就是中国人自己。孔子所说的“天”、老子所说的“道”，都是如此。天和人，道和人生，根本就是一回事。

而作为语言的符号，两种文化的差异就更大了。当中国人把美国最高行政当局的所在地 white house（白房子）翻译为“白宫”时，美国人向中国人提出了抗议，“白房子”和“白宫”在文化观念上自有不同的含义。而当美国人为中国人说“中国人大败美国人”和“中国人大胜美国人”两句话困惑不已的时候，每个中国人都在窃笑，他们知道，那实际讲的是一回事。

再以月亮为例。在希腊语中，它被称为 men，与月亮的衡量时间的功能有关，故而由它衍生出来的单词，如 measure 等均与度量有关；而拉丁语的“月亮”（Luna），是指月亮的清澄或明亮状态，现今英语中 lucency，就是指发亮、透明，而 lucid 是清楚的、易懂的，都和月亮的来源有关。而每个中国人一想到“月亮”，脑子里马上出现一个美丽的故事。当阿波罗载人飞船登陆月亮后，中国人告诉美国同行，中国人早在几千年前就上去了，至今还没有下来呢，她的名字叫“嫦娥”。对此，美国人会窃笑吗？

中国的“家”更是怎么也难以用英文来表达的。在英文中“house”就是人住的那个地方，“home”是每天要回的那个地方，“family”则是家庭中的各个成员。而中国人的“家”，却有着万分复杂的内容。在汉语中，“家”字既是一个人居住的地方，也是他生命活动的起点和终点，更代表着一种非常复杂的人际关系，而这个关系的核心是伦理。“家”这个符号，代表了两种文化的根本差异点。

本来并不奇怪，在不同的语言中，对于一个客体的命名，并不意味着就是反映了该事物的本质，这种命名只限于强调事物的某一特定方面，它与生活在不同文化的人的主观兴趣密切相关，而这正是人类创造力的生动表现。

符号的冲突，直接波及深层次的心理结构，更涉及人类情绪的体验和表达。我们在前面曾经谈到过中国人情绪表达的一些规则，这些规则，就是符号。

本书的一开始，我们在谈到焦虑的时候，我们举例说，当一个男孩子想给他心仪的女孩子表达他爱慕的情意而又不知道对方的态度时，他必定疑虑重重。他发出第一个求爱的信息后，他更是忐忑不安，内心充满着焦虑。现在，他终于找到一个避免焦虑的办法，这个办法就是钱钟书先生在《围城》中所讽刺的，躲到外国语里去。假使他心中可爱的女孩叫莉莉，他尽可以用现成的英文写道，“My dear Lily”（我的亲爱的莉莉）而不必担心造次；情书的结尾处更可以大方地写“Your sincerely”（你的忠诚的），而心平气闲。但遗憾的是，焦灼的等待虽然消除了，爱情的趣味却荡然无存了。而一个女孩子对着她的心上人直白地讲出“我爱你”的时候，中国文化中细腻的爱情符号：一个眼色，一阵眉目传情，一片秋波荡漾等所表达的难以言喻的感觉，全都消失殆尽了。

当强势文化把自己的符号强行输入到另一种文化中时，被输入的一方出现集体焦虑是不可避免的。我相信世界上没有人对外来符号的喜爱会胜过对自己的文化符号的喜爱。在中国的父母要求自己的孩子拼命学习英语的时候，他们的心态必定是万分复杂而无奈的。他们知道，孩子只有学习好外国的语言，才能上更好的学校，才有可能出国深造，也才可能获取更好的谋生手段。而当一个中学生在他的作文中夹杂着许多英文单词和流行的缩略语时，从老师到父母都一片惊呼，社会各界人士则好像忽然从睡梦中醒来，纷纷感叹不已：“我们美好的语言被糟蹋得不成样子了！”这在我看来，类似这样的事情正给了全社会对“符号冲突”的一个集体焦虑发作的机会。

联想到卡西尔“人是符号的动物”“没有一个纯粹的客观世界”的哲学思考，那么，中国人心目中的客观世界和西方人所看到的客观世界会不会是两个不同的世界呢？如果是，那是两个什么样的世界呢？那两个不同的世界应该怎样相处呢？

文化的自我意识和社会的价值系统是文化的最深的层面，是民族文化心理的核心。社会学家和人类学家所谓人“安身立命”的东西正在于此。如果文化的冲突发生在这个层面，则撼动了文化的根基，必定引起惊天动地的文化震动，乃至引起整个社会的集体焦虑大发作。

西方文化对中国文化的冲击，绝不仅止于文化的表层结构，最终一定会涉及文化的核心内容——文化的意识和价值观系统。当文化的核心内容受到冲击甚至面临崩溃的境地时，必定会出现文化认同出现危机。文化认同的危机必定会造成强烈的集体焦虑，并引起激烈的文化情绪的反弹。

价值系统是整个文化核心中的核心，是中国人数千年来“安身立命”的命根子。如今，“命根子”正遭受到毁灭性的冲击。

这是现代中国人集体焦虑之第四个层面的表现，也是集体焦虑最重要的表现。

三、西方文化和中国文化的命运

在现代化和全球化浪潮中，即使不被西方列强所强加，中国人也不可能永远置身于外。中国人如果不尽最大的努力跟上或赶上现代化和全球化进程，整个民族就会遭遇更大的苦难，用通俗的话说，中国人就可能被“开除球籍”。

有几个问题必须想深想透。

第一个方面，西方国家既然是现代化的原发地，必有其文化的根源。当我们设问，为什么现代化产生于西方而不是中国的时候，我们就已经知道，我们在接受现代化的同时，不可能不接受西方文化中和现代化有关的“合理”的内容。

由此，引出了问题的第二个方面：西方文化中哪些是建设现代化社会必须接受的内容？哪些是损害我们的成分？或者说，哪些是“合理的”？哪些是“不合理”的？当我们滤掉情绪化的东西，坐下来冷静理性地思考这个问题时，我们发现，二者之间的界限却并不清晰。我们在心理上更缺少准确的认知。“打开窗户，把清新的空气放进来，把细菌、病毒过滤出去”，在我们既没有把清新的空气和细菌、病毒区分开来的标准，也没有过滤的工具的情况下，这句话就成了一句空谈。出现这样的情形，并不完全是由于不同文化之间的冲突造成，更和西方文化本身的因素有关。

这就是问题的第三个方面，既然西方文化的核心——理性主义已经走到了穷途末路，我们应该怎样对待它？我们已经很清楚，理性主义是现代化的基础，没有理性主义就没有现代化。我们更清楚，理性主义不能解决人类最根本的问题，诸如道德情感、生命的价值、终极关怀等。恰恰相反，理性主义正是人类焦虑的根源，把人类带到了万劫不复的结局。如此，谁能有本事把理性主义作一个“合理”和“不合理”的成分划分呢？

第四个方面，随着中国现代化进程的向前发展，随着西方理性主义的根本缺陷的暴露，中国人（也包括部分西方人）越来越意识到，中国传统文化可能是彻底解决人类根本问题的法宝，可能是打开人类焦虑之门的钥匙。但我们心里同样非常清楚，中国传统文化是一个完整而庞大的系统，在这个系统中，精华与糟粕完全混杂在一起，犹如水乳交融一般，要把它们分开，真是比登天还要难呢。

如果说，在一百多年前中国的国门刚刚打开，中国社会刚刚开始转型时，“全盘西化”或彻底接受西方文化的理性主义精神，尚可以作为一个选项。那么在今天，在一百多年后，中国人在冷静下来之后，这个选项也是不可能的了。中国人在焦虑中学会了冷静，冷静的结论是，需要更理智地看待西方文化。

冷静和理智的中国人越来越清楚，西方文化已经走到了尽头，走上了穷途末路。我们不可能更不应该重蹈西方人的文化覆辙。

个中的道理，我们在前面相关的章节已然作了充分的论证，现在做一个清理。

第一，西方文化的核心和本质——理性主义已经走到了穷途末路。在西方文化中，自古希腊文化以降，到现代化文化，追求理性，服从理性，是人的崇高使命和神圣职责，也是人生的价值与意义所在。而现代化进程更把理性主义发展到了登峰造极的地步。在现代社会中，人类全部的科学技术，就是以理性为基础，没有理性即没有我们所知道的全部科学技术。理性给我们建立了这样的信念：对于客观世界，人们只要想知道，就能够通过科学和技术的手段知道；从这个原则上说，世界上再也没有什么神秘莫测、无法计算的力量能起作用，人们可以通过认知、计算、逻辑掌握一切。凡是不能被我们的认知、计算和逻辑所了解和掌握的，都是我们经验以外的东西，经验以外的东西通通不能被理性所承认。事实正是如此，现代化进程，把人类的理性主义精神发挥到了极致。

西方人未曾想到，恰恰是理性给人带来了焦虑，发挥到极致的理性主义带来了无限的焦虑。

第二，西方文化的宗教主义精神已经走到穷途末路。西方的宗教精神，本身是理性主义的产物。但当理性主义发挥到极致时，宗教必归于消亡一途。理性主义本来是经验主义的同义语，而上帝存在于人经验世界以外。随着理性的高度发达，人类的认知和逻辑越来越不承认经验世界以外的任何东西。既然不能证实经验世界以外的任何东西，当然不能证实上帝的存在。当德国哲学家尼采喊出“上帝死了！”那句振聋发聩的话时，整个西方世界都战栗起来了。西方人安身立命的那个支柱坍塌了，那个安身立命的所在失去了。

第三，道德情感的缺乏使西方文化，使人类的灵魂走上了穷途末路。在西方文化中，关于人类自身的价值、人活着的意义、人所具有的诸如幸福感和道德感这样的问题，一旦离开了上帝，竟无人能够作答。许多西方哲学家、艺术家、文化大师都在试图回答这个问题，譬如康德、黑格尔、歌德、休谟等，但结果是要么绕进了理性主义的悖论的死胡同，要么重新回到上帝的怀抱。

第四，理性淹没了人类最需要的终极价值和终极关怀，使西方文化在寻找人类的精神家园的道路上走到了穷途末路。现代化运动以前，上帝一直是体现西方人终极价值的最后归宿。但在理性主义和科学技术的实践否定了上帝的存在以后，西方人的终极价值遭遇了最大的挑战。找不到自己未来的最后归依的西方人，精神宛如失去了家园的游魂，在天空中飘荡。

第五，经济社会的个人主义和竞争主义把西方人的社会生活和个人生活引入穷途末路。个人主义和竞争主义在西方现代化过程中发挥了伟大的作用，是现代社会最具鲜活的生命力的精神之一。但人们早就看出来，这两个精神给西方社会生活和个人生活造成太大的负面效应。

第六，对自然的征服和索取造成人与自然越来越紧张的关系，最终把整个人类导入彻底的穷途末路。西方文化从古希腊时代开始，对自然的态度就是征服和索取的态度。现代化进程，科学的成就和发展到极致的理性主义无疑更增强了西方人征服自然的信心。资源的有限性和人类向资源索取的无限性造成人类生存压力的绝对化，最终造成如德国物理学家克劳修斯所说的，人类不可避免地进入"熵"的世界。在那个世界里，自然资源已经被彻底耗尽，那是一个热寂的世界，一个死的世界。到那个时候，人类就真正走到穷途末路了。

那么中国传统文化又如何呢？中国传统文化是老祖宗留给我们的遗产。爱其者爱得既痴迷且肉麻，像鲁迅先生批评的，把结的脓痂也当着盛开的桃花；恨其者则恨得咬牙切齿，恨不得立马置之死地而后快。中国传统文化中的精华实在太多，糟粕也实在太多，二者如水乳交融般混在一起，怎么也分不开。我不得不说，几千年来，中国人是成也孔子，败也孔子。

不管是爱也好，还是恨也好，有一点应该是确定不移的，那就是中国社会再不可能回到从前的状态，置身于现代化进程中的中国人已无回头之路。

第一，中国传统文化是专制主义和权威主义的绝对化。中国的历史，就是专制主义的历史，历史上的分分合合，都没有改变这个根本的特点。在中国传统文化的"天道观"中，"天"并不是自然界中的那个物质实体，也不是超然于物质世界之上的纯粹的精神理念，而能在"天"和"人"之间起到媒介作用的唯一渠道，就是"天子"——中国的皇帝。皇帝既然是"奉天承运"，因此，其作用就不仅要统治整个社会，还要教化全体臣民。皇帝下达的诏书，就不仅是最高的命令，而且是人人需遵守的"圣训"。这就在道义上把专制主义皇权绝对化了。

中国传统社会是一个金字塔形的结构，专制主义皇权是这个金字塔的最高点。在社会生活中，和专制主义相应的是，人们普遍遵循"权威主义"的绝对原则。孔子说："君子有三畏，畏天命，畏大人，畏圣人之言。"这"三畏"，就是中国的绝对权威。

"畏天命"，其实质就是对专制主义皇权的臣服；"畏大人"，就是严格遵守等级社会秩序。中国从来就是一个等级严明的社会，各个社会阶层——皇族阶层、贵族阶层、士大夫阶层、平民阶层相互之间都有严格的界限，不容有半点差池。

在中国传统社会，儒家经典就是“圣人之言”，就是社会生活的唯一的和最高的权威，知识阶层的唯一的和最高的任务，就是对儒家的经典进行诠释和注解。

绝对化的专制主义和权威主义，和现代社会的基本精神格格不入，要彻底回到那样的社会中去，没有人会同意。

第二，中国传统文化使玄学盛行和理性精神缺乏。孔子说：“朝闻道，夕死可矣”“道不同，不相为谋”；老子说：“道可道，非常道。”

但什么是“道”，虽为“众妙之门”，却是“玄之又玄”，更没有一个人能讲得清楚。无论是儒家还是道家，“道”都是一个永恒的、不可限定的存在。中国传统文化，从一开始就把人引入一个玄妙的心灵世界中去了。

玄学是缺少理性精神的。我在前面的章节中已经作过充分的论证，中国文化本身就是一种“理性不足”的文化。理性不足虽然不至于使中国人陷于焦虑的泥淖，却与科学精神背道而驰，至少是擦肩而过。今天，有不少学者在论证假如没有西方科学技术的输入，中国能否自动产生（原发产生）现代科学技术，进入现代化过程。其实这种论证本身就说明中国人至今缺乏理性精神。或许再过一万年，中国真的能自动产生现代化，但高扬理性主义旗帜的西方人绝不允许中国人等到那一天的到来，一定会把现代化强加到中国人头上。事实就是最好的说明。在这样的前提下，彻底回到传统文化中去，难道不是痴人说梦吗？

第三，中国传统文化使伦理至上主义和道德泛化论彻底控制了个人的生活。

伦理就是人伦之理，就是人与人之间的等级关系。用儒家文化的表述，伦理就是如何处理好君君、臣臣、父父、子子之间相互关系的道理。这些伦理的程式和规范是至高无上的，一个人行为的对与错，一件事情的是与非，都用这些伦理的程式和规范来确定，而不大理会这个人、这件事本身是怎么一回事。伦理至上主义必然导致道德泛化论。中国人的全部行为就被锁定在这些规则中，动弹不得。

已经进入现代化进程的中国人，还能回到这样的伦理至上的社会中去吗？

第四，中国传统文化导致了僵硬刻板、因循守旧的民族精神。梁漱溟先生批评传统中国人“好古薄今，因袭苟安，极少进取精神，安土重迁，一动不如一静”（梁漱溟《中国文化要义》，学林出版社，1987 年版，22－23 页）在全世界是一等一的，应该不会有太大的异议。中国几千年的专制主义皇权统治，中国传统文化千年不变的精神，都可以作为明证。僵硬刻板和因循守旧的文化特色，使中国人在纷繁复杂、变化万千的世界中明显处于被动、退缩的地位，使中国人明显不能适应现代社会的发展。

毫无疑问，中国人要跟上现代化进程的步伐，不仅不能回复到这样的传统文化中，更必须摒弃它才对。用最常用的词汇，就是对中国文化必须“扬弃”。

我们既不能完全回到传统文化中去，又不能彻底接受西方文化，那我们究竟应该怎么办呢?

面对浩浩荡荡的现代化潮流，中国人已不可能回到过去的时光。既要物质文化的高度发展，又要摆脱文化的苦恼，抵御集体文化焦虑，更要重建中国文化，是中国人梦寐以求的事情。这需要中国人的大智慧，需要中国文化的大智慧。

现在，最大的难题摆到现代中国人——处于现代化进程中的中国人——面前。如果我们不能在重建中国文化上有所建树，我们就别无选择了。别无选择就是只有唯一的选择。这唯一的选择——在接受西方进入现代化的同时，被迫接受西方文化，接受西方的价值观。如果中国人被迫处于那样的景况，我们的集体文化焦虑将更为严重。

这里有两个关于中国文化的宣言。我们阅读这两个文化宣言，对于我们理解中国知识分子面对传统文化遭受西方文化的强烈冲击后的心态，对于理解中国人集体焦虑的情绪，对于了解中国人在重建中国文化上所做的努力，对于这些努力究竟起到多大的作用，也许会有所帮助。

两个文化宣言前后相距近七十年，所体现的文化诉求自然有较大的差别，不过其文化精神和文化情绪倒是同出一脉。

前一个文化宣言是1935年1月由当时十名著名的教授（王新命、何炳松、陶希圣、萨孟武等）签名发布的，题目是“中国本位的文化宣言”。从宣言的题目我们可以知道，这个宣言就是要在中国本位文化上进行一次“再认同”。宣言为三个部分：一是，没有了中国；二是，一个总清算；三是，我们怎么办?

宣言的第一部分，从题目上看就充满了悲情：“没有了中国”。这是中国文化危机的典型表达。宣言一开始就说：“在文化的领域中，我们看不见现在的中国了。中国在对面不见人形的浓雾中，在万象蜷伏的严寒中，没有光，也没有热。”“中国在文化的领域中是消失了；中国政治的形态、社会的组织，和思想的内容与形式，已经失去它的特征。由这没有特征的政治、社会和思想所化育的人民，也渐渐地不能算得中国人。所以我们可以肯定地说，从文化的领域去展望，现代世界里面固然已经没有了中国，中国的领土里面也几乎已经没有了中国人。”

这是多么可怕的悲凉的一副情形！中国文化没有了，连中国人也没有了。在这样的情形下，“中国人正在苦闷，正在摸索，正在挣扎。有的虽拼命钻进古人的坟墓，想向骷髅分一点余光，乞一点余热；有的抱着欧美传教士的脚，希望传教士放下一根超度众生的绳，把他们吊上光明温暖的天堂；但骷髅是把他们从黑暗的边缘带到黑暗的深渊，从萧瑟的晚秋导入凛冽的寒冬；传教士是把他们悬在半空中，使他们在上不着天下不着地的虚无境界中漂泊流浪，憧憬摸索，结果是同一的失望。”

漂泊在半空中的极度焦虑的中国人，在失望的情绪弥漫下，究竟应该怎么办？宣言的发布者声称自己有治疗的良方：“要从事中国本位的文化建设，必须用批评的态度、科学的方法，检阅过去的中国，把握现在的中国，建设将来的中国。我们应该在这三方面做最大的努力。”话说得非常有道理，谁能说不是呢？关键问题是，我们要看看宣言开出了什么良方。

看开出了什么良方，先看看宣言的第二部分：“一个总清算”。总清算自然要从古代，从春秋战国，从先秦儒家文化说起。只要想到自己的老祖宗，中国人总算有了自信：“中国在文化的领域中，曾占过很重要的位置。从太古直到秦汉之际，都在上进的过程中。春秋战国形成了我们的希腊罗马时代，那真是中国文化大放异彩的隆盛期。但汉代以后，中国文化就停顿了。宋明虽然还有一个新的发展，综合了固有的儒、道和外来的佛学，然而并未超出过去文化的范围，究竟是因袭的东西。直到鸦片战争才发生了很大的质上的变动。巨舰大炮带来了西方文化的消息，敲响了威胁中国步入新时代的警钟，于是古老的文化起了动摇，我们乃从因袭的睡梦中惊醒了。”梦的确是在隆隆炮声中惊醒了，可是惊醒以后发生了什么变化？“随着这种觉醒而发生的，便是曾国藩李鸿章的‘洋务’运动，康有为梁启超的‘维新’运动，孙中山先生的‘革命’运动。”以及“以解放思想束缚为中心的五四文化运动”，并出现了各种文化主张。

总结这些运动和文化主张，宣言认为，无非是三个方面，实则是两个方面：一是复古。“但古代中国已成为历史。历史不能重演，也不需要重演”，简言之，此路不通。二是走英美的道路。“但并非英美的中国应该有其独特的意识形态，并且现在中国是在农业的封建的社会和工业的社会交嬗的时期，和已完全进到工业时代的英美，自有其不同的情形。”所以这条道路更是不通。于是要走第三条道路。

第三条道路就是宣言的“良方”，一共五个：一是要认准自己的定位，“就是中国本位的基础”；二是对传统的东西，“存其所当存，去其所当去”，不过应该对传统文化“存”什么，“去”什么这样的关键问题，则无一字；三是对欧美文化“须吸收其所当吸收”，对什么是“当吸收”，怎样“吸收”，也不着一字；四是要创造，“是迎头赶上去的创造”，至于创造什么，怎样创造，自然是不知道。五是做贡献，“建设中国，成为一整个健全的单位，在促进世界大同上能有充分的力”。怎样做贡献？还是空洞的豪言壮语：“我们的文化建设就应该是：不守旧；不盲从；根据中国本位，采取批评态度，应用科学方法来检讨过去，把握现在，创造未来。不守旧，是淘汰旧文化，去其渣滓，存其精英，努力开拓出新的道路。不盲从，是取长舍短，择善而从，在从善如流中，仍不昧自我的认识。根据中国本位，采取批判态度，应用科学方法来检讨过去，把握未来，创造未来，是要清算从前的错误，供给目前的需要，确定将来的方针，用文化的手段产生有光有热的中国，使中国在文化的领域恢复过去的光荣，重新占有重要的位置，成为促进世界大同的一支最劲最强的生力军。”

阅读七十多年前的这篇“宣言”，给我留下顶深刻印象是，这篇宣言情绪（悲情、激情、豪情）有余，分析（逻辑、方法、措施）不足，是一篇典型的中国传统文化人的檄文，很煽情，但具体主意一个没有；面面俱到，处处是理，但说了等于白说。宣言中提到的中国“文化本位”究竟是什么，连宣言者自己也弄不清楚，不能不让人产生“用美丽的辞藻包装的复古主义”的想法。

时间差不多过了七十年，到了公元 2004 年 9 月，由著名文化人许嘉璐、季羡林、任继愈、杨振宁、王蒙等发起，60 多位文化人签名，发表了另一篇文化宣言。因 2004 年为中国农历甲申年，故称“甲申文化宣言”。我们来看看这个宣言又如何？

宣言的大背景是如火如荼的现代化和全球化进程。故宣言开张明义说道：“当今，几乎所有的政治家、思想家、科学家、企业家、作家、艺术家和人文学者都在关注和谈论全球化。这一显见的世界趋势既推动了人类现代文明特别是科技成就和企业经验的共享，也凸显出国家、民族、地区之间不同文明的差异、分歧和冲突。”作为“文化宣言”，令人非常遗憾的是，作者对“全球化”这个争议颇大的问题并没有自己明确的概念，却急急忙忙在它的基础上讨论问题。

什么是“全球化”（globalization）？全球化是一个以经济全球化为核心、包含各国各民族各地区在政治、文化、科技、军事、安全、意识形态、生活方式、价值观念等多层次、多领域的相互联系、影响、制约的多元概念。关于全球化问题，最早是由西方发达国家提出来，并热心向全世界推行，但近年有逐渐冷却的趋势。不管怎么说，至少不是“宣言”作者所说的那样，是“几乎所有的政治家、思想家、科学家、企业家、作家、艺术家和人文学者都在关注和谈论全球化”。

虽然“宣言”的作者不清楚“全球化”的概念，但却看到了当今世界上暴露出越来越激烈的文化差异和冲突。所以宣言只有一个主题，就是保持和捍卫文化的多样性：“文明多样性是人类文化存有的基本形态。不同国家和民族的起源、地域环境和历史过程各不相同，而色彩斑斓的人文图景，正是不同文明之间相互解读、辨识、竞争、对话和交融的动力。我们期待，经历过全球化的洗礼，原生状态的、相对独立的多样文明将获得更为广泛的参照，更为坚定的认同。文明既属于历史范畴，既已成为不同族群的恒久信仰、行为方式和习俗，则理应受到普遍的尊重。我们主张文明对话，以减少偏见、减少敌意，消弭隔阂、消弭误解。我们反对排斥异质文明的狭隘民族主义，更反对以优劣论文明，或者将不同文明之间的关系形容为不可调和的冲突，甚至认为这种冲突将导致灾难性的政治角力和战争。”“全球化”既是如此争议的东西，何来“经历过全球化的洗礼”？明明存在着“优势”和“劣势”文明的区别，却要睁着眼睛说要“反对以优劣论文明”这样的瞎话，中国自1840年以来的历史又说明了什么？中国文化究竟还有何重建的必要？

不管有没有所谓的“全球化”，在历史的发展进程中必须保持世界上现存的各种文化，捍卫文化的多样性，这是理所当然的。但如果我们仔细咀嚼宣言所传达出来的情绪，我不能不说，那是一种典型的代表“弱势文化”的“弱化”情绪。期望不同的文明应该得到普遍的尊重，正说明自己的文明没有得到别人的尊重；反对“以优劣论文明”，恰恰说明“强势文化”在以优劣论文明。用一个比方来说（也许这个比方不是很恰当），好像一个固守城堡的守将在自己的城池被攻破之前向敌人商定“城下之盟”。我相信，强势的文化绝不会发出这样的声音。

讲了这样一番大道理，似乎守住了阵脚，宣言自然要转而讨论中国文化。不用看，我们就知道宣言会怎么说。果然，宣言说得一板一眼，郑重其事：“华夏56个民族共同创造的中华文化，至今仍是全体中国人和海外华人的精神家园、情感纽带和身份认同。应当认识，中华文化五千年生生不息、绵延不断的重要原因，在于她是发生于上古时代多个区域、多个民族、多种形态的文化综合体。她不但有自强的力量，而且有兼容的气度、灵变的智慧。当是时也，我们应当与时俱进，反思自己的传统文化，学习和吸收世界各国文化的优长，以发展中国的文化。我们接受自由、民主、公正、人权、法治、种族平等、国家主权等价值观。我们确信，中华文化注重人格、注重伦理、注重利他、注重和谐的东方品格和释放着和平信息的人文精神，对于思考和消解当今世界个人至上、物欲至上、恶性竞争、掠夺性开发以及种种令人忧虑的现象，对于追求人类的安宁与幸福，必将提供重要的思想启示。”“宣言”根本没有抓住中西两种文化尤其是核心价值观的根本区别，侈谈“接受”什么，“启示”什么，岂非无的放矢？

这篇“甲申文化宣言”，和七十年前的宣言对照，我们可以发现几个方面的变化。第一，二者在基调上发生了一些变化。七十年前的宣言，是公开承认中国面临着文化的危机：“在文化的领域中，我们看不见现在的中国了。”睁着双眼，看到的整个是弥漫着一片愁云惨雾；而七十年后的宣言，则用蜿蜒曲折的“弱化”情绪取代这种危机意识，显得非常公允：“文明既属于历史范畴，既已成为不同族群的恒久信仰、行为方式和习俗，则理应受到普遍的尊重。”但在本质上，我看不到二者有实质性的区别。如果说有，也只是后者和前者相比，闭上了自己的一只眼睛而已。第二，二者在文化诉求上发生了改变。前者明确要在中国传统文化的基础上，吸收西方文化的先进的东西，重建中国文化。虽然并没有开出什么具体的药方，但毕竟认清了自己的问题；后者则不仅对中国文化充满了信心，更豪情满怀，壮志凌云，要用中国文化来为全世界文化的发展做出自己的贡献。转眼之间，“弱势心理”变成了“强势心理”。不过，正如我们在前面讨论过的，所谓“强势心理”不过是“弱势心理”下的文化反弹，其本质仍然是“弱势心理”。第三，如果说七十年前的宣言是一篇“文化檄文”，那么七十年后的这篇宣言则是一篇真正的政治宣言。

如果要说两个宣言有什么共通之处，整个还是“理性不足，情绪有余”。通篇来看，既没有严谨的说理和缜密的逻辑分析，也没有对自己文化优、缺点的冷静的思考，更缺乏有针对性的具体的解决办法，贯穿其中的是强烈的情绪，不管是自贬的情绪，还是强烈的自我期许的情绪。这样的文章，和中国传统文人的风格没有什么两样，不同的是把文言文变成了白话文。

两相对照，七十年过去了，中国文化人在建设中国文化上面究竟有多大的进步呢？

那么，现代中国人——处于现代化进程中的中国人，能摆脱这样的集体焦虑吗？能否摆脱集体焦虑，取决于中国人能否实现文化的突围。

四、文化突围尝试的第一步——走出西方心理学

中国文化该怎样才能实现突围？这是一个极大的题目。有前辈学人在先，

已经做了极大的努力，有同时代的文化战士在后，正孜孜不倦，在艰难困苦中左冲右突。作为一个心理卫生工作者，我当然不能有太大的自我期许。我所能做的，也许就是在中国的文化心理学以及在此基础上的中国心理治疗模式上做一些努力。在我看来，这不仅是实现文化突围较好的和较近的途径，也是现代中国人抵御焦虑的有效方法。

为达到此目的，我们须先走出西方的心理学；欲走出西方心理学，我们须从西方心理学说起，从它的出身和处境说起。而心理学的出身，细论起来，却是十分尴尬。

人类关于自身心理的论述（包括一些今天看来亦是极为精辟的论述），古已有之。例如，苏格拉底坚信在人类的认识中有比单纯的感性认识更深刻得多的东西，这就是人的纯理性认识能力。而苏格拉底的学生柏拉图更对人类的爱情心理做了非常著名的论述，被人引申为纯精神而没有肉体的爱情观，至今许多人仍然对所谓“柏拉图式的爱情”津津乐道。又如，亚里士多德对人类逻辑思维的研究，对人类心灵和现实之间关系的论述，两千多年来一直是照耀人类理性思维的明灯。

古希腊斯多噶派哲学家艾皮提特斯（Epictetus）有一句名言：“人们并非为某些事情本身，而是为他们自己对这些事情所持有的看法所困惑。”破天荒地把外在的刺激和人对刺激的反应之间设置了一个中间阶段，这个中间阶段就是人对刺激的看法。一件事情发生了，对某个人来说，是好还是坏，不在这件事情的性质怎么样，而在于这个人怎么认识这件事情。这是典型的理性主义观点，可认为是现代认知心理学的开山鼻祖。

历史上著名的学者——主要是哲学家，几乎都是研究人类心理的专家。所以我们一点儿也不奇怪，历史上其他的哲学大师几乎也都可以算作是心理学大师。黑格尔、康德、休谟、笛卡尔、莱布尼兹、洛克……都对心理学的发展，做出过巨大的贡献。

心理学自古以来就是哲学的宠儿。美国著名心理学史家 G. 墨非（G. Murphy）说得一点不错：“心理学，就探讨精神的本质及其活动的意义来说，是一门历史非常悠久的学科，一门在古希腊就已达到高水平并随着欧洲文明每一发展阶段一直持续到今天（与哲学密切相关联）的学科。”（G. 墨非《近代心理学历史导引》，商务印书馆，1982 年版，第一版，序言 1 页）

心理学作为一门科学，却是在西方现代化进程开始以后。另一位著名心理学家艾宾豪斯说：“心理学有一个长长的历史和一个短暂的现在。”说它有长长的历史，是因为在人类文明的早期就有许多先哲们对人类的心理有大量的论述；说它只有短暂的现在，是因为作为一门独立的学科，却只有很短的时间。

现在大家公认，作为一门科学的现代心理学是在公元1879年由一位叫冯特（Wilhelm Wundt，1832—1920）的德国人所创立的。就在那一年，作为生理学家和医学家的他，在德国莱比锡大学建立了世界上第一间心理学实验室。在这个实验室中，他采用现代科学的研究方法，采用实验的手段对人类的心理进行研究。他的著作《生理心理学原理》被认为是心理学历史上第一部最重要的著作，而冯特本人，则被公认为现代心理学之父。

如果今天我们要问，心理学是不是一门科学？回答起来恐怕难以理直气壮，底气十足。

罗素说过，“一切确切的知识——我是这样主张的——都属于科学，一切涉及超乎确切知识之外的教条都属于神学。”（罗素《西方哲学史》何兆武等译，商务印书馆，1982年，11页）

依罗素的观点，科学应该属于“一切确切的知识”。那么，科学应该具备什么基本的或本质的特征呢？

第一，科学首先是实验的科学。任何自然科学的学科，对欲认识的对象，必须有客观的描述，有操作性的实验方法。这些方法在任何地方都可以通用，得出的实验结果在任何地方都可以重复。

第二，科学是逻辑的科学。任何自然科学的学科，必须采用逻辑的方法；任何自然科学的概念、判断、推理应该符合逻辑学的基本原则。不符合逻辑的任何概念都不是自然科学的概念。

第三，科学必须采用数学的方法进行描述，建立完整的数学模型。

现在，我们来检视一下，心理学是否具备科学的那些基本的或本质的特征呢？

心理学首先不符合科学的第一个基本特征。心理学的研究方法，虽不能说完全没有使用实验室的方法，但基本上采用的还是非实验室的观察法。在心理学的研究中，不仅其方法很难在全世界通用，其研究结果相当多亦不能重复。尤其是在人格领域中的研究多是采用了个案式的研究。不仅如此，心理学的各种研究，无论是方法，还是结论，都甚少能达到交集。

最著名的例子就是心理分析的研究，弗洛伊德自己就曾说过，他的学说可能会引起大多数人的兴趣，但他的分析技术则很难被人正确应用。原因在哪里？因为他的技术来自于个案分析，每个个案都有其特殊性，从极具特殊性的个案中很难抽象出普遍的规律来，自然就重复性不好或没有重复性。

第二，心理学学派林立，对心理现象（尤其是高级的心理现象），可以有许多不同的解释。这在科学中是不可思议的。例如，关于“人格”，就至少有五十种以上的定义，每个定义都有不同的含义，相互之间，差距甚远。科学中也会有各种假说，但这些假说是大家公认的，只是尚得不到实验和实证的研究的证实而已，每位科学家，只要具备足够的研究条件，都可以去证实这些假说。这是科学的基本要求，也是逻辑学的基本要求。心理学的这个现象，则基本不符合这个逻辑学的要求。故此，在心理学内部，存在着各种五花八门的各式学派，这是一点儿也不奇怪的。

第三，至于数学模式，在心理学领域中更是少之又少，据我的了解，所有的也只不过是对最简单和最初始的心理现象的研究模型，如果我们说这些心理现象是神经学或生理学的范畴，并不为过。至于针对情绪和人格研究的数学模型，则几乎为零。

所以，从根本上说，心理学还不能归类于科学。虽然心理学家大多宁愿把它归于科学的范畴，自己也宁愿做一位科学家的。

我还是愿意引述美国心理学史家 G. 墨非的话来说明这个问题："从颜色理论到自卫机制，从白鼠触须的作用到不能言传的启示的神秘意义，从想象中的游伴到部分关联——哪里有能使我们概括地以'当代心理学'一词来谈论的题材的统一性呢？从行为主义到完形心理学到心理分析或性格的测量，无穷无尽的试验、测量、教条，互不相关的事实以及体系严谨的理论使人眼花缭乱。在某种意义上真可以说，透过这一切无限的庞杂，至今仍然回荡着这一学科婴儿的哭声。"（G. 墨非《近代心理学历史导引》，商务印书馆，1982 年版，第一版，15 页）

其实，心理学不能归类于科学，一点儿也不奇怪。从心理学的来源看，它出生于或脱胎于哲学，哲学母亲用自己的心血滋养了心理学这个孩子。这个孩子即便长大了也脱离不了从胎盘中、从孩提时代打下的印记。且不说哲学的遗传基因对于心理学的成长起着决定性的作用。

我们说，心理学不属于自然科学的领域，还有更多的理由：

从心理学的研究对象——人类的心理现象——来看，与社会学、文化学、美学等倒是结下了千丝万缕的关系。如果我们用亲缘关系来形容，心理学和它们有着割不断血缘的联系，它们是亲兄弟，虽然心理学力图尽可能与每个亲兄弟之间都划出一条界线，想方设法离开它们；

从心理学的研究方法来看，与其说是用科学的方法（这固不能完全否认），不如说是更多采取了哲学的方法。而对人类高级心理的研究，则多半来自于学者们的推测。

从心理学界最伟大的丰碑级大师所研究的范围和贡献来看，与其说他们运用了科学的原则，不如说他们普遍使用了哲学和社会学的方法。他们的理论对后世的影响与其说是在心理学，更不如说是在哲学和社会学；

我们说心理学算不得科学，但在诸多的方面，和科学也是血肉相连。比如心理学和神经学，和生理学，和精神病学，甚至和物理学都有着相当程度的联系；心理学家在进行研究时，也尽力使用科学的实验研究。但如果我们同样用亲缘关系来形容，心理学和科学的这些学科倒更像表兄弟的关系。

罗素问道："世界是分为心和物吗？如果是这样，那么心是什么？物又是什么？心是从属于物吗？还是它是具有独立的能力呢？宇宙有没有任何的统一性或者目的呢？它是不是朝着某一个目标演进呢？究竟有没有自然律呢？还是我们信仰自然律仅仅是出于我们爱好秩序的天性呢？人是不是天文学家所看到的那种样子，是由不纯粹的碳和水化合成的一块微小的东西，无能地在一个渺小而又不重要行星上爬行着呢？还是它是哈姆雷特所看到的那种样子呢？也许他同时是两者吗？有没有一种生活方式是高贵的，而另一种是卑贱的呢？还是一切的生活方式全属虚幻无谓呢？假如有一种生活方式是高贵的，它所包含的内容又是什么？我们又能如何实现它呢？善，为了能够值得受人尊重，就必须是永恒的吗？或者说，哪怕宇宙是坚定不移地趋向于死亡，它也还是值得加以追求吗？究竟有没有智慧这样一种东西，还是看来仿佛是智慧的东西，仅仅是极精练的愚蠢呢？"应该由谁来回答哪些问题？罗素的回答是："对于这些问题，在实验室里是找不到答案的。……对于这些问题的研究——如果不是对于它们的解答的话，——就是哲学的业务了。"（罗素《西方哲学史》何兆武等译，商务印书馆，1982 年，11－12 页）

我们还十分清楚一个事实，一当涉及人类的高级心理现象，心理学就迫不及待地离开了科学的范畴，回归于哲学母亲的怀抱，回到社会学、文化学、人类学等亲兄弟聚集的那个大家庭里去。心理学对于科学母亲，就像一个从别人家抱来的孩子，找到机会就归宗认祖，再难养"家"（四川话，彻底变成自己家里的人）。

或者说，心理学算不得科学，是因为它还处于幼稚的或幼年的阶段，待其长大成熟后自然会归入科学范畴。这个说法又大不然。心理学算不得科学，这并不奇怪，这是和心理学本身的特点有关。对于人类心灵这样复杂的现象，如果单靠科学的力量（也就是认知理性或工具理性的力量）就能穷尽，倒真是怪事了。

其实，心理学家们心里透亮，即便采用所谓"实证"的研究方法，在研究过程的控制上，在对各种研究的结果进行解释时，常常会出现许多意料不到的"偏差"，有的时候，实际的情形还会背离研究的结果。道理也非常简单，人类的心理现象，既是人的大脑活动的结果，更是文化的产物，不同文化自然会产生不同的心理现象。而文化是那样的复杂，通过一个量表、一个问卷或者一个实验室里的试验就能得到最终的什么结论，倒又真是怪事了。

综观心理学一百多年的发展历史，心理学做了最大的一件错误的事情，就是对自己的亲生母亲——哲学的背叛。这就好比一个出门在外的儿子，目睹了眼花缭乱的世界，眼之所见，耳之所闻，全是自然科学的天下，于是急不可待地投入自然科学母亲的怀抱，虽然自己并不具备成为别人儿子的条件，而后者更不情愿接受这个外来的儿子。这种背叛集中体现在心理学对价值观的离弃。

科学不存在价值观的问题。康德早就讲过，“理性既然永不能借着反对和赞美任何行为、直接组织或引申那种行为，所以它就不能是道德上善恶的源泉。”换言之，在科学的领域内，只有是与非，没有对与错，更没有善与恶。物理学有对错和善恶的问题吗？数学有对错和善恶的问题吗？天文学有吗？生物学有吗？化学有吗？都没有。

但人类的心理却不能回避价值观这个“道德上的善恶”的问题。为了把自己归入自然科学的范畴，百年来心理学的发展，却一直在力图回避这个问题。从冯特在他的莱比锡大学实验室所做的第一个心理学试验开始，到后来在美国发展起来的机能主义心理学，在德国发展的格式塔心理学，美国人华生开创的行为主义心理学，以及最让心理学家津津乐道的认知心理学，都在想方设法避开价值观，避开关于道德评判的问题。伟大的弗洛伊德似乎涉及了价值观问题，但他的心理分析理论却把人类的心灵引领到了深不见底的潜意识的黑暗中，并且用生物动力学来解释人类心灵中那最高贵的问题。在心理学的价值观问题上，弗洛伊德只是打了一个擦边球。

不过仍然有一个例外，那就是人本主义的心理学家亚伯拉罕·马斯洛。马斯洛敏锐地意识到：“价值观的丧失是我们时代的最终痼疾……而目前的状况比历史上任何时代都要危险。……人类只有通过自己的努力来改变这种状况。”作为一位心理学家，马斯洛强烈感到人的心理需要有一种行之有效的价值体系的指引。他说：“毫无疑问，人类有史以来一直在寻找具有指导作用的价值观念和行为准则。然而他们往往把目光投向自身与人类之外去寻找一个上帝，或者是《圣经》，或者某个统治阶级。我现在正在通过深刻剖析出出类拔萃的人的生活来探索一种理论，这种理论认为完全有可能找到人类一直在寻找的、也必须照之生活的那种价值观。”

我们可以说，心理学要逃避价值观的企图不仅没有达到，反而把自己弄得不伦不类。

科学是没有国界的。世界上不可能用不同文化来划分数学、物理学、化学、生物学等科学，美国的数学、物理学拿到中国来还是同样的数学、物理学。但心理学却是有国界的，必须用不同文化来区分不同的心理学。所以，西方有西方的心理学，东方有东方的心理学；美国有美国的心理学，中国当然应该有中国的心理学。

五、文化突围尝试的第二步——建立中国文化心理学

外国有外国的心理学，中国亦应有中国的心理学。这个道理，已不待多言。

怎样界定中国心理学？或者，何谓中国心理学？简单说，中国心理学是研究中国人特殊的心理现象及其规律的科学。我之用“特殊的心理现象”，意在各种文化所共通的心理现象及所属规律，应不在此之列。换言之，中国心理学应该是中国人受到中国文化影响最深刻的那部分特殊的心理现象——中国人的人格心理学。在深入探讨、研究中国人的人格心理学的基础上，我们才有可能揭示出中国人的认知模式、情感模式（体验和表达）、角色心理以及行为模式等规律。

在研究方法上，中国心理学固应该运用已经成熟的实证研究方法，甚或实验研究方法，也就是运用工具理性的方法；但我们更须明白，真正诠释人的心灵，尤其是中国人的心灵，单靠实证研究的方法，单靠工具理性的发挥，是难以道尽的。

譬如，中国何以没有宗教而中国人的灵魂却有所归依？中国人的价值理性如何体现于繁芜的日常生活中？中国人何以在世俗的世界中过着“心灵的生活”？中国人赖以“安身立命”的价值观究竟是什么？这些价值观如何在中国人的世俗生活中体现出来？中国人为什么重视“羞耻感”而鲜有“罪恶感”？中国人的家庭观念在中国人的心理生活中起到多大的作用？是以什么方式起作用的？儒家的积极心理学和道家的消极心理学是如何巧妙地在中国人的心理中结合起来？中国人为何多烦恼而少焦虑？中国人为何多“是非”（伦理与道德）之分而少“对错”（理性与规则）之别？中国人的人格结构和心理、行为模式的基本特征是什么？……欲回答清楚这些问题，当然单靠心理学是做不到的，也很难用实证的方法来进行研究。没有任何疑问，哲学、文化学以及文学艺术的研究方法，在回答这些问题时，会给我们更多的启迪，更有可能揭示出其本质的含义来。

对于涉及中国文化的研究，如果企图简单地应用西方现代文化中现成的方法，或者用西方现代文化来对中国文化进行“说明”，难免会犯极大的错误，甚至会走进死胡同。

举两个方面的例子。一是对《易经》的解释。我们早就知道，《易经》不是科学，而是关于自然、人和人与自然的关系的哲学思想。可是现代有不少人在用现代科学来解释《易经》，以此来说明中国古代科学技术的伟大。譬如有人说，阳爻“—”和阴爻“——”太伟大了，因为它们正与现代的二进位制相吻合，说明古代中国人就懂得了计算机的基本原理！连南怀瑾这样的《易经》研究大家都说：“我国古人即知道，地球的外面，是太阳，月亮，金、木、水、火、土五大行星围绕，月亮本身不会发光，是借太阳的光反射月亮的，而且知道月亮半圆时，另一半是在黑影中，并不等到近世用仪器或太空人爬上去才知道的。……古人并说阳气从地球放射到高空的时候，可以达九万六千多丈，这不能说我们的古人不科学。几千年前，他们就知道地球的放射功能，到太空的其他星球，有一个界限，也就是现代所称的游离电子层的那个界限。”（《南怀瑾选集·第三卷》，复旦大学出版社，2005 年版，91 页）如果真正懂得中国文化，真正了解中国文化的精髓，就会明白，这样来解说《易经》，是毫无道理的，会把《易经》彻底毁掉。

第二个例子是对中国传统医学（中医）的研究。中医是典型的中国传统文化的产物，是中国古人根据阴阳的原理建立的关于人的身体和身体的功能运行的哲学理论。今天的中医研究家们，应用现代医学的原理来对中医进行解释；更对各种中草药，采用分析化学的手段，还原出各种化学成分来。在我看来，这样的态度，最终会使中医毁于一旦。中医在现代的命运，已经充分说明了这一点。

从这两个例子中，所有的中国心理学家都应该获得有益的启示。

在理论架构上，中国心理学必须以经过整合的中国文化（儒家和道家文化）为依归，必须阐明，传统的中国人在传统文化的作用下的基本人格特征和心理模式究属如何？还必须阐明，现代中国人在经过文化和社会的变迁和转型后人格特征和心理模式发生什么变化？以及在社会心理的诸多方面与世界上其他国家，尤其是西方国家的差异是什么？等等。在此基础上，才有可能搭建中国心理学的基本理论构架。

在此基础上，确定中国文化心理学的基本范式（paradigm）。中国文化心理学的基本范式，就是在中国文化“理性不足，情理有余”的基础上，中国人的人格特征、传统的心理模式、情绪的表达特征等。

有了关于中国心理学的基本思路，我们可以导引出中国心理学的一个模式，这对于我们抵御或缓解现代中国人所存在的双重焦虑，应该是有用处的。这也是我们实现文化突围的一个突破口。

第十一章 情理模式
——中国人的心理治疗模式

我们在完成了文化突围的第一步——走出西方心理学，和第二步——建立中国文化心理学的基本理念后，就有了一个基础。这个基础给我们提供了一个平台，使我们在这个平台上设定一个心理治疗的模式。设定这个模式的目的既是现实的，也是长远的。所谓现实的目的，就是使用这个模式来克服现代中国人时时体验着的双重文化焦虑和集体焦虑；而长远的目的，则是我们继续为重新建立现代中国文化奠定一个基础——也许只是这个基础的一小部分。

这个模式就是中国心理学的“情理模式”。

一、对西方心理治疗模式的清算

在解析我的情理模式之前，读者首先会提出疑问：情理治疗模式在现有的心理治疗体系中究竟属于何种类型？属于心理分析治疗（Psycho - analysis Therapy）类型吗？属于认知治疗（cognitive Therapy）类型吗？属于行为治疗（behavioral Therapy）类型吗？属于完形治疗（Gestalt Therapy）类型吗？抑或属于今天最流行的认知—行为治疗（Cognitive - Behavioral Therapy，CBT）模式吗？——都不是。“情理治疗模式”是中国人自己的心理治疗模式，是产生于中国文化、适用于中国文化的心理治疗模式。

基于这样的因素，在提出“情理治疗模式”之前，我们先得对现代西方心理治疗模式做一番清理、清算，乃至清扫的工作。

和心理学本身的状况一样，心理治疗学的位置是不确定的，“心理治疗的理论众多。理论来自各流派对人格的认识和解释。如何看待人的本质、行为的机制、人格的发展和形成、人格结构等，这都直接与人们如何解释心理异常相联系。由此，人们又有各自对这些异常状态和进行干预、处理和治疗的方法。”（陈仲庚主编《心理治疗与咨询》，辽宁人民出版社，1989 年版，6 页）20 世纪 80 年代，曾有心理学家对各种心理治疗方法进行过检索，至少有几百种之多。不过，如果我们撇开具体的操作方法和不同的侧重点，现代心理治疗学最有影响的有两个：一个是心理分析治疗模式；一个是认知治疗模式。

我们先看看，心理分析治疗模式如何呢？能不能通过心理分析来对焦虑进行治疗？经典的心理分析理论所理解的焦虑是深藏在人的潜意识中而并不为人的理性或意识所认知。由于焦虑是太扰人、太令人痛苦的情绪，所以通过心理分析理论中所谓的压抑作用（suppression）和潜抑作用（repression）这两重机制把焦虑抑制于潜意识中。被压抑或潜抑的焦虑症状以其他的神经症症状，例如压抑感、自卑感、性生活紊乱等表现出来。而焦虑本身只有经过心理分析师对病人的症状进行分析后才能从潜意识中挖掘出来。

有两个理由令我不能同意心理分析的观点。

其一，我并不认为焦虑一定会被压抑到潜意识中去。如果是这样，我们现实生活中实际存在着的大量的焦虑症状就不可理解；同时，我们也难以相信，我们的日常生活，我们的喜怒哀乐竟然是被我们完全不知道的，更不能左右的发生于潜意识中的动力学原则支配，而这些动力学原则却是在我们少不更事的儿童时代甚至是婴儿时期就已经定型。

其二，心理分析着重的是被压抑或潜抑在潜意识中的焦虑。所针对的并不是焦虑症状本身，而是对其他的神经症症状进行分析从而把焦虑从潜意识中挖掘出来。对于焦虑症状本身的治疗，心理分析的方法并不看重。问题是，通过对其他神经症症状的分析是否能真正把焦虑从潜意识中挖掘出来并达到消除焦虑的目的。这只是弗洛伊德等心理分析师的一厢情愿。

看来，心理分析的治疗模式也并不是焦虑的合适的治疗方法。

认知治疗，是 20 世纪六七十年代出现于美国临床心理学领域的一种心理治疗方法。从它一出现开始，就对现代心理治疗学产生了重大的影响。这个影响的力量一直持续到今天，未有稍减。认知治疗有各种各样的方法，各个治疗家也持有不同的理论和技术。“但还是有着一些比较共同的特点，那就是他们都比较强调认知过程作为行为的决定因素的重要性；都认为行为和情绪之产生有赖于个体对情景所作出的评价。而这些评价又受个人的信念、假设、想象、自我言谈等认知因素的影响，而这些因素，正是心理治疗所应特别注意的目标。”（上书，77 页）

现在我们要问，影响人类“认知过程”，决定“认知因素”的是什么呢？我们来看看著名认知治疗家贝克（A. T. Beck）是怎么解释的。“贝克理论中第一个重要概念是‘共同感受’（common sense）。共同感受是人们用以解决日常生活问题的工具，它包括各种提出并验证假设、进行问题解决的方法。因此，一个人在处理日常生活问题时的行为，很像一个科学家从事科学研究工作，他从外界获取信息，根据过去经验和已知的原则进行假设、推理，形成结论并在实践中加以检验。”（上书，85 页）

这段话说得再明白不过了。人的“共同感受”颇似一个科学家在从事科学研究时的行为，那么我们要问，所谓“共同感受”是不是“指人们凭借逻辑推理认识事物本质、获得客观真理的能力和活动”呢？

认知治疗就是建立在这样的理论基础上：按照认知理论的基本原理，错误的或不准确的观念和认知过程导致不良行为与情绪，而一旦对这种观念和认知过程加以纠正，就可以改变不适应的情绪和行为。换言之，认知治疗的过程，就是探察导致人的行为和情绪的观念中，哪些是符合理性的，哪些是不符合理性的，并对那些不符合理性的观念进行纠正，从而达到纠正不良行为和情绪的目的。

那么，认知治疗模式能否通过理性主义达到“纠正不良行为和情绪”的目的呢？

我们愿意就贝克提到的两个例子，来分析一下认知治疗究竟能不能纠正人的不良情绪和行为。

第一个例子是强迫症。我们且来看认知治疗家是怎样看强迫症的：“如果某种事件发生不良后果，强迫症患者总是要把这种可能性夸大，因而认为必须做些什么事情来制止这一事件的发生。同时他认为要完全彻底地避免事件发生，理应作出更大的努力。于是他一方面做出一些动作以表明他为制止这一事件作出了努力，但另一方面又总是对自己的努力不满意，总力求做得更完美，于是他反反复复地重复着同一种劳动。”（上书，90 页）。

我们同意认知心理学家对强迫症的分析，强迫症患者预期到某种不良事件可能发生，并“总是把这种可能性夸大”，于是处于焦虑的情绪状态之中。他为了避免他所认为的不良后果的产生，当然要想方设法努力做一些事情以克服焦虑。在他为克服焦虑而“一方面做出一些动作以表明他为制止这一事件做了努力，但另一方面又总是对自己的努力不满意，总力求做得更完美”的过程中，他就陷入到“明知……，却……”的心理冲突中而不能自拔，并产生更加强烈的焦虑情绪。

问题是，强迫症为什么会出现那样的心理冲突呢？认知心理学家的解释是，“如果某种事件发生不良后果，强迫症患者总是要把这种可能性夸大，因而认为必须做些什么事情来制止这一事件的发生”。这种心态其实是人类心理的常态，而不是强迫症患者特有的心态。只要有不好的后果出现，只要这种后果尚未真正在现实中出现，人就会在作预测时把不良的后果“夸大”。这并不是病理心理所致，恰恰相反，它是人类理性活动的结果。“夸大”可能产生的不良后果既是理性的，那么，人为了避免自己所预测的不良后果出现所作的种种努力，也就是理性的了。如果说强迫症患者“另一方面又总是对自己的努力不满意，总力求做得更完美”，更是理性的作用所致。我们该记得，罗素曾经提出，在人类理性的深层，存在着“impersonal feeling”——即梁漱溟先生翻译的“无所私的情绪”。在“无所私的情绪”的指引下，就把人导引向永不停息地追求“无限完美”的境界。按照梁漱溟先生对“无所私的情绪”的解说，它既是“是极有力的感情”，而且“不容自昧”，一定要想方设法表现出来。好像有一个强大的力量，在推着人一直向前，不停地向前，人的意志亦难以控制。

我和认知心理学家的根本分歧在于，我不认为人类的焦虑情绪、强迫症状等是由于人的非理性认知所致，恰恰相反，它们正是在理性的认知所产生。所谓“焦虑产生于理性”，正是我的基本命题。我们这样来分析强迫症的成因，同时还可引出另一个与此紧密相连的结论，那就是通过纠正或调整强迫症的所谓“非理性”的认知过程，并不能达到治疗的目的。本来由理性所造成的焦虑却要由所谓的“非理性”来承担，未免有些无的放矢。所以，我们看到的认知治疗的结果不免会让焦虑的患者和同样焦虑的认知心理治疗家失望。

认知治疗的第二个例子是恐怖症。那么，恐怖症在认知心理治疗家的眼中又是怎么一回事呢？“恐怖症是在某种特殊环境中产生出强烈的恐怖情绪。这种恐惧在别人看来，与实际环境的危险程度不成比例。恐怖并不是对情景本身的恐惧，而是当患者置身于情景之中产生的结果。按贝克的解释，某种恐怖症患者在置身于情景当中时，就会对处身于其中的周围环境作出预期，并且总是预期到会产生对自己有威胁的后果，并且这种威胁是被过分夸大了的。”

预期正是人类理性的结果，没有理性，即没有预期；没有预期，就不会产生恐惧，也不会产生焦虑。我们注意到，认知心理学家特别强调“夸大”的作用，“夸大”固然有病理心理学的意义，但在是否符合理性这一点上，夸不夸大，并没有实质性的影响。

其实，就患者的恐惧心理而言，并不是单向性的，而是和强迫症一样，处于强烈的心理冲突中，仍然适用于“一方面……，另一方面……”“明知……，却……”的公式，就是“一方面对某种事物感到恐惧，另一方面想方设法努力去控制自己的恐惧”“明知没有必要恐惧，却控制不住自己的恐惧”。当患者陷入到这种心理冲突中去以后，并不需要向患者特别指明，他过分夸大了预期的不良后果。这个道理，患者心里透亮着呢，他深知自己是夸大了，可夸大有什么不对呢？认知心理学家能告诉患者哪些地方夸大了，在多大的程度上夸大了呢？如果患者反问认知心理学家，遇到危险的可能性，你就没有一点夸大吗？可见，以理性主义为武器的认知心理治疗对这样的患者同样是无能为力的。

我们再举一个例子——“理情治疗模式”，来做进一步的分析。“理情治疗模式”是“理性—情绪治疗”（Rational – Emotive Therapy，RET）的简称，为美国心理学家埃利斯（Albert Ellis）所创立。

理情治疗模式的核心是所谓的 ABC 理论。ABC 分别是三个英文单词的第一个字母。A（Activating events）是指生活中发生的具有刺激性的事件，B（Belief system）是指个人的信念或观念的系统，即人的认知系统，C（Consequences）是由于个体的情绪或行为的反应引起的后果。

三者之间的关系是怎样的呢？“人们通常认为是事件 A 引起了结果 C，但埃利斯不这样看。他认为只有 B，人们的信念体系中对 A 的看法，才是导致 C 产生的直接原因。如果人们的信念体系对于某一事件 A 的看法、信念是合理的、理性的、现实的，那么由此产生的 C 也就是合理的、适当的。反之，如果人们的信念体系对这个 A 产生的看法、信念是不合理的，那么其结果 C 也将是不合理的、不适当的。ABC 理论认为，人们的信念体系对事物产生的不合理的、不实际的信念是导致人们的情绪障碍及神经症症状产生的原因所在。”（陈仲庚主编《心理治疗与咨询》，辽宁人民出版社，1989 年版，122 页）简言之，是个体的信念或观念而不是生活本身决定了人产生什么样的情绪。我们看得出来，ABC 理论，和认知心理治疗的 S – C – R 公式（S，Stimulus 刺激；C，Consciousness 意识，也就是人的认知；R，Response 反应）同出一炉。

谈一个翻译上的问题。对 Rational – Emotive Therapy，大多翻译为中文“合理的情绪治疗”，更准确地译法似应以“理性—情绪治疗”为妥。这里的关键是对 rational 这个词的理解。在英文中，这个词的基本词义是“理性的”，这个词加上后缀 – ism 为 rationalism，则为西方著名的“理性主义”。英文中的理性为“认知理性”或“工具理性”，即合乎逻辑或一般的思维规律之意；而在中文里，合理不等于理性。合理容易使人想到“合乎情理”或“合情合理”。因为，理性的固然是合理的，但合理的却并不一定是理性的，这要看合的什么“理”。

我们已经晓得，ABC 理论并不是埃利斯的创造，也不是其他任何认知心理学家的创造。埃利斯的贡献在于，他从操作的角度提出了在西方社会普遍存在的三类“非理性的观念”，即对自己、对他人、对周围环境及事物的非理性的和绝对化的信念和要求。

理情治疗（RET）就是以此为理论基础，阐发出了一套治疗程序。这套程序的要点是通过认知的方法、情绪的方法和行为的方法纠正来访者的“非理性观念”（irrational belief）。通过治疗的过程，当非理性的观念得到了纠正后，由非理性的观念所导致的情绪（埃利斯称其为“非理性的情绪”）自然也就可以得到纠正，人的心理重新回到健康的状态。

怎样评价这个治疗模式？有批评认为，“在 RET 治疗方法方面，RET 是在反对心理分析学说的基础上建立起来的，RET 强调在改变病人的认知上下工夫，这主要是在病人的意识层次进行工作。有人认为 RET 太偏于理性方面了。问题之一是认为人们仍有一些难以言表的感情与体验存在并起着某些作用。”（上书，152 页）这个批评虽然指出了 RET 的问题，“太偏于理性方面了”，这使得有些“难以言表的感情与体验”不能通过 RET 来解决。但这个批评却并未能直指问题的核心。问题的核心是企图通过理性的方法来纠正产生于理性的焦虑根本就是南辕北辙。

理情治疗无疑是一种很有吸引力的治疗模式。笔者多年来一直倾心于这种治疗方式。但也正是在大量的临床实践中，笔者发现了这个治疗在理论上的根本问题。发现了理情治疗的问题，跟着就发现了所有认知治疗的通病。

不能说认知理论的这个基本思路是完全错误的，人的观念和认知过程在许多情况下确实能够决定并改变人的行为和情绪。同样，通过纠正人的非理性的认知观念可以纠正人的非理性行为和情绪。但在人类心理（包括知觉、情绪、思维等）发生的起点上，认知理论作了类似代数上的“化简”处理。认知理论认定，人的心理现象发生的过程是外界的刺激作用于人意识的经验（思维或认知），后者对客观世界进行评价和解释，形成观念，而这些观念就是人的情绪和行为产生的直接原因。在我看来，这个“化简”实在太不应该。

我之所以说认知理论是对人类心理的起点上的“化简”处理，是因为在人与客观世界接触的过程中，外界的刺激在作用于人的认知系统后，并不总是首先在认知系统中产生效应，继而才引起其他的心理反应。有的时候，情绪先于认知而产生并不是没有可能的。如若不是这样，人类有的心理现象就不能得到合理的解释。

例如，人为什么会对生活中的某些事件，明知其对自己有利，却会产生极端厌恶的情绪？反过来，人明明知道某些事情会对自己产生极其不利的后果，在情绪上却偏向于它？为什么有的人天生对某些事物（如蛇）恐惧？人为什么对某些东西天生就喜欢？为什么弗洛伊德要花那么大的力气去研究人的压抑作用、潜抑作用以及诸多心理防御机制？

所以，我们有理由说，人的情绪并不一定是在认知以后才会产生。人有许多难以言喻的情绪和体验并不能用认知心理来解释。再者，我们非常清楚，认知理论不能解释人的审美情趣，不能解释道德情感，不能解释爱情，当然，也不能解释焦虑。

够了，有了对心理分析治疗理论的质疑，有了对认知治疗模式的“清理”（实质是进行了“颠覆”），就扫清了道路，可以论述我所提出的“情理治疗模式”了。

二、中国心理学的“情理模式”的文化基础

建立中国心理学的治疗模式，这是一个十分艰难的问题，更是一份十分艰巨的工作。就我个人的知识结构、职业经验和人生阅历，要解决这样的问题，完成这样的工作，是极为困难的。这是一次艰难的文化突围的尝试。或许，我只能提供一些思考的片段，或者构建一个经不起敲打的理论架构，以供同行和对人类心理现象感兴趣的人参考。

这个模式的基本架构是怎样的呢？或者说，这个模式的基本原则是什么呢？

生活在中国传统文化中的传统中国人是较少焦虑的，即使有了焦虑也较容易得到缓解。为什么？中国传统文化或传统中国人，所看重、所讲求的理性原来既不是认知理性，亦不是价值理性，而是中国人的“情理”。

中国文化，就是“理性不足，情理有余”的文化。“不足”，是消极的特征，而“有余”，则是积极的特征。所以，情理，是理解中国文化的大过节、大关键。通过这个大关键、大过节，我们对发生在中国社会中的所有现象都可以用“情理”来给予适宜的解释：正是“情理”使传统的中国人即便在极端苦难的人生中也能“过日子”“熬日子”；中国人对心灵生活的感悟，中国人的“温良”性格，中国人的艺术追求，中国人独特的人际关系系统，中国人著名的“耐性”“韧性”，中国人特殊的幽默感，“自得其乐”的乐天精神，均由“情理”发端；中国不看重逻辑思辨，将科学技术斥之为“奇技淫巧”，为人处世的“马虎”“随意”，也都可以从“情理”二字中找到源头。

我们可以批评中国传统文化的“理性不足，情理有余”的精神难以产生科学技术，难以自动把中国导入现代化进程，甚至我们也可以批评它是中国

这一二百年落后的原因，但我们不可否认它在维持中国人心理平衡，在调节中国人与环境的关系、人与人的关系和缓解焦虑中的重要作用。

中国文化是以“情理”为要义的文化，世界上的万事万物都是按照一定的“情理”运行的。虽然有时候把情理叫作“天理”，有时候又叫“天性”，都是一个意思。

在中国人的为人处世中，凡事都要合乎情理。例如，在人际关系上，多替对方考虑，给对方留面子是合乎情理的，否则就是不合乎情理的；做事情不要做到极端，要留有余地是合乎情理的，反之就是不合乎情理的；收敛和忍耐是合乎情理的，轻浮和放浪形骸则是不合乎情理的；为人做事中规中矩，采取中庸之道是合乎情理的，飞扬跋扈，好出风头则是不合乎情理的；好德恶利是合乎情理的，好利恶德则是不合乎情理的；孝顺父母，敬重师长是合乎情理的，反之则是不合乎情理的；尊重权威是合乎情理的，轻视权威则是不合乎情理的；恋人之间“秋波暗送”“眉目传情”是合乎情理的，直接向对方表达情意，甚至说出“我爱你”这三个字则是不合乎情理的；“知足常乐”是合乎情理的，贪得无厌是不合乎情理的……

有了这样的心理基础，凡事合乎情理就有商量转圜的余地；反之，任何事情只要“不合乎情理”，无论真实与否，在中国人的心理上便要大打折扣。至于“情理”二字如何界定，何为“合乎情理”，何为“不合乎情理”，却是模糊不清的。

譬如子女应该对父母“孝”的问题。在中国文化中，“孝”是所有伦理的出发点和目的地，也可谓之天理。在“孝”的问题上，中国人仍然是不容讨论的，最容易引起中国人的情绪反应。

当代“新儒家”代表人物之一牟宗三曾经这样问道：“人为什么该‘孝’？这是经不起理智的疑问与分析的……既没有理由，要这些封建的限制干什么？但是我们很容易看出：关于这类的事可以这样去追问去分析吗？当他这样一问时，他的心已经死了，可谓全无心肝。”（《道德理想主义的重建》，中国广播电视出版社，1992 年版，79 页）

为什么“孝”不容讨论？为什么一讨论就“心已经死了”，就“全无心肝”？王阳明是这样解释的，“知是心之本体，心自然会知：见父自然知孝，见兄自然知弟，见孺子入井自然知恻隐，此便是良知不假外求。”至于对于这样的问题为什么“心自然会知”？在一个儒家知识分子看来，这是根本用不着去苦苦思索的事情。正是内心的“良知”要人去孝敬自己的父母、尊敬兄长，有恻隐之心，而没有任何外来的力量强使人去这样做。此类事纯系天然。

既然关于“孝”这样的问题纯系天然，是根本不能用理性去分析的，谁要去分析，谁就“全无心肝”。一个中国人，若被目之为“全无心肝”，就根本连做人的资格也没有了。在传统中国社会中，一个人被认为是不“孝”，即被列为“十恶不赦”之首。即便在今天，中国正在发生社会转型的巨变，对父母不孝，仍然是全民共讨之的对象，最容易激荡起大众最强烈的情感反应。至于不孝的原因，人们是不大去追究的。

在中国人的生活中，情理绝不能与理性所要求的“实际”或“合理”等同，二者不仅有相当的距离，甚至可能是完全相反的意思。一个中国人，为了养活父母而去盗窃，为了报杀父之仇而去杀人，在今天的法制社会里固然会受到法律的惩罚（该不该为了报仇去杀人，那是“对错”之分），但大众心理的天平上，同情和敬佩之情始终会倾向于他的（杀父之仇报不报，那是“是非”之别）。所以，情理讲求的是“是非”，而理性讲求的是“对错”。在中国人心里，是非是什么？就是王阳明所谓的“良知”：“良知只是个是非之心，是非只是个好恶，只好恶就尽了是非，只是非就尽了万事万变。”王阳明说得再清楚不过，是非只是内心的好或恶，喜欢还是不喜欢，是类似本能的东西，这就是“良知”。中国人的情理生活就是这样：凡是符合中国人“良知”的、内心喜欢的就是“是”，不符合中国人“良知”的，内心不喜欢的就是“非”。

理性的生命在于它的逻辑性，理性的力量也在它的逻辑性。无论任何事情，在逻辑上，一就是一，二就是二，是就是是，非就是非，没有，也不应该有任何逻辑以外的理由。中国人情理的生命和力量，来自中国文化中的伦理道德，伦理道德自然不能用理性去分析，去推敲。情理一沾上了逻辑，就失去了生命，也失去了力量。但情理不讲求理性逻辑，却并不意味着没有规矩和规则。伦理道德和社会习俗就是中国人情理最严格的规矩。

所以，在中国文化中，一个人的行为所千方百计追求的就是符合情理的要求，追求“合情合理”，追求“心安理得”，最终才可求得心灵的安静和平衡。

在这种“情理”精神的指引下，中国人自有中国人的行为准则和效果评价标准。一个人经过努力，目标没有达到，没有关系，只要努力了就可以求得“心安理得”；生活中有太多的苦难，中国人的日子照样能过下去，可以看成是“天将降大任也”；日子过得清贫，更显君子之风，有孔子的格言为训：“君子食无求饱，居无求安”；大不了，儒家做不成了，还可以做道家呢，“人生在世不称意，明朝散发弄扁舟”。在我的老家四川，人们经常讲一个道理，“鱼有鱼路，虾有虾路”，你走你的阳关道，我过我的独木桥，互不相干。用高雅一点的话说，清馨的莲花不必叹息自己不如雍容富贵的牡丹，长在山坡上的野草野花，也绝不必羡慕被人养在深院里的艳冶的玫瑰。在中国社会里，万事求心安，只要“心安”就可“理得”。为什么？因为合乎情理。因此，从本质上说，中国人的人生就是追求合乎情理的人生。

合乎情理，或合情合理，已然渗透到了中国人的全部社会生活中，成为我们社会生活的最重要目标；已然渗透到了中国人的人格中，成为中国人人格中最重要的成分；已然渗透到中国人的情感生活中，成为撬动我们情绪发生、发展的主要杠杆。所谓“杀人可恕，情理难容”，可见一斑。

焦虑显然是不合乎中国人的情理的。焦虑是由于“对危险、威胁和需要特别的努力但又特别无能为力的苦恼的强烈的预期。”为什么会这样？正是因为人有强烈的理性观念，才会对尚未发生的事情产生强烈的预期。如果理性观念不强，这样的现象也就不会发生。

林语堂曾说西方人对待快乐是积极的，而中国人对待快乐是消极的。积极，便要遵循享乐主义的快乐原则，在形而下的世界中主动去到处寻找；寻找不得，就会预期，预期就产生焦虑。唯其积极，则要求和梦想太多，有的梦想是永远不能实现、永远也不能满足的。所以西方人在总体上，在灵魂深处，经常受到痛苦、绝望和焦虑的煎熬。那么所谓中国人消极的快乐呢？中国人对具体的麻烦和不幸很敏感，免不了要愁眉苦脸，但只要麻烦和困难稍减，中国人马上就会快乐起来，并不会想得太多。这样的心情只能叫作烦恼，而不是焦虑。

中国人对远一点、大一点的地方并没有太多的想望，达观、知足而常乐，采取一种无谓的、超然的态度。没有过度的奢望，所以无所谓失望。奢望也好、积极追求也好，都会有强烈的预期。中国人既然并不对“远一点、大一点的地方”达观而知足，并没有奢望，也就不会有强烈的预期，所以，并不焦虑。“布衣饭菜，可乐终身”，只要生活太平无事，良心获得安宁就是最大的福气。

中国人常讲一句话，日子自然是来“过”的，不是用来“想”的。中国人对苦难的忍耐，在全世界所有的民族中是绝无仅有的，这一点给西方人留下过深刻的印象。在最艰难困苦的日子里，连维持生命的基本食物都难以保证的时候，中国人还会发明“瓜菜代”：“农忙时吃干，农闲时吃稀，平时则可半干半稀，再夹以瓜菜……”这个著名的发明，在西方准会被认定为黑色幽默。

中国文化中缺乏悲剧精神，这已经是学术界的共识。古希腊神话中，《俄狄浦斯王》讲述了杀父娶母的故事，《被缚的普罗米修斯》讲述了普罗米修斯的受难历程，《特洛伊妇女》描述了特洛伊人的悲惨生活，《美狄亚》讲述了美狄亚为报复遗弃自己的丈夫而杀死两个亲生子和新妇的故事，都是令人千年嗟叹的悲剧。莎士比亚的四大悲剧更是震撼人心。而在中国文化中，即使是悲剧，也是以大团圆为结局。中国著名的悲剧，如《窦娥冤》《赵氏孤儿》《琵琶记》等，都是如此。

要论及中国文化为什么缺乏悲剧精神，我们可以列举出一系列原因，譬如追求世俗的和心灵生活相结合的人生观，天人合一的生命观，缺乏原罪思想、灵魂的终极关怀和拯救意识等。但归根结蒂，是中国文化中对“情理”精神的追求。在中国人的“情理”精神下，悲剧的存在，只不过是对现实生活中挫折的反映，而现实生活最合乎情理的结局应该是大团圆，是皆大欢喜；沉湎于灵魂的苦难和命运的悲叹，自然是不合乎中国人“情理”精神的。

在合乎情理的人生观的观照下，中国人对生活，对苦难，对命运，对生与死采取了极为放达的态度。对于西方人离开宗教就不知所措的生与死的问题，孔子一句“未知生，焉知死”的话，就轻而易举地化解了。

在今天——中国的现代化历程已然不可逆转，中国人在接受西方物质文化的同时却要承受西方价值观和“理性主义”的双重焦虑的前提下，了解传统的“情理”观念，以此来克服和抵御焦虑的情绪，确也不失为一条可行的道路，一个可做的选项。

所以，如果要提出中国心理学的一个心理治疗模式，尤其是抵御焦虑的模式，那就只能是“情理模式”。所谓“情理模式”，就是建立在中国文化最核心内容的基础上，符合中国人基本人格特征、心理模式和心理取向的心理治疗模式。

以上就是“情理治疗”的文化基础。在这个基础上，我们可以讨论情理治疗的基本模式了。

三、“情理治疗”（ART）与“艺术家原则”

中国人生活中的“情理”，也就是我们经常讲的“合情合理”，或者也叫“通情达理”。“合情合理”，就是既要合情，又要合理；“通情达理”，也就是既要“通情”，又要“达理”。

所以，“情理”二字，最值得推敲。既可合起来讲，也可分开讲。我们先分开来讲。先说“情”，后说“理”。

在汉语中，“情理”之“情”，有几层含义：

1. 感情：如，热情洋溢，情不自禁；

2. 情况：如实情，病情，灾情，事情；

3. 情面：如说情，徇情，情不可却；

4. 爱情：如情书，谈情说爱；

5. 情趣：如意趣，性情，志趣。

在中国人心里，“合情”首先是合乎生活所谓人之常情。人之常情也就是中国人寻常生活中的习俗和规矩。怎样才能合乎“人之常情”？凡事多替对方考虑，给对方留面子是人之常情；为人做事中规中矩，采取中庸之道是人之常情；孝顺父母、敬重师长是人之常情；情感表达收敛和曲折是人之常情；过年过节说吉利话是人之常情；等等。人之常情，类似于西方人所说的“common sense”，但二者并不能完全对等起来。人之常情，最能反映出中国人的精神。

其次，“情理”还要合乎实情。但须注意，“实情”既有“真实情况”的意思，也有人“心理上所感受到的情况”的含义，“是非只是个好恶，只好恶就尽了是非”，所谓“好恶”不过是人的主观感受而已。所以，就中国人心中的“实情”而言，主观的感觉比实际的情况来得更为重要。

再次，“情理”还要合乎中国人的“感情”。“感情”二字，在中国文化中表达极为模糊。亲情是感情，朋友之情是感情，同性之间有感情，异性之间也有感情，情人和夫妻之间也可用感情来表达。实际上，这些不同情况下的所谓“感情”不仅形式上，内容上也有很大的不同。这些不同的“感情”在使用的时候也常常会引起人们的困惑。

例如中国的婚姻法规定，“男女一方要求离婚的，可由有关部门进行调解或直接向人民法院提出离婚诉讼。人民法院审理离婚案件，应当进行调解；如感情确已破裂，调解无效，应准予离婚。”什么叫“感情确已破裂”？在这里“感情”是不是代表“爱情”？为什么不直接说“爱情已经破裂”，偏要用“感情”来代替？如果不完全代表爱情，那还有什么“情”包含在“感情”里面？

看来，中国人的“感情”是非常复杂的一种情绪，并不单纯是现代心理学所讲的喜欢还是不喜欢，更指生活中的“人之常情”，不仅对人，也对事。

第四，“合情”更要合乎人的情面。中国文化本身就是“羞耻感”的文化，面子或者情面是中国人最重视的事情。在中国文化中，面子代表一种尊严、声望和地位，既可以通过成功和炫耀来获得，也可以通过避免失败或不利的局面来得到。不管是积极的面子还是消极的面子，自己的面子还是别人的面子，都是中国人一刻也离不得的。

第五，“合情”还要合乎“人情”。人情就是人与人之间的关系，儒家学说中最重要的概念“仁”就是这个意思。在中国社会中，人与人之间的关系或者是家庭关系的扩展，或者是一种伦理关系，它不是现代社会中人与人之间的利益关系，却不能完全离开利益关系。中国人常常把“人情”和“世故”合起来用。一个人为人圆滑而不失厚道，通晓做事的规矩，遵守通行的习惯，能讨得众人的欢喜，可谓之是一个懂“人情世故”的人。

《红楼梦》中的刘姥姥就是这样一个人。刘姥姥因生活困难，跑到贾府中来，寻那八竿子打不着的所谓“亲戚”，不过是为了求点好处，打打秋风而已。她心里透亮，要达到目的，第一个要讨得欢喜的是凤姐儿，于是在王熙凤面前竭力讨好，奉承极致。及至见了贾母，知道这位才是最重要的角色，于是想尽办法曲意承欢，在贾母面前出尽了洋相，不仅令贾母大悦，更惹得大观园上上下下所有的人欢喜非常：

> 湘云撑不住，一口茶都喷出来。黛玉笑岔了气，伏着桌子只叫“哎哟”。宝玉滚到贾母怀里，贾母笑地搂着叫“心肝”。王夫人笑的用手指着凤姐儿，却说不出话来。薛姨妈也撑不住，口里的茶喷了探春一裙子。探春的茶碗都合在迎春身上。惜春离了座位，拉着他奶母，叫“揉揉肠子。”地下无一个不弯腰屈背，也有躲出去蹲着笑去的，也有忍着笑上来替他姐妹换衣裳的。

刘姥姥的目的达到了。诸位请看《红楼梦》第四十回、四十一回，可得其详。

最后，“合情”还要合乎人的情趣、性情或志趣。中国人的心灵是纤细而敏感的，最看重人生的情趣。哪怕是在最艰难困苦的生活中，中国人也绝不肯放过对人生情趣的追求。苏东坡在流放的生活中还发明了“东坡酒”“东坡肉”，去做他的“东坡居士”。清人金圣叹更是个临死前大谈“盐菜与黄豆同吃，大有胡桃滋味”的奇人，他那三十三个“不亦快哉”，更令人感叹。

现在我们来说说“理”在中国文化中是怎么回事。和“情”相比，“理”在中国文化中，是更为复杂的概念。

儒家文化发展到宋朝，变成了“理学”。宋朝的理学，是在公元 10 世纪出现。公认的说法是，理学形成于二程（程颢、程颐），集大成于朱熹，故又称“程朱理学”。

既然称为理学，“理”自然是它的核心。程颢曾说过：“吾学虽有所受，‘天理’二字却是自家体贴出来。”程颐认为理是万事万物的本原，“万物皆只是一个天理”。“理则天下只是一个理，故推至四海而准，须是质诸天地，考诸三王不易之理”。对程颐的这段话，我们是耳熟能详的。在现代中国社会，也并未绝迹。中国文化不是宗教，却胜似宗教。儒家文化发展到宋朝成为理学后，不仅定于一尊，更是经天纬地，无所不包，上下融通，无处不在。理学家把它称作“天理”。

理学的集大成者朱熹说：“天地之间，理一而已。然乾道成男，坤道成女，二气交感，化生万物，则其大小之分，亲疏之等，至于十百千万而不能齐也。……程子以为‘明理一而分殊’，可谓一言以蔽之矣。”天地之间的万事万物，都是从这个“理”而来，乾坤成男女，交感而成万物，所以“明理一而分殊”。

不仅如此，朱熹还说，“未有天地之先，毕竟也只是理，有此理，便有此天地”。在没有天地的时候，理就已经存在了，天地正是因为有了“理”才会出现。这样就把理上升到比天还要大，还要高，这个理还能违背吗？

天理既然这么高，这么神圣，那么究竟什么是天理？朱熹说，天理又是“太极之理”，它是一切理的本原，至高至大，至中至正，至善至美，是“万善”的道德标准。天理与中国文化中的伦理相通，但不止于伦理，在某种程度上，也通于天命，也通于情理，也通于人性本身。而且天理是永恒的：“且如万一山河大地都陷了，毕竟理却只是在这里”（《朱子语类·卷九二》）。

不难理解，在中国人的社会生活中，“理”自然而然就要化为规矩、准则，如韩非“理者，成物之文”。而中国社会中的习俗是最大的规矩、准则。社会习俗在人的行为体系中是极为重要的东西。虽然我们平常所看到的社会习俗是大量的琐碎的行为，但正是这些琐细的行为渗透到个体的行为中，主导着人的心理取向，甚至信仰。

我们不难理解，中国文化中“合理”的内容十分丰富，首先是要合乎伦理，合乎道德，还要合乎社会习俗，合乎社会中约定俗成的规矩。

再把“合情”与“合理”结合起来，就成为真正的“合情合理”的社会观念。这个社会观念，就像一张网，把中国人的全部生活都网罗到里面去了。

在“合情合理”的运用过程中，主观判断多于客观真实。情理之中，固然也包含客观的真实，譬如情理也包含“实情”，但与西方理性主义中的“真实”（actual）或“真理”（truth）却有相当的距离。而此点正是与西方之“理性”大相异趣之处。

有趣的是，如果把“情理治疗”翻译成英文，则为“Affectional Rational Therapy”，缩写为ART。ART的英文意思恰为“艺术”。那么，我们把“情理治疗”也称为“艺术治疗”可不可以呢？我说，不仅可以，而且是最妙不过的事情。这真是一个巧合，而且是美妙的巧合！

为什么说这是一个美妙的巧合？因为“情理”与“艺术”，“情理治疗”与“艺术治疗”之间，真有着异曲而同工之妙。怎样异曲同工？前面我们对情理治疗的基本原则已经作过细致的解说，下面我们要对艺术，对“艺术治疗”的基本特征进行一番说明。

我这样一个艺术的门外汉来谈艺术显然是不够格的，不过，我可以请出大师级的人物来，看看艺术究竟有什么特征？从本质上说，任何艺术活动都是审美活动。审美活动依赖于审美的经验。

我们看著名美学家朱光潜先生是怎样论说审美经验的：

“什么叫审美的经验呢？暂时排开一切外部影响和关系的问题，抽象地来谈审美经验，我们就可以说审美经验是为了它自身的原因对一个客体的观照，这一客体可以是一件艺术品，也可以是一个自然物。审美经验一方面与普通的实践活动或道德活动有区别，因为它不是有任何满足实际需要的欲望所推动，也不是引导出任何要达到某种外在目的的活动。另一方面，它也区别于科学的态度，因为它并不包含逻辑概念的思维，如利用因果关系把眼前的物体与一系列别的物体联系起来，同时还因为它虽然也是超功利的，却伴随着热烈的情感，而这对于科学推理却往往是有害的。”（朱光潜《悲剧心理学》，人民文学出版社，1985，14 页）

朱先生的意思非常清楚，艺术的审美是这样一种心理状态，它离开了现实的目的和功利目的，也不能应用科学的逻辑推理的态度，这两者是艺术之审美的根本要义。那么，当一个人进入艺术的审美状况中时究竟会有什么样的心态呢？还是看朱先生怎么说：

“我们可以举一个简单的例子，假设有一位商人、一位植物学家和一位诗人同时在看一朵樱花。如果他们每一个人都遵从自己的思考习惯，那么这同一朵花就会产生三种不同的印象，引出三种不同的态度。商人总是想着牟利，于是他就会计算这朵花在市场上能卖出的价，并且和园丁讲起生意来。植物学家会去数一数花瓣花柱，把开花的原因归结为土质肥沃，给花分类，并且给它一个拉丁文的学名。但诗人却是那么单纯，对他说来，这朵小花就是整整一个世界。他全神贯注在这朵花上而忘了一切。转瞬之间这朵小花变成一个有生命的活物，对着他微笑，引得他同情。在美的享受到极度狂喜的一刻，诗人把自己也化成了花，分享这花的生命和感情。我们在这里见到的，便分别是实用的、科学的和审美的态度。当然，这种大的区别并不排除我们每一个人都可能在不同的时刻成为一个实际的人，一个科学家和诗人。然而一个人一旦处在诗人的时刻，便不可能同时又做一个实际的人和科学家，而必须放弃自己实际的和科学的兴趣，哪怕是暂时的放弃。”（上书，14－15 页）

朱先生所谓那三个人中，植物学家采用的是科学的态度，商人的是实利的态度，唯有那个观赏樱花的诗人的态度，才是审美的态度。他既不去考虑樱花的实际功用，更不去思考它的科学原理，而只是沉浸在单纯的、无现实目的、欣然的感觉中，“分享着这花的生命”。问题又来了，怎样才能获得这样的审美感觉呢？朱先生的回答是“心理的距离”：

“把‘距离’一词应用于时间和空间，当然是在本义上的正当用法，但这个词也可以用在比喻的意义上。可以说我们有可能在一物体和我们自己的实际利害关系之间插入一段距离。我们可以在这里引用布洛举过的例子来说明。假设海上起了大雾。对一个水手来说，这是极不愉快的事情，预示着危险，引起他的烦躁不安。但如果抛开一切实际利害关系的考虑，把注意力集中在现象本身上面，这场大雾就成了赏心悦目的美景。那使水天一色的透明的薄纱，把远离尘世、陌生孤独的感觉，还有那给人安恬、又令人感到几分恐惧的一片沉寂，这一切都使浓雾中的海变成一幅格外美的画。”（上书，24 页）

朱先生在这里所引用英国哲学家布洛举过的例子真是再好不过。我们可以从中引出两个方面的意义。第一方面是朱先生一再说明的，审美的态度就在于“物”和“我”——客体和主体之间搭建出一段距离；这个距离可以是空间的，也可以是时间的。譬如我们对在空间上远离我们的东西都可以产生美感。“第一次到欧洲的东方游客通常有这样的印象，凡是于他有点陌生的东西都自有其特殊的魅力，哪怕是一只篮子、一座风车，甚或农妇头上的一条头巾，在他眼里也比在当地人眼里显得漂亮。”在时间上的距离同样会产生美感：“年代久远常常使最寻常的物体也有一种美。……‘从前’这两个字可以立即把我们带到诗和传奇的童话世界。”（上书，23 页）相信具有审美经验的人都会认同朱先生的这个说法。

但更重要的是第二个方面，“在一物体和我们自己的实际利害关系之间插入一段距离”，而朱先生提到的布洛所举的那个例子则极佳地说明了人在自己与利害关系之间插入一段距离的意义。那个例子真是好极了。我本人就曾经遭遇过类似的情形，而且也有过那例子中所说的两种完全不同的心理经验：

有一个夏天的傍晚，我要赶到一个地方去做一件在我看来十分重要的事情。我出门的时候，时间已经很紧张了，必须要保证路上十分顺利，我才可能按时到达。我暗自祈祷，千万不要有任何意外啊！

可是，当我刚刚上了一辆中巴车，顿时狂风大作，暴雨倾盆。那时我所在的城市的地下排水系统还没有完善，一会儿工夫，整个道路就被雨水淹没了。中巴车浸泡在泥水中蹒跚爬行，瓢泼般的雨水浇洒在车窗玻璃上，窗外模糊一片，连道路都看不清楚。司机边小心翼翼地开车边咒骂着这倒霉的天气，乘客们自然是一片叹气之声。我的时间本来就很紧，现在看来是注定不能准时赶到了。我心中焦急万分，不知是该埋怨自己还是诅咒这该死的天？万般无奈之中，我向车窗外望去——一下却惊呆了。

天刚黑，路灯亮了，霓虹灯也亮了。雨水浇在车窗上，顺着玻璃向下流，形成一个水的帘子。透过水帘望出去，只看到一片朦胧的灯光闪烁、跳跃。车灯射出去，是两条聚合着千万条雨线的光柱，在夜空中划来划去。坐在摇摇晃晃的车上，宛如在天上飘游，自己则好像变成了那飘游的精灵。

我长长舒出一口气，完全沉浸在那样的感受中，忘记了一切。我竟庆幸起自己来。那天究竟办成事情没有，有什么结果，我一点记忆也没有了。但那天乘车遇到大雨时的感觉镌刻在脑子里去了。至今记忆犹新，挥之不去。

我想，朱先生所说的诗人的态度，或者艺术的审美的态度，就是如此吧。在现实生活中，当我们把自己完全局限在利害关系中，我们必然是焦虑不安的，但如果我们在现实的利害关系和自己之间插入一个距离，稍稍离开一点，从利害关系中跳出来，审视自己所遭遇到的不愉快的甚至是痛苦的事情，我们的心情就会有完全不同的感受。如此，我们就把自己变成了生活中的艺术家或诗人。

审美并不是，或者说并不仅仅是对生活中具备美的特点的东西的欣赏。人类对悲剧的审美——用美学家的话说——“悲剧快感”是最重要的审美活动。朱光潜先生在《悲剧心理学》中发出了一个感慨：“奇怪的是，人们固然憎恶苦难，却又喜欢观看舞台上演出的悲惨事件。”（上书，2 页）为什么会出现这样的状况？也许人性中本来就有残忍的和虐待的天性，再大的苦难只要不是自己的，反而可以获得快感，把原本有的不道德的本能释放出来？或许别人的苦难可以使人幸灾乐祸，从而给自己带来安全感？又也许别人的苦痛给人带来了怜悯、疼惜的体验，使人的情感世界变得丰富起来？都是，都不是。最重要的理由在于，当人一旦再在现实的人生中“插入了一段距离”，人就会用审美的态度取代现实的态度，从而获得美感。

德国哲学家尼采把这个道理阐释得最为深刻：“尼采用审美的解释来代替对人世的道德的解释。现实是痛苦的，但它的外表是迷人的。不要到现实世界里去寻找正义和幸福，因为你永远也找不到；但是，如果你像艺术家看待风景那样看待它，你就会发现它是美丽而崇高的。尼采的格言‘从形象中得到解放’，就是这个意思。”（上书，143 页）

我们在前面介绍过美国心理学家凯利的“科学家理论”（第一章第四节）。在凯利看来，人之所以会存在焦虑的情绪，是因为人不能一如既往地遵循“科学家的态度”。我说过，这个理论既不能解释焦虑，更不能缓解焦虑。那么，什么才能最好地解释并缓解焦虑呢？那就是“艺术家的态度”。

我们说情理治疗应该秉持艺术家的态度，还在于，情理治疗特别看重的是“情”在人格中的位置，永远把“情”放在第一位，分析各种不同的“情”的组合以及相互之间的互动，构成了全部情理治疗的主要内容。我们要永远记得，中国人的人格特征是“理性不足，情理有余”。

到此，情理治疗的基本原则和艺术的（或审美的）原则就达到了完全合流：情理治疗的方法就是用“艺术家的态度”去对待我们生活中的痛苦、不幸和焦虑；“艺术家的态度”应该贯彻于情理治疗的全部过程。

四、“情理模式”的程序

现在我们要讨论，在情理模式或艺术家原则中，焦虑是通过什么样的途径，是怎样被克服的？

其实，用心的读者已经很明白，我们在整本书中基本是在讨论两个问题：第一个问题是，焦虑产生于理性而脱离了理性的轨道，从这个结论中我们得出了建立在理性主义基础上的认知治疗模式不可能真正克服人类的焦虑情绪；第二个问题是，中国人面临着双重的焦虑：一是由于传统文化的失落而造成的文化认同的危机，由于这种危机而产生焦虑；二是与西方文化的现代价值观冲突，冲突产生焦虑。本来，理性主义发展不完善，情理文化非常丰富的中国文化并不会导致强烈的焦虑情绪，即使有了焦虑也容易在中国文化的基本精神指导下很容易得到缓解。正是由于西方文化的冲击，中国文化的根基发生动摇，中国人出现文化认同的危机，才出现强烈的焦虑，乃至于双重的焦虑。

情理治疗模式，就是要从西方理性主义的桎梏中解脱出来，放弃认知治疗的基本模式，回归到中国文化的以情理为中心的文化氛围中。

同时，我们还认识到，情理治疗的基本态度，就是审美的态度，也就是“艺术家的态度”。所谓审美的态度或艺术家的态度的最显著的特征是，在自己现实的人生和利害关系中“插入一个距离”，跳出个人的挫折和人生的苦痛，寻找一个新的角度，“像艺术家看风景那样来看待它”，避免理性的思考和认知的调整，彻底从“强烈的期待”“不期而至的选择”中走出来，摆脱“自我强迫”和“自我反强迫”的心理冲突，回归心灵的安谧。

情理治疗的基本程序，就是在这样的基本认识的基础上产生的。

下面就是情理治疗的基本程序。

情理治疗的程序分为两个阶段：诊断阶段和情理阶段。核心是情理阶段。情理阶段又分为三个步骤，第一个步骤为“艺术分析”，第二个步骤为“合情分析”，第三个步骤为“合理分析”。下面是对情理治疗程序的叙述。

1. 诊断阶段。诊断阶段又称现象学阶段。在与来访者建立充分信任和良好互动的基础上，心理咨询师必须运用丰富的临床心理学（主要是现象学）经验，对来访者的各种问题进行梳理，确定来访者的问题所在，并运用现象学的原则对来访者可能存在的焦虑症状进行诊断。所谓现象学原则就是对焦虑症状进行不先入为主的、客观的、纯粹的现象学描述。来访者描述什么就是什么，绝不添加咨询者任何自己的理解，更不要自己先做成一个模子，把来访者的问题套到这个模子里去。

咨询师始终要记得焦虑的描述性定义：焦虑是对尚未发生但可能发生的危险、威胁和需要特别的努力但又特别无能为力的事情的苦恼的强烈的预期。凡是符合这个描述性标准的症状都应该诊断为焦虑。至于焦虑时的心理症状，譬如忐忑、焦躁、怨怼、恐惧、担心、郁闷、不知所措的情绪；焦虑时出现的心惊肉跳、出气不匀、头皮发麻、身心漂浮、头重脚轻、坐立难安、寝食不宁、欲说还休、欲罢不能等感受；以及各种生理的症状，譬如心慌、气短、手脚发凉、肌肉紧张、浑身颤抖等，倒并不具备特异性的意义，不可用来作为诊断焦虑的依据。但不作为诊断的依据，却并不等于放过它们，不对它们予以最充分的重视。

我们说咨询师应该对来访者进行纯粹客观的现象学描述，并不等于咨询师要像一台录音机那样工作，来访者说什么就记录什么。来访者在描述自己的症状时，可能讲出千奇百怪的故事，亦可能用许多不同的词汇来对自己的感受进行描述。来访者常用的词汇是：担心、害怕、发愁、不知所措、不敢、恐惧、发火、畏惧、控制不住自己、慌乱、惊慌失措、心情不宁、五心不定、没有主意、不知道该怎么办、左右为难、反复思考、纠缠不清、疑虑重重等，几乎所有描述情绪症状的术语，都可能用到。

咨询师的工作，就在于能否把掩盖在来访者故事之下的和用不同的词汇描述的焦虑现象“找”出来。要做到这一点，并不是一件容易的事，考验着咨询师对焦虑的现象学有充分的认识，更考验着咨询师在临床心理学上的真功夫。对焦虑的现象学有充分的认识，就是要始终牢记现象学对焦虑的描述性要点，站在来访者的角度，去体认，去感受，去理解来访者在此时此境和彼时彼境的心理状态，在来访者纷繁复杂，有时甚至是杂乱无章的叙述中，分辨出、整理出来访者的焦虑症状来。如果说在这里运用了心理分析技术中经常使用的“投情作用”（empathy）——即共享病人情感体验，对病人无条件的积极的关注——并不是不可以的。

但这和心理分析的方法仍然有本质的区别。心理分析是要透过表现在现实生活中的神经症症状——譬如挫折感、人际冲突、睡眠障碍、性障碍、强迫症状、虚弱感等“挖掘”出隐藏在潜意识中的焦虑。这些神经症的症状在表现出来时经过了变形，是深藏在潜意识中的焦虑症状的替代物。用弗洛伊德自己的说法，心理分析的方法是挖掘出掩藏在深海中的冰山，让它暴露在阳光之下；而情理治疗在这个阶段所做的工作是对不同表达方式的焦虑现象进行识别。这个工作，好比是把笼罩在玻璃上的尘埃和雾霭擦拭干净，以便看清楚玻璃下面的真实内容。

在诊断阶段，咨询师必须特别注意，要对来访者的躯体症状给予充分的重视。焦虑常常伴随着明显的躯体症状，这是任何一个有经验的心理咨询师都明白的。这些症状包括：心慌、气短、手脚发凉、肌肉紧张、全身出汗、游走性疼痛、浑身颤抖等，我们把这些症状称为一整套植物神经功能症状。咨询师必须对焦虑的症状学有十分清晰的了解，千万不要被这些躯体症状蒙了过去。在了解这些症状的时候，咨询师需要特别注意的是，这些症状是非特异性的，并不固定或局限于某一个解剖部位或器官系统，是情绪心理学家爱泼斯坦（S. Epstein）所描述的“无方向的唤醒状态”。

咨询师要非常明白，焦虑的躯体症状常常与焦虑相生相随，形影不离。有的时候，这些症状更早于焦虑的心理体验而发生；有的时候，来访者对这些症状的描述既生动又具体，对焦虑的心理体验反退居次要的地位，甚至模糊焦虑症状，使焦虑症状在咨询师的视野中“消失”掉；来访者也可能把自己的躯体症状解释为焦虑体验的首因，坚持认为即使有焦虑，也是由于躯体症状引起，对焦虑的心理体验并不重视。这些都是咨询师在这个阶段需要特别留意的，千万不要被来访者所陈述的表面症状瞒过。

在清楚地了解这些症状的基础上，心理咨询师需要做的最重要的工作就是清理出这些症状是否由于“对尚未发生但可能发生的危险、威胁和需要特别的努力但又特别无能为力的事情的苦恼的强烈的预期”。如果符合这个标准，诊断为“焦虑”应该是明确无误的了。

这个阶段之所以称为“现象学阶段”，是因为这个阶段的要求是“尽可能对来访者的问题进行客观的准确的描述”。所谓“客观”，即咨询师在描述现象时切不要添加任何自己的主观判断，更不要有任何臆测；所谓“准确”，即通过来访者的故事，透过来访者的描述找到真实的现象。

咨询师要牢记，在这个阶段中，要全盘接受、认可来访者的解释，而不要做任何“合理”或“不合理”的讨论或辩论。做到这一点，对一个受认知治疗模式影响较深的咨询师来说，并不是一件容易的事情。

在这个阶段，“情理模式”就已经开始和现代认知治疗方法分道扬镳。认知治疗当然要和来访者一起寻找焦虑所谓的原因，在寻找的过程中，就不断地向来访者指出哪些是合理的，哪些是不合理的，并就合理还是不合理进行讨论或者辩论，其目的是让来访者明白他哪些信念是“荒谬”的，“不合逻辑”的。

在认知治疗模式中，都有一个称作“与不合理的信念辩论”（disputation of irrational beliefs）的过程，其目的就是企图使来访者放弃那些在咨询师看来是不合理的、不合逻辑的非理性的东西，代之以合理的信念，最后才能到达减轻或消除焦虑症状的目的。

而“情理模式”并不需要特别指明来访者所说的这些观念或观点是否合理，当然也用不着试图用“理性”去纠正它们，更不需要对来访者的认知结构做进一步的调整。我已经说过，那样做不仅无济于事，反而对整个治疗进程有害。

我们不要以为情理治疗模式不需要做任何理性或认知的分析，只是须得注意，理性和认知分析千万不要涉及本来并不存在的所谓“事实”的问题。不要和来访者讨论他所担心和不放心的问题是否符合事实，也不要试图说服来访者的担心是否不合理。而且，认知治疗的方法到此为止，不可再向前迈进半步，否则会功亏一篑。

咨询师需要知道，凡是担心都是符合“事实”的，也即符合“理性”的。例如，一个担心上街被车撞，成天焦虑不安，不敢出门的人前来咨询，如果咨询师告诉他，他的担心是非理性的和没有必要的，但来访者的反驳却是理性的：你能担保绝对没有可能发生车祸吗？咨询师当然不能。咨询师只好告诉来访者，他的担心是过度的。但如果来访者进一步反驳，怎样来界定何为过度，何为合适呢？咨询师的回答可能是，凡是影响到了正常的生活的担心，都是过度的、不合适的，反过来说没有影响到正常生活的担心就是不过度、合适的了。这样的回答等于没有回答。来访者当然知道他的担心影响到了他的正常生活，否则他干嘛要来求助于心理咨询呢？

打一个不太恰当的比方，这样做的结果，无异于试图以“道理”来说服一个精神分裂症的妄想症状一样，不仅为无用之功，反招致来访者的反感。

2. 情理阶段。情理阶段是整个情理治疗过程的最重要的阶段。这个阶段最重要的任务就是要和来访者一起分析，他所担心的可能会出现的后果究竟是否合乎情理，并让来访者自己找到担心中有哪些和情理相悖，让自己从中得到领悟。

这个阶段分为三个步骤。

步骤一："艺术分析"。所谓"艺术分析"，就是前面已经说过的，运用艺术的和审美的态度来对待、来分析自己生活中发生的各种事情，进而来面对自己的焦虑。而艺术的和审美的态度，就是在现实生活和自己之间"插入一个距离"，从现实的人生中跳出来，以旁观者的态度来看自己，看待自己所遭遇到的一切。要做到这一点并不容易。咨询师要引导来访者，暂时把自己的痛苦放到一边。所谓把痛苦放到一边，就是设想如果这痛苦不是自己的，而是别人的，来访者将会是一个什么样的态度和看法？假使导致心理痛苦的生活事件发生在另一个人身上，来访者当会怎样劝导那个人呢？

让来访者从自己的心理痛苦中跳出来，站在第三者的角度来看待自己，通常会遭到来访者心理的抵抗。从生活的常理我们就知道，同样的境遇，遭遇到同样的事情，此一人和彼一人的心理感受可能是完全不同的；即便是同一个人，此一刻与彼一刻也会有完全不同的情绪体验。每个来访者都会告诉咨询师，如果这样的痛苦和焦虑发生在别人身上，他也知道怎么去开导别人的。但一当事情发生在自己身上时，就不知道怎么办了！所有的开导别人的话都没有用了！

这就需要训练。譬如咨询师和来访者可以做置换练习，二者颠倒过来，来访者做咨询师，咨询师做来访者，目的是让来访者站在另一个角度来看自己的焦虑。咨询师不仅要让来访者明白，当人把自己的痛苦和焦虑放到另一个角度来审视，自己的心理痛苦以及造成心理痛苦的种种原因保持一定的距离时，整个情形会发生实质性的改变，更重要的是要在咨询的过程中，让来访者通过置换的练习产生切身的体会，从而获得心灵的领悟。

我们把"艺术分析"作为整个情理阶段的第一个步骤，并不是说进行了这个步骤以后才开始后面的步骤，而是要说明，"艺术分析"在整个情理治疗中处于非常重要的地位，应该贯彻始终。

还需要指出，"艺术分析"是一种态度，也就是前面我提到过的"艺术家的态度"，其核心是在自己和现实之间插入一个距离。这与流行的"音乐治疗""绘画治疗""表演治疗"等诸如此类的"艺术治疗"完全是两回事，自然不可同日而语。

步骤二："合情分析"。

合情分析的核心当然是"合情"二字。在整个合情分析中，咨询师始终要抓住是否"合情"、为什么不"合情"、怎样才能"合情"这样几个关键点。咨询师一定要知道，任何处于焦虑状态的人都陷于理性主义的泥淖中不能自拔，都有自己的逻辑思路，任何道理在他们那里都已经失去意义，因此，认知治疗的方法也失去了意义。咨询师一定要记得，合情分析要避免逻辑的推理和对任何"真相"的推测。

合情分析包括两个过程："顺情过程"和"置换过程"。

第一个过程为"顺情过程"，就是了解、整理来访者人格结构中各种"情"的排列顺序，哪种"情"在来访者人格结构中占据主要的位置。这是分析来访者所认定的可能产生的后果进行是否"合情"的基础。

所谓合情，如前述之，按照中国人的理解，至少包括五个方面：（1）感情；（2）情况；（3）情面；（4）爱情；（5）情趣。

"合情"的这五个方面在来访者的人格中并不是无序的，而是依每个人所认定的重要性大小的顺序来进行排列，这些排列的顺序在人格结构中基本是一个稳定的常态，但可能会因不同的情况而发生变化。分析来访者人格中"合情"的排列顺序，是极为重要的工作。我把它称为"顺情"过程。

这五种"情"在人格中的排列顺序，前两种为"主情"，第一种为"第一主情"，第二种为"第二主情"，是个人人格中起主要作用的成分；后三种分别为"次情""次次情""再次情"，是人格中起补充和调节作用的成分。五种成分相互作用，相互影响，相互协调，也相互对抗。它们之间的关系，遵循着动力学的原则，颇似心理分析理论中所描述的自我、他我、超我等人格结构。和心理分析理论不同的是，这五种成分之间的动力学并不是发生在人的潜意识中，而是在人的意识领域，因而能被人的意识领域所认知，也可以在意识领域进行自我调整。我把这种情形下的动力学称为人格结构的"合情动力学"。

人格结构中的"合情动力学"和"人格同心圆"。

我们把人格结构中的五种情之"第一主情"为圆心，"第二主情"为第一个同心圆，其他的"次情"依次向外作同心圆，这样得到四个同心圆。下面是人格同心圆排列的例子：

"合情动力学"的原则，和中国人各种人际关系的原则颇为类似，所以这个原则也可以称为"同心圆原则"。

排列在第一位置的"第一主情"是人格同心圆的"圆心"和统领者，决定着人格的主要特征，引领着行为的基本走向；它也是人格中最为脆弱的成

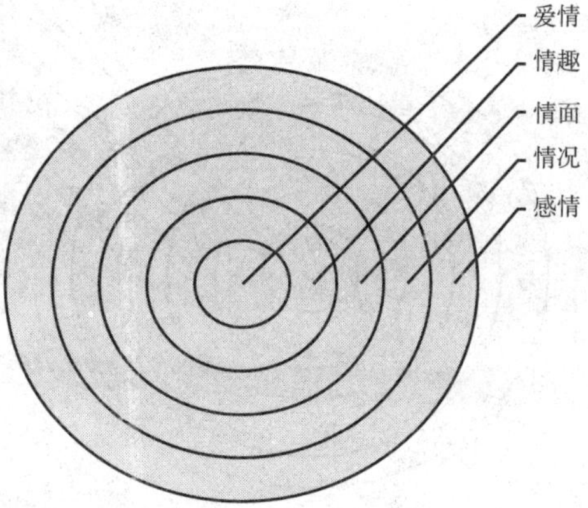

分，最容易发生人格的冲突，因此它常常成为焦虑的首因或主因。排列在第二位置的“第二主情”是为“第一主情”的辅佐力量，是环绕着位于圆心的“情”的第一个同心圆。它的主要任务，是补充第一位置的力量，和第一位置的“情”一起，形成合力，实现人格的自我完成和自我完善；有的时候，第二位置的“情”也可能觊觎作为“圆心”第一位置的“情”，企图取而代之。在这种情况下，两种“情”会发生冲突；如果势均力敌，会形成拉锯战的局面。

排列在第三到第五位置的“情”，排列成逐层的同心圆。它们是人格的后备力量，好比舞台的背景，绘画的底色，给前两种人格的表演，提供必不可少的条件，给人格增添上一笔不可或缺的色彩；它们还要随时准备替代前两种“情”，改变整个“同心圆”的排列顺序。

在通常的情况下，占据同心圆的圆心位置的那个“情”，由于是人格的核心，引领着、代表着整个人格的风格和特征，自然成为个体与外界关系的焦点。人与文化的冲突，人与环境之间动力学平衡，多由处于圆心位置的“情”所肇始。

不同的人有不同的同心圆结构，不同的同心圆结构，构成了不同的“人格同心圆”。

在人群中，上述之五种“情”在“人格同心圆”结构中大致有如下几种排列模式：

第一种类型，“情况—情面—感情—爱情—情趣”排列模式。

在这种模式中，人格同心圆的圆心是“情况”，而“情面”为第一个同心圆，构成人格同心圆的“主情”，“感情”“爱情”“情趣”等“次情”则顺次排列成一个个同心圆。

由于“情况”之情为人格同心圆的圆心，这种类型的人应属于偏向“理性”，为人较为谨慎，处事较为冷静，看重实际的人。在中国人中，他们属于

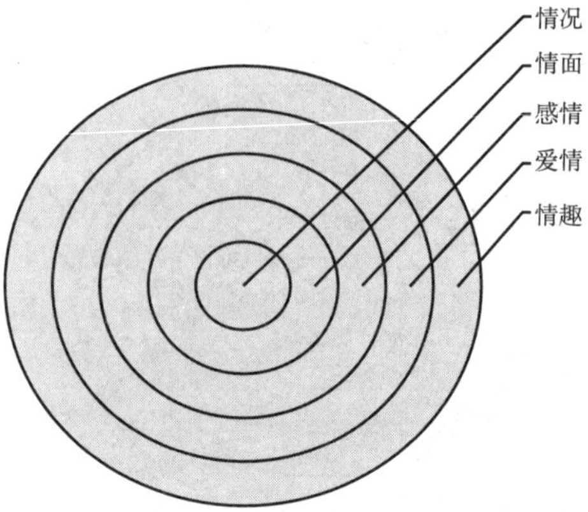

“理性主义者”。但由于围绕着作为圆心的“情况”的第一个同心圆是“情面”，所以他们在谨慎、冷静、客观和实际的所谓“理性”基础上，亦看重人际关系的协调，看重“面子”，特别留意别人的看法。而“情面”或“面子”是非理性的。两者的力量平衡是决定这类人人格平衡的基础。但从本质上说，这类人的人格和西方人人格中的“理性”仍然有较大的差异。咨询师要始终记得，在中国人的心理上，“情况”永远带有鲜明的主观色彩。

病理心理学：这种人格模式既以“理性”精神为同心圆的圆心，又受到其他同心圆尤其是第一个同心圆的牵扯和相互作用，这类人内心的矛盾和冲突较为明显，所以这类人是容易焦虑和容易产生强迫症状的人。

第二种类型，“情面—情趣—情况—爱情—感情”排列模式。

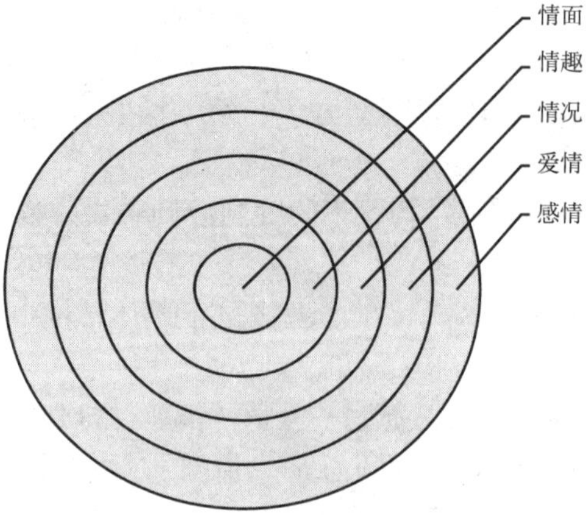

在这种模式中，人格同心圆的圆心是“情面”，而“情趣”为第一个同心圆，二者共同构成整个人格中的“主情”，“情况”“爱情”“感情”则顺次

排列成一个个同心圆。

这种类型的人应属于羞耻感心理较重，“面子第一”，通常把别人的意见和看法作为自己的行动准则的人。他们性格腼腆、内向、柔顺，凡事喜欢他人的评价，追求名誉。在他们的心目中，名誉和面子是胜过一切的。由于受到第一个同心圆“情趣”的影响，为人较为敏感，处事柔和，好幻想。他们较容易成为艺术家，典型者则经常沉浸于虚无缥缈的梦幻状态中。

病理心理学：在“情面”和“情趣”主导下，在其他同心圆的相互作用和牵扯下，各种单纯恐怖症和社交恐怖症常常是这种类型的人格结构容易发生的状况。

第三种类型，“情趣—感情—爱情—情面—情况”排列模式。

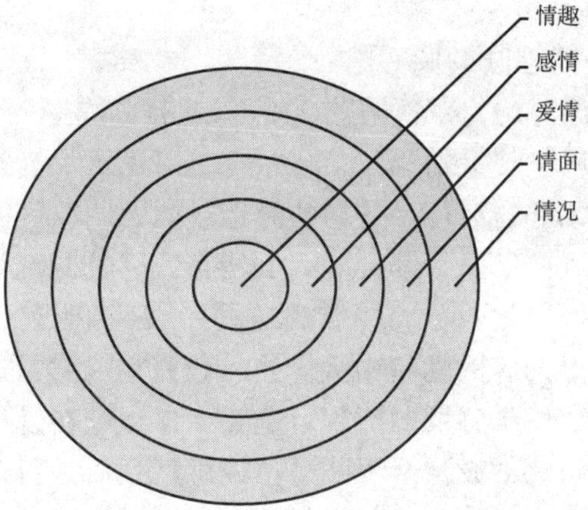

在这种模式中，人格同心圆的圆心是“情趣”，“感情”是第一个同心圆，二者人格结构中的“主情”，“爱情”“情面”“情况”为“次情”，顺次排列成一个个同心圆。

这种类型的人应属于特别注重生活质量，看重生活情趣的人。他们的情感体验深刻而细腻，善于创造各种惊喜的情景，生活内容丰富，兴趣爱好广泛，自视甚高，孤芳自赏。在环绕着圆心的第一个同心圆“感情”的影响下，在人际交往中，他们看重感情，注重质量，一般人很难进入他们的视野，所以很难结交朋友。但一旦与人成为朋友，有可能成为休戚与共的知心朋友。

病理心理学：这类人容易患各种心理——生理障碍，譬如高血压、糖尿病、胃溃疡、各种过敏性疾病等。他们容易紧张和神经质，也可能发生性方面的障碍。

第四种类型，“爱情—感情—情趣—情面—情况”排列模式。

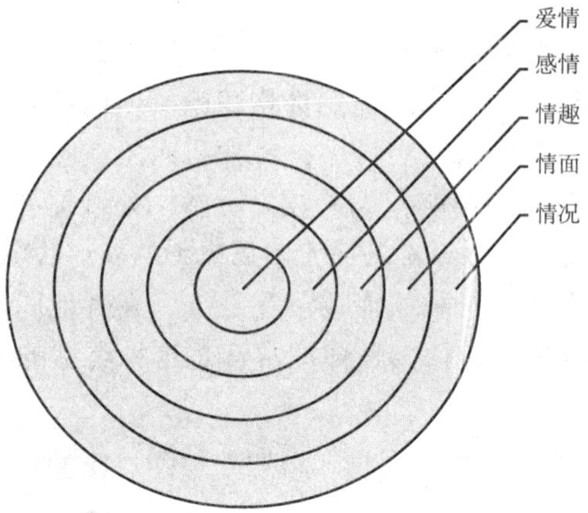

在这种模式中，人格同心圆的圆心是“爱情”，“感情”是第一个同心圆，“情趣”“情面”“情况”均为“次情”，按照顺次排列成一个个同心圆。

这种类型的人应属于“爱情第一，感情至上”的人。爱情或感情，在他们的心目中占有至高无上的地位。他们的异性或同性朋友可能在不断地发生变化，但每次和这些人的结交，都会陷入到爱情或感情的旋涡中去。在每一次交往中，他们都会倾情地付出，暴君式地占有，不给自己，也不给对方留任何余地。他们是完全彻底的性情中人。当一段爱情或感情过去后，他们可以马上开始一段新的爱情或感情的历程。这类人永远卷在爱情或感情的旋涡中，虽不能自拔，亦乐此不疲。至于其爱情或感情生活是否符合自己生活的实际，是否可能给他们的现实生活带来麻烦，他们亦是全然不顾的。

病理心理学：这类人格结构的人，永远为爱情或感情活着，更为此而焦虑。他们是麻烦的制造者，也是麻烦的受害者。他们也容易成为同性恋者。

第五种类型，“感情—情面—爱情—情趣—情况”排列模式。

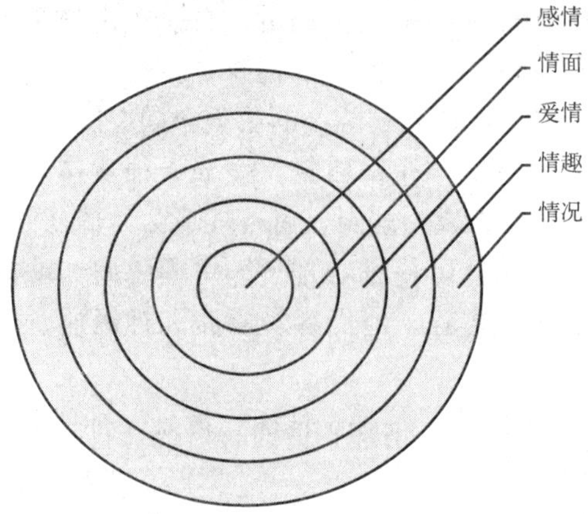

在这种排列中，人格同心圆的圆心是“感情”，“情面”是第一个同心圆，“爱情”“情趣”“情况”等“次情”按照顺次排列成一个个同心圆。

这种类型的人是把人际关系放在第一位的人，注重自己的感觉，也注重对方的感觉，“朋友”二字，在其心目中胜过一切，虽然在相当多的时候，那只是表面现象，他们看重的是自己的感觉。他们情感细腻，体验深刻，对他人的感情要求甚高，但对实际的利益并不是十分看重。一旦对方伤害自己的面子，就会立即与对方绝交，并且容易产生过激的行为。说他们是“死要面子活受罪”亦不为过。

病理心理学：这类人经常生活在心理的创伤感中，常常为人际关系中的一些细节耿耿于怀，焦虑不安。

这五种“人格同心圆”是人群中最基本和最常见的组合。

这里只列出了五种最基本和最常见的类型，如果细致排列，还可以得到若干种组合；不同的人，也可能是在这五种基本组合的基础上，各种组合类型的进一步搭配；人在不同人生阶段，在原有的人格同心圆的基础上也可能进行重新组合。

“顺情”过程的任务，是细致分析各种“情”的排列组合，在来访者的焦虑症状中分析哪一种“情”占据其人格同心圆的主要部分，并归纳出这些排列组合的人其人格类型属于什么。在此基础上，进一步了解，在来访者的此时此刻，哪种“情”占据了重要的地位？此时此刻那种“情”的活动强度如何？人格同心圆中各种情的关系如何？例如，一个人“爱情”之“情”可能并不构成其人格同心圆的圆心，但在青春期阶段，由于受到性激素和人格成长的影响，“爱情”之“情”的活动强度增加，遂转而成为同心圆的圆心，并因此成为这个时期焦虑的主要原因。

第二个过程为“置换过程”。所谓“置换过程”，就是在完成了“顺情”过程，让来访者明白了自己焦虑的原因后，咨询师和来访者要共同对人格同心圆中的“情”进行重新排列，把同心圆结构中“那一种”导致焦虑的“情”与不会引起焦虑的“情”进行置换。

例如，如果咨询师分析出某个强迫症或社交恐怖症来访者是由于“情面”因素在其人格同心圆结构中处于圆心的位置，因而过分强大，导致了焦虑的情绪，那就要与不会引起强迫症状和社交焦虑症状的其他的“情”置换，或者促使其他的“情”成长，以与“情面”因素保持某种程度的平衡。再如，在人格同心圆中，一个人“爱情”之“情”过分强大，亦会使人产生强烈的焦虑，其表现形式可能是对爱情缺乏安全感，不断地企图去证实爱情的真实性。同样，过度强大的“感情”之“情”也会因对人际关系过分敏感而导致焦虑。此时，咨询师就可以而且应该与来访者一起用其他的“情”对“爱情”和“感情”进行“置换”。这个过程我称其为“置换过程”。

置换过程，就是要置换各种“情”在来访者人格同心圆结构中的位置，避免因某种“情”的过分强大或“情”与“情”之间的互相牵扯和影响所造成的焦虑。所以，“情”的置换，是这个过程最重要的任务和目标。

在置换过程中需要注意的是，其一，咨询师要肯定来访者原来的“情”本身是合理的，并不需要对其进行特别的批判；其二，咨询师需要巧妙地暗示这种“情”可能是造成来访者焦虑的原因；其三，咨询师可以建议来访者用其他的“情”来思考可能出现的情况，作“换情思考”，并在此基础上进行置换；其四，进一步，咨询师应和来访者讨论其人格同心圆结构中“情”的排列顺序，了解各种顺序的长处和短处，促使来访者的人格同心圆进行重新排列，避免焦虑的再度发生。

“置换过程”是“情理治疗模式”的重要步骤，也是考验一个从事“情理治疗”的咨询师技术的关键。这个过程需要咨询师过硬的现象学功底，需要对“情理治疗”的理论和技术有娴熟的把握，需要在咨询过程中有精心的设计和安排，需要和来访者建立和谐的治疗关系，需要对中国文化和中国人的基本人格结构有透彻的了解。此外，还需要高超的沟通能力和语言技巧。

大部分来访者可以通过置换过程使自己的焦虑症状得到缓解或者消除。但仍有一部分人即使经过了置换也不能使焦虑缓解，例如当“情况”之“情”在人格同心圆中成为圆心，占据着核心位置的时候，就可能出现这样的情况。生活中发生了“情况”，当然会引起担心，也值得人去担心，这是所有人的共性。我们应该清楚，“情况”之“情”在我们的人格同心圆结构中永远处于不可忽视的位置。此时，用其他的“情”就很难置换了。此种状况，需要进入下一个步骤。

步骤三：“合理分析”。

在经过“步骤一”的合情分析，理清了来访者各种“情”在其人格中的顺序，进行了“顺情过程”和“置换过程”后，仍然不能解决来访者的问题，就要对来访者进行“合理”的分析和讨论。所谓“合理”，在中国文化和中国人的人格中，至少包括三个方面：（1）伦理或天理；（2）社会习俗；（3）规矩。核心是社会习俗。

所谓“天理”，在中国文化中既指人伦伦理，也指人性（本心），还包括中国人所谓“天命”。伦理就是中国人人际关系的基本原则。我在前面已经说过，中国人的人际关系的规则是以“孝”为核心的同心圆规则。今天的中国人仍然在维系着这种人际关系。

所谓“规矩”，则是中国文化中的“礼”或社会习俗。社会发展到了今天，当然不能遵循传统社会中的“礼”了，更有现实意义的则是这个时代的社会习俗。平常我们所看到的习俗是大量的琐碎的行为，而正是这些琐细的行为渗透到个体的行为中，主导着人的心理取向，甚至信仰。遵不遵守社会习俗，就是判断人的行为合不合规矩的准则。

在这个阶段，咨询师和来访者要充分讨论的关键问题是，人的心理和行为仅仅“合情”是不够的，仅仅“合理”也是不够的，要做到既“合情”，也“合理”。

怎样做到“合情合理”呢？我提出“三个一致”的原则。

就是“合情”之“情况”与“合理”之“习俗”相一致的原则，“合情”之“情况”与“合理”之“规矩”相一致的原则，“合情”之“情况”与“合理”之“伦理”相一致的原则。简言之，要做到“合情合理”，就要与习俗一致，与规矩一致，与伦理一致。

在这个过程中，需要娴熟地运用中国文化有关知识，包括儒家文化的知识和道家文化的知识。譬如，儒家关于君子的论述，关于“仁”的观点，关于“义、利”的理念，关于“人不知而不愠”的道理等；道家关于“顺应自然”“清静无为”“讲求悟性”“摄生养性”“追求本原”“相反相成”的人生观，都是在“合理分析”过程中达到“三个一致”的重要武器。

值得特别留意，需要再次强调的是，“合理分析”看似讲道理，实质上并不需要从理性或认知的角度来进行分析。我们一再强调，中国人的“理”绝非“理性”之理，而是人伦之理，习俗之理，规矩之理。不彻底明白这层意思，就会重蹈认知治疗的覆辙，与我所谓之“情理治疗”就毫不相干了。

我们不难明白，开展“情理治疗模式”咨询师不仅需要有心理学的知识，更需要有较高的中国文化的造诣，透彻了解儒家文化和道家文化的精髓，熟悉中国社会的习俗，对孔子、老子、庄子等的格言更要了然于胸，并善于用现代通行的符号表达出来。所以，进行“情理治疗”的咨询师必须是地地道道的精通中国文化的中国的心理咨询师。

在情理治疗模式中，咨询师应该和来访者详细讨论，当他坚持“天下任何情况都可能发生”这种观念而产生担心和焦虑的时候，是否合乎中国文化的道理呢？是否合乎中国文化的规矩呢？是否合乎中国文化的伦理呢？在咨询者的启发下，当来访者能够运用中国文化的基本道理对自己焦虑症状进行“合理分析”了，最后的焦虑症状也得到了缓解，整个情理治疗的程序也就大致完成了。

总结一下，“情理治疗模式”的程序，包括“诊断阶段”和“情理阶段”。诊断阶段特别要注意应用现象学原则，避免和来访者进行认知和理性的讨论。

最重要的是“情理阶段”，它是情理治疗模式的核心。这个阶段有三个步骤，即“艺术分析”“合情分析”和“合理分析”。“艺术分析”既是情理治疗的开始，也要贯彻到治疗的始终；“合情分析”又存在着两个过程，即“顺情过程”和“置换过程”。第一步要进行“顺情过程”，就是把来访者人格结构中各种“情”的顺序进行排列。然后在“顺情过程”的基础上进行“置换过程”，而后者是“合情分析”步骤的核心。经过“合情分析”后，大部分来访者的焦虑可以得到缓解。

但经过“合情分析”后仍可能有一部分人的焦虑未得到缓解，大多是与其人格结构中“情况”之“情”占主导位置有关。在此种情况下，需要进入“合理分析”步骤。合理分析的目的，是要达到“三个一致”——与习俗一致，与规矩一致，与伦理一致。这个过程，就是在中国文化的基本精神指引下，运用中国文化的知识与来访者进行讨论的过程。

极简言之，“情理治疗模式”的要点可概括为“两阶段”“三步骤”“两过程”。“两阶段”为“诊断阶段”和“情理阶段”。在“情理阶段”中的“三步骤”为“艺术分析”“合情分析”和“合理分析”步骤；“两过程”为“合情分析”中的“顺情过程”和“置换过程”。在一般情形下，“三步骤”和“两过程”应该依序进行；在特殊的情形下，也可能相互交叉、交融，依来访者的人格结构特征和焦虑症状的情状而定，也依咨询师和来访者在治疗中的互动情形而定。

以上过程，就是我提出的中国心理学的“情理治疗模式”的基本程序。

五、运用“情理模式”的例子

下面是关于运用“情理模式”的一些实际例子。这些例子分为两个部分：一部分是我对在前面讨论焦虑的现象学和病理心理学时所讨论过的一些焦虑的现象，这些现象可能并不完全是某个具体的人实际发生的，但却一定是在我们的生活中真实出现过；另一部分是我在心理咨询中的一些真实的案例，只是隐去了来访者的具体身份和某些具体情节，这是我在讨论这些例子时必须加以说明的。

例子一。一个男孩子鼓足勇气给他暗恋已久的心上人送出第一个求爱的信息后等待回音时，他的内心必然充满了担心和焦虑，即便他有相当的把握能赢得那个女孩的芳心，他也是不可能完全释然于心的。当然，他的这种担心或焦虑也许并不十分强烈，也许在他担心和焦虑的成分中包含着一些憧憬的因素，但对他心灵的折磨却并不亚于任何其他的焦虑。在他的心理中，他的担心不仅完全必要，而且是充分合理的，除非他根本就不在乎那个女孩子的爱情。在这种情形下，任何理性的说服都毫无作用。

首先，“情理模式”的咨询师应该分析，这个来访者为什么会出现担心和焦虑？按照“情理模式”的原理，担心或焦虑并不是因为他的认知合理还是不合理的问题，而是某种“情”在这个来访者的人格结构中处于支配和决定的地位，正是这种“情”的过度成长和强大的力量使来访者产生焦虑的情绪，使他的生活发生紊乱。

我们尝试一下应用“情理模式”的“四阶段”“三步骤”“两过程”程序，针对这个男孩的情况，应该怎样操作。

1. 诊断（现象学）阶段。这个阶段是详细了解这个男孩的困惑究竟是什么，有没有存在焦虑的情绪？在这个例子中，我们已经知道，他是存在着焦虑情绪的。

同时要了解来访者究竟不放心什么？担心什么？在这个例子中，我们知道这个男孩不放心的或者担心的是他所挚爱的女孩会不会答复他，会怎样答复他。咨询师要特别注意的是，在这个步骤中，始终不要和这个男孩讨论他的担心是否合理的问题。反过来，还要给予充分的理解，告诉他，咨询师和他一样，认为这样担心是合理的。咨询进行到这个步骤，咨询者就基本了解到了来访者所担心、所焦虑的究竟是什么。

咨询师要和来访的男孩讨论，为什么他要担心他所挚爱的女孩不会同意他，接受他的爱情？如果那个女孩不接受他会产生什么后果？这些后果又会给他自己带来什么？来访的男孩可能会说，他会痛苦万分，他会丧失自尊，失去面子，等等。咨询师可以进一步追问，丧失自尊和失去面子对他来说又意味着什么？在这个步骤中，咨询师亦不需要和来访者讨论哪些心理是合理的，哪些是不合理的。

上述皆属于铺垫阶段，是为“情理治疗”做好准备。虽然是准备阶段，但在“情理治疗”过程中亦不可有丝毫马虎和走样，切切要牢记，不可进行有关认知合理还是不合理的讨论。

2. 情理阶段。这个阶段是“情理治疗”的核心和关键的步骤。首先进行“艺术分析”，再进入“合情分析”。

“艺术分析”是整个情理阶段的基础。咨询师要和这个男孩进行“艺术家”的训练，学会用“艺术家的态度”来看自己和自己的问题。咨询师可以建议这个男孩从自己的焦虑及其原因中跳出来，用旁观者的态度来了解、体认和领悟自己的问题。我一再强调，这个态度，要贯彻情理阶段的始终。

所谓“合情分析”，就是要和来访者一起分析，他担心所造成的后果究竟是否合乎情理，让来访者自己找到担心中有哪些和情理相悖，自己说服自己。具体到这个例子，就是要分析，这个男孩的担心和焦虑所造成的后果是否和“情理”相合，如果不相合应该怎么办。在“合情分析”的过程中，先进入“顺情过程”的分析。在这个过程中，咨询师的主要任务，就是了解、整理在来访者的“人格同心圆”中各种“情”的排列顺序，哪种“情”占据着圆心的位置，第一个同心圆是什么，第二个同心圆是什么，依次类推。

从表面上看，“爱情”之“情”在这个男孩的“人格同心圆”结构中处于重要的地位，这既和他所处的人生阶段有关，也和他本身的人格结构有关。但经过仔细询问和分析，咨询师了解到，在这个男孩的人格结构中，“情面”是一个比“爱情”更为重要的成分。因此，在这个男孩子的“人格同心圆结构”中，处于圆心位置的不是“爱情”，而是“情面”。如果我们要对这个男孩人格中各种“情”的排列，我们可以大致排出来这样一个顺序：

情面—爱情—情况—情趣—感情

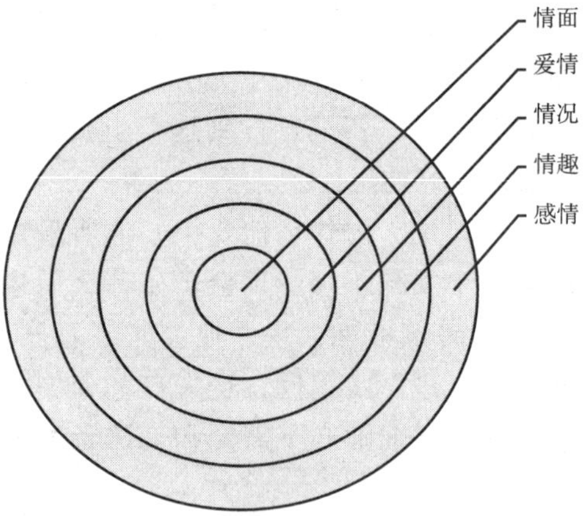

这种排列顺序的人格特点是，从表面上看，把爱情看得非常重要，属于“爱情第一”的人，但实质上，更看重的是自己的“面子”。我们已经了解到，这类人做人较为敏感，凡事喜欢他人的评价，追求名誉，有时甚至沉浸于虚无缥缈的梦幻状态中。同时处事较为富有“柔性”，感情脆弱，为了面子会放弃一些本来十分重要的东西。

咨询师还要留意，在紧接着“爱情”后面的同心圆是“情况”。我们知道，“情况”在各种“情”中常常起着重要的作用，它是引起难以克服的焦虑的重要原因。

这种“人格同心圆结构”，如果在寻常的没有任何波动的生活中，不至于发生什么大的问题。但这种人在遇到某些具体的问题时，譬如在处理爱情方面的事情时，就有可能出现焦虑情绪。这个来访的男孩就是这种情况。

在进行“顺情”的过程中，尤其注意要让来访者跳出来，以旁观者的角度来看清自己焦虑的真实原因，同时咨询师和来访者要共同对“情”进行重新排列，把人格结构中导致焦虑的“那一种”“情”与不会引起焦虑的“另一种”“情”进行置换。这个过程就是“置换过程”。

置换过程是整个情理治疗中最重要的工作，也是考验咨询师功底的步骤。就本例子而言，咨询师要通过对话和这个男孩讨论，他“人格同心圆”中各种“情”的排列顺序原本并没有问题，只是在他处理“当前”的问题时遇到了障碍，如果尝试换一种排列顺序，或许对他处理当前的问题，减轻自己的焦虑是有帮助的。譬如这样的排列方式：

爱情—情况—情面—情趣—感情

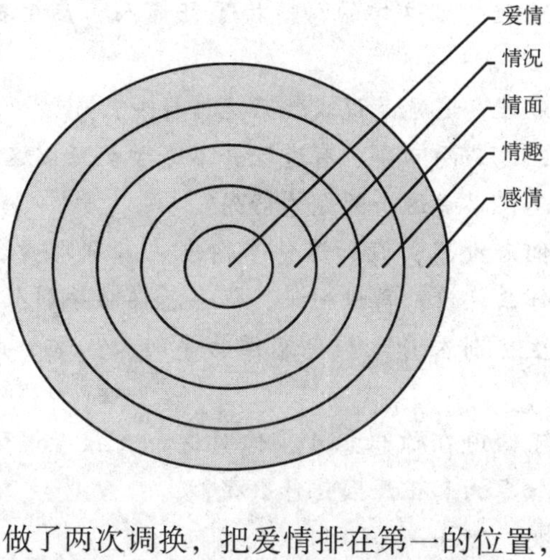

新的排列，做了两次调换，把爱情排在第一的位置，符合男孩此时此境的基本状况，同时要让他明白，他对所爱的女孩没有回答他的信息的担心，其实是由于他真正担心的是害怕失去面子。爱情本身就具有甜蜜和痛苦的双重性，真正爱上一个人，不管对方的态度如何，应该享受这种甜蜜的想象和等待的痛苦。甜蜜的想象和等待的痛苦是同样合乎情理的。在爱情中，这两者实在是密不可分。把“情况”之“情”提到紧接着爱情之后，是要和他一起讨论，怎样做一个现实主义者。现实主义者的特点是什么？或许用中国文化中经常使用的语汇更符合中国人心理的特点，那就是“实事求是”。当然，这是中国式的“实事求是”。

咨询师要和这个男孩子讨论，要用现代的通俗语言告诉他，中国人在使用这个“实事求是”这个词语时，和西方的理性主义精神尚有较大的差距。中国人的“实事”，不唯彻底的客观存在，亦含有主观的判断，或者说，是主观的感觉和客观存在的混合更为恰当一些，特别注意的是自己的感受；中国人的“求是”，亦不必全是追求所谓客观的实际和规律，更包含着中国人特有的“合情合理”的意义。

好了，咨询到这里，已经真正触及“情理模式”的本质了，在这样的情形下，咨询师特别要运用中国文化中的知识和智慧，去感染，去浸染，去滋润来访者，让来访者真正体味到什么是“合情合理”，怎样做才“合情合理”。下面是咨询者和来访者经过缩减后的对话：

来访者：照您这样说来，我给那个女孩子发出爱的信息后就不应该担心她对我怎么样，我这样焦虑是没有道理的了？

咨询师：你的担心或焦虑并不存在有没有道理的问题，任何担心和焦虑总是有道理的。这样的事情换了任何人，产生担心和焦虑都是有道理的。

来访者：有道理？这就是说我就只能这样啦？

咨询师：哦，这是两回事。有道理并不等于就应该这样痛苦。

来访者：我怎样思考这个问题才好呢？

咨询师：我们来设想，假如这件事情发生在别人身上，你会看到什么？你会有什么评价？再进一步，你会怎样劝导别人？

来访者：发生在别人身上？我怎样劝导别人？这个角度倒是很新。让我想想……

咨询师：好了，现在你想想看，你对这个女孩子迟迟没有给你答复让你担心和焦虑的真正原因是什么呢？

来访者：我想，万一……

咨询师：万一什么？是不是觉得好没面子？

来访者：也许吧，可能……

咨询师：究竟是不是怕丢面子？

来访者：哦，对！就是担心自己丢面子。

咨询师：你一贯对面子很看重吗，比如处理别的事情时，是不是把面子放在最重要的位置？

来访者：我还没好好想过这个问题。不过，仔细想想，还真是这样，比如上次……（来访者讲述自己看重面子的几个例子）

咨询师：这就是了。那我问你，丢面子会给你带来什么后果呢？

来访者：难堪，我会觉得非常难堪的。

咨询师：那么难堪的感觉和现在的焦虑相比，哪个更难受呢？

来访者：让我想想。我不知道那会是什么感觉，不过我现在就挺难受的。

咨询师：对呀！你为了那个还没有到来的、更多是想象中的“难堪”这样焦虑，你觉得这合情理吗？

来访者：那我该怎么办？

咨询师：你不觉得爱一个人比被人爱更幸福吗？我看呀，你并不是真正爱着她，而是为了自己，为了自己的面子。

来访者：哦，好像有点道理……

咨询师：勇敢一点，爱一个人是天下最美好最神圣的感情，不管对方是否接受你，你永远没有错，你永远没有丢面子。

来访者：我好像豁然开朗了，刚才压在胸口的东西轻松了。

至此，“情理治疗”之“合情分析”的“置换过程”基本完成。通过这个过程，大多数来访者的焦虑情绪可以得到缓解（当然，这个过程不是在一次咨询中完成的，根据不同的情况，需要多次咨询，有的人则需要更多的次数）。对于另外一些来访者，仅仅靠“合情分析”是不够的，需要进入更深入的程序，这就是“合理分析”。譬如下面的例子二和例子三。

例子二。一个人对外出的亲人归期已到却迟迟未归时的担心和焦虑。这种情形是产生焦虑最常见的原因之一。从理性的角度考虑，自己的亲人应该回来时却没有回来，无非两种可能：第一种是发生了意外，出了事故，甚至是灾难，自己的亲人发生了不测；第二种可能是平常的事情，只不过耽误了一些时间而已。对这两种可能的推测都是合理的。

一般的情形是，随着时间的推移，对可能发生的情况的推测从“平常的事情”到“发生了事故，甚至是灾难”的方向转移，内心的担心和焦虑不断累积，加深、加重。在此种情况下，要他不去担心，不去“东想西想”，不去做各种猜测根本就是不可能的。我们不能对他做的任何一种猜测作出合理的还是不合理的判断。如果用这样的方式进行“劝解”，除了徒增对方的反感以外，没有任何正面的作用。所以，认知治疗对这种状况是无效、无用的。

这种状况在大多数情形下并不一定需要心理的干预。只有在焦虑发展到相当的程度，以至于影响到人的正常生活，干扰了人在意识领域中的心理功能，使人不能对大多数事情做出正确判断时，运用“情理模式”才是必要的。

我们刚才说过，对这样的例子不仅要进行“合情分析”，还应该进入“合理分析”的程序。怎样进行“合理分析”？我们在下个例子中一并讨论。

例子三。怀疑自己患了癌症的病人在等待化验或检查结果时的心情更是焦虑的。一个健康的人体检，对检查结果的等待通常并不会出现焦虑，而一当自己出现某些值得怀疑的症状，或医生已经发现某些蛛丝马迹，需要检查和化验的结果来印证的时候，任何人都没法不担心。道理非常简单，既然需要等待化验和检查的结果，说明可能发生了意外的状况；既然可能发生了意外，这“意外”无非两种可能，一种是检查结果呈阴性，一切正常；另一种可能是真的有异常的结果。对生活中发生的这种“情况”，当然会引人担心，这种担心正是人性中的理性的作用。基于同样的道理，认知治疗对这种状况是无能为力的。

如果用情理模式的方法，当又是另外一种局面。我们对处于此时此境的人的“人格同心圆结构”进行排序，应该是这样的：

情况—感情—情面—情趣—爱情

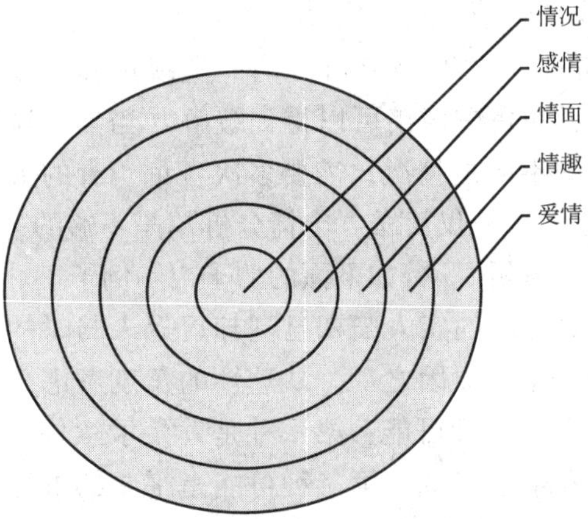

在这五个因子的排列中，前两个因子的排列顺序大抵是不会错的：圆心是“情况”，第一个同心圆是“感情”。后面三个同心圆则根据不同的人和不同的具体问题，尚可能有其他的排列顺序。不过不管后面三个同心圆按照什么顺序排列，并不影响进行“合理分析”。

在运用“合理分析”之前，我们先用“合情分析”的方法了解到，之所以出现这种情形，是因为“情况”之“情”在个人的人格结构中处于重要的位置。我们已经多次说过，在中国文化里面，“情况”和“真实”并不能等同，实际上，它包含了相当成分的主观性和不确定性。中国人常说，“看情况再说”，“依情况而定”，那个所看、所依的“情况”，不完全等于客观的真实状况。正因为“情况”所具备的这种带有强烈的主观色彩和不确定的特性，它注定会成为焦虑的原因。我们可以运用“置换过程”中的技术，把作为同心圆圆心的“情况”进行置换，用其他的“情”来取代“情况”，譬如用“情趣”或者“感情”来取代，但由于“情况”具有巨大的力量，使得置换过程很难成功。

显然，单用“合情分析”的方法已经是远远不够了，需要进一步应用“合理分析”。

那么，怎样进行“合理分析”呢？

我在前面分析过，中国文化中“合理”的内容十分丰富，首先是要合乎伦理，还要合乎社会习俗，合乎社会中约定俗成的规矩。而这些所谓的“合理”之“理”的内容，大多是一些模糊的概念，既没有明确的内涵，也没有清晰的外延。它们和理性所说的“理”，实在有太大的距离。

那么，中国人的“理”是什么呢？“中国有许多书，西洋亦有许多书；书中莫不讲到许多理。但翻开书一看，却是不同。中国书所讲总偏乎人世间许多情理，如父慈、子孝、知耻、爱人、公平、信实之类。”（梁漱溟《中国文化要义》，129 页）为什么这些“理”“不烦解释，中国人都明白”？因为这些“理”早已融化在中国人的脑海里，渗透到了中国人每个行为的细枝末节。不过这是传统中国人的情形，如今处于现代化进程和社会转型期的中国人则又是另一种情形了。

“合理分析”，则不外乎用中国文化中古已有之的这些“理”去说服、劝解、影响来访者，缓解来访者的焦虑情绪。

在例子二和例子三中，其共同的特点是对可能发生却尚未发生的“情况”的担心，这种担心虽然可以理解，由担心而致的焦虑却并不符合中国人之“理”。下面咨询者和来访者的对话或许有助于我们体会“合理分析”的精髓（这段对话前省略了在此之前所做的“合情分析”的内容）：

来访者：万一发生什么不测的情况怎么办呀！难道这还不叫人担心吗？这样担心难道没有理由吗？

咨询师：我很理解你的担心，我也认为你的担心是有充分理由的。实在说，我很同情你的担心。换了谁，都会担心。

来访者：那我现在该怎么办呢？

咨询者：在讨论该怎么办之前，我们来设想一下，如果这样的事情发生在别人身上，你会怎么看？你会怎样劝别人？

来访者：没想过。让我想想，……我可能会告诉他，既然不知道结果，担心有什么用？说不定会是好结果呢，不要想那么多啦。

咨询师：那么现在请你用这样的话来劝自己吧。

来访者：我这样劝过自己呀。可是没有用。万一有不好的结果呢，谁说得清楚？

咨询师：那好，我们现在来假定，就算有不测的情况、有最糟糕的后果发生，结果会怎样呢？

来访者：结果？那太可怕了！我一定承受不了的！天哪，千万别出现那种情况呀！

咨询者：你现在回答我的问题，如果出现不测，你想象中最坏的结果是什么？

来访者：最坏的结果？我可能会死去的……

咨询者：对了，最坏的结果无非就是死去，你可能最怕的就是死去吧。

来访者：我并不怕死呀，人死了就什么也不知道了，那有什么可怕的呢？我担心的是……

咨询者：你自己也说不清楚担心的是什么，对不对？

来访者：对呀。真的，我担心什么呢？

咨询师：你的担心是没有对象，没有目的，没有方向的，自己也搞不清楚究竟为什么担心，对不对？

来访者：好像是啊。我自己也想，大不了就是个死，死都不怕，我还怕什么呢？

咨询者：你看，你自己已经找到答案，能解决自己的问题了。

来访者：怎么讲？

咨询师：人生不过在生死之间，天下的任何事情都是不能肯定的。这件事情还没有发生，你就这样担心，你想想看，其他的没有发生的事情是不是也要去担心呢？它们同样是不能肯定的呀。你能肯定你明天就一定会怎么样，一定就不会怎么样吗？

来访者：那些事情并不一定是不测的事情呀！

咨询师：你说得有道理。不过，反过来想想，既然不测的事情和其他的任何事情都是一样的，都难以预料，为什么不用对待其他事情的态度来对待它呢？

来访者：你是说……

咨询师：不用说，你已经悟到了。

来访者：是的，我好像有些明白了。哦，心里轻松好多了。

治疗到此，应该说达到了初步的目的，以下的任务就是不断重复、深化，以巩固效果。需要指出的是，这是一个简化的过程，实际的治疗过程，要复杂和琐细许多。

例子四。强迫症、社交恐怖症。这是两个因“担心”而出现相反的症状的例子。强迫症是担心自己的行为出现错误而不断思考某个想法或不停地重复某个行为，在不断地重复过程中进一步演化为某种仪式性举动；社交恐怖症是因担心自己做错事、说错话而回避当着人的面做事、说话等。二者的症状虽然相反，但有一个共同的特点，那就是避免因为自己发生错误而出现的焦虑。

认知治疗显然对这两类焦虑症状是不能奏效的。首先，认知治疗家不能说服来访者，他们担心自己的行为出现错误为什么是不合乎理性的？其次，认知治疗家也不能说服来访者，他们为了克服自己的错误想法和行为所做的努力怎么就错了？怎么就不合理了？至多，认知治疗家只是告诉来访者，他们的问题在于“对否定性的经验和预期过分地夸大，得出夸张性的认识”（陈仲庚《心理治疗与咨询》，91 页），他们过度追求“完美”了。但如果来访者反问，怎样才算不过分？有谁能担保自己的行为就百分之百不出错吗？认知治疗家既没法告诉来访者怎样是合适的，怎样是过分的，更没法担保百分之百不出错。如果来访者再问，如果真的出现了错误怎么办？再说了，难道追求完美有什么不对吗？科学难道不是追求完美吗？面对这样的问题，认知治疗家更是无言以答。

运用“情理模式”则可以得到真正合理的解释，让来访者从担心和焦虑的情绪中走出来。

按照“情理治疗”的程序，分析来访者“人格同心圆”结构中各种“情”的排列顺序当然是在进行“情理分析”时最重要的工作之一。对上面谈到的两个病例进行“合情分析”，我们会发现，在其“人格同心圆”中占据主要位置（圆心）的“情”应该是“情面”和“情况”的混合状态，有时可能“情面”占据最主要的位置，有时则可能是“情况”为主，呈现交替的状况。

来访者或许是由于害怕失去“情面”，从而害怕出错，由于害怕出错，或重复行为，或回避社交；或许是对可能发生的“情况”不能把握，从而出现认知治疗家所谓“对否定性的经验和预期过分地夸大”，担心自己会在别人面前说错话，做错事。其共同的后果是尽量回避做这样的事情。如果要对这两类来访者的“人格同心圆”中各种“情”的顺序进行排列，应该得出：

情面—情况—感情—情趣—爱情

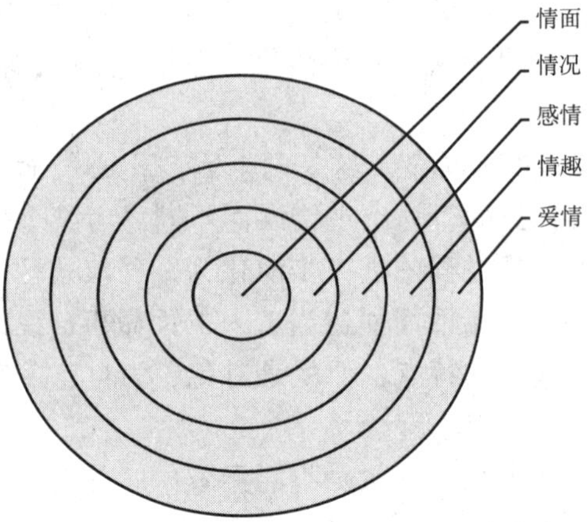

或者

情况—情面—感情—情趣—爱情

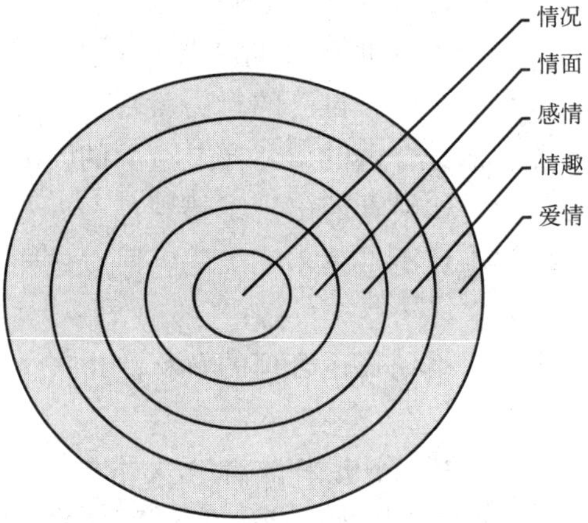

我已经说过，在这两个例子中，“情面”和“情况”在来访者的“人格同心圆”中可能相互交替，混合存在，甚至并列在一起。在这种情况下，两种“情”重叠成为一个圆心，并不是不可能的事情。按照“情理模式”的原则和步骤，做上述分析是完成了“顺情过程”，紧接着，要进行“置换过程”。

“置换过程”，就是让不会引起担心和焦虑的“情”与来访者的“情”进行顺序上的置换。既然在上述两个例子中，“情面”和“情况”都可能是导致担心和焦虑的因素，那么可以用来置换的“情”就是后面的三个了：感情、情趣和爱情。在这两个具体的例子中，最可能用来置换的“情”是什么呢？这就需要根据来访者的具体情况——譬如症状特点、人生阅历、知识结构、人际关系、情感表达方式、所处的环境等进行细致的分析。

举例而言，假使我们用“情趣”来置换“情面”或“情况”，就可以把来访者的“人格同心圆”排列成为下面的方式：

情趣—情况—情面—感情—爱情

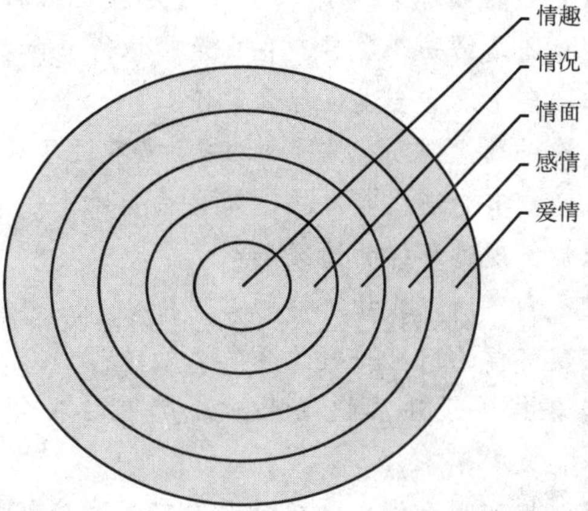

或者

情趣—情面—情况—感情—爱情

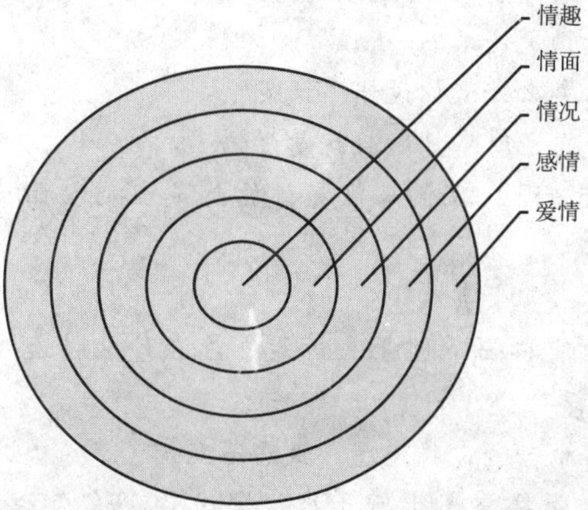

“情趣”，本来就在我们的生活中占有重要的位置，它与我们常说的“乐趣”“快乐”有关，但不止于乐趣和快乐，还有更广泛的含义，譬如幽默、自嘲、打趣、谐趣、风趣、滑稽、插科打诨、特立独行、闲云野鹤、闲庭信步、林下风流等。读者可以看得出来，用“情趣”来置换其他的“情”，就是用中国文化中的道家精神来感染来访者的心灵，其核心是用“放松”的态度来对待生活中发生的事情，来对待人生，从而化解所谓“过分地夸大”和“过

度的担心”，走出焦虑的情绪。

下面一段咨询师和来访者的对话可作为参考：

来访者：我一想到明天要当着这么多人的面发言，我心里就紧张，我真希望明天的会议能取消就好了。可是我已经接到通知，会议不可能取消，我还是第一个发言，我真是紧张得要命。

咨询师：你在会上发言会发生什么事情？

来访者：我会非常紧张，心慌、心跳、喘不过气来、浑身出冷汗，说话结结巴巴，有时还全身发抖，简直难受死了。

咨询师：以前出现过那样的情况吗？

来访者：有过啊！所以我才那样担心呢！

咨询师：出现那样的情况一般你会怎么处理？

来访者：我会想方设法尽快结束，最严重时我会不顾一切地逃掉。

咨询师：所以想到明天你又要在会上发言，事先就紧张起来了，就已经坐立不安了，是不是？

来访者：是呀！我该怎么办呢？

咨询师：你想想看，你为什么会对当着人的面说话紧张呢？

来访者：我怕说错话……

咨询师：你怎么知道你说错了话呢？

来访者：我自己有感觉，我就是说错了。

咨询师：好，现在我们来假定，你就是在别人面前说错了话，那又怎样呢？

来访者：丢人，太丢人了！

咨询师：你能举一个例子告诉我，你在什么情况下说错了话，说错了什么话呢？

来访者：这个……，我想想。我想不起来……

咨询师：你既然举不出例子来，那么你怎么知道自己说错了话呢？

来访者：我有感觉，我就是说错了话，我觉得好丢人！

咨询师：别人会有什么反应吗？告诉我，是什么反应？

来访者：哦，这个……，好像有些异样……

咨询师：怎么异样？有人对你说过吗？

来访者：让我想想，……

咨询师：举不出具体的例子来是不是？看来你是自己想象的丢人，并不是真实的。

来访者：是真的啊，反正是真的丢人。

咨询师：那么在你的概念中，“丢人”是什么意思？

来访者：丢人就是丢人，就是难受……

咨询师：好，现在我问你，你在和我说话的时候紧张吗？

来访者：没有啊！是啊，我和你说话为什么不紧张呢？

咨询师：你觉得自己说错什么话没有呢？

来访者：我根本没有想这个问题……

咨询师：好，我们先换一个角度看，如果你发现别人说错了话，比如你发现我说错了话，你会有什么感觉？

来访者：没什么呀，说错话有什么了不起呢。我也并没有觉得你说错了话呢。

咨询师：事实上，你有说错话，我也有说错话，但我们都不觉得。现在我请问你，为什么我们不觉得？

来访者：是啊！我真的没有感觉出来呢。什么道理呢？

咨询师：事实上，我们在说话、做事的时候，并没有注意到说话、做事本身，我们只是想我们在说什么、做什么就是了。

来访者：这说明了什么？

咨询师：这里有个道理。当我们在说话、做事的时候，我们实际上是把自己置身于外了，换句话说，我们从中间跳了出来，并不去注意说话本身哪里是对的，哪里是错的。

来访者：哦，让我想想……

咨询师：再如，我们如果对自己身上什么地方特别留意，就会觉得那里出现了什么问题，就会感到特别难受。

来访者：我听说过，中医就有这样的说法。

咨询师：说得对！你很有悟性！你再想想，你和我谈话是不是一点也不觉得紧张呀？

来访者：对呀！

咨询师：就是这个道理！那么你为什么不可以把这个态度用到其他的事情上，用到你当着别人的面说话、做事的时候呢？

来访者：我试试吧。不过我还是没有信心哟。

咨询师：不要紧，试试吧。

一个星期后，来访者再次来看咨询师。他告诉咨询师，自己第二天发言时仍然很紧张，不过他始终牢记咨询师的话，尽可能放松自己，不去想自己是否出错，终于坚持下来没有中断发言。咨询师对来访者大加赞赏，鼓励他继续努力。

这是一个比较简单的通过置换过程进行治疗的例子，较为成功地进行了“情”的置换。经过数次类似的治疗，来访者的社交恐怖症状基本消失了。

对于强迫症的“情理模式”治疗要复杂一些，单靠“合情分析”可能就不够了，需要进一步进行“合理分析”。焦虑情绪的核心就是自我强迫与自我反强迫的心理冲突，而强迫症本身就是焦虑的典型表达方式。正因为如此，美国精神障碍分类与诊断标准（DSM）把强迫症归入焦虑障碍才有充分的理由。

我在讨论焦虑的心理冲突的成因时说过，心理的冲突会在这种情形下出现：人对某种可能的外界刺激出现两种方向相反的认知评价，而两种认知评价都是合理的，无所谓哪一种正确或哪一种错误。在两种认知评价下，在人的心理上出现自我的强迫和自我的反强迫，出现自我矛盾的心理。这是人在自我意识清晰状态下典型的认知“两价性”评价，也就是来访者对某件事情同时有两种相反的评价、态度、情感或动机。问题就在于，在人出现的“两价性”认知评价时，两种评价都既是“合理的”，却是相互矛盾的，这就不可避免给人带来极大的心理痛苦。在这种情况下，人的认知已然失去了对任何事物进行评价的有效性。认知一旦失去了评价的有效性，自然失去了它应有的功能性。

认知治疗显然也不能纠正人的矛盾的两价性评价。两价性认知既然并非认知的错误，而是两种正确的认知互相矛盾，认知治疗家怎么做自家两个“兄弟”的裁判？况且这两个“兄弟”都是正确的，都是自己的好“兄弟”。这正可应着三国两晋时期曹植的那首著名的七步诗：本是同根生，相煎何太急！

使用“情理模式”对强迫症进行治疗，情形则完全不同。“情理模式”并不问谁是否正确，并不对任何一方作出评判，更不试图抬举一方，压倒一方。“情理模式”要做的，只是寻求一个“合情合理”或“通情达理”的解决方式。

按照“情理模式”的治疗程序，在“顺情过程”中，强迫症的“人格同心圆”结构中各种“情”的典型排列顺序可能是：

情况—感情—情面—情趣—爱情

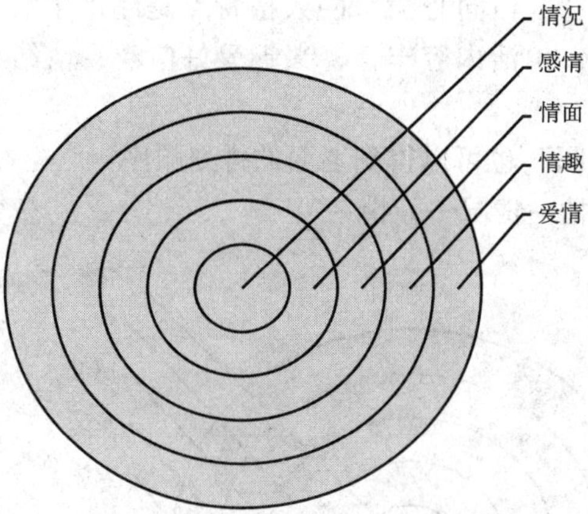

把“情况”排列在第一位，成为整个“人格同心圆”的圆心，这就说明，强迫症始终是在两种“情况”的矛盾旋涡中打转，越转越深，最终到不能自拔。因此，对“情况”把握的不确定性、矛盾性和两价性是强迫症的核心的症状。

不仅如此，在强迫症的“人格同心圆”结构中，紧接着“情况”这个圆心排列的第一个同心圆是“感情”。强迫症来访者除了不确定性、矛盾性和两价性外，他们的情感大多比较细腻，体验深刻，对人际关系特别看重，这就更加重了自我强迫和自我反强迫的心理冲突，这种冲突必然带来更加强烈的焦虑。在此种情况下，理性主义自然救不了他们，认知治疗也救不了他们。

完成了顺情过程后，就要进入置换过程。选择对“情况”进行置换的“情”可以是“情趣”，紧接着“情趣”之后的，可以是“感情”，也可以是“情面”。重新的排列组合后，新的“人格同心圆”可能是这样的排列顺序：

情趣—感情—情况—情面—爱情

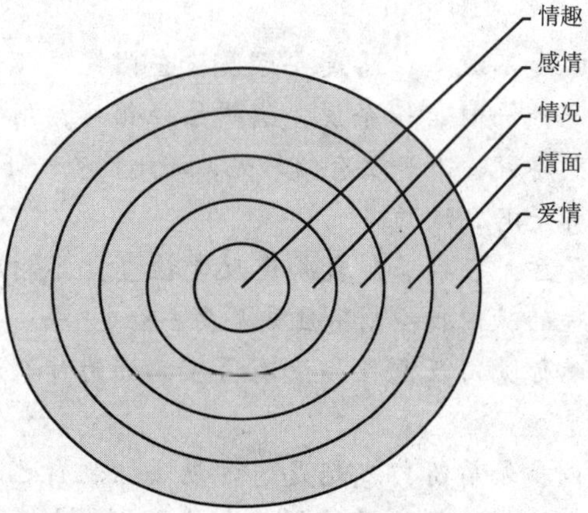

一望而知，这种“人格同心圆”的人格特点是注重生活情趣，看重生活质量，追求生活乐趣，生活内容丰富，兴趣爱好广泛，情绪细腻敏感，行为我行我素等。

新的“人格同心圆”也可以得到下面的排列顺序：

情趣—情面—感情—情况—爱情

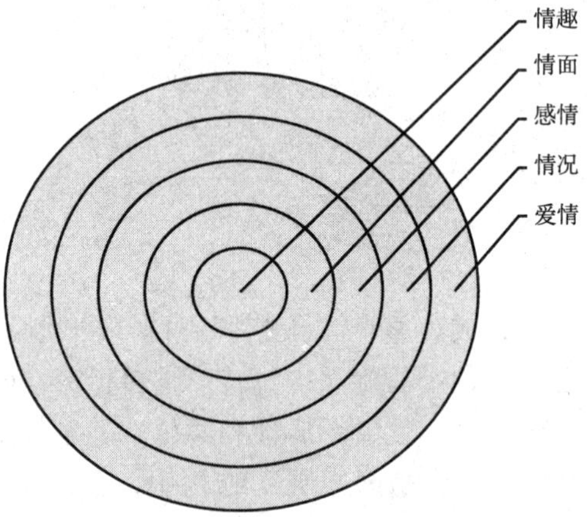

本来，把“情面”置于“人格同心圆”的第一个同心圆应属于羞耻感心理较重，喜欢他人的评价，追求名誉，“面子第一”的人。我说过，这种人格在病理心理学上容易发生各种单纯的恐怖症和社交恐怖症。但由于在上面的那种排列中，“情面”并不处于圆心的位置，而是处于辅佐圆心“情趣”的地位，受到“情趣”的左右，因此，并不会产生由于“面子”的力量过强的问题。这种置换，颇似对社交恐怖症的“人格同心圆”进行置换后的情形。

下面是咨询师和来访者的对话（省略前面部分，直接进入情理阶段）：

来访者：我就是不放心，总是要反复检查门究竟锁好没有，脑子里好像有两个思想一样，一个说，明明已经锁好，用不着再去检查了；另一个思想却说，万一没有锁好呢，还是检查一下吧。

咨询师：那你是怎么做的呢？

来访者：我矛盾，我痛苦！我知道反复检查是不对的，是没有必要的，没有道理的，但我控制不住就是要去检查……

咨询师：既然你觉得反复检查没有道理，那为什么还要反复检查呢？

来访者：所以我矛盾呀！我越是想方设法控制自己不要去反复检查，就越是想去检查，结果是搞得越来越糟糕。我真是感觉自己陷到一个旋涡里面去了，越挣扎陷得越深……

咨询师：你说得很形象，也很准确。我完全能理解你内心的感受。你想过没有，为什么你对自己的强迫症状越想去控制反而越严重呢？

来访者：我不知道这是为什么呀，反正结果就是那样。

咨询师：很简单，你的那种反复检查的想法是合理的，而不是你刚才说的"反复检查没有道理"。如果真的"没有道理"，你就不会去做，也不会为此感到那么痛苦。

来访者：你是说我反复检查是有理由的？

咨询师：你想啊，有时候我们由于疏忽而没有把门锁好，要去检查一下，难道是没有道理的吗？

来访者：是啊是啊，我也是这样想的呢。谁能百分之百担保家中的门一定是锁好了呢，去检查一下总是有必要的嘛。

咨询师：问题就在这里。你是被纠缠到一个两难的境地中去了。你说你脑子里有两个想法，一个要去检查，另一个却告诉你不用检查，你对两个想法都不能抗拒，就是因为两个想法都是合理的，都是理性的。

来访者：两个想法都是合理的？都有道理呀？！

咨询师：是啊。你之所以感到矛盾，之所以不能控制，而且越想去控制就越严重，就是因为两个想法都有道理嘛！

来访师：那我该怎么办？

咨询师：所以你根本就不要去控制反复检查的想法……

来访者：可是我还是想去反复检查呀。

咨询师：想反复检查就反复检查吧，让它去好了。

来访者：啊？……

咨询师：你有没有感觉，如果硬要控制自己不要去反复检查，内心的焦虑会更严重；如果不去控制，让它反复检查去，内心的焦虑反而减轻了。

来访者：是的，是的。每次检查后我的担心就会好很多。问题是我还是要去反复检查呀，这个问题并没有解决啊。

咨询师：你究竟想解决什么问题？是想解决反复检查的问题还是为要不要反复检查而焦虑不安的问题？

来访者：这个……

咨询师：你自己都没有弄清楚是不是？

来访者：反正我不想这样紧张，这样焦虑不安。

咨询师：这就对了。看来你想解决的最大问题就是紧张焦虑的问题嘛，是不是？

来访者：好像是吧。但我还是觉得反复检查的问题没有解决呀。

咨询师：一定要解决吗？你不觉得这是一件很有趣的事情吗？

来访者：有趣？我从来没有想过。

咨询师：是啊，你想想看，我们平常做事情感到有趣时，是不是想反复去做？譬如你听到一段好听的音乐时，会不会想反复听？你喜欢一个人时，是不是想不断能见到她？

来访者：那当然会呀。可反复检查和反复听好听的音乐，不断见到自己喜欢的人是一回事吗？

咨询师：是不是一回事在于你自己，你觉得有趣就是一回事，你觉得没趣就不是一回事。

来访者：……

咨询师：其实生活中有很多事情都是同样的情形。你喜欢的东西我不一定喜欢，我讨厌的事情你却可能会觉得很有趣，全在于个人的感受。你听说过这样的说法吗，“美不美，家乡水”。有的家乡的山水确实很美，可有的家乡的山水就不一定美，有的不仅是不美，而且简直就是穷山恶水，可是人为什么对自己的家乡水不管是不是真的很美，都那么热爱呢？

来访者：你是说，我完全可以把反复做的事情当作一件生活中的乐趣来做？这样我就不会焦虑了？

咨询师：对呀！你的悟性真高。

来访者：哦……，我明白了。还有个问题，如果我把反复检查当作是一件有趣的事儿，我会不会真的喜欢这件事情，这样会不会越来越严重呢？

咨询师：试试吧，好吗？

来访者：好，试试吧。

事实证明，这是一次成功的置换过程。在这个过程中，同时还掺杂着“合理分析”，读者从上面的对话中应该发现端倪。在回访中，来访者告诉咨询师，他不仅不感到焦虑了，他的反复检查的行为也减少了。

例子五。性障碍。性障碍分为两种类型：一类是性功能障碍；另一类是性别认同和性取向障碍。我们分别进行讨论。

性功能障碍是人在性活动中出现的功能障碍，以致正常的性行为受到阻碍，主要包括男性在性交时出现早泻和阳痿。性功能障碍当然会引起焦虑。事实上，有性功能障碍的人，或是前去进行性治疗，或是求助于心理医生，根本的原因都是由于焦虑。同时，焦虑本身更会进一步加重性功能障碍。

再没有比性功能障碍与焦虑之间的因果关系更明显的了。焦虑与性功能障碍之间不仅互为因果，而且形成恶性循环。任何一个有经验的心理医生或咨询师，都会告诉他的来访者，克服焦虑情绪是治疗性功能障碍的关键。

心理咨询师非常明白，他所应该做的和能够做的，就是帮助来访者摆脱焦虑情绪，至于可能引起性功能障碍的非心理原因，则应由其他的专业人士来处理，咨询师不可、也用不着越俎代庖。事实上，在临床心理学实践中，大多数来访者经过心理咨询师的帮助后，随着焦虑情绪的缓解，性功能障碍随之痊愈或者好转。

性功能障碍的焦虑和一般的焦虑相比，具有一些不同的特征，这是心理咨询师不可不留意的。

人类的性，不管我们是不是把它看作是人类的本能行为，我们绝不可忽视它在人类的生命活动中所占有非常重要的位置。伟大的心理学家弗洛伊德为什么在他的心理分析理论中把性能量作为人类心理能量的源泉，为什么把性的创伤（尤其是童年时期的性创伤）看得那么重要，为什么要把自己的理论建立在性心理学的基础上，绝不是没有道理的。

随着人类文化的发展，人类的性活动早已超越了动物的仅仅是为了传递基因、延续后代的本能活动。事实上，人类的性活动具备了多重的性质：一方面固也是为了人类本身的生殖、繁衍；另一方面则充满了强烈的、显明的心理的和精神的意蕴，灌注了充分的感情。离开生殖目的的人类性活动，可以仅仅是为了性本身带来的快感。当这种性的快感灌注了充分的人类感情的时候，会使人的感情世界更加丰富，人与人的关系更加温暖，人的心灵变得更加柔和，生命有了更充实的意义，生活更加充满了乐趣，男人和女人，相互之间的关爱之情会更加浓厚。

性功能障碍会给人（主要指男人）的心理上带来什么？以男性阳痿为例，我在我的另一本书《人类大难题》中说过，一个男人的阳痿在他的心理上造成的阴影是无与伦比的，他感到自己不仅做不了男人，似乎连做人的资格都没有了呢。为什么会有这样的感受？毫无疑问，因为焦虑情绪已经占据了他心灵的主要空间。

对一个阳痿的来访者，心理咨询师应该做什么呢？我们还是按照“情理模式”的程序，一步步来吧。

面对性功能障碍（阳痿）的来访者，在“情理模式”开始前的准备阶段，咨询师就要特别加以注意（在前面的几个例子中，我们没有对准备阶段做特别的讨论，但在性心理咨询中，这个阶段十分重要，因此专门提出来），咨询师应和来访者建立良好的互动关系，给予必要的心理支持，树立来访者的信心，尤其要向来访者保证会尊重对方的隐私。这里特别提出来，是要提醒咨询师留意，性功能障碍的来访者心理是多么的敏感和脆弱。

在诊断阶段中，咨询师要注意从来访者的叙述中找到焦虑症状，对焦虑做出现象学诊断，不要添加自己任何主观的推断和臆测。

来访者的焦虑症状可能隐藏在他对克服阳痿所作的种种努力之中，但他并不知道他的这种“努力”更会加剧阳痿的症状。这颇似心理分析的过程。与心理分析不同之处是，心理分析是挖掘出掩藏在潜意识深海中的冰山；而情理治疗在这个阶段做的是对来访者在对克服阳痿所做的各种努力之中隐藏的焦虑现象进行识别。我形容这个工作，好比是把笼罩在玻璃上的灰尘和雾霭擦拭干净，以便看清楚玻璃下面的真实内容。

做好了前期的准备工作，就为进入“情理模式”治疗奠定了基础。

阳痿来访者“人格同心圆”结构中各种“情”的排列顺序可能如下：

情趣—爱情—情面—感情—情况

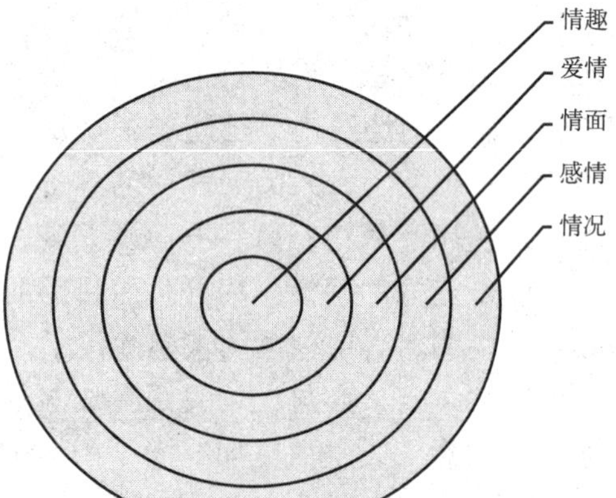

或者

情趣—情面—爱情—感情—情况

这两种排列，不管是哪一种，都是把“情趣”排列在圆心的位置，所不同的是，第一种把“爱情”作为第一个同心圆，第二种把“情面”作为第一个同心圆。我在前面说过，在“人格同心圆”中，圆心是统领的位置，第一个同心圆是支撑的位置，二者共同构成“主情”。

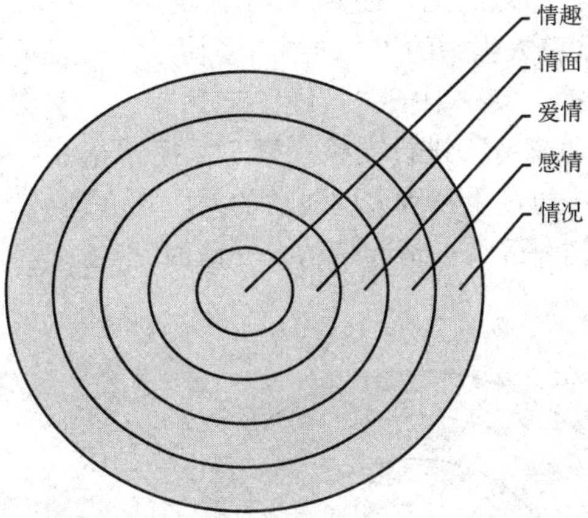

第一种“人格同心圆”结构的特点就在于，“爱情”（常常是性的代名词）是生活中的“情趣”的主要支撑力量，而在第二种“人格同心圆”结构，“情面”则成为“情趣”的主要支撑。不管哪种“人格同心圆”结构，性都是这类人生活情趣的最主要成分。

我们可以归纳出这种“人格同心圆”结构的特征：性在他们的日常生活中处于非常重要的地位，性在他们感情生活中也处于非常重要的位置，是他们生活乐趣的主要来源。他们看重生活质量，追求生活乐趣，浪漫而敏感，注重别人的评价。在性生活方面的任何不成功，甚至任何一点瑕疵，都容易被解读为人生的失败。因此，他们是特别容易焦虑的人。

面对这样的情形，应当如何“情”的“置换”呢？既然“情趣”与性的结合是“人格同心圆”的主要特点，也正是主要问题所在，“置换过程”所做的，就是把它们拆散，进行重新的排列组合：

第一种排列：感情—情趣—情况—爱情—情面

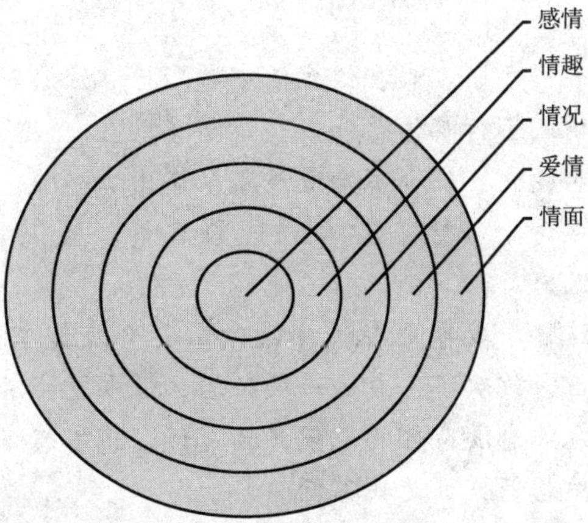

这种排列的目的，首先是把“感情”与“爱情”置换，让来访者了解，“感情”——精神生活在人生中的重要性，“爱情”——性的代名词可以也应该与“感情”进行转换；其次，把“情趣”向后排列，从圆心的位置挪到支撑的位置，而且是对“感情”进行支撑；第三，把“情面”挪到最后面的位置，改变来访者人格中过度重视别人的看法的羞耻感心理。

第二种排列：感情—爱情—情趣—情况—情面

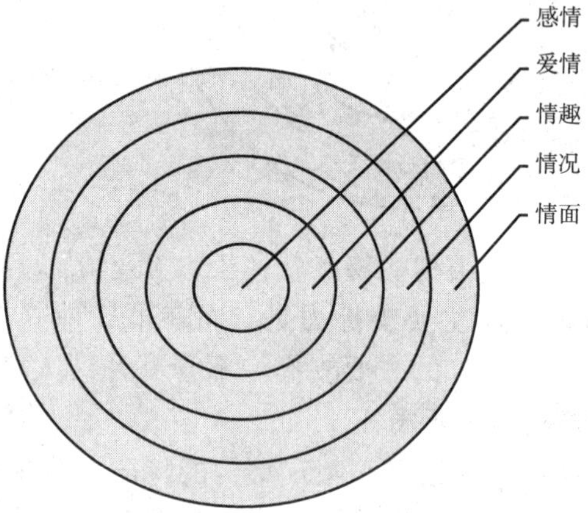

这种排列，企图把感情和爱情合二为一，使其成为来访者的“主情”，在人格中起主导作用。在“次情”中，排列第一位的是“情趣”，使其在人格中起到重要的调和作用。

下面的对话，可以作为“置换过程”的参考：

来访者：你能帮助我吗？我生活中出现了危机！

咨询师：哦，发生什么事了吗？那么严重啊，不要着急，慢慢告诉我。

来访者：已经一年了，我在性生活中都不行。

咨询师：你说的不行具体是什么？是阳痿吗？

来访者：是啊是啊！我真不知道该怎么说出口呢……

咨询师：不要紧，你看，你今天能来咨询，就说明你很有勇气呀。

来访者：是这样，我每次在性生活时，要么是挺不起来，要么刚挺起来刚要插入时就软了。最近一段时间，根本就挺不起来了。

咨询师：那么你有没有性的欲望，就是说，想不想呢？

来访者：当然想啊！可是我不行……

咨询师：你有没有采取什么办法呢？

来访者：当然有啊。开始时我自己想了许多办法，比如我想可能是由于在性生活时的杂念引起的，我就努力摒弃一切杂念，什么都不想，一心一意去做，但还是不行。

咨询师：你还采取过什么办法呢？

来访者：我看过好多医生。中医说我是肾亏，要我吃了好多强身补肾的药，没效；我又看了性心理医生，要我做了一些性方面的训练，还是没有什么效果。

咨询师：你刚才说你在性生活过程中什么都不去想，一心一意去做，你能不能具体一点告诉我，你是怎样一心一意做的呢？

来访者：哦，我什么都不敢想，都不去想，脑子里不敢有任何杂念，把所有的精力都放到那件事情上，真正是全力以赴啊。

咨询师：所以你特别怕出问题，心里总在嘀咕，千万别不行，是不是？

来访者：是啊是啊！真像见了鬼了，越怕出问题越出问题。

咨询师：我想了解一下，如果你看一些和性有关的东西，譬如小说、影碟之类的，你会兴奋吗？

来访者：当然会，可是一到实际做的时候就不行了。

咨询师：你想过没有，这是什么道理？

来访者：我就是想不通这个道理呢。

咨询师：这里面有个重要的美学原理。我们在观赏一个艺术品或者一个东西时，我们觉得它很美，能激起我们的感情，那是因为我们和它之间保持了一定的距离，就是这段距离造成了美感。而当我们一旦把这个距离消失了，美感可能也随之消失。

来访者：你是说……

咨询师：对了，你很有悟性啊。你说自己全力以赴，一心一意，这正是你把本来应该有的距离消失掉了，美感容易消失掉。你说你没有任何杂念，其实这才是最大的杂念呢。

来访者：我还是有些不明白。

咨询师：性和我们生活中的其他事情一样，都是自然而然发生的。用不着去排除杂念，也用不着一心一意，全力以赴。你吃饭需要排除杂念吗？在吃饭的时候需要一心一意、全力以赴吗？我们太注重某一件事情，那件事情反而做不好了。

来访者：我有点明白了。你要我从那里面跳出来……

咨询师：你太有悟性了！回去试试看，好吗？

来访者：好的。

咨询师：另外，你刚才说过，你过去是很有情趣的人，兴趣广泛，现在没有了，是不是？

来访者：是的。

咨询师：哦，可能这正是你的另一个问题所在呢。你平常的生活怎么样？就是说，你能描述一下你的性格吗？

来访者：实在说，我是一个很有情趣，感情非常丰富的人。我常常喜欢制造一些浪漫的情景，兴趣爱好也很广泛。我自己这样认为，别人也这样评价我的。如果没有发生这方面的问题，我的生活应该是很幸福的。

咨询师：别人？你是指她吗？

来访师：是的，她很喜欢我，很爱我。

咨询师：你爱她吗？

来访者：是啊！我很爱她，非常爱她……

咨询师：她怎么看你的这个问题呢？

来访者：她安慰我，她说没关系，她不在乎这件事情，她不是为了做这件事情才和我在一起。但我心里清楚得很，她很在乎……

咨询师：你的意思是说实际上在她心目中，你和她过性生活这件事情非常重要？

来访者：是的。我完全心知肚明。过去我没有这个问题时，她是多么快乐的人啊！整天像个小燕子……

咨询者：她现在和过去不一样吗？

来访师：表面上可能还看不出来，但我心里清楚极了，她很痛苦。我看着她每天在我跟前走去走来，看得出来她在压抑自己，我心里就难受，尤其是到了晚上，那简直是我的噩梦……

咨询师：那就是说，如果她不痛苦了，你也就无所谓了？

来访者：也不能这样说，不过，好像有点这个意思呢……

咨询师：你和她有没有换一种方式，不要把性生活仅仅局限于性交，譬如相互的抚摩、接吻、拥抱，等等？

来访者：有，但一想到我最后还是不行，我不能给她，我就一点兴趣都没有了。

咨询师：你刚才说你在日常生活中是一个很有情趣的人，感情丰富，兴趣爱好很广泛？

来访者：是啊，我喜欢很多东西，喜欢有情调的生活，会很多小花招呢，制造一些有趣的意外。她当年就是迷我这些……

咨询师：现在她不迷你这些花招了吗？你们的生活没有情调了吗？

来访者：是我自己没兴趣了，我有了这个问题以后，我对什么都没有兴趣了。

咨询师：你爱她，她也爱你，对不对？她告诉过你她并不看重你有阳痿这件事，她并不把你们的性交看作你们感情生活中的最重要的事情，更不是唯一，对不对？

来访者：对是对，可是……

咨询师：可是你并不相信她说的话是真实的，对不对？

来访者：不是我不相信，是她真的在乎，从她平常举动看得出来。她过去像个小燕子，现在不一样了。

咨询师：你认为那是因为你的阳痿造成的吗？

来访者：不是这个原因，那又是什么？

咨询师：她现在不活跃了、没有精神了，焉知不是由于你自己在生活中的变化造成的呢？你为什么非要把它归结于你的性功能障碍呢？很有可能，正是你太看重自己阳痿给你们生活带来的影响，自己整天处于焦虑烦躁的情绪里，把过去的情趣全部丢了。你在心理上有一个定式，好像只有把自己的阳痿彻底治疗好了，你们的生活才会好起来。但结果是不仅阳痿没有治疗好，生活也变得越来越糟糕。想想看，你目前是不是这样的情况？

来访者：……好像是吧。

咨询师：在我们的生活中，性固然很重要，但绝不是最重要的。你应该相信她没有说假话，她并不是因为性才和你在一起的。她喜欢你的情趣，喜欢你的小花招，喜欢和你一起创造的丰富多彩的生活内容。你现在就因为自己的性功能障碍就把这一切全丢了，这才是最大的危机呢。

来访者：哦，我想想。好像有一定的道理……

咨询师：试试看，好吗？

来访者：好！

上面的对话，是来访者和咨询师若干次咨询过程中对话的剪接。在咨询中，咨询师通过和来访者的对话，完成了来访者“人格同心圆”中“情”的置换。在随访中，随着来访者的焦虑缓解，性功能也逐渐趋于正常。

读者可以看出来，运用“情理模式”咨询成功的关键，是分析来访者“人格同心圆”结构，分析哪个或哪些“情”成为来访者焦虑的原因，通过“转换过程”，使其重新排列，最终趋于“合情合理”，焦虑症状消除。

性障碍的第二个方面是性别认同障碍和性取向障碍。

按照《牛津精神病学教科书》的解释，“性别认同是对自己是男性或女性的个人看法。当个人的这种看法与解剖学上的性别不一致时，就称之为性别认同障碍。”（《牛津精神病学教科书》，四川大学出版社，2004 年 12 月，579 页）

一个人如果不认同自己的生物学性别，就是“性别认同障碍”。最常见的状况是，一个解剖学上的男孩子坚持认为自己的性别是一个女孩子。当然，反过来也是一样。

而所谓“性取向指对同性或异性成员的性吸引的各个方面。”（上书，579 页）在绝大多数文化和这些文化的大多数社会成员中，个体的性取向是指向异性的，这种状态被认为是常态。但在少部分社会成员中，存在着针对同性的性取向，最常见的现象就是我们熟知的“同性恋”（现在有人改称为“同性爱”，不可取），这种状态被认为是变态。

同性恋能不能看作某个方面的障碍，现在有不同的意见。在我看来，人类的某种性行为是否正常，要看它是否符合人性。那么什么样的性行为是符合人性的性行为呢？那就是，符合人性的性行为的目标应该指向生殖，虽然它们的结果并不一定引起生殖。如果用这个标准来衡量，同性恋应属于不正常的性行为，我们把它看作“障碍”亦并非不可。

不过，有一点是可以肯定的，性别认同和性取向障碍都会引起焦虑，甚至可能是严重的焦虑。原因非常明确，就是由于这些性行为与社会和文化之间的相互冲突。

有经验的心理学家都清楚，和常态的性别认同和性取向相比，所谓“非常态”的性别认同和性取向的强度是相当的高，在人的心理上所形成的“势力”是非常大的，企图对其进行纠正是相当地困难，大多数时候，是以性心理学家的治疗失败而告终的。在我的临床实践中，大多数的求助者非常急切地想得到心理治疗家的帮助，有的人甚至声泪俱下，痛哭流涕，令人动容；也不能说性心理治疗家没有努力，至少在我所认识的范围内，所有的性心理治疗家都曾想方设法，竭尽全力去帮助求助者。面对这样的结局，性心理治疗家只好暗中叹息，只好怀疑求助者的母亲把他生错了性别，上帝对他开了一个玩笑。

与此同时，我们的文化对性别“变态”，对同性恋，表达了极其不宽容的态度。中国人的一切伦理道德，一切人际关系的调整，都是从“有男女”开始的。在中国传统文化中，如果没有这样的一个从“有男女”起始的伦理关系，整个社会就只有崩溃一途。在这样一个社会中，我们不难想象，一个人连男女都混淆了，将在道德上接受什么样的惩罚。

我所了解的性别“变态”和“同性恋”的求助者，就是处于这样的被社会文化强烈打压的状态而不能自处。下面这段对话反映了这种情形：

求助者：我是一个同性恋者，我希望改变目前的状况，你能帮助我吗？

治疗家：你能告诉我具体的情况吗？

求助者：我本身是一个男性，但我对女性没有任何兴趣，反而对男性有强烈的性冲动。

治疗家：这种情况是从什么时候开始的呢？

求助者：大概在上小学时就有了。好像是小学三年级时，我们搞了一个班级活动，大家一起去春游，我们班有一个特别优秀的男同学，学习成绩好，运动也很棒。那天我们去爬山，他第一个到达山顶。那天天气很热，大家都出了一身汗。他把上衣脱了，穿着一件背心，浑身冒着热气。我正好站在他旁边，突然有一种他身上的气味随风飘来，我当时有一种强烈的冲动，想过去紧紧抱着他。那时候我们都懂一点事了，班上也有男生、女生之间好什么的。我被自己的想法吓坏了，我怎么会出现这种想法？我后来找了书看，天哪，我怎么会是同性恋呢！我真不敢相信自己会这样……

治疗家：后来怎么样呢？

求助者：后来越来越严重，我整天想他，想和他在一起，晚上做梦也想他，还有性的冲动，我就边想他边自己手淫。我好像犯了罪似的，白天都不敢抬头看人。

治疗家：他知道吗？

求助者：他不知道。我不敢告诉他，只有在心里默默地爱他，想象着我们一起的情景。后来他转学走了，我为此整整痛苦了一个学期。到高中时，我又爱上了另一个男生。有一天，我实在忍不住了，就鼓足勇气向他表白我的想法，后来他找人把我揍了一顿！

治疗家：发生了这样的事啊！你对他怎么样了呢？

求助者：我不恨他，我理解他。

治疗家：后来还有过类似的事情吗？

求助者：哎，后来我又有过好几次类似的经历，也找到过和我一样的人，我们互相喜欢，整天在一起，我们也有性生活。哎，简直像做小偷一样，但还是被人发现了，把我们当作怪物……

治疗家：你没有尝试去喜欢异性吗？

求助者：当然尝试过，但毫无用处。到我大学毕业，工作以后，也不断有女孩子向我表达感情，但我真的一点兴趣也没有啊！我拼命说服自己，我是一个男人，我应该喜欢女性，我也试着和女孩子谈恋爱什么的。但连和女孩子拉手我都受不了啊，我觉得很恶心。我恨自己，怎么我是这样呀！

治疗家：所以你想改变自己现在的状态？

求助者：不，我不想改变！也不是，是我改变不了！但我不改变怎么办呢？我是家里的独生子，父母等着抱孙子呢！母亲天天为我流眼泪。为了家庭，为了父母，我必须改变自己！即使没有效果，我也要试一试。

读者注意，在上面的对话中，我把“来访者”改称“求助者”，“咨询师”改称“治疗家”，并不是随意的。

这段对话，并不是要阐明对“同性恋”的治疗过程，而是要说明，同性恋者所受到的社会压力有多大，内心的焦虑和痛苦有多深！而这痛苦并不是来自于自己，正是来自于社会的压力。

同性恋者的心理是充满焦虑的。但这焦虑和其他的焦虑却有很大的不同，那就是焦虑情绪的产生和同性恋者本身并没有太大的关系。

在我所面对同性恋者的临床心理治疗的经历中，有两个方面留下深刻的印象。一是同性恋者非常“顽固”，在我的治疗档案里，几乎没有同性恋者“治疗”成功的案例，哪怕求助者有多么强烈的愿望，哪怕治疗家花了多大的力气，用了什么样的治疗办法。整个过程虽把求助者和治疗家都弄得筋疲力尽，但几乎不见奏效。

第二个印象是，如果没有外界的干预和歧视，同性恋者对自己本身的状态完全能够接受，并没有任何排斥，反而常常沉浸在自己所营造出来的愉悦中。从上面的对话中，我们完全可以看出来，同性恋者如果没有社会和家庭的压力，他们完全可以悠然自得地生活在自己创造出来的世界中。并且，从总体上他们并不对社会和其他人造成不良的影响。

事实上，同性恋者在人群中的比例绝不是我们想象的那样少。美国性学家金西（A. Kinsey，1894 ~ 1956）早在20世纪40年代就报告，在他调查的

5000人中，同性恋者竟占了37%之多，其中至少持续三年的占到了10%，终身为同性恋的男性也有4%的比例。他在20世纪50年代（1953）的报告中说，有4%的单身女性从20岁到35岁属于同性恋。随后的估计认为，真实情况可能是近3%的男性和1%的女性为同性恋。（《牛津精神病学教科书》，四川大学出版社，2004年，581页）这些都是相当惊人的数字。这些数字向我们说明，如果真的在人群中有这么多人属于同性恋者，在把他们归入“变态”的行为时就必须万分小心。

同样是金西，他认为同性恋和异性恋之间并没有一个明显的分界线，而是一个连续体，宛如一条光谱一样，各种不同颜色的光并不是截然分开，一种光到另一种光是逐渐过渡的。由此他提出了一个从异性恋到同性恋的七个等级的分类：单一异性恋：以异性为唯一的性对象，从未有过同性性行为；异性恋占主导：以异性恋为主，但有很少时间或偶然的同性恋行为；异性恋为主：在异性恋占主要成分的同时，可能不时有几次同性恋性行为；异性恋和同性恋相等：在其性行为中，异性性行为和同性性行为占有同等的位置；同性恋为主：在以同性恋为主的同时，可能不时有几次异性恋性行为；同性恋占主导：以同性恋为主，但有很少或偶然的异性恋行为；单一同性恋：以同性恋为唯一的性对象，从未有过异性恋行为。

同性恋和异性恋，不是截然分开的。一个人的性对象是同性还是异性，除了本身的生物学基础外，在某种程度上取决于不同的环境和个人的人生际遇。寻常的社会环境，给异性恋提供了大量的刺激和鼓励，绝大多数人就是异性恋；在异性缺乏的情形下，例如在男女分开的学校、监狱和其他性别区分严格的场所，同性恋的比率就会高出许多。

所以，我们非常清楚，同性恋者的焦虑来源于社会和家庭的压力；我们同样非常清楚，这种焦虑情绪应该得到缓解，但缓解的办法却并不是心理学的办法，而是社会学的方法：宽容、理解、接受、消除歧视、和平共处。

不过，我必须指出，对于同性恋，我们应该采取什么态度是一回事，怎样进行研究却是另一回事。我在二十年前出版的另一本书《人类大难题——人类行为遗传学》中写道：“人为什么会发生同性恋？这个问题对大多数异性恋者来说，真是百思而不得其解。同性相斥，异性相吸，不唯是人类的根本倾向、动物界的根本倾向，也不唯是生物界的根本倾向，而是整个自然界、整个物质世界的一条定律。生物学家、遗传学家、人类学家、心理学家和社会学家提出过各种各样的假说，也进行过各种研究来证实他们的假说。譬如遗传学家就以同卵双生子发生同性恋的机会大大高于异卵双生子为由，认为同性恋受到遗传因素的影响；生物学家从同性恋者体内的性激素水平低于异性恋者的现象出发认为同性恋具有生物学基础；心理学家和社学家则发现同性恋者幼年的不恰当的性角色教育和学习是其主要原因。……显然，我们要真正揭开同性恋这个难题，还有相当漫长的道路要走呢。”（胡纪泽《人类大难题》，山西人民出版社，1992 年，144－145 页）时至今日，我仍然坚持其中的大部分观点。

通过上面五个例子，我们对如何具体应用“情理模式”进行了讨论。我们根据中国文化的特点，确定了五种“情”在每个人的“人格同心圆”中有具体的排列顺序，这些排列顺序决定了不同的人的人格特征以及可能产生的焦虑情绪。

对每个人来说，在“人格同心圆”中占“圆心”位置的“情”的作用下，在第一个同心圆位置的“情”的支撑下，以其他的“情”为背景，面对各种不同的社会环境时可能产生各种不同担心和焦虑。人之产生担心和焦虑，说明其“人格同心圆”内部各种“情”的排列顺序不能适应其所在的文化和社会，不能“合情合理”或“通情达理”。这就是我所谓的“合情动力学”。

“情理模式”的治疗，就是在咨询过程中，运用“合情动力学”的原则，对“人格同心圆”中各种“情”进行重新排序，使各种“情”相互协调，达致“合情合理”和“通情达理”。最终的目的是，缓解或消除焦虑，使人的行为更加适应社会。

但在这五种“情”中，“情面”在中国人的人格中占有非常重要的位置，对此咨询师要特别留意。

写到这里，本书到了该结束的时候了。在结束之前，再对本书的基本观点进行简单的清理和总结。

第一，焦虑是人类一切心理问题的根源；

第二，焦虑产生于人类的理性而脱离了理性的轨道；

第三，西方现代文化把理性推到无限的高峰；无限的高峰给人造成了无限的焦虑；

第四，焦虑是与文化对抗的产物，文化的核心是价值观系统；

第五，中国文化以儒家文化为主流，道家文化为补充，释家文化为点缀。中国文化的核心特征是“理性不足，情理有余”。

第六，传统中国人因顺应中国文化并不产生明显的焦虑；

第七，挟现代化过程而来的西方文化与中国传统文化的冲突使现代中国人产生文化认同的危机；

第八，现代中国人出现双重焦虑：因两种文化的冲突的焦虑和西方文化价值观造成的焦虑；

第九，理性主义和认知治疗不能纠正产生于理性的焦虑；

第十，中国文化必须从“挑战与因应”的模式中走出来，实现文化的突围；

第十一，建立中国心理学是实现文化突围的一个尝试；

第十二，中国心理学的“情理治疗模式”是缓解和消除焦虑的地地道道的中国心理治疗模式。

我在前言中说，我试图通过对焦虑这个人类最常见最痛苦的心理现象的剖析，来实现一次文化的突围。我自然希望我能够达到这个目的。

本书到此结束。

后 记

历时三十六个月的时间，这本《中国人的焦虑》终于写完了，我终于可以“吁”出一口气了。其实，孕育这本书是更长期的过程，从我涉猎心理学这个专业开始，我就在思考这个问题了。

这本书的读者对象是谁？这是任何一个写作的人在动笔之初就应该思考的事情。我是一个医生，我的专业是临床精神病学。处于这样的专业背景，我长期所做的工作是心理咨询和心理治疗，理论研究和写作并不是我的长项。照理讲，我所能做的至多不过是在“专业”领域内谈一点心得而已。因此，理所当然的，我的读者对象应该是心理学或精神病学的专业人士。

但在长期的临床实践中，我接触了大量的焦虑的人，这些人既是我治疗的对象，也是我的朋友，他们更成为我的老师。长期的临床经验和喜欢思考的习惯使我意识到，焦虑与其说是一个临床心理学问题，毋宁说是一个普遍的文化现象。尤其是在大家把“郁闷”这个话题无限扩展，当“郁闷”这个文化符号四处蔓延的时候，更促使我把眼睛死死盯住文化这样一个现象。这个思考把我导引到“文化”这个熟悉而又陌生的领域。我意识到，我必须从文化入手，必须和文化展开对话，只有从文化中才能寻得破解焦虑的真正的答案。于是我开始了和文化的对话。

和文化对话有几个层面：一是与中国传统文化对话。我们来自传统，永远不可能和传统作彻底的切割，我们的心理、行为，我们的一切都打上了深深的传统的烙印；二是与西方的现代文化对话。我们正处在全球化和现代化的进程中，而全球化和现代化都是西方现代文化的产物，它们对我们的生活有着全面而深刻的影响，不管我们是不是喜欢，我们都必须直面它们；三是与和我一样生活在今天的社会中的人们进行对话。前两个对话实则是我思考和研究的路径，后一个对话就是我的患者、朋友以及本书的读者。

我在题记中说了这样一句话：

“这本书首先是写给对人类心理现象有兴趣的文化人看的，也希望能给从事心理学、心理治疗学和心理咨询事业的专业人员提供一些思考的空间和启示；如果进而能给一般喜欢读书的人带来些许阅读的快乐，笔者就要额手称庆，算是领得一笔额外的奖赏了。”

第一个目的，写给文化人看。实在说，一个专业的东西能够被非专业的人士理解，能引起非专业的“文化人”的兴趣，方能算得那么一回事。即便是得到他们的批评甚或攻讦，亦不失为雅事、趣事，也是快事。但我知道自己有几斤几两，所以在整个写作过程中，我一直是战战兢兢的，恰像孔老夫子所说的“如履薄冰，如临深渊”一样。

第二个目的，是想给心理学、心理治疗学和心理咨询的专业人员提供一些思考的空间和启示。这才是我自己的“饭碗”。在自己混了几十年的专业领域里“胡说”一气，纵横一番，倒也是很过瘾的事。我的同事批评我，越来越不像一个心理学或精神病学的专业人员了。我想，这就对了。

心理学之于中国的发展，有几个先天的不足。一是心理学人才极度缺乏，和世界心理学之间存在几十年的空白，绝非短时间可以弥补。先天不足，后天失养，却急迫要填补空白。不太厚道地挖苦一下，心理学之于中国，有点像一个先天不足的早产儿，却长了一张小老头般皱巴巴的面孔。心理学本身在中国的景况既是如此，心理咨询业又能高到哪里去呢？说其是“早产儿的早产儿”或许有点过分，若说它是一锅没有煮熟的“夹生饭”，并不算太过。

第三个目的是想给一般喜欢读书的人带来阅读上的快乐。这是我最看重、最想达到的目的。这是一个最强大的挑战。在写作过程中，我用了最大的力量，尽量避免生涩的专业名词，避免学究式的论述，更不敢故作高深，在概念中绕圈子，打迷糊。我的目的是，用最直白的语言，讲一切我想讲的道理，说我想说的话。

除了这三个目的，我还在本书中做了两次“颠覆”：一是对西方理性主义的“颠覆”；二是对现代认知心理学的“颠覆”，对以认知理论为武器的心理治疗学和心理咨询学的“颠覆”。对理性主义的颠覆，是借用了别人的武器，仅供参考；对现代认知心理学和以认知理论为武器的心理咨询学和心理治疗学的颠覆，则是我自己所为，自己承担责任。

一个朋友对我说，这是一个颠覆的时代，各种理念层出不穷，互相颠覆。我并非喜欢赶这个时髦，但严肃的学术思考更需要颠覆的武器。还是共产主义的老祖宗卡尔·马克思的话讲得好，“批判的武器代替不了武器的批判。”还有一句话更好，是毛主席他老人家讲的，“不破不立。”

写作是一件充满焦虑的事情。白天上班处理单位一应事务，晚上在键盘上敲打。我把这本书比喻成我的孩子，我就好像是他的母亲。这个孩子，我用了几乎二十年的时间来孕育，用了三年的时间来生产。可是这个孩子究竟是一个健康的孩子还是一个畸形的孩子呢？我不知道。但无论如何，这个孩子是生出来了。稿子交出去以后，是什么样子就是什么样子，就好比学生参加考试，白纸黑字的卷子一交，评判给多少分，就不是我能左右的了。因此我也不再焦虑了。

最后，我要感谢内人对我的激励和包容，感谢友人对我的无私的支持，感谢同道和责任编辑给我的诸多建议和对我的挑剌，还要感谢诸多大、小朋友们的帮助。

更希望焦虑的读者读了这本书后不再焦虑。

胡纪泽

2007 年 6 月于深圳三昧斋